작가 톰 숀의 작품들

———

- 타란티노 : 시네마 아트북
- The Irishman: The Making of the Movie
- Martin Scorsese: A Retrospective
- In the Rooms
- Blockbuster: How Hollywood Learned to Stop Worrying and Love the Summer

CHRISTOPHER NOLAN

크리스토퍼 놀란

영국 카딩턴에서 <다크 나이트>를
촬영 중인 크리스토퍼 놀란.

크리스토퍼 놀란

첫 작품부터 현재까지, 놀란 감독의 영화와 비밀

THE NOALN VARIATIONS

THE MOVIES, MYSTERIES, AND MARVELS OF CHRISTOPHER NOLAN

톰 숀 지음

윤철희 옮김 **전종혁** 감수

제우미디어

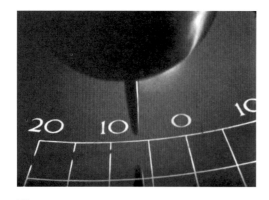

—
돈 레비 감독의 <시간은 Time is, 1964>.

크리스토퍼 놀란

초판 1쇄 ㅣ 2021년 8월 16일

초판 5쇄 ㅣ 2021년 10월 18일

지은이 ㅣ 톰 숀

옮긴이 ㅣ 윤철희

감수 ㅣ 전종혁

표지사진 ㅣ 조 퍼글리스

펴낸이 ㅣ 서인석

펴낸곳 ㅣ 제우미디어

출판등록 ㅣ 제 3-429호

등록일자 ㅣ 1992년 8월 17일

주소 ㅣ 서울시 마포구 독막로 76-1 한주빌딩 5층

전화 ㅣ 02-3142-6845

팩스 ㅣ 02-3142-0075

홈페이지 ㅣ www.jeumedia.com

ISBN 979-11-6718-012-4 (03680)

*파본은 구입하신 서점에서 교환해 드립니다.

제우미디어 트위터 ㅣ twitter.com/jeumedia

제우미디어 페이스북 ㅣ facebook.com/jeumedia

만든 사람들

출판사업부 총괄 ㅣ 손대현 **편집장** ㅣ 전태준 **책임편집** ㅣ 안재욱 **기획** ㅣ 홍지영, 신한길, 양서경, 황진희

영업 ㅣ 김금남, 권혁진 **디자인 총괄** ㅣ 디자인그룹 헌드레드

줄리엣을 위해

니콜라스 그로스피에르, <도서관
(끝없이 이어지는 책의 회랑) The Li-
brary(The Never-Ending Corridor of Books),
2006>.

여섯 살 아이는 침대에 누워 혼잣말로 이야기를 하고 있었다. 아이는 자신에게 생긴 그 새로운 능력을 비밀로 간직했다. (…) 배들은 마른 땅의 높은 곳을 내달리며 판지로 만든 상자 속으로 들어갔다. (…) 근사한 정원 주위에 둘러쳐진 녹색이 감도는 금빛 철책은 하나같이 부드럽게 변했다. (…) 아이가 그건 꿈일 뿐이라는 걸 기억하는 동안에는 말이다. 아이는 그 지식을 주위가 현실로 변하기 전까지 기껏 몇 초의 시간밖에는 유지하지 못했다. 그러고 나면 거대한 문간 계단에 딱한 모습으로 앉아 구구단을 4 곱하기 6까지 암송하려 애썼다.

— 러디어드 키플링, 「브러시우드 보이 The Brushwood Boy, 1895」

시간은 나를 휩쓸어가는 강물이지만, 내가 바로 그 강물이다. 시간은 나를 해치는 호랑이지만, 내가 바로 그 호랑이다. 시간은 나를 태워버리는 불이지만, 내가 바로 그 불이다.

— 호르헤 루이스 보르헤스, 「시간에 대한 새로운 반론 A New Refutation of Time, 1944-1946」

목차

로마에 있는 산 조반니 대성당의 바닥
모자이크.

CHRISTOPHER NOLAN

크리스토퍼 놀란

머리말

한 남자가 너무 어두워서 바로 앞에 있는 자신의 손도 보이지 않는 방에서 깨어난다. 그는 자신이 얼마나 오래 잤는지, 어디에 있는지, 어떻게 그곳에 오게 됐는지 모른다. 아는 것이라고는 얼굴 앞에 들고 있는 손이 자신의 오른손이라는 게 전부다.

남자는 두 다리를 침대 밖으로 뻗어 차갑고 딱딱한 바닥 위에 발을 올려놓는다. 그는 병원에 있는 듯하다. 어디를 다친 걸까? 아니, 군대 막사인 것도 같다. 그는 군인일까? 남자는 손가락으로 침대 모서리를 더듬는다. 금속 재질의 틀 위로 거친 울 시트가 덮여 있다. 기억이 돌아온다. 찬물 목욕과 울려대는 종소리, 지각하고 말았다는 무시무시한 기분. 그러나 기억은 돌아온 만큼 빠른 속도로 사라진다. 그에게는 한 조각의 지식만 남았다. 벽 어딘가에 있을 전등 스위치. 이 스위치의 위치를 알아낸다면, 그는 자신이 어디에 있는지를 알게 될 것이고 모든 것을 되찾게 될 것이다.

남자는 조심조심 바닥 저쪽으로 한쪽 발을 내민다. 양말이 무언가에 걸려 찢어진다. 쪼개진 나뭇조각. 마룻장. 바닥에는 마룻장이 깔려 있다.

그는 몇 걸음을 내디디면서 쭉 뻗은 두 팔로 앞을 살핀다. 손가락 끝이 차갑고 딱딱한 표면을 스친다. 다른 침대의 금속 프레임이다. 그는 혼자가 아니다.

두 번째 침대의 끄트머리를 더듬으면서 나아간 남자는 자신이 누워 있던 침대를 기준으로 새 침대의 위치를 삼각측량한 뒤, 자신의 위치가 방 한가운데 있는 통로라는 결론을 내린다. 길을 더 잘 느끼려고 등을 구부린 채로, 그는 슬금슬금 통로를 따라 나아간다. 그러느라 5~6분이 걸린다. 방은 그가 생각했던 것보다 훨씬 길었고, 그래서 몇 분이 지난 후에야 가까스로 벽 앞에 다다른다. 회반죽의 차가운 감촉. 벽에 몸을 바짝 붙이고는 두 팔을 쭉 편다. 회반죽 몇 조각이 손톱에 걸려 떨어진다. 왼손으로 전등 스위치를 찾아낸다. 빙고. 스위치를 딸깍 올리자 빛이 방을 물들이고, 남자는 자신이 누구인지 어디에 있는지 단박에 알게 된다.

이 남자는 실존 인물이 아니다. 독일 철학자 임마누엘 칸트가 한 사고 실험에 등장하는 가상의 인물이다. 칸트는 「사유 안에서 방향 정하기란 무엇인가? What Does It Mean to Orient Oneself in Thinking?, 1786」라는 에세이에서 공간에 대한 우리의 인식이 우주의 '저 밖'에 대한 정확한 반영인지, 아니면 '이 안'에서 직감하여 알게 되는 선험적인 정신적 이해인지 판단하려고 했다. 지리학 교사이기도 했던 칸트는 이 문제를 고심하기에 제격인 사람이었다. 불과 몇 년 전에 있었던 그의 동포 윌리엄 허셜의 망원경 발명은 '태양계 밖'이라는 개념과 천왕성의 발견으로 이어졌고, 그러는 동안 발명된 열기구는 지도 제작자들이 기상학과 구름의 형성에 대해 좀 더 깊이 이해할 수 있게 해주는 원동력이 됐다. 칸트가 제일 먼저 살펴본 것은 그들이 다룬 사례였다. "하늘에 뜬 해를 보면서 지금이 한낮이라는 사실을 알 수 있다면 남쪽과 서쪽, 북쪽과 동쪽을 분간하는 법을 아는 것이다." 그가 쓴 글이다. "제아무리 천문학자라도 눈에 보이는 것에만 집중하고 그 순간 자신이 느끼는 것들에 관심을 쏟지 않는다면 어쩔 도리 없이 방향 감각을 잃게 될 것이다." 이와 함께 칸트는 낯선 방에서 깨어난, 자신이 바라보는 방향이 어디인지 확신하지 못하는 남자의 사례를 상정했다. "아무리 어둡더라도 친숙한 방에 있을 경우, 위치를 기억하는 딱 한 가지 물건만 붙잡을 수 있다면 내가 있는 위치를 파악할 수 있다.” 그는 이어서 말했다. “누군가가 장난을 쳐서 전에는 오른쪽에 있던 무언가를 왼쪽으로 이동시키는 방식으로 주위에 있는 모든 물체를 옮겨 놨을 경우, 나는 동일한 방에 있더라도 어느 것 하나 찾아내지 못할 것이다.” 왼쪽과 오른쪽은 우리가 배우거나 관찰해서 알게 되는 것이 아니다. 그것은 우리가 각성하면서 저절로 갖게 되는 선험적인 지식이다. 그것은 우주가 아니라 우리 자신에게서 유래한 개념이지만 공간과 우주, 그 안에 있는 자신의 위치에 대한 우리의 철저한 이해는 그 개념으로부터 흘러나온다. 장난꾼이 전등 스위치의 위치를 제멋대로 바꿔놓지 않았다면, 그 장난꾼이 친 모든 장난은 아무런 효력도 발휘하지 못한다.

영화감독 크리스토퍼 놀란의 커리어는 당시 임마누엘 칸트가 겪었던 기술의 변화 못지않게 여러 기술이 급변했던 시기에 걸쳐 있다. 놀란이 유니버시티 칼리지 런던UCL 2학년이던 1991년 8월, 팀 버너스 리가 유럽 입자물리연구소CERN의 NeXT 컴퓨터에 월드 와이드 웹www을 런칭했다. 1996년, 인텔의 CEO 앤드류 그로브는 “우리는 지금 인터넷 시대에 살고 있습니다.”라고 말했다. 놀란이 데뷔작 〈미행〉을 공개한 해인 1998년, 미국의 앨 고어 부통령은 민간용 GPS 위성을 위해 신호 2개를 추가하겠다는 계획을 발표했고, 구글은 ‘세상의 정보를 체계화’한다는 파우스트 같은 임무에 착수했다. 1년 뒤에는 무선 네트워킹과 냅스터, 브로드밴드가 도래했고, 놀란의 두 번째 장편영화 〈메멘토〉가 때맞춰 상영되었다. 그의 세 번째 영화 〈인썸니아〉가 공개된 2002년 즈음, 세계 최초의 온라인 백과사전 위키피디아가 등장했다. 2003년에는 익명 게시판 포챈 4Chan이 런칭되었고, 2004년에는 소스 코드를 몰라도 사용할 수 있는 소셜 미디어 플랫폼인 페이스북이 발 빠르게 뒤를 이었으며, 2005년에는 유튜브와 레딧이 등장했다. 미국 작가 커트 앤더슨은 “그 변화의 어마어마한 속도와 규모는 아무리 강조해도 모자랄 정도다.”라고 서술한 바 있다. 인터넷을 사용하는 미국인의 비율은 1990년대 초만 해도 인구의 2퍼센트 미만이었지만, 10년이 채 지나지 않은 2002년 무렵에는 대부분이 온라인에 접속한 상태가 되었다. 증기기관이 발명된 이래 거리에 대한 우리의 개념은 가장 큰 변화를 맞이하였다. 인터넷의 동시성이 유클리드적 공간을 박살 내면서, 시간은 이를 활용할 수 있는 사람들이 제정한 새로운 측정 단위가 됐다. 그런데 시간은 우리를 단결시키는 대신, 우리 각자가 머물러 있는 주관적인 시간에 대해 생각해보도록 만들었다. "사람들은 음악과 동영상을 '스트리밍'한다. 우리가 시청하는 테니스 경기는 생방송일 수도 있고 아닐 수도 있다. 대형 전광판으로 실시간 리플레이를 보는 관중은—그리고 우리는 각자의 화면에서 이 장면이 반복 재생되는 것을 본다—다른 시간대에서 이미 어제 경기를 관람했을지도 모른다." 미국의 저술가 제임스 글릭이 「제임스 글릭의 타임트래블Time Travel: A History, 2016」에서 밝힌 글이다. "우리는 시간의 층을 가로질러 기억의 기억을 향한다."

이것을 표현하는 더 쉬운 방법은, 우리의 삶이 크리스토퍼 놀란의 영화가 되었다는 것이다. 놀란의 영화에는 그의 제작사 '신카피'의 로고를 장식하는 미로처럼, 뚜렷하게 보이는 입구들이 있다. 당신은 TV에서 그 영화들의 광고를 봤을 것이다. 그 영화들은 당신이 사는 동네의 멀티플렉스에서 상영되고 있을 공산이 크다. 그 영화들은 스파이 스릴러나 하이스트 무비 같은 전통적인 장르에 속한다. 다수는 칸트가 다룬 가상의 연구 대상처럼, 꿈에서 깨어나는 남자를 포착한 단순한 숏으로 시작한다. 그 영화들을 에워싼 세상은 단단한 감촉이 느껴지는 강한 질감을 부여받고, 관객을 몰입시키는 아이맥스 촬영과 주위를 감싸는 사운드 디자인이 더해지면서 오톨도톨한 질감을 부여받는다. 우리의 눈과 귀가 수집한 증거들은 우리로 하여금 그 세계에, 그 주인공에게 빠져들게끔 만든다. 생경하고 낯선 환경에 놓인 주인공의 주위로 장르 영화의 친숙한 요소들, 즉 강도질, 카 체이스, 총격전 등이 드러나기 때문이다. 파리의 거리들이 종이접기하듯 접힌다. 18륜 트럭은 딱정벌레처럼 뒤집힌다. 항공기는 비행 중에 붙잡히며, 탑승객들은 수직으로 선 동체 내부에 아슬아슬하게 매달려 있다. 장난꾼이 전등 스위치를 갖고 노는 것처럼. 고리 형태의 내러티브와 산산조각 난 2막의 반전들은 우리 발밑에 있는 땅을 한층 더 강하게 울려대면서, 탄탄했을 내러티브 구조를 하늘하늘한 빛이 아른거리는 메타픽션*으로 만들어버린다. 관객들은 단단한 고체라고 생각했던 것들이 하나같이 공기 속으로 녹아 없어지는 것을 보면서 경악하

● 소설의 내용이 실제가 아니라 허구임을 환기시키는 방식의 작품.

는 동시에 흡족해하는데, 이런 특성은 현란한 거죽을 걸치고 요란하게 허풍을 떨어대는 할리우드 블록버스터와는 1백만 마일이나 떨어져 있다. 다른 극장에서 엽기적인 내용의 꼭두각시극이 엔터테인먼트로 간주되며 상영될 때, 놀란은 기분 좋은 음모를 제안하는 영화에 동참하고 있다는 느낌을 준다. 따라서 더 큰 재미를 느낀 우리는 몽롱한 기분으로 극장을 나선다. 그러고는 영화의 모호한 결말과 코르넬리우스 에셔의 판화를 보는 듯한 현기증 나는 플롯에 대해 논쟁을 벌인다. 놀란의 영화 안으로 들어서는 것은 쉽지만 빠져나오는 것은 극도로 어렵다. 그의 영화를 감상하고 나면, 그 영화는 물에 떨어진 잉크처럼 당신의 머릿속에서 끝없이 퍼져 나간다. 우리는 방금 전에 본 영화를 무시할 수 없다. 심지어 그 영화는 진짜로 끝난 것이 아니다. 그 영화는 여러 면에서 이제 막 시작되었을 뿐이다.

• • •

내가 놀란을 처음 만난 것은 2001년 2월, LA의 선셋 스트립에서 그리 멀지 않은 24시간 레스토랑 캔터스 델리에서였다. 그때는 그의 두 번째 영화 〈메멘토〉가 선댄스 영화제에서 격찬을 받은 직후이자, 그가 배급사를 확보하려고 기를 쓰며 기나긴 1년을 초조하게 보낸 뒤였다. 으스스한 내용의 꿈을 햇빛 아래 내놓은 것처럼 선명하게 그려낸 지독한 구조의 네오 누

2001년, 〈메멘토〉 개봉 전날에 처음 만난 놀란.

아르 영화 〈메멘토〉는 아내의 사망 사건을 해결하고자 애쓰는 기억상실증 환자를 다룬 작품이었다. 그 환자는 아내가 사망한 시점까지 벌어진 일은 모두 다 기억할 수 있지만, 사건 이후 겪는 일들의 기억은 10분 정도만 유지할 수 있다. 이것은 영화의 구조가 거울에 반영된 혼란스러운 설정으로, 우리 눈앞에서 거꾸로 상영되는 영화의 구조는 관객들을 이야기의 '중간' 지점에 영원히 가둬놓는다. 사람들은 같은 해에 개봉된 〈내

차 봤냐?Dude, Where's My Car?, 2000〉와 비슷비슷한 천편일률적인 작품들로 도배되다시피 한 영화계 풍경 속에서 이 영화가 얼마나 좋은 성과를 거둘 수 있을지 궁금해했다. 그렇게 사람들의 궁금증을 끌어내는 방법 면에서 이 영화는 신성모독에 가까울 정도로 영리한 영화처럼 보였다. 2000년 인디펜던트 스피릿 어워드에서 상영된 후, 많은 팬을 확보하면 서도 정작 영화 배급사는 확보하지 못해 애를 먹은 이 영화는 할리우드 에서 공공연한 비밀 같은 게 되어버렸다. 놀란이 시상식에서 만난 할리우드의 모든 배급사 관계자들은 "끝내주는 영화예요.", "정말 마음에 들어요.", "진심으로 당신과 일하고 싶어요.", "그런데 우리 회사와 잘 맞는 영화는 아니네요." 등등의 말로 영화를 퇴짜 났다. 스티븐 소더버그 감독이 나서서 미국의 인터넷 영화 사이트 '필름 스넷'에 다음과 같은 코멘트를 내놨다. "이 영화는 나에게 독립영화 운동이 사망했다는 신호를 보냈다. 할리우드에 있는 모든 사람이 이 영화를 봤으면서도 영화 배급은 거절했다는 사실을 관람하기 전부터 알고 있었기 때문이다… 영화를 보고 나오면서 이런 생각을 했다. '말세야. 이렇게 좋은 영화가 개봉되지 못한다면, 그게 바로 말세지.'"

영화 〈메멘토〉가 다른 사람의 결정을 기다려야 하는 불확실한 상태로 영화계의 림보Limbo에서 1년을 보낸 후, 영화 제작사인 '뉴마켓 필름스'는 이 영화를 직접 배급한다는 위험한 결정을 내렸다. 그날 내가 만난 놀란은, 그러니까 캔터스 델리의 장의자에 앉아 있던 그는 안도한 상태였다. 놀란은 당시 겉으로는 자신감을 내비치고 있었다. 하지만 그가 보르헤스와 레이먼드 챈들러의 소설, 데이비드 린치의 영화 같은 것들이 자신의 작품에 영향을 주었다고 인터뷰하는 동안, 그의 금발 앞머리는 계속해서 눈앞으로 흘러내리고 있었다. 내 눈에 비친 놀란은 상당히 친숙한 유형의 영국인으로, 중산층 가정에서 곱게 자란 아들처럼 보였다. 주말에 동료 브로커들과 럭비를 하며 런던 금융계에서 경력을 쌓아가는 모습을 상상할 수 있었다. 그런데 현실의 놀란은, 신뢰할 수 없는 두뇌가 속내를 알 수 없는 감정을 피해 도망 다니는 이야기를 역방향으로 만들어 할리우드에 들고 온 사람이었다. 이성과 감정이 빚어낸 충돌은 인상적이었다. 젊은 하워드 휴즈가 에드거 앨런 포의 관심 분야를 토대로 스타트업 기업을 만들어 경영하는 것 같은 형국이었다. 메뉴판을 집어 든 놀란이 뒤에서부터 앞으로 메뉴판을 넘기는 모습에 나도 모르게 눈길이 갔다. 그가 말하길 자신은 왼손잡이라서 잡지나 메뉴판을 항상 뒤에서 앞으로 넘긴다고 했다. 각각의 장면이 역방향으로 펼쳐지는 영화 구조에 영향을 준 것이 그의 이런 특징 때문인지 궁금했다. 놀란은 내가 우연히 뭔가를 밝혀낸 것인지도 모르겠다고 말하면서, 자신이 오래전부터 대칭과 미러링mirroring, 도치inversion 같은 관념에 매혹됐노라고 설명했다. 놀란은 대화 내내 3주 후에 풀게 될 수학 문제를 머릿속에서 예습하며 풀고 있는 듯한 아련한 눈빛으로 아주 연한 청색 눈동자를 반짝거렸다. 영화 〈메멘토〉는 그토록 화사한 기하학적 구조를 갖추고 있음에도 결국에는 선댄스가 반기면서 육성하는 성장 영화나 우울한 분위기의 데뷔작과 크게 다르지 않은 그의 사적인 영화였다는 생각이 명확해졌다. 〈메멘토〉는 강박관념이 낳은 결과물이었다. 자신의 방식이 실패할 수도 있다는 것을 고려하지 않는 목소리의 주인으로부터 에너지를 부여받은 강박관념이 낳은 결과물 말이다. 놀란이 이 영화를 만든 것은 무슨 일이 있더라도 반드시 만들어야만 하는 영화였기 때문이다.

"내 머리 한구석에는 항상 이런 생각이 있었습니다. 이 영화를 정말 만들 수 있겠어? 넌 지금 영화를 역방향으로 만들려는 거야." 그가 내게 한 말이다. "어떤 시점에 누군가가 불쑥 들어와 '그건 미친 짓 같아.'라고 말하는 것과 비슷했죠. 누구든 자신이 만드는 영화 속으로 깊이 파고들거나 빠지게 됩니다. 일종의 '앞을 보지 못하는 상태'라고 할까요? 너무 몰입하는 바람에 영화는 현실의 것이 아니게 됩니다. 그래도 어떻게든 나아가야 하죠. 글쎄요, 전 6개월 전에 시나리오를 썼고, 그때는 괜찮은 아이디어로 보였어요… 나는 중심 캐릭터에 기이하게 공감했습니다. 미래의 자신에게 보여주려고 적은 메모들을 신뢰해야만 하는 캐릭터한테요. 우리가 할 수 있는 유일한 일은 맨 처음에 느낀 본능을 신뢰하는 겁니다. 그저 이런 말들을 되뇌는 거죠. '이게 내가 만들고 있는 영화야.', '이게 내가 하고 있는 일이야.', '이게 바로 내가 이 시나리오를 쓴 이유야.', '이 영화는 제대로 굴러갈 거야. 그러니까 그냥 믿어.'"

우리의 만남 이후 몇 주 뒤인 3월 16일에 드디어 11개 극장에서 개

봉된 〈메멘토〉는 개봉 첫 주에 352,243달러를 벌었고, 2주차에는 15개 극장으로 개봉관을 확대해 353,523달러를 벌었다. 처음에 배급을 거절했던 미라맥스는 뉴마켓에게서 다시 영화를 사들이려고 미친 듯이 애를 썼다. 그러는 동안 영화의 입소문이 퍼지면서 개봉관은 76개로 늘었고, 수익은 965,519달러까지 치솟았다. 미라맥스는 자신들이 퇴짜놓은 영화가 하늘 높이 날아오르는 것을 멍하니 지켜볼 수밖에 없었다. 영화는 흥행 10위권 내에 4주, 20위권 내에서는 15주를 머무르면서 결국에는 531개의 상영관에서 확대 상영됐다. 이 상영관 수는 1975년 여름에 상영된 〈죠스 Jaws, 1975〉가 확보한 상영관 수보다 많았다. 〈메멘토〉는 북미에서 2,500만 달러 이상을, 해외에서는 1,400만 달러 이상을 벌어들이면서 4,000만 달러에 육박하는 흥행수입을 올렸다. 그해 여름의 슬리퍼 히트작*이 된 것이다. 영화는 각본상과 편집상, 2개 부문 오스카 후보에 지명됐고, 배급사들을 대상으로 열린 시사회에서 처참한 반응을 맛봤던 날로부터 2년째 되는 해인 2002년 인디펜던트 스피릿 어워드에서 감독상과 각본상을 수상했다.

이후 놀란의 출세 궤적은 수직선에 가까웠다. 영화사가 史家 데이비드 보드웰은 90년대 후반에 대중적 인기를 얻거나 비평 측면에서 성공을 거둔, 또는 양쪽을 다 성취하며 급부상한 감독들인 폴 토머스 앤더슨, 워쇼스키 자매, 데이비드 핀처, 대런 아로노프스키를 언급하며 "그와 같은 세대에 속한 어떤 감독도 그렇게 급성장한 커리어를 보여주지 못했다."고 평했다. 20년에 걸친 기간 동안, 이 영국 출신 감독은 3분짜리 단편을 쥐

● 예상과 달리 흥행한 영화.

—

〈메멘토〉의 포스터 디자인. 사람들의 농담처럼 "반복을 이해하려면, 반복부터 먼저 이해해야 한다."

꼬리만 한 제작비로 근근이 만든 것에서 출발해 〈다크 나이트〉와 〈인셉션〉, 〈인터스텔라〉, 〈덩케르크〉 같은 흥행수입 수십억 달러짜리 블록버스터를 만들기에 이르렀다. 놀란의 영화들이 전 세계적으로 벌어들인 흥행수입은 총 47억 달러가 넘었으며 그는 알프레드 히치콕 이후로 영국이 배출한 가장 성공한 영화감독이 됐다. 스튜디오 입장에서 그는 흥행을 보증하는 감독이다. 그리고 기존에 존재하는 프랜차이즈나 속편의 일부가 아닌, 자신만의 오리지널 아이디어를 들고 찾아와서 2억 달러의 예산을 확보하고 나가는 몇 안 되는 감독 중 한 명이다. 그보다 앞선 시대에 속한 스필버그와 루카스처럼, 놀란의 이름 자체가 독자적인 프랜차이즈가 됐다. 그뿐 아니라 할리우드를 지배하는 경제적 논리에 가장 근접한 〈다크 나이트〉 시리즈조차 혼돈의 끄트머리에 서 있던 당시 사회에 대한 그의 개인적 비전을 구현한 작품이다. 프리츠 랑과 자크 투르뇌의 누아르 영화들이 1930년대와 1940년대 미국의 사회상과 교감했듯이 놀란은 부시 대통령 집권기의 암울한 사회적 분위기와 교감했다. 놀란은 거장의 반열에 오른 감독으로서는 특이하게도, 연출한 총 열한 편의 영화 시나리오를 직접 쓰거나 집필 과정에 관여했다. 동시에 블록버스터 '작가감독'이라는 칭호를 떳떳하게 요구할 수 있는 무척이나 특별한 감독 클럽에 가입하게 됐다. 그 클럽에 가입한 다른 두 감독은 피터 잭슨과 제임스 카메론인데, 놀란은 그들과 다르게 그의 가장 성공적인 프랜차이즈를 관리하는 책임자 노릇을 하기보다는 오리지널 영화를 만드는 쪽에 여전히 주력하고 있다.

"놀란은 시스템 내부에서 지휘하는 방식으로 작업합니다." 놀란의 〈다크 나이트〉 3부작에 영향을 준 영화 〈히트Heat, 1995〉를 연출한 마이클 만 감독의 의견이다. "그에게는 거창한 아이디어들이 있습니다. 그는 '영웅이 쇠퇴한 시대'에 존재하는 슈퍼히어로 개념을 고안했습니다. 그리고 꿈을 꾸는 마음의 내부를 배경으로 한 SF 하이스트라는 아이디어를 내놓았고, 이를 뛰어난 비전으로 엮어내면서 한 편의 영화로 만들어낼 정도로 대담한 면모를 갖고 있습니다. 그가 그토록 걸출하게 행동하면서 대중에게도 큰 호응과 공감을 얻을 수 있는 이유는 '지금 이 시점'에 깊이 뿌리내리고 있기 때문이라고 생각합니다. 놀란은 우리 삶의 현실, 상상력, 문화, 사고방식에 대해 잘 알고 있습니다. 우리는 기존의 사회 기반이 낡게만 여겨지는 산업화 이후의 세계에서 살고 있습니다. 권리를 박탈당했다고 느끼는 이들이 많죠. 사람들 틈바구니에서 벗어나 은둔하기는 어렵습니다. 프라이버시를 지키는 것 역시 불가능합니다. 우리가 영위하는 생활에는 내부로 파고들 수 있는 구멍이 숭숭 뚫려 있습니다. 우리는 서로에게 연결된 채 데이터의 바다에서 헤엄치고 있죠. 놀란은 뭐라 딱 꼬집어 말하긴 어렵지만 몹시 현실적인 이런 걱정거리들을 직설적으로 다룹니다. 그런 상황을 이해하고 거기서 비롯된 이야기들을 들려주려는 탐구 활동, 그것이 놀란에게 동기를 부여하는 핵심적인 요인이라고 생각합니다." 연출작 〈퍼포먼스 Performance, 1970〉와 〈지금은 보지 마라 Don't Look Now, 1973〉, 〈지구에 떨어진 사나이 The Man Who Fell to Earth, 1976〉로 놀란이 시간과 영화적인 공간을 더욱 대담하게 조작할 수 있도록 영감을 주었던, 영국 감독 니콜라스 뢰그는 타계를 앞둔 2018년에 내게 이런 말을 했다. "'상업적 예술'을 얘기하는 사람들은 그 용어를 자기 부정적인 뉘앙스로 사용하는 게 보통입니다. 놀란은 상업적인 영역에서 작업하지만, 그럼에도 그의 작품에는 무척이나 시적인 무언가가 있습니다. 그것들은 놀라울 정도로 잘 위장되어 있죠. 사람들이 〈메멘토〉의 '거꾸로 흐르는 시간'이라는 책략을 부지불식간에 자신들의 일상생활에 적용하고 있다는 사실은 무척 이상한 일입니다. 그는 포획하기 어려운, 기억과 관련했을 때는 특히나 더 포획하기 어려운 시간과 주관적인 느낌, '모두 사실이긴 한데… 난 그렇게 느끼지 않았어.'라는 느낌, 그런 것들을 필름에 담아냈죠. 대단히 특별한 일을 해낸 겁니다."

놀란은 자신의 작업을 도와주는 이들 사이에서 꼼꼼하고 규율을 준수하며 비밀을 철통처럼 지키는 것으로 유명하다. 2차 세계대전을 배경으로 한 영화 〈덩케르크〉가 탄생하는 데 함께했던 600명 이상의 사람들 중에서 시나리오를 읽어도 좋다고 허락받은 사람은 20명 남짓한 스태프뿐이었다. 시나리오 사본들은 촬영장에 별도 보관됐고, 배우들에게 배포된 시나리오에는 각자의 이름이 워터마크로 박혀 있었다. 그래서 사본이 사라지면 그 대본을 관리하는 데 태만한 소유자가 누구인지 추적할 수 있었다. 놀란이 〈배트맨 비긴즈〉 이후 모든 연출작에 출연시킨 배우이자 행운의 마스코트 비슷한 존재로 여기는 마이클 케인을 처음 만난 것은 〈배트맨 비긴즈〉 시나리오를 들고 영국 서리에 있는 케인의 집을 찾아갔을 때였다. 케인은 자기 집 문 앞에 서 있던 금발에 푸른 눈의 젊은 이를 배달원으로 생각했다.

"크리스 놀란이라고 합니다. 선생님께 드릴 시나리오를 가져왔습니다."
케인은 자신을 염두에 두고 있는 배역이 무엇이냐고 물었다.
"선생님께서 집사 역을 연기해주셨으면 합니다." 놀란의 대답이었다.
"내가 하는 대사는 어떤 건가요? '식사 준비 다 됐습니다.' 같은 건가요?"
"아닙니다. 그 집사는 브루스 웨인의 의붓아버지입니다."
"흐음, 그럼 시나리오를 읽어본 다음에 돌려드리겠습니다."
"아뇨, 안 됩니다. 지금 읽어보시면 안 될까요?"

곁에서 기다리겠다며 고집을 부린 놀란은 케인이 시나리오를 다 읽고 돌려줄 때까지 케인의 거실에서 차를 마셨다. "그는 내가 시나리오를 읽는 내내 거실에서 차를 마셨습니다." 케인이 한 말이다. "나는 시나리오를 읽은 후 그에게 돌려줬죠. 굉장히 비밀스러운 사람입니다. 그는 수백만, 수천만 달러를 벌었지만 그런 거금도 그에게는 아무런 영향을 주지 못했죠. 그는 언제나 똑같은 방식으로 살아갑니다. 롤스로이스도 없고 금시계도 없고 다이아몬드 커프 링크스도 없습니다. 그런 건 전혀 없죠. 그는 늘 차고 다니는 시계를 여전히 차고 있습니다. 옷도 여전히 똑같은 것을 입고요. 사람들은 그가 영화감독이라는 사실을 알아차리지 못할 겁니다. 굉장히 과묵하고, 대단히 자신만만하며, 매우 차분한 사람입니다. 허세라고는 찾아볼 수가 없죠. 날씨가 어떻든 늘 롱코트 차림으로 가만히 서 있을 뿐입니다. 차를 담은 텀블러를 주머니에 넣은 채로요. 언젠가 물어봤습니다. '그 안에 든 건 보드카인가요?' '아뇨, 차입니다.' 그는 그 차를 온종일 마십니다. 그게 놀란이 문제를 해결하는 방식이죠."

● 현상실에서 막 프린트된 촬영 필름. 당일 촬영된 필름을 제작진이 매일 감상하며 검토하기 때문에 데일리(Dailies)라고 말하기도 한다.

놀란은 비주얼 측면에서는 고전주의자다. 촬영 중에는 모니터 보는 걸 피하고, 배우들과 같은 눈높이를 유지하는 걸 선호하며, 카메라가 보는 것을 본다. 출연진 및 스태프와 함께 그날 찍은 러시필름*을 감상하는 구닥다리 방식을 좋아한다. 영화의 주요 장면을 찍는 퍼스트 유닛 팀과는 별도로 상대적으로 덜 중요한 장면들을 촬영하는 세컨드 유닛 팀이란 것이 있는데, 놀란은 세컨드 유닛 활용을 거부하고 영화의 모든 프레임을 직접 작업하는 쪽을 선호한다. "크리스 놀란의 촬영장에서는 딴 데 정신을 팔 틈이 없습니다." 매튜 맥커너히가 한 말이다. 스태프들 사이에서 놀란은 촬영 속도가 빠른 것으로 유명하다. 놀란은 오전 7시에 촬영을 시작해 점심시간에 딱 한 번 휴식한 후, 오후 7시에 촬영을 마친다. 그는 애초에 우주를 다룬 다큐멘터리를 촬영하기 위해 사용된, 있는 그대로의 현실을 상세하게 포착하면서 감상자의 시야를 가득 채우는 포맷인 아이맥스로 촬영하는 걸 좋아한다. 그리

<인터스텔라>의 뉴욕 프리미어에서 사인을 해주는 놀란. 그 자신이 프랜차이즈가 된 놀란의 명성은 때론 영화에 출연한 스타들의 명성마저 압도한다.

고 CG 사용을 가급적 피하면서, 후반작업 때 컴퓨터로 첨가하는 특수효과보다 모형과 매트, 물리적 세트, 배경영사를 활용해서 카메라로 녹화한 효과를 더 선호한다. 그와 함께한 후반작업 코디네이터가 말하길 로맨틱 코미디를 작업할 때 사용하는 특수효과가 〈다크 나이트 라이즈〉 때 사용한 특수효과보다 더 많으며, 총 3,000개 숏 중 특수효과가 사용된 숏은 430개밖에 되지 않는다고 밝혔다. 아날로그로 구현된 환상의 힘과 이를 향한 놀란의 헌신은, 디지털 이미지에 둘러싸여 자란 세대가 오히려 더 매력적으로 느끼는 요소가 되었다. 그는 상업 영화 감독이 아니라 폴 토머스 앤더슨이나 타란티노 같은 컬트 영화 감독으로 인식되었고 열성적인 팬들을 끌어모았다. 덕분에 놀란의 영화를 혹평한 평론가들이 살해 협박을 당하는 일도 있었다. 2014년에 「뉴욕타임스」는 "〈인셉션〉의 결말이 의미하는 바를 묻는 IMDB F.A.Q 페이지를 보고 나면 「무한한 흥미Infinite Jest, 1996」*가 토스터기 설치 방법을 다룬 팸플릿처럼 보일 정도

● 미국 작가 데이비드 포스터 월러스의 소설로, 내러티브 구조가 틀에 박히지 않고 미주(尾註)를 실험적으로 활용한 까닭에 내용 파악이 어려운 것으로 유명하다.

다."라고 지적했다. 온라인에서 벌어진 논쟁은 블랙홀의 밀도에 근접할 정도로 치열했는데, 그 기자는 다음과 같은 의견을 더했다. "의견이 다른 이들과 전투를 벌이는 놀란의 팬들이 뚫은 웜홀들이 교차하는 가운데… 그의 작품이 크게 흥행하는 이유는, 팬과 평론가를 포함해 관객이 두 번이나 세 번 정도 영화를 감상한 후… 각자가 하던 일을 모두 내팽개치고는 영화에 담긴 여러 요소에 대한 글을 블로그에 올리도록 만들기 때문이다. …그리고 내가 궁금한 것은, 첫 번째 꿈에서 흰색 밴이 다리에서 자유낙하를 했기 때문에 두 번째 꿈의 호텔이 무중력 상태라면, 세 번째 꿈에는 왜 여전히 정상적인 중력이 있는 걸까???"

그런데 놀란의 개인적인 정보는 알려진 바가 거의 없다. 감독은 자신의 영화들에 대한 얘기를 술술 풀어내는 법을 오랫동안 완벽하게 가다듬어온 반면, 자신의 신상에 대해서는 아무것도 드러내지 않았다. 그렇기에 그의 프로필을 쓰는 작가들은 똑같은 사실 대여섯 개를 반복적으로 사용해왔다.

그는 이중 국적자로 런던과 시카고에서 자랐다. 영국인 아버지는 광고계에서 일했고, 미국인 어머니는 비행기 승무원이었다가 나중에 교사로 일했다. 놀란은 십 대 시절 대부분을 하트퍼드셔에 있는 기숙학교에서 보내고 유니버시티 칼리지 런던에 진학했다. 그곳에서 그는 훗날의 아내이자 제작 파트너인 엠마 토머스를 만났고, 두 사람은 현재 네 아이를 두었다.

이 정도 정보뿐이니, 놀란은 그의 영화 〈프레스티지〉에서 박수 속에 홀연히 사라지는 마술사처럼 신비롭기까지 하다. 그 영화에서 휴 잭맨이 연기한 마술사는 무대에서 자취를 감춘 후, 사람들이 보내는 박수갈채를 무대 아래에서 듣는다. "사람들은 나한테 이런 말을 하곤 합니다. '온라인에는 〈인셉션〉 또는 〈메멘토〉에 사로잡힌 사람들이 있어요.'" 이 책의 밑그림이 되어준 여러 번의 인터뷰 중 첫 번째 인터뷰에서 놀란이 내게 한 말이다. "그런 말을 한 사람들은 나한테 그에 대한 견해를 밝혀달라고 요청하죠. 내가 그런 현상을 괴이하거나 별난 것으로 여길 거라고 생각하면서요. 그런데 내 의견은 이렇습니다. '글쎄요, 무엇보다도 나 자신이 그 작품들에 몇 년간 사로잡혀 지냈습니다. 정말이지 완벽하게 사로잡혔 었죠. 그래서 그런 현상이 괴이하다고 생각되진 않습니다.' 우리는 영화에 많은 것을 쏟아붓습니다. 몇 년 전에 어떤 제작자와 점심을 먹은 적이 있어요. 같이 일해본 적은 없지만 대단히 성공한 제작자였는데, 그가 내 작업 과정을 궁금해하더군요. 어느 순간 내가 이런 말을 했습니다. '나는 영화를 만들 때마다 나 스스로가 역사상 최고의 영화를 만들고 있다고 믿어야만 합니다.' 그는 내 말을 듣고는 경악하더군요. 그런 식으로 생각하는 사람이 실제로 있으리라고는 생각해본 적이 전혀 없었을 테니까요. 그의 그런 반응은 내 입장에서도 무척이나 충격적이었습니다. 영화를 만드는 건 정말 어려운 일이거든요. 내 말은 영화감독이 세상에서 제일 고된 직업이라는 말이 아닙니다. 나는 탄광에서 일해본 적이 없으니까요. 그렇지만 사람의 진을 완전히 빼놓는 직업인 건 맞습니다. 2년간, 가족과의 생활을 비롯한 모든 것을 포기해야 합니다. 그래서 나는 역사상 최고의 영화를 만들고자 기를 쓰지 않으면서 영화를 만드는 사람들이 과연 있을까 싶어요. 내가 한 말에 왜 그렇게 놀라는 거죠? 감독은 그 영화가 역사상 최고의 영화가 되지는 않을지라도, 그런 영화가 될 수도 있다고 믿어야 합니다. 자신을 온전히 쏟아붓고 그러는 과정에서 누군가에게 영향을 주는 것, 나는 그런 과정에서 엄청난 스릴을 느낍니다. 어마어마한 스릴을요. 내가 작품에 몰두하고자 애쓰는 것처럼 대중을 작품에 몰두시키는 데 성공했다는 그런 기분이 들어요."

• • •

함께 작업해서 책을 내자는 아이디어를 놀란에게 처음 제안했을 때, 그는 자신이 커리어 전체를 다루는 회고전을 열기에 충분할 정도로 많은 영화를 만들었다고 생각하지 않았다. 〈인터스텔라〉를 막 완성한 시점에서, 그는 이제 아홉 번째 영화를 만든 상태였다. 그런 뒤 3년이 흘렀다. 그의 영화 〈덩케르크〉가 개봉되기 전 그를 다시 만났다. 워너 브러더스 스튜디오 안에 터를 잡은, 클린트 이스트우드의 말파소 프로덕션에서 돌을 던지면 닿을 정도로 가까운 곳에 있는 2층짜리 황갈색 방갈로인 그의 제작사 신카피의 사무실에서였다. 나는 책을 내자는 제안에 그가 반대하면서 거론했던 영화 열 편이라는 편수에 이제 딱 한 편이 모자란 상태라는 것을 지적했다. 놀란은 이메일 계정도 없고 휴대폰도 없었기 때문에 우리는 그의 어시스턴트를 통해 얘기를 좀 더 주고받았다. 드디어 놀란이 맨해튼에서 만나자는 데 동의했다. 그는 미국감독조합DGA, Directors Guild of America이 하비 웨인스타인*의 회원 자격을 박탈할 것인지의 여부를 결정하는 투표를 위해 맨해튼으로 갈 예정이었다. 「뉴요커」가 이 거물 제작자의 만행을 폭로한 기사를 공개한 직후였다. 한편 〈덩케르크〉는 박스오피스에서 5억 2,700만 달러 가까이 벌어들이고 오스카 8개 부문에 후보로 지명됐다. 놀란은 감독상 후보에 오르면서 〈다크나이트〉와 〈인셉션〉 때 감독상 후보에 지명받지 못했던 한계를 무너뜨렸다.

　"그 후보 지명을 받으려고 다른 영화를 만들지 않고 이 영화를 만든 겁니다." 그가 내게 말했다. "더 이상은 그렇게 못하겠어요. 영화를 찍는건 무척 어려운 일이라고 생각합니다. 철저히 몰두해야 하는 일인데, 엄청나게 고된 과정이죠. 가족에게 가해지는, 그리고 개인적인 인간관계에 가해지는 압박이 큽니다. 육체적으로도 많이 힘들고요. 따라서 내가 작업하는 영화는 위대한 영화여야 합니다. 내가 좋아하는 작품이 되어야만 하죠. 문제는, 시나리오를 쓰는 작가이기도 한 내가 집필을 포기하고 싶지 않다는 겁니다. 감독조합상 후보에 처음 지명됐을 때 리들리 스콧을 만나게 됐습니다. 그에게 다음 프로젝트가 뭐냐고 물었죠. 스콧은 자신의 지난 커리어 20년을 돌아보니 영화 열 편을 작업했는데, 지나치게 느린 편은 아니었지만 '왜 좀 더 서두르지 못한 걸까?' 하는 생각을 했다더군요. 그런데 스콧은 시나리오를 쓰지 않습니다. 나는 그것이 바로 우리의 큰 차이점이라고 생각합니다. 정말이지 나는 시나리오가 완성된 형태로 내 책상에 놓이는 걸 원하지 않습니다. 내가 여태껏 관여해온 프로젝트 중에서 그런 식으로 작업한 프로젝트는 하나도 없습니다. 나는 시나리오 집필만큼은 결코 포기하고 싶지 않아요. 스티븐 소더버그는 나름의 길을 찾았습니다. 그는 집필을 관두면서 작업을 더 빨리 할 수 있었죠. 소품이지만 더 기발한 영화를 작업할 수 있는 길을 찾아낸 겁니다. 내가 영화 한 편을 만드는 데는 지나치게 긴 시간이 소요됩니다. 그런데 작품의 규모를 줄인다고 해서 속도가 더 빨라지진 않을 겁니다. 촬영 속도는 높일 수 있겠지만, 시나리오 집필과 작품을 구상하는 데에는 시간이 걸리니까요."

놀란은 스토리로 발전시킬 만한 아이디어가 하나 있지만 그게 영화화되리라는 보장은 어디에도 없다고 말했다. "그런 일이 두어 번 있었습니다. 아이디어가 샛길로 완전히 새버린 일이요. 그러면서 몇 년을 그냥 날렸죠." 아무튼 놀란은 그의 다음 시나리오로 탈바꿈할지, 그렇지 못할지

알 수 없는 아이디어를 위해 조사 작업을 하는 1년 동안 여러 번의 인터뷰 자리를 마련한다는 데 합의했고, 그러는 사이 오스카 시즌은 막을 내렸다. 그가 인터뷰라는 기분 전환용 자리가 마련된 것에 행복해한다는 인상을 받았다. "출판된 〈덩케르크〉 시나리오의 머리말에 멍청하게도 아내인 엠마한테 '이 영화는 시나리오 없이 만들 수 있을 것 같아.'라는 말을 했다는 사실을 털어놨어요. 그녀는 '당신, 바보가 다 됐네.'라며 쏘아붙였죠. 그녀가 옳았어요. 당연하게도 이후로 그 일에 대한 질문을 받았어요. '시나리오 없이 〈덩케르크〉를 만들려고 했었나요?' 정신 나간 아이디어였죠. 그렇지만 그 일은 집필된 시나리오와 완성된 영화 사이의 관계가 무척 부적절하다는 사실을 보여줬어요. 시나리오는 우리에게 어떤 영화가 완성될 것인가를 미리 알려주지 못합니다. 영화감독 입장에서, 머릿속에 있는 비주얼 아이디어를 스타일의 수렁에 빠지는 일 없이 단어로 옮기는 건 무척 힘든 작업입니다. 나는 시나리오 집필을 즐깁니다. 시나리오는 불필요한 건 다 제거하고 필수적인 것만 남겨놓은 간결한 문서니까요. 시나리오는 불필요한 것을 많이 제거할수록 더 훌륭해지죠. 문학적 특징이 적을수록 스크린 위에서 일어나게 될 일을 직접 경험하는 것에 더 가까워집니다. 나는 항상 그렇게 하고자 애써왔어요. 그리고 그런 차원을 넘어설 수

—
놀란의 제작사 신카피의 미로처럼 생긴 로고.

있을 만한 더 나은 방법을 찾고 있습니다. 일단 컴퓨터 모니터에서 깜빡거리는 커서를 밀고 나가기 시작하면, 그러니까 언어의 세계로 뛰어들어 직진하기 시작하면 집필을 완료할 때까지 그 과정에 완전히 갇혀버립니다. 목적지에 도착할 때까지는 미로에 갇히는 거죠."

이것만큼은 분명하다. 크리스토퍼 놀란 혹은 그의 영화를 제대로 이해하는 유일한 방법은 그를 따라 미궁으로 들어가는 것이다.

• • •

이 책은 전기傳記가 아니다. 놀란의 초창기 삶에 대한 설명으로 시작해서 그의 영화를 연대기 순으로 살펴보지만 말이다. 놀란은 대서양 양쪽을 배경으로 한 그의 성장기와 기숙학교에서 겪은 경험에 대해, 영화 카메라를 들기 이전에 영향을 주고 영감을 준 모든 인물과 작품에 대해 처음으로 밝히는 것을 행복해했다. 하지만 그의 작업을 전기처럼 다룬 책을 만든다는 생각에는 계속 과민 반응을 보였다. "나 자신을 히치콕과 비교하는 건 원치 않아요. 내가 만든 영화들을 이어주는 매우 뚜렷한 연결고리가 많기 때문에 동일한 종류의 오해에 시달린다고 생각합니다. 나는 그런 오해에 맞서 싸우지는 않아요. 그런데 그런 오해는 내면의 강박관념보다는 장인의 시점에서 더 많이 비롯된 겁니다. 나는 히치콕을 같은 방식으로 봐요. 그는 끝내주는 장인이지만, 그의 영화에 프로이드적인 서브텍스트는 없어요. 그래요, 누구나 히치콕의 영화들을 분석한 뒤 다음 단계로 넘어갈 수 있죠. 하지만 그러다 보면 그 작품들을 밀고 나가는 더 명백한 엔진을 무시하게 될지도 모릅니다. 내가 하는 작업은 꼼수와 추상적인 관념, 연극적 분위기에 더 많이 기초하고 있다고 생각해요. 정말이지 내 자신이 예술가라기보다는 장인이라고 느낄 때가 더 많아요. 겸손한 척하려고 하는 말이 아니에요. 세상에는 예술가 대접을 받아야 하는 영화감독들이 있다고 생각해요. 테렌스 맬릭 감독은 예술가죠. 바로 그게 '당신은 내면에서 비롯된 무언가를, 내면에서 벗어나려고 애쓰는 사적인 무언가를 표현하고자 영화를 활용하는 것인가?'라는 질문과 '당신은 사람들과 소통하고, 그들이 거는 기대와 경험을 활용하려고 애쓰는 것인가?'라는 물음의 차이점일 거예요. 내 영화들은 사람들이 생각하는 것보다 장인으로서 영화를 제작하는 쪽에 훨씬 더 가까워요."

이 평가에서 가장 인상적인 점은 이 평가가 놀란을 격하게 비판하는 평론가들의 견해를 아주 많이 지지한다는 사실이다. 그들은 놀란이 매직 아이 퍼즐(정교하지만 공허한 기술적 트릭)과 다를 게 없는 영화를 만든다고 평가한다. 마치 옷만 번지르르하게 차려입은 쇼맨과 다를 바 없는 존재로 여기는 것이다. 놀란과 그를 비판하는 평론가들의 차이점은 이처럼 분명한 특징에 대해 가치를 부여하는가, 그렇지 않은가의 차이일 뿐이다. 그의 비판자들이 인간적인 감정을 느끼지 못하는 영역에서, 놀란은 마술사의 트릭과도 같은 자기 솜씨에 자부심을 느낀다. 내가 이 책을 쓰게 된 이유는 양쪽의 생각이 다 틀렸다고 믿기 때문이다. 〈비열한 거리 Mean Streets, 1973〉나 심지어 〈E.T. E.T.-The Extra Terrestrial, 1982〉가 자전적인 영화라고 말하는 맥락에서, 놀란의 영화들은 자전적인 영화가 아닐지라도 분명 개인적인 작품들이다. 자녀들의 이름에서 빌려온 암호명을 내걸고 촬영된 놀란의 영화들은, 마찬가지로 '스콜세지의 싸구려 술집'이나 '스필버그의 교외 주택 단지'처럼 모든 면에서 만든 이의 개인적인 풍경과 신화를 담아내고 있다. 〈다크 나이트〉의 암호명은 '로리 Rory의 첫 키스'였고, 〈인셉션〉은 '올리버 Oliver의 화살'이었으며, 〈다크 나이트 라이즈〉는 '마그누스 국왕 Magnus Rex'이었고, 〈인터스텔라〉는 '플로라 Flora의 편지'였다. 그 영화들은 놀란이 살았던 도시와 나라들을 배경으로 삼고, 그가 거주했고 교육을 받았던 건물들의 건축양식을 반영하며, 틀을 잡아준 책과 영화에 의지한다. 그가 어른이 되기까지 직접 겪었던 과정이라 할 수 있는 추방, 기억, 시간, 정체성, 부성애 같은 테마를 찬찬히 탐구하는 작품들인 것이다. 그의 영화는 판타지를 리얼리티의 2급 버전으로 보지 않는다. 놀란의 영화가 그려내는 판타지는 그의 욕구이자 내면 깊은 곳에 자리한 개인적 판타지들인데, 감독인 그에게는 산소처럼 필수적인 요소이기에 리얼리티와 동등한 것으로 간주한다. 그는 눈을 뜬 채로 꿈을 꾸면서, 자신처럼 해보라고 우리에게 권한다.

이 책은 인터뷰집도 아니다. 최신작인 〈테넷〉을 작업하며 보낸 3년이라는 시간 동안, 할리우드에 있는 놀란의 자택에서 수십 시간에 걸쳐 진행된 인터뷰의 결과물이긴 하지만 말이다. 그에게는 어떤 규칙들이 있는가? 빼어난 반전과 우수한 반전 사이를 가르는 것은 무엇인가? 그의 영화들은 얼마나 개인적인가? 그를 감동시키는 것은 무엇인가? 그를 겁먹게 만드는 것은 무엇인가? 몇 주, 며칠, 몇 시간 단위로 측정한 이상적인 플롯 지속기간°은 얼마인가? 그의 정치적 성향은 어떠한가? 놀란과 인터뷰를 하면서 초기에 재빨리 터득하게 된 정보는 그의 가장 두드러진 주제와 강박관념의 기원에 대해 단도직입적으로 물어볼 경우, 아무것도 얻지 못한다는 것이다. 예를 들어 어떤 연유로 미궁에 처음 관심을 갖게 됐느냐고 물으면 곧바로 이런 대답이 돌아온다. "정말로 기억이 안 나요. 뭘 감추려고 그러는 건 아닙니다. 스토리텔링에 몰입하고 영화 작업에 빠져들다 보면 미궁과 그 외의 것들에 더 많은 관심을 갖게 되는 것 같아요." 강박관념에 대해 더 강한 압박을 가하면 길게 되풀이되는 사슬 형태의 더 많은 강박관념이 드러난다. "내가 정체성에 매료된 건 스토리텔링의 주관성에 매료된 데에서 비롯한 거라고 짐작해요." 또는 "시간에 매료된 건 사실상 영화에 매료된 것에서 유래한 거라고 생각해요." 이것은 자신의 인생과 영화, 강박관념 또는 내가 '매료'라고 규정한 것 사이를 칼같이 구분하려는 욕망에서 비롯한 수사적 버릇이다. 그 모든 것은 조각가 알렉산더 칼더의 모빌처럼 서로서로 연결된 채 허공에 떠 있고 결국에는 매료된 최초의 대상, 즉 영화로 귀결된다. 모든 길이 로마로 통하듯이 말이다.

내가 배운 두 번째 정보는 그가 '매력적인'이라는 단어를 많이 사용한다는 것이다. 다음 페이지는 우리가 인터뷰하는 동안 그가 매력적이라고 생각하는 대상들 중 일부를 정리한 것이다.

● 어떤 플롯의 내레이션이 시작되고 끝날 때까지 경과한 실제 시간.

· 화가 프랜시스 베이컨의 회화에 묘사된 흐릿한 머리들의 이미지

· 데이비드 린 감독의 〈아라비아의 로렌스 Lawrence of Arabia, 1962〉에 영웅적인 행위가 등장하지 않는다는 사실

· 기업가 하워드 휴즈가 고아로 지낸 것

· 〈2001 스페이스 오디세이 2001: A Space Odyssey, 1968〉에서 스탠리 큐브릭 감독이 미니어처를 활용하는 방식

· 〈히트〉에서 로버트 드니로가 이끄는 갱단이 밀봉된 돈뭉치의 포장지를 가르는 순간

· 작가 호르헤 루이스 보르헤스의 작품

· 〈지옥의 묵시록 Apocalypse Now, 1979〉의 끝부분에서 말론 브란도가 낭송하는 T. S. 엘리엇의 '텅 빈 사람들'

· 영화 〈핑크 플로이드의 더 월 Pink Floyd: The Wall, 1982〉

· 조지 루카스 감독이 만든 영화 특수효과 회사인 ILM Industrial Light & Magic의 작업

· 그의 아버지가 광고계에서 리들리 스콧 감독을 위해 한 작업

· 영화에서 축척 scale이 빚어내는 환상

· 고딕 양식 건축물

· 떨어져 살아가는 쌍둥이와 관련된 아인슈타인의 사고 실험

· 대영제국과 러시아가 동남아시아에서 벌인 '그레이트 게임'

· 작가 윌키 콜린스의 소설 「문스톤 The Moonstone, 1868」

· F.W. 무르나우 감독이 〈선라이즈 Sunrise, 1927〉에서 건축물을 통해 도덕성을 표현한 방법

· 애플 아이패드의 작동 방식을 아무도 이해하지 못한다는 사실

· 데이비드 린치 감독의 작업

· GPS 기능을 위해 움직이는 인공위성이 상대성이론의 효과를 보정하는 방법

· 위키피디아

· 그가 열여섯 살 때 감상한 거꾸로 감기는 자연 다큐멘터리

· 수중익선 水中翼船*

● 선체 아래 날개가 장착된 선박. 고속 순항 시, 이 날개의 양력을 이용해 선체를 수면 위로 올려 항해한다.

놀란이 사용하는 '매력적인fascinating'이라는 말에는 옛 분위기가 담겨 있어서, 들으면 어원을 떠올리게 된다. 이 단어의 어원은 라틴어 파스키나투스fascinatus로, '마법, 마술'이라는 뜻의 파스키누스fascinus에서 유래한 '마법을 걸다, 넋을 잃게 만들다, 마음을 사로잡다.'는 뜻을 가진 단어 파스키나레fascinare의 과거분사다. 처음엔 문학 작품에서 단어의 출처를 알아내기 위해 애를 썼는데, 결국 단어를 들을 때마다 내가 떠올리는 게 무엇인지 깨달았다. 브램 스토커의 「드라큘라Dracula, 1897」에서, "흡혈귀의 음탕한 매력이 그에게 최면을" 걸기 전에 행동하려 결심했던 반 헬싱은 어느 순간에서야 깨닫는다. "곧 잠에 빠져들었어. 그것은 달콤한 매력에 굴복한 채 뜬눈으로 자는 잠이겠지." 코난 도일의 「바스커빌의 개The Hound of the Baskervilles, 1902」에서, 왓슨은 바스커빌 사냥개들의 피투성이 주둥이에 대해 "악의를 풍겼지만 그럼에도 매혹적인 볼거리"라고 말한다. "대단히 끔찍하면서도 대단히 매혹적이다." 이런 말들은 합리적이지 않아 보이지만, 빅토리아 시대가 그러하듯 그 집착 아래에서 부풀어 오르는 합리성을 감지할 수 있다. 놀란의 영화도 마찬가지다. 그의 영화는 설명할 수 있는 영역 밑에서 등장한다. 그의 영화는 트라우마를 지닌 합리성의 영화다. 크리스토퍼 놀란 영화의 거죽을 벗겨보면 그 밑에 빅토리아 시대라는 근원이 드러나는 걸 자주 보게 된다. 괴테의 「파우스트Faust, 1829」는 〈프레스티지〉와 〈다크 나이트〉 3부작에 커다란 그림자를 드리우고 있다. 〈다크 나이트 라이즈〉는 디킨스의 「두 도시 이야기A Tale of Two Cities, 1859」를 개작한 영화다. 〈인터스텔라〉에는 통계학자인 맬서스의 사상이 놀랄 만큼 많이 담겨 있고, 그와 더불어 파이프 오르간과 코넌 도일의 「전집Collected Works」도 들어 있다. 〈덩케르크〉의 선박에는 윌키 콜린스의 1868년 소설 「문스톤」을 딴 이름이 붙어 있고, 한스 짐머의 음악은 에드워드 엘가가 작곡한 [수수께끼 변주곡Enigma Variations, 1899]의 메아리다.

"거대한 건물이 희미하게 무수히 솟아오르고, 꿈처럼 스러졌다." H. G. 웰스의 소설 속 주인공이 니켈과 상아, 황동, 석영으로 만든 타임머신(웰스는 18킬로그램 정도 되는 자신의 자전거를 타고 템스 밸리를 오르내리는 걸 무척 좋아했는데, 그 자전거보다 정교한 버전)을 통해 3,000만 년 후의 미래를 보고 한 말이다. 그 주인공이 타임머신을 타고 서기 2000년

으로 이동해 20년 동안 영화 제작 경력을 쌓았다면, 그의 커리어는 놀란과 크게 다르지 않을 것이다. 놀란의 명성에 대한 궁극적인 평가는 아직 끝나지 않았다. 하지만 빅토리아 시대의 분위기를 영화에 담아내는 가장 위대한 영화 제작자라는 명성 정도는 정당하다고 생각한다.

레이먼드 챈들러, 프랭크 로이드 라이트, 호르헤 루이스 보르헤스, T. S. 엘리엇, 프랜시스 베이컨, 이언 플레밍 등이 놀란의 작품에 영향을 주었다. 그러나 그의 작품을 이해하고 이 책을 쓰는 데 가장 큰 도움을 준 뿌리는 바로 음악이다. 놀란의 제작사 이름인 '신카피'는 당김음syncopation에서 따온 것으로, 그의 아버지 브렌던 놀란이 제안한 것이다. 브렌던은 클래식 음악 애호가이다. 아들의 영화에 삽입될 음악에도 관심이 많아 2009년에 타계하기 전까지 음악 녹음 현장에 방문하는 걸 무척 즐겼다고 한다. 작품의 규모가 거대해짐에 따라, 사운드트랙은 영화의 구조를 잡는 데 점점 더 중요한 수단이 되었다. 놀란의 사운드트랙 기여도가 어느 때보다도 필수적인 요소가 됨에 따라 작곡가 한스 짐머는 놀란을 〈덩케르크〉 영화음악의 '공동작곡가'로 부르기에 이르렀다. "〈덩케르크〉의 음악은 거의 동등한 비중으로 나의 작품이자 크리스의 작품입니다." 짐머가 〈덩케르크〉의 음악 작업에 대해 한 말이다. 그 음악 작업은 형식면에서는 본질적으로 푸가Fugue였다. 하나의 주제를 연달아 변주하면서 때로는 도치시키기도 하고 거꾸로 연주하기도 했지만, 그 음악들은 항상 조화를 이루며 끊임없이 변화한다는 인상을 관객에게 남겼다.

"음악은 내가 만든 영화들에서 무척이나 흥미롭고 근본적인 부분이었습니다." 놀란이 한 말이다. "오래전 안젤로 바달라멘티의 인터뷰를 읽었습니다. 데이비드 린치가 그에게 '큼지막한 플라스틱 덩어리를 연주해봐요.'라는 식의 말을 했다고 하더군요. 재미있는 건, 처음 그 이야기를 읽었을 때 이런 생각을 했다는 겁니다. '와우, 정말 정신 나간 얘기네.' 그런데 지금은 그 말을 완전히 이해합니다. 좋은 영화음악은 다른 방식으로는 표현할 길이 없는 일을 해내곤 하죠. 굳이 하려고 들면 해낼 수도 있겠지만 실제로는 그렇게 못해요. 내가 지난 세월 동안 더 웅장한 영화음악으로 해온 작업은 이렇습니다. 영화라는 기계를 조립하는 법을 궁리한

에드워드 엘가의 [수수께끼 변주곡] 악보로, 작곡가 한스 짐머는 〈덩케르크〉를 위해 이 작품을 개작했다.

것, 그리고 그 기계의 핵심에 가닿기 위해, 형식에 감정을 불어넣기 위해 영화음악의 메커니즘을 활용한 겁니다. 〈인터스텔라〉를 만들 때는 그 작업부터 시작하는 게 필수적이었습니다. 제작 과정 막바지에서야 운에 맡기듯 작업하고 싶지는 않았거든요. 역으로 순서를 완전히 뒤집어서, 감정적인 부분부터 시작하고 싶었습니다. 이야기의 근본적인 핵심부터 시작해서 기계를 만들어나가고 싶었던 겁니다. 정말이지 영화 작업을 할 때마다 한스에게 점점 더 많은 것을 제안했습니다. 〈덩케르크〉가 가장 극단적인 사례죠. 음악적인 형식에 따라 구상한 영화니까요. 나 스스로도 내가 왜 그 길로 갔는지, 왜 그렇게까지 했는지 온전히 이해하지는 못합니다. 그렇지만 나는 그렇게 했고, 그 방식은 효과가 있었습니다. 음악은 나 자신을 조금이나마 표현하도록 도와주죠. 그것이 나를 표현할 수 있는 유일한 방법입니다."

이 책은 놀란의 작업 방식을 따른다. 각 장은 놀란의 영화 한 편을 출발점으로 삼아 제작 과정을 상세히 설명할 것이다. 현재 시점에서 놀란이 그 영화를 어떻게 생각하는지 살펴보고, 작품 구상에서 각본 집필, 디자인, 편집, 음악 작업에 대해 심도 있게 다루고자 한다. 많은 영화 관련 서적처럼 제작 당시 일어났던 관계자들의 분란과 우여곡절을 다루는 대신에 말이다. 창작자의 의도와 가장 가까이 근접하기까지, 한 영화가 탄생하는 과정에 존재하는 모든 지점에 대해 살피고자 한다. 놀란의 장점은 그가 대체로 관념적인 사람이라는 점이다. 그렇다고 해서 그의 영화들이 선명한 연기, 매우 놀라운 연기를 담고 있지 않다는 말은 아니다. 〈메멘토〉의 가이 피어스나 〈프레스티지〉의 레베카 홀, 〈다크 나이트〉의 히스 레저, 〈덩케르크〉의 마크 라일런스의 연기를 본 사람이라면 누구나 증언할 수 있다. 그러나 놀란의 영화는 무엇보다도 구상의 힘, 생각의 힘과 운명을 같이 한다. "제일 끈질기게 살아남는 기생충이 뭘까요?" 〈인셉션〉에서 레오나르도 디카프리오가 연기하는 콥이 묻는다. "박테리아? 바이러스? 회충? 정답은 '생각'입니다. 끈질기게 살아남죠… 전염력이 엄청나고요. 어떤 생각이 뇌를 일단 장악하고 나면 이를 떨쳐내는 건 거의 불가능합니다." 놀란은 고정관념과 한밤중에 우리를 잠 못들게 만드는 생각들의 수호성인이다. 각각의 챕터는 전개되는 과정에서 그에게 영향을 준 책이건 영화건 또는 그의 머릿속에 단단히 둥지를 튼 음악이 됐건, 놀란이 매혹된 대상의 내부로 파고들어 갈 주제인 시간, 인식, 공간, 환상을 발전시켜 나간다.

엘가는 [수수께끼 변주곡]의 전체 구조를 엮어내는 숨겨진 주제에 대해 "내 입으로는 설명하지 않을 수수께끼"라고 기록했다. 그 변주곡에 속한 각각의 곡은 엘가의 특정 친구들에게 헌정됐다. "그가 '숨겨놓은 말'은 추측하지 말고 그대로 놔둬야 한다." 엘가의 전기를 쓴 제롤드 노스롭 무어 같은 사람들은 그 숨겨진 주제는 멜로디가 아니며, 각 곡의 개성을 통해 스스로 발전하는 아이디어일 뿐이라고 주장했다. "변주곡의 진정한 주제는 음악을 통해 자아를 창조하는 것이다." 놀란의 영화들도 마찬가지다. 그의 영화는 다른 목소리와 조성調聲으로 반복되고 도치되며 속도를 늦추거나 높이는 식으로 일련의 주제를 변주했다는 인상을 준다. [수수께끼 변주곡]의 숨겨진 주제처럼 그 모든 것을 관통하는 것은 한 명의 인물이다. 눈에 잘 띄지 않지만 모든 프레임에 존재하는 사람, 그가 바로 크리스토퍼 놀란이다.

일러두기

- 내용의 이해를 돕기 위해 한국어판에는 옮긴이와 편집자의 주석을 더했다.
- 영화, 그림, 소설 등의 연도 표기는 해당 작품의 공식 발표연도를 의미한다.

표기법

영화와 드라마 〈필사의 도전The Right Stuff, 1983〉

도서 「오즈의 마법사The Wonderful Wizard of Oz, 1900」

음악 [수수께끼 변주곡Enigma Variations, 1899]

기타 '머리 IV Head IV,1949', 〈스타워즈〉

크리스토퍼 놀란의 장편영화

〈미행Following, 1998〉

〈메멘토Memento, 2000〉

〈인썸니아Insomnia, 2002〉

〈배트맨 비긴즈Batman Begins, 2005〉

〈프레스티지The Prestige, 2006〉

〈다크 나이트The Dark Knight, 2008〉

〈인셉션Inception, 2010〉

〈다크 나이트 라이즈The Dark Knight Rises, 2012〉

〈인터스텔라Interstellar, 2014〉

〈덩케르크Dunkirk, 2017〉

〈테넷Tenet, 2020〉

ONE **STRUCTURE**

—

하나
구조

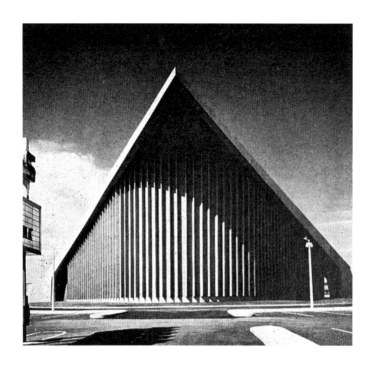

　"우리 집 식구는 모두들 비행기를 무척 좋아하고, 여행을 정말 좋아합니다." 놀란이 말했다. "비행기 여행은 성장기의 큰 일부였죠. 우리는 늘 비행기를 타고 오갔습니다. 어머니가 유나이티드 에어라인의 승무원으로 오랫동안 일하신 덕분이었죠. 그래서 무료 항공권을 얻은 나는 공항에서 대기자로 기다리다가 비행기에 공석이 생기면 그 비행기를 타곤 했습니다. 비행기에 올라 원하는 곳이 어디든 훌쩍 떠났죠. 아버지도 출장을 많이 다녔습니다. 아버지는 젊었을 때 대형 광고 에이전시들에서 일했습니다. 1960년대에 광고 크리에이티브 디렉터로 LA에서 시간을 보내셨죠. 회사는 아버지를 LA로 파견했고, 한 번 출장을 가면 광고 다섯 편을 작업하시곤 했습니다. 그러다가 아버지는 마케팅 자문 회사를 세워 20년간 운영하셨어요. 아버지 회사의 주력 분야는 TV 광고가 아니었습니다. 브랜드를 런칭하고 포장 방법을 궁리하는 것이었죠. 예를 들어 캐드버리 제과의 '스타바' 초코바가 있겠군요. 아버지가 담당한 제품이었죠. 아버지가 초콜릿 샘플을 집에 가져와 우리에게 주셨던 걸 지금도 기억해요."

영화 감상에 대한 그의 가장 오래된 기억은 조디 포스터가 출연한 앨런 파커 감독의 뮤지컬 영화 〈벅시 말론Bugsy Malone, 1976〉을 보러 간 것이다. 그는 신문에 실린 그 영화의 광고를 봤는데, 부모님이 약간 허풍을 섞어 이런 말을 했다고 한다. "아, 그건 네 아빠 친구가 감독한 영화야." 그런데 그의 아버지 브렌던은 실제로 앨런 파커와 광고를 찍은 적이 있었다. 그로부터 오래지 않은 1976년, 놀란은 부모님을 따라 파인우드 스튜디오에서 열린 스튜디오 창립 40주년 기념식에 참석했다. 놀란은 파커의 영화에 나왔던 페달로 가는 자동차를 구경했던 일을 기억한다. "나한테는 무척이나 큰 의미가 있는 일이었어요. 그 시기에 광고계가 배출한 뛰어난 영국 감독 5명이 그 자리에 있었으니까요. 아버지가 그 사람들 중 몇몇과 함께 작업한 적이 있다고 하셨죠. 그 사람들은 리들리 스콧과 토니 스콧, 애드리안 라인, 휴 허드슨, 앨런 파커였습니다. 아버지는 그중에서도 가장 인상적인 인물로 휴 허드슨을 꼽으셨죠. 아버지는 그가 연출한 작품을 감상할 날을 늘 고대하셨어요. 그때는 그가 〈불의 전차 Chariots of Fire, 1981〉를 만들기 전이었습니다. 내가 정말 흥미롭게 생각하는 일은, 아버지가 리들리 스콧과 아주 잠깐 작업한 적이 있다는 걸 나중에 알게 된 겁니다. 두 분 사이는 뭐랄까요, 길거리에서 마주쳤다고 인사말을 주고받는 사이는 아니었습니다. 아버지가 오래전 스콧의 회사를 통해 일거리 두어 개를 작업한 적이 있는, 딱 그 정도 사이였죠."

놀란의 아버지는 업무로 아프리카와 동남아시아에 다녀올 때면 항상 선물과 머물렀던 곳에 관한 이야기를 챙겨 왔다. 세 아들인 매튜와 크리스, 조나단(조나)은 아버지가 지금 어느 나라에 계신지 추측하는 게임을 하고는 했다. 아버지 브렌던은 어머니 크리스티나를 시카고에서 일할 때 만났다. 60년대 항공사들이 여성 승무원은 독신이어야 한다는 방침을 고수한 탓에, 유나이티드 에어라인의 승무원으로 근무하던 그녀는 브렌던과 결혼하면서 어쩔 수 없이 퇴사해야 했다. 훗날 집단 소송에서 승소하면서 일자리를 되찾았지만, 이미 그녀는 영어 교사로 제2의 커리어를 성공적으로 구축한 뒤였다. 어린 놀란은 부모님이 런던과 시카고 중 어느 쪽을 거주지로 삼고 싶어 하는지 가늠하려고 애쓰며 보냈다. 놀란의 가족은 오하이오에 있는 놀란의 외갓집을 가끔 방문했는데, 당시 일곱 살이던 그는 조지 루카스 감독의 〈스타워즈 에피소드 4-새로운 희망Star Wars : Episode IV - A New Hope, 1977〉을 그곳에서 봤다고 이야기했다.

"그 영화를 오하이오의 교외에 있는 작은 극장에서 봤습니다." 그가 말을 이었다. "외할머니 댁에 갔을 때였죠. 그때는 영국이 미국에서 상영한 프린트를 그대로 사용하던 시절입니다. 그래서 모든 영화가 미국에서 개봉하고 몇 달이 지나기 전까지는 영국에서 개봉하지 못했습니다. 미국의 여름 영화는 영국의 크리스마스 영화였던 겁니다. 하이게이트에 있는 학교로 돌아가면 우리 가족이 여름에 했던 일들과 영화에 대한 얘기를 친구들한테 해주려고 애썼던 기억이 있어요. 이러이러한 검정 마스크를 쓴 남자는 어떤 사람이고, 그에게는 스톰 트루퍼라는 부하들이 있는데 하얀 유니폼을 입었어도 우리 편이 아니라는 얘기를 해줬죠. 그런데도 내가 도대체 무슨 말을 떠들어대는지 아무도 알아듣지 못했어요. 그러다가 크리스마스 무렵에 영국에서 〈스타워즈〉가 개봉됐고, 모두들 그 영화에 꽂혀버렸죠. 〈스타워즈〉에 대해서는 친구들마다 각자의 자랑거리가 있었어요. 어느 친구의 아버지가 〈스타워즈〉 음악을 담당한 오케스트라 단

<2001 스페이스 오디세이>에 출연한 케어 둘리아.

원이셨던 걸 기억합니다. 나의 자랑은 몇 달 전에 누구보다도 먼저 봤다는 거였어요. 그러다가 그 영화를 제일 많이 본 아이가 됐죠. 나는 영화와 그 배후에 있는 테크놀로지에 완전히 매료됐습니다. 〈스타워즈〉의 특수효과 회사인 ILM을 다룬 잡지를 강박적으로 읽었던 걸 기억해요. 화면 너머에서 이루어지는 작업에 매료된 겁니다."

오하이오에서 〈스타워즈〉를 보고 오래지 않아, 아버지는 어린 놀란을 데리고 런던의 유서 깊은 레스터 스퀘어 극장에서 개봉된 스탠리 큐브릭의 〈2001 스페이스 오디세이〉를 보러 갔다. "빅 이벤트였죠. 아버지는 그 영화를 초대형 스크린에서 봐야 한다면서 우리를 데려갔습니다. 아버지는 〈스타워즈〉와 많이 다른 영화라며 경고했습니다. 그러나 나는 곧 디스커버리호와 미니어처가 등장하는 숏들을 보고는 푹 빠져버렸어요. 영화는 원초적인 분위기를 물씬 풍겼습니다. 치타로 시작하는 영화 도입부와 이글거리는 치타의 눈, 결말부에 등장하는 '스타 차일드'의 이미지가 그랬죠. 이해가 잘되지 않았지만, 혼란스러웠던 건 아니었어요. 영화를 보고 어느 정도 지난 후에 아서 C. 클라크의 원작 소설을 읽었습니다. 그래서 친구들과 시카고에서 영화를 다시 볼 때 이런저런 것들의 의미를 조금 알려줄 수 있었어요. 어떤 면에서는 지금보다 어린아이였던 그때 더 잘 이해했다고 생각합니다. 아이 입장에서는 대단한 경험을 하는 것이고, 아이들은 좀 더 열린 마음으로 받아들일 수 있다고 생각하니까요. 그 영화에는 순수한 체험의 충위가 있습니다. 〈2001 스페이스 오디세이〉는 영화가 뭔가 중요한 것이 될 수도 있다는 것을 처음으로 깨닫게 해주었습니다. 영화계의 펑크 록이라 할 만하죠."

1978년 여름, 놀란의 가족은 외가와 더 가까운 곳에서 살기 위해 시카고로 이주했다. 1년간 머무르려던 계획은 3년이 됐고 가족은 시카고 노스 쇼어에 있는 에반스톤에 정착했다. 노스 쇼어는 담쟁이덩굴로 덮인 튜더 양식을 모방한 벽돌 맨션이 늘어선 지역이었다. 주택 진입로에 스테이션 왜건이 주차되어 있고 뒤뜰 너머에 삼림지대가 보이는 그 부유한 곳은 오래지 않아 존 휴즈 감독에 의해 '틴랜드 USA*'라는 불후의 명성을 얻었다. "내 경험은 전적으로 교외 지역에서 겪은 겁니다." 놀란이

● 미국의 아이들이 유년을 보내는 교외 지역 혹은 그 시기를 일컫는다.

회상했다. "〈페리스의 해방Ferris Bueller's Day Off, 1986〉, 〈아저씨는 못 말려 Uncle Buck, 1989〉는 내 어린 시절을 떠올리게 합니다. 존 휴즈 영화들은 모두 에반스톤 같은 시카고의 교외 지역에서 찍은 겁니다. 우리는 교외에 있는 학교 건너편에서 살았습니다. 작은 공원과 여러 개의 오솔길이 숲을 가로지르는 보호림이 있었는데, 우리는 그 주위를 빈둥거리며 돌아다녔죠. 해방감이 느껴지는 동네라고 생각했습니다. 친구들과 함께 자전거를 타고 사방으로 돌아다녔죠. 여름에는 날씨가 좋았습니다. 그러다가 겨울이 되면 믿기 힘들 정도로 눈이 많이 내렸죠. 에반스톤에서 1년쯤 보낸 후, 런던에 임대해둔 집으로 잠시 돌아갔던 기억이 생생합니다. 미국은 모든 것이 컸기 때문에, 런던에서는 모든 게 작게 느껴졌습니다. 미국에서 살던 집은 컸어요. 거리는 약간 더 넓었고요. 내가 몇 센티미터 더 자란 것도 작용했을 겁니다. 나는 성장이 꽤 빨랐거든요. 뚜렷하게 기억합니다. 현관의 넓은 홀에 있는 계단을 보면서 '이곳이 이렇게 자그마했던 것 같지는 않은데.'라고 생각했었죠."

미국은 지방 영화관의 규모도 크다. 그중에서도 가장 큰 곳은 노스브룩에 있는 유서 깊은 에덴스 극장이다. 에덴스 고속도로 옆에 위치한 이 극장은 60년대에 지어진 굉장히 멋진 형태의 초현대적 구조물이었다. 문을 연 1963년 당시 "세계에서 가장 거대한 쌍곡 포물면"을 지닌 건물이라는 찬사를 받았다. 스코키 불러바드에 놓인 에덴스 고속도로를 따라 차를 몰고 가다 보면 못 보고 지나칠 수가 없었다. 이 건물은 미래 배경의 애니메이션 〈젯슨 가족 The Jetsons, 1962-1963〉이나 SF 드라마 〈스타트렉〉 시리즈에 등장하는 건물처럼 보였다. 파도 모양의 기다란 유리들이 물결 형태의 콘크리트 벽들을 가로지르고, 지붕은 하늘을 향해 솟아올랐다. 건물의 내부는 금색과 황백색 콘셉트

일리노이 노스브룩에 있는 유서 깊은 에덴스 극장. 놀란이 스티븐 스필버그의 <레이더스>부터 애드리안 라인의 <야곱의 사다리>까지 많은 영화를 본 곳이다.

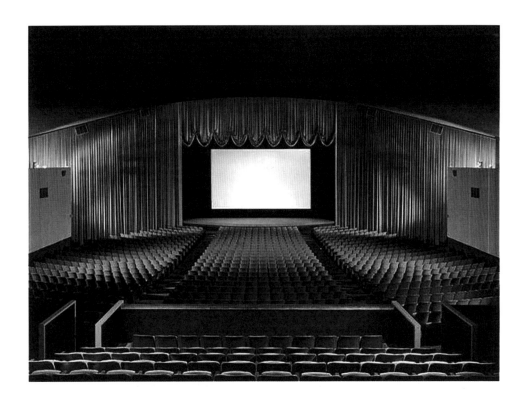

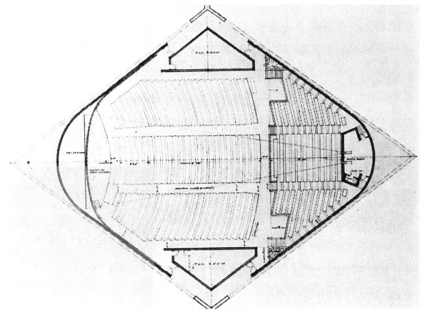

에 따른 초현대적인 분위기의 가구들이 메인 로비를 장식했다. 그리고 붉은 커튼이 완비된 초대형 스크린이 자리하고 있었다. 맨 앞줄에는 카펫을 깔아 좌석과 스크린을 구분했고, 무대 역할을 하는 작은 구역도 있었다. "보고도 믿기 힘든 장관이었죠." 그가 말했다. "어머니와 함께 〈레이더스Raiders of the Lost Ark, 1981〉를 보러 간 날을 기억합니다. 만원이었죠. 초대형 스크린이 눈앞에 있었고요. 우리는 앞쪽에 앉아야 했습니다. 맨 앞줄이었는지는 모르겠지만, 약간 비스듬한 위치에 있었던 건 기억합니다. 스크린에 뜬 엄청난 크기의 이미지와 그 이미지가 왜곡되어 보였던 게 지금도 기억나요. 우리 자리는 필름의 입자를 볼 수 있을 정도로 스크린과 가까웠습니다. 뚜렷하게 기억해요. 현실보다 더 생생한 영상 속으로 빨려 들어가는 듯한 그 느낌이 무척이나 강렬했습니다."

놀란이 여덟 살이 되자 아버지는 갖고 놀라며 자신의 슈퍼8 카메라를 그에게 주었다. 2분 30초간 돌아가는 소형 카트리지를 이용하고 녹음은 되지 않는 꽤나 기본적인 성능이었지만, 이 카메라는 그에게 완전히 새로운 세계를 열어줬다. 놀란이 3학년이 되었을 때는 새로운 친구들이 생겼다. 학교 친구들로 체코와 유고슬라비아 이민자의 자식이자 그들 나름의 성공적인 다큐멘터리 커리어를 쌓게 될 에이드리언과 로코 벨릭 형제. 놀란은 이들과 함께 부모님의 집 지하실에서 스타워즈와 액션 맨 피규어를 갖고 우주 영화들을 찍었다. 원시적인 스톱모션 테크닉을 이용해 만든 '홈메이드' 작품들이었다. 그는 계란판과 휴지 심으로 뚝딱뚝딱 세트를 만들었고, 폭발 장면을 재연하려고 탁구대에 밀가루를 뿌렸으며, 〈스타워즈 에피소드5-제국의 역습The Empire Strikes Back, 1980〉에 나오는 얼음행성인 호스에서 영감을 받은 설정을 재연하려고 한겨울의 시카고를 휘젓고 다녔다. "그 시리즈의 제목은 〈스페이스 워즈Space Wars〉였죠." 그는 회상했다. "〈스타워즈〉가 엄청난 영향을 줬다고 해도 과언이 아닐 겁니다. 그때는 과학자 칼 세이건의 TV시리즈 〈코스모스Cosmos, 1980〉가 막 방송되던 시기였는데, 나는 우주선이나 우주에 관련된 것에 많이 집착했었습니다. 살면서 당시 저의 홈메이드 영화들을 감상해보니 많이 조잡해서 실망스럽더군요. 내가 영화를 만들면서 했던 모든 작업은 아주 천천히 발전했습니다. 꼬맹이 때 했던 작업은 흥미로운 이미지들을 한데 모으고 거기에 내러티브를 부여하는 게 전부였습니다. 당연한 말이지만, 슈퍼8 카메라는 녹음 기능이 없었으니까요. 사운드를 자유자재로 활용하는 오늘날의 아이들과 달리, 당시 내가 했던 작업은 순전히 이미지를 만드는 과정이었습니다. 언젠가 에이젠슈타인의 책 「필름 형식 Film Form, 1949」을 읽었는데, 그의 주장은 숏 A와 숏 B를 취해 한데 모으면 관객은 그것을 C라고 생각한다는 거였죠. 그 주장이 논란을 일으켰다는 건 재미있는 일입니다. 그런데 지금 와서 깨달은 건, 내가 당시에 에이젠슈타인의 이론을 스스로 알아내고 있었다는 겁니다."

에이젠슈타인은 영화계 최초의 위대한 구조주의 사상가이다. 라트비아의 수도 리가에서 석공의 아들로 태어나, 상트페테르부르크의 토목공학연구소에서 건축과 토목공학을 배운 후 세트 디자인과 영화 연출로 눈을 돌렸다. 그가 영화 몽타주 기법을 상형문자인 한자漢字와 비교한 건 유명하다. 한자에서 지극히 단순한 두 글자를 조합해 만들어낸 글자는 두 글자를 합친 것 이상의 의미를 갖는다. 즉 조합은 제3의 의미를 빚어낸다. 따라서 에이젠슈타인이 〈전함 포템킨 Battleship Potemkin, 1925〉에서 연출했듯, 코안경을 걸친 여성을 보여주는 숏에서 코안경은 깨져 있고 눈에서는 피가 흐르는 여성을 보여주는 숏으로 컷해서 넘어가면, '눈에 총을 맞았다는 인상'을 주는 완전히 새로운 제3의 숏이 빚어진다. 어느 날, 삼촌 토니에게 슈퍼8 카메라로 촬영된 아폴로 임무 영상을 받은 놀란은 이와 비슷한 작업을 해보았다. "그걸로 무슨 짓을 했느냐면, TV 화면에 등장한 아폴로 동영상의 일부를 촬영한 다음, 영화라고 말하기도 힘든 나의 변변치 않은 작품 여기저기에 끼워 넣었죠. 사람들을 속여서 마치 내가 그 숏을 작업한 것으로 생각하게끔 만들려고 말입니다. 홈메이드 영화를 같이 작업했던 친구인 로코 벨릭이 〈인터스텔라〉 예고편을 보고는 전화를 걸어 말하더군요. '(실제 촬영 영상처럼 보이는)고전적인 카메라 장착 숏을 썼네. (어린 시절 했던 것과)같은 작업을 한 거야.' 실제같이 보이려고 애썼다는 점에서는 동일한 작업을 한 것이죠."

놀란과 〈인터스텔라〉의 각본을 공동으로 집필한 동생 조나가 컬버 시티에 있는 영화 제작 스튜디오인 스테이지 30에 방문했던 날의 일이다.

배우들은 수압 펌프에 장착된 실물 크기의 우주선 '레인저'에 들어가 있었고, 특수효과 팀은 성간 여행을 구현하고자 우주선 주변에 가로 91미터, 세로 24미터의 거대한 스크린을 설치해두었다. 그리고 런던에 위치한 컴퓨터를 통해, 움직이는 우주의 풍경을 스크린에 영사했다. "동생이 이러더군요. '당연한 말이지만 이건 우리가 했던 짓하고 비슷하네. 우리의 어린 시절 그 자체야.'" 그는 말을 이었다. "우리는 항상 이와 비슷한 짓을 하며 놀았습니다. 하지만 지금처럼 기괴하지는 않았죠. 어떤 면에서는 집에 돌아온 기분이 들었어요."

• • •

가족이 대서양 이쪽저쪽을 오가는 동안, 집은 항상 영화와 결부되곤 했다. 놀란이 열한 살이던 1981년, 그의 가족은 영국으로 다시 이주했고, 아버지 브렌던은 그가 다녔던 가톨릭 사립초등학교에 자식들이 다니기를 원했다. 랭커스터 폭격기 조종사였던 브렌던의 아버지는 전사했는데, 아버지를 잃은 브렌던에게 기숙학교의 규율은 하늘이 내린 뜻밖의 선물이었다. "가톨릭의 가르침을 무척 많이 받았습니다." 놀란이 한 말이다. 그는 영국 서리의 웨이브리지에 있는 가톨릭 사립초등학교인 배로우 힐스에 입학했다. 그 학교를 운영하는 성 요셉회 사제들은 멀리 콩고민주공화국에 이르는 여러 곳에서 신학대학과 기숙학교를 운영하는 로마 가톨릭 조직이었다. 귀족적 분위기를 풍기는 박공지붕이 얹힌 건물로 에드워드 7세 시대 영주의 저택이었던 배로우 힐스는 2차 세계대전 때 군에 복무했던 경험을 추억하면서 취침 소등 이후에 입을 여는 사소한 규칙 위반에도 회초리 두 대를 때리는 선생님들이 있던 암울하고 불친절한 기관이었다. 급식은 대체로 먹을 수 없는 수준이라서 아이들은 걸핏하면 허기에 시달렸다. 아이들은 학교 근처 과자가게 주위를 맴돌며 생활했다. "당시 우리는 한 무리의 아이들이었고, 학교 측 사람들은 우리의 적 같은 존재였습니다." 놀란이 말했다. "선생님들은 아이들이 상황을 진지하게 받아들이면서 기도를 하게 만들려고 애쓰는 분위기였습니다. 아이들은 그런 분위기 속에서도 아이들답게 자연스러운 반응을 보였죠,

지적인 방식의 반응이 당연히 아니었죠. 하지만 나는 그 시대에, 그러니까 과학이 종교를 대체하고 있다는 것을 어느 누구도 의심하지 않던 1970년대에 성장했습니다. 당연한 말이지만 오늘날 과학이 종교를 실제로 대체했는지 여부에 대해서는 확신하지 못합니다. 그와 관련한 신념은 조금 달라진 것 같아요."

학교에서는 주마다 〈독수리 요새 Where Eagles Dare, 1968〉나 〈콰이강의 다리 The Bridge On The River

위 왼쪽 〈블레이드 러너〉 촬영장에서 해리슨 포드에게 연기 지시를 하는 리들리 스콧.

위 오른쪽 리플리컨트 로이 배티 역의 루트거 하우어.

아래 〈에이리언〉 촬영장에서 시고니 위버와 대화하는 리들리 스콧. 〈블레이드 러너〉와 〈에이리언〉은 감독이라는 직업에 대한 놀란의 눈을 틔워줬다.

Kwai, 1957〉 같은 전쟁 영화들이 상영됐지만, 영화 동아리는 없었다. 놀란은 기숙사 사감 숙소에 있는 TV로 리들리 스콧 감독의 〈블레이드 러너 Blade Runner, 1982〉 해적판 VHS를 감상해도 좋다고 허락받았던 그날을 회상했다. "사감 선생님 숙소에 잠깐 들러서 그 영화를 30분 정도 봐도 좋다는 허락을 받았습니다." 그가 말했다. 놀란은 이후 시간이 좀 더 지난 후에 리들리 스콧의 〈에이리언 Alien, 1979〉을 보고는 〈에이리언〉과 사감 선생

의 서재에서 반시간 동안 봤던 리플리컨트˙를 다룬 영화를 결부시키게 됐다. "제대로 이해한 것도 아니고 이해하기를 원했던 것도 아니지만, 그 영화들에 공통된 분위기가 있다는 걸 감지했던 기억이 선명합니다. 낮은 소리로 울리는 사운드와 특별한 조명, 분위기에서 두 영화는 분명 같은 영화라는 감을 잡은 거죠. 그러고는 알게 됐습니다. 같은 감독이 만든 영화들이라는 사실을요. 완전히 다른 줄거리와 다른 작가, 다른 배우, 그 외의 모든 것이 다 다른 영화였어요. 꼬맹이 시절에 파악한, 영화를 구성하는 모든 요소가 다 달랐습니다. 그 나이 때 아이들은 기본적으로 배우들이 영화를 만든다고 생각합니다. 그런데 모든 요소가 서로 다르지만, 그 요소들 사이를 이어주는 게 있습니다. 그 연결고리는 바로 감독이죠. '저게 바로 내가 원하는 직업이야.'라고 생각했습니다."

감독이라면 누구나 전등에 반짝 불이 켜지는 것처럼 '유레카'를 외치는 순간이 있다. 이를테면 잉그마르 베르히만이 환등기를 처음 만난 순간, 스콜세지가 〈하이 눈High Noon, 1952〉에서 롱숏으로 잡힌 게리 쿠퍼를 보고 영화는 누군가에 의해 연출된다는 것을 깨달은 순간이 그렇다. 놀란의 유레카는 시차를 두고 찾아왔고, 그 순간에 도달하기까지는 인내심과 치밀함, 어느 정도의 탐구 활동이 필요했다. 즉 그의 영화가 관객에게 요구하면서 동시에 보상으로 제공할 특징이 필요했던 것이다.

놀란은 배로우 힐스에서 3년을 보낸 후, 헤일리버리 앤 임페리얼 서비스 칼리지로 갔다. 런던 외곽순환도로 M25 북쪽에 있는 기숙학교였다. 원래는 인도에서 공무원으로 복무할 제국의 아들들을 훈련시키기 위해

● 영화 <블레이드 러너>에 등장하는 인조인간을 뜻하는 말로 넓게는 복제된 존재 또는 복제인간을 지칭.

1862년에 설립된 헤일리버리는 1980년대 초에 이르렀을 땐 더 이상 존재하지 않는 나라를 위해 교육을 진행하는 학교 같았다. 드넓은 학교 터는 겨울철이 되면 우랄산맥에서 불어온 삭풍에 채찍질을 당했고, 교정 곳곳에는 보어전쟁에서 전사하거나 빅토리아 십자훈장을 수훈한 용맹한 졸업생들을 기념하는 기념비들이 세워져 있었다. 마치 런던 북부 교외 지역에 거주하는 중산층 자녀들에게 사나이다운 자기희생이라는 빅토리아 시대의 미덕을 알리듯이 말이다. 영국 공군RAF의 피터 타운센드 대령이 "헤일리버리에서 보내는 첫 2년을 살아남아라. 그러고 나면 세상의 어떤 경험에서도 살아남을 수 있다."고 주장한 이후 상황이 개선됐지만, 학교는 스파르타식 교육을 시키는 구시대적 기관이었다. 카펫이나 커튼은 그리 많이 설치되어 있지 않았고, 군대 막사 스타일의 기숙사에는 그저 그런 열기를 내뿜는 라디에이터가 설치되어 있을 뿐이었다. 80년대 말, 헤즈볼라에 인질로 잡혔던 언론인 존 맥카시가 석방되면서 헤일리버리에서 기숙생활을 했던 경험이 엄혹한 구금생활을 버텨내는 데 도움을 줬다는 말을 했을 때, 그 말은 농담 반 진담 반이었다. 그의 옛 사감 선생인 리처드 로즈-제임스는 "이런 발언을 들으면 때때로 내가 감독하던 세계가 어떤 세계였는지 궁금해지곤 한다."고 밝혔다. "그런 얘기를 들으면 내가 기숙사를 운영하는 동안 신경 써서 관리했던 일들이 꽤나 가혹한 짓이었다는 생각을 하게 된다." 놀란이 1984년 가을에 배정된 기숙사 멜빌이 바로 맥카시가 사용했던 숙소였다.

"맥카시의 코멘트에는 음험한 유머가 깃들어 있다고 생각합니다." 놀란이 말했다. "스티븐 프라이가 인터뷰 중 교도소에 대한 질문을 받자 '아하, 저는 기숙학교를 다녔습니다. 썩 나쁜 곳은 아니었죠.'라고 대답했어요. 하지만 내가 한 경험은 그렇지 않습니다. 난 기숙사 생활을 즐겼습니다만, 그러지 못한 사람이 많다는 것도 압니다. 그래서 그 문제에 있어서는 양가적인 견해가 있다고 짐작해요. 아이들이 얻게 되는 상당한 자립감과 고되고 제약이 무척 많은 학교생활 사이에는 기이한 긴장감이 분명 존재합니다. 아이들은 집에서 멀리 떨어져 있죠. 고립된 공간이지만, 아이들은 나름의 방식으로 살아갑니다. 아이들은 다른 종류의 자유를 누리는 거죠. 나는 기숙학교에 대해 다윈Darwin적인 환경이라는 말을 항상 합니다. 익사하거나 계속 헤엄치거나 둘 중 하나의 결과를 맞게 되는 공간이죠. 헤일리버리에는 군대식 분위기가 팽배합니다. 학교와 학생들은 자율적으로 학칙을 준수합니다. 6학년이 반장이 되어 자신이 맡은 아이들을 책임지죠. 굉장히 구시대적인 위계 시스템입니다. 지금은 어떤지 모르겠는데, 내가 그곳에서 기숙사 생활을 하던 당시엔 그랬습니다. 그런 분위기를 순순히 따르거나 철저히 혐오하거나 둘 중 하나였죠. 나는 또래에 비해 덩치가 컸고 럭비를 잘했습니다. 럭비를 잘하는 아이는 괜찮은 아이로 통했죠."

학교를 방문한 손님에게 강렬한 첫인상을 심어주는 것은 학교의 규모다. 500에이커 규모의 학교 터는 하트퍼드셔 전원지대 한복판에 있다. 런던에서 이어지는 도로를 따라 늘어선 나무들 사이로 맨 처음 보이는 것은 학교의 앞쪽 테라스로, 포틀랜드 석재로 세운 코린트식 기둥과 포르티코 지붕은 아테네의 수호신전 에레크테이온을 본뜬 것이다. 100미터쯤 떨어진 곳에 있는 사각형의 안뜰은 케임브리지 트리니티 칼리지의 그레이트 코트에 비견할 만하다. 학교 초대 교장의 1862년 발언에서 따온 "희망은 불멸이라, 먼 옛날의 사상들과 함께 시간을 초월하느니라."라는 정신을 고취하고자 디자인된 이 건물은 런던의 내셔널 갤러리를 디자인했고, 우연히도 놀란이 헤일리버리에서 영국 대학 입학 필수자격인 A-레벨을 마친 뒤 진학한 유니버시티 칼리지 런던을 디자인한 19세기 건축가 윌리엄 윌킨스의 작품이다. "윌킨스 씨를 폄훼하려는 뜻은 없지만, 두 건물은 거의 똑같습니다." 그가 말했다. "학교를 떠올릴 때면 항상 럭비 경기장이 앞에 있는 근사한 테라스를, 윌킨스식 테라스를, 거대한 사각형 안뜰을 떠올립니다. 굉장히 아름다운 곳들이죠. 실제 크기보다 더 크게 느껴지는 곳들입니다. 그런 종류의 건물을 짓는 목적이 바로 그겁니다. 보는 사람이 스스로를 왜소하다고 느끼게끔 만들죠. 그런데 거대한 것과 마주한 사람은 자신이 그 거대한 무언가의 일부라는 느낌을 받게 됩니다."

학교생활은 모든 면에서 시계의 지배 아래 이뤄졌다. 시간표는 하루의 매시간, 매분을 엄격하게 정해놓았다. 전기로 작동하는 요란한 소리가 오전 7시 30분에 울린다. 이를 시작으로 매시 정각과 30분마다 종을 울

헤일리버리의 부속 예배당. 굉장히 큰 건물로, 런던 대공습에 나선 독일 공군은 지나치게 멀리 비행했다는 걸 파악하는 지표로 이곳을 활용했다.

● Combined Cadet Force, 영국 국방부가 후원하는 청소년 조직.

리는 커다란 시계탑이 사각형 안뜰을 내려다보고 있었다. 50명 남짓의 소년들은 씻기 위해 욕실로 미친 듯이 질주했고, 교복 재킷과 바지를 입고 침대 검사를 받고자 준비했다. 짤막한 예배가 그 뒤를 이었는데, 전교생은 스테인드글라스 창문 아래에 정어리처럼 빼곡히 붙어 서서 기도하는 척하며 찬송가에 맞춰 입을 벙긋거렸다. 그렇게 예배가 끝나면 학생들은 식당으로 향했다. 호두나무 판자로 장식된 커다란 돔형 식당에는 버터와 삶은 양배추 냄새가 진동했다. 700명 남짓한 전교생은 전前 총리 클레멘트 애틀리 같은 졸업생의 유화 초상화를 뒤로한 채 테이블 하나당 24명씩 앉아 오트밀이나 시리얼을 게걸스레 먹어치웠다. 실내는 어찌나 조용한지 방 건너편에서 주고받는 대화도 들을 수 있었다. 또 다른 종소리는 오전 9시부터 오후 1시까지 이어지는 4시간의 수업에 참석하도록 소년들을 호출했다. 수업 시간 사이에 있는 휴식 시간은 5분밖에 안 됐는데, 이는 팔 아래에 책을 낀 아이들이 수업에 늦지 않으려고 숨을 헐떡이며 드넓은 사각형 안뜰을 질주하는 모습을 빈번하게 보게 된다는 뜻이었다.

점심시간 이후 오후에는 의무적으로 운동을 해야 했는데, 종목은 겨울에는 럭비, 여름에는 크리켓이었다. 운동이 끝나면 샤워기가 길게 늘어서 있고 깊숙한 욕조와 수도꼭지가 높은 곳에 달려 있는 동굴 같은 목욕탕에서 땀구멍에 묻은 흙을 씻어냈다. 수요일은 연합생도● 활동에 할애

되었다. 이는 두 학기를 마치면 의무적으로 가입해야 하는 교내 군사조직으로, 원래는 학생들을 입대시키려는 의도로 만들어진 조직이었다. "불편한 유니폼 차림으로 주위를 행진하고 독도법을 배우면서 대부분의 시간을 보냈습니다." 연합생도의 영국 공군 부문에 배치됐던 놀란의 회상이다. "기억해보면 사실, 지도 접는 일만 하면서 시간을 보냈습니다. 지금도

나는 지도를 제대로 접지 못합니다. 지도를 접었다가 펼쳤다가 다시 접을 수 있으려면 특정한 방식으로 지도를 접어야만 하거든요. 우리는 1년에 한 번씩 비행기를 타고 이륙해서 교관이 '칩멍크Chipmunk'라고 부르는 끝내주는 곡예비행을 해야 했습니다. 우리는 조종사 뒷자리에 앉았죠. 조종사가 쓴 헬멧 아래로 튀어나온 주름진 목덜미를 봐야 했어요. 비행이 처음인 학생의 경우 꽤나 따분한 비행으로 끝났지만, 전에도 비행을 해본 적이 있다고 말하면 조종사가 곡예비행을 하곤 했습니다. 공중에서 고리 모양을 그리기도 하고, 거꾸로 선 U자 모양을 그리기도 하고, 술통을 굴리듯 빙글빙글 돌기도 했습니다. 정말 환상적이었죠. 이미 경험이 있던 고학년생들이 '비행해본 적이 있다고 말하면 조종사가 곡예비행을 해줄 거야.'라고 귀띔해줬죠. 비행 경험이 있다고 말하면 조종사는 눈도 마주치지 않은 채 '몇 번이나 해봤니?'라고 물었습니다. 대화는 무전기에 대고 고함을 치는 형식으로 이뤄졌죠."

오후 수업이 끝나면 대형 홀에서 다 같이 먹는 저녁 식사가 이어졌다. 각 테이블의 앞쪽에는 차가 담긴 큰 주전자가 놓여 있었다. 2차 세계대전 때 사용된 탄약통으로 만든 징이 울리는 소리와 함께 시작된 달가닥거리는 소리와 재잘거리는 소리는 재빨리 낭송되는 라틴어 감사기도에 의해

밤중에 사각형 안뜰을 밝히는 가로등 중 하나.

순식간에 잦아들었다. 그렇게 저녁 식사가 끝나고 나면 모두들 각자의 기숙사로 돌아가기 전에 '자습'을 했다. 열세 살부터 열여덟 살 사이의 아이 47명이 길고 썰렁한 막사 스타일의 기숙사에 비치된 똑같이 생긴 철제 프레임 침대에서 잠을 잤다. 어린 소년들은 오후 9시에, 나이 많은 고학년생들은 오후 10시에, 반장은 마음 내키는 시간에 잠자리에 들었다. 하루가 저물 무렵이면, 모두들 너무 지쳐서 손가락 하나 까딱하지 못하고 침대로 풀썩 쓰러졌다. 놀란은 소등 이후 침대에 누워 있던 그때를 기억한다. 그는 워크맨으로 〈스타워즈〉나 〈2001 스페이스 오디세이〉의 사운드트랙을, 그리고 반젤리스가 작곡한 〈불의 전차〉의 음악을 들었다. 그는 배터리의 전기를 마지막 한 방울까지 짜내려고 라디에이터에 데운 후 사용했다. "그날 반장이 누구냐에 달려 있었죠." 그가 회상했다. "음악 감상은 사전에 허락을 받아야 했거든요. 배터리를 자주 갈아야 했어요. 하지만 AA배터리를 충분히 확보할 수가 없었죠. 배터리는 늘 부족했고, 오래 가지 못했어요. 제대로 된 배터리를 가진 적이 없었죠. 워크맨은 전기가 모자라도 어느 정도 속도를 유지하는 CD플레이어나 DVD플레이어하고는 달랐어요. 음악이 느리게 재생되곤 했죠. 그래서 연필로 테이프를 되감는 식으로 전기를 아끼고, 라디에이터에 배터리를 데우는 식으로 최대한 사용했습니다."

놀란의 영화는 한스 짐머 음악의 지나치게 큰 볼륨 때문에 비판을 받고는 한다. 그런데 놀란이 추구하는 것, 즉 관객을 완전히 사로잡는 강렬한 음악과 이미지의 결합은 그 시절 어둠 속에서 사운드트랙에 귀를 기울이며 느꼈던 전율, 음악에 휩싸여 다른 세계로 떠나는 듯한 느낌과 유사하다. 한편 반젤리스가 〈불의 전차〉 음악 작업을 통해 이뤄낸 신시사이저와 오케스트라의 획기적인 혼합은 이후로 짐머가 놀란을 위해 작곡했던 모든 영화음악의 모범 사례를 제공했다. "창작적인 측면에서 우리 아이들을 보고 느낀 것이 있어요. 무엇인가에 관심을 갖고 그것에 매혹된 아이들은 그 뒤로 계속해서 이어지고 주고받는 생각들을 아주 깊이, 아주 빠르게 쫓을 수 있다는 겁니다. 그런데 나는 그렇지 않았어요. 우리는 그런 결과를 얻고자 무척 많은 작업을 해야 했죠. 우리가 현실에서 벗어나기 위해 추구했던 방식은 음악에 귀를 기울이면서 상상력을 발휘해

빈 공간을 채우는 것이었습니다. 영화음악은 시각적 이미지와 관객의 상상력을 위한 약간의 공간을 남겨둡니다. 영화음악은 나에게 생각할 공간을 조금 더 많이 주었던 것 같아요. 공공장소에서 흐르는 잔잔한 앰비언트 음악 같은 느낌에 더 가까웠죠. 내가 어둠 속에서 음악에 귀를 기울이며 얻게 된 공간, 즉 상상력으로 가득한 공간을 소중히 여겼던 게 분명해요. 이런저런 것을 고민하며, 영화와 여러 이야기를 상상했습니다. 내게 무척 소중한 시간이었어요."

· · ·

상상력을 발휘하는 그런 일탈 행위는 변덕스럽고 안일하게 반복되는 현실 도피적 행위와는 다른 것을 남겼다. 늘 50명 이상을 웃돌았던 소년들이 한 방에 거주해야 했던 환경에서, 사감 선생님께 일러바치겠다는 위협을 꾸준히 받아야 했던 그런 환경에서 자기만의 통제권을 획득해내는 사소하지만 중요한 승리를 일궈낸 요소였다. 로즈-제임스의 말처럼 "폐쇄된 세계 내부에 있는 폐쇄된 커뮤니티"인 학교는 그 자체가 하나의 세계였고, 과거에 장교 계급을 충원하라는 임무를 학교에 부여했던 사회의 축소판이었다. 겨울에는 오후 6시부터, 여름에는 오후 7시부터 출입이 통제되는 교내를 한 번도 벗어나지 않은 채 석 달간 이어지는 학기를 지내는 것은 충분히 가능한 일이었다. 규율을 유지하는 일은 반장들 몫이었다. 사감은 나이 많은 소년 중에서 그의 눈과 귀 노릇을 할 아이들을 선발하고 규칙 위반 적발 시, 즉석에서 처벌할 수 있는 권한을 부여했다. 처벌은 쓰레기 줍기나 얼차려, 또는 영국의 역사에서 유명한 사건, 이를테면 헤이스팅스 전투, 마그나카르타 등이 일어난 날짜들을 써서 제출하는 일명 '데이트'를 작성하는 방식이었다. 잔디밭에 들어가는 사소한 위반행위를 하면 데이트를 3번, 4번, 10번을 되풀이해서 써야 했다. 엄격한 교칙과 준군사적인 규율 앞에서 머뭇거리는 아이들은 재빨리 따돌림을 당했다. "끔찍한 곳이었습니다. 서로가 서로를 괴롭히고 있었죠." 놀란과 같은 시기에 이 학교를 다닌 돔 졸리가 한 말로, 그는 일요일 편지 쓰기 시간이 되면 어서 와서 자기를 구해달라고 애걸하는 편지를 부모님

께 썼다고 회상했다. ("사랑하는 엄마, 아빠, 저는 여기가 빌어먹게 싫어요. 저 좀 여기서 데려가세요.") 하지만 계획과 달리 도중에 가로채진 그의 편지들은 "엄마, 아빠가 이런 편지를 읽고 싶진 않으실 텐데, 네 생각은 어때?"라는 문장이 덧붙여져 되돌아올 뿐이었다. 검열을 통과한 편지들은 하나같이 이런 내용이었다. "사랑하는 엄마, 아빠, 이번 일요일에 본 영화는 〈독수리 요새〉였어요. 우리 학교 럭비 팀이 이겼어요. 너무 행복해요." 학교에 불만이 있는 경우, 그 학생이 겪어야 하는 고통과 자포자기의 심정은 매우 심각했다.

"기득권층에 대해 가르치면서 학생들이 기득권층을 지향하게끔 만드는 교육이었죠." 놀란이 그가 받았던 학교 교육에 대해 한 말이다. "그런 분위기, 그런 종류의 느낌이 내 안에 있습니다. 있잖아요, 우리는 '예루살렘'을 불렀습니다. 정말이지 영화 〈불의 전차〉 같았죠. 열두 살 때 〈불의 전차〉를 봤는데, 헤일리버리에 가리라는 걸 알고 있던 나는 영국 기

놀란이 자신의 학창 생활을 가장 잘 요약한 영화라고 밝힌 휴 허드슨 감독의 〈불의 전차〉에 출연한 이언 찰슨.

득권층과 대영제국의 위대함 등등의 사회적 통념을 받아들이고 있었습니다. 꽤나 웃기는 일이죠. 2년쯤 전에 〈불의 전차〉를 다시 보고는 우리 애들한테 그 영화를 보여줬습니다. 굉장히 체제 전복적인 영화예요. 이튼 스쿨 졸업생이 각본을 쓴 영화가 아닙니다. 감독은 이튼 졸업생이지만, 시나리오를 쓴 작가는 그렇지 않았죠. 대단히 반체제적이고 매우 급진적인 작품입니다. 〈다크 나이트〉와 비슷한 영화죠. 내가 받은 교육은 체제순응적인 구닥다리 교육이었습니다. 그게 내가 할리우드의 정치적 환경에서 길을 찾아나갈 때 취했던 방식과 잘 맞아떨어졌다고 생각합니다. 기숙학교에서 배우는 내용이 그런 거니까요. 마음속으로는 격렬하게 저항하지만 그 감정을 격한 행동으로 드러내지는 못하면서 동시에 기득권 세력에 공감하는 법을 배우는 겁니다. 많은 영화감독이 할리우드의 기득권 세력에 맞서 싸우려고 애를 씁니다. 그런데 제대로 맞서 싸우지는 못하죠. 우리는 항상 한계를 시험해볼 구조를 갖고 있습니다. 우리는 정정당당하게 행동하면서도 남들이 기대하는 방식으로 행동하지는 말아야 합니다. 내 입장에서는 그것이 기숙학교에서 겪었던 경험을 통해 얻은 교훈입니다."

놀란의 이 발언은 프레드 아스테어의 발언과 유사한데, 그는 브로드웨이에서 얻은 유일한 소득이 몸을 놀리는 감각이라고 말한 바 있다. 구조structure는 놀란의 영화가 변치 않고 집착하는 대상이자, 그가 진정으로 무절제하게 탐닉하는 취향의 대상이다. 건축물의 구조, 내러티브의 구조, 시간 흐름의 구조, 음악적 구조. 심지어 인간의 심리도 놀란의 영화에서는 구조의 함수다. 에셔의 판화에 묘사된 테셀레이션˚처럼 놀란의 캐릭터들은 두 배가 되고 네 배가 된다. 그가 밝힌 대로 기숙학교에서 하는 선택은 순응과 저항 사이의 선택이 아니다. 드러내놓고 하는 저항은 순식간에 진압된다. 린지 앤더슨의 칸영화제 황금종려상 수상작 〈만약If..., 1968〉에 등장하는, 학교 무기고에서 가져온 무기에 의해 사살되는 학생들처럼 말이다. 선택은 저항과 순응 사이의 선택이 아니다. 약삭빠른 기숙사 학생들은 양쪽 모두를 선택한다. 겉으로는 순응하는 반면, 머릿속으로는 저항하는 것이다. "우리의 세계는 우리의 머리 안에 있어야 해." 존 르 카레의 반자전적 소설 「완벽한 스파이A Perfect Spy, 1986」에서

● 기하학적 도형을 반복적으로 배열하여 공간을 완벽하게 덮는 것.

여덟 살의 매그너스 핌이 듣는 말이다. 르 카레가 세인트앤드루스와 셔본에서 겪었던 경험을 바탕으로 쓴 이 소설은 기숙학교에 다녔던 뛰어난 스파이의 인격 형성기를 다룬다. 그는 그 학교들이 자행한 무분별한 친영국적 프로파간다 때문에 비밀리에 독일에 동조하기에 이른다. "모두가 그들을 지나치게 혐오하니까." 겉으로 드러낸 순응과 비밀리에 지속하는 저항(적이 사용하는 언어 배우기, 적의 옷 입기, 적이 표명하는 견해 흉내 내기, 적에 대한 선입견을 공유하는 척하기)이 뒤섞이면서, 르 카레는 "한평생 나를 옭아매려고 위협하는 것은 무엇이 됐건 그 위협에 맞서 싸우려는 충동을 얻었다."고 밝혔다. 그리고 그 충동은 스파이가 되는 것이 어떤 기분인지 처음으로 맛보게 해주었다.

브루스 웨인은 〈배트맨 비긴즈〉에서 이와 유사한 이중적인 활동을 한다. 웨인은 어둠의 사도들League of Shadows에 의해 몸과 마음이 야수처럼 변해가며 7년을 보낸다. 그리고 결국 사도들이 신봉하는 이데올로기의 유해함을 깨닫고 그들에게 배운 닌자의 수법으로 그들을 상대한다. 〈007 두번 산다You Only Live Twice, 1967〉의 결말에서 이튼 졸업생 제임스 본드의 행동과 똑같다는 것을 확실하게 알 수 있는데, 그것은 바로 그들의 본부를 깡그리 부숴버리는 것이다. "맨 위층이 먼저 부서지고, 이어서 다음 층이, 그리고 다음 층이, 그러다가 잠시 후 지옥에서 솟구친 듯한 거대한 주홍색 불길이 달을 향해 치솟고 후끈한 바람이 세상을 뒤흔들고 나면 쩌렁쩌렁한 천둥소리가 뒤를 잇는 겁니다." 학창 생활은 끝이 났다. 어떤 면에서 보면, 놀란의 모든 영화는 '구조' 안에서 자신의 구원을 찾아 헤매던 사람들이, 자기도 모르는 사이에 그 구조에게 배신을 당하거나 집어 삼켜졌다는 걸 깨닫는다는 내용의 알레고리다. 〈인셉션〉에서 파리의 길거리에 의해 완전히 포위된 레오나르도 디카프리오처럼 말이다. "그게 중요해. 저 먼 바깥세상에 있는 구조가 우리를 지켜주는 데 실패했을 때." 〈다크 나이트 라이즈〉에서 경찰국장 짐 고든은 말한다. "법이 더 이상 무기가 아니라 족쇄가 되어 나쁜 놈들이 활개 치도록 만들 때." 자신의 장갑차에 갇힌 배트맨이나, 한때 그들을 안전하게 수송해준 선박과 비행기에 갇힌 〈덩케르크〉의 군인들처럼, 그들은 그것들을 벗어던지거나 아니면 목숨을 내놔야 한다. 특히 〈다크 나이트〉 시리즈는 헤일리버리처럼 '폐쇄된 세계 내부에 있는 폐쇄된 커뮤니티'이자 거칠게 행사되는 정의와 꾸준한 감시 시스템을 자체적으로 갖추고 규율을 지켜나가는, 몇몇 개인의 활동이 없다면 영원토록 혼란에 빠져 있을 도시 고담에 지리적으로 갇히는 것에서 강점을 이끌어낸다. "착한 사람들에 의해 운영되는 가혹한 시스템." 어느 네덜란드 학생이 그 학교에 대해 내린 평가이다. 학교는 바로 고담시의 축소판이었다.

럭비 실력이 뛰어났던 놀란은 학교 대표팀 1군에 선발됐다. 라이벌 학교들을 상대로 모교에 영예를 안겨줘야 하는 임무를 맡은 팀이었다. 어느 졸업생은 "학교 대표팀 1군에 선발되면 신神으로 군림했다."고 말했다. 당시 놀란은 그가 연출한 단편영화들 덕분에 일정 부분 확보한 예술 장학금을 받으면서 헤일리버리를 다녔지만, 그의 연출 활동은 그 학교에 재학 중인 동안에는 중단됐다. 명절에 동생 조나와 다시 만난 놀란은 스칼라 영화관에서 영화를 보곤 했다. 킹스 크로스에 있는 영화관으로 대리석 계단과 제대로 된 좌석을 갖춘 350석 규모의 으리으리한 극장이다. 이 영화관에서 데이비드 린치의 〈블루 벨벳Blue Velvet, 1986〉과 마이클 만의 〈맨헌터Manhunter, 1986〉, 앨런 파커의 〈엔젤 하트Angel Heart, 1987〉, 큐브릭의 〈풀 메탈 자켓Full Metal Jacket, 1987〉, 오토모 가츠히로의 사이버펑크 아니메 〈아키라Akira, 1988〉, 리들리 스콧의 〈블랙 레인Black Rain, 1989〉을 봤다. 그는 열여섯 살 때, 명절 기간 동안 프랑스어를 좀 더 배우기 위해 파리로 여행을 가서 부모님 친구 집에 머물렀다. 작가이자 통역 일을 하던 부모님의 친구는 우연히도 TV 다큐멘터리인 자연 다큐멘터리를 작업하는 중이었다. 어느 날 놀란은 부모님의 친구 분이 작업 중인 편집실로 따라가 그가 보이스오버를 녹음하는 모습을 지켜봤다. "필름을 계속 앞뒤로 돌리면서 그 작업을 하는 데는 영겁의 시간이 걸리는 것 같았습니다. 그런데 나는 그 화면에 매료되었죠. 그가 필름을 계속 거꾸로 돌리는 동안 사운드는 앞으로 진행됐거든요. 당시에는 VHS 기계를 썼습니다. 문제는 그 기계로 테이프를 뒤로 돌리면 화면의 질이 상당히 떨어진다는 겁니다. 뒤로 감을 때는 질 좋은 화면을 볼 일이 거의 없었어요. 그런데 내 입장에서 그건 꽤나 의미심장한 시각효과였습니다. 그곳에 두세 시간 동안 앉아 있었는데, 앉아 있는 시간이 얼마나 됐건 상관없이 화면이 앞뒤로 감기는 모습을 지켜보는 건 매혹적인 일이었습니다. 다른 방법으로는 그런 효과를 상상할 수 없어요. 카메라는 우리가 볼 수 없는 방식으로 시간을 봅니다. 그게 바로 그 효과의 정수죠. 내게 있어 그건 마법 같은 일이었습니다. 매혹 그 자체였죠."

• • •

학창 시절에 기숙사 생활을 했던 이의 작품에는 시간과 맺은 몹시 독특한 개인적 관계가 도드라져 있다. 안소니 파웰의 「시간의 음악에 맞춰 춤을Dance to the Music of Time, 1951-1975」은 방대한 왈츠처럼 수십 년의 사이클을 조망한다. 필립 풀먼의 「황금 나침반His Dark Materials」 3부작에는 시계태엽의 이미지가 가득하다. 작가 C. S. 루이스는 1920년대 영국의 기숙학교를 연이어 다니는 동안 학기 중 체감되는 시간이 이상하리만큼 늘어지는 것은 주관적인 현상이라는 걸 감지했다.

내일 받게 될 산수 수업이 낙원에 대한 희망을 완전히 망각하게 만드는 것처럼, 기하학 수업은 아득히 먼 학기말에 대한 생각을 완전히 잊게 만들었다. 그럼에도 매 학기를 거듭하면서 믿기 힘든 일이 일어났다. '지금부터 6주 후' 같은 환상처럼 느껴지는 천문학적인 숫자가 '이제 다음 주' 같은, 그 다음에는 '이제 내일' 같은 현실적인 숫자로 쪼그라드는 것이었다. 그리고 마침내 마지막 날이라는 초자연적 현상에 가까운 지극한 행복이 모습을 드러냈다.

루이스는 시간의 늘어짐에 대해 "끔찍하게도, 반대 의미를 지닌 동전의 뒷면 같은 경우"도 있다는 글을 남겼다.

방학 첫 주에 우리는 새 학기가 다시 찾아올 거라는 사실을 인정했다. 평화로운 시기에 신체 건장한 젊은이가 언젠가는 자신도 죽으리라는 것을 인정하듯이. 그런데 그 젊은이가 그러하듯, 지극히도 음울한 메멘토 모리*라는 경구조차 우리로 하여금 그 사실을 깨닫게 만들

* '네가 죽는다는 것을 기억하라'
는 뜻의 라틴어 경구.

수는 없었다. 그리고 믿기 힘든 일은 매번 일어난다. 활짝 웃는 해골은 마침내 모든 위장술 너머를 유심히 바라봤고, 우리의 의지와 상상력을 모두 동원해 막아섰던 마지막 순간이 도래했다. 중산모와 이튼 칼라, 무릎을 덮은 반바지, 그리고 저녁에 마차가 (타가닥-타가닥-타가닥-타가닥) 부두로 향하는 시간이 다시 시작됐다.

　기독교 이미지가 시사하듯, 루이스의 〈나니아〉 시리즈에는 기숙학교 특유의 시간 왜곡 현상이 직접적으로 도입됐다. 마법의 영역인 나니아의 시간은 너그럽게도 길게 연장되기 때문에, 페번시 아이들은 나니아에서 왕과 여왕으로 군림하다가 티타임에 맞춰 영국으로 돌아올 수 있었다. "우리 세계는 언젠가 끝날 거야." 「마지막 전투The Last Battle, 1956」 결말부에서 질이 유니콘에게 말한다. "이 세계는 그렇지 않을 거야. 오, 쥬얼, 나니아가 그냥 쭉 이어진다면 정말 근사하지 않을까? 네가 말한 것처럼 말이야." 저변에 깔린 기독교 신학을 제거한다면 이러한 기분, 말하자면 모든 행복이 언젠가는 끝이 난다는 인식과 함께, 한없는 기쁨을 동반한 우울한 기분은 〈인셉션〉과 〈인터스텔라〉의 클라이맥스들과 무척 비슷하다. 두 영화에서 시간은 느려지고 확장되면서 우정을 방해하고 부모와 자식을 떼어놓는다. "당신을 위해 돌아왔어요." 〈인셉션〉의 결말에서 콥은 이제 아흔 살이 된 사이토에게 말한다. "돌아가면 우린 다시 젊은이가 될 거예요." 놀란의 영화에서 시간은 사람들을 훔쳐가고, 놀란은 시간의 절도 행각을 주의 깊게 주목한다.

　"젊었을 때 시간이란 감정적인 문제죠." 놀란이 말했다. "젊은 사람은 향수에 잘 젖어요. 굉장히 빠른 변화를 겪고 있으니까요. 열한 살이나 열두 살 때 알던 사람들과의 관계는 곧 완전히 달라집니다. 모두의 인생은 여기저기로 펼쳐져요. 상황은 매우 빠르고 신속하게 변하고요. 대체로 이십 대나 삼십 대 무렵에는 시간이 안정적으로 흐를 것이고, 그래서 시간을 좀 더 객관적으로, 좀 더 논리적으로 볼 수 있어요. 그러다가 중년이 되면 시간의 흐름에 따른 감정적인 측면에 다시 집착하면서 우리가 그 흐름에 갇혀버렸다는 기분을 느끼게 됩니다. 시간은 우리가 제대로 이해할 수 없는 대상이에요. 그렇지만 시간을 느낄 수는 있죠. 시간에

대한 우리의 감각은 아주 예민해요. 그 점이 우리에게 큰 영향을 주지만, 우리는 그게 무엇인지 모릅니다. 우리한테는 벽시계도 있고 손목시계도 있지만, 시간은 본질적으로 주관적이에요. 당신이 L. P. 하틀리가 쓴 「사랑의 메신저The Go-Between, 1953」를 읽어봤는지 모르겠네요. '과거는 낯선 나라다. 그곳 사람들은 다른 방식으로 일한다.' 해럴드 핀터는 조지프 로지의 영화를 위해 그 소설을 각색했죠. 그는 영화를 그 문장으로 시작했어요. 책의 도입부에 있는 문장이죠. 그 문장을 지금껏 기억하는 이유는 내가 70년대에 자랐기 때문입니다. 맙소사, 객관적인 시각으로 돌아보면 그 시절은 그리 훌륭한 시절이 아니었어요."

하틀리의 소설은 시간이 기억에 끼치는 영향과 과거가 현재를 상대로 휘두르는 폭군 같은 통제력을 탐구하는 작품이다. "당시 내 상상력은, 지금은 더 이상 그렇지 않지만 열정적으로 위계적이었다." 하틀리의 소설에서 학생인 내레이터가 말한다. "점차 늘어나는 규모로 동그라미를 그리고 또 그리고, 한 층, 또 한 층 올라가는" 그의 순환적인 시간 감각의 바탕에는 "지각being late에 대한 끝없는 두려움을 느끼는" 상태에서 살아가던 해로우에서 겪은 경험이 자리하고 있다. "그 두려움은 내 의식에 흉터를 남겼고, 결코 회복하지 못할 프로이드적인 멍 자국을 내게 남겼다." 놀란의 경우 그 두려움은 다른 방향으로 향했다. 그의 영화에 참여한 스태프들 사이에서 유명한 시간 엄수와 규율, 추위에 대한 무관심은 헤일리버리에서 습득한 것이다. 그의 플롯들을 밀고 나가는 원동력은 가차 없이 똑딱거리는 시곗바늘이다. 소년들은 3개월간의 학기들을 거쳐 나

가면서 이 과정을 작은 흰색 달력에 기록했다. 가슴에 달린 주머니에 넣기에 딱 맞는 크기의 달력에는 매 학년 주요 행사(운동 경기, 외부 성직자의 방문, 박물관 견학, 연합생도 연례 순시, 무시무시한 전교 장거리 장애물 경주)가 모두 기록되어 있었지만, 아무리 많은 날짜에 표시를 하더라도, 남아 있는 학기는 영원할 것만 같았다. 놀란이 이 학교에서 보낸 마지막 2년 동안 느낀 시간의 확장은, A-레벨을 마쳐야 하는 그를 영국에 남겨둔 채 가족이 시카고로 다시 이주했을 때 생긴 공간상의 거리에 의해 더 증폭됐다. 그와 가족 사이의 거리는 6,349킬로미터였고, 시차는 6시간이나 됐다.

"영국에 있는 게 무척 좋았습니다. 럭비를 하는 것도 정말 좋았고요. 미국하고 굉장히 다르다는 것도 무척 좋아했죠. 영국과 미국을 오고 가

조지프 로지의 <사랑의 메신저> 촬영장에서 줄리 크리스티와 함께한 해럴드 핀터.

면서 기어를 바꾸는 것도 잘해냈습니다. 그런데 집에 돌아와서 적응하는 건 조금 까다로운 일이었어요. 집에 오면 기분이 좋았지만, 몇몇 친구를 다시 사귀어야 했죠. 그런데 학교 친구들은 모두 다른 지역에 있었습니다. 모두들 뿔뿔이 흩어졌죠." 놀란 역시 가족을 만나면서 기숙사 학생들이 직면했던 일상적인 문제, 그러니까 자신이 부재했을 때 변해버린 집안 생활을 따라잡는 문제에 직면했다. 그의 경우에는 공간적인 거리까지 개입되면서 상황이 더 악화됐다. 동생 조나는 미국의 고등학교 시스템을 거쳤기 때문에 더 미국적인 청소년이 된 반면, 두 나라를 오가던 놀란은 한동안 자신이 정확히 어느 나라를 고국으로 삼아야 하는지 확신하지 못했다. "우리 형제를 만난 사람들은 당황스러워했어요. 조나는 완벽한 미국식 억양을 구사하지만 나는 그렇지 않다는 사실에 놀라는 일이 잦았죠. 그 문제는 어렸을 때 해결책을 궁리해야만 하는 일입니다. 결정을 내려야만 하죠. '앞으로 평생 동안 어떤 억양을 구사할 것인가?' 두 나라와 두 문화를 겪은 나는 그 문제에 대해서 자연스레 자의식을 갖게 되더군요. 상당한 혼란을 겪었죠. 때로는 양쪽 나라 모두에서 아웃사이더가 된 것 같은 기분이 들었습니다."

거처를 숱하게 옮겨 다니던 이 시기에 놀란에게 영향을 끼쳤던 많은 요소가 한꺼번에 몰려들었다. 각각의 요소는 놀란의 내면과 외면의 균열을 중심으로 삼아 양분이 되었다. 그는 미술 수업에서 M. C. 에셔의 작품을 발견했다. 네덜란드 판화가인 에셔의 무한한 풍경은 끝이 없어 보이는 동시에 밀실 공포증이 느껴지는 세계 같았다. "나는 에셔의 판화에서 큰 영향을 받았습니다." 그는 말했다. "에셔의 음화陰畫를 본뜨는 스케치를 해보고 구형球形 이미지를 스케치했습니다." 그는 영어 A-레벨 수업에서 T. S. 엘리엇의 시간과 기억에 대한 시 '4중주Four Quartets'를 읽었다. "그 시를 많이 읽었습니다. '발소리가 기억 속에서 메아리 친다/우리가 택하지 않았던 길을 내려가/우리가 결코 열었던 적이 없는 문으로 향하다가/장미 정원으로 들어가는 발소리가.' 굉장히 영화적이죠. 엘리엇의 모든 작품이 그렇습니다. 엘리엇을 처음 접한 건 〈지옥의 묵시록〉을 통해서였을 겁니다. 그 영화에서 브란도가 '텅 빈 사람들'의 일부분을 낭송하죠. 그 영화를 처음 봤을 때 광기와 수수께끼에 완전히 매료됐습니

다. 훗날 「황무지 The Wasted Land, 1922」를 읽었는데, 무척 놀라웠죠. 나는 그 시를 정말 좋아합니다."

놀란은 그레이엄 스위프트의 소설 「워터랜드 Waterland, 1983」를 읽었다. 소설의 내레이터인 역사 선생님은 학생들에게 프랑스 혁명에 대해 가르치는 대신, 영국 노포크 주의 펜스에서 보냈던 어린 시절에 대한 믿기 힘든 이야기를 들려준다. "시간은 우리를 포로로 잡았다." 그는 말한다. "시간은 스스로를 얼마나 반복하는가. 우리가 시간을 똑바로 펴려고 기를 쓰는데도 시간은 어떻게 스스로에게 돌아가는가. 시간은 어떻게 비

틀리고 접히는가. 시간은 어떻게 순환하며 우리를 동일한 곳으로 다시 데려다 놓는가." 내레이터가 자꾸 샛길로 빠져나가는 것은 본질적으로 병리학적 원인에 의한 행동이라는 게 밝혀진다. 죄책감은 그의 아내가 어린아이

—
맞은편, 위 〈지금은 보지 마라〉 촬영장에서 찍은 뢰그의 모습. 뢰그는 2011년에 그 영화를 "리얼리티와 예술, 과학, 초자연적 현상의 마술 같고 미스터리한 조합"이라고 설명했다. "우리가 이 세계에서 하고 있는 일에 대한 수수께끼를 해결하는 첫 실마리일지도 모릅니다."

맞은편, 아래 놀란은 데이비드 보위가 출연한 니콜라스 뢰그의 〈지구에 떨어진 사나이〉를 어느 여름에 보았다.

위 제임스 폭스가 출연한 뢰그의 〈퍼포먼스〉.

를 유괴하고 정신병원에 입원하는 것으로 이어진 낙태 문제에서 그가 했던 일을 확인하려 할 때마다 이를 방해한다. 이것은 놀란이 신뢰할 수 없는 내레이터라는 아이디어를 처음 접한 사례였다. "구조적으로 대단히 경이로운 이야기라고 생각했습니다. 문장을 끝내지 않았는데도 요점에 도달합니다. 평행하게 흐르는 상이한 타임라인과 함께 가다가 철저하게 성공적이고 극도로 복잡한 구조로 점프해서 넘어가는 지점을 잘 아니까요. 기막히게 멋진 작품입니다."

어느 여름, 놀란은 미국 산타바버라에 있는 삼촌의 집에서 2주를 보내는 동안 데이비드 보위가 출연한 뢰그의 영화 〈지구에 떨어진 사나이〉의 레이저디스크를 우연히 발견했다. 당시 록 스타 특유의 방탕함이 정점에 올라 있던, 창백하면서도 고상하고 허약해 보이는 데이비드 보위는 외딴 서부의 호수에 떨어지면서 지구를 방문하게 된 외계인을 연기한다. 그는 지독히도 건조한 그의 행성으로 물을 싣고 갈 수 있게 해줄 거대한 기업체 왕국을 건설하기에 이른다. 영국으로 돌아온 놀란은 뢰그 감독의 〈유레카Eureka, 1983〉와 〈퍼포먼스〉를 구했다. 뢰그의 데뷔작 〈퍼포먼스〉에는 극도로 폭력적인 런던 토박이 집행자이자 도망자인 제임스 폭스가 출연한다. 그는 쇠락한 팝스타ⁱ 재거가 거주하는 다 쓰러져가는 노팅 힐의 하숙집을 은신처로 삼는다. "정말 특이한 영화라고 생각했습니다." 그가 말했다. "무척이나 쇼킹하고 매혹적이었죠. 대단히 신랄한 구조와 리듬이 담긴 영화입니다. 어렸을 때 학교에서 봤는데, 갱스터가 등장하는 도입부에서 모두들 한껏 흥을 냈지만, 영화는 갈수록 기괴해졌습니다. 당시에는 조금 과한 느낌의 영화였어요. 어떤 면에서는 피해가기 어려운 밀실 공포증 분위기도 풍기죠. 모든 영화에는 나름의 시대가 있습니다. 1970년대 초반에 등장한 많은 영화들을 살펴보면 정말로 기이한데, 관객의 입장에서는 굉장히 짜릿하고 독특한 데다가 신선한 영화이기도 합니다. 나는 그 실험적인 영화감독들의 어깨 위에 서 있다고 느낍니다. 그들은 영화 언어에 새로운 것들을 가져다준 사람들이니까요. 그들은 우리에게 많은 가능성을 열어줬습니다."

놀란은 〈핑크 플로이드의 더 월〉도 챙겨봤다. 앨런 파커의 웅장하면서도 혼란스러운 프로그레시브 록 오페라인 이 영화는 똑같은 얼굴의 말 없는 아이들이 무정부주의적인 찬가 [벽에 있는 또 다른 벽돌Another Brick in the Wall]의 사운드에 맞춰 행진하다가 거대한 고기 그라인더에 투입되는 제럴드 스카프의 애니메이션 시퀀스로 유명하다. 장면이 최고조에 달했을 때, 그 신scene은 어린 학생이 꾸는 백일몽인 것으로 드러난다. 학생은 선생님이 휘두른 자에 맞은 손을 비비고 있다. 놀란은 〈인셉션〉의 출연진과 스태프에게 그 영화를 다시 보여줬다. 기억과 상상이, 꿈과 현실이 뒤엉키는 방식을 보여주기 위해서였다. "모두에게 보여주고 싶었던 것은 기억과 상상이, 현재와 과거의 환상이 뒤섞이는 방식이었습니다. 그 영화에 구조를 부여한 건 핑크 플로이드의 음반이라고 생각합니다. 그런데 결국에는 나란히 늘어선 믿기 힘든 리얼리티들이 서로를 덮치고 관계를 맺는 영화로 만들어졌죠. 「워터랜드Waterland, 1983」를 읽고 있던 바로 그 시기에 〈핑크 플로이드의 더 월〉을 봤습니다. 두 작품이 무척 관련이 깊다는 걸 알게 됐죠. 구조적인 면에서 그 영화는 내가 읽고 있던 「워터랜드」와 유사했습니다. 그 당시를 돌아보면 영화에 대한 생각을 많이 하면서 영화로 무슨 일을 할 수 있을지 고민하던 시기이자, 스토리텔링과 구조에 흥미를 느끼던 시기였습니다. 그것들 사이의 연결고리를 꽤나 의식적으로 그려보곤 했습니다. 굉장히 좋은 영어 선생님이 계셨는데, 무척 솔직한 분이었죠. 어느 날 내게 이러시더군요. '영화에 관심을 갖는 만큼 책에도 관심을 가져야 한다.' 정말 좋은 충고였지만, 속으로는 내가 결코 그러지 않으리라는 걸 알고 있었습니다. 선생님이 그 말을 하자마자 생각했죠. 그런 일은 결코 없을 거라고. 나는 속마음과 달리 그러는 척해야 했습니다."

• • •

'그러는 척하기'는 영문학을 읽기 위해 유니버시티 칼리지 런던에 입학하겠다는 뜻이었다. 이후 1년을 휴학하고 여행을 다닌 그는 단편영화들을 만들고 자잘한 작업들을 했다. "영문학과 인문학을 전공하게 됐습니다. 인간과 스토리텔링에 흥미가 있었거든요. 사실 어릴 때는 수학도 제

—
개인사와 기억, 상상이 뒤엉킨 작품으로서 <인셉션>에 영향을 준 앨런 파커의 <핑크 플로이드의 더 월>.

법 잘했습니다." 그가 말했다. "그러다가 수학의 퍽퍽함에 진저리가 나더군요. 그러다 보니 수학과 관련이 있는 과목은 듣지 않게 됐고요. 그보다는 인간과 관련된 학문에 더 관심이 있었죠. 그런데 나는 지금도 여전히 패턴과 기하학, 숫자에 관심이 많습니다. 왜 그런지 이유는 모르겠는데, 초짜였을 때 무슨 이유에서인지 이런 질문을 받게 되더군요. '당신은 영화감독이 될 수 없었다면 무슨 일을 하게 됐을까요?' 건축과 관련된 일을 하지 않았을까 생각한다는 대답을 가장 많이 한 것 같습니다. 우리 어머니는 건축 일이 멋진 직업이라고 생각했거든요. 모든 건축에는, 특히 으뜸가는 건축에는 내러티브 요소가 깃들어 있다고 생각합니다. 그런 건축은 굉장히 독특하죠. 몇 년 전에 캄보디아의 앙코르와트로 휴가를 갔었습니다. 부호들과 같이 갔는데, 여행사에서 동틀 무렵에 뒤쪽 출입구로 그들을 입장시켰습니다. 철저하게 개인적으로 앙코르와트를 즐길 수 있게 해주겠다는 생각에서였죠. 그런데 이건 크나큰 실수라는 걸 나는 일찌감치 알아챘습니다. 앙코르와트는 인도의 타지마할처럼 내러티브의 전개에 따라 감상하도록 지어진 곳이니까요. 그래서 앙코르와트를 감상하려면 건축물의 앞쪽에서부터 접근해야 합니다. 아무도 없는 곳에서 자기들만 오붓하게 있는 고급스러운 경험을 하겠답시고 뒤쪽으로 슬그머니 들어가는 대신에 말입니다. 그건 마치 영화를 엉뚱한 순서로 보는 것과 비슷한 행동이죠. 우리는 그 경험을 통해 자신을 속였습니다. 건축가는 공간을 창조하는 과정에서 건물에 내러티브 요소를 부여합니다. 영화의 미장센을 잡는 방식, 숏들을 그러모으는 방식, 줄거리를 위한 지리적 공간을 창조하는 방식은 건축과 매우 밀접한 관계가 있습니다. 영화를 연출하면서 이루어지는 그런 일들은 영화가 다루는 세계와 관련해서 작업을 하는 겁니다. 나에게 있어서 스토리들이 형성하는 기하학적 구조는 굉장히 중요합니다. 그 점이 바로 내가 영화를 기획할 때 의식하는 부분입니다."

〈인셉션〉에서 디카프리오가 마이클 케인이 연기하는 건축학 교수를 처음 만날 때, 뒤편 칠판에 피렌체 대성당의 스스로 지탱하는 팔각형 돔의 스케치가 그려져 있는 데는 그럴 만한 이유가 있다. 필리포 브루넬레스키가 헤링본 무늬 벽돌 400만 장으로 쌓아 올린 기존 벽들의 상부에,

시계 제작자 필리포 브루넬레스키가 현대의 학자들이 아직도 완전히 이해하지 못한 방법을 사용해 축조한 피렌체 대성당의 스스로 지탱하는 돔.

학자들이 지금도 이해하지 못하는 방법으로 축조한 그 돔은 실현 불가능한 구조물이자 미스터리한 건축물이다. "때때로 나는 그가 이룬 성취에 감사하는 마음을 주체하지 못한다." 이탈리아인 마시모 리치가 최근 「내셔널 지오그래픽」을 통해 한 말이다. "그런데 그 때문에 큰 절망감을 느낄 때도 많은데, 그럴 때는 그에게 '지옥에나 떨어져!'라고 욕설을 퍼붓는다." 이 성당은 놀란의 영화들을 상징하는 심벌일 수도 있다. 그의 영화는 등장인물을 함정에 빠뜨리고는 기품을 부여하며, 관객을 유인해 끌어들여 놓고는 지독하게 괴롭히는, 실현 불가능한 구조물이기 때문이다. 그의 작업은 6,349킬로미터 떨어져 있는 아주 판이한 두 건물 사이를 잇는 길을 계획하거나 다리를 놓으려는 시도로 이해한다면 가장 잘 이해될지도 모른다. 아주 판이한 두 건축물은 사람들에게 서로 다른 영향을 끼치는 2개의 상이한 사회 구조를 대표한다. 그 두 건물을 조화롭게 연결한다면 놀란의 영화 작업의 비밀을 푸는 중요한 열쇠를 얻을 수 있다.

첫 건물은 헤일리버리에 있는 그의 기숙사다. 소독약 냄새를 풍기는 긴 막사 스타일의 단층 건물로, 바닥에 목재가 깔려 있고 낮은 천장은 목재 아치가 지탱하며, 똑같이 생긴 철제 프레임 침대들이 두 줄로 나란히 놓여 있는 곳. 각각의 침대에는 줄무늬 울 담요가 덮여 있고, 학교에서 쓰는 흰색 수건이 걸쳐진 낮은 나무 벽이 침대들 사이를 분리하는 곳. 이 학교의 초대 교장인 A. G. 버틀러의 발언에 따르면 이것은 '학생들을 잘 감시하기 위한' 배치다. 줄을 딱딱 맞추고 반복되는 기숙사의 디자인은 학생들의 서열을 확연하게 드러낸다. 제일 어린 소년들은 저쪽 끝에 있고, 제일 나이 많은 학생들은 반대쪽 끝에 있다. 그래서 가로지르듯 방을 통과하노라면, 자신의 서열이 어떻게 되는지 어느 누구도 의심을 품지 않게 된다. 놀란의 초기 단편 〈개미귀신 Doodlebug, 1997〉은 토머스 홉스가 주장한 권력 역학이 지배하던 헤일리버리의 분위기를 상기시킨다. 러닝타임이 고작 3분에 불과한 이 영화에서, 제레미 테오발드가 연기한 한 남자가 마룻바닥을 잽싸게 가로지르는 작은 벌레를 쫓는다. 남자는 손에 든 신발을 휘두르는데 남자가 벌레를 구석에 몰아넣은 순간, 이건 사실 그 벌레를 쫓는 남자의 축소판 버전에 불과하다는 걸 알게 된다. 그는 신발을 든 자신의 자그마한 도플갱어를 구석에 몰아넣고 두들기는데, 그의 어깨 너머에는 그 남자보다 훨씬 더 큰 버전이 자신에게 신발을 내리치려는 참이다. 개미귀신을 으깨려는 우리의 주인공은 다른 누군가의 개미귀신이다. 무한히 반복되는 사슬이 그런 식으로 끝없이 이어진다. "이 영화가 1980년대 말, 멜빌 기숙사 학생들의 생활을 대표하는지 여부에 대한 판단은 당신의 몫으로 남기겠다." 그 영화가 유튜브에 업로드되자 그 학교의 사제인 루크 밀러 신부는 블로그에 절반은 조롱조로 보이는 글을 올렸다.

"〈풀 메탈 자켓〉의 막사를 보면서 믿기 힘들 정도로 강한 인상을 받았지만, 그 당시는 내가 실제로 그런 곳에 거주하던 시기이기도 했습니다. 내 생각에는 그런 일반적인 동질감도 많이 반영되어 있습니다." 놀란이 한 말이다. 그는 〈인셉션〉에 등장하는 똑같은 형태의 철제 프레임 침대에 누워 꿈을 꾸는 사람들이 모인 공간과 〈인터스텔라〉에서 맥커너히의 딸이 머물던 방의 무한한 변형들, 한없이 되풀이되는 침대들의 미로에 갇힌 장면이 펼쳐지는 테서랙트 속에 기숙사와 유사한 침대 배치를 무의식적으로 재현했다. 실제로 〈인셉션〉의 아이디어가 처음으로 형태를 갖춘 것은 그가 6학년이었던 시절, 소등 후 몰두한 스토리텔링 시간이었다. "제대로 의식한 건 아니었습니다." 놀란이 말했다. "구체적으로 따져

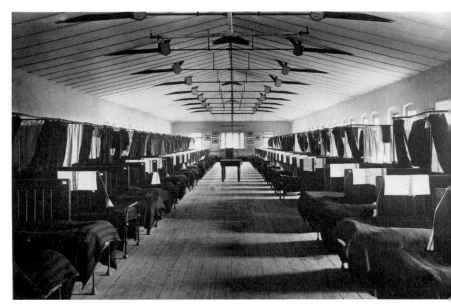

—
놀란이 〈인셉션〉의 싹이 될 아이디어를 처음 구상한 학교 기숙사의 전경.

보면 〈인셉션〉의 줄거리를 생각해낸 건 아니었어요. 그래도 본질적인 요소들은 모두 자리를 잡고 있었습니다. 꿈을 공유한다는 아이디어, 그것이 출발점이었죠. 음악을 활용하거나 누군가의 꿈 바깥쪽에서 음악을 튼다는 아이디어도 있었고, 잠을 자는 사람에게 음악을 들려주면 그 음악이 흥미로운 방식으로 뭔가를 변화시킬 것이라는 아이디어도 있었죠. 처음 한동안은 고딕적인 감수성이 더 강했습니다. 그러다가 공포적인 요소들에 대한 관심을 서서히 잃어가면서, 이후로 몇 년에 걸쳐 뭔가 다른 분위기의 작품으로 변해갔죠. 최근에 아이들과 이야기하던 중 〈인셉션〉에 적용된 아이디어 두 가지를 내놓은 게 열여섯 살 무렵이었음을 깨달았어요. 재미있더군요. 그 영화가 제대로 형태를 갖추기까지 무척 긴 시간이 걸렸습니다. 말은 10년이라고 했었는데, 실제로는 아마 20년도 넘을 겁니다. 무척 오랫동안 고심했고 제대로 작동하게끔 만들기 위해서 무진장 애를 쓴 작품입니다. 숱하게 많은 버전이 있었죠. 그 영화는 오랫동안 고심한 끝에 만들어졌어요. 나는 현재 마흔일곱 살입니다. 그 영화는 궁리하는 데만 20년 가까이 걸린 영화죠."

—
큐브릭의 〈풀 메탈 자켓〉에서 레너드 '고머 파일' 로렌스 이병을 연기한 빈센트 도노프리오.

비행기로 8시간이 걸리고 시차가 5시간 나는 대서양 건너편의 두 번째 건물은 시카고의 시어스 타워다. '더 루프'로 알려진 시카고 다운타운의 심장부에 위치한, 1974년에 완공된 이 빌딩의 내부는 9개의 각진 튜브로 구성되어 있고, 각각의 튜브는 내부를 지탱하는 구조물 없이도 자체적으로 튼튼하게 유지된다. 그리고 한데 모인 이 튜브들은 1층부터 50층을 상회하는 높이까지 닫힌 공간을 구성한다. 제각기 다른 높이로 마무리된 이 튜브들은 100층에 달하는 다층 형식으로 엠파이어 스테이트 빌딩보다 무려 60미터 더 높은 442미터 높이의 건물을 빚어낸다. 맑은 날에 이 우뚝 솟은 건물의 꼭대기에서는 4개 주州의 땅을 비롯해 80킬로미터 떨어진 곳까지 볼 수 있다. 달리 말해 이 빌딩은 놀란이 생활했던 기숙사, 즉 계급 순서로 빼곡하게 늘어선 침대와 이 침대에 누워 있는 학생들 모두 반장의 시야에 철저히 구속되는 비인격적 구조를 갖춘 학교 기숙사와는 건축적인 면에서도, 철학적인 면에서도 정반대되는 곳이다. 시어스 타워 꼭대기에 서면, 사실상 사람들 눈에 띄는 일 없이 사방으로 몇킬로미터 끝까지 확 트인 시야를 즐길 수 있다. 이곳은 짜릿한 쾌감을 제공하는 천리안이 구현된 건물이다. 십 대 시절 어느 방학에 이 건물을 처음 방문했던 놀란은 이후 20년이 지나 다시 이 건물에 올랐다. 브루스 웨인이 배트맨이 되어 활동하는 〈다크 나이트〉의 장면을 구현하고자 바로 이 건물 꼭대기에 서 있는 크리스찬 베일을 촬영하기 위해서였다.

"평생 보아온 건물들 중 타의 추종을 불허하는 건물입니다." 그가 말했다. "열여섯, 열일곱 살 때 방학이 되면 집으로 돌아오곤 했죠. 그렇게 집에 돌아온 뒤 기차를 타고 시카고의 다운타운에 갔어요. 시어스 타워 110층에 올라가 사진을 찍었습니다. 그 건물과 도시의 분위기는 엄청나게 충격적이었어요. 미국의 도시를 경험하는 것과 그 건물이 건축적인면에서 얼마나 비범한지 느끼는 것 모두 무척 흥미로웠습니다. 내 입장에서 미국은 상징적인 존재가 아닙니다. 나는 미국과 함께 자랐고, 미국은 언제나 내 인생의 일부분이니까요." 놀란은 한때 집이라고 불렀던 도시로 돌아왔지만, 그럼에도 시카고는 몇 년 전에 경험했던 존 휴즈풍의 교외하고는 무척 상이한 양상을 보여줬다. 이번에는 시어스 타워, 원 일리노이 센터, IBM빌딩, 로워 웨커 드라이브 주위의 미로나 다름없는 지

하 프리웨이 등 감정이라고는 조금도 느껴지지 않는 유리와 철로 만들어진 구조물에 자기도 모르게 사로잡혔다는 사실을 깨달았다. 고등학교를 졸업하고 대학에 진학하기 전, 약 1년 동안 시카고로 돌아온 놀란은 어릴 적 친구 로코 벨릭과 함께 슈퍼8 카메라로 단편영화 〈타란텔라 Tarantella, 1989〉를 찍었다. 이 영화는 시카고 공영 텔레비전을 통해 '이미지 유니언'이라는 프로그램의 일부로 방영됐다.

"이미지가 연달아 이어지는 아주 이상한 단편이었습니다." 놀란이 말했다. "핼러윈 특별 프로그램으로 방송하더군요. 어딘지 모르게 불길한 분위기의 작품이었거든요. 재미있는 부분은 내가 로코를 데리고 로워 웨커 드라이브로 갔다는 겁니다. 훗날

〈배트맨 비긴즈〉와 〈다크 나이트〉의 압도적인 추격신을 촬영한 바로 그 거리로 말입니다. 말 그대로 똑같은 장소였죠. 내가 보기에 도시는 항상 미로로서 기능합니다. 〈미행〉은 군중 한가운데에서 느끼는 고독을 다룬 영화입니다. 〈다크 나이트〉 3부작에서 도시가 풍기는 위협적인 느낌은 사람들이 보이지 않는다는 점, 적막한 길거리, 한밤중의 외로운 건축물, 그런 것들에서 비롯됩니다. 내가 어렸을 때 매혹됐던 것 중 하나가 이런 현상이었죠. 어떤 건축 공간이나 건물에 처음 들어가면, 어떤 기분이 듭

—
놀란이 〈배트맨 비긴즈〉와 〈다크 나이트〉의 신들을 촬영한 로워 웨커 드라이브.

니다. 그러다가 그곳을 거닐거나 살아보면 그 인상은 바뀌게 되죠. 완전히 바뀌는 겁니다. 그것들은 전적으로 다른 2개의 지리적 공간이고, 2개의 상이한 건축적 공간입니다. 몇 가지 이유 때문에 나는 최초에 받은 인상을, 즉 공간에 대한 불완전한 이해와 그 공간이 나로 하여금 느끼게 한 기분을 기억할 수 있습니다. 어릴 때는 그런 느낌을 훨씬 더 강하게 받았습니다. 내 기억과 관련해서 흥미로운 점은 도시가 무척 파편화되어 있다는 느낌을 여전히 기억할 수 있다는 겁니다. 우리의 기억 또는 우리의 뇌는 동일한 물리적 공간에 대한 모순적이거나, 정반대되는 관념을 아무 문제없이 유지한다는 걸 깨닫게 될 겁니다."

이리저리 떠돌아다니면서 성장기를 보낸 탓에 놀란은 세계를 영원한 이방인의 시점으로 볼 수 있게 되었다. 일상적인 대상을 다른 관점으로 바라보며 새롭게 인식하는 것이다. 놀란은 영화를 만들 때마다 그가 묘사하는 이 효과를 재생산했다. 헤일리버리에 있는 기숙사와 시어스 타워, 판옵티콘과 마천루, 구속과 해방, 소외와 귀향… 당신이 두 곳에 초점을 맞추면서 마음속에 온갖 모순점을 품고 서로서로 중첩되는 그 빌딩들을 담아낼 수 있다면, 당신은 놀란의 세계에 존재하는 실현 불가능한 관점들 곁으로 근접하게 될 것이다. 그는 본질적으로 19세기 영국의 풍경과 20세기 미국의 풍경 사이를 오가며 인격 형성기를 보냈다. 놀란의 영화들도 똑같은 일을 한다. 그의 영화들은 초기 산업화 시대에 등장한 잘 알려지지 않은 비유, 이를테면 대역과 도플갱어, 감옥과 퍼즐, 비밀의 자아와 죄책감 등을 이용해 정보화 시대의 끝없는 미로를 지도로 그린다. 그의 주인공들은 코넌 도일과 에드거 앨런 포의 미스터리에 등장하는, 내면의 공간을 탐험하는 후기 빅토리아 시대의 항해자들과 비슷하다. 그들은 자신들의 내면이 마치 건축물이라도 되는 양, 내면의 지도를 미친 듯이 그리지만 그들에게 자신들의 마음은 낯선 존재일 뿐이다. 그들은 고향에서 들려오는 사이렌의 노래에 이끌리지만, 결코 돌아오지 못하리라는 두려움에, 또는 돌아오더라도 사람들의 인정을 받지 못하리라는 두려움에 시달린다.

"나는 두 문화의 산물이며 두 곳에서 자랐습니다. 그런 까닭에 집이라는 개념을 조금 다르게 생각한 것 같아요. 그게 지리적인 문제처럼 간단한 문제는 아니니까요." 놀란이 한 말이다. "〈인셉션〉의 끝부분에서, 콥은 출입국 관리소를 통과하며 여권에 도장을 받습니다. 그 장면은 내게 늘 깊은 울림을 남깁니다. 여권을 건넬 때 출입국 담당자가 '어서 와요.' 라고 말하는 걸 나는 당연한 일로 받아들이지 않으니까요. 어렸을 때, 열여덟 살이 되면 영국 시민이 될지 미국 시민이 될지 결정해야 한다는 말을 들었습니다. 다행히도 내가 열여덟 살이 됐을 무렵 법이 바뀌면서 양쪽 국적 모두 유지할 수 있었지만, 어렸을 때 부모님은 나에게 어느 쪽을 선택할지 고심해봐야 한다고 말씀하셨죠. 다행히도 선택할 필요가 없었지만요. 어느 한쪽을 선택하는 건 불가능한 일이었을 겁니다. 그래서 나는 그런 종류의 일을 결코 당연하게 받아들이지 않습니다. 지난 몇 년간, 내 집은 지금 살고 있는 로스앤젤레스였습니다. 아이들이 그곳에서 학교를 다니니까요. 그렇지만 나는 영국에서도 어느 정도 일을 해야 합니다. 아내인 엠마와 그와 관련된 이야기를 많이 나누죠. 그녀는 영국을 그리워하니까요. 그런데 나는 영국을 그리워하지 않습니다. 언제든 돌아갈 수 있다는 걸 알고 있으니까요. 같은 이유로, 영국에서 머무는 동안 미국을 그리워하지 않습니다. 누군가가 '좋아요, 처음부터 다시 시작해봅시다. 당신은 이쪽 아니면 저쪽을 선택해야 합니다.'라고 말한다면 상황은 달라질 겁니다. 굉장히 어려운 상황이 되겠죠. 그런데 나는 다른 곳으로 가는 걸 정말 즐깁니다. 기분 전환의 과정을 즐기는 거죠. 그건 내가 자라는 동안 해왔던 기어를 바꾸는 행위입니다. 나는 이쪽저쪽 오가는 걸 잘해왔어요. 내 입장에서 그건 스위치를 딸깍 올리는 것과 별반 다르지 않아요. 한쪽 문화에서 다른 문화로 건너가는 거죠. 나는 항상 그런 변화를 진심으로 즐겼습니다. 그렇게 기어를 바꾸면 기운이 샘솟는다고 생각했죠."

TWO ORIENTATION

—

둘
방향

유니버시티 칼리지 런던UCL의 영화 및 TV 협회 사무실은 런던 웨스트엔드에 있는 블룸스버리 시어터 앤 스튜디오 지하에 자리하고 있다. 1968년에 지어진 이 건물은 고든 스퀘어에 있는 신新야수주의˙ 벽돌 건물로, 1층은 전면이 유리로 마감되어 있다. 영화 〈미행〉의 초반부, 제레미 테오발드가 연기하는 작가 캐릭터가 걸어가며 지나치는 건물이 바로 그곳이다. 안에 들어가면 박스오피스와 기다란 카페, 대학 기념 스카프와 신문을 파는 선물 가게가 있다. 지하실을 찾으려면 좁은 공간을 요령 있게 통과하면서 까다로운 코스를 밟아야 한다. 카페를 지나고 로비를 통해 건물 뒤편으로 나가면, 상자와 쓰레기통이 있는 구불구불한 골목을 따라 UCL 식당이 등장한다. 그런 뒤 몇 계단을 내려가 어두운 지하로 들어가면 잠겨 있는 빨간 외짝 문이 보인다. 1992년부터 1994년까지 영화 및 TV 협회 회장을 역임했던 놀란이 열쇠를 갖고 도착한다. 갈라진 얼음과 트랩도어, 꿈의 층, 배트케이브의 터널을 통해 하강하는 움직임을 시그니처로 삼은 이 영화감독이 〈프레스티지〉에서 휴 잭맨이 허리 숙여 갈채

● 거대한 콘크리트나 철제 블록 등을 사용하는 건축양식.

소리에 답례하는 지하실과 별반 다르지 않은 곳에 들어선다. 창문이 없고 방음이 잘되는 이 지하 사무실에 은신하며 이십 대의 상당한 시간을 보냈을 게 분명하다는 주장은 어째서인지 완벽하게 사리에 맞는 듯하다.

그 시절 협회 사무실에는 영화 제작에 필요한 자잘한 물건들이 가득했다. 천장에는 기다란 네거티브 필름이 대롱대롱 달려 있고, 드라마 〈닥터 후〉 시대에나 어울릴 법한 모니터가 구석에 놓여 있다. 파란 금속성 재질로 마무리된 구닥다리 대형 아날로그 스테인벡 편집기가 있고, 트래킹 숏을 찍는 데 필요한 금속 트랙들이 쌓여 있다. "이곳은 풋내기 영화감독들을 위한 알라딘의 동굴이었죠." 놀란이 처음 입회했을 때 협회의 총무였던 매튜 템페스트의 설명이다. 놀란은 유니버시티 칼리지 부속 병원에서 슬쩍한 낡은 휠체어에 몸을 욱여넣고는 회의록을 작성하곤 했다. "크리스에게는 그 휠체어가 곧 그의 사무실이었습니다."

반은 미국인이고 반은 영국인이며 말쑥하고 고집이 있지만 고집불통은 아니었던 놀란은 UCL에서 또래들에 비해 훨씬 성숙했던 터라 사람들에게 강한 인상을 남겼다. 런던의 '글로벌 대학'인 UCL의 북적거리는 메트로폴리탄 캠퍼스는 블룸스버리의 심장부에 있었고, 외국 학생들에게 인기가 좋았다. 놀란은 집과 떨어져 지내는 고달픈 생활에 적응한 지 오래였다. 일부 학생들보다 한 살이 많았던 그는 1년을 휴학하고, 그 기간 동안 시카고로 돌아가 단편영화 대여섯 편을 촬영하고 여행을 다녔다. 1990년 가을에 복학한 그는 브릿팝과 그런지 장르의 음악이 한창 유행하던 시절에 블레이저와 셔츠를 즐겨 입고 과묵한 자신감을 풍기며 학생들 중에서도 두드러진 존재가 됐다. 하지만 그의 내면에서는 일부 사립학교 졸업생들이 그러하듯 학교 문을 나서기 무섭게 특권의 때를 벗어던지고 재교육 과정을 완수하고 싶은 열망이 들끓고 있었다.

"해외를 돌아다녔다는 그 이유 때문에, UCL 생활이 다른 사람들보다 훨씬 수월하게 느껴졌습니다. 집에서 떠나와 지낸 기간이 길었던 내 입장에서 UCL 생활은 그리 대단한 일이 아니었죠. 퍼블릭 스쿨에 다녔던 사람은 졸업 이후 기득권층에 합류해서 지금까지 사용하던 말투를 계속 쓰든지, 아니면 그것들을 모두 버리든지 둘 중 하나를 택합니다. 가톨릭 신자로 살았던 사람이 그 신앙을 고수하면서 성당에 가든지, 아니면 신

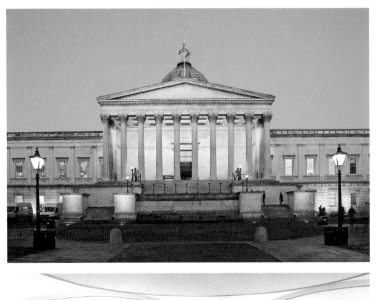

앙을 버리든지 하는 것과 비슷하죠. UCL의 대단한 점은 그곳에 온갖 배경의 다양한 사람들, 그저 평범한 사람들이 가득했다는 겁니다. 저도 포함해서 말이죠. 덕분에 거기서 매우 빠르게 성장할 수 있었고, 퍼블릭 스쿨 학생이라는 이름표도 떼어낼 수 있었죠. 그곳에 모인 사람들은 각자가 추구하는 제각기 다른 주제를 공부하고 싶어 했죠. UCL에 입학하자마자 사이좋게 어울리는 다양한 사람들의 무리가 생겼습니다. 현대 세계에 합류하는 기분이었죠. 나는 어떤 사람이 자기 자신을 잘 아는지의 여

—
위 놀란이 1990년부터 1993년까지 재학했고 <배트맨 비긴즈>와 <인셉션>의 신들을 촬영하기 위해 돌아갔던 유니버시티 칼리지 런던.

아래 그가 단테와 다윈, 프로이드에 대한 강연에 참석했던 구스타브 턱 렉처 시어터.

부에 따라 그 사람을 신뢰할지 말지 결정하고는 했습니다. '저 사람은 자기 자신을 잘 알고 있는 걸까?' 십 대 후반과 이십 대 때는 그런 짓에 무척 열을 올렸어요. 사람은 나이를 먹으면 자기 본연의 모습이 된다는 걸 별다른 계기가 없어도 깨닫게 된다고 생각합니다. 사람은 입고 싶은 대로 옷을 입습니다. 머리 스타일도 하고 싶은 스타일로 꾸미죠. 반면 십 대 때는 온갖 것들을 표출하는 것 같아요. 꼬맹이 때는 스스로 자신을 창조해야 하고, 자신을 뭔가 대단한 존재로 만들어야 하고, 자신의 이미지를 고안해내는 게 필수적이라고 느끼는 시기가 있습니다. 그러다가 자신의 시그니처 같은 것을 실행하기에 이르죠. 물론 사람은 시간이 지나고 나면 자신이 겪어왔던 과정이 어떤 존재가 되어가는 과정이었음을 깨닫게 됩니다."

UCL의 영문학과 학부는 옥스퍼드 시스템을 모델로 삼은 강의와 세미나, 1대1 개별지도가 속성으로 진행되는 엄격한 시스템이었다. 학생들은 2주일에 한 번씩 조그만 방에서 각자가 제출한 에세이를 향해 날아드는 공격을 방어해야 했다. 1학년 때는 호메로스의 「오디세이Odyssey, 1614」와 베르길리우스, 성경부터 T. S. 엘리엇의 '황무지', 토니 모리슨까지 모든 작품을 다뤘다. "책을 읽지 않았거나 엉뚱한 소리를 할 경우에는 공격을 피해 몸을 숨길 공간이 없었습니다." 놀란은 말했다. 그는 에세이 마감 시간을 놓치고 그 다음 주에나 강사의 책상에 에세이를 올려놓는 부류의 학생이었다. 한 번은 작가 V. S. 나이폴의 작품에 대해 논의하던 중 1년을 휴학하는 동안 서아프리카를 여행했을 때의 이야기로 논의를 보충하면서 강사를 놀라게 했다. 놀란이 불량 학생이었던 건 아니다. 그는 사실상 상위 2급에 해당하는 2:1 성적을 받았다. 그러나 대학에서 보내는 시간의 대부분을 지하에 있는 '영화 및 TV 협회'에서 보내며 카메라 조작법과 수작업으로 필름을 자르고 사운드의 싱크를 맞추는 등 스테인벡을 사용해 편집하는 법을 익혔다.

매주 수요일 점심에 모인 그와 협회 회원들은 위층에 있는 극장에서 상영할 후보작을 선정하고는 했다. 〈웨인즈 월드Wayne's World, 1992〉, 〈1492 콜럼버스 1492 : The Conquest of Paradise, 1992〉, 〈지붕 위의 기병 The Horseman on the Roof, 1995〉, 또는 〈블레이드 러너〉의 1992년 디렉터스컷

등이 있었다. 선정된 영화를 상영하기 전에 찌지직거리는 소음으로 가득한 펄 앤 딘*의 광고음악을 틀었는데, 관객들은 그 음악을 들을 때마다 폭소를 터뜨렸다. 영화를 상영해서 모은 돈은 협회 회원들이 만드는 단편영화의 제작비로 사용했는데, 회원 중에는 작곡가 데이비드 줄리언, 배우 제레미 테오발드와 알렉스 호, 루시 러셀, 그리고 훗날 놀란의 아내이자 제작 파트너가 되는 엠마 토머스가 있었다. 그녀가 놀란을 처음 만난 것은 토트넘 코트 로드 바로 옆에 있는, 주거용 빨간 벽돌 빌딩인 램지 홀을 파티의 소음이 휩쓸고 간 뒤였다. "우리는 같은 기숙사에서 살았습니다." 그가 말했다. "그곳에 들어온 첫날 저녁, 그녀를 보았던 게 기억납니다. 엠마는 내 인생과 내 작업, 일을 해나가는 방식에 크나큰 영향을 끼쳤습니다. 그녀는 내가 해온 모든 작업을 함께 해왔어요. 엠마는 캐스팅 결정을 늘 함께하는 사람이고, 줄거리와 관련해서 내가 가장 먼저 접촉하는 사람입니다. 우리는 UCL에서 만난 후 영화 협회를 함께 운영했어요. 그곳에서 셀룰로이드와 필름 편집, 35mm 상영에 대한 사랑을 함께 키웠죠. 우리는 그런 일을 함께하는 걸 정말 좋아하게 됐습니다. 엠마와 난 대학에서 단편영화들을 만들고 영화 협회를 운영하고 더 많은 영화를 만드는 데 필요한 돈을 모으면서 3년을 보냈습니다. 좋은 친구들도 많이 사귀었죠. 학생이 모든 걸 주도했기 때문에 끝내주는 환경이었습니다. 사운드를 잘 아는 사람이 있었고, 카메라를 잘 다루는 사람이 있었고, 연기를 잘하는 사람이 있었습니다. 이런저런 분야에서 그것들을 잘 아는 사람들로 가득한 곳이었죠. 그들은 직접 영화를 만들고 싶어 했다기보다는 아이디어를 가진 사람들을 찾고 있었습니다. 나는 필름을 이어 붙이는 일을 엄청나게 많이 배웠죠. 그런 일을 할 만한 여유가 모두에게 있지는 않았으니까요. 그래서 나는 모든 분야의 일을 조금씩 해야 했습니다. 그렇게 일을 직접 해보면서 배울 수 있었죠. 굉장히 좋은 교육이었습니다."

• • •

블룸스버리 극장 지하에서 먼지를 뒤집어쓰고 있는, 학생들이 만든 영화 중에는 UCL 동문 체스터 덴트가 아르헨티나 작가 호르헤 루이스 보르헤스의 단편을 각색해서 만든 작품이 있다. 보르헤스 재단의 허락을 받지 않고 만든 작품이라 공개적으로 상영된 적은 결코 없지만, 협회 내에서는 최소한의 자원으로 만들어낼 수 있는 좋은 작품의 본보기로서 컬트의 지위를 획득한 영화다. 이 영화의 원작은 완벽한 기억력이라는 저주를 받은 남자의 이야기인 「기억의 천재 푸네스Funes el memorioso, 1942」라는 단편소설이다. 말에서 떨어지면서 "꿈속에 사는 사람처럼 살며, 보지 않으면서 봤고, 듣지 않으면서 들었으며, 모든 걸 잊은" 열아홉 살의 우루과이 카우보이에게 감당하기 어려운 "풍부하고 선명한" 새 기억과 옛 기억이 물밀 듯이 밀려든다.

당신과 나는 한 번 슬쩍 쳐다보는 것으로 테이블 위에 있는 유리컵 세 잔을 지각한다. 그러나 푸네스는 와인으로 압착된 모든 포도송이와 그 포도가 자란 포도밭의 모든 줄기와 덩굴을 지각한다. 그는 1882년 4월 30일 아침에 남쪽 하늘로 흘러가던 구름의 모양새를 알고, 딱 한 번 봤던 책의 대리석 무늬 장정에 포함된 잎맥 무늬와 그 구름을 비교할 수 있다. 푸네스는 숲의 모든 구역에 있는 모든 나무의 모든 이파리뿐 아니라 그가 그 잎을 지각하거나 상상했던 모든 시간을 기억했다.

이 구절에서 뚜렷이 보이듯, 보르헤스가 다루는 주제는 기억이 아니다. 푸네스는 테이블에 놓인 와인 잔을 보는 순간, 와인으로 압착된 모든 포도송이와 그 포도가 자란 포도밭의 모든 줄기와 덩굴을 본다. 심지어 그의 기억조차 아닌 모든 기억에 접근한다. 그가 겪는 문제는 완벽한 기억이 아니라, 세상의 모든 것을 다 아는 전지全知와 과도한 의식이다. 19세기와 20세기의 전환기에 부에노스아이레스에서 중산층 가정의 아이로 태어난 보르헤스의 성장기는 코스모폴리턴의 삶과 세속에서 격리된 삶이 뒤섞인 놀란 자신의 인생을 상기시킨다. "내가 어떤 곳에서 얼마나 오래 있었는지 가늠을 못하겠습니다." 보르헤스가 열다섯 살 때 그의 가족이 재앙 같은 타이밍에 떠난 여행과 뒤이은 방랑의 10년에 대해 인터뷰어에게 한 말이다. "그 10년의 기억에는 이미지들이 제멋대로 뒤섞여 있습니다." 가족이 이동한 1914년 여름의 몇 달 동안 1차 세계대전이 발발하면서 가족은 제네바에서, 다음에는 스위스 남부에서, 이후에는 스페인에 있는 호텔과 임대 아파트에서 연달아 고립됐다. 그가 맺은 우정은 꾸준히 끊어졌고, 에밀리라는 스위스 소녀와 맺은 첫 로맨스는 느닷없이 끝장났다. 가족은 결국 1921년에 부에노스아이레스로 돌아왔다. 당시 스물두 살이었던 보르헤스는 그 도시가 끝없는 미궁처럼 보인다는 걸 발견했다. 도시는 기묘하게 친근한 장소인 동시에 완전히 낯선 곳이었다. 낙후된 도시의 남쪽 구역은 반쯤만 기억에 남은 옛 위상을 상징하는 듯 보였다. "아주 오래된 길들을 거듭해서 지나갔네/잊어버린 연聯을 다시 기억해내는 것처럼." 그가 첫 시집 「부에노스아이레스의 열기 Fervor de Buenos Aires, 1923」에 수록한 시 '귀환La vuelta'의 일부다. 그 시집에서 부에노스아이레스는 거대한 미궁으로 등장한다. 그 미궁의 회랑들은 항상 무시무시한 자기 대면의 가능성을 보유한 곳으로 보인다. 당신은 그곳에서 지인을 또는 가혹하게도 당신 자신을 맞닥뜨릴지도 모른다. 부에노스아이레스의 길거리에서 누군가가 그에게 다가와 당신이 그 호르헤 루이스 보르헤스가 맞느냐고 물으면, 그는 이렇게 대답하는 걸 즐겼다. "가끔은요."

놀란이 보르헤스의 이름을 처음 접한 것은 니콜라스 뢰그의 〈퍼포먼스〉를 봤을 때였다. 영화에는 갱스터 한 명이 보르헤스의 「개인적 선집 A Personal Anthology, 1965」 펭귄 출판사 판본을 읽는 장면이 등장한다. 영화 뒷부분에서 믹 재거는 보르헤스의 단편 「남부 The South, 1953」를 읽고, 결말부에서 제임스 폭스가 총에 맞았을 때는 보르헤스의 이미지가 느닷없이 등장한다. 놀란은 보르헤스의 「기억의 천재 푸네스」가 원작인 영화를 블룸스버리 극장의 실험단편 상영 시즌의 일부 작품으로 상영한 후, 즉시 보르헤스의 픽션과 논픽션의 펭귄판을 눈에 보이는 족족 모조리 구입했다. 놀란은 보르헤스의 작품을 오랫동안 너무나 많이 구입했다. 같이 작업하는 이들에게 선물로 주고 그들이 영감을 얻게끔 도와주기 위해서였다. 그는 자신이 책을 몇 권이나 구입했는지 잊어버렸다. "책을 사람들한테 주기도 했고, 들고 다닐 필요가 없도록 충분히 사두고 이곳저곳에 놔뒀죠." 그가 말했다. "보르헤스의 책을 다른 장소에서도 읽거든요. 여기에도 한 권 있고, 사무실에도 한 권 있습니다. 책이 조금 두꺼워서요. 나는 항상 그 책을 읽고 있는 듯한 기분이 들어요. 보르헤스의 작품이 다루는 주제가 무엇인지는 모릅니다. 그의 책을 펼치고 다시 빠져들면, 내가 이 이야기를 읽은 적이 있는지, 없는지 정말로 기억나지 않습니다. 다만 친숙하게 느끼면서 집중하게 되는 이야기가 몇 편 있습니다. 그런데 '이걸 전에도 읽었었나?'라고 생각하게 되는 이야기들도 있죠. 그러다가 그 이야기의 결말에 도달하면 그제야 그 이야기의 주제가 완전히 드러나면서 이런 생각을 하게 됩니다. '아, 그래, 맞아, 이 이야기 기억나.' 그렇기 때문에 그의 작품들이 나에게는 한없는 매혹의 원천인 겁니다."

UCL에서 보낸 첫 해가 저물 무렵, 아버지가 그에게 작가 존 부어스틴의 「할리우드 아이The Hollywood Eye, 1990」를 선물했다. 영화와 관객 사이의 대리경험을 비롯한 본능적이고 관음증적인 다양한 접점을 탐구한 책이다. 〈대통령의 음모All The President's Men, 1976〉의 협력 제작자였다가 오스카 후보로 지명된 과학 및 자연 다큐멘터리를 여러 편 연출하는 쪽으로 방향을 튼 부어스틴은 놀란이 생각하던 것과 무척 유사한 이야기들을 했다. 그중에는 스탠리 큐브릭이 〈2001 스페이스 오디세이〉를 위해 개발한 슬릿-스캔slit-scan 촬영기법('감상하는 사람이 느끼는 순수한 속도에 대한 증류된 감각과 비슷한 것')과 아이맥스 포맷('우리를 순수한 영화에 가장 가깝게 데려가는 포맷'), 히치콕의 〈사이코Psycho, 1960〉 샤워 시퀀스 편집에 대한 내용이, 구체적으로는 살인마 노먼 베이츠안소니 퍼킨스 캐릭터가 그 장면 이후 보여줬던 청소 작업에 대한 내용이 있었다. 베이츠가 느끼는 공포는 우리 자신의 공포를 고스란히 반영한다고 부어스틴은 밝혔다.

효자였던 주인공은 이제 어머니를 보호하려고 아수라장을 청소한다(이 가여운 청년은 어찌나 큰 충격을 받았던지 지저분한 작업을 하면서도 정장 재킷을 결코 벗지 않는다). 퍼킨스는 우리의 공포를 공유함으로써 우리의 동정심을 얻는 데서 그치지 않고, 불굴의 용기와 지략을 발휘해 우리의 존경심까지 끌어낸다. 우리가 퍼킨스 자신이 살인자라는 사실을 몰랐던 영화의 첫 개봉 당시를 기억하는 건 어려운 일이다. 그런데 그 시퀀스는 정말 강렬하기 때문에, 진실을 알고 난 이후에도 우리의 마음은 가여운 노먼 베이츠에게로 향한다. 마침내 퍼킨스는 트렁크에 실린 그녀의 시신과 함께 리의 자동차를 늪으로 밀어 넣는다. 차는 몇 초간 가라앉지 않으면서 보는 사람의 애를 태운다. 우리는 퍼킨스의 얼굴에 어리는 극심한 공포와 절망감을 본다. 어느새 우리는 자신도 모르게 살인자의 편이 되어 차가 사라지기를 응원하고 있다는 걸 깨닫는다. 히치콕은 우리로 하여금 그가 만든 영화의 스타가 잔혹하게 살해당하는 걸 목격하고 5분 만에 그녀의 시신을 감추는 남자를 응원하게 만들었다. 〈사이코〉의 샤워 시퀀스를 능가하는 이 악랄한 연출 솜씨야말로 절묘한 연출력이 무엇인지를 보여준다.

놀란은 이 견해에 깊은 인상을 받았다. "히치콕의 연출은 정말이지 믿기 힘든 수준입니다. 그는 우리의 시점을 움켜쥐고는 뒤집어엎었습니다." 놀란이 한 말이다. "히치콕은 어떻게 그런 연출이 가능했을까요? 살인 현장을 청소하는 장면을 관객에게 보여준다는 단순한 작업을 통해 관객을 그 일에 연루시키는 것으로 가능케 했습니다. 촬영에서만 보면 〈사이코〉가 히치콕의 영화들 중 가장 근사한 영화라고 생각합니다. 〈사이코〉의 프레임 중 어떤 프레임을 고르더라도, 그 프레임은 정말 강렬할 겁니다. 〈현기증Vertigo, 1958〉은 영화적으로 아름다운 영화가 분명하죠. 그렇지만 예쁘지는 않습니다. 그런데 〈사이코〉에는 노먼 베이츠의 눈을 클로즈업한 아름다운 장면이 있습니다. 외시경*을 들여다보는 그 순간, 내가 기억하는 게 바로 그 눈입니다. 대단히 아름다운 장면이죠. 영화감독으로서 하는 모든 일은 시점과 관련된 작업입니다. 카메라의 위치에 관한 거죠. 그

● 밖을 살펴볼 수 있도록 문에 달린 작은 관찰 구멍.

것이 바로 내가 영화감독으로서 거쳐야 하는 과정입니다. 무엇인가를 촬영하고자 할 때, 그건 누구의 시점이어야 할까요? 카메라를 어디에 둬야 할까요? 늘 그런 식입니다. 작업 관행은 시대에 따라 변해왔지만, 영화감독들은 하나같이 기하학적 구조라는 동일하고 필수적인 방식을 두고 씨름해왔습니다. 관객에게 먹혀드는 1인칭 영화가 그토록 드문 이유가 그겁니다. 사람들은 그런 영화를 봤을 때 카메라를 제거해버린 영화라고 생각할 겁니다. 그런데 로버트 몽고메리가 필립 말로로 출연한 〈호수의 여인Lady in the Lake, 1946〉은 모든 장면이 그의 시점으로 촬영됐습니다. 그의 모습은 거울에서만 보입니다. 배우들은 카메라를 향해 주먹을 날려 그의 얼굴을 가격합니다. 그는 여성에게 키스도 하죠. 그 영화는 매혹적인 실험 영화입니다."

주관적인 카메라워크로 일관했다는 측면에서 가장 악명 높은 사례인 몽고메리 감독의 〈호수의 여인〉은 작품의 주인공인 사립탐정 필립 말로의 시점으로 촬영됐다. "당신은 금발 여성의 아파트로 와달라는 초대를 수락합니다!" 그 영화 광고에 사용된 카피다. "당신은 살인 용의자로부터 턱을 얻어맞아 충격을 받습니다." 말로가 담배에 불을 붙이면 카메라 앞으로 연기가 올라온다. 그의 눈이 비서를 따라가면 카메라는 그 방향으로 회전pan하고, 그가 키스를 하려고 이동하면 카메라는 돌리dolly를 타고 이동하며, 그가 얻어맞으면 카메라가 흔들리고, 그가 의식을 잃으면 화면이 암전된다. 그런데 그 영화는 관객에게 그리 잘 먹혀들지 않는다. 몽고메리와 작업한 배우들은 카메라가 그들 쪽으로 방향을 틀면 한밤중 헤드라이트 불빛에 갇혀 얼어붙은 사슴들처럼 경악한 표정을 짓고, 주위에서 일어나는 사건들마다 어떤 반응을 보이며 그 반응을 통해 관객에게 길을 제시해주어야 할 몽고메리는 거울에 비친 자신을 쳐다볼 때를 제외하면 카메라에서 완전히 벗어나 있다. 반응 숏을 거부당한 우리는 감정적인 애착도 거부당한다. 우리는 그가 서 있는 물리적 자리에는 존재하지만, 그의 머릿속에 존재하는 것은 아니다. "카메라를 캐릭터로 만들어봅시다." 레이먼드 챈들러가 쓴 글이다. "할리우드에서 오찬이 열릴 때마다 이따금씩 테이블에서 오가는 얘기다. 나는 카메라를 살인자로 만들고 싶어 했던 사람을 안다. 이 아이디어는 지독히 많은 사기를 치지 않고서는 관객에게 먹혀들지 않을 것이다. 카메라는 지나치게 정직하다."

놀란은 히치콕의 〈열차 안의 낯선 자들Strangers on a Train, 1951〉 크레디트에서 챈들러의 이름을 처음 접했다. 이후 놀란은 2학년 때 '현대문학 Ⅱ'라는 강의를 통해 그를 공부했고, 대학 시절은 물론 그 이후에도 꾸준히 챈들러의 작품들을 읽으면서 그의 첫 장편영화 세 편, 〈미행〉과 〈메멘토〉, 〈인썸니아〉의 씨앗을 뿌렸다. 챈들러의 성장기는 보르헤스의 성장기처럼 묘하게도 놀란 자신의 성장기를 반영했다. 1888년에 시카고에서 영국·아일랜드 혼혈 어머니와 미국인 아버지 사이에 태어난 그는 어린 시절을 시카고와 런던에서 보냈다. 런던에서는 피카딜리 서커스에서 8킬로미터 떨어진 퍼블릭 스쿨 덜위치 칼리지에서 교육을 받았다. 기숙사에서 살지 않고 통학했던 그는 오비디우스Ovid, 아이스킬로스Aeschylus, 투키디데스Thucydides 같은 고전문학을 공부했다. 이튼칼라와 검정 코트 차림으로 영국 퍼블릭 스쿨 학생의 이미지를 연출한 챈들러는 자신이 미국인들의 눈에 띄었던 당시에 대해서 이렇게 결론 내렸다. "나는 그들의 일원이 아니었다. 나는 그들의 언어조차 구사하지 못했다. 나는 사실상 나라가 없는 사람이었다." 로스앤젤레스로 돌아온 그는 펄프잡지에 기고할 소설을 집필하면서, "매장에 오래 진열된 탓에 때가 묻은 갤러해드®"같은 주인공 말로의 피곤에 찌든 관점을 통해 뚜쟁이와 난봉꾼들, 편집증에 걸린 백만장자, 쓰레기 같은 경찰들로 이뤄진 화려하면서도 추악한 세계를 탐구했다. 그가 살던 덜위치의 저택에서 이름을 딴 말로는 시간과 공간에서 영원히 동떨어져 있는 남자로, 세상 물정 모르는 학생들이 지키는 것과 비슷한, 다음과 같은 신조에 의해 추동되는 인물이다. "입을 꾹다물어라. 착한 사람들을 악한 자들로부터 보호하라. 경찰에 협조하되, 시스템은 부정하게 작동하므로 필요한 경우에는 법을 어겨라. 무엇보다도 믿을 수 있는 사람은 아무도 없으므로 사람들과 거리를 둬라."

"사람들에게 물어보면, 대부분의 경우 자신이 어떤 면에서는 아웃사이더라고 느낍니다." 놀란이 한 말이다. "이중국적자일 경우에는 꽤나 분명하게 그런 입장이죠. 그래서 나라 없는 사람이라는 챈들러의 감정에 공감할 수 있습니다. 그는 그 문제에 대해 꽤나 부정적인데, 나도 어렸을 때는 그랬다고 생각해요. 이후로 나 자신의 두 부분을 화해시켜왔지만, 어

● 원탁의 기사 중 한 명으로 '고결한 남자'의 이미지를 상징한다.

위 영화 전편이 사립탐정 필립 말로의 시점으로 촬영된 로버트 몽고메리의 <호수의 여인>에 출연한 오드리 토터. 레이먼드 챈들러는 『빅 슬립』에서 말로를 "유행에 뒤떨어진 세상에서 당신이 기대할 수 있는 만큼만 정직한" 사내라고 묘사했다.

아래 1945년에 로스앤젤레스에서 찍은 챈들러의 사진.

렸을 때는 세상만사를 바깥쪽에서만 들여다봤습니다. 굉장히 누아르다운 시점이죠. 챈들러의 작품들을 읽으면서 정말이지 얻은 게 무척 많습니다. 챈들러의 위대한 재능은 내밀함입니다. 그래서 독자는 이 캐릭터들과 그들의 개인적인 버릇, 음식과 의복에 대한 취향 같은 내밀한 부분까지 매우 가까워집니다. 나중에 나온 이언 플레밍의 작품에서도 접할 수 있는 생생한 특징이 담겨 있죠. 〈다크 나이트〉 시리즈와 〈인셉션〉에도 그런 느낌이 있지만, 챈들러의 영향력이 더 많이 느껴지는 작품은 〈메멘토〉라고 생각합니다. 무척 내밀한 시점이 〈미행〉과 〈메멘토〉, 〈인썸니아〉

세 영화에서 매우 직접적으로 이어지죠. 어렸을 때 아가사 크리스티의 추리 소설을 읽었던 것도 기억합니다. 어머니가 그녀를 무척 좋아하셔서 나를 그녀의 세계로 이끄셨죠. 어렸을 때 읽었는데도 아가사 크리스티가 한 말을 지금도 기억하고 있어요. 독자가 예상하지 못한 사람이 나쁜 놈일 경우, 그런 책은 위대한 책이 될 수 없다는 말을요. 그녀의 책은 소설이었기 때문에 소설 나름의 법칙에 따라 전개되는 듯 보였습니다. 반면 챈들러의 경우, 그는 캐릭터들의 갑작스러운 변화나 배신 같은 것을 두드러지게 다룹니다. 그의 작품에서는 독자가 속고 있다는 것이 중요하죠. 멀쩡하던 백열전구가 나 때문에 갑자기 폭발하는 것과 비슷합니다. 챈들러는 만사를 추동하고 있는, 일직선적인 경험에 대해 고심했습니다. 그에게 중요한 건 플롯이 아닙니다. 이야기의 시점이죠."

챈들러는 플롯을 밀고 나가는 미스터리에 대해서는 그다지 많은 생각을 하지 않은 것으로 유명하다. 그는 미스터리를 "굴 요리에 떨어뜨리는 타바스코 몇 방울"이라고 표현했다. 그의 플롯은 원형圓形구조로, 처음에 말로를 고용한 가족의 일원이 범인으로 밝혀지는 경우가 잦다. 의뢰인이 범죄를 저질렀거나 실종자가 죄를 지었거나 또는 실종이 아닌 것으로 밝혀진다. 이야기의 결말에서 말로는, 의뢰받은 미스터리를 명목상으로는 말끔히 풀어내지만 그 미스터리는 최종적으로 완전히 파악할 수 없고, 이해할 수 없는 더 큰 부패의 일부로 남는다. 그는 결코 진정으로 승리하지 못한다. "초기 작품들에서 로스앤젤레스는 모든 기관이 불신의 대상이자 증인들의 모든 설명이 의심스러워지는 곳이며 진실된 것들이 무시되는 곳이었다." 챈들러의 전기 작가 톰 히니가 쓴 글의 일부분이다. 이 세계에서 믿음을 줄 수 있는 유일한 것은 감각이 제공하는 증거인데, 때로는 그것조차 믿을 수 없다. 「빅 슬립The Big Sleep, 1939」에서 말로는 이렇게 말한다. "내 마음은 거짓된 기억의 물결 위를 떠다녔는데, 그 기억 속에서 나는 똑같은 짓을 하고 또 하고, 똑같은 장소들을 가고, 똑같은 사람들을 만나고, 그들에게 똑같은 단어들을 말하고 또 말했다." 이것은 〈메멘토〉에서 영원히 반복되는 인생을 살아가는, 기억상실증 걸린 보험조사원 레너드 셸비의 인생이라고도 볼 수 있다.

챈들러의 작품들에서 플롯이 중요한 게 아니라면, 그의 작품에서 중요한 것은 무엇인가? 챈들러는 이렇게 말했다. "나는 펄프잡지에 기고하고자 글을 썼던 당시 '그는 차에서 내려 햇빛에 흠뻑 젖은 인도를 가로지르며 걸어가 찬물의 감촉처럼 그의 얼굴에 그림자를 드리우는 입구의 차양 밑으로 들어갔다.' 같은 문장을 줄거리에 집어넣었다. 편집진은 소설을 출판할 때 그 문장을 삭제했다. 그 책을 읽는 독자들은 이런 문장의 가치를 제대로 알아보지 못하고 그저 액션만 즐겼다. 나는 그들이 틀렸다는 것을 입증하는 작업에 착수했다." 의심스러울 때는 품사 중 동사를 좇아라. 말로가 등장하는 장편소설 일곱 편과 단편소설 여섯 편에서 그는 놀라울 정도로 많이 걷는다. 데뷔작인 「빅 슬립」에서 탐정 말로는 가이거의 서점에서부터 걷기 시작해 고객을 추적하면서 할리우드 불러바드에 올라 서쪽으로 하일랜드까지 걷다가 한 블록을 더 간 다음, 오른쪽으로 꺾고 왼쪽으로 꺾어 "방갈로가 세 채" 있고 "나무들이 늘어선 좁은 거리"로 접어든다. 나중에 그는 로렐 캐넌에 있는 가이거의 집으로 걸어간 후, 웨스트 할리우드에 있는 스턴우드의 대저택으로 갔다가 다시 나온다. "비에 씻긴 굽은 거리들"로 이뤄진 열 블록을 걸어간 후, 휴게소에 다다른 그가 이렇게 덧붙인다. "잰걸음으로 30분 넘게 걸어 가이거의 집으로 돌아갔다." 세상에서 제일 유명한 탐정●이라는 호칭은 이렇게 얻어진 것이다. 범죄 플롯을 완전히 제거하고 도보 추격만 남겨놓으면 무슨 일이 생길까? 협박 편지는 빼버리고 보행로와 눈이 빠져라 주시하는 지각만 계속 유지한다면? 아마도 놀란의 첫 장편영화 〈미행〉과 무척 흡사한 작품이 나올 것이다.

● Gumshoe, 이 단어에는 '탐정'이라는 뜻과 함께 '고무창을 댄 운동화'라는 뜻도 있다.

• • •

한 남자제레미 테오발드가 다른 남자알렉스 호를 따라 런던 한복판에 있는 카페로 들어간다. 그 남자로부터 안전하게 떨어져 있는 테이블의 좌석을 조심스레 고른 그는 메뉴판을 집어 든다. 메뉴판 뒤에 숨으려는 모양이다. 머리를 어깨까지 기른 그는 제대로 씻지도 않은 몰골이다. 면도를 안 한 지 여러 날이 지난 듯 턱에 난 수염이 지저분하다. 게다가 잔뜩 구겨진 라운드 셔츠 위에 가죽 코트를 걸치고 있다. 누가 봐도 백수처럼 보인다. 그는 오래지 않아 웨이트리스의 눈길을 끈다.

"커피요." 젊은 남자는 주문을 하면서도 웨이트리스와 눈을 거의 마주치지 않는다.

"손님, 지금은 점심시간이에요." 그녀가 말한다. 카페에 빈자리가 많이 보이는데도 말이다.

남자는 웨이트리스의 비위를 맞추려고 치즈 샌드위치를 주문하는 동안에도 저쪽에 앉아 커피를 홀짝이며 창밖을 응시하는 사냥감에게서 눈을 떼지 않는다. 짙은 색 줄무늬 정장에 넥타이, 잘 다린 셔츠를 차려입고, 비싼 돈을 지불해 손본 듯 보이는 헤어스타일을 한 전문직 종사자인 그는 은행이나 증권회사에서 잠시 나와 점심을 먹으러 온 듯 보인다.

그가 다시 움직이기 시작한다. 가방을 들고 출구로 향하고 있다. 그가 지나갈 때, 그의 스토커는 머리를 낮추며 몸을 웅크린다. 그런데 스토커가 두려워하던 일이 일어난다. 줄무늬 정장 차림의 남자가 맞은편 의자에 몸을 밀어 넣은 것이다.

"합석해도 되겠죠?" 그가 묻는다.

상류층 특유의 정중한 목소리다. 그는 웨이트리스에게 블랙커피 두 잔을 주문한다. 그녀가 두 사람의 대화를 들을 수 없을 정도로 멀어진 순간, 그의 목소리는 근엄한 심문조로 바뀐다. "흐음, 경찰이 아닌 건 분명하군. 너는 누구고 왜 나를 따라다니는 거지? 나를 갖고 놀 생각은 마. 너 도대체 뭐하는 놈이야?"

신분 절도를 다룬 놀란의 흑백 스릴러이며 거짓말과 속임수, 절도 행각, 의심, 배신 등을 짙은 회색으로 스케치한 누아르 영화 〈미행〉은 이렇게 시작된다. 그리고 70분이 지난 후에도 우리는 "너 도대체 뭐하는 놈이야?"라는 질문에 대한 대답에는 조금도 가까이 다가가지 못한다. 작가는 자신의 이름을 '빌'이라고 말하지만, 영화가 전개되는 동안 우리가

—
놀란의 첫 장편영화 <미행>에서
제레미 테오발드가 연기하는 작
가가 표적을 미행하는 모습.

듣는 그 외의 모든 말이 그렇듯, 그 대답 역시 반신반의하며 들어야 한
다. 놀란이 UCL을 떠나 6년이 지난 후 대학에 다니는 동안 누렸던 자원
과 영향력, 장비에 많이 의존해서 만든 <미행>은 놀란이 십 대 초반에 영
국과 미국을 오가면서 자신이 영국의 퍼블릭 스쿨 학생인지 아니면 하
트퍼드셔에 있는 미국인인지를 정의하지 못한 채 씨름했던 정체성에 대
한 의문들을 조명한다. 도플갱어를 다룬 놀란의 다른 영화들처럼, 이 영

화는 놀란 자신의 크리에이티브 페르소나에 내재된 상충하는 두 요소의 갈등을 해소하고자 설계된 듯 보인다. 그런지 스타일로 차려입고 테이프 플레이어와 고무나무가 있는 학생용 셋방에 거주하는 작가는, 놀란이 UCL에서 관찰했던 레드브릭*에 다니는 보헤미안 부류, 또는 이제 막 성장한 예술가의 본능을 앞세워 바깥 세계로 첫 걸음을 내딛는 놀란 자신을 대표하는 것일지도 모른다. 그는 무작위로 선택한 사람을 쫓아 런던 주위를 돌아다니는 작가다. 표면적으로는 작품 소재를 수집하려는 목적으로 그러는 것이지만, 사실은 외롭고 지루해서 하는 짓이다. 그가 낯선 이들에게 빠져드는 것은 자신의 공허한 삶을 채우는 방법으로 보인다. "섹스하고 관련된 짓은 아닙니다." 그는 보이지 않는 심문자에게 보이스

● 19세기에 창립된 영국의 6개 대학.

오버로 말한다. "우리의 눈이 수많은 군중을 훑어보다가 한 사람에게 꽂히는 순간, 그 사람은 더 이상 군중의 일부가 아닙니다. 그는 그렇게 한 사람의 개인이 됩니다." 반면, 상류층 특유의 억양에 코즈모폴리턴의 매너를 구사하며 와인에 대한 지식("슈퍼마켓 레이블에 속지 마")을 가진 짙은 색 정장 차림의 낯선 남자 콥은 놀란이 헤일리버리에서 자신과 다

———
그의 처벌이 기다리고 있는 옥상. "어떻게 설명할 수 있을까요?" 그는 말한다. "당신의 눈이 군중을 훑어보다가 어떤 사람에게 고정됐을 때, 그 사람은 한 사람의 개인이 됩니다. 딱 그런 식이죠."

른 학생 모두에게서 관찰했던 사근사근하지만 냉정한 중산층의 모습을 구체화한 유형일 것이다. 놀란은 많은 사람을 향해 발휘되는 자신의 리더십 카리스마를 점검하고 있는 듯 보인다. '옷을 잘 차려입고, 언변이 뛰어나며, 과묵한 위엄을 과시하는 낯선 이가 당신에게 지시를 한다면 조심해야 할 것이다.' 콥은 아주 특별한 유형의 절도범이다. 그는 사람들의 집을 침입하는 걸 좋아한다. 사람들의 물건을 훔치려고 그러는 게 아니라, 남자의 재킷 주머니에 여자 속옷을 집어넣거나 귀걸이 한 짝을 엉뚱한 곳에 놓는 식으로 사람들의 머릿속을 난장판으로 만들기 위해서다. "이러려고 하는 짓이야. 어떤 사람의 일상을 방해하는 것. 그들이 당연하게 여겼던 모든 것을 다시 확인하게 만드는 것." 그는 설명한다. "당연하다고 생각했던 것들을 없애버리면서 그들에게 자신이 가졌던 것이 무엇인지 깨닫게 해주는 거야." 작가를 수습생으로 받아들인 콥은 그를 훈련시키고 꾸며주고 이발비를 주고 근사한 정장을 입힌 뒤 훔친 신용카드로 프렌치 레스토랑에서 근사한 저녁을 사준다. 그는 "사람들의 집을 털었다고 해서 망할 놈의 도둑놈처럼 하고 다녀야 한다는 뜻은 아니니까."라고 말한다. 그리고 결국에는 그를 배신한다. 콥의 도움은 살인을 뒤집어씌우려는 의도에서 비롯된 행위다. 놀란은 당신에게 당신이 노력해서 되고자 하는 존재를 조심하라고 말한다. 자신이 휘두른 칼에 자기가 찔리는 일이 벌어질지도 모르니까. 카멜레온처럼 변신한 데 따른 결과에 대해 두려움을 품게끔 만드는 이 영화는 변신할 수 있는 능력을 가진 이들을 위한 〈피그말리온Pygmalion〉이다.

  "이 주인공들은 자신들이 통제력을 행사하고 있다는 생각을 하면 할수록 결국에는 통제력을 완전히 상실하는 상황으로 빠져듭니다." 그는 말했다. "그런 생각을 한층 더 깊이 할수록 더 잘 깨닫게 되죠. 내가 흥미롭게 생각하는 것은, 그 작가는 유죄이자 무죄라는 겁니다. 그는 무척 무례한 짓을 하고 있지만, 그건 실제로 벌어지고 있는 일에 비하면 하찮은 짓이죠. 어떤 면에서는 그것이 무고한 사람들의 진정한 면모라고 생각합니다. 그런 사람들도 많은 죄책감을 품고 있을 수 있죠. 그들은 자신들이 하는 짓에 대해 걱정하면서 생각합니다. '맙소사, 내가 하려는 짓을 사람들이 알면….' 이것이 그 상황의 웃기는 점이라고 생각해요. 죄책감은 어떤 캐릭터의 주위로 미스터리한 느낌을 쌓아 올릴 수 있게 해줍니다. 관객들이 완전히 이해하지 못하는 행동 동기가 있는 거죠. 그러다가 〈인셉션〉에서 그랬듯 감춰져 있던 동기를 밝히면, 예를 들어 그의 아내에 대한 이야기로 동기를 밝히면, 관객은 양파 껍질 한 겹이 벗겨졌다고 느끼게 되죠. 여러 겹의 층을 보는 겁니다. 죄책감은 드라마를 추동해나가는 매우 강력한 엔진입니다."

놀란은 UCL을 졸업한 후, 영국 영화 및 텔레비전 학교National Film and Television School와 왕립예술 학교the Royal College of Art에 지원했지만 떨어졌다. 하지만 그는 곧바로 세계 전역의 대기업을 상대로 회사 영상을 찍어주고 미디어 교육을 시키는 웨스트엔드의 소규모 비디오 업체인 일렉트릭 에어웨이브에 카메라 기사로 취직했다. 런던의 웨스트엔드를 자주 거닐었던 그는 자신이 어느 시점부터 도시의 행인들을 지배하는 무의식적인 무언의 법칙들에 매료됐다는 사실을 알게 됐다. "내가 감지하기 시작한 법칙이 두어 개 있었습니다. 중요한 건, 우리는 낯선 사람과 보조를 맞추는 행동은 절대로 하지 않는다는 겁니다. 우리는 무의식적으로 그렇게 하지 않아요. 사람들은 빨리 걷거나 느리게 걷지, 낯선 사람과 보조를 맞추는 일은 결코 없습니다. 우리가 무척이나 북적거리는 도시 한복판에서 프라이버시를 지키고 있다는 느낌을 유지하기 위해 무의식적인 방어막을 치는 겁니다. 러시아워에 지하철을 이용할 때 신문을 읽고 있는 모습을 떠올려보세요. 모두들 서로 밀착되어 있으면서도 자신 외에는 주위에 아무도 없다는 식으로 행동합니다. 나는 그런 짓을 잘해요. 제인 오스틴이나 토마스 하디의 소설들을 읽어보면, 작은 마을에 사는 사람들은 새로 나타난 낯선 이에게 말을 걸지 못합니다. 공식적으로 소개를 받지 않았다는 이유 때문에 말입니다. 우리는 옛날 사람들의 그런 행동 방식에 대해 정말 이상하다고 생각하죠. 그런데 지금의 우리도 그런 방식으로 살고 있습니다. 당신이 길거리에서, 또는 쇼핑몰에서 낯선 사람과 교류하려고 든다면 당신은 그런 방식에서 벗어나는 셈이 되죠. 사람들은 당신의 그런 행동에 대해 무척이나 불편해할 겁니다. 사람들을 스토킹해보라고 권하는 게 아닙니다. 그렇지만 당신이 군중 속에서 누군가를 콕 집어내 그 사람에게 집중하거나 그 사람의 동선을 주시한다면 당신은 그

즉시 많은 것을 바꿔놓게 됩니다. 그 사람을 아는 척하기만 해도, 당신은 그 사람의 프라이버시를 침해하고 있는 겁니다."

어느 날 밤, 놀란과 엠마는 그들이 사는 캠던의 지하층 아파트로 돌아왔다가 무척 불쾌한 침입 행각이 벌어졌다는 걸 알게 됐다. 현관문은 발길질에 부서졌고 CD와 책, 개인적인 기념품들이 사라졌다. "가방도 없어졌나요?" 현장에 도착한 경찰이 물었다. 그는 그렇다고 대답했다. 놀란은 경찰에게서 도둑들이 도난품을 챙기려고 가방을 사용했을 공산이 크다는 말을 들었다. 좀도둑들의 보편적인 작업 방식이라는 것이다. "그래서 그 일을 영화에 담았습니다." 놀란은 말했다. "우리가 그런 상황을 접했을 때 즉각적으로 보이는 반응은 역겨움이라고 생각합니다. 그런 절도 행각은 내밀한 행위 중에서도 상당히 부적절한 행위입니다. 자기 물건들이 서랍에서 쏟아져 나와 바닥에 널브러져 있는 걸 본 순간, 우리는 느닷없이 본 적도 없고 알지도 못하는 누군가와 무척 내밀한 관계가 됩니다. 그런데 글을 쓰는 작가로서 그런 일을 당한 사람의 입장에 서보니

<미행>은 도둑에게 집을 털렸던 놀란의 경험에서 비롯됐다. "사람들의 소유물을 보면 그 사람에 대해서 많은 걸 알 수 있어." 콥은 말한다. "그걸 가져가는 거야. 사람들에게 그들이 가졌던 물건이 무엇인지 보여주려고."

까 유대감이 느껴지기 시작하더군요. 도둑들이 처음으로 한 짓은 문을 걷어찬 겁니다. 현관문을 살펴보다가 현관문은 순전히 상징물에 불과하다는 걸 깨달았습니다. 현관문의 재질은 합판이었어요. 그 문은 너무 조악해서 누구도 막아내지 못했을 겁니다. 그런데 나는 그런 일이 일어나리라고는 생각해본 적도 없었죠. 우리가 현관문을 닫고 자물쇠를 채우면 그 문은 신성한 존재가 되니까요. 나는 깨달았죠. 현관문은 순전히 우리가 함께 살아가기 위해 고수하는 엉성한 관습이나 관례 같은 상징적인 방어막에 불과하다는 것을요. 그러면서 생각하게 됐죠. 누군가가 그런 관습을 침범하기 시작하면 무슨 일이 벌어질까?"

이 사건은 주말 하루 동안 16mm 흑백 필름으로 찍은 단편영화 〈도둑질Larceny, 1996〉의 주제를 제공했다. "그 영화는 '좋아, 사람들을 몽땅 모아서 주말 하루 동안 20분 분량의 필름을 촬영하고 팽팽한 내러티브를 갖춘 6, 7분짜리 영화로 편집해보자.'의 결과였죠." 그가 말했다. "어떤 사람이 누군가의 아파트에 침입하는 내용입니다. 〈미행〉의 모델 같은 영화죠. 내가 이후로 그 영화를 누구에게도 보여주지 않은 이유 중 하나가 〈미행〉에 그 영화가 담겼기 때문입니다. 〈미행〉은 16mm 필름으로 실험을 해보면서 그 효과를 최대화하는 제일 좋은 방법을 궁리해본 결과물에 가깝습니다. 시나리오는 '카메라 한 대와 필름을 사들이려고 박박 긁어모은 돈만 있을 뿐, 다른 자원은 하나도 없을 때 내가 할 수 있는 일은 무엇일까?'의 관점에서 썼습니다. 그래서 기술적인 타협안들이 시나리오에 녹아들어 갔죠. 그 영화에는 무슨 짓을 해도 해결하지 못할 무無예산 영화의 느낌이 있습니다. 그런 영화에는 항상 스산한 특징이 있죠. 그런 영화를 제작해보면 코미디를 만들 때조차 스산한 공허함이나 휑한 분위기가 감돌게 됩니다. 내 입장에서 〈미행〉은 '어떻게 하면 영화에 스며들 스산한 특징들과 씨름하지 않고 순조롭게 결과물을 만들어낼 수 있을까?'라는 고심에서 비롯된 다양한 시도를 통합한 작품입니다. 고민의 결론은 미학적인 특징들을 좇으라는 거였죠."

놀란은 〈미행〉의 시나리오를 스물한 살 때 아버지한테 받은 타자기로 작업했다. 그는 타자의 타이핑을 독학했다. (그 타자기는 영화에 소품으로 등장한다.) 그 시점에 엠마 토머스는 워킹 타이틀에 프로덕션 코디네이터로 취직한 상태였다. 그녀는 제작비를 지원하는 다양한 기관에 지원서를 제출하는 작업을 거들었지만, 그들의 신청은 번번이 거절당했다. 그래서 놀란은 카메라맨으로 일하면서 받은 보너스를 사용하고, 1년 가까이 주말에만 촬영하기로 결정했다. 그들은 각각의 신을 연극 공연하듯 신중하게 리허설했고, 덕분에 한 번이나 두 번의 테이크로 촬영을 마칠 수 있었다. 그는 일주일에 10분에서 15분 동안 촬영하고 현상할 수 있는 방법을 궁리했고, 한 번에 한 롤씩 구입한 흑백 필름을 사용하면서, 배우들에게 시내를 떠나거나 머리를 자르지 말라고 당부했다. 주말이면 모두들 택시 뒷좌석에 몸을 욱여넣고는 허가를 받지 않고도 촬영 가능한 로케이션인 놀란의 부모님 집이나 친구가 운영하는 레스토랑으로 향했다. 놀란은 구형 핸드헬드 아리플렉스 BL 카메라를 직접 잡았다. 몇몇 주말에는 촬영을 쉬었고, 매주 화요일 무렵에는 현상된 필름을 받곤 했다. 그는 머릿속으로 편집을 해나가면서, 구상하는 화면이 얻어질 때까지 전체 과정을 되풀이했다. 그는 시나리오를 시간순으로 집필한 후, 신들의 순서를 재배열했다. 이런 구조적 기발함이 성공적인 결과를 낳았다는 게 드러나기 시작한 것은 3/4인치 비디오테이프로 필름을 편집할 때였다. 어느 날 토머스가 회사에서 집으로 가져온 시나리오 중 타란티노 감독의 〈펄프 픽션Pulp Fiction, 1994〉이 있었다. "〈저수지의 개들Reservoir Dogs. 1992〉에서 많은 영향을 받았습니다." 놀란은 말했다. "그래서 타란티노 감독이 다음 영화로 어떤 작업을 했는지, 무척 관심이 많았죠. 〈펄프 픽션〉과 〈시민 케인Citizen Kane, 1941〉을 보면, 구조적인 측면에서 유사점이 많습니다. 정보를 시간순으로 소개하는 걸 고집하는 경향은 다른 매체에는 존재하지 않습니다. 소설에서도, 연극에서도, 그리스 신화에서도, 호메로스에서도 그런 건 없죠. 이건 모두 텔레비전과 관련이 있다고 생각합니다. 홈 비디오의 탄생은 영화의 내러티브와 영화가 채택할 수 있는 내러티브 구조에 있어서 중요한 순간입니다. 〈스타워즈〉는 액션을 비롯한 모든 것이 직접적인 스타일로 편집된 영화입니다. 직선적인 구조죠. 〈레이더스〉도 그렇고요. 그렇게 된 이유는, 그 시절에는 스튜디오들이 영화를 TV방송국에 팔아야만 했기 때문입니다. 거기서 나오는 매출이 컸거든요. 그래서 1950년대부터 1980년대 중반 무렵까지 만들어진 모든 영화는 텔레비전 방영이 가능한 영화여야만 했다고 생각합니다. 내러티브의 시간 흐름 문제에 있어서 이렇게 보수적이던 시절이 있었는데, 〈펄프 픽션〉은 그 흐름에 종지부를 찍은 거나 마찬가지입니다.”

〈미행〉이 공개되고 놀란이 처음으로 언론의 취재 대상이 되기 시작할 즈음, 그는 우리가 일상생활을 영위하는 동안 시간적인 순서를 따르는 경우가 드물다는 사실을 인식하게 됐다. “우리는 신문을 읽을 때 헤드라인을 읽은 후 기사를 읽고, 이튿날에 또 다른 기사를 읽으면서 우리의 지식에 첨가합니다. 그렇게 다음 주로 넘어가죠. 세부 사항들을 채워나가면서 연결고리를 이어나가는 확장 과정으로 진행되는 겁니다. 시간 순서에 기초한 과정이 아니라, 그 기사의 특정 요소들을 기초로 한 과정이죠. 우리는 대화를 할 때도 시간 순으로 하는 편이 아닙니다. 대화의 화제는 사방팔방으로 퍼져 나가죠. 난 그런 점이 무척 흥미로웠어요. 그 문제를 생각할수록 더 많이 의식하게 됐죠. 〈미행〉을 통해 하고 싶었던 것은 3차원 같은 구조로 이야기를 전달하는 것이었습니다. 그 영화는 단순히 한 방향으로만 확장되는 대신, 관객이 영화를 거쳐 가는 동안 모든 방향으로 확장됩니다. 그런데 나는 플롯이 거둔 성과의 관점에서 내가 사용한 비선형성을 관객이 명확하게 볼 수 있길 바랐습니다. 이런 요소들이 특정한 방식을 통해 하나로 어우러지는 것을 관객들이 좀 더 명백하게 볼 수 있도록 애썼죠. 어렵고 곤란한 과정이었어요. 원하는 것을 찾으려고 테이프를 샅샅이 훑고는 그걸 다른 테이프 위에 놔야 했죠. 우리 자식 대쯤 첫 편집본이 나올 것 같더군요. 악몽이었습니다. 나도 내가 무슨 짓을 하고 있는지 모르겠더라고요. 내가 알고 있던 건, 이해가 잘되는 구조를 내가 확보하고 있다는 것과 내가 그 구조를 궁리해내느라 그 영화를 만들게 됐다는 사실뿐이었죠. 사람들의 반응은 이랬습니다. ‘왜 디지털로 작업하지 않는 건가요?’ 디지털 비디오는 당시 신기술이었습니다. 그런데 아날로그 비디오도 여전히 존재했고, 필름으로 촬영하자는 운동도 이미 벌어지고 있었죠. 필름이 나한테 얼마나 중요한지에 대해 말할 때마다 사람들은 자주 묻습니다. ‘왜 필름으로 촬영을 하는지 처음으로 질문받았던 영화는 무엇이었나요?’ 그에 대한 대답은, 내 첫 영화인 〈미행〉입니다. 이후로 업계는 엄청나게 큰 변화를 겪었습니다. 그런데 디지털과 필름을 구분하면서 필름을 선택해온 것은 내 커리어 내내 계속됐습니다."

• • •

〈미행〉은 3개의 상이한 타임라인을 갖고 곡예를 부린다. 첫 번째 시간대에서 작가는 경찰로부터 콥과 어울린 것에 대해 심문을 받는다. 두 번째 시간대에서 작가는 그들이 턴 여성들 중 한 명이자 현실을 냉정하게 직시하는 루시 러셀이 연기한 차가운 금발 여인과 사귀게 된다. 그녀는 외설적인 사진 때문에 나이트클럽 사장인 남자친구에게 협박당하고 있다고 주장한다. 우연히도 놀란이 누아르에서 직접 가져온 사건들이 자주 그렇듯, 우리는 절도 행각을 목격하게 된다. 금발 미녀의 사연은 과하게 흥미롭고, 과하게 친숙하다. 방심하지 마라. 세 번째 시간대에서 작가는 옥상에서 잔혹하게 구타를 당한 뒤 일어선다. 입과 코는 구타 때문에 찢어졌고 한쪽 눈은 심하게 부었다. 교차 편집은 도스토예프스키처럼 캐릭터들에게 결정론적이고 도덕적인 시선을 던진다. 범죄는 그 즉시 처벌받는다. 제레미 테오발드가 연기하는 작가 캐릭터는 누아르의 많은 주인공이 그러하듯 범죄자 역할을 연기하면서 소꿉놀이나 하는 고지식하고 덜 떨어진 보헤미안이다. 그러다가 진짜배기를 만나 쥐어 터져서는 코가 깨진다.

서로 맞물리는 러시아 인형 같은 내러티브 구조는 영화의 마지막 20분에 등장하는 2개의 반전을 위한 완벽한 위장막을 제공한다. 2개의 반전은 서로를 터뜨리는 수류탄처럼 폭발하는데, 첫 번째 반전은 훨씬 더 큰 충격을 주는 두 번째 반전을 관객들이 충분히 받아들일 수 있도록 오랫동안 주의를 다른 곳으로 돌린다. 첫 번째 반전에서, 금발 미녀는 작가 빌에게 그가 함정에 빠졌다는 걸 밝힌다. 콥은 자기 대신 노파를 살해했다는 혐의를 받게 될 사람이 필요했다. "당신한테 개인적인 감정이 있어서 그렇게 한 건 아니에요." 그녀는 말한다. "당신을 미행하던 그는 당신이 남들에게 이용당하기만을 기다리는 하찮고 딱한 얼간이라는 걸 알아챘어요." 여기까지는 전형적인 필름 누아르다. 우리는 이런 팜 파탈을 수천 번도 넘게 봐왔다. 놀 란의 독특한 재능이 번뜩 이는 곳은 두 번째 반전이 다. 그렇게 사전 경고를 받은 작가는 자신의 무고함을 밝히고자 알고 있는 모든 정보를 갖고 가까운 경찰서로 향한다. "당신의 거짓말은 진실 앞에서 그리 오래 버티지 못할 거야." 금발 미녀에게 이렇게 말한 그는 경찰에게 모든 것을 털어놓는다. 이것이 우

리가 영화 내내 듣게 되는 보이스오버, 즉 그의 자백이다. 그런데 경사는 살해당한 노파 얘기는 금시초문이고, 콥이라는 용의자도 알지 못한다. 경사에게 중요한 것은 지금 그의 앞에 앉아 있는 남자와 그 남자의 지문이 남아 있는 범행의 증거뿐이다. 영화는 자신이 유죄라는 것을 자백하는 내용으로 완벽한 동그라미를 그리며 결말에 이른다. 그는 자수한 것이나 다름없다.

"나는 늘 그런 유형의 내러티브로 함정을 마무리하려고 고심합니다." 놀란이 한 말이다. "관객 입장에서도 그게 무척 흡족하죠. 자물쇠가 딸깍 잠기는 소리 말입니다. 다른 장르를 원했거나 다른 종류의 기대감을 품고 영화를 본 관객이라면 그런 결말은 절망적이고 우울할 겁니다. 사람들이 영화에 대해 '그 영화는 어떤 장르에도 해당하지 않아.'라고 말할 때, 나는 그런 발언을 결코 납득하지 못합니다. 장르는 우리가 자발적으로 들어가는 상자 같은 게 아니니까요. 장르는 관객이 품는 기대감입니다. 우리가 영화에 대해 사람들에게 들려주는 내용이죠. 장르는 사람들에게 정보를 줍니다. 사람들에게 나아갈 방향을 정해주죠. 장르를 엄격하게 고수해야만 한다고 말하는 게 아닙니다. 내가 그렇게 해오지 않았다는 건 확실해요. 그런데 상자의 벽은 무엇인가를 던져서 튕겨 나오도

배우 제인 그리어와 로버트 미첨이 출연한 영화 <과거로부터>는 아메리칸 드림을 삐딱한 눈으로 응시한다.

록 만드는 데 아주 유용합니다. 관객의 기대는 우리에게 놀거리를 제공합니다. 그게 관객을 속이는 방법이죠. 기대를 빚어내는 방법이고요. 특정한 길을 따라 내려가고 있다고 관객이 생각할 때, 우리는 방향을 틉니다. 필름 누아르라는 장르의 본질은 관객과 관객이 느끼는 신경증에 말을 거는 것뿐입니다. 〈미행〉은 관객이 품은 원초적인 공포에 말을 거는 영화라고 생각합니다. 스티븐 킹의 「캐리Carrie, 1974」와 비슷하죠. 그 작품에는 멋진 아이들이 관심을 보이는 대상이 있습니다. 우리는 그 아이들의 행동에 참여하고 싶어지죠. 그러다가 그 아이들이 그렇게 행동하는 것은 지독한 장난을 치고 싶기 때문이라는 사실을 알게 됩니다. 그런 식의 추정이 이뤄지죠. 필름 누아르가 다루는 내용은 그게 전부입니다. 인지 가능한 신경증을 바탕으로 추론하는 게 전부인 겁니다. 팜 파탈의 경우에는 이런 생각을 합니다. 내가 맺은 관계를 신뢰할 수 있을까? 끔찍한 배신을 당할 수도 있어. 내 파트너를 정말 잘 알고 있는 걸까? 이게 바로 결말에 등장하는 내용입니다. 이것들이 우리가 품은, 가장 쉽게 공감할 수 있는 두려움들이죠. 시나리오를 쓸 때 자크 투르뇌의 영향을 아주 크게 받았어요. 자크 투르뇌 감독이 작가 발 루튼과 만든 〈캣 피플Cat People, 1942〉, 〈나는 좀비와 함께 걸었다I Walked with a Zombie, 1944〉, 〈표범 인간The Leopard Man, 1943〉, 그리고 〈과거로부터 Out Of The Past, 1947〉 같은 영화는 비범하고 눈부신 작품들입니다. 제 영화 〈미행〉에 굉장히 큰 영향을 주었습니다."

자크 투르뇌의 걸작인 〈과거로부터〉에서, 로버트 미첨은 갱스터커크 더글러스의 실종된 여자친구제인 그리어를 추적하는 일에 고용된 사립탐정을 연기한다. 시에라 산맥에 있는 호숫가에서 주유소 주인으로 새 인생을 시작한 미첨은 그의 과거가 자신을 거센 물결 아래로 끔찍하게 끌어당긴다는 걸 알게 된다. 대부분이 플래시백으로 전개되는 이 영화는 본질적으로 아메리칸드림을 끔찍한 좌절의 구렁텅이로 밀어 넣는 작품이다. 〈과거로부터〉는 과거로부터 완전히 도망치지 못하는 무능력에 대한 영화로, 이것은 놀란이 〈메멘토〉에서 철저하게 탐구했던 주제다. 영화의 결말에서 미첨의 순수하고 조신한 여자친구를 연기하는 버지니아 휴스턴은, 미첨의 주유소에서 일하는 농아 청년에게 미첨이 정말로 그리어와 눈이 맞아 도망쳤냐고 묻는다. 청년은 그렇다고 거짓말을 한다. 그녀가 미첨을 잊고 새 인생을 살 수 있도록 말이다. 영화의 클로징 숏에서 청년은 주유소 간판에 있는 미첨의 이름에 경의를 표한다. 거짓이 진실을 이겼다. 작가 빌이 자기가 저지르지도 않은 범죄를 뒤집어쓰는 신세가 되는 〈미행〉의 결말에서, 콥은 첫 등장 때와 마찬가지로 점심을 먹으러 가는 군중 속으로 섞여들어 유령처럼 자취를 감춘다. 그가 우리에게 말한 내용 중 과연 진실이 있을까? 그가 좀도둑이기는 할까? 그는 자신이 빚어낸 날실과 씨실 속으로 자취를 감추는 감독 자신일 수도 있다. 이 영화는 작가들이 감독들에게 얼마나 쉽게 유혹당하고 배신당하는지에 대한, 또는 작가 감독의 포부를 품은 채 양쪽 모두를 열망하는 파우스트들의 마음속에서 벌어지는 내적 싸움에 대한 알레고리일 수도 있다. 놀란이 시나리오를 쓰고 제작하고 촬영하고, 공동 편집감독 가레스 힐과 편집한 〈미행〉은 이질적인 요소들을 하나로 아우르면서 그 모든 것을 화해시키는 하나의 지시문, 즉 영화감독이라는 지시문 아래에서 그의 정체성을 구축한 여러 가닥들을 한데 모아 경쟁을 붙인 작품이다.

· · · ·

"우리는 거울을 볼 때 왼쪽과 오른쪽은 반대가 되는데, 왜 위와 아래는 그대로인지 알아내려고 시간을 쏟을 수도 있습니다." 우리가 인터뷰 일정에 돌입하고 그리 오래 지나지 않은 어느 아침에 놀란이 한 말이다.

우리는 LA에 있는 그의 작은 L자형 사무실에 앉아 있었다. 그곳은 그의 집과 정원 끄트머리에 있는, 거의 똑같이 생긴 거주지에 마련된 제작 시설 중간쯤에 자리했다. 두 시설은 서로의 거울 이미지처럼 동일한 블록의 맞은편에서 등을 맞대고 있었다. 놀란은 시나리오를 쓰는 기간에 통근을 1분 이내에 마칠 수도 있다. 그의 사무실은 책과 액자, 각종 상賞, 갖가지 영화 관련 수집품으로 가득 차다 못해 터져나갈 지경이다. 〈다크 나이트〉에서 조커 일당이 썼던 광대 마스크들이 선반 맨 위에 놓여 있고, 그 옆으로 박제된 작은 박쥐, 마이클 만의 〈히트〉 개봉 20주년을 축하하는 놀란과 만의 사진이 담긴 액자, 〈인셉션〉으로 미국촬영감독협회와 미

술감독조합에서 받은 상들, 역시 같은 영화로 미국작가조합에서 받은 상이 놓여 있다. 그의 책상은 학자의 책상처럼 잔뜩 어질러져 있다. 불안하게 쌓여 있는 서류와 여러 책들이 바닥에 떨어져 있는 통에 수목이 웃자란 정원처럼, 또는 건망증이 심한 사람의 잠재의식처럼 보였다. 떨어진 책들을 살펴보니, 제임스 엘로이의 소설 「퍼피디아Perfidia, 2014」, 맥스 헤이스팅스가 쓴 군사 서적들, 보르헤스의 「시 전집」 등이 있었다.

"거울 퍼즐을 풀려고 몇 년째 고심하고 있어요." 그가 말했다. "푹 빠져들 수 있는 종류의 생각이죠. 나한테는 그런 생각들이 몇 가지 있습니다. 내가 좋아하는 걸 알려드리죠. 왼쪽과 오른쪽이라는 개념을 말로만, 전화를 통해서만 설명하는 거예요." 그는 손을 들었다. "내가 이야기를 하면 당신은 옴짝달싹 못하

외계의 지적 생명체에게 '왼쪽'과 '오른쪽'을 어떻게 설명할 수 있을까? 웨스트버지니아 그린뱅크에 있는 프로젝트 오즈마 망원경(위). 오즈마라는 이름은 L. 프랭크 바움의 「오즈」 시리즈(아래)에 등장하는 캐릭터의 이름에서 따온 것이다.

게 될 거예요. 다른 걸 동원해서는 안 돼요. 순전히 자신의 왼손과 오른손이라는 개념으로만 그걸 설명해야 해요. 그런데 왼쪽과 오른쪽이라는 개념은 순전히 주관적인 거죠. 그걸 객관적으로 묘사하는 건 완전히 불가능한 일이에요."

그 말을 들으니 우리가 2000년에 캔터스 델리에서 나눴던 첫 대화가 떠올랐다. 그때 그가 메뉴판을 거꾸로 넘기는 걸 감지한 나는 그게 〈메멘토〉의 구조와 무슨 관련이 있을지 궁금해했었다. 〈메멘토〉는 각 신들의 순서를 뒤집는 것으로 주인공이 느끼는 혼란을 표현한 영화였고, 때문에 관객들은 끊임없는 거두절미 상태에 붙잡혔다. 〈인썸니아〉에서도 동일한 효과가 알 파치노의 불면 상태를 재조합한다. 〈인썸니아〉에서 파치노는 미끄러운 바위와 트랩도어, 빙빙 도는 통나무 위에서 발 디딜 곳을 찾아야 한다. 〈프레스티지〉에서 마술사들의 발아래에는 숨겨진 트랩도어들이 기다리고 있다. 어느 조수가 '물구나무'라는 묘기를 벌이다가 목숨을 잃는데, 조수는 두 손이 묶인 채 물탱크 안에 거꾸로 매달린 상태에서 탈출해야만 했다. "아래로 내려가는 게 앞으로 나아가는 유일한 길이야." 〈인셉션〉에서 콥이 하는 말이다. 그 영화에서 파리의 거리들은 접히면서 포개지고, 호텔 내부에서 중력의 법칙은 유예된다. 트럭과 비행기라고 예외는 아니다. 〈다크 나이트〉에서 18륜 트럭은 앞으로 들려 뒤집히고, 속편 〈다크 나이트 라이즈〉에서는 공중에 고등어처럼 매달린 비행기의 날개들이 부러지면서 승객들은 수직으로 선 동체 내부에 대롱대롱 매달린다. 놀란은 방향감각 상실 분야의 거장이다.

놀란이 그 문제를 제시한 이후 며칠간, 머릿속에서 그 생각을 떨칠 수 없었다. 놀란이 나에게 낸 문제는 수학자 마틴 가드너가 저서 「양손잡이 자연세계 The Ambidextrous Universe, 1964」에서 '오즈마 문제 Ozma Problem'라고 명명한 것의 변종이라는 걸 알게 됐다. 오즈마는 다른 세계에서 보내온 무선 메시지를 포착하기 위해 아득히 먼 은하계를 향하고 있는, 웨스트버지니아의 망원경을 가리킨다. '오즈마'라는 이름은 미국의 동화 작가 프랭크 바움이 쓴 '오즈의 마법사' 두 번째 작품 「오즈의 땅 The Marvelous Land of Oz, 1904」에 등장하는 공주의 이름에서 따온 것이다. 프로젝트 오즈마를 통해 다른 행성에 사는 외계 생명체와 접촉하는 것을 상정한 가드너는 그들과 우리가 공통으로 가진 물체가 없을 때, 그들에게 왼쪽과 오른쪽의 의미를 어떻게 전달해야 할지 물었다. 예를 들어 그들에게 나치의 슈바슈티카* 문양을 그리라고 요청한 후, 오른쪽 방향이란 슈바슈티카의 위쪽 팔이 가리키는 방향이라고 알려줄 수 있지만, 나치의 슈바슈티카가 무엇인지 그들에게 알려줄 방법이 없을 것이다. 이 문제는 미국의 철학자 윌리엄 제임스가 「심리학의 원리 The Principles of Psychology, 1980」에서 처음 제기했다.

정육면체를 취해 한쪽 면에는 '위', 다른 면에는 '아래', 세 번째 면에는 '앞', 네 번째 면에는 '뒤'라고 레이블을 붙인다면, 남아 있는 면들 중에서 어느 쪽이 '오른쪽'이고 어느 쪽이 '왼쪽'인지를 타인에게 묘사할 수 있는 어떤 형태의 언어도 우리에게는 남아 있지 않다. 우리는 그저 한 면을 가리키면서 여기는 오른쪽이고 저기는 왼쪽이라고 말할 수밖에 없다. 이것은 빨갛고 저것은 파랗다고 말해야 하는 것처럼 말이다.

칸트의 에세이 「사유 안에서 방향 정하기란 무엇인가?」도 별 도움이 안 된다. 칸트는 왼쪽과 오른쪽의 차이에 대해 방향을 정하려는 모든 시도를 위한 선험적인 토대라고 했으며 합리성 분야의 쪼갤 수 없는 원자라고 말한다. 우리는 그냥 안다.

며칠 뒤 아침, 여전히 뉴욕의 시간대에 맞춰 생활하던 나는 에어비앤비를 통해 얻은 아파트 빌딩(뜰이 있는 중이층과 벽토를 발라 치장한 벽, 호수戶數가 붙은 문, 으스스하게 휑해서 〈메멘토〉에 나오는 장소와 비슷한 곳)에서 일찍 일어나 근처에 있는 작은 식당으로 갔다. 식당에서 베이글과 커피를 앞에 두고 질문 리스트를 준비했다. 아침 식사를 마칠 무렵, 태양은 거리 건너편 빌딩 꼭대기 너머에서 나를 훔쳐보기에 충분할 정도로 솟아 있었다. 놀란의 집으로 걷기 시작할 때, 내 그림자가 앞에 있는 인도를 가로지를 정도로 늘어진 야자수 그림자와 뒤엉켰을 때, 아이디어 하나가 반짝 떠올랐다. 놀란의 제작 시설에 도착했을 무렵, 나는 그 아이디어가 제대로 된 아이디어라고 확신했다. 검정색 철제 보안문을 재빨리 통과하고 회의실로 안내된 나는 벽난로 앞에 앉아 오전 9시 정각, 놀란이 방에 들어올 때까지 손가락으로 팔걸이를 두들겼다.

"좋아요, 나는 이렇게 할 거예요." 그에게 말했다. "그 사람한테 집 밖으로 나가, 하늘을 가로지르는 태양의 움직임을 쫓기에 충분할 정도로 오래, 그러니까 몇 시간 동안 그 장소에 머무르라고 요청할 겁니다. 그런 다음 말할 거예요. '태양이 당신의 왼쪽에서 오른쪽으로 움직였어요.'라고요."

그는 몇 초간 침묵에 잠겼다.

"다시 말씀해주세요." 그가 말했다.

"그 사람한테 집 밖으로 나가 그곳에서 몇 시간 동안 그대로 머무르라고 요청할 거예요. 통화를 계속하면 전화 요금이 엄청 나오겠죠. 나중에 다시 전화를 걸어도 돼요. 어쨌든 하늘에 있는 태양의 움직임을 확인하기에 충분할 정도로 긴 시간 동안 그렇게 하는 거예요. 그런 뒤 말하는 겁니다. '태양은 당신의 왼쪽에서 오른쪽으로 움직였어요.'" 나는 두 손을 들어 시범을 보였다. "그게 당신의 오른손이에요. 그게 당신의 왼손이고요."

"훌륭하군요." 그가 고개를 끄덕이며 말했다. "정말로 훌륭해요."

밖에서 새들이 짹짹거리는 소리가 들려왔다. 놀란이 말을 이었다.

"내가 궁금한 건 그 주장이 맞았는지, 틀렸는지를 입증할 수 있느냐의 여부예요. 당신 주장은 남반구에서는 틀린 주장이 되잖아요. 당신 주장이 모든 상황에서 다 맞는 건 아니에요. 상대방이 북반구에 있다는 사실을 당신이 알고 있는지의 여부에 따라 좌우되죠."

"아하, 하지만 나는 전화를 걸 때 지역번호를 눌렀으니까 상대방이 어디쯤에 있는지 알 수 있잖아요, 그렇죠? 나는 상대방이 LA에 있는지 런던에 있는지, 아니면 다른 어디에 있는지 알 수 있어요. 우주에도 전화가 존재한다는 전제 하에, 그렇죠? 전화가 존재한다면 지역번호도 있을 거예요." 그는 여전히 미심쩍은 기색이었다. "아니면 이건 어때요, '밖으로 나가 몇 시간만 서 있어 봐요. 당신이 북반구에 있다면 태양은 왼쪽에서 오른쪽으로 움직였어요. 당신이 남반구에 있다면 오른쪽에서 왼쪽으로 움직였고요.'"

어찌된 일인지 내 대답이 장황하다는 사실이 성가시게 느껴졌다. 결국 그가 입을 열었다. "아하, 훌륭한 대답이라는 생각이 들지만, 당신이 내놓은 대답은 '내가 이 방에 당신이 있다는 걸 안다는 전제 하에 벽난로를 등지고 서서 당신이 들어온 문과 가장 가까운 손을 가리키면서, 그게 바로 당신의 왼손이에요.'라는 설명의 복잡한 버전이에요. 내 말 이해돼요? 그러니까 당신은 그 실험에 사용된 용어들의 정의를 약간 완화시켰어요. 그건 보편적인 해답이 아니에요. 그렇지만 훌륭한 설명이기는 해요. 당신이 이 문제로 실망하지 않았으면 하는데요."

나는 그 문제를 생각해봤다. "실망하지 않았어요. 내가 그 문제를 그렇게 빨리 해결했다는 사실이 왠지 모르게 실망스럽네요."

"흐음, 위안이 될지 모르겠지만 나는 당신이 그 문제를 풀었다고 생각하지는 않아요."

자료를 더 읽어보니 내가 내놓은 대답은 마틴 가드너가 푸코의 진자 Foucault's pendulum를 이용해 내놓은 대답과 비슷했다. 프랑스 물리학자 장 베르나르 레옹 푸코는 가느다란 철사에 매달린 무거운 진자, 즉 푸코의 진자가 북반구에서는 시계 방향으로 돌고 남반구에서는 시계 반대 방향으로 돈다는 걸 보여줬다. 가드너는 "우리가 X행성 사람들에게 그가 어느 반구에 있는지를 분명하게 밝힐 수 없는 한, 푸코의 진자는 아무 도움도 안 될 것"이라고 지적했다.

달리 말하자면, 놀란이 옳았다.

• • •

놀란이 〈미행〉의 편집을 마무리하고 있던 1997년 봄, 아내인 엠마 토머스는 워킹 타이틀의 LA 사무실에서 일자리를 제안받았다. 놀란은 이미 미국 시민권자였다. 놀란의 입장에서는 그녀를 따라 LA로 가서 북미 영화제 순회상영 트랙Film Festival Circuit에 〈미행〉을 올리는 건 괜찮은 아이디어였다. 퓰리처상을 수상한 미국 언론인 제프리 게틀먼은 회고록 「사랑, 아프리카Love, Africa, 2017」에서 스물일곱 살의 영화감독이 LA 외곽에 있는 페인트볼 게임장에서 로코 벨릭을 비롯한 다른 청년들과 페인트

볼 게임을 하고 있는 광경을 스케치했다. "그는 필름스쿨에서 거절당한 것에 좌절하기는커녕, 새 영화를 위한 아이디어에 열중해 있었다. 단기 기억을 상실하는 한 남자가 아내의 살해 사건 단서들을 작은 기념품처럼 자기 몸에 문신으로 새겨서 사건을 해결하려고 애쓴다는 이야기였다. 복잡하게 들렸다. 크리스는 그 이야기를 역방향으로 들려주고 싶어 했다. 그는 그 구조가 굉장히 중요하다고 말했다. 그 이야기를 제대로 이해할 수는 없었지만, 그걸 제대로 이해하는 사람의 주위에 있다 보면 그 이야기가 믿어지기 시작하는 법이다. 그가 금발을 뒤로 훑어 넘기며 말했다. '있잖아요, 모든 영화 연출에 사용되는 가장 훌륭한 특수효과는 컷이에요.' 나는 그 주장도 믿었다."

놀란이 영국에서 〈미행〉을 편집하고 있을 때, 대학 졸업반이었던 동생 조나는 워싱턴 D.C.에서 심리학 수업에 출석해 '전향성 기억상실증'에 대해 배우고 있었다. 전향성 기억상실증은 일일 연속극의 캐릭터들에게서 종종 발생하는, 모든 기억을 상실하는 증상과 달리 큰 사건을 겪은 후 트라우마로 인해 새로운 기억을 형성하지 못하는 것이다. 조나는 그 증세에 매료됐다. 그해 여자친구와 마드리드로 휴가를 떠났다가 겪은 사건의 관점에서 볼 때는 특히 더 그랬다. 늦은 밤에 도착한 커플은 호스텔을 찾아가다가 길을 잃고 불량배 3명에게 걸려드는 신세가 됐다. 불량배들은 그들을 호스텔까지 따라와 칼을 겨눴다. 놈들에게 빼앗긴 것은 카메라 한 대와 잔돈푼으로 그리 많지 않았지만, 조나는 그들에게 저항하기 위해 어떻게 했어야 좋았을지, 또는 저항할 수는 있었던 것인지 이런 생각들에 집착하며 세 달을 보냈다. 복수의 씨앗은 「모비 딕Moby Dick, 1851」을 읽으며 더욱 깊이 뿌리를 내렸다. 런던에 있는 부모님 집으로 돌아온 조나가 침대에 누워 시간을 보내던 어느 날이었다. 모텔방에 있는 한 사내의 이미지가 불현듯 떠올랐다. 바로 그거였다. 그 사내는 자신이 어디에 있는지 전혀 몰랐고, 자기가 무슨 짓을 하고 있는지도 몰랐다. 거울을 들여다본 사내는 자신의 몸이 단서들을 제공하는 문신들로 가득하다는 걸 본다. 조나는 단편소설을 쓰기 시작했다.

얼마 후, 형제는 아버지의 1987년형 혼다 시빅을 몰고 시카고에서 로스앤젤레스로 장거리 자동차 여행을 하는 것으로 놀란의 미국 이주를 기념했다. 이 여행에는 놀란이 차를 쓸 수 있도록 시카고에서 LA로 차를 옮기는 나름 실용적인 목적도 있었지만, 놀란의 미국 이주를 기념하는 통과의례이기도 했다. 여행의 둘째 날이 저물어갈 때, 그들은 위스콘신(조나는 그곳을 미네소타로 기억하지만)을 통과하던 중이었다. 창문을 내린 채 운전대를 잡고 있는 놀란에게 조나가 물었다. "단기 기억을 상실하는 질환에 대해 들어본 적 있어? 등장인물이 아무것도 기억하지 못하는 그런 기억상실증 영화하고는 달라. 그래서 무엇이건 진실이 될 수 있어. 그는 자신이 어떤 사람이었는지는 알지만 어떤 사람이 되었는지는 몰라."

조나는 설명을 마치고 침묵에 잠겼다. 그의 형은 매의 눈을 가진 평론가로, 어떤 플롯 아이디어 전제에 숨어 있는 단점을 몇 초 안에 잡아내는 능력이 있었다. 그런데 그 이야기를 들은 놀란이 아무 말도 하지 않았다. 그 순간, 조나는 자신이 형을 사로잡았다는 걸 알아챘다.

"영화로 만들 만한 끝내주는 아이디어구나." 놀란이 샘을 내며 말했다. 주유소에서 차를 세운 그들이 다시 차로 돌아왔을 때, 놀란이 조나에게 대놓고 물었다. "네 이야기로 시나리오를 써도 될까?" 조나는 동의했다. 두 사람은 조나가 자동차 테이프 덱에 넣고 반복해서 트는 크리스 아이작의 음악을 들으며 길가의 풍경이 흘러가는 동안 아이디어들("플롯의 구조는 순환적이어야 해, 모텔방이 핵심이야.")을 주고받는 일에 빠져들었다. "린치풍 필름 누아르에 제격인 아이디어라고 생각했습니다." 놀란이 말했다. "그런 인상을 받았죠. 필름 누아르라는 인상이요. 전복적이면서 모던함과 포스트모던한 분위기를 풍긴다는 인상도요. 동생한테 곧바로 무슨 얘기를 했냐 하면, 단편소설과 시나리오 모두 그 이야기를 1인칭 시점으로 들려줄 수 있는 방법을 찾아낸다면, 그래서 관객을 캐릭터의 시점과 동일시되도록 만들 수 있다면 끝내줄 거라는 이야기를 했습니다. 그렇게 할 수만 있다면 뭔가 대단한 돌파구를 뚫을 수 있을 거라고 말했죠. 문제는 '어떻게 해야 그렇게 할 수 있는가?'였습니다."

놀란은 1997년 연말부터 이듬해까지 시나리오를 썼고, 여러 영화제가 〈미행〉을 상영작으로 선정하도록 열성적으로 노력했다. 〈미행〉은 결국 1998년도 샌프란시스코 국제영화제 상영작으로 선정됐다. 놀란은 편집감독 가레스 힐이 런던에 있는 네거티브를 편집해서 첫 프린트를 만들어 낼 수 있도록 또다시 2,000파운드를 박박 긁어모아야 했다. "당시 우리 형편은 샌프란시스코에서 열리는 첫 대중 시사회에 참석한 400명 관객에게 상영할 프린트, 딱 한 벌만 확보한 상태였죠. 지금 와서 그때 상황을 생각해보면, 사전에 프린트 확인도 없이 상영한 건 정신 나간 짓이었어요. 아이러니한 건 그 프린트가 완벽했다는 겁니다. 나중에 들었더니 그건 유례가 없는 일이라더군요." 영화가 샌프란시스코에서 프리미어를 가진 후 일간지 「샌프란시스코 크로니클」의 영화 비평가 믹 라살은 "선견지명이 있는 창의적인 상상력"이라고 평했다. "놀란은 주목할 만한 새로운 인재다." 이후 영화는 토론토와 슬램댄스 영화제로 이동했고, 슬램댄스에서는 흑백상Black and White Award뿐 아니라 심사위원대상 후보에 지명됐다. 그리고 자이트가이스트 필름스가 〈미행〉의 미국 배급사로 선정됐다. 「뉴요커」는 〈미행〉을 히치콕의 영화보다 '더 효율적'인 영화로 평가했다. 이렇듯 훌륭한 평가를 받았음에도 극장 상영에서는 5만 달러밖에 벌지 못했다. 그럼에도 영화 〈미행〉은 어디를 가든 팬들을 만들어냈기에 놀란은 불가피한 질문 세례를 받아야만 했다. "다음에는 무슨 영화를 만들 건가요?"

어느 시점부터인가 놀란은 사람들에게 〈메멘토〉의 시나리오를 건네주고 있었다.

"나한테는 〈미행〉이 있었습니다." 그가 말했다. "그리고 구조적으로 복잡하지만 대중의 이해 수준을 넘어설 정도로 복잡하지는 않은 또 다른 영화도 있었습니다. 누군가에게 그 영화를 보여주면 영화를 제대로 체험하지 않을까, 하는 생각을 했죠. 그 영화에 대한 아이디어는 우리가 영화제를 돌아다니는 동안 동원했던 강력한 홍보 수단이었습니다. 그런데 내 머릿속 한쪽에는 늘 이런 생각이 자리 잡고 있었죠. '정말 이 영화를 만들 수 있겠어? 역방향 영화를 정말로 만들 수 있겠냐고?'"

THREE **TIME**

—

셋
시간

술집들도 문을 닫은 어느 밤의 캠던 거리. UCL 재학생이던 놀란은 캠던에 있는 아파트로 돌아가던 중에 거리에서 커플 한 쌍이 떠들썩하게 말다툼 벌이는 광경을 목격했다. 다툼은 점점 몸싸움으로 격화됐고, 남자는 여자를 밀어 쓰러뜨렸다. 놀란이 길 건너편에서 어떻게 해야 좋을지 궁리하는 동안 그의 걸음은 점차 느려지다가 결국 멈춰 섰다. "사귀는 사이인 건 분명했습니다. 모르는 사람을 공격한 건 아니었어요. 그렇다고 해서 그냥 지나칠 수는 없었죠." 그는 말했다. "감정적인 측면에서 기억에 제대로 남는 그런 순간에 속했어요. 나 자신에게 이렇게 물었으니까요. '좋아, 이제 어떻게 할래?' 우리는 무슨 일을 해야 옳은지 잘 알지만, 자신이 막상 그런 일을 하려고 마음먹을 때 두려워한다는 것도 잘 알죠. 내가 아는 사실은 그들을 지나치지 않고 걸음을 멈췄다는 거예요. 그래서 내가 그릇된 일을 하지 않았다는 건 알아요. 그렇다면 나는 옳은 일을 한 걸까요? 모르겠어요. 다른 남자가 거리를 달려 내려왔고 흥분한 남자를 밀어내 여자에게서 떼어냈으니까요. 그 모습을 보고는 거리를 건너 그 남자를 진정시키는 걸 거들었어요. 바로 여기가 흥미로운 지점이에요. 몇 년 후에 그 얘기를 동생한테 했어요. 그런데 동생이 자신도 그 자리에 함께 있었다는 걸 100퍼센트 확신하는 거예요. 나는 동생이 그 자리에 있었다고는 생각하지 않아요, 정말로요. 동생이 그렇게 생각하는 건 내가 전에도 그 얘기를 들려준 적이 있어서 그런 겁니다. 동생은 나보다 여섯 살 어리니까 당시에 열넷이나 열다섯 살 무렵이었고, 내 아파트에 묵고 있었어요. 귀가한 나는 조금 전에 있었던 일을 동생에게 상세하게 말해줬고, 내 생각에 동생은… 으음, 사실 정확히 말하면 나 역시 동생이 그 자리에 있었는지 없었는지 모른다는 거예요. 우리는 진실을 결코 알아내지 못할 겁니다. 세상에는 이런저런 방법으로 입증할 수 있는 문제들도 있고 가늠할 수 있는 문제들도 있지만, 그렇지 못한 문제도 많아요. 바로 그게 '허위 기억 신드롬'에 대해 이야기하는 이유죠. 우리의 기억은 우리 생각대로 작동하지 않는다는 게 진실이니까요. 〈메멘토〉가 다루는 내용은 그게 전부예요."

꿈에서나 볼 법한, 으스스하면서도 햇살처럼 선명한 화면을 보여주는 현기증 나는 구조를 갖춘 영화 〈메멘토〉에서 가이 피어스는 레너드 셸비를 연기한다. 전직 보험조사원인 레너드는 그의 집에서 일어난 끔찍한 범죄로 아내를 잃었고, 자신은 머리를 세차게 얻어맞아 단기 기억이 망가졌다고 믿는다. 그는 공격이 일어나기 전까지 있었던 일은 모두 기억할 수 있다. 그런데 그 사건 이후에 일어난 모든 일은, 발생한 지 10분쯤 지나면 매직스크린에 그려진 그림처럼 완전히 사라진다. 변변찮은 모텔과 술집, 버려진 창고 등 탈색된 풍경을 배경으로 먼지투성이 재규어를 타고 끝없이 돌아다니며 아내를 죽인 살인자에게로 자신을 인도해줄 실마리를 쫓는다. 그는 중요한 단서들, "존 G가 네 아내를 겁탈하고 살해했다", "출처를 숙고하라", "기억은 신뢰할 수 없다" 같은 문장을 온몸에 문신으로 새기고, 그가 만나는 사람들을 폴라로이드로 찍은 뒤, 사진 뒤에 샤피 펜으로 그 사람들의 행동 동기를 기록하면서 사건을 수사한다. "그의 거짓말을 믿지 마라." 껌을 씹으면서 그를 그림자처럼 따라다니는, 엄청나게 박식한 척하는 캐릭터 테디에 대해 그렇게 적어둔다. "그녀도 사랑하는 이를 잃었다." 그는 애처로워 보이는 바텐더 나탈리를 폴라로이드로 찍은 뒤 사진 뒷면에 그렇게 적는다. "그녀는 동정심 때문에 너를 도와줄 것이다." 그는 친구와 적을 어떻게 구분할 수 있을까? 연인과 얼굴 정도만 아는 지인을 어떻게 구분할 수 있을까? 놀란은 기막히게 훌륭한 기술의 도움을 받아 주인공이 느끼는 혼란을 재창조한다. 각 신들의 순서를 거꾸로 뒤집는 방식으로 영화를 전개한 것이다. 각각의 신은 앞선 신이 시작됐던 지점에서 끝이 나고, 다시 점프를 했다가 또 한 번 점프를 한다. 〈샤이닝 The Shining, 1980〉의 결말에서 대니 로이드가 자신이 남긴 발자국을 밟으며 뒷걸음질 치는 것처럼 말이다. 이건 글로 읽는 것보다는 영화를 직접 보는 편이 이해하기 쉽다. 사실 〈메멘토〉 감상에서 좀 더 중요한 점은 진행 중인 내러티브 게임을 따라잡는 게 얼마나 어려운가가 아니라, 따라잡는 법을 얼마나 빨리 배우는가, 하는 것이다. 어떤 캐릭터의 얼굴에서 멍 자국을 본 우리는 멍이 든 원인을 잠시 뒤 알게 될 것이다. 레너드가 모는 재규어의 창문이 박살 난 걸 보면, 그 원인이 무엇인지 곧 보게 될 거라고 기대할 수 있다. 그 효과는 관객이 갈피를 못 잡고 갈팡질팡하게 만드는 동시에 관객을 간질이면서 쾌감을 선사한다. 우리는 레너드와 함께 영구히 지속되는 거두절미 상태에 빠져든다. 그리고 레너드가 속도를 높여 질주하는 동안, 각각의 장면은 클리프행어˚로 탈바꿈한다. "나는 이놈을 쫓는 중이야." 레너드는 도보 추격전이 한창일 때 보이스오버로 이렇게 말하지만, 그가 쫓는 남자가 총을 꺼내 그에게 총질하는 상황과 맞닥뜨린다. "아니야, 저놈이 나를 추격하고 있는 거야." 영화 〈메멘토〉는 X-레이로 찍은 복수 스릴러로, 영화의 내면은 투명하게 빛나고 있다.

　놀란은 1997년 여름에 로스앤젤레스로 돌아온 후, 동생이 단편소설을 완성할 때까지 참을성 있게 기다렸다. 그러면서도 동생의 작업이 어떻게 되어가고 있는지 확인하려고 매주 동생을 괴롭혔다. 그는 여름이 끝나갈 무렵, 소설의 초고를 받았다. "진실을 깨닫게 하는 데 총알보다 나은 것이 뭐가 있겠는가?"라는 멜빌의 인용문으로 시작한 소설은 주인공 '얼'을 병실에 배치한다. 그는 공격을 받은 후 그곳에 입원했다. 곧이어 알람이 울린다. '이곳은 병원에 있는 병실이다. 이곳이 네가 지금 머무는

● 드라마나 영화, 소설 등에서 상황이 해결되지 않은 채로 끝나는 클리셰의 한 종류.

곳이다.'라고 쓰인 문구가 병상 위에 테이프로 붙어 있다. 책상은 포스트 잇 메모로 뒤덮여 있다. 담배에 불을 붙인 그는 상자 위에 붙어 있는 또 다른 문구를 본다. '불을 붙이기 전에 확인부터 해, 멍청아.' 화장실 거울을 본 그는 자신의 귀에서 아래턱까지 그어진 흉터와 문에 붙은 MRI, 장례식에 참석한 어느 조문객의 사진을 본다. 알람이 울린다. 그는 일어나 다시 시작한다. "건망증의 가치를 높게 쳐주는 직업은 세상에 그리 많지 않다. 매춘 정도가 해당될 것이다. 정치는 물론이고." 터프가이의 냉소가 날을 세운 이 소설은 미국의 하드보일드 소설가 미키 스필레인이 〈사랑의 블랙홀〉을 다시 쓴 것처럼 읽힌다. 살인이 자행되는 도중 두드러져 보이는 샤워 커튼, 기억을 상기시키는 요소인 문신과 포스트잇, 중요한 단서를 망각하기 전에 서둘러 펜을 찾아내려는 절박한 시도 등 완성된 영화의 일부 요소들은 이미 자리를 잡고 있다. 하지만 조나의 작품은 주위에서 형 놀란이 맴돌고 있다는 느낌에서 비롯된 것인지, 고의적인 미완성 상태의 캐릭터 스케치처럼 보였다. 남자가 깨어나는 병실이 배경의 전부인 이 소설은 그의 가슴에 새겨진, 경찰이 작성한 가해자의 몽타주를 드러내려고 셔츠의 단추를 푸는 것으로 끝이 난다. 사건 종결. 조나는 자신의 아이디어에 놀란이 살을 붙이는 과정을 지켜보며 "배양 접시에 놓인 바이러스가 증식하는 과정을 지켜보는 것과 비슷했다."고 말했다.

—
놀란의 첫 미국 영화 〈메멘토〉에서 레너드 셸비 역을 맡은 가이 피어스.

놀란이 동생의 소설에서 가장 많이 손본 것은 레너드의 질환이 그를 얼마나 취약한 존재로 만드는지, 그 질환이 그를 이용해 먹으려는 사람들 앞에서 얼마나 고약하게 작용하는지를 구체화한 것이다. 얼의 병실에 붙어 있는 '일어나, 당장 밖으로 나가, 이 사람들은 너를 죽이려고 기를 쓰고 있어.'라는 문구 하나를 제외하면, 조나의 소설에서 병실 밖에 존재하는 위험들은 관념적인 것에 불과하다. 그는 통 속의 뇌°로, 그가 내뱉는 거친 발언은 검증되지 않는다. 놀란은 남자를 병실 밖으로 몰아내고, 레너드에게 로스앤젤레스의 먼지투성이 외곽에서 모험을 해보라고 강요한다. 그곳에서 레너드는 테디 같은 사기꾼과 껄떡거리는 바람둥이들의 만만한 먹잇감이다. 테디는 파티에 나타나지 않았으면 하고 바라게 되는 성가신 사람처럼, 또는 개학 첫 주에 사귄 걸 후회하게 되는 친구처럼 레너드의 주위에서 계속 튀어나오는 인물이다. 비위를 맞추면서 지나치게 친하게 구는 테디의 첫 번째 행동은 장난삼아 레너드를 호텔 밖에 주차된 엉뚱한 차로 안내하는 것이다. "누군가의 장애를 놀림감으로 삼는 건 당신한테 유익한 일이 아니야." 레너드는 그에게 말한다. "그냥 재미 좀 보려던 거였어." 테디가 대답한다. 끔찍하게 외로운 레너드는 자신만의 시간을 거의 갖지 못한다. 누구도 믿을 수 없는 그는 끔찍하게 외롭거나, 외로워야만 하는 존재다. "그녀를 되찾을 길이 없다는 걸 알아." 레너드는 나탈리에게 말한다. "하지만 아침마다 그녀가 여전히 이곳에 있다고 생각하면서 깨어나는 것은 원치 않아. 내가 이곳에서 얼마나 오랫동안 혼자 있었는지도 모른 채 누워 있어. 시간을 느낄 수 없다면, 나는 어떻게 치료될 수 있을까? 어떻게 치료해야 할까?" 이 놀라운 대사는 조나가 쓴 원고에는 없던 것이다.

놀란이 아버지의 타자기로 어렵지 않게 집필한 뒤 다듬었던 〈미행〉과 달리, 〈메멘토〉는 처음부터 끝까지 영화에 등장하는 신 순서대로 쭉 집필했고, 덕분에 놀란은 레너드가 처한 상황을 직접 체험할 수 있었다. 그는 〈메멘토〉의 시나리오를 컴퓨터로 작업했다. "철저히 레너드의 시점에서 시나리오를 집필했습니다." 그가 한 말이다. "그의 입장에서 생각했죠. 기억하는 과정과 무엇을 기억하고 무엇을 버려야 하는지에 대한 우리의 선택을 순수하게 주관적으로 검토하고 의문을 제기하는 것부터

● 외부세계의 진실성에 대한 철학적 논의에 사용되는 사고실험의 구성 요소.

시작했습니다. 그런 생각을 일단 시작하고 나면, 작업이 조금 힘들어집니다. 우리가 눈으로 지각하는 것과 약간 비슷하죠. 우리가 눈으로 본다고 생각하는 광경은 실제와 같지 않습니다. 우리의 눈이 보는 것은 극히 일부만 정확합니다. 기억도 그와 비슷하죠. 레너드가 채택한 시스템은 '나는 내 인생을 어떻게 사는 걸까?'라는 물음에 대한 진실하고 단정적인 반응입니다. 내가 집 열쇠를 늘 같은 주머니에 넣는다는 것과 주머니에 열쇠가 없으면 집을 나서지 않는다는 걸 깨달았습니다. 그래서 나는 열쇠에 대한 생각은 하지도 않으면서 주머니부터 확인합니다. 레너드는 그런 상황을 체계화하죠. 시나리오를 집필한 방식이 바로 그런 식이었어요. 나의 기억 과정을 바탕으로 추론을 한 겁니다."

놀란은 시나리오를 쓰는 동안 디지털 시대의 혼란을 다룬 영국 밴드 라디오헤드의 앨범 [OK Computer 1997]를 들었다. 그가 보기에 그 앨범의 기이한 점 하나는 다음에 이어지는 노래가 무슨 노래인지 결코 기억할 수 없었다는 것이다. "앨범을 들을 때면 다음 노래가 무엇인지 예상하는 게 보통입니다. 그런데 「OK Computer」는 그럴 수 없었죠. 나에게는 무척 어려운 일이더군요. 그와 비슷하게 〈메멘토〉는 내가 완전히 길을 잃게 되는 영화입니다. 영화에서 구조가 작동하는 방식 때문에 어떤 신 앞에 나온 신이 무엇이었는지 알아차릴 수가 없는 겁니다. 그래서 시간과 싸우는 문제로 회귀하게 되죠. 우리는 절대적인 일직선 형태로 사건을 전개하는 영사기의 독재를 깨트리려 애쓰고 있습니다. 〈미행〉을 작업하면서 영화의 구조를 사전에 계획해 배치하면서도, 그 영화의 시나리오를 쓰는 명백한 방법은 사건이 발생한 시간 순서로 쓰는 것이라고 생각했습니다. 그렇게 하니까 모든 게 제대로 작동했고, 그걸 편집한 뒤 구조를 적용했죠. 〈미행〉의 시나리오를 쓸 때는 수정 작업을 상당히 많이 했습니다. 술술 풀려나가는 게 하나도 없었으니까요. 반면에 〈메멘토〉의 시나리오를 쓸 때는 관객이 이 영화를 감상하게 될 방법으로 써야 한다고 생각했습니다. 실제로 그 시나리오는 내가 지금까지 집필한 시나리오 중 가장 일직선적인 형태로 집필한 시나리오입니다. 정말이에요. 〈메멘토〉에서는 어느 한 신도 제거할 수가 없습니다. 영화가 A, B, C, D, E, F, G 순으로 진행되니까 그렇게 하지 못하는 거죠. 연결고리들이 대단히

틀튼하기 때문에 편집 면에서 변화를 주는 방식으로 영
화를 매만질 만한 여지가 거의 없습니다. 사건이 발생
한 시간순으로 이야기를 들려줄 경우, 그 영화는 감상
이 불가능할 겁니다. 정말로 잔인한 이야기니까요. 관
객은 이 남자가 처해 있는 상황이 견뎌낼 만한 상황이
라는 착각에 빠져 있어야 합니다. 그가 품은 낙관론을
함께 품으면서 그의 무지도 괜찮다고 생각하도록 말입
니다. 관객이 그런 착각에 빠져 있지 않으면, 이 영화
는 캐릭터 두 명이 어떤 사람을 고문하는 영화로밖에
안 보일 겁니다."

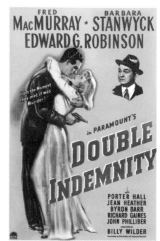

　　시간순으로 재배열한 〈메멘토〉의 이야기는 놀랄 만
큼 간단하다. 부패한 경찰과 바텐더가 청부살인을 성사시키려고 기억상
실증 환자를 설득한다. 또는 평론가 J. 호버먼이 밝혔듯 "〈매트릭스The
Matrix, 1999〉의 두 베테랑조 판톨리아노, 캐리 앤 모스이 〈LA 컨피덴셜L.A. Confiden-
tial, 1997〉에서 덫에 걸린 주인공 중 한 명가이 피어스을 어리둥절하게 만든

다.”라고 요약할 수 있다. 놀란은 〈미행〉 때와 마찬가지로 누아르의 틀을 활용한다. 관객에게 방향을 제시하고, 어느 순간 갑자기 그들을 당황하게 만들기 위해서다. 〈이중 배상Double Indemnity, 1944〉의 프레드 맥머레이처럼, 보험조사원이었던 레너드는 이제 자신이 연루된 사건을 직접 조사해야 하는 처지다. “나는 남들이 하는 헛소리를 꿰뚫어 봐야 했다.” 그는 말한다. “그건 유용한 경험이었다. 이제는 내 인생이 그런 상황이 됐기 때문이다.” 레너드는 보디랭귀지를 탁월하게 읽어내는 전문가가 됐다. 그는 전화 통화를 피하면서, 사람들이 얼마나 진실한지 파악하고자 그들과 얼굴을 맞대고 접촉하는 쪽을 선호한다. 하다못해 모텔 사장까지 객실 두 곳의 숙박료를 청구하면서 그를 등쳐먹는다. 테디는 〈말타의 매The Maltese Falcon, 1941〉의 피터 로어 같은 족제비고, 나탈리는 팜 파탈이다. 나탈리는 처음에, 아내에 대한 그의 기억을 딱하게 여기며 들어주다가 레너드와 동침한다. 그런데 기억에 남을 정도로 못돼먹은 폭로 장면은 그녀의 진짜 본성을 보여준다. “당신을 이용해 먹을 거야. 이 괴상한 왕재수 놈아.” 그녀는 낮은 목소리로 속삭이며 뱀처럼 그의 주위를 맴돈

다. “당신은 내가 한 말들을 하나도 기억 못할 거야. 우리는 둘도 없는 친구가 되겠지. 어쩌면 애인도 될 수 있고….” 레너드는 손등으로 그녀를 때려 피를 보게 만든다. 나탈리는 얼굴에 든 멍을 살피고는 의기양양한 모습으로 일어나 집을 나가고, 레너드는 지금 있었던 모든 일이 기억의 구멍으로 흘러나가기 전에 적어놓으려고 펜을 찾아 그녀의 집을 뒤진다. 너무 늦었다. 다시 등장한 나탈리는 피 묻은 입술을 살피며 다른 사람을 비난한다. 그러면 가여운 바보 레너드는 자신이 한 짓인 줄도 모르고 복수를 하고자 재빨리 튀어나간다. 이 이야기가 파국으로 향하게 될 장소와 관련된 실마

리를 향해서.

영화를 보면 알게 되겠지만, 나탈리는 유혹부터 신뢰를 거쳐 배신에 이르기까지 전형적인 팜 파탈의 보편적인 단계를 모두 거친다. 그 신들의 순서는 거꾸로 구성되어 있다. 그런데 무엇보다도 주목할 점은 캐릭터와 플롯 전개의 리듬이 평범하게 전방을 향해 전개된다는 것이다. 〈메멘토〉의 우주는 우여곡절을 겪는 순수한 혼돈 중 하나일지도 모른다. 하지만 놀란이 우리의 기억을 몰아가면서 이야기를 제대로 따라가고 있다는 걸 확인시키기 위해 마음껏 이용할 수 있는 수단(레너드의 문신, 그의 메모, 보이스오버, 각각의 신을 여는 사운드, 레너드가 입은 옷의 청결함 또는 지저분함, 그의 얼굴에 난 상처들의 오래된 정도)을 모두 사용한 스토리텔링은 대단히 명료하다. "〈메멘토〉의 중요한 내러티브는 믿기 힘들 정도로 틀에 박힌 내러티브입니다." 놀란은 말했다. "의도적으로 그렇게 한 겁니다. 관객이 느끼는 감정과 경험은 극도로 친숙한 것이어야 했으니까요. 시나리오를 쓸 때 봤던 영화 중 하나가 데이비드 린치 감독의 〈로스트 하이웨이 Lost Highway, 1997〉였습니다. 나는 린치의 팬입니다. 그럼에도 그 영화를 보고 이런 기분이 들었어요. '저게 대체 뭐야?' 지나치게 이상하고 장황하게 느껴졌거든요. 영화를 끝까지 보지도 못했습니다. 그러고는 일주일쯤 지난 후, 내가 꾼 꿈을 기억하는 것처럼 그 영화가 기억났습니다. 린치가 내 기억에 그림자를 드리우고 꿈의 형태를 띤 영화를 빚어냈다는 사실을 깨달았죠. 하이퍼큐브와 비슷했습니다. 3차원 세계에 드리운 4차원 물체의 그림자 같았죠. 숏 A에 숏 B를 더하면 관객은 C를 생각하게 된다는 에이젠슈타인에게로 돌아간 겁니다. 그것이 바로 영화라는 형식을 통해 우리가 이루고자 애쓰는 궁극적인 열망이죠. 우리는 그저 영사기를 통과하는 필름이 전부가 아닌, 그 이상의 무엇인가를 시도하고 창조하길 원합니다. 이와 비슷한 영화들은 더 있어요. 예를 들어, 타르코프스키 감독의 〈거울 The Mirror, 1975〉과 맬릭 감독의 〈트리 오브 라이프 The Tree of Life, 2011〉가 그렇습니다. 〈메멘토〉가 나름의 방식으로 해내려고 애썼던 것을 이뤄낸 영화이자 그렇게 하는 데 성공한 영화들이죠. 관객들의 반응을 봐도 알 수 있어요. 가장 뿌듯했던 건 그 영화에 대한 관객의 경험이 그저 영사기를 통과하는 필름을 경험했다,

정도의 차원이 아니었다는 겁니다. 영화는 온갖 상이한 방향으로 번져나갔죠. 그 영화가 3차원 내러티브를 창조한 겁니다."

놀란이 〈미행〉을 만들 때 직감했듯, 우리는 시간의 순서를 뒤섞는 작업을 생각보다 훨씬 더 능숙하게 해낸다. 시간이 역방향으로 흘러가는 영화가 〈이중 배상〉만 있는 건 아니다. 거의 모든 탐정 이야기가 범죄에서 범인으로, 결과에서 원인으로 이동하고 관객에게 사건들의 순서를 역설계하라고 요구한다. 이것은 연역법의 본질이다. "이런 종류의 문제를 해결할 때 좋은 점 하나는 역방향으로 추론할 수 있다는 점이지."「주홍색 연구A Study in Scarlet, 1887」에서 셜록 홈즈가 왓슨에게 말한다. "이건 쓸모가 많은 재주고 무척 쉬운 재주야. 그런데 사람들은 이걸 많이 연습하지 않아." 후더닛® 장르는 곧 역산逆産인 셈이다. 〈메멘토〉를 역방향으로 전개한다는 아이디어는 놀란이 초고를 작업하고 두 달쯤 되었을 무렵 떠올랐다. 어느 날 아버지의 혼다 시빅이 고장 났다. 자동차 정비공에게 자신을 데려다줄 아내 엠마가 돌아오길 기다리던 놀란의 머릿속에 영화의 구조와 관련된 아이디어가 떠오르기 시작했다. "로스앤젤레스 오렌지 스트리트에 있는 내 아파트에서 불현듯 아이디어가 떠올랐던 순간을 뚜렷하게 기억합니다. 아침에 커피를 지나치게 많이 마시면서 생각에 잠겨 있었죠. 이걸 어떻게 하지? 그러다가 유레카의 순간이 찾아왔어요. '그래, 그 이야기를 역방향으로 전개하면 캐릭터에게 정보를 주지 않듯이 관객에게도 정보를 주지 않을 수 있어.' 살면서 가끔 찾아오는 순간이었죠. 반짝이는 아이디어가 떠오른 순간 중 하나였습니다. 그 뒤로 시나리오를 쓰기까지는 무척 긴 시간이 걸렸지만, 시나리오는 사실상 그 순간에 완성된 것이나 다름없었습니다."

● whodunnit(Who done it?), '누가 그런 짓을 했는가?'를 밝히는 추리 소설이나 스릴러 영화를 가리키는 표현.

• • • •

이후 시나리오는 쏟아져 나오듯 순식간에 진행됐다. 초고 170페이지를 완성하는 데 고작 한 달쯤 걸렸는데, 그중 상당 부분이 캘리포니아 바닷가에 있는 여러 모텔에서 집필됐다. "계획을 세우고 또 세우다가 결국에는 시내를 벗어나야만 일을 할 수 있는 상태가 되는 게 항상 내 집필

과정의 일부입니다. 차에 올라 운전을 하다가 어디가 됐건 모텔로 들어가고는 했죠. 〈메멘토〉는 캘리포니아 남부의 여러 모텔에서 썼습니다. 집필 면에서 로스앤젤레스의 문제는 사람들이 차를 타고 돌아다니기 때문에 일상적인 상황에서 낯선 사람과 접촉하는 경우가 매우 적다는 겁니다. 처음에 LA로 이사 왔을 때, 낯선 사람들과의 교류가 엄청나게 그리웠습니다. 지하철을 타고 시내 곳곳을 돌아다니는 과정에서 빚어지는 일상생활의 마찰이 그립더군요. 〈미행〉을 눈여겨보면, 영화 전편이 그런 심경에 바탕을 두고 있습니다. 뉴욕 사람들은 그런 일상을 당연하게 여깁니다. 사람들의 생활에서 그건 무척 큰 부분이죠. 상상력을 자극하고 일상적으로는 보지 못하는 것들을 마주치려면 LA에서는 그런 것들을 열심히 찾아다녀야만 합니다. LA라는 도시는 그런 방식으로 형성된 곳이 아니니까요.”

사실 이 영화는 배경의 절반이 모텔방 한 곳에 국한되어 있다. 쉽게 구분할 수 있도록 흑백으로 촬영한 서브플롯이 메인플롯과 교차 편집된다. 방에 숨은 레너드는 그가 예전에 다뤘던 새미 잰키스라는 남자와 관련된 사건에 대해 전화 통화를 한다. 그 남자도 레너드와 유사한 전향성 기억상실증에 시달렸다. 새미가 아내 옆에서 일련의 테스트를 받는 모습을 지켜보는 동안, 우리는 이런 의학적 실험의 대상이 된 커플이 보여주는 결혼 생활의 다정함에 강한 인상을 받는다. 부부가 서로에게 보여주는 배려도 의학적 실험의 세부 사항만큼이나 대단하다. 새미 잰키스 이야기는 애초에 신 하나로 마무리되는 사건이었다. 그런데 놀란은 초고를 수정한 원고들에서 그 실험의 다양한 부분을 영화 곳곳에 흩어놨다. 그렇게 흩어놓지 않았다면, 이 이야기는 관객의 공포를 한데 모아놓는 결과를 초래하면서 너무도 무자비한 효과를 빚어냈을 것이다. 관객은 이 영화를 접하면서 생각할 것이다. 이 이야기는 어디로 향하는 걸까? 이 이야기는 왜 중요한 걸까? “자네 자신부터 조사하는 게 맞는 것 같은데?” 영화가 시작된 지 1시간쯤 됐을 때 테디가 하는 말이다. 그와 함께 우리가 품은 의혹의 중심축이 한껏 신뢰를 쏟아부었던 사람을 향해 서서히 회전하기 시작한다. 놀란은 두 번의 수정 작업을 더 거친 뒤 동생 조나, 아내 엠마, 제작 책임자 애런 라이더에게 보여줄 준비가 된 150페이지 분량의 원고를 완성했다. 하지만 시나리오 집필은 촬영이 시작되기 직전까지 계속 이어졌다. 왜냐하면 출연진과 스태프를 상대로 영화에 대해 설명하는 동안, 사소한 혼란을 일으키는 문제들에 직면했던 놀란이 상황을 단순하게 만들고 액션을 한껏 명료하게 재단하면서 매끄럽게 가다듬는 작업을 계속했기 때문이다.

"엠마가 〈메멘토〉 시나리오를 처음 읽었던 날이 기억납니다. 그녀는 가끔씩 읽는 걸 멈추고 낙담의 한숨을 내쉬면서 뭔가를 확인하려는 듯 몇 페이지 앞으로 돌아갔다가 다시 읽기 시작했죠. 그녀는 그런 일을 숱하게 반복하고서야 결말에 도달했습니다. 그녀는 이 시나리오가 작동하는 방법과 제대로 작동하는 요소, 그렇지 않은 요소를 명확하게 파악하는 감식력이 있었죠. 관객이 받아들이는 내용과 감독이 자신의 의도를 구현하는 시점에 대한 그녀의 견해는 무척 뚜렷합니다. 내가 명료함을 희생시켜야 하는 지점들을 짚어주는 측면에서, 그녀는 항상 큰 도움을 주었죠." 초고에서 레너드는 모텔 두 곳에 묵는다. 이야기의 순환적인 속성을 좀 더 명확하게 보여주기 위해서다. 이어지는 수정 원고에서 두 모텔은 같은 모텔의 객실 2개로 바뀐다. 모텔 직원 버트 캐릭터는 원래 두 명이었다가 한 명이 됐다. 놀란이 시나리오를 끝낸 1998년 봄 무렵, 이야기에 결정적인 한 방이 필요하던 시점에 조나가 로스앤젤레스에 도착했다. "우리는 영화의 궁극적인 결말을 마무리 지으려 애쓰면서 오랜 시간을 보냈습니다. 나는 시나리오를 썼고, 그 후에 조나가 LA로 이사 와서 이 영화를 위해 일했죠. 내가 결말을 조금 더 명료하게 매듭짓고자 애쓸 때였어요. 그럴 때 동생이 유레카의 순간을 맞이한 거죠. '으음, 그는 이미 복수를 마쳤어.'라는 생각을 떠올린 겁니다. 그리고 당연하게도 그것이 〈메멘토〉 결말의 핵심이었습니다."

• • • •

영화는 로스앤젤레스 전역의 다양한 배경, 이를테면 버뱅크에 있는 식당, 롱비치에 있는 버려진 정유소, 흡족하게도 입구에 교도소 스타일의 철창이 설치된 터헝가의 모텔 등에서 촬영됐다. 촬영 기간은 길고 무더

운 여름이 끝나가던 25일이었는데, 좀 더 음울한 날씨가 필요했던 제작진은 무더운 날씨 때문에 훨씬 더 북쪽으로 이동해야 했다. 놀란은 흐릿하고 산란된 빛을 원했다. 프로덕션 디자이너 패티 포데스타는 글렌데일의 스튜디오에 영화에 등장하는 모텔

방 인테리어를 만들었다. 압박감을 한 층 더 강화하기 위해 방의 규모를 아늑한 수준보다 조금 더 줄였으며 창문을 통해 들어오는 빛은 막았다. 더불어 폐쇄형 마당과 유리로 덮인 로비에도 그런 식의 작업을 진행했다. 그 결과, 모텔은 M. C. 에서가 디자인한 곳처럼 보였다. 놀란은 1년 전 〈미행〉 투어를 다닐 때 선댄스에서 만난 촬영감독 월리 피스터와 처음으로 함께 작업하면서 아나모픽 렌즈를 사용하는 파나비전 골드 II 카메라로 촬영했다. 심도가 얕은 이 포맷은 밀실 공포를 불러일으키는 스릴러보다는 장대한 풍경을 포착하는 데 보편적으로 사

용된다. 그래서 카메라가 가이 피어스의 얼굴을 잡을 때, 얼굴 외에는 어떤 것에도 초점이 맞지 않는다. 그렇게 얻은 이미지는, 자신의 직접적인 감각기관 외부에 존재하는 것은 그 무엇도 확신할 수 없는 남자의 이야기에 딱 맞는 이미지였다. 촬영장에서는 촉각이라는 단어가 꾸준히 거론됐다. 놀란은 레너드가 거주하는 세계의 풍경과 소리를 칼날처럼 예리하게 표현하고 싶었다.

"내가 「기억의 천재 푸네스」에서 가져온 요소 중 하나가 '선명함'입니다." 놀란이 말했다. "보르헤스는 만물이 얼마나 수정처럼 또렷했는지에 대해 말합니다. 그 단편에서 거론하는 감촉과 물성은 〈메멘토〉에서 엄청나게 중요한 요소입니다. 나는 그걸 조각하는 작업에 비교하곤 했습니다. 조각도 촉감을 이용하는 작업이니까요. 인터뷰어들은 '당신 도대체 무슨 얘기를 하는 거예요?' 같은 분위기였죠. 중요한 건 관객과 맺는 유대감입니다. 그 유대감이 더 물질적일수록, 스토리텔러 입장에서는 그 스토리로 더 많은 일을 해낼 수 있습니다. 그런데 그런 유대감을 맺는 건 무척 어려운 일이죠. 캐릭터의 입장에 서봐야 하니까요. 감각에 대한 레너드의 기억은 자신이 어떤 사람인지를 알려주는 주요한 요소입니다. 가이 피어스의 대사 중 중요한 대사가 있는데, 세상에 대한 기억과 느낌을 안다는 내용의 대사입니다. 굉장히 감정적인 순간에 등장하는 그 대사를 피어스는 비범하게 연기해냈습니다. 그 신에서 정말 생생한 교훈을 얻었죠. '나는 이 나무를 두드리면 어떤 소리가 나는지 알아. 이 유리를 집어들면 어떤 느낌인지 알아.' 세상에 대한 그런 지식, 세상에 대한 기억은 그에게 무척이나 소중합니다. 그것들은 여전히 기능하고, 여전히 작동하니까요. 그의 세계에서는 그가 당연하게 여기는 모든 것이, 우리가 기억이라고 생각조차 하지 않는 것들이, 실제로는 강력한 용도로 사용되죠. 그는 자신의 기억이 더 이상 작동하지 않는다는 사실을 알고 있습니다. 그래서 레너드는 여전히 남아 있는 세상의 느낌이 작동하는 방식을 소중히 여기죠. 내가 배우들에게 한 이야기는 세상의 느낌에 대한 게 전부였습니다. 우리는 자신이 직접적으로 감각하는 영역 외부에 있는 것이 무엇인지 모릅니다. 그래서 세상에 대한 느낌은 정말로 중요해져요. 정보를 담은 실마리일뿐 아니라, 꽉 붙들어야 할 대상으로서도 말입니다. 그

느낌이 중요했죠."

감각에 대한 레너드의 기억은 그가 실제로 존재한다는 사실을 입증해주는 유일한 증거이고, 그의 정체성을 제자리에 붙들어놓고 있는 가느다란 밧줄이다.

레너드 : 내가 확실하게 아는 것들이 있어.

나탈리 : 예를 들면?

레너드 : 내가 이걸 두드리면 무슨 소리가 나는지, 그걸 집어 들면 어떤 느낌인지 알아. (유리 재떨이를 집어 들며) 봐, 확실한 것들이지. 당신도 당연하게 여기는 기억의 종류야. 나는 그런 것들을 많이 기억할 수 있어. 세상의 느낌… 그리고 그녀까지.

이 대사는 놀란이 출연진과 스태프에게서 받은 영화와 관련된 모든 질문에 대해 내놓은 답변에서 발전된 것이다. 그는 이런 방식으로 그들에게 이 영화를 설명했다. 놀란은 '세상의 느낌'이라는 대사가 담긴 러시필름을 보면서 피어스를 선택하게끔 해준 행운의 별에게 감사했다. "그 신을 스크린으로 보자마자 생각했습니다. 가이를 캐스팅하게 해주셔서 정말 감사하다고요." 놀란은 말했다. "나조차 나에게 필요한 것인지의 여부를 알지 못할 때 그는 캐치해버리더군요. 그걸 속속들이 이해하고 거기에 놀라운 감정을 불어넣기까지 했죠."

캐리 앤 모스는 연기 코치의 조언에 따라 시나리오를 낱장으로 뜯었다. 시퀀스가 전방을 향해 흘러갈 때 자신이 맡은 역할이 어떤 기분인지 좀 더 잘 이해하기 위해서였다. 그렇지만 피어스는 시나리오를 받은 상태 그대로 유지했다. 그렇게 하면 레너드가 느끼는 혼란을 보다 잘 느낄 수 있으리라는 생각에서였다. 촬영이 진행되는 동안 편집 작업을 했던 편집감독 도디 돈은 '레너드가 바늘을 달군다.'와 '새미가 사고로 아내를 죽인다.' 같은 문장이 적힌 3×5인치 카드를 벽에 붙여 영화에 담긴 상이한 시간대의 정보를 계속 따라잡았다. 각기 다른 색의 카드를 썼기 때문에 어떤 소재가 언제 반복되었는지, 그 소재가 영화에 등장하는 게 처음인지 두 번째인지 확인할 수 있었다. 그 벽은 레너드가 자신의 사건에 대한 정보를 핀으로 벽에 꽂아서 연출한 콜라주(끈으로 연결된 지도와 폴라로이

나탈리가 레너드 셸비의 문신을 발견한다. <메멘토>의 촉감은 보르헤스가 기억에 대해 다룬 「기억의 천재 푸네스」에서 "여러 형태를 띠고, 순간적이고, 거의 견딜 수 없을 정도로 정확한 세계"를 묘사하는 방식에서 영감을 얻은 것이다.

드, 포스트잇이 마구잡이로 뒤섞인 것)와 무척 흡사해 보였다. 놀란과 편집감독 돈은 테렌스 맬릭의 남태평양 전쟁 영화 〈씬 레드 라인The Thin Red Line, 1998〉을 감상했다. 벤 채플린이 연기하는 벨 이등병이 집에 있는 아내를 생각하는 신들을 통해 도디 돈이 영감을 얻길 바라는 마음에서였다. 그 신들은 색상이 희뿌옇게 포착된 여름날의 홈 무비와 다를 바 없었지만, 팡파르도 깔리지 않고 디졸브°도 전혀 사용되지 않는 방식으로 영화에 삽입됐다가 다른 신으로 넘어간다. "〈씬 레드 라인〉은 역사상 최고의 영화에 속한다고 생각합니다. 〈메멘토〉에서 무척 중요한 부분인 기억을 떠올리는 장면들을 촬영하게 됐을 때, 〈씬 레드 라인〉에서 많은 영감을 얻었습니다. 사람은 과거의 누군가를 기억하려고 애쓸 때면 항상 자잘한 세부 사항들을 떠올리게 된다는 것을 〈씬 레드 라인〉을 보고 알게 됐죠. '그래, 기억은 그런 식으로 작동해. 기억이 흑백으로 떠오르진 않아.' 넘실거리는 디졸브 편집은 하지 않았습니다. 그냥 컷만 했죠."

각각의 신은 동일한 방식으로 시작된다. 신이 시작된다는 걸 알려주는 뚜렷한 소리가 들린다. 레너드가 권총에 탄창을 꽂는 소리, 테디가 모텔 문을 두드리는 소리, "레니!"라고 외치는 소리 등등. 사운드 디자이너 개리 걸리치는 플래시백 장면들을 위해 프랭크 워너가 〈성난 황소Raging Bull, 1980〉의 권투 경기 장면에서 사운드를 손봤던 것처럼 거리와 주변의 모든 소음을 제거했다. 다른 영화에서 잘라온 임시 트랙°을 사용하는 것을 달가워하지 않는 놀란은 시나리오가 완성되자마자 작곡가 데이비드 줄리언에게 임시 트랙의 작곡을 의뢰했다. 음악은 영화 본편과 함께 발을 맞춰 나아갔다. "나인 인치 네일스가 존 배리를 만난 음악." 놀란은 줄리언에게 이렇게 말하면서 페덱스를 이용해 런던으로 완성된 신들을 보냈고, 음악이 담긴 카세트테이프를 받았다. 놀란은 할리우드에 있다는 이유로 완전히 새로운 영화 제작 방식을 내놓기보다는, 제작이 진행되는 동안 새로운 방법을 덧붙이면서 기존에 채택했던 촬영 방법론을 상황에 맞게 변용했다. "크리스는 사운드를 머릿속에 항상 갖고 있는 듯 보입니다." 줄리언이 말했다. "그가 영화를 만들 때마다 집착하는 사운드가 두어 개 있습니다. 멜로디나 튠이 아니라 사운드입니다. 〈미행〉 때는 음악과 함께 흐르는 똑딱거리는 소음이 있었습니다. 그가 원한 소리였죠. 〈메

● 한 장면이 사라지면서 다른 장면이 겹쳐지듯 서서히 나타나는 화면 전환 기법.

● Temp music track, 영화 편집 단계에서 사용되는 기성곡.

멘토〉에는 불길하게 우르릉거리는 소리가 많습니다." 폴라로이드 사진과 레너드가 필기구로 사용하는 샤피 펜은 촬영장에 있던 것을 직접 선택한 것이다.

"폴라로이드 사진에 글을 쓰는 게 가능한지 확인해보려고 친구한테서 폴라로이드 카메라를 빌렸었죠. 그러고는 어떤 펜이 제일 잘 먹히는지 확인하려고 다양한 펜들을 시험해봤습니다." 놀란은 말했다. "그러던 중 의상팀에서 폴라로이드 사진에 샤피로 글을 쓰는 걸 봤어요. 그렇게 해서 만들어진 장면들은 영화 개봉 이후 굉장히 유명한 시각적 이미지가 됐죠. 당신도 광고를 봤을 겁니다. 지금은 그 펜과 폴라로이드 모두 사라졌죠. 나는 〈메멘토〉를 만들기 전까지 제대로 된 영화 제작의 세계를 접해본 적이 없었습니다. 사람들은 내 경력이 훌쩍 도약한 영화를 꼽을 때 배트맨 시리즈를 생각하지만, 그렇지 않습니다. 실은 〈메멘토〉였죠. 전문가의 손길이 닿은 영화 의상이 아니라 친구들이 자기 옷을 걸치고 와서는 우리 어머니가 만든 샌드위치를 먹으며 〈미행〉을 만들었어요. 그랬던 사람이 남의 돈 350만에서 400만 달러를 써대며 트럭과 트레일러가 동원된 현장에서 전문 스태프들과 함께 작업하게 된 겁니다. 〈메멘토〉는 할리우드 기준으로 보면 무척 작은 영화였지만, 내 입장에서는 엄청난 대작이었습니다. 영화가 완성되고 사람들한테 영화를 보여주기 시작하면서 정말이지 무서워지더군요. 대단히 험난한 과정이었습니다. 떨어질 때는 바닥을 뚫을 듯 떨어졌고, 솟구칠 때는 하늘도 뚫을 기세였죠. 〈메멘토〉는 극단적인 롤러코스터를 경험하게 해준 영화입니다."

10월 8일에 레너드가 마약 딜러를 공격하는 창고 신을 찍는 것으로 촬영을 종료한 후, 피어스는 흑백 시퀀스를 위한 보이스오버 녹음에 들어갔다. 놀란은 그 시퀀스에 다큐멘터리 같은 분위기를 부여하기 위해 즉흥 연기를 하라고 피어스를 부추겼다. 기드온 성경을 '독실하게' 읽는다는 레너드의 농담이 그런 즉흥 연기 중 하나였다. 후반 작업이 마무리된 2000년 3월, 제작자인 제니퍼와 수잔 토드는 제작 책임자 애런 라이더와 함께 상영회를 마련했다. 상영회의 대상은 스피릿 어워드를 위해 시내에 모여있던 주요 배급사 관계자들이었다. "모두가 우리를 거절했습니다." 놀란이 당시를 회상했다. "시사회를 열 때마다 영화에 '꽂힌' 사람들은 항상 나왔죠. 폭스사와 미팅을 했는데, '와우, 정말 끝내주는 시나리오예요.'라고 하면서도 다른 프로젝트 얘기만 하고 싶어 하더군요. 나는 그런 식으로 인맥과 명성을 얻고 있었습니다. 개인적으로는 내 경력을 쌓아가기 위해 계속 노력할 수 있었던 반면, 영화는 앞날이 불확실한 상태에서 벗어나지 못했습니다. 피 말리는 1년간, 〈메멘토〉를 배급하겠다는 사람이 아무도 없었습니다. 그 영화에 400만 달러를 투자하라고 사람들을 설득했던 제작자들은 끔찍한 스트레스에 시달렸을 게 분명해요. 이 영화를 세상에 선보일 수 있을지 여부에 대해 나조차도 슬슬 회의적인 생각에 빠져들기 시작했습니다. 그런데 한없이 고맙게도, 뉴마켓 사람들은 이 영화에 대한 믿음을 결코 잃지 않았어요. 그들은 이 영화를 뜯어고치라는 요청도 하지 않았습니다. 단 한 개의 프레임도 건들지 않은 겁니다. 그들은 결국 자체 배급사를 꾸려 영화를 직접 배급하기로 결정했습니다. 1년 후 스피릿 어워드를 다시 찾은 우리는 상을 휩쓸었습니다. 작품상, 감독상, 각본상, 캐리 앤이 받은 조연상까지요. 말 그대로 동화책에나 나올 법한 반전이었죠."

놀란이 〈미행〉 때도 그랬듯이 영화제를 순회하는 트랙에 영화를 올리기로 결정한 제작자들은 2000년에 열린 베니스 영화제의 '현재의 영화 Cinema del presente' 프로그램에 〈메멘토〉를 안전하게 정박시켰다. 이 프로그램은 리도에 있는 영화제 최대 스크린에서 상영되었는데, 이 극장의 좌석은 최대 1,500석에 달했다. 제작진이 20명 이상의 관객과 함께 영화를 보는 건 그때가 처음이었다. "극장이 빌어먹게 크더군요." 놀란의 회상이다. 그는 엠마와 함께 자리를 잡았다. 그들은 전날 들었던 이야기를 떠올렸다. 베니스 관객들은 마음에 들지 않는 영화를 보면 야유를 퍼붓거나 느릿느릿 박수를 친다는 이야기였다. "감독의 자리는 로열박스에 있었습니다. 박스라고 부르긴 했지만 좌석 주위에 울타리가 쳐져 있진 않았어요. 감독은 앞에 있는 관객 전원에게 머리부터 발끝까지 고스란히 드러내야 했죠. 그러니 무슨 수를 써도 슬쩍 빠져나갈 방법이 없었습니다. 그 자리에 묶여 있는 신세였죠."

영화가 시작되고 놀란은 자막을 따라잡으려 열심인 관객들의 바스락거리는 소리와 기침 소리를 하나도 빼놓지 않고 들었다. "우리가 구사했던 유머는 하나도 먹혀들지 않더군요. 객석은 쥐 죽은 듯이 조용했습니다. 이탈리아 사람들 대부분은 자막을 주시했는데, 영화에 담겨 있는 유머 중 대다수가 언어와 관련된 유머였죠. 영화는 갑작스러운 방식으로 끝났습니다. 관객에게 충격을 주는 방식으로요. 내 영화는 늘 같은 방식으로, 느닷없는 방식으로 끝이 납니다. 그 순간까지 많은 것이 구축되다가 느닷없이 영화가 끝나버리죠. 모든 관객이 몇 초간 완벽한 침묵에 잠겼습니다. 기침조차 하지 않더군요. '아아, 안 돼, 사람들이 이 영화를 싫어하는 거야.'라는 생각이 들더군요. 2, 3초간 무슨 일이 일어날지 전혀 예측할 수 없었습니다. 감도 못 잡았죠. 내 상태가 딱 그랬습니다. 겁을 잔뜩 먹었어요. 그런데 나는 지금도 그 순간을 무척, 무척 짜릿한 순간으로 기억합니다. 침묵 이후 쏟아진 엄청난 기립 박수와 함성을요. 정말 놀라웠습니다. 그 순간이 바로 내 인생의 전환점이었죠."

—
2000년 9월 5일에 베니스 영화제에서 열린 〈메멘토〉의 월드 프리미어에 참석한 (왼쪽부터) 엠마 토머스와 크리스토퍼 놀란, 가이 피어스, 그리고 피어스의 아내 케이트 메스티츠. 이 시사회는 놀란의 인생과 경력의 전환점이 되었다.

• • •

놀란적인 순간을 대단히 놀란적인Nolanesque 방식으로 강조한 장면이다. 기립 박수를 가리키는 게 아니라 성패의 갈림길에서 여전히 불안정한 상태에 있었던 순간, 즉 갈채가 쏟아지기 전 침묵이 흐르던 그 몇 초의 순간을 가리키는 것이다. 이 상황은 호르헤 루이스 보르헤스의 「비밀의 기적 The Secret Miracle, 1943」에서 총살형을 집행하는 분대가 발사한 총알들과 비슷하다. 처형이 집행되는 순간에 그의 마지막 희곡을 완성하는 데 필요한 1년의 시간을 부여받는 체코의 극작가를 다룬 작품이다. 날조된 혐의들 때문에 게슈타포에 체포된 작가 흘라딕은 사형 선고를 받는다. 그는 처형이 예정된 시간에 밖으로 끌려 나가고, 총살형을 집행하는 분대가 그의 앞에 도열한다. 하사관은 발포 명령을 내린다. 그러자 시간이 정지한다. "물방울은 여전히 그의 뺨에 매달려 있었다. 벌의 그림자는 마당에서 움직이지 않았다. 그가 던진 담배에서 피어난 연기는 흩어지지 않았다. 흘라딕이 이해하기도 전에 또 다른 '하루'가 지나갔다." 미완성 비극 「적들 The Enemies」을 완성할 수 있도록 충분한 시간을 달라는 흘라딕의 기도를 들은 신神이 그 간청을 받아들인 것이다. 그는 순전히 기억에만 의존해 작업을 해나갔다. "생략하고 축약하고 확장했으며, 간간이 원래 버전을 선택했다. 그는 마당과 병영을 향한 애정을 키워갔다. 끝없이 대면한 얼굴들 중 하나는 그로 하여금 뢰머슈타트 캐릭터에 대한 개념을 수정하게끔 만들었다." 그는 세부적인 설정 딱 한 가지가 부족했던 드라마에 만족스러운 결말을 도입하는데, 흘라딕은 그 설정을 자신의 뺨을 타고 흐르던 물방울 안에서 발견했다. "그는 격하게 울부짖기 시작하며 얼굴을 옆으로 돌렸다. 네 발의 총탄이 그를 쓰러뜨렸다." 흘라딕은 3월 29일 아침 9시 2분에 처형당했다. 이 단편소설은 훗날 놀란이 〈인셉션〉을 만들었을 때 큰 영향을 준 작품이다. 그 영화의 마지막 부분은 밴이 다리에서 수면으로 추락하기까지 극도의 슬로모션으로 촬영되었는데, 추락이 진행되는 시간 동안 영화의 클라이맥스가 펼쳐진다.

많은 감독이 그들의 영화에서 시간의 순서를 제멋대로 갖고 논다. 몇 명을 예로 들자면, 오손 웰즈, 알랭 레네, 니콜라스 뢰그, 안드레이 타르코프스키, 스티븐 소더버그, 쿠엔틴 타란티노가 그렇다. 그런데 현대의 감독들 중 '영사기의 독재 the tyranny of the projector'라고까지 말했던 놀란 자신처럼 시간의 흐름을 체계적으로 장악했던 사람은 없다. 〈미행〉은 3개의 상이한 타임라인을 잘게 썰어서 왔다 갔다 하며 편집해 붙였다. 〈메멘토〉의 경우, 하나는 정방향으로, 다른 하나는 역방향으로 진행되는 2개의 타임라인 사이를 오고 가며 편집했다. 〈프레스티지〉는 4개의 타임라인으로 진행된다. 〈인셉션〉은 다양한 속도로 전개되는 5개의 타임라인을 편집했는데, 꿈을 꾸는 데 걸리는 5분은 현실 세계에서 1시간에 해당한다. 밴이 다리에서 추락하는 데 걸리는 시간 동안 일평생이 펼쳐질 수도 있고, 남자와 여자가 함께 늙어갈 수도 있다. 〈인터스텔라〉에서 아버지는 상대성의 왜곡효과 때문에 딸과 떨어진 채로 딸의 어린 시절이 그의 눈앞에서 흘러가는 걸 무력하게 지켜보기만 해야 한다. 시계공의 어설픈 솜씨 이상의 것을 대표하는 놀란의 영화들은 우리가 시간을, 시간의 쇄도와 미끄러짐을, 수축과 수렴을 느끼는 방법을 항상 정확하게 장악한다. 시간은 놀란의 거대한 적수이자, 놀란이 평생 받아야 하는 천벌이다. 그는 개인적인 감정을 품고 시간을 받아들이는 것처럼 보이기도 한다.

"나는 시간에 대해 개인적인 감정이 있습니다." 그는 말한다. "그런 말을 하는 건 끔찍한 일이지만, 우리가 시간과 맺고 있는 관계는 시간에 따라 변합니다. 시간의 흐름을 말하는 겁니다. 시간에 대한 지금의 내 관점은 영화를 처음 만들기 시작했을 때 비해 아주 많이 달라졌습니다. 시간은 좀 더 감정적인 이슈가 된 게 확실합니다. 내 입장에서 시간은 점점 더 가속이 붙으니까요. 아이들은 자라고 있고 나는 늙어가고 있습니다. 놀라운 일이죠. 당신과 내가 처음 만났을 때, 우리 중 머리가 센 사람은 없었습니다. 지금 나는 머리가 셌어요. 새치 대부분이 금발에 가려 잘 보이지 않을 뿐이죠. 우리는 그때하고는 다른 사람들입니다. 우리 모두가 '시간의 흐름은 우리에게 불공정하다.'고 느낀다는 생각에 매료됐습니다. 그럼에도 우리는 정확히 같은 속도로 늙어가고 있죠. 이건 세상에서 가장 평평한 운동장입니다. 당신보다 날씬해 보이는 스물다섯 살의 사람도 당신과 정확히 같은 속도로 늙어갈 겁니다. 이 사실에 편애 같은 건 존재하지 않습니다만, 우리 각자는 매우 불공평하다고 느낍니다. 우리를 대신해서 죽어줄 수 있는 사람이 아무도 없기 때문이라고 생각해요. 결국 어느 누구도 시간에 안장을 얹어 제어하지는 못할 겁니다. 우리는 결국 그런 결론에 다다르고 있죠. 시간은 위대한 평등주의자입니다. 사람들이 사망률을 얘기할 때, 나는 늘 머릿속으로 '흠음, 그건 100퍼센트잖아.'라고 생각합니다. 내 말이 무슨 뜻인지 알겠죠?"

놀란이 언젠가 「와이어드Wired」 잡지를 통해 밝혔듯이, "영화가 상영되는 동안 필름의 릴이 바닥으로 쏟아지는 영사실에 있어본 경험을 지녔다면, 당신은 모든 인간이 짊어진 가차 없고 무시무시한 시간의 흐름을 눈앞에서 실감한 셈이다." 영화감독은 두 시간이면 사라지는 창조적인 프로젝트에 매달려 3년이나 4년의 시간을 잃게 되면서 그들의 관객들과는 다른 속도로 시간의 흐름을 경험한다. "영화감독 대 관객의 경기는 동등한 위치에서 벌이는 경기가 아닙니다. 나는 관객 앞에 내놓게 될 영화를 기획하고 궁리하면서 몇 년을 보내지만, 관객이 시간의 흐름을 포착하기 위해 실제로 소요하는 시간은 두 시간이나 두 시간 반에 불과하죠. 내가 생각하는 영화감독이라는 직업은 가능한 모든 요소를 영화에 담아내는 작업을 하는 것이라고 봅니다. 그런 요소들을 실시간 경험을 위해 미세 조정하는 거죠. 그런 상황을 마음껏 갖고 노는 영화가 가끔 보입니다. 코미디 영화 〈총알 탄 사나이The Naked Gun : From The Files Of Police Squad!, 1988〉에는 레슬리 닐슨이 프리실라 프레슬리와 데이트하는 장면이 있습니다. MTV 스타일로 편집된 몽타주에서, 두 사람은 해변에 가고 말을 탑니다. 마침내 현관문에 다다르고 '오늘 하루는 정말 근사했어요, 프랭크. 우리가 어제 만난 사이라는 게 믿어지지 않아요…'라는 대사가 나옵니다. 그 대사를 들으면 생각하게 되죠. '아니, 저 모든 게 하루 동안 일어난 일이란 말이야?' 그 장면은 무척 근사하게 만들어졌습니다. 당신이 사람들을 대상으로 해볼 만한 흥미로운 실험이 하나 있어요. 어떤 영화 한 편을 생각해보라고 하세요. 로맨틱 코미디 같은 영화를요. 아무 영화나 선정해서 그걸 보고 난 후에 '좋아요, 시간이 얼마나 흘렀을까요?'라고 묻는 거예요. 결코 간단하게 대답하지는 못할 겁니다. 사람들은 '아아, 사흘이라고 짐작했어요. 일주일이었다고요? 한 달이었다고요?'라는 식의 반응을 보일 겁니다. 시간을 가늠하는 건 무척 어려운 일입니다. 시간은 상당히 탄력적이니까요. 일반적인 영화에서 시간을 다루는 방법은 믿기 힘들 정도로 복잡합니다. 나는 그 메커니즘을 취해 시각화합니다. 손목시계의 뒷면을 투명하게 만드는 것과 비슷한 방식으로요. 그러면 사람들은 말하죠. '와아, 이 모든 게 시간과 함께 흘러가고 있군요.' 나는 그걸 좀 더 단순하게 만들어서 보여준 겁니다."

나는 그의 말이 맞는지 확인하려고 NYU의 티시 예술대학 교실에서 시드니 폴락 감독의 〈투씨Tootsie, 1982〉 시사회를 열었다. 내가 초대한 손님 12명의 연령은 20세에서 65세 사이였고, 직업은 배우부터 뷰티 홍보 전문가까지 다양했다. 그들이 볼 영화에 대한 이야기나 그들에게 물어보려는 내용에 대해서는 한마디도 해주지 않았다. 정보가 필요한 분을 위해 소개하자면, 〈투씨〉는 마이클 도시더스틴 호프먼의 이야기다. 연기력이 뛰어나 존경을 받지만 까다롭기 그지없는 배우인 그는 백수 신세로 몇 달을 보낸 후, 만났다 헤어졌다를 반복하는 여자친구 샌디 레스터테리 가로부터 낮 시간에 방송되는 일일 연속극에 빈자리가 생겼다는 얘기를 듣는다. 병원 운영자 미스 킴벌리 역할이 공석이 된 것이다. 그는 '도로시 마이클스'라는 이름의 여성으로 가장해서 그 역할을 따내지만, 천덕꾸러기 신세인 킴벌리의 처지를 도저히 참지 못하고 그녀를 거침없는 페미니스트로 연기하기 시작하면서 그 캐릭터는 선풍적인 인기를 얻게 된다. 그런데 여자 행세를 계속하는 건 어려운 일이라는 게 밝혀진다. 공연 배우인 줄리 니콜스제시카 랭와 사랑에 빠진 뒤로는 더욱 그렇다. 미혼모인 줄

—
〈투씨〉에 나오는 사건들은 며칠이, 몇 주가, 몇 달이, 몇 년이 걸렸을까? 〈투씨〉 챌린지에 참여한 사람들(위 왼쪽부터 시계 방향으로): 니키 마무디, 글렌 케니, 제시카 케플러, 톰 숀, 로니 폴스그로브.

리는 이 드라마를 연출하는 성차별주의 연출자와 불건전한 관계를 맺고 있다. 도로시는 줄리와 명절을 보내면서 그녀의 아버지 레스_{찰스 더닝}의 끈적끈적한 시선을 받게 되고, 급기야 레스는 도로시에게 청혼한다. 서브 플롯들이 모여드는 동안, 도로시를 연기하던 마이클은 탈출할 방법을 찾아낸다. 기술적인 문제가 생기는 바람에 출연진이 생방송으로 연기를 해야 하는 상황에 놓이자 그는 대단한 연설을 즉흥적으로 쏟아낸다. 그 연설은 도로시가 아닌, 마이클이 카메라 앞에서 가발을 벗고 자신은 사실 남자라는 걸 밝히는 것에서 클라이맥스를 맞는다. 줄리는 그에게 주먹을 날린다. 얼마 후, 마이클은 레스에게 반지를 돌려준다. 그리고 다시 얼마 후, 마이클은 스튜디오 밖에서 줄리를 기다린다. 줄리는 그를 용서하고 두 사람은 함께 거리를 걸어 내려간다.

배우 냇은 구체적으로 밝혀지지 않은 기간 동안 마이클이 겪는 여러 곤란한 상황들을 보여주는 몽타주가 영화 도입부에 나온 뒤, 시드니 폴락이 연기하는 에이전트에게 마이클이 불만을 늘어놓는 장면을 지적했다. 폴락은 '2년 전'에 토마토를 연기하던 그가 공연 중에 죽었을 때 무대를 가로지르려 하지 않았다는 말을 한다. 우리가 방금 전에 본 장면이다. 그러고는 오디션부터 그가 정체를 밝힐 때까지 6개월이 걸렸다. "내 생각에 영화에 담긴 기간은 2년 반에 조금 못 미치는 것 같아요."

글렌이 손을 들었다. "이 이야기는 그냥 이야기로 받아들여야 한다고 생각합니다." 그가 말했다. "내가 보기에 이 이야기의 골자는 그의 생일 파티가 열린 시간부터 그가 제시카 랭과 걸어가는 마지막 신까지의 기간이라고 생각해요. 이 영화에서 중요한 건 로맨스잖아요."

"그래서 어느 정도의 기간이라고 느꼈나요?" 내가 물었다.

"6주에서 두 달 사이라고 느꼈어요. 오가는 대화에서 분명하게 언급돼요. 랭이 그에게 말하거든요. '당신과 함께한 몇 주는 내 인생 최고의 시간이었어요.' 이어지는 스토리라인은 사실성이 떨어지지만요. 불과 몇 주가 지났을 뿐인데 모든 잡지의 표지 모델로 실린다는 건 있을 법하지 않으니까요. 그럼에도 그녀는 이렇게 말하죠. '당신과 함께한 몇 주는 내 인생 최고의 시간이었어요.'라고요."

"바로 그거예요. 고작 몇 주 만에 그렇게 유명해질 수 있나요?" 케이트가 물었다. "영화가 진행되는 동안 마이클에게 일어난 중요한 사건은 그가 도로시로서 정말 유명해진다는 거예요. 슈퍼스타가 되잖아요. 그는 「뉴욕」과 「TV 가이드」, 「코스모」 표지에 실리고, 앤디 워홀과 함께 포즈를 취해요. 최소한 여섯 달은 걸린다고 생각해요. 여섯 달에서 아홉 달 사이요."

"이론적으로만 보면, 2주 내로 굉장히 유명해지면서 잡지의 표지 촬영을 하게 되는 건 가능한 일이에요." 잡지계에서 일하는 재닛이 말했다. "잡지들이 가판에 깔릴 때까지 걸리는 시간을 한 달에서 두 달로 잡으면, 여기까지 걸리는 시간은 세 달에서 네 달일 거예요."

"워홀을 등장시킨 이유가 그 때문 아닐까요?" 니키가 물었다. "그는 엄청 빠르게 유명해졌어요. 다들 알잖아요, 앤디 워홀이 그런 사람이었다는 거 말이에요."

"워홀이 한 말은 15분 동안 유명해진다는 말이었어요. 15분 안에 유명해지는 게 아니라요." 케이트가 말했다. "그리고 이 영화의 시간적 배경은 인터넷이 생겨나기 이전 시대였어요. 그러니까 팬레터가 쌓이기 시작한 거죠. 우리는 사인 수집가 같은 사람들을 봤어요. 그리고 에이전트가 '그쪽에서는 자네 계약을 1년 더 연장하고 싶어 해.'라고 말하는 신이 있어요. 1년 더요."

"그게 내가 감지한 유일한 기간이에요, 그 1년이." 엠마가 말했다. "그 배우 입장에서는 1년 안에 모든 게 바뀐 것처럼 느껴졌어요. 드라마에 6주라는 짧은 기간만 출연했다가 연장해야 할 1년 계약을 체결하는 것으로 이어질 수 있어요. 우리는 그것 말고는 아무것도 보지 못했어요. 이 영화는 생일을 무척 중요하게 다뤄요. 그 기간을 정확하게 파악하려면 또 다른 생일을 봐야 하죠. 1년의 기간을 꼬박 보려면. 그리고 아이, 그 아이는 나이를 먹지 않아요."

"그 애는 몇 살이죠?" 내가 물었다.

"14개월이요." 그녀가 말했다.

"갓난아기들은 빨리 커요." 케이트가 말했다.

"한 사람이 정서적으로 황폐해지기 전까지, 그가 그랬던 것처럼 얼마나 오랫동안 거짓말을 유지할 수 있을지 생각해봐요." 재닛이 말했다. "1

년 동안 그런 짓을 할 수 있으리라고는 생각하지 않아요. 그 해프닝들은 몇 달간 벌어진 일이어야 말이 된다고 생각해요. 몇 주 이내에 벌어진 일일 수는 없죠. 내 생각에 그런 거짓말을 하게 되면 처음 두 달간은 무척 즐거울 거라고 생각해요. 그러다가 석 달째 접어들면 힘들어지기 시작하죠."

"그래요. 마이클은 그 시간 내내 사랑한다는 말로 테리 가를 계속 속일 수 있을까요?" 리가 말했다. "그는 그녀와 한 번 동침했다고 말한 뒤 영화 내내 자신이 그녀의 남자친구인 척하는 짓을 계속해요."

"그리고 그 남자 이름이 뭐죠? 의사 역이요. 자기 입에 구강청정제를 뿌리고는 느닷없이 도로시한테 들이대는 남자요." 리가 말했다. "그건 몇 달이 아니라, 몇 주 안에 일어난 일로 느껴져요."

"이 영화는 시간을 갖고 놀아요." 글렌이 결론을 지었다. "의도적으로 그러는 것 같지는 않아요. 이 영화를 만든 우두머리가 '서로 다른 타임라인들이 동시에 작동하게 만들겠다.'는 말을 한 적은 없을 거예요. 관객들이 흘러간 시간의 길이에 대해 생각하지 않으면서 내러티브에만 관심을 쏟을 수 있게 영화를 만든 거죠. 상이한 내러티브 두 줄기(마이클이 그가 아는 모든 사람을 속이는 줄기와 그가 줄리를 향한 감정적인 애착을 키워가는 줄기)를 다룰 때 영화 입장에서 최상의 결과는, 관객들이 시간의 경과에 대해서는 생각하지 않게 만드는 거예요. 관객이 시간의 경과를 점점 더 신경 쓸수록 영화의 타당성이 위태로워질 테니까요."

결국 우리는 각기 다른 3개의 타임 프레임이 동시에, 하지만 다른 속도로 진행되는 것처럼 보인다는 걸 알아냈다. 제시카 랭의 플롯은 로맨틱 코미디의 시간(석 달에서 넉 달 사이)이고, 테리 가의 서브플롯은 연극적인 속도로 전개(4주에서 6주 사이)되며, 도로시 마이클스가 '명성'을 얻게 되는 이야기는 2년에서 3년 사이가 될 수도 있는 두 몽타주와 함께 앞의 두 가지 타임 프레임을 훨씬 능가하는 속도로 전개됐다. 종합해보면 그들이 대답으로 내놓은 기간은 한 달에서 6년 사이에 걸쳐 있었다.

내가 이 결과를 놀란에게 내놓을 무렵, 그는 인도 영화감독 쉬벤드라 싱 둥가르푸르가 필름의 보존을 후원하기 위해 뭄바이에서 주최하는 '필름의 미래 재구성Reframing the Future of Film'이라는 사흘 일정의 이벤트에 참여하고자 인도에 가 있었다. 그리고 그곳에 있는 동안 〈테넷〉의 로케이션 촬영지를 헌팅했다는 걸 나중에야 알게 됐다. 그 사이 놀란은 수염을 기르고 있었다.

"끝내주네요." 놀란은 내가 보여준 결과를 읽으며 말했다. "당신은 좋은 영화를 선택했어요. 정확한 선택이에요. 훌륭한 영화지만, 시간이 중요한 영화는 아니죠."

"로맨틱 코미디가 다루는 기간은 대체로 세 달쯤이에요. 주인공이 사랑에 빠지고 헤어졌다가 다시 만나는 걸 허용해야 하니까요. 그러려면 세 달쯤 걸리죠."

"액션 영화의 '시간'은 〈총알 탄 사나이〉하고 훨씬 더 비슷하겠죠."

"〈제국의 역습〉과 비슷할 거라는 말을 하려고 했는데요."

"흥미로운 영화네요. 그 영화도 사건들이 진행된 기간을 가늠하는 게 힘든 영화일 테니까요."

"〈제국의 역습〉은 한 달 정도로 보았어요."

"왜 그런 생각을 한 거죠? 그냥 궁금해서 묻는 거예요. 나는 그렇게 생각하지 않거든요."

"그 문제를 놓고 온라인에서 벌어진 논쟁이 상당히 많아요. 〈스타워즈〉에는 으깨진 시간이 많죠. 주인공들의 우주선 밀레니엄 팔콘은 제국의 순양함을 피하고 소행성에 숨는 데 이틀을 써요. 그리고는 하이퍼드라이브^{광속 이동}를 하지 않고 베스핀 행성으로 날아가죠. 그러는 동안 주인공 루크 스카이워커는 데고바 행성에서 제다이가 되는 수련을 합니다. 여기가 까다로워지는 지점이에요. 어떤 사람들은 몇 주라고 하고, 어떤 사람들은 몇 달 또는 여섯 달이라고 해요. 그가 입은 옷의 상태가 달라지지만 명확하지는 않죠."

"으음, 내가 보기에는 그게 포인트예요. 흥미로운 점이죠. 영화가 작동하는 방식에 있어서 재미있는 점이에요. 정의하기가 무척 힘들죠. 〈투씨〉가 좋은 선택이었던 이유가 그거예요. 내가 〈인셉션〉에서 꿈들을 이었던 연결고리가 생각나네요. 관습적인 영화들이 몽환적인 시간 감각을 활용할 수 있다는 생각을 어떻게 떠올렸는지도 말이죠. 내러티브의 상이한 요소들이 상이한 속도로 전개되지만, 관객은 이를 전적으로 받아들여요. 꿈의 논리 같은 게 있죠. 그런 의미에서 영화는 대단히 몽환적일 수 있어요. 영화는 명료하게 표현하기 어려운 우리 자신의 꿈과 관계가 있습니다. 그렇지만 관객들은 우리가 인생을 살거나 세상에 존재하는 동안 우리에게 감춰져 있던 것들을 찾아내고 연결 지어주기를 희망하죠. 꿈은 우리를 위해 그런 일을 한다고 생각해요. 영화도 마찬가지라고 생각합니다. 그것의 이면은 〈프레스티지〉의 결말에서 휴 잭맨이 하는 연설을 보면 알 수 있어요. 본질적으로 말하면, 우리는 우리가 사는 현실에 실망했기 때문에 세계에 대한 더 복잡하고 미스터리한 관념을 빚어낸다는 내용이죠. 그것도 무척 타당한 생각입니다. 하지만 픽션은 무엇인가에 대한 매우 암울한 생각이에요. 픽션은 현실의 일상적이고 따분한 성질을 모호하게 만들려고 고안해낸 일련의 복잡한 문제들이죠. 나는 다른 버전을 선호해요. 시나리오를 쓸 때는 특히 더 그렇죠. 나는 베르너 헤어초크가 내놓은 '황홀한 진실'이라는 아이디어를 좋아합니다."

"〈투씨〉를 이용해서 〈인셉션〉을 이해하는 데 유용한 사례를 만들어냈다니 기쁘군요."

"근본적으로 내가 팬이라고 말하는 영화는 뭐가 됐건 순수 스릴러나 액션 영화는 아니에요. 내가 좋아하는 영화는 무슨 영화가 됐건, 사람들을 놀라게 만드는 영화여야 하죠. 〈라라랜드La La Land, 2016〉는 놀라운 영화라고 봐요. 그 영화를 세 번인가 네 번 봤어요. 뮤지컬을 좋아하는 편이 아닌데도요. 경이로운 연출력이 발휘된 작품이에요. 당신이 영화감독으로서 좋아하는 작품과 관객으로서 좋아하는 작품은 같지 않을 겁니다. 나는 〈분노의 질주Fast & Furious〉 시리즈를 무척 좋아해요. 난 액션 영화를 작업하기 때문에 액션이 잘 연출된 영화를 좋아하죠. 〈분노의 질주〉 시리즈 중 일부는 매력적이에요. 첫 편의 경우가 특히 그렇죠. 그 첫 편부터 이어지는 모든 캐릭터들 사이의 관계도 매력적이고요. 그 프랜차이즈가 발전해온 방식이 매력적이에요. TV드라마 시즌들과 무척 비슷하잖아요. 그 시리즈는 일종의 앙상블 패밀리가 됐어요. 사람들은 무슨 이유에서인지, 나에 대해 무슨 얘기를 들었는지, 내가 좋아하는 코미디 얘기를 꺼내면 모두들 놀라곤 해요. 믿어져요? '어, 당신이 코미디를 좋아한다고요?' 하는 식이죠. 코미디를 싫어하는 사람이 세상에 어디 있겠어요? 〈킹핀Kingpin, 1996〉에서 우디 해럴슨의 연기를 봐요. 최고의 연기입니다. 극장에서 그걸 보려고 두 번인가 세 번을 다시 갔어요. 그의 연기에 강한 인상을 받았죠. 그 영화를 재미있다고 생각하지만, 유치한 영화이기도 해요. 그가 '고향에 못 간 게, 젠장, 언제부터냐면⋯' 하고 대사를 치다가 그녀를 향해 돌아서요. 그의 머리카락은 산발이 되어 있죠. 그는 '나 어때?' 하고 물어요. 정말 놀라운 연기입니다. 철저히 몰입해서 펼친 진실한 연기죠."

• • •

이렇게 보면 〈메멘토〉는 궁극적인 유리 시계로, 체제를 전복하거나 해체하려는 충동보다는 급진적인 투명함을 추구하려는 열망에 의해 추동되는 영화다. 「작가를 찾는 6인의 등장인물Sei personaggi in cerca d'autore, 1921」을 쓴 이탈리아 극작가 루이지 피란델로가 집필한 듯한 필름 누아르로. 주인공의 살점은 시나리오 브레인스토밍 모임에서 얻어낸 문장을 재료로 삼아 빚어졌고, 그의 몸에는 그의 배경 사연과 행동 동기가 새겨져 있다. 또한 레너드의 기억을 지워버리는 10분의 시간은 미국 액션 영화가 요구하는 10분짜리 액션 지문과 동일하고, 그의 기억상실은 무슨 영화가 됐건 극장에서 본 영화를 사리에 맞는 영화로 만들기 위해 허둥대는 동안 우리가 겪는 기억상실과 똑같다. 〈메멘토〉를 보면서 관객이 하는 일은 우리가 평소 몽롱한 상태로 영화를 보면서 수수께끼를 풀어가는 과정과 똑같다. 다만 차이가 있다면 우리에게는 일행이 있다는 것이다. 냉소적이고 음흉하며 걱정 때문에 제정신이 아닌, 눈치가 빠르며 행색이 딱하고 연약해 보이는 레너드 셸비는 우리의 주인공이자 내레이터 이상의 존재다. 그는 우리의 충직한 일행이다. 카메라는 다른 사람 곁에 있을 때보다 그의 곁에 있을 때 항상 좀 더 가까운 곳에 위치한다. 그래서 레너드는 우리 옆자리에 앉아 스크린에서 전개되는 사건에 대해 수다쟁이처럼 계속 떠들어대는 사람처럼 보이기도 한다. "당신한테 내 상태에 대해 얘기한 적이 있어요." 그는 새로운 사람을 만나면 이런 말을 할 것이다. 그의 문장에는 의문문으로 묻는 듯한 말투가 가미되어 있다. 했던 말을 또 하는 것은 아닐까, 상대를 지루하게 만드는 것은 아닐까 초조하기 때문이다. 누군가를 알아보는 데 실패하면, 그는 "기분 나쁘게 받아들이지 말라"고 당부한다. 그것이 우리가 감지하는 그의 첫 번째 특징이다. 예의 바른 태도 말이다. 소외된 사람이 이렇게 정중한 경우는 결코 없었다. 비통함이라는 칼날에 깊이 찔린 그는 세계가 그에게 다가오는 속도 때문에 자기 연민이라는 호사를 누릴 겨를이 없는 것이다.

〈메멘토〉는 주인공과 관객을 상대로 지옥 같은 함정을 설치하고는 2개의 상반되는 두려움 속으로 몰아넣고 그 사이에서 갈등하게 만든다. 한쪽의 두려움을 해소하려면 다른 한쪽의 두려움이 악화되기 때문이다. 첫 번째 두려움은, 이 세상에 실재하는 것은 오직 나 자신뿐이라고 생각하는 유아주의자Solipsist가 느끼는 두려움이다. 그는 정보를 얻기 위해서

1999년, 촬영 중에 휴식을 취하는 가이 피어스. 놀란의 가장 예리한 통찰은 레너드가 앓는 질환의 취약성을 꿰뚫어 본 것이다.

구멍이 숭숭 뚫린 자신의 머리에 의지한다. "나는 내 마음 밖에 있는 세상을 믿어야만 해." 그는 나탈리에게 말한다. "나의 행동에는 여전히 의미가 있다고 믿어야만 해. 내가 그것들을 기억하지 못하더라도 말이야. 나는 눈을 감았을 때에도 세상이 여전히 저기에 있다고 믿어야만 해." 우주에 홀로 있다는 것을 무엇보다도 두려워하고 확신을 갈망하는 그는 남들이 들어올 수 있도록 그의 문을 활짝 열어둔다. 그런데 레너드의 그런 행동은 반대되는 두려움, 즉 편집증적인 두려움에 문을 열어주는 셈이기도 하다. 남들에게 이용당하거나 조종당하고 있다는 편집증적인 두려움은 자기중심주의자와는 정반대되는 것을 소망한다. 자신이 안전할 수 있도록 바깥세상과 단절하고픈 소망을 품게 되는 것이다. 레너드는 양쪽의 두려움을 다 느낀다. 그는 안전할 수 있거나 확신할 수 있지만, 둘 다 가질 수는 없다. 어느 쪽인가? 편집증 환자와 자기중심주의자 중에서 어느 쪽이 우세한가? 우리가 먼저 해결해야 하는 것은 누구의 문제인가? 절망적일 정도로 분열된 레너드는 남들이 그에게 심어둔 그릇된 정보를 해결하기 위해서 그가 벌이는 양면 전술의 한쪽 전선과 다른 전선 사이를 끝없이 왕복한다. 하지만 그는 자신의 구멍 뚫린 뇌가 하는 일들에 의지하지도 못한다. 그는 타인을 신뢰하지 못하지만, 동시에 타인을 신뢰해야 한다. 그는 이렇게 말한다. "나는 사실에 동의하지 않는 유일한 사람이었어요. 그리고 나는 뇌에 손상을 입었죠."

이건 마치 신경학자인 올리버 색스의 책에 나오는 이색적인 질환으로 보인다. 그런데 이 질환은 놀라운 반향을 일으킨다. 레너드의 양면 전술은 어렸을 때 어른들의 거짓말에 속았던 적이 있는 사람(자신이 거짓말을 듣고 있다는 것을 확신하지만 거짓을 말하는 사람에게 도전하는 데 필요한 내적 자신감이 부족한 사람)이라면 누구나 곧바로 알아챌 수 있다. 실제로 레너드와 가장 닮은 존재는 늑대들에게 던져진 용감하고 영민한 어린아이이다. 영화의 화사한 표면 아래에서 소용돌이치는 감정으로 이어지는 실마리가 너무 많다고 의아해하는 사람들에게 나탈리가 레너드에게 건네는 번호판이 제공된다. 그녀는 그 번호판SG13 7IU이 레너드의 아내를 살해한 자의 번호판이라고 주장한다. 번호판은 이 영화의 맥거핀이자 레너드를 복수로 이끄는 정보 역할을 한다. 플롯 전체를 추동하는 이 정보는 놀란이 모교 헤일리버리의 우편번호를 잘못 기억(U가 N이어 야 한다)한 것이다. 기숙사 학생 입장에서 시간은 감정을 자극하는 요소 다. 시간은 사실 기숙사 생활에서 중요한 요소가 아니기 때문이다. 기숙 사 생활의 중요한 요소는 바로 거리다. "아이는 자신이 존재하고 커뮤니 티에 소속되어 있다는 연속성의 감각을 반영하기 위해, 그가 애착을 품 은 대상에 의해 전달되고 공유되는 기억에 의존한다." 조이 샤베리엔의 「기숙학교 신드롬Boarding School Syndrome, 2015」에 있는 구절이다. 그 책의 주제인 시간, 반복, 기억상실, 육체의 기억은 〈메멘토〉가 다루는 주제의 체크리스트처럼 읽힌다. "그들이 애착을 가진 공유된 기억과 이야기들은 가족의 내밀한 유대감을 보여주는 지표들이다. 이와 같은 공유된 기억이 없으면, 아이는 어린 시절에 했던 경험의 연속성에서 분리된다. 따라서 그 아이가 어른이 되어 이야기를 들려줄 때, 그 이야기에 내러티브의 흐 름이 결여되는 것은 놀랄 일이 아니다. 기숙사 생활을 했던 사람이 때때 로 사건들의 발생 순서를 기억하지 못하는 이유가 이 때문이다." 〈메멘 토〉가 극화한 것이 바로 이런 요소 아닌가? 가족사진에서 추방되고, 자 신의 주관적인 기억의 거품에 갇혔으며, 자신의 경험을 들려줄 수 없는 레너드는 누구를 신뢰해야 할지 모르는 채, 피라냐로 가득한 물속에서 혼자 힘으로 살아남아야 한다.

내가 이런 해석을 제시하자 놀란은 약간 불편한 기색으로 말했다. "솔 직히 말하면, 그런 부분도 조금은 반영이 됐다고 생각합니다. 하지만 모 르겠어요. 내가 할 얘기는 아닌 것 같아요. 다만 나의 지난날을 바탕으로 한 해석에는 큰 거부감이 들어요. 솔직히 말해서 너무 쉬운 해석이니까 요. 아무튼 나는 꽤 솔직하게 대답하고 있다고 생각합니다. 얼렁뚱땅 얼 버무리려는 게 아니에요. 그런 요소들을 내 영화에서 다루지 않았던 것 역시 나 자신의 일부라고 느낍니다. 〈덩케르크〉는 흥미롭게도 세상이 다 아는 내용을 영화로 만든 첫 작품일 겁니다. 그 영화는 이미 확립된 역 사라는 관념을 다루니까요. 결국 나는 그 주제를 회피했다고 생각합니 다. 훨씬 더 실존적이랄까요, 문제 해결을 위해 현장에 파견되는 방식으 로 이야기를 들려주는 데 흥미가 있다는 것 말고 다른 이유는 없습니다. 그러니까 나는 케네스 브래너가 속한 계급과 부하들이 속한 계급 사이의 관계에는 흥미가 없습니다. 영화에는 그런 면이 느슨하게 담겨 있지만, 나는 그 주제에 대해 다루는 걸 그럭저럭 잘 피했다고 생각합니다."

"계급은 심리만큼 중요하지 않아요." 내가 말했다. "레너드는 아무도 믿을 수 없는 이런 적대적인 환경에 강제로 던져진 아이와 비슷해요. 앞날이 불확실한 상태에 있는 거죠. 우리는 그런 상태에 거듭해서 되돌아가고요."

놀란은 잠시 침묵하다가 입을 열었다. "당신이 헛짚고 있다고 생각합니다. 의미론적인 분석에 지나치게 기초하고 있다고 생각해요. 감정보다는 개념들 사이의 의미론적 관계에—"

"그게 바로 내가 얘기하고 있는 거예요. 영화에 담긴 감정들—"

"나는 그 문제에 있어서 가이 피어스가 큰일을 해냈다고 늘 칭찬합니다. 그는 사람들을 딜레마 안으로 끌어들이죠. 엄청나게 감정적인 딜레마 속으로요. 그 캐릭터는 사람들에게서 상당한 연민을 끌어냅니다. 그런데 굉장히 감정적인 상황을 다루는 〈덩케르크〉를 만들 때, 나는 두 경우 모두 내가 의도적으로 감상적이지 않은 방향으로 연출하고 싶어 했다는 걸 느꼈습니다. 어떤 말을 한스 짐머한테 들었는데, 그는 리들리 스콧한테 들었다고 하더군요. 내 생각에 그걸 처음 말한 사람은 제임스 조이스인 것 같은데, 아무튼 그 말은 '신파적 감수성은 노력 없이 얻은 감정이다.'입니다. 내 생각엔 대단히 정확하고 날카로운 코멘트로 보입니다. 많은 영화가 관객을 계속 사로잡으려고 신파적 감수성을 이용하죠. 나는 신파가 마음에 들었던 적이 한 번도 없습니다. 내게 신파는 유용한 도구가 아닙니다. 어떤 관객이 영화를 보러 왔을 때 주류 영화가 신파적 감수성에 의존할 경우, 그건 관객의 기대를 약간 거스르는 짓입니다. 나는 노력해서 얻은 감정이 진정한 감정이라고 생각해요. 〈메멘토〉의 상황은 무척이나 무겁기 때문에 감정이 그리 많이 필요하지 않았죠. 가이는 그런 상황을 현실적인 상황으로 만들었고요. 그는 관객들 앞에서 그 영화의 문을 열었고, 그의 연기는 음악이나 대사가 페이소스의 관점에서 할 수 있는 역할을 해냈습니다. 그는 뛰어난 재능을 가진 배우예요."

이것이 내가 얻은 첫 번째 교훈이다. 놀란은 주제의 차원에서 자신의 전기적인 요소들이 있다는 걸 흔쾌히 인정한다. 하지만 심리적 본성 차원에서 자신과 그의 캐릭터들 사이에 어떤 연결고리가 있다는 걸 인정하는 것은 꺼린다. 우리는 그 주제를 두 번 더 테이블에 올렸지만, 결국 나는 그 주제를 포기했다. 우리는 〈메멘토〉에 대한 이야기를 나누는 것에서 그걸 실연하는 쪽으로 이동했다는 걸 깨달았다. 테디의 역할을 맡은 나는 사건들에 대해 내가 해석한 버전을 놀란에게 납득시키려고 노력했지만 성공은 거두지 못했다. 레너드의 역할을 맡은 그는 타인이 정직하다는 사실을 받아들이는 동시에 타인이 정신 나간 사람이라는 것을 납득하는 자신의 입장을 굳건히 고수하고 있었다.

· · ·

자신의 모든 기억을 글로 남기기로 결심한 보르헤스의 푸네스는 온종일의 기억을 어찌어찌 복원했다가 그의 기억이 반복°된다는 것과 어린 시절의 모든 기억을 분류하는 작업을 끝마치기도 전에 죽을 공산이 크다는 것을 깨닫는다. 그는 결국 미치광이가 되어 1889년에 폐울혈로 숨을 거둔다. "푸네스는 기억이 무한하기 때문에 미친 겁니다." 보르헤스가 어느 인터뷰어에게 한 말이다. 완벽한 기억력이라는 저주를 받은 푸네스는 레너드와 반대되는 문제에 시달리지만, 보르헤스는 그 이야기가 거꾸로 뒤집힐 가능성이 있다는 것을 파악하고 있었다. 그는 이렇게 말했다. "당연한 말이지만, 당신이 모든 것을 망각한다면, 당신은 더 이상 존재하지 않을 겁니다."

〈메멘토〉는 이런 광기를 한 모금만 홀짝이지만, 그것만으로도 충분하다. 우리는 영화의 첫 프레임을 마주했을 때 이 이야기가 어떻게 끝나게 될지 알고 있었다. 레너드가 테디를 죽여 복수하는 것으로 끝난다. 우리는 그가 복수를 하러 가는 곳이 어디인지 안다. 방치된 창고. 그리고 살해 방법도 안다. 뒤통수를 향해 발사된 총. 우리가 결말에 도달할 무렵, 영화의 두 타임라인이 마침내 한곳에서 만나고 출혈 장면을 찍은 흑백 화면이 컬러로 바뀐다. 놀란은 이 모든 요소에 끝없이 반복 체험되는 트라우마, 이 트라우마에서 비롯된 기억이라는 끔찍한 친숙성을 집어넣는다. 그리고 악몽을 꾸는 듯한 데이비드 줄리언의 음악 사이로 흘러나오

● 기억을 찾아본 것이 '기억에 대한 기억'으로 탈바꿈한다.

는 한층 더 긴박한 맥박 소리가 그 기억에 합성된다. "네가 원한 건 진실이 아니야." 테디는 주장한다. "너는 꿈속에서 살고 있어, 꼬맹아. 애타게 그리워하는 죽은 아내를 네 인생의 목적으로 삼아서, 내가 그 그림에 들어 있지 않더라도 끝낼 생각이 없는 낭만적인 탐구 작업을 하는 거야." 테디는 레너드의 아내를 죽인 것은 침입자들이 아니었다고 말한다. 레너드가 죽인 것이다. 레너드가 처음부터 줄곧 얘기했던, 새미 잰키스에게 잘못을 떠넘긴 이야기에서처럼 레너드는 사고로 치명적인 양의 인슐린을 아내에게 주사한 것이다. 당신이 테디가 주장하는 버전을 받아들인다면, 이 영화는 죄책감과 부인否認에 대한 이야기이며 자신이 오랫동안 숨겨왔던 범행을 향해 휘청거리며 나아가는 한 남자에 대한 후더닛이다. 그런데 레너드는 이 버전을 받아들일 수가 없다. 그는 건물에서 비틀비틀 걸어 나오며, 보이스오버를 통해 자신의 반론을 테디에게 주장한다. "네가 나한테 한 말을 잊어먹도록 놔둘 수 있을까? 네가 나한테 하게 만든 짓을 잊어먹도록 놔둘 수 있을까? 너는 내가 해결해야 할 또 다른 수수께끼를 원한다고 생각하는 거야? 나는 지금 나 자신한테 행복해하라고 거짓말을 하는 걸까? 네 경우에는, 테디, 맞아. 나는 그렇게 할 거야." 그 순간, 그는 테디의 차 번호판에 적힌 번호 'SG13 7IU'가 살인자의 번호라고 메모한 뒤 그걸 허벅지에 문신으로 새기고자 가장 가까운 문신 시술소로 차를 몬다. 그렇게 영화의 첫 번째 신의 시동이 걸린다. 나는 어디에 있었나? 구조적으로 영화는 머리핀 모양이나 뫼비우스의

레너드(가이 피어스)는 테디(조 판톨리아노)에게 복수를 한다. 아니, 그는 과연 복수를 한 것일까? 영화가 개봉된 뒤에도 영화를 만든 이들은 그 생각에 동의하지 않았다.

띠 같은 윤곽을 보여준다. 테디와 레너드는 운명이 거듭해서 얽히는 불운을 맞는다. 그들은 시간이 다할 때까지 모래시계 안에서 떨어지고 또 떨어져야 하는 신세다.

"자신의 마음을 신뢰하지 못한다는 아이디어는 굉장히 소름 끼친다고 생각합니다." 놀란은 말했다. "〈샤이닝〉은 그 주제를 집중적으로 다루죠. 〈메멘토〉는 영화의 도덕적 상대주의를 다룬다고 생각합니다. 관객이 일상생활에서 준수하는 것과는 상이한 도덕적 신조를 받아들이게 만드는 영화죠. 예를 들어 웨스턴 무비에서, 주인공이 수단과 방법을 가리지 않고 악당을 쏴서 쓰러뜨리면 우리는 무척 짜릿해합니다. 그 영화가 설정한 규칙들을 따르는 한에서는 그렇죠. 나는 그런 요소들을 갖고 노는 걸 즐깁니다. 〈메멘토〉에서 우리는 자신이 복수했다는 것을 기억할 수 없는 캐릭터가 등장하는 복수 판타지를 보게 됩니다. 영화에서 우리가 내면적으로 설정한 윤리적인 기준은 대체로 시점에 의해 정해집니다. 그러면서 우리는—보통은 영화를 보고 난 다음에—머릿속의 기억들을 재조

시나리오를 놓고 상의하는 조 판톨리아노와 가이 피어스.

립하는 경험을 하게 되죠. 그러다 생각하게 됩니다. '잠깐, 이 남자의 시점에서 벗어난다면 그 행위는 도덕적으로 어떤 행위가 될까?' 〈메멘토〉는 영화 내부에서 다양한 시점으로 도덕적 상대주의를 다루고자 애쓰고, 텍스트의 여러 부분에 긴장감을 부여하고자 분투한 영화입니다."

이와 같은 설명을 달리 표현하자면 '이 영화는 논쟁의 대상이 되려고 탄생했다.'고 말하는 것과 같다. 2000년 봄에 열린 베니스 영화제 시사회에서 대성공을 거둔 후, 놀란과 피어스를 비롯한 〈메멘토〉 일당은 저녁을 먹으러 갔다가 영화의 결말에서 누구를 믿어야 옳은 것인가를 놓고 두 시간 동안 논쟁을 벌이기에 이르렀다. 놀란은 영화를 완성한 지 2년이 지난 시점에서도 여전히 그 문제를 놓고 논쟁을 벌이고 있다는 사실에 깜짝 놀랐다. 이튿날 열린 기자 회견에서 그는 자신이 생각하기에 관객이 믿어야 마땅한 인물이 누구인지를 밝히는 실수를 저질렀다. "누군가가 엔딩에 대해 묻기에 답했죠. '으음, 궁극적으로 이 영화의 요점은 관객 자신에게 달려 있습니다만, 나는 근본적인 진실을 상정할 필요가 있었고, 그 진실을 말하자면….'" 그는 당시를 회상했다. "그러면서 기자들에게 이야기했죠. 기자 회견이 끝난 뒤에 조나가 나를 한쪽으로 데려가더니 그러더군요. '관객에게 달려 있다는 형의 대답 첫 부분에는 누구도 귀를 기울이지 않았어. 기자들의 관심은 형이 생각하는 내용에만 쏠려 있었다고. 형이 한 해석을 사람들한테 말해서는 절대로 안 돼. 그걸 말했다가는 모호함이 다 사라져버릴 거야.' 동생 말이 맞았어요. 사람들은 항상 자신이 떠올린 대답이나 영화의 모호함보다는 내 대답을 더 가치 있게 여길 테니까요. 다행히도 그때는 인터넷이 지금처럼 온 세상과 연결되어 있던 그런 시절은 아니었어요. 그래서 내가 했던 대답이 어딘가에 존재하고 있을 거라고는 생각하지 않아요. 이탈리아 어딘가에 있는 신문 아카이브에서라면 찾을 수 있을지도 모르지만. 관객은 사건에 대한 자기 나름의 해석을 가져야 하지만, 그걸 반드시 세상에 공개해야 할 필요는 없어요. 우리 자신의 생각을, 우리 자신의 믿음을 알지 못한 채로 효과적이고 생산적인 모호함을 창조해낼 수 있으리라고는 생각지 않습니다. 그렇지 않을 경우 그건 작위적이라고 생각해요. 사람들은 분명 차이를 느낄 겁니다."

윌리엄 엠프슨은 「애매성의 일곱 가지 형태Seven Types of Ambiguity, 1930」에서 다음과 같이 밝혔다. "애매성은… 본질적으로 만족스럽지 않고, 자체적인 도구로 간주하면서 시도해볼 대상도 아니다. 애매성은 각 상황의 특유한 필요 요건들에서 비롯되고 그에 의해 판단되어야 한다." 물론 엠프슨은 이 글을 인터넷이 생기기 전에 썼다. 1990년대 말과 2000년대 초에는 〈펄프 픽션〉, 〈12 몽키즈Twelve Monkeys, 1995〉, 〈유주얼 서스펙트The Usual Suspects, 1995〉, 〈LA 컨피덴셜〉, 〈트루먼 쇼 The Truman Show, 1998〉, 〈매트릭스〉, 〈존 말코비치 되기 Being John Malkovich, 1999〉, 〈엑시스텐즈eXistenZ, 1999〉, 〈메멘토〉, 〈웨이킹 라이프Waking Life, 2001〉, 〈바닐라 스카이Vanilla Sky, 2001〉, 〈도니 다코Donnie Darko, 2001〉, 〈마이너리티 리포트Minority Report, 2002〉, 〈이터널 선샤인Eternal Sunshine of the Spotless Mind, 2004〉 같은 영화들이 몰아쳤다. 하나같이 여러 개의 플롯 라인, 정신을 사납게 만드는 반전, 원인과 결과를 뒤집는 시간 조작, 팩트와 픽션 사이의 의도적인 모호함, 인생은 백일몽이라는 관념을 탐구하는 영화들이었다. 스티븐 존슨은 환각을 일으키는 영화라는 뜻에서 마인드벤더mind-bender라 지칭하며 '새로운 마이크로 장르'라고 표현했다. 놀란 형제가 알았건 몰랐건 정보화 시대의 핵심적인 성공 요소 중 하나를 떠올린 것이다. 스팸과 매크로 등 거짓의 자기 확증 시대에는 당신이 아는 것이 아니라, '알지 못하는 것'에서 초자연적인 힘이 생겨날 것이다. 그러면 이보다 더 가치 있는 유일한 것은 무엇일까? 그것은 당신이 '알 수 없는 것'이다. 어떤 면에서 〈메멘토〉는 스포일러에도 끄떡없는 세계 최초의 영화였다. 그 영화의 스포일러를 떠들어댈 만큼 그 영화를 제대로 이해할 수 있는 사람은 세상에 없었기 때문이다.

"〈미행〉과 〈메멘토〉를 만들던 시기에는 근본적으로 관객의 현실 감각을 순식간에 엉망으로 만드는 설정에 기반한 영화들이 많았습니다. 〈매트릭스〉, 〈파이트 클럽 Fight Club, 1999〉, 〈식스 센스The Sixth Sense, 1999〉 같은 영화들 말입니다. 이런 영화들이 무리 지어 개봉됐죠. 당시에는 '당신의 현실은 철저히 뒤집혀 있다. 당신은 당신이 보고 있는 게 무엇인지 모른다.'는 의견이 팽배했습니다. 어떤 면에서는 우리 역시 그런 영화들과 똑같은 영화를 만들고 있다는 느낌이 강했어요. 애매성은 영화적인 측면에서나 현실의 삶에서나 다루기 힘든 대상이라고 생각합니다. 나는 의도적으로 내 영화에 애매한 것을 넣어본 적이 한 번도 없다고 솔직하게 말할 수 있습니다. 관객인 당신은 당신만의 답을 가져야만 해요. 그것이 〈메멘토〉에 대한 조나의 주장이었죠. '그래, 당연히 나는 대답을 갖고 있어. 그런데 그건 정말이지 애매하기 때문이야.' 그 영화를 마무리한 이후 이야기를 나눠본 첫 번째 사람들 중, 첫 언론인은 그 영화를 내가 의도했던 방식으로, 또는 내가 해석했던 방식으로 읽었습니다. 내가 봤던 방식으로 그 영화를 본 겁니다. '좋아, 그렇다면 저 사람은 그렇게 영화를 본 마지막 사람일 거야.' 그런데 동시에 이런 생각이 들더군요. '그래, 맞아. 나는 미치지 않았어. 내가 가진 답을 영화에 집어넣는 데 성공한 거야.'라는 생각 말입니다."

이후로 몇 년간 그는 논란이 격화되는 과정에서 흥미로운 점을 발견했다. 자신의 시각적인 기억을 믿는 사람들은 레너드를 믿는 편이었다. "그의 거짓말을 믿지 마라."라고 적힌 폴라로이드 때문인데, 그들은 영화를 보는 동안 순간적으로 등장하는 그 문구를 대여섯 번 봤다. 반면, 자신의 언어적인 기억을 믿는 사람들은 테디를 믿었다. 그가 내놓은 사건 설명 버전이 솔직한 설명의 형태로 전달되기 때문이다. 그런데 이런 논쟁을 해결하는 또 다른 방법이 있다. 어느 쪽이 더 나은 반전인가? 테디가 진실을 말하고 있다면, 그러니까 레너드가 아내를 죽였다면 최고의 거짓말쟁이로 표시된 캐릭터("그의 거짓말을 믿지 마라.")는 진실을 말하는 가장 믿음직한 사람으로 탈바꿈한다. 한편 우리가 가장 의심하지 않았던 캐릭터(레너드)는 가장 가능성이 적은 용의자에서 죄를 저지른 죄인으로 탈바꿈한다. 놀란의 다른 영화와 마찬가지로 이 영화는 극악무도한 죄책감과 거짓된 의식, 부인에 대한 연구다. 레너드가 "나는 네가 나한테 한 말을 잊어먹도록 놔둘 수 있을까? 네가 나한테 하게 만든 짓을 잊어먹도록 놔둘 수 있을까?"라는 생각을 자신에게 주입하는 방식조차 이런 독법을 지지한다. 한편 우리가 레너드의 죄책감을 받아들이는 걸 거부한다면, 거짓말쟁이라는 꼬리표가 붙은 캐릭터는 끝까지 거짓말쟁이로 남게 되고, 우리가 무고하다고 믿는 캐릭터는 끝까지 무고한 존재가 되는 것이다. 이 두 주장은 충돌하지 않는 게 확실하다. 모든 아이러니와 죄책감, 켜켜이 쌓은 등장인물의 성격 묘사까지 갖춰진 영화는 관객을 기쁘게 만든다.

놀란은 내가 하는 말에 고개를 끄덕이며 귀를 기울였다.

"사리에 맞아요. 그렇지만 레너드가 믿음직한 사람으로 묘사되고 있다는 당신의 생각에 내가 동조하는지는 확신이 서지 않네요. 그 이유는⋯."

"아니, 무고하다는 거예요."

"진짜로 무고한지도 확신할 수 없어요. 그가 신뢰하지 못할 내레이터라고 분명하게 밝히는 언급들이 영화 곳곳에 있거든요. 그가 행복해지려고 스스로에게 거짓말을 한다는 아이디어 말이에요. 사람은 모두들 그렇게 하잖아요."

"맞아요! 그게 바로 내 주장의 요점이에요. '나는 지금 나 자신한테 행복해하라고 거짓말을 하는 걸까? 네 경우에는, 테디, 맞아. 나는 그렇게 할 거야.' 그 대안 말이에요, 그는 자신이 말한 대로 무고하고, 테디는 우리가 들었던 것처럼 심각한 거짓말쟁이라는 건 지나치게 과해요. 거기에는 반전이 없잖아요."

놀란은 체셔 고양이처럼 미소만 지을 뿐 대답을 거부했다.

"이제 당신은 아무 말도 하지 않겠군요. 내가 옳았고, 당신은 사람들이 내놓는 해석을 망치고 싶지 않을 테니까요." 내가 말했다.

"당신은 〈프레스티지〉의 결말에서 휴 잭맨이 연기한 캐릭터와 무척 비슷한 말을 하고 있다고 말하려던 참이었어요." 그가 말했다.

"어째서요?"

"내 말은, 결말까지 가는 과정을 보다 보면, 마이클 케인이 그 점에 대해 하는 말이 나와요. 무척 적절한 말이죠."

"무슨 말이죠?"

"그 영화를 다시 봐보세요."

나는 그날 저녁, 인터뷰를 위해 임대한 에어비엔비 아파트로 돌아와 〈프레스티지〉를 여러 번 감상했다. 영화는 표면적으로는 '순간이동'이라는 묘기를 놓고 치명적인 라이벌 관계에 갇힌 두 마술사를 다룬다. 영화에서 마술사는 무대 한쪽에 있는 문 뒤로 걸어간 뒤, 다른 한쪽 문에서 마법처럼 다시 등장한다. 라이벌에게서 그 마술의 비밀을 알아내기로 결심한 휴 잭맨은 절도는 물론 살인도 서슴지 않는다. 그런데 그가 마침내 비밀을 알아냈을 때, 그는 자신의 귀를 믿지 못한다. "너무 간단하잖아." 그는 울부짖는다. 그리고 그 울부짖음은 마이클 케인이 연기하는 커터의 보이스 오버 내레이션으로 이어진다.

여러분은 비법을 찾고 있습니다. 그렇지만 그 비법을 발견하지는 못할 겁니다. 비법을 알고 싶지 않으니까요. 여러분은 속고 싶어 합니다.

달리 말해, 내가 〈메멘토〉의 수수께끼를 '풀었는지'의 여부를 놀란에게 확인받길 원하는 만큼이나 그는 이에 대해 답하는 것을 원치 않는다. 그렇게 되면 재미가 모조리 사라지기 때문이다. 어떤 차원에서 나는 속고 싶어 한다. 그 차원에서 우리는 놀란의 영화에 영향을 미치는 조금 잔인한 역학 관계를 추론할 수 있다. 그것을 윌리엄 엠프슨의 '애매성의 여덟 번째 유형'이라고 부르자. 놀란이 좋아하는 그 유형은 '그것이 다른 사람의 문제일 때' 빚어지는 애매성의 유형이다.

FOUR PERCEPTION

—

넷
지각

　　"스티븐 소더버그 덕에 〈인썸니아〉를 만들 수 있었습니다." 자신이 추적 중인 살인자보다 더 큰 죄책감을 느끼는 경찰의 이야기를 다룬 에릭 스코졸드재르그의 1997년도 노르웨이 스릴러 영화를 리메이크한 그의 세 번째 영화에 대해 놀란이 한 말이다. 해가 결코 지지 않는 노르웨이의 외딴 소도시가 배경인 그 영화는 망신을 당한 과학수사 전문가스텔란 스카스가드가 어린 십 대 소녀를 살해한 범인을 추적하는 길을 따라간다. 그 과정에서 그가 사용하는 연역적인 추리 과정은 불면증과 조각난 편집, 갑작스레 등장하는 화이트아웃 때문에 혼란스러워진다. 놀란은 〈메멘토〉의 시나리오를 수정하는 작업에 깊이 빠져 있을 때 그 영화를 처음 봤다. 그가 스크린에서 본 '극적인 힘이 강렬한, 어둠이 아닌 빛이 있는 역전된 필름 누아르'는 놀란이 해내고자 노력 중인 작업과 매우 유사해 보였다. "그 영화를 앉은 자리에서 두 번 봤습니다. 영화의 질감이 정말 마음에 들었거든요." 그는 말했다. "불면을 다룬 영화였습니다. 〈메멘토〉처럼 믿을 수 없는 내레이터가 등장하고 굉장히 주관적인 경험을 제시하며 사고 과정의 왜곡을 다룬 영화였죠. 나는 〈메멘토〉에서 했던 것처럼 사람의 머릿속을 파고드는 방식을 원했습니다. 그래서 그 영화에 꽤나 특별한 유대감을 느끼면서 생각했죠. '이걸 조금 다른 방식으로 만들면 좋겠어. 나에게 저 작품이 주어진다면 대형 스타들이 출연하는 할리우드 영화로 만들

수 있어. 〈히트〉처럼 만들 수 있을 거야.'"

워너 브러더스가 리메이크를 계획 중이라는 얘기를 들은 놀란은 그 영화의 감독 자리를 따내려고 시도했지만, 그의 에이전트 댄 얼로니는 그가 스튜디오 임원들과 만날 수 있도록 자리를 마련하는 일조차 해내지 못했다. 그래서 그는 임원들이 신예 작가인 힐러리 세이츠에게 시나리오를 의뢰하는 걸 멍하니 지켜볼 수밖에 없었다. 놀란이 〈메멘토〉를 완성하자 상황이 바뀌었다. 얼로니는 〈표적 Out of Sight, 1998〉으로 경력에 다시 불을 붙이면서 성공 가도에 오른 스티븐 소더버그 감독에게 〈메멘토〉의 사본을 보냈다. 놀란이 워너 브러더스의 임원들과 만나는 자리를 마련하는 데 어려움을 겪고 있다는 얘기를 들은 소더버그는 스튜디오를 거침없이 가로질러 제작부서 책임자를 만나 말했다. "이 친구를 만나지 않는다면 당신은 제정신이 아닌 겁니다." 그러면서 그는 당시 서른 살의 감독을 보증하는 의미로 조지 클루니와 함께 직

위 놀란의 첫 스튜디오 영화인 〈인썸니아〉의 시나리오를 읽는 힐러리 스웽크

아래 브리티시컬럼비아의 로케이션에서 대화하는 놀란과 알 파치노.

접 〈인썸니아〉의 제작 책임자를 맡겠다고 제의했다.

"사람은 누구나 자신을 위해 위험을 감수해줄 사람이 필요합니다." 놀란이 말했다. "스티븐은 그렇게까지 할 이유가 없는데도 그렇게 해줬습니다. 그와 조지가 〈인썸니아〉의 제작 책임자가 됐죠. 그 덕에 나는 스튜디오 안에 발을 들여놓게 됐습니다. 나는 그 영화가 무척 자랑스러워요. 내 생각에 그 영화는 내가 만든 영화들 중 가장 저평가된 영화일 겁니다. 사람들은 '아아, 그 영화는 〈메멘토〉처럼 흥미롭거나 당신의 개인적인 프로젝트라는 생각이 들지 않아요.'라는 말을 하죠. 그런데 그렇게 된 이유가 있습니다. 〈인썸니아〉는 다른 사람이 쓴 시나리오로 작업한 영화니까요. 또한, 기존에 있던 영화를 리메이크한 작품이죠. 그런데 어떤 영화를 만들고자 했는가의 관점에서 보면, 사실 가장 개인적인 영화에 속한다는 겁니다. 내 인생에서 무척 강렬한 시절이었죠. 〈인썸니아〉는 나의 첫 스튜디오 영화였습니다. 로케이션 촬영을 했죠. 처음으로 초대형 무비 스타들과 작업해봤습니다. 그래서 영화를 만드는 과정 자체가 무척 강렬한 경험이었습니다. 〈인썸니아〉를 다시 볼 때마다 모든 경험이 새록새록 떠오르곤 하죠. 직접 만든 모든 영화 중에서 내가 구현하고자 애쓰고 있던 장르의 틀에 가장 똑바로, 매우 알맞게 부합하는 영화입니다. 〈인썸니아〉는 장르에 도전하지 않습니다. 장르에 대한 도전은 내가 만든 영화에 관객들이 품는 기대인데 말입니다. 그럼에도 그 영화는 장르를 잘 지탱합니다. 이런 주장을 떠들썩하게 하고 싶지는 않지만, 가끔 다른 감독을 만날 때마다 그들이 말하길, 관심이 있거나 얘기하고 싶은 영화는 〈인썸니아〉라고 말합니다. 맞아요, 나는 그 작품이 정말 자랑스럽습니다."

〈인썸니아〉는 놀란이 대형 무비 스타들, 그것도 세 명의 오스카 수상자인 알 파치노, 로빈 윌리엄스, 힐러리 스웽크와 처음으로 같이 작업한 영화였다. 다크서클이 드리워진 눈, 피곤에 찌든 기운 없는 턱, 제2의 피부처럼 늘어진 낡은 가죽 코트를 걸친 알 파치노는 경찰 중 한 명이 아니라 경찰의 대명사인 것처럼 윌 도머 형사를 연기한다. 도머는 실존하는 유명 형사인 프랭크 서피코나 〈히트〉의 해나 경감이 초라해진 모습처럼 보인다. 현지의 소녀가 살해당한 사건을 해결하기 위해 파트너 햅 에

크하트 마틴 도노반와 함께 알래스카의 외진 소도시에 도착한 그를 현지 경찰 엘리 버 힐러리 스웽크가 맞이한다. 엘리는 도머가 LA에서 눈부시게 해결했던 사건 중 하나를 자신의 대학 논문 주제로 삼았다며 열정적으로 이야기한다. 그녀는 소도시 주변을 돌아보는 도머 형사를 따라다니면서 사건 해결에 착수한 위대한 형사의 일거수일투족을 기록한다. 도머는 용의자를 빠르게 밝혀낸다. 월터 핀치 로빈 윌리엄스라는 온순해 보이는 미스터리 작가다. 그런데 그 지역의 끈질긴 백야와 더불어 찾아온 불면이 도머를 괴롭힌다. 그는 용의자를 쫓아 곳곳에 바위가 있고 안개로 뒤덮인 바닷가를 가로지르던 중에 사격을 했다가 실수로 파트너를 죽인다. 그러면서 상황이 바뀐다. 이제는 그가 촘촘하게 조여드는 수사의 올가미를 느낄 차례다. 그러는 동안, 충직한 왓슨 역할을 하던 스웽크는 그녀가 우상으로 여기던 형사의 정체를 밝혀내기 직전에 다다른다. 오리지널 영화와 비교해 가장 크게 달라진 점은 파치노가 연기하는 캐릭터의 배경 사연에 내사과의 조사를 받는다는 설정이 도입된 것이다. 파트너인 햅은 내사과 조사에서 도머에게 불리한 증언을 할 예정이었다. 그래서 도머에게는 설령 사고였더라도 파트너를 죽여야 할 이유가 있었다.

"도머가 알래스카에 도착하기 전부터 엄청난 죄책감을 느끼고 있길 바랐습니다." 놀란은 말했다. 그는 2000년 내내 시나리오를 대폭 수정하면서, 예순 살의 파치노를 끌어들이고자 애를 썼다. 그와 세이츠는 할리우드의 식당 '햄버거 햄릿'에서 만나 메모를 주고받았다. "나는 그 영화의 각본 크레디트를 받지 않았고, 달라고 요청하지도 않았습니다. 내가 감독으로 합류했을 때, 힐러리 세이츠는 사실상 내가 원하던 방식으로 시나리오를 수정한 상태였습니다. 하지만 파치노의 캐릭터를 타당할 정도로 비중 있는 캐릭터로 만들기 위해 몇 차례 수정을 했어요. 영화계 노동자들의 파업 때문에 데드라인까지 시간이 무척 촉박했습니다. 파치노는 마음에 들어 하면서도 나한테 몇 가지를 바꿔달라고 부탁했죠. 상황을 좀 더 혼란스럽게 만들어달라는 것, 그가 연기하는 캐릭터가 몇 가지 상황 사이의 관계를 무척 어색하게 여기도록 만들어달라고 요청했습니다. 도머가 파트너의 아내에게 전화 거는 신을 우리가 수정할 때, 파치노는 그녀가 불편해하는 모습이 드러나길 원했죠. 이런 영화에서는 흔히 보지 못하는 사소한 요소였는데, 그는 그 부분을 무척 마음에 들어 했습니다."

놀란은 〈미행〉과 〈메멘토〉를 만들 때 리허설 시간을 넉넉하게 사용할 수 있는 호사를 누렸다. 그런데 〈인썸니아〉를 작업할 때는 리허설을 할 시간이 사실상 없었다. 알래스카와 브리티시컬럼비아에서 로케이션 촬영을 할 때, 놀란은 어떤 신의 경우엔 전날 밤에 배우들과 급히 살펴보고 이튿날 바로 촬영에 들어가야 했다. 때로는 카메라가 파치노와 매우 밀착해 있었으면 한다고 말해서 파치노를 놀라게 만들기도 했다. 그와는 반대로 카메라가 어디에 있어야 하고 어떤 앵글을 취해야 하는지, 이에 대한 파치노의 직감적인 지식에 따르기도 했다. 또한 놀란은, 파치노가 감독의 생각을 전달하기 위해 어떤 행동을 취할 필요가 거의 없는 배우라는 사실에 놀라고는 했다. "파치노에게서 연기와 관련해 많은 것을 배웠습니다. 스타덤의 가치와 목적에 대해서도, 카리스마가 가져다주는 이득에 대해서도 많이 배웠죠." 그는 말했다. "오리지널 영화는 주인공을 서서히 소외시키는 과정이 아주 눈부십니다. 내 영화는 정반대죠. 관객은 그와 함께 여정에 오릅니다. 어떤 면에서 관객은 영화가 시작됐을 때보다 영화가 끝날 때 그와 더 가까워집니다. '그래, 이 정확한 플롯을 취하면서 몇 가지 요소만 바꾸는 게 좋겠어. 관객이 배우들과 맺는 관계를 바꾸는 거야.'라는 아이디어를 무척 좋아합니다. 스타들을 출연시켜야 하는 이유죠. 스타들은 관객과 어떤 관계를 맺습니다. 관객은 스타들을 신뢰하는 편이죠. 스타들의 역량을 신뢰하고, 스타들은 자신들이 무슨 일을 하는지 잘 안다는 사실을 신뢰합니다. 스타는 인위적인 설정을 관객이 받아들이도록 만들 수 있어요. 무척 불편한 것을 편안한 것으로 만들 수도 있죠. 그들은 영화 내내 관객을 안내할 수 있는 힘이 있습니다. 〈형사 서피코Serpico, 1973〉를 보는 관객들은 그 영화에 카리스마 넘치는 인물이 존재하기 때문에 그 영화를 끝까지 볼 수 있는 겁니다. 따라서 스타들의 그런 특징을 이리저리 다루면서 스타들이 맡은 극중 인물의 신세를 엉망진창으로 만드는 것은 정말 흥미로운 일이죠. 이는 곧 관객들을 공략하는 위치에 서게 되는 일입니다. 모든 것이 180도 뒤집히게 만드는 거죠. 관객들이 정말 잘 아는 배우 2명을 확보해서 그들을 이런 정신 나간 상황에 함께 집어넣는다는 아이디어가 매우 마음에 들었습니다."

· · · ·

죄책감, 이중성, 지각perception이라는 주제를 다루는 〈인썸니아〉는 놀란의 영화들 중 히치콕풍에 가장 가까운 영화가 분명하다. TV시리즈 〈알프레드 히치콕 프리젠트Alfred Hitchcock Presents, 1955-1962〉에는 어떤 남자를 괴롭히는 불면증이 화재로 사망한 아내에 대한 죄책감에 따른 증상임이 밝혀지는 〈인썸니아〉라는 제목의 에피소드도 있었다. "잠을 못 자겠어, 윌?" 로빈 윌리엄스가 기이할 정도로 차분하게 연기하는 살인자 월터 핀치가 윌 도머 형사에게 묻는다. 핀치는 한밤중 형사가 잠에 들려는 순간, 전화를 하기 시작한다. 에드거 앨런 포의 까마귀처럼, 또는 히치콕의 〈열차 안의 낯선 자들〉에서 테니스 선수팔리 그레인저를 따라다니는 브루노 앤서니로버트 워커처럼 말이다. "언젠가 끝내주는 아이디어가 떠오른 적이 있어." 브루노가 교환 살인을 처음으로 제의하기 전에 하는 말이다. "밤중에 그걸 궁리하면서 나 자신을 잠으로 밀어 넣었지." 놀란 역시 이와 비슷하게 아이디어에 대한 엄청난 매혹, 즉 자기 자신이 떠올린 생각에 의해 타락하게 되리라는 예감에 집착한다. 놀란의 많은 주인공들처럼, 도머는 행동을 했기 때문에 유죄가 아니라 생각을 했기 때문에 유죄다. 그는 파트너가 죽기를 원했다. 그리고 그 생각은 파트너를 살해한 것만큼이나 나쁘다. 핀치가 그를 협박하는 데는 그것만으로도 충분하다. 핀치는 추격 신들이 펼쳐지는 동안 언제나 우리 시야의 주변부에 자리 잡는다. 항상 신출귀몰하며 프레임 밖으로 자취를 감추는 심란한 존재다. 마지막 총격전이 끝난 후, 그는 또 다른 트랩도어를 통해 미끄러져 빠져나가 물속 깊은 곳으로 서서히 사라진다. 〈미행〉의 결말에서 콥이 군중 속으로 유유히 녹아드는 것처럼, 〈인썸니아〉는 놀란 특유의 탈출 영화 중 하나인 셈이다. 월터 핀치는 결코 존재한 적이 없었던 인물처럼 느껴진다. 그는 도머의 꿈이 빚어낸 피조물일 수도 있고, 죄책감에 시달리는 그의 양심이 생명을 얻어 탈바꿈한 존재일 수도 있다.

"〈열차 안의 낯선 자들〉을 엄청나게 좋아합니다." 놀란은 말했다. "로빈과 대화를 하던 중에 이런 얘기를 하기도 했습니다. '우리가 논의해야 할 얘기는 이것밖에 없을 거예요. 이 캐릭터는 비현실적인 존재일 수도 있다는 겁니다.' 핀치 는 존재하지 않는 인물일 지도 모릅니다. 그는 도 머의 양심과 아주 비슷 한 존재예요. 〈피노키오〉 의 지미니 크리켓과 비슷 한 존재죠. 로빈은 그 의 견을 받아들였어요. 나는 그 점을 늘 「맥베스 Mac-beth, 1606」와 연관 짓는데, 본질적으로 그 작품이 다 루는 내용은 중심 캐릭터 가 느끼는 죄책감과 자기

파괴적 성향이 전부입니다. 핀치가 도머의 귀에 속삭이는 내용은 도머가 이미 알고 있는 것들, 또는 이미 알고 있어야 마땅한 것들입니다." 놀란 이 히치콕에게 진 가장 큰 빚은 풍경을 표현주의적으로 활용한 데 있을 것이다. 영국의 프로덕션 디자이너 네이선 크로울리와 처음으로 같이 작 업한 놀란은 브리티시컬럼비아와 알래스카 북부의 바위투성이 풍경에서 되도록 많은 가능성을 짜냈다. 도머가 핀치를 처음 만나는 건물의 레이 아웃은 해체하면서 말이다. 단층짜리 통나무집은 위험해 보이는 바위 위 에 설치한, 집을 받치는 기둥들에 의해 지탱되고 있다. 통나무집에는 핀 치가 중요한 시점에 빠져나가는 트랩도어가 설치되어 있다. 도머는 구불 구불한 지하 터널을 통과하며 추격에 나섰다가 자욱한 안개 속으로 들어 가게 되고, 핀치로 보이는 인물을 향해 미끌미끌한 바위를 기어오른다. 놀란은 바위에서 디딜 곳을 찾아 허우적대는 도머의 발에 우리의 관심을 붙들어둔다. 그리고는 수상으로 운반되는 통나무들을 가로지르며 추격 전이 벌어지는 동안, 얼음 같은 물에 빠진 도머는 통나무들 사이로 손가 락을 밀어 넣으려 애쓰고 공기를 얻고자 분투한다. 이 상황은 순전히 놀 란 특유의 설정으로, 에워싸임과 노출에 대한 공포를 동시에 빚어낸다.

"황야를 배경으로 한 이야기에는 항상 약간의 알레르기가 있었습니

놀란이 좋아하는 영화이자 레이 먼드 챈들러의 작품을 접하게 해 준 히치콕의 〈열차 안의 낯선 자 들〉에서 브루노(로버트 워커)가 미리엄(케이시 로저스)의 목을 조 르고 있다.

다.” 그가 말했다. “전나무가 많은 알래스카 소도시는 TV의 느낌을 물씬 풍겼어요. 내가 〈트윈 픽스Twin Peaks, 1990-1991〉나 그와 비슷한 작품을 생각하고 있어서 그렇게 느낀 거죠. 그리고 프로덕션 디자이너 네이선 크로울리와 함께 작업한 것도 처음이었습니다. 우리는 ‘어떻게 하면 좀 더 표현력이 좋은, 또는 표현주의적인 느낌이 나는 지리적 배경을 빚어낼 수 있을까?’를 궁리하면서 많은 시간을 보냈어요. 안개에 덮인 바닷가가 핵심이 됐죠. 〈인썸니아〉는 어떤 장소의 생경함과 그 장소를 통과하는 여정을 다룬 영화입니다. 안개에 덮인 해변을 찾아가고 통나무집을 통과한 뒤 터널로 내려가죠. 그 터널은 일종의 관문입니다. 그런데 그런 체계적인 방식으로 주제에 접근하지는 않았습니다. 본능적인 방식으로 주제에 접근했죠. ‘그는 옅은 안개에서 더 짙은 안개 속으로, 그 다음에는 터널로 들어가 터널 내부를 질주한 뒤 안개에 의해 시야가 완전히 차단될 수 있다.’는 식으로 접근했죠. 우리는 오리지널 영화에서 24시간 내내 비치는 햇빛이라는 요소를 가져왔습니다. ‘좋아, 우리가 하는 일이 바로 저거야.’ 하는 심정이었죠. 사람들이 ‘와아, 우리 필름 누아르 찍읍시다.’라고 말할 때 그들이 근본적으로 뜻하는 바는 그림자와 조명입니다. 무슨

—
도머(알 파치노)가 안개 자욱한 바닷가에서 살인자를 찾고 있다. 놀란은 이 순간을 ‘지하 세계로 하강하는 것처럼 보이게 계획했다.

말인지 알죠? 그런데 사실 그들은 누아르의 본질을 받아들인 게 아닙니다. 〈미행〉을 들고 샌프란시스코 영화제에 갔을 때 프로그래머 한 명이 나중에 말하더군요. 〈미행〉에서 무척 짜릿한 점 하나는 필름 누아르이면서도 햇빛 아래에서 벌어지는 영화라는 거죠. 〈이중 배상〉에 슈퍼마켓 신이 있고, 볼링장 신이 있다는 사실을 모두들 잊고 있는 겁니다."

지독하게 내리꽂히는 한밤의 햇빛은 놀란에게 도머가 겪는 곤경에 대한 메타포를 제공한다. 그는 죄책감에 젖은 자신의 사고思考 과정에서 벗어날 수가 없다. 한편 푸른빛이 감도는 빙하의 얼음은 슬금슬금 다가오는 서늘한 사냥감 월터 핀치를 연상시킨다. "이 빙하가 날마다 0.6센티미터씩 움직인다는 거 알아?" 핀치가 마치 소울 메이트라도 발견한 사람처럼 묻는다. 그는 도머와의 만남을 두 번 피한 후, 영화가 중반부를 막 지났을 때 기진맥진한 도머에게 페리에서 만나자고 제안한다. 영화의 중심이 되는 신으로, 놀란이 그의 영화에 담아내고자 전력을 다한 지렛대 같은 순간 중 하나인 이 신에서 드라마의 무게 전체가 갑자기 관객의 발밑으로 이동한다. 우리는 페리의 선미 쪽 창문을 통해 밖을 응시하는 월리엄스의 옆얼굴을 처음으로 보게 된다. "장관이군." 파치노가 그에게 다가가며 말한다. 놀란은 스핑크스처럼 굳어 있는 수수께끼 같은 월리엄스의 옆얼굴이 담긴 화면으로 편집해 넘어간다. 그의 뒤로 보이는 물은 불가사의할 만큼 잔잔하다. "나는 당신이 생각하는 그런 사람이 아니에요." 그는 도머에게 말한다. "경찰이 LA에서 사람을 데려왔다는 얘기를 듣고는 어쩔 줄 몰라 했어요." 핀치는 냉정하고 논리적이며 기이할 정도로 차분하다. 사람들로부터 공감을 얻는 능력과 지적인 이미지가 잘 어울리는 윌리엄스는 도머의 치료사나 의사 역할도 쉽게 연기해낼 수 있었을 것이다. "살인은 사람을 바꿔놔요. 당신도 잘 알겠지만." 그가 말한다. "그게 햅이라는 걸 알았을 때 어떤 느낌이 들던가요? 죄책감? 안도감? 그런 일이 있기 전에 그 문제를 생각해본 적 있어요? 당신 파트너가 더 이상 그 자리에 없으면 어떨까 하고 생각해본 적은요? 당신이 일부러 그런 짓을 했다는 뜻이 아니에요." 그가 보이는 친밀한 모습은 터무니없는데다가 기이하기까지 하다. 도머를 두 번이나 피했던 그가 이 자리에서 자신이 저지른 범죄를 자백하고 있다. 왜?

파치노는 데이트하는 사람처럼 윌리엄스의 등 뒤 소파에 팔을 두르며 윌리엄스 쪽으로 몸을 기울인다. 놀란은 처음으로 두 사람을 한 숏에 잡는다. "이해를 못하는군, 핀치. 너는 내 작업 대상이야." 도머가 으르렁거린다. "나한테 너는 배관공 눈앞에 있는 망할 놈의 막힌 변기처럼 미스터리해." 반면 세이츠의 오리지널 시나리오는 두 캐릭터의 생생한 측면이 부족―"나는 아침마다 너 같은 놈을 쓰러뜨리려고 일어나."―하며 더 성급―"느닷없이 도머가 그에게 달려든다, 핀치가 당황한다."―한 편이다. 그리고 시나리오는 이 시점에서 영화와 달리 두 남자를 이미 하선시킨 상태다. 도머는 핀치의 도발에 넘어가 그를 공격하려 한다. 그러나 놀란은 그들을 공공장소에 계속 붙잡아두고 평정을 유지하며 행동하도록 만들었다. 그러면서 도머를 수세에 몰아넣고 핀치에게 힘을 실어준다. 그리고 어느 순간, 다른 커플이 그들에게 다가오면서 두 사람은 마치 프라이버시를 찾는 연인들처럼 자리를 옮긴다. 우리가 두 남자를 다시 봤을 때, 그들은 또 한 번 같은 숏에 잡히고 불과 몇 센티미터 떨어져 있다. 다만 녹색의 금속 기둥이 두 사람을 갈라놓고 있다. "다른 모든 케이 코넬스(영화에서 살해된 소녀)들을 생각해요." 핀치는 자신이 설치한 덫의 마지막 요소들을 작동시키며 말한다. "머리를 굴려보라고." 도머는 딜레마에 붙들린 사람처럼 기둥을 향해 머리를 기울인다. 그가 핀치를 체포한다면 햅의 죽음을 은폐한 쪽으로 사람들의 시선이 쏠릴 뿐 아니라 지난 몇 년간 도머의 증언으로 구속됐던 모든 살인자들이 석방될 가능성이 생긴다. 핀치는 도머를 외통수로 몰았다.

· · · ·

"클리셰를 거슬러서 헤엄쳐 오르는 셈이었죠." 놀란의 회상이다. "그때 쓴 단어들을 또렷하게 기억해요. 내가 대사를 쓰고 나면 동생이 최고의 대사를 궁리해내면서 무척 큰 도움을 줬거든요. 그래서 나는 그 녀석을 싫어했죠. '나한테 너는 배관공이 막힌 하수관을 흥미로워하는 만큼만 흥미로운 존재야.'라는 도머의 대사를 본 조나는 '이건 변기로 바꿔야해.'라고 했어요. 시나리오 수정 작업을 시작했을 때 영화를 위해 강력반 형사를 인터뷰했습니다. 영화의 상황을 묘사하면서 형사가 악의 복잡성에 대해 입을 열게 만들려고 애썼죠. 그런 장르의 영화들에서 줄곧 등장하는 '우리의 그림자', '우리에 대한 융의 심리학적 설명' 등등의 온갖 얘기가 나오기를 기대하면서요. 그런데 형사가 이러더군요. '으음, 아니에요. 그가 그녀를 죽였다면 그는 살인자인 겁니다.' 형사는 단언했습니다.

—
마이클 만의 <맨헌터>에서 한니발 렉터를 연기하는 브라이언 콕스 "자네가 나를 어떻게 체포했는지 알아? 자네가 나를 체포한 이유는, 우리가 무척 비슷한 사람들이기 때문이야."

간단하게요. 내가 가진 문학적 관념에 양동이로 찬물을 퍼붓는 것 같았어요. '으음, 좋았어. 나는 이곳에 조사를 하러 왔고, 저 사람은 나한테 이런 말을 했어.'라고 생각하기로 했어요. 이후로는 악당들 특유의 대사를 납득하는 게 무척 힘들어지더군요. 우리가 조커를 작업할 때 정반대 방식으로 했던 이유가 그거예요. 그리고 물론, 알 파치노의 연기가 실제 삶인 사람들은 그런 식으로 생각할 수가 없죠. 〈맨헌터〉의 스타일이 문화를 장악한 거예요."

어린 시절 작가 토머스 해리스의 팬이었던 놀란은 헤일리버리 2학년 때 본, 마이클 만이 「레드 드래곤Red Dragon, 1981」을 각색해서 만든 영화 〈맨헌터〉의 예고편을 기억한다. "그 영화를 보기 오래전에 예고편을 봤어요. 감방에 갇힌 브라이언 콕스가 '자네가 나를 어떻게 체포했는지 알아, 윌?'이라고 말하는 클립이죠. 감방의 철창으로도 가둬둘 수 없는 정신이라는 아이디어가 무척 강렬했어요. 어렸을 때 봤던 그 하얀 감방이 무척 선명하게 기억나는군요." 힐러리 세이츠의 〈인썸니아〉 시나리오에는 토머스 해리스의 특징이 많이 등장했다. 부검 장면, 희생자의 단조로운 침실을 돌아보는 장면, 비밀 팬의 존재를 밝히는 드레스의 발견, 살인자가 자신을 쫓는 경찰에게 친밀감을 주장하면서 한밤중에 거는 일련의 전화가 그랬다. 놀란이 도머의 불면증을 영화에 충분히 담아내지 않았다는 건 거의 틀림없다. 그는 불면증을 충분히 담아내고 싶었을까? 불쾌한 느낌을 풍기지 않는 기억상실증과 달리, 탈진의 효과는 관객의 내면에서 재생산되며 감독을 위기에 몰아넣는다. 도디 돈이 온갖 기교를 다 부렸음에도, 편집이 영화의 표면을 따라 빠르게 진행되면서 좀 더 일반화된 방향 상실 감각을 전달하는 이유가 바로 이것 때문이다. 주인공이 각성제 한 병을 다 삼켜버렸다는 사실을 묘사하기 위해 타악기가 빚어내는 리듬과 흐릿한 프레임, 갑작스러운 화이트아웃이 빚어내는 방향 상실을 사용하는 건 쉬운 일이었을 것이다. 그런데 이 영화에는 〈메멘토〉를 빛나게 했던 아이디어나 예술적 장치 및 테크닉을 이어주는 단단한 연결고리가 없다. 도머가 처한 딜레마에 관객이 투영하는 공감은, 핀치가 페리에서 늘어놓은 일장 연설의 논리에 담긴 모든 연결고리를 따라가는 것에 상당 부분 의존한다. 도머가 그를 연행한다면, 자신이 햅을 쏜 것이 사고가 아니었다는 것을 누군가가 배심원단 앞에서 증명할 수도 있다. 그리고 자신이 받게 될 유죄 판결이 이전에 맡았던 사건들의 판결을 뒤집기에 충분하다면? 그렇다, 그는 함정에 단단히 빠졌다. 그런데 경찰이 어떤 죄를 저질렀을 때, 유죄 판결로 이어지는 것이 얼마나 어려운 일인지 모두들 안다. 관객이 그 논리를 납득하지 않는다면, 도머의 마비 증세는 영화의 마비 증세가 되고, 그의 무기력은 영화에 전염될 것이다.

놀란이 〈인썸니아〉를 작업하는 동안 영화 연출 면에서 이뤄낸 발전은 대체로 물량 면에서 이뤄졌다. 이 영화는 중간 규모의 제작비가 투입된 그의 첫 영화였다. 그런데 그 제작비는 당시 놀란에게는 어마어마한 액수였다. 또한 로케이션 촬영을 대규모로 진행한 첫 영화였고, 빅 스타들과 작업한 첫 영화였으며, 할리우드 스튜디오를 위해 만든 첫 영화였다. 〈인썸니아〉는 놀란이 더 큰 풍경과 프로덕션 디자인, 세트를 다루며 감독으로서 한 단계 발돋움하게 해주었다. 한편 그는 위아래에서 가해지는 새로운 압력들과 타협하는 법을 배웠다. "〈인썸니아〉를 작업하면서 제일 힘들었던 점은 두 가지 엔딩을 촬영해야 했다는 겁니다." 그가 말했다. "사실, 소더버그의 제안에 따라 엔딩을 고쳤습니다. 그는 내게 '이 주인공은 결말에서 죽어야 옳아. 그러면 존 포드의 영화와 비슷해질 거야.'라고 말했습니다. 한 남자의 내면과 도덕적 여정에 집중한 영화이니, 나역시도 그게 타당하다고 생각했고요. 그런데 문제가 발생했습니다. 스튜디오는 이런 주제를 흡족해하지 않았던 거죠. 그래서 나는 주인공의 생사가 갈리는 두 가지 엔딩을 모두 촬영하기로 했습니다. 약속대로 촬영도 했고요. 파치노는 그걸 탐탁지 않아 했습니다. 나는 '스튜디오와 이미 약속했습니다.'라는 식의 얘기를 했고, 그는 내 입장을 존중했습니다. 그렇게 촬영을 마쳤죠. 지금 와서 깨달은 게 뭔지 아세요? 스튜디오는 자기들이 요구했던 엔딩을 보겠다는 요청조차 하지 않았다는 겁니다. 생각해보세요. '찍어놓지 않은 엔딩'이란 건 언제나 '어서 돌아가서 그걸 찍어야 해.'라고 생각하게 만듭니다. 그런데 막상 만들어놓으면, 그렇지 않아요. 나는 다른 엔딩 하나는 편집조차 하지 않았습니다. 우리가 그 영화의 편집 문제로 어떤 다툼을 벌였건, 결국 본래의 엔딩은 문제가 되지 않았습니다. 스튜디오가 바로 저런 함정에 빠졌던 것이죠. 덕분에 '영화의 엔딩은 개의 몸통을 흔드는 꼬리'라는 걸 처음으로 경험하게 되었습니다. 엔딩이 앞서 전개되었던 영화 전체를 좌우하는 거죠. 자, 그래서 결론은 이렇습니다. 〈인썸니아〉를 제작한 우리는 '총알'을 피했습니다. 주인공 도머가 총알을 맞고 죽는 엔딩에 헌신한 덕분에요."

제작이 끝날 무렵, 그는 스튜디오를 위해 일하는 것과 관련된 중요한 교훈을 얻었다. "영화를 효율적으로 연출하는 것은 나의 권한과 통제력을 계속 유지하는 데 있어서 꼭 필요한 방법입니다. 시간이 압박하고, 돈이 압박합니다. 때때로 그것들이 제약처럼 느껴지고 짜증이 나지만, 우리는 결정을 내릴 때 그것들의 도움을 받습니다. 정말 그렇죠. '이제 끝을 낼까? 언제 마무리 지을까?' 데드라인이 있다는 걸 잘 알면서도 제대로 창작하고 싶은 욕심은 기하급수적으로 치솟습니다. '좋아, 네가 한 결정에 따라 살도록 해.' 영화를 연출할 때 창작과 관련된 권한은 나에게 매우 중요합니다. 나는 그 권한을 유지하려고 열심히 방어하죠. 그래서 되도록 적게 쓰고 빨리 움직입니다. 누군가가 나를 찾아와 간섭하거나 불만을 늘어놓을 만한 빌미를 주지 않는 겁니다. 내 커리어 초창기 때 그런 결심을 했습니다. 사람들이 예상한 것보다 조금 더 빨리 작업할 수 있다면, 사람들이 예상한 것보다 좀 더 적은 돈으로 작업할 수 있다면, 그들은 다른 문제에 관심을 갖게 될 테고, 내가 작업을 계속하도록 날 그냥 놔둘 겁니다."

• • •

1820년대 베를린 남서쪽에 있는 도시 포츠담에서 자란 독일의 의사 겸 물리학자 헤르만 폰 헬름홀츠는 위를 올려다볼 기회가 많았다. 프로이센 군 사령부가 자리한 요새 도시였던 포츠담은 나폴레옹군이 도시를 유린한 이후, 프리드리히 빌헬름 3세에 의해 대대적으로 재건됐다. 니콜라이 교회도 재건됐고, 언덕 꼭대기에는 베를린과 코블렌츠 사이에서 주고받는 프로이센 수기手旗 신호 시스템의 일환으로 광학 전신이 설치됐다. 어느 날 포츠담에 새로 지어진 많은 탑 중 한 곳을 올려다보던 헬름홀츠는 맨 위 발코니에 서 있는 사람들을 주목했다. 그들은 아주 자그마해 보였다. 그는 어머니에게 "아주 작은 꼭두각시들을 향해 손을 뻗어주세요."라고 부탁했다. "어머니가 팔을 뻗기만 하면 탑의 발코니까지 손이 닿을 수 있을 거라고 철석같이 믿었기 때문이다. 이후에도 나는 사람들이 그곳에 있을 때면 발코니를 자주 올려다봤다. 그런데 좀 더 현실적으로 바라보기 시작했을 때, 그들은 더 이상 기분 좋은 작은 꼭두각시가 되고 싶어 하지 않았다." 어린 시절에 했던 이 관찰에서 비롯된 이론이 있다. 1920년~1925년에 「생리광학 논고 Treatise on Physiological Optics」로 번역된 헬름홀츠의 「Handbuch der physiologischen Optik 1856-1867」 3권과 마지막 권에서 발전된 이론으로, 우리가 망막과 다른 감각 기관들을 통해 얻은 정보는 세계를 재구성하는 데 충분치 않다는 이론이었다. 매일 저녁, 태양은 분명 우리 눈앞에서 움직이지 않는 지평선 밑으로 내려간다. 태양은 고정되어 있고 지평선이 움직인다는 사실을 우리가 익히 알고 있음에도 말이다. "해가 지는 걸 봤어."라고 말할 때, 우리는 한 묶음의 결론을 향해 도약하고 있다. 그 결론이 타당하건 말건 상관없이 말이다. 헬름홀츠가 주장하길, 지각은 우리의 '무의식적인 추론'이 낳은 결과물이며 뇌가 우리의 과거 경험을 바탕으로 빚어내는 일종의 추측이라고 주장했다.

"많은 환상이 이런 현상에 바탕을 둡니다." 놀란이 말했다. "우리가 본다고 생각하는 방법 對 우리가 실제로 보는 방법, 매트페인팅과 필름, 특수효과 등등 나는 광학적 환상과 그런 종류의 트릭에 늘 관심이 있습니다. 그런 것들이 내러티브 플롯의 일부가 될 때, 아주 매혹적인 퍼즐 박스가 됩니다. 우리가 〈인셉션〉을 위해 지었던 펜로즈 계단이 좋은 사례일 겁니다." 1959년 「영국 심리학 저널 British Journal of Psychology」에 처음 소개된 로저 펜로즈의 유명한 '계단'은 올라가거나 내려가는 동안 90도로 꺾이면서 계속 이어지는 고리를 형성하는 4개의 계단으로 구성된다. 그래서 누구든 그 계단을 영원히 오를 수는 있지만 아무리 오르더라도 그의 위치가 더 높아지지는 않는다. 놀란이 책을 펴들긴 했지만 결코 완독하지 못한 더글러스 R. 호프스태터의 저서 「괴델, 에셔, 바흐 Gödel, Escher, Bach: an Eternal Golden Braid, 1979」는 "우리가 가진 인지과정의 위계적 본성에 의해, 우리는 괴상한 세계 아니면 무의미한 직선들 중 하나를 볼 수밖에 없다."고 지적했다. "관찰자가 계단의 패러독스를 깨닫는 무렵에는 이미 너무 늦었다. 그는 그 이미지를 이해하는 방법을 바꾸기 위해 되돌아갈 수 없다." 그런데 우리는 어째서 계단을 보고자 하는 고집을 버릴 수 없는 걸까? 그 환상에 대한 이야기를 들은 뒤에도, 우리는 왜 페이지 위에 그려진 직선들만 보지 않는 걸까? 헬름홀츠에 따르면, 인간의 눈은 의심하지 못하기 때문이다. 우리의 눈은 결론에 도달해야만 한다. 그것이 아무리 잘못된 결론이라 할지라도 말이다. 우리가 저지른 실수가 우리에게 그 사실(계단은 3차원이 아니라 2차원에 있다)을 알려주더라도, 여전히 2개의 대안적인 추론 사이에서 갈팡질팡하는 우리의 생각은 자꾸만 흔들린다. 우리의 눈은 성급한 탐정이다. 추측을 하지 않는 것보다는 현명하지 않은 추론일지라도 그 편을 선호한다.

놀란은 어렸을 때 하이게이트에서 길가에 있는 호랑가시나무 덤불을 관찰하려고 시도하다가 실패하면서 인간의 인지과정이 벌이는 엉뚱한 짓을 처음으로 알게 됐다. 그의 분투는 결국 다음과 같은 깨달음으로 이

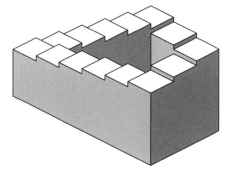

—
1959년에 수학자 로저 펜로즈가 디자인한 펜로즈 계단. <인셉션>의 한 시퀀스에 영감을 제공했다. 펜로즈는 이 아이디어를 M. C. 에셔의 공으로 돌렸다. 정작 에셔는 펜로즈가 자신에게 영감을 줬다고 말했다. 이 계단은 전화나 텔레비전, 영화 카메라처럼 동시에 여러 곳에서 발명된 발명품들과 유사하다.

어졌다. 그는 부분 색맹이다. 눈에 녹색 수용기가 없기 때문에, 그는 녹색을 회색과 가까운 색으로 생각한다. 몇 년 후, 런던의 일렉트릭 에어웨이브에서 비디오 카메라맨으로 일할 때, 그의 상사는 툭하면 카메라 배터리가 충전됐는지를 확인하고 또 확인했다. 충전 상태를 알려주는 불빛이 적색/녹색이었기 때문이다. "렌즈 3개가 달린 구형 영사기와 약간 비슷합니다." 놀란이 말했다. "렌즈 중 하나를 가리더라도 여전히 컬러나 투–스트립 테크니컬러를 볼 수 있죠. 우리 아버지도 부분 색맹입니

다. 다른 형제들도 마찬가지죠. 유전 질환입니다. 모계 혈통으로 유전되는 경우가 꽤 잦지만, 여성들은 그런 증상이 발현되지 않아요. 내가 아는 한, 나는 컬러의 전체 스펙트럼을 다 봅니다. 세상이 보이는 대로 세상을 본다는 말입니다. 나는 이 생각을 굳게 믿습니다. 누군가가 나를 객관적으로 테스트해 보고 다음과 같은 견해를 말해 줄 수도 있습니다. 당신은 사람들이 보는 녹색의 범위를 보지 못하기 때문에 구분하지 못하는 색이 확실히 있다는 것, 따라서 좀 더 잘 구분하는 다른 색도 있다는 것을 말이지요."

이 주제는 그가 〈메멘토〉를 촬영하던 중에 나왔다. 가이 피어스와 대화하던 중 놀란이 이야기를 꺼냈다고 한다. 어째서 모두들 가여운 레너드 셸비의 질환을 이용해 먹는 듯 보이는지, 이에 대한 설명의 일환으로 말이다. "어떤 사람한테 내가 색맹이라고 말하면 그 사람이 처음으로 하는 짓이 뭐냐 하면, 뭔가를 보여주면서 '이건 무슨 색이지?'라고 묻는 겁니다. 당신이 휠체어를 타고 있는데 사람들이 걸음을 멈추고 '아, 휠체어를 타네요. 일어설 수 있나요?'라고 묻는 거죠. 기괴한 반응이지만 사람들은 우리가 세상을 다르게 본다는 걸 이해하지 못하기 때문에 그런 점에 도취되는 겁니다. 그래서 그들은 세상이 어떻게 보이는지 물어보고는 상대가 틀린 대답을 내놓으면 비웃는 거죠. 마크 분 주니어가 연기한 모텔 종업원에게서 그런 모습을 볼 수 있습니다. 그도 레너드의 상태에 도취되죠. 레너드가 사람들한테 기억을 못한다고 말하는 순간, 사람들은 그의 기억력을 테스트하기 시작합니다. 잔인해 보이죠. 사람들은 타인이 세상을 인지하는 방식이 다를 경우, 자신들과 다르다는 사실에 매료됩니다. 나는 주관적 시점과 객관적 현실에 대한 우리의 믿음이 빚어내는 갈등에 늘 흥미를 느꼈습니다. 우리는 〈메멘토〉에서 그 주제를 아주 많이 다룹니다. 마지막 부분에서는 특히 더 그렇죠. 그런데 실은 나의 모든 영화에 그 주제가 담겨 있다고 생각합니다. 나는 영화를 만들 때마다 근본적으로 알아낼 도리가 없는 객관적인 현실이 저 밖에 있다는 우리의 믿음이나 느낌을 우리의 주관적인 세계관과 조화시킨다는 패러독스를 꾸준히 떠올립니다. 우리는 자신의 머리 밖으로 나갈 수가 없습니다. 그렇게 하지 못하는 거죠."

특히 그의 초기작들은 관객으로 하여금 그들이 보고 있는 내용, 이를테면 〈미행〉이 시작될 때 깔리는 작가의 '자백'이나 〈메멘토〉가 시작될 때 테디에게 가하는 레너드의 '복수' 행각에 대해 무의식적으로 추론하게끔 종용한다. 작가 빌은 죄를 지었고, 테디는 레너드의 아내를 죽인 살인자라고 말이다. 그러다가 영화의 결말에 의해 관객들이 추론했던 것이 부분적으로 또는 완전히 그릇된 것으로 밝혀지게 된다. 관객들이 길을 잃도록 만드는 이런 요소들은 내러티브 측면에서 헤르만 폰 헬름홀츠가 탑에서 본 '꼭두각시' 인간의 등가물이다. "으음, 그게 항상 그릇된 정보는 아니에요." 놀란이 말한다. "내 말은, 어떤 영화에서는 사람들이 잘못 해석하리라는 걸 알아요. 〈프레스티지〉 같은 영화가 그렇죠. 그런데 〈메멘토〉나 〈덩케르크〉의 오프닝은 좀 다릅니다. 나는 스탠리 큐브릭에게서 많은 것을 배웠고 그렇게 배웠던 것에 의존해요. 이를테면 오프닝은 그 영화가 나아가려는 방향과 관객이 그 영화를 지켜보게 만드는 방법에 대해 많은 걸 표현하고자 애써야 한다는 큐브릭의 견해가 그렇습니다. 감독은 관객이 영화를 어떻게 보기를 원하는지도 오프닝에서 드러내야 하죠. 〈풀 메탈 자켓Full Metal Jacket, 1987〉을 보면, 오프닝 숏을 보는 것만으로도 영화가 보여요. 머리를 밀어버리는 행위가 연출하는 인간성 말살 효과 같은 거요. 단순하면서도 그 자체로 완결되죠. 그렇다면 나는 〈메멘토〉에서 무엇을 할 수 있을까요? 관객이 이 영화를 감상하는 걸 어떻게 도울 수 있을까요? 폴라로이드 사진의 인화 과정이 역방향으로 진행되는 화면이 떠올랐어요. '맞아, 바로 저거야, 저게 도움이 될 거야.'라고 생각했죠. 〈덩케르크〉도 무척 비슷한 과정이었어요. 그 영화가 말하려는 바를 표현하는 데 필요한 모든 것을 어떻게 표현할 수 있을까? '우리는 너희를 포위했다.'라고 주장하는 선전 전단이면 될까? 포위망 한복판에 있다는 느낌, 익명성이 지배하는 상황과 그 상황의 직접적인 느낌을 어떻게 전달하면 좋을까. 오프닝은 무척 소중해요. 어떤 면에서는 사로잡기가 대단히 까다로운 관객의 시선을 거머쥐는 것이니까요."

우리는 〈인썸니아〉의 크레디트 시퀀스에서 항공 촬영한, 크레바스들이 기하학적 무늬를 그리는 빙하와 피에 젖는 흰색 천의 익스트림 클로즈업 사이를 오가는 디졸브를 본다. 놀란의 영화에서 이런 시퀀스가 꿈

으로 밝혀지는 것은 처음 있는 일이 아니다. 삐쭉삐쭉한 얼음 능선 위를 저공비행하는 쌍발 프로펠러기를 탄 월 도머 형사는 눈을 좀 붙이려고 기를 쓰지만, 난기류 또는 죄책감에 시달리는 양심이 계속 덜컹거리는 바람에 잠을 이루지 못한다. 실에 젖어드는 피의 이미지를 처음 봤을 때, 우리는 그 피가 십 대 피살자의 것이라고 추측한다. 그러나 영화가 끝날 때쯤, 천에 피를 떨어뜨리는 두 손을 본 우리는 로스앤젤레스에서 다른 용의자를 상대로 증거를 심어두는 짓을 하는 도머를 보고 있었음을 깨닫는다.

　"〈인썸니아〉는 사운드 에디터와 사운드 디자이너를 옆에 두고 대형 스튜디오에서 사운드를 믹싱한 두 번째 영화였습니다. 그들은 탁월한 작업을 해냈어요. 근사하게 믹싱된 영화였죠. 사방에 만연한 배경 소음과 관객이 그 소리를 감지하기까지, 또는 견뎌낼 때까지 얼마나 멀리 끌고 갈 수 있느냐에 대해 그들과 논의했던 걸 기억합니다. 나는 현실 세계에서 얻은 소리를 꿈으로 옮겨가는 것에 대해 구체적으로 생각하고 있었습니다. 그 아이디어는 〈인썸니아〉의 도입부에서 구현됐죠. 관객은 천둥소리를 듣는데, 그건 사실 비행기가 덜컹거리는 소리입니다. 나는 그때 이미 〈인셉션〉을 만들고 싶어 한다는 걸 알고 있었습니다. 그러니까 그건 일종의 실험이었죠. 그와 같은 연장선상에서 한 작은 실험 말이에요. 환경

〈인썸니아〉에서 피가 등장하는 크레디트. 그런데 누구의 피인가? 놀란의 엔딩은 고리를 그리면서 영화의 첫 장면으로 돌아가는 경우가 잦다.

을 규정하기 위해 사운드 이펙트를 얼마나 많이 활용할 수 있느냐에 대해, 또는 사람들을 미치게 만들기 직전까지 소리를 까는 것에 대해 많은 논의를 했습니다. 그리고 그 얘기 중 많은 부분은 의식이 아니라 잠재의식으로 하여금… 그건 뭐 조금씩 꾸준하게 진전됐어요. 〈메멘토〉는 엄청난 성공을 거뒀죠. 대단히 급진적이다, 정말 다르다 등등의 평을 들었습니다. 〈인썸니아〉의 대단한 점은 내가 주류에 속한 스튜디오의 문법에 따르도록 해줬다는 겁니다. 그 영화는 무비스타들이 출연했고 더 큰 규모로 작업이 진행됐습니다. 역방향이 아니라 정방향으로 전개되었고요. 당신은 많은 영화감독이 어떤 특정한 방향에서 첫 성공을 거둔 후에 그 방향으로 계속 작품 세계를 밀고 나가라는 유혹에 떠밀리는 모습을 봐왔을 거예요. 그런데 그런 방법이 성공하는 경우는 극히, 극히 드물죠. 요즘에는 그런 식으로 작업하지 않으려는 감독이 많습니다. 요즘 감독들은 선댄스의 소품 영화에서 거대한 블록버스터로 직행하죠. 그런 행보를 밟은 사람으로 날 인용하는 글을 자주 읽는데, 사실 그렇지 않았어요. 내가 그렇게 되었다고는 생각하지 않아요. 내 경력은 한 단계, 한 단계 꾸준히 진전된 것에 가깝습니다. 〈인썸니아〉는 그 과정에서 매우 중요한 일부분이었습니다."

영화를 완성한 후, 놀란은 지금도 종종 하는 짓을 했다. 영화가 관객에게 어떻게 먹히는지 확인하고자 입장권을 사서 객석 뒤쪽으로 슬그머니 들어간 것이다. "제작 중인 영화를 미리 보게 된 사람은 하나같이 감독에게 영화에 대해 솔직히 밝히는 걸 두려워합니다. 그래서 모든 시사회에는 약간 부자연스러운 긴장감이 흐르죠. 그리고 감독은 테스트 시사회를 진행하는 동안 관객과 적대적인 관계에 있다고 느낍니다. 그건 매우 불쾌하면서 부자연스럽죠. 반면, 그냥 영화를 보려고 10달러나 15달러를 지불했을 때, 관객 입장이 된 우리는 영화가 마음에 들었으면 좋겠다고 생각합니다. 근사한 일입니다. 그렇죠? 따라서 이때 관객은 사실 감독 편입니다. 저는 극장에 몰래 들어가 영화를 보면서 사람들과 그 영화를 함께 경험하는 걸 좋아합니다. 그렇게 하면 나도 관객의 입장으로 돌아가니까요. 관객은 내 편입니다. 〈인썸니아〉때 그런 기분을 특히 많이 느꼈습니다. 그 영화는 나의 첫 스튜디오 영화였으니까요. 처음에는 알콘이, 다음에는 워너 브러더스가 테스트 시사회를 열었습니다. 나는 이후로 그런 테스트 시사회에 참석하지 않았어요. 그렇지만 테스트 시사회는 말 그대로 내 영화를 수정하는 법에 대한 책을 쓰는 자리입니다. 잔인한 과정이죠. 우리는 몇 달 동안 그 짓을 서너 번이나 해야 했습니다. 어떤 면에서는 관객과 겨루는 것이나 다름없는 과정이었죠. 그건 영화 연출과는 거리가 멀어도 한참 먼 짓거리입니다. 일반 유료 관객이 모인 영화관에서 영화를 보는 동안 '그래, 사람들은 영화를 즐기려고 극장에 오는 거야.'라고 생각했어요. 상당한 안도감이 느껴지더군요."

· · · ·

〈인썸니아〉는 1억 1,300만 달러의 흥행수입을 올린 히트작이었다. 워너 브러더스 내부에서는 출세가도에 오른 젊은 연출 귀재로서 놀란의 위상이 확고히 다져졌다. 2002년 5월에 열린 〈인썸니아〉 프리미어에서 놀란은 자신의 자리가 워너의 임원인 로렌조 디 보나벤투라와 제작책임자 제프 로비노프의 뒷자리라는 걸 알게 됐다. 액션 시퀀스가 등장하자 두 남자는 웃으면서 서로를 쳐다봤다. "로렌조는 액션 연출을 더 많이 맡길 수 있는 감독의 냄새를 엄청나게 잘 맡아요." 놀란이 말했다. "당시 그는 스튜디오와 함께 성장시키면서 더 큰 영화의 연출을 맡길 수 있는 사람들을 열심히 찾고 있었습니다. 스튜디오 임원 모두가 〈인썸니아〉를 무척 흡족해했죠. 액션이 조금 들어 있고, 서스펜스도 조금 들어 있는 그 영화를요. 내 경력에서 봤을 때 리뷰도 최고 수준으로 받았는데, 그것도 꽤 도움이 됐습니다."

다음 영화로 뭘 만들고 싶으냐는 질문에 놀란은 임원들을 상대로 〈인셉션〉을 설명했다. 꿈을 도둑질하는 절도 행각을 다룬 고딕풍 이야기로, 헤일리버리 6학년 때 기숙사에서 싹튼 프로젝트였다. 그는 몇 년간 그 아이디어로 여러 차례 돌아갔는데, 이 무렵 그 아이디어는 〈007 두번 산다〉에서 가져온 '일본 화학기업들을 상대로 활동하는 산업 스파이'가 배경인 하이스트 무비의 판이 넓어진 상태였다. 로렌조 디 보나벤투라와 제프 로비노프는 놀란의 이야기를 듣고 짜릿해 했다. 그들은 소더버그가 워너를 위해 작업한 〈오션스 일레븐Ocean's Eleven, 2001〉의 대성공을 한껏 누리던 중이었다. 그런데 2002년, 시나리오를 쓰려고 자리에 앉은 놀란은 80페이지 지점부터 더 이상 앞으로 나아가지 못했다. "3막의 도입부에 들어갔다가 꼼짝을 못하게 됐습니다. 이후로 몇 년간 그 자리에서 벗어나지 못했죠." 놀란이 한 말이다. "시나리오를 완성할 수 없었던 이유 중 하나는 그 안에 감정적인 요소가 들어 있지 않았다는 점입니다. 그냥 그런 게 없었어요. 꿈의 특징은 무척 개인적이라는 겁니다. 꿈은 우리 영혼의 일부죠. 꿈에는 감정적인 부분이 포함되어 있어야 합니다. 나는 장르의 관점과 누아르의 전통을 더 많이 끌어와 그 프로젝트에 접근하고자 애쓰고 있었습니다. 하지만 시나리오는 어느 방향이 됐건 성공적인 방향으로 향하지 못했어요. 다른 사람이 비디오 게임하는 모습을 지켜보는 것처럼 되어버린 겁니다. 자신이 빚어낸 상황 속에서 길을 잃어버린 사람을 보는 것처럼 되어버렸죠. 누가 그런 작품에 관심을 갖겠습니까?"

한편 워너 브러더스는 배트맨을 위한 새 감독을 물색 중이라는 정보를 흘렸다. 이 프랜차이즈는 5년 전에 조엘 슈마허 감독이 형광색으로 물들인 〈배트맨 앤 로빈Batman and Robin, 1997〉이 인터넷 팬 사이트들의 집중포화를 받고 침몰한 이래로 마땅한 '선장'이 없는 상태였다. 이후 워너 브러더스는 획기적인 장편영화 〈파이Pi, 1998〉로 갓 떠오른 대런 아로노프스키 감독에게 프랭크 밀러와 함께 밀러의 「배트맨 이어 원Batman: Year One, 1987」을 각색해달라고 의뢰했다. 경찰국장이 되기 몇 년 전에 고담 경찰국의 고질적인 부패에 맞서 분투하며 줄담배를 피우는 서피코 스타일의 젊은 제임스 고든 형사 시점에서 전개되는 아로노프스키의 시나리오는 슈마허의 알록달록한 캠프 분위기의 배트맨하고는 극과 극이었다. 아로노프스키의 프로젝트는 스토리보드 작업을 하는 단계까지 진행됐다. 내용은 잔인했다. 어느 시퀀스에는 '브루스가 크리스마스를 맞은 어린아이 같은 즐거운 기분으로 스킨헤드들을 찢어발긴다.'는 지문이 있었다. 그런데 온갖 폭력적인 묘사가 난무했음에도 아로노프스키의 시나리오 역시 배트맨 신화의 '영원한 의문' 즉 "현실에 존재하는 남자가 쫄쫄이 차림으로 범죄와 싸우게 만든 원인은 무엇인가?"를 해결하지는 못했다. 그 의문은 거의 모든 배트맨 각색 시나리오를 좌초시킨 암초였다.

"'감독님은 이 작품에 관심이 없을 테지만, 어쨌든 알고는 계세요. 배트맨으로 무슨 작업을 해야 할지 알아낼 수 있는 사람이 아무도 없어요.'라는 전화를 받았습니다." 놀란은 당시를 회상했다. "즉시 그 시나리오를 봤죠. '아냐, 아냐, 당신들은 70년대에 슈퍼맨한테 그랬던 것처럼 배트맨을 작업한 적이 전혀 없어.'라는 생각이 들더군요. 철저하게 파고드는 접근 방식이 필요했습니다. 거물 배우들이 출연하는 대형 프로젝트에 알맞은 윤리규범을 제시하면서, 설정을 현실에—생생하면서도 불쾌한 느낌의 현실이 아니라, 액션 영화 느낌의 현실에—투입하는 방식이 필요했던 겁니다. '이 영화가 다른 액션 영화들처럼 리얼하면 어떨까?' 영화 역사에 존재하는 틈바구니를 본 겁니다." 그가 제프 로비노프에게 설명하기 전에, 그와 엠마는 이 프로젝트에 스튜디오가 거는 기대치의 최저수준을 좀 더 파악하고자 임원 그레그 실버먼과 논의했다. "R등급17세 미만 보호자 동반 관람이어도 될까요?' '안 됩니다. 배트맨이니까 PG—1313세 미만 보호자 동반 관람이어야 해요. 아이들도 볼 수 있었으면 합니다.' 그게 그들의 입장이었죠. 그 문제를 고민해봤어요. 당시 나에겐 아이가 하나 있었죠. 덕분에 부모 입장에서 그 이야기에 공감할 수 있었어요. 그레그가 입을 꾹 다문 채 앉아 있던 걸 기억합니다. 내가 물었죠. '우리한테 필요한 게 또 뭐가 있을까요?' 그가 말하더군요. '배트맨한테 굉장히 멋진 차가 있다면 끝내줄 거예요.' '이게 무슨 말이야… 정말로 그런 걸 원하는 거야? 우리가 그런 작품을 만들 수 있을까?' 하는 생각부터 들더군요. 나는 '그건 어마어마한 도전이군요.'라고 대꾸했죠. 여하튼 그런 것들이 우리가 초점을 맞춘 대상이었어요. 시나리오를 집필하는 도중에도 말이에요. 우리 고민은 '이 이야기는 어디에서 비롯되고, 어떤 모습을 갖출 것이며, 이걸 어떻게 우리 나름의 방식으로 설명할 것인가?'였습니다. 우리는 모두 고민했죠. '검정 쫄쫄이를 입은 사내라는 아이디어를 어떻게 납득시키지? 기원이 뭘까? 그걸 어떻게 정당화할 수 있을까?'"

FIVE **SPACE**

—

다섯
공간

　하워드 휴즈는 열아홉 살 때 법의 잣대로 보면 자신은 이미 성인이라는 사실을 밝히고자 법정에 섰다. 그의 양친은 갑자기 세상을 떠났다. 어머니는 그가 열여섯 살일 때 자궁의 이상을 확인하려고 가벼운 외과수술을 받다 수술대에서 숨을 거뒀고, 아버지는 몇 년 후 쉰네 살에 심장마비로 타계했다. 그 시점까지 어린 휴즈의 일거수일투족은 부모의 통제를 받았다. 고아가 된 그는 노예 신세에서 해방된 사람처럼 반응했다. 그는 아버지가 영면에 들고 채 한 달도 지나기 전에 대학을 중퇴한 후 법정 후견인인 루퍼트 삼촌과 살기 위해 LA로 향했지만, 캘리포니아로 돌아가고 얼마 안 있어 자신은 법정 후견인이 필요치 않다며 삼촌과 언쟁을 벌였다. 그는 휴즈 툴 컴퍼니의 중역들에게 그 회사의 지분 25퍼센트를 취득하는 문제를 놓고 자신의 조부모 및 삼촌과 협상하라는 지시를 내렸다. 아버지의 유언장에 담긴 조항에 따르면 하워드는 휴즈 가문 재산의 주요 수령인이었다. 하지만 스물한 살이 되고 대학 교육을 완수한 후에야 유산을 물려받을 수 있었다. 휴즈에게는 다른 계획이 있는 듯했다.

텍사스 주의 상속법을 연구하던 그의 눈은 열아홉 살이 되면 성인 선언이 허용되는 법규에 고정됐다. 그는 열아홉 살이 되자마자 연령과 관련된 제약을 풀어달라는 탄원서를 제출하기 시작했다. 사건을 심리하는 판사가 그 호소를 숙고하는 데 필요한 시간은 정확히 이틀이었다. 하워드의 숙모 아넷이 말하길 "판사는 하워드가 대답하지 못할 만한 질문은 하나도 던지지 못했다."고 말했다. 1924년 12월 26일, 판사는 열아홉 살인 하워드 로바드 휴즈 주니어가 "미성년자라는 제약에서 벗어나 성인이 됐음"을 공표했다. 그렇게 휴즈는 아버지가 이룩한 기업 제국의 전권을 넘겨받았다.

법적 자율권을 스스로 주장하고 쟁취한 이 기막힌 행보가 놀란이 집필하는 휴즈에 대한 시나리오의 도입부를 차지했다. 캐슬 록 엔터테인먼트의 마틴 샤퍼와 리즈 글로처가 작가 리처드 핵의 저서 「휴즈: 사적인 일기와 서신, 메모 Hughes: The Private Diaries, Letters and Memos, 2001」의 영화화 권리를 사들인 후 놀란에게 의뢰한 시나리오였다. 휴즈가 남긴 개인적 메모에 의지한 그 책은 호텔방에 은둔하면서 머리와 손톱도 깎지 않고 티슈 박스를 신발처럼 신으면서 가까이 있는 사람이 질병에 걸리면 자기 옷을 불태우고 밤마다 옛날 영화를 감상하면서 말년을 보낸, 세상과 담을 쌓은 경제계 거물의 친숙한 초상화를 굉장히 상세하게 묘사했다. 놀란의 시나리오 속 휴즈는 거의 같은 시기에 작업된 스콜세지의 〈에비에이터 The Aviator, 2004〉가 그랬던 것처럼 광장 공포증이 있고 아편에 중독된 것으로 묘사되었는데, 놀란의 작업과 그런 휴즈의 상태가 시나리오의 초점과 결론의 상당 부분을 차지했다. 놀란은 휴즈를 내면에서부터 그려내고 싶었다. 권력을 향한 의지를 품고 세상을 좌지우지하는 일에 자신의 재력을 활용하는 몽상가로 그려내고 싶었다. 그의 시나리오에서 결여된 부분은 휴즈의 전기 영화를 보려는 사람들이 기대할 법한 좀 더 평범한 요소들이었다. 이를테면 어머니의 심기증, 아버지의 지나친 경계심과 과잉보호, 휴즈를 평생 따라다닌 신경증에 의한 과잉보상과 완벽주의 같은 부분들 말이다.

"내 휴즈 영화에서는 다른 사람들이 하나같이 출발점으로 삼는 그의 어린 시절, 그러니까 어렸던 휴즈에게 부모가 한 짓을 다루지 않습니다.

그건 상황을 너무 단순하게 분석하는 거니까요. 우리의 과거가 현재의 우리를 형성한다는 말은, 그래요, 맞는 말이죠. 그런데 우리는 우리 자신이기도 합니다. 그런 불우한 것들을 초월할 수 있는 존재라는 말이죠. 그 부분이 휴즈 영화의 제작자들과 내가 충돌한 지점이었습니다. 그들은 성장 과정에 대한 프로이드적인 설명을 원했으니까요. 내가 매료된 하워드 휴즈의 특징은 그가 어린 나이에 양친을 모두 잃은 사람이라는 겁니다. 그는 혼자 힘으로 굴레에서 해방되는 데 성공했습니다. 그는 결국 열아홉 살에 신탁 관리자에게서 재산에 대한 통제권을 받아냈고, 원하는 일을 꽤나 많이 해낼 수 있었죠. 나의 하워드 휴즈 시나리오는 바로 그 순간부터 그의 여생 전체를 들려줍니다. 내가 보기에 그 시나리오를 굴러가게 만든 요소는 관객이 그의 여정과 함께하고자 노력하고, 그가 있던 호텔방에 같이 있길 바라며, 그에 대해 이해하길 원한다는 데 있습니다. 나는 진심으로 관객들이 그럴 수 있다고 생각해요. 시나리오 집필을 위한 조사를 하는 동안 그의 여정을 어느 정도는 이해하게 됐습니다. 겉모습만 보면 그는 비이성적으로 보입니다. 그에게 심리적으로 잘못된 부분이 있는 건 확실하지만, 나는 그런 점들이 흥미롭지 않습니다. 그 심리를 시험대에 올려놓고 활용해보는 것이, 또는 그걸 단순히 심리 차원으로 보지 않고 그를 에워싼 세상에 대한 반응으로 보는 것, 그의 머릿속으로 들어가 그 경로를 따라 내려가는 것이 더 흥미로웠습니다. 그게 바로 그 프로젝트의 제대로 된 본질이었죠. 내가 그 프로젝트를 고집한 이유였고, 그것이 휴즈 이야기의 본질임에도 그 일을 해낸 사람이 아무도 없다는 사실 또한 같은 이유였던 겁니다. 나는 그 시나리오가 무척 자랑스러워요. 하지만 꽁꽁 숨겨둬야 했습니다. 앞으로 10년쯤 지나면 완벽한 시나리오가 되어 있을지도 모르니까요. 솔직히 그 시나리오를 영화로 만들었다면 우리는 정말 곤란한 상황을 겪었을 겁니다. 마틴 스콜세지가 평소와는 다르게 개봉 예정일을 어기지 않고 영화를 내놓았으니까요. 당시 나는 휴즈 영화에 대해 설명하면서 이런 말을 했습니다. '봐요, 그들이 만드는 건 그들의 영화입니다. 우리는 그 영화가 나오기 전에 영화를 마무리할 겁니다.' 만약 제작에 착수해서 영화를 만들었다면 우리는 끔찍한 고초를 겪었을 게 분명해요. 2등으로 개봉한 영화가 됐을 테니까요."

그 대신 놀란은 휴즈가 아버지의 유산을 물려받고 아버지의 제국을 해체한 이야기를 〈인셉션〉의 소재로 재활용하기에 이르렀다. 한편 휴즈의 인생사 상당 부분을 고아가 된 또 다른 백만장자의 이야기에 녹여낼 방법을 찾아냈다. 그 백만장자는 브루스 웨인으로, 프린스턴을 중퇴하고 골프를 다시 시작하면서 웨인 엔터프라이즈의 통제권을 거머쥔 인물이다. 이건 휴즈와 무척 비슷한데, 휴즈는 법적으로 해방되고 얼마 지나지 않아 백화점 남성 용품점에서 받은 영수증 뒷면에 자신의 야심을 이렇게 적었다.

내가 되고 싶은 것,

1. 세계 최고의 골퍼

2. 세계 최고의 비행사

3. 세상에서 가장 유명한 활동사진 제작자

—
1930년대 중반의 하워드 휴즈, 그리고 <007 선더볼>에 제임스 본드로 출연한 숀 코네리. 둘 다 <배트맨 비긴즈>에 큰 영향을 주었다.

그로부터 몇 년 안에 그는 날마다 비행을 했고, 골프 핸디캡을 낮췄으며, 유나이티드 아티스트와 배급계약을 체결했고, 행콕 파크에 있는 귀족적인 맨션을 소유했다. 그 맨션은 거리의 교통과 가깝지 않은 곳에 있었고, 출입문은 차량 여러 대가 진입하기에 적당했다. 배트모빌의 출입구가 딸린, 폭포로 위장한 배트케이브와 똑같지는 않지만 상당히 비슷한 곳이었다.

"내가 쓴 휴즈 시나리오의 많은 부분이 〈배트맨 비긴즈〉에 스며들었죠." 놀란은 말했다. "본드 시리즈도 엄청나게 들어갔죠. 본드가 보여주는 글로벌한 행보를 배트맨 시리즈에 많이 집어넣고 싶었습니다. 영화가 보여주는 지형적 부피감이 관객들 입장에서는 그 영화의 규모가 얼마나 되는지 가늠하게 해주는 요소라고 봤을 때, 본드 시리즈는 우리의 본보기였습니다. 007을 만든 작가 이언 플레밍은 만화가 밥 케인이 배트맨에게 만들어준 기계 장비들에서 큰 영향을 받았습니다. 플레밍이 그렇게 진 신세는 007 시리즈에 등장하는 Q와 비슷한 특징을 루시우스 폭스 캐릭터에게 부여하는 것으로 갚을 수 있으리라 느꼈습니다. 또한 그런 영향을 준 작품들이 내가 자라면서 본 70년대와 80년대의 많은 블록버스터와 함께 〈배트맨〉 영화에 접근하는 길을 열어줬습니다. 이 시리즈를 코믹북 무비로 대하고 싶지는 않았어요. 우리가 한 모든 작업은 그런 장르가 있다는 사실을 적극적으로 부인하는 데에서 비롯됐죠. 〈배트맨 비긴즈〉와 〈다크 나이트〉는 그 목표를 달성하고자 상당히 많은 작업을 거쳤습니다. 〈다크 나이트 라이즈〉를 만들 무렵에는 슈퍼히어로 장르가 제대로 모습을 갖춘 상태였죠. 〈어벤저스The Avengers, 2012〉가 같은 해 여름에 나왔고, 이후로 그 장르는 점점 더 성장했습니다. 지금 슈퍼히어로 장르는 엄연히 하나의 장르로 존재하고 있어요. 그러나 당시 우리는 다른 종류의 액션 영화와 어깨를 나란히 할 수 있는 액션 영화를 만들고 있었죠. 우리는 장대한 영화를 만들기 위해서 애쓰고 있었습니다."

• • • •

놀란이 워너 브러더스와 그 영화의 연출 계약을 맺었을 때, 코믹북에 대한 그의 지식은 너무 얄팍했다. 그래서 그는 시나리오 집필 파트너로 데이비드 S. 고이어를 찾아냈다. 고이어는 1990년대 말에 코믹북 각색 영화의 붐을 선도한 〈블레이드Blade, 1998〉 시리즈의 작가였다. 놀란과 고이어는 이 영화와 관련된 정보를 캐내려고 혈안이 된 사람들을 따돌리기 위해 '협박 게임The Intimidation Game'이라는 가제를 내걸고, 놀란의 차고에서 5~6주 동안 서로의 생각과 아이디어를 자유롭게 주고받았다. 프로덕션 디자이너 네이선 크로울리도 배트모빌을 작업하며 함께했는데, 놀란은 세탁기와 건조기 사이를 오가는 빨래 도우미와 마주치는 것까지 피하면서 두 사람 사이를 오갔다. 놀란은 워너 브러더스에 시나리오와 디자인을 동시에 제출해서 그의 프로젝트를 기정사실로 못 박고 싶었다. 창작에 대한 통제력을 좀 더 확보하는 동시에, 제작하게 될 영화가 어떤 영화인지 제대로 전달하기 위해서였다.

<배트맨 비긴즈>의 프리프로덕션이 진행되는 동안 놀란의 집 차고에서 작업 중인 놀란과 프로덕션 디자이너 네이선 크로울리.

"나만의 고유한 특징을 부여하지 못하리라는 걸 잘 알기 때문에 작업하기가 두려운 영화들을 다루는 훌륭한 방식이 따로 있었습니다." 그는 말했다. "우리는 스튜디오로부터 준비 작업 기간이 얼마나 걸리고 그 작

업에 누가 개입할 것인지 같은 온갖 종류의 얘기를 듣고 있었습니다. 대작을 연출하는 감독은 엄청나게 많은 사람(아티스트, 콘셉트 담당자, 모든 분야의 스태프)을 서둘러 고용하라는 재촉을 받습니다. 그렇게 고용이 이뤄지면 감독은 굶주린 야수 같은 스태프들에게 먹이를 줘야 하는 처지가 되죠. '이 SF영화에 등장시킬 로봇이 필요하니까 로봇을 한 대 고안해서 보여줘요.'라고 말하는 상황에 처하게 되는 겁니다. 그러면 그들은 감독이 다른 작업을 하는 동안 자기들 내키는 대로 작업한 뒤 로봇을 들고 돌아오죠. 그런데 이건 내 작업 방식과는 전혀 어울리지 않는 종류의 것이라고 할 수 있겠네요. 스태프들은 영화에 어울리지도 않는 디자인 작업을 열심히 하면서 수백만 달러를 쓸 겁니다. 관객들이 예쁘장하기만 한 영화를 숱하게 보게 되는 이유는 작업이 그런 식으로 진행되기 때문입니다. 정말이지 그런 식으로 작업하고 싶지는 않았어요. 그래서 그런 작업 방식을 우회할 만한 대책을 찾아내야만 했죠." 그들은 DC의 방침에 따라 만사를 확인하며 작업했지만, 법적인 측면을 걱정할 필요는 전혀 없었다. DC는 워너 브러더스의 자회사였기 때문이다. 작업이 일단 마무리되자, 놀란은 임원들을 집으로 초대해 작업한 결과물을 보여줬다. "임원들은 흡족해하지 않더군요. 그런데 워너는 시나리오 누출 때문에 많은 고초를 겪었습니다. 그 시절은 영화에 뭐는 들어가야 옳고 뭐는 들어가면 안 된다고 주장하는 열광적인 팬층이 온라인에서 광풍을 일으키던 시대의 초창기였죠. 〈슈퍼맨〉 시나리오에 대해서 그런 일이 일어났던 걸로 알고 있습니다. 팬들은 수단과 방법을 가리지 않고 시나리오를 입수했던 거죠. 그렇게 되면 그 프로젝트는 더 이상 방어할 수 없는 상태에 이르게 됩니다."

그들이 마침내 완성한 스토리는 오리지널 코믹북에서 상당히 벗어나 있었다. 「디텍티브 코믹스Detective Comics」 27호에 데뷔하면서 '세상에서 가장 위대한 탐정'으로 묘사된 배트맨은 미국 역사에서 특권층을 출세 지향적인 시선으로 응시하던 시기인 대공황이 낳은 산물이었다. "슈퍼맨은 사회주의자로 시작했지만, 배트맨은 자본주의의 궁극적인 히어로였다." 만화가 그랜트 모리슨이 자신의 저서 「슈퍼갓Supergods, 2011」에 쓴 글이다. "그는 특권층과 지배계급의 수호자였다." 놀란은 배트맨을 제대로

—
7년간의 떠돌이 생활에 나선 브루스 웨인 역의 크리스찬 베일.

이해하는 비결은 배트맨이 아니라 브루스 웨인에 있다는 걸 절감했다. 1939년에 나온 오리지널 「디텍티브 코믹스」에서, 밥 케인은 배트맨의 기원을 고작 12개의 네모 칸으로 정리했다. 강도가 그의 부모님을 쏘고, 어린 브루스 웨인은 촛불을 밝힌 침실에서 '모든 범죄자를 상대로 전쟁을 벌이는 데 여생을 바쳐' 부모님의 복수를 하겠노라 맹세하며, 체육관에서 운동을 하고, 박쥐를 본 후, 짠! 그가 바로 배트맨이다. 놀란의 버전에서는 부모님의 죽음이 부와 특권으로 가득한 생활로 이어지지 않는다. 이와는 거리가 한참 먼, 아프리카와 동남아시아에서 스스로 유배 생활을 하는 7년의 기간으로 이어진다. 그곳에서 브루스 웨인은 훗날 대적하게 될 범죄 집단과 생활하며 수련한다. 이전에 진행됐던 각색 작업들을 방해한 계급과 부, 사회적 자격의 매듭을 풀어버린 놀란은 그가 연출하는 브루스 웨인의 내면을 자기혐오로 채운다. 그의 수련 생활은 부모님의 죽음에 자신이 일조했다는 죄책감과 제멋대로

—
존 휴스턴의 <왕이 되려던 사나이>에 출연한 숀 코네리.

살아왔다는 사실에 대한 자책이 빚어낸 일종의 자기 체벌로 받아들인다.

"영국인은 계급 문제와 관련해서 미국인보다 조금 더 민감하다고 생각

합니다. 미국은 중산층이 더 두터운 나라죠. 계층 간 이동이 더 많이 일어나고 있다는 느낌을 줍니다. 실제로는 그렇지 않더라도 말입니다. 반면에 영국은 계급의 계층화가 무척 뚜렷합니다. 모두들 계층 간 차이에 대해 잘 알고 있죠. 그런데 억만장자를 히어로로 제시할 경우, 감독은 미국 관객조차 그 캐릭터에 적절히 공감하면서 동일시하도록 만들 수 있다는 확신이 있어야 합니다. 그가 보는 앞에서 부모님이 살해당한다는 설정은 나쁜 아이디어가 아닙니다. 그렇게 하면 처음부터 관객이 이 아이에게 분명 동정심을 품게 될 테고, 영화 전반에 걸쳐 그 동정심이 드리워질 테니까요. 그런데 우리 버전에는 그가 거쳐야만 하는 황폐한 시기가 있습니다. 방랑하는 시기 같은 거죠. 그는 혼자만의 노력으로 그 지위를 쟁취해야 합니다. 몬테크리스토 백작이 감옥에 가는 것과 모두들 그가 죽은 사람이라고 생각하는 것과 비슷합니다. 그건 사라졌다가 다른 모습이 되어 돌아오는 사람에 대한 강력한 문학적 판타지입니다." 놀란은 LA에 도착하고 얼마 안 있어 존 휴스턴 감독이 1975년에 러디어드 키플링의 소설을 각색해서 연출한 〈왕이 되려던 사나이 The Man Who Would Be King, 1975〉를 봤다. 유쾌한 악당 같은 마이클 케인과 숀 코네리가 아프가니스탄의 산악지대로 들어가 지배자로 군림하면서 신처럼 숭배를 받다가, 그들이 세운 제국만큼이나 엉망진창으로 몰락하는 전前 영국군 병사로 출연한 영화였다. "그 영화에 완전히 압도당했죠." 그가 말했다. "좋아하는 영화이고, 나에게는 굉장히 중요한 영화입니다. 낭만적인 영화죠. 낭만적인 창의력과 모험의 분위기를 물씬 풍기는 영화로, 오래전에 나온 〈시에라 마드레의 보물 The Treasure Of The Sierra Madre, 1948〉과 무척 비슷한 작품입니다. 휴스턴은 그 영화를 모로코에서 찍었는데, 영화의 배경인 나라와는 한참이나 멀리 떨어져 있는 나라가 분명하지만, 그는 현실 세계의 질감을 잘 활용해서 영화에 신뢰성을 부여했습니다. 내가 이전에 본 고담시의 모든 버전 중 특히 팀 버튼의 버전을 예로 들면, 시골 마을 같은 느낌이 강했고 폐소 공포증을 연상케 하는 분위기를 풍겼죠. 관객이 그 도시 외부에 있는 세계에 대해서는 알 수가 없으니까요. 그래서 관객은 그 세계에 경계선이 존재한다고 느낍니다. 우리는 〈배트맨 비긴즈〉를 통해서 하고 싶은 게 있었어요. 사람들이 뉴욕을 생각할 때 그러하듯 고담을 세계적인 도시의 맥락에 집어넣자는 것이었죠. 관객들이 고담을 실존하는 도시라고 받아들이게끔 만들려면 고담시를 글로벌한 규모의 관점에서 표현해야 한다고 느꼈습니다."

놀란은 브루스 웨인에 대해서도 놀란 자신이 그랬던 것과 사뭇 비슷하게, 해외에서 본연의 모습을 발견한 젊은이라는 관점으로 바라봤다. 브루스 웨인의 경우, 만화에서는 고담을 거의 떠나지 않는다. 대학에 진학할 때조차 그렇다. 놀란의 브루스는 놀란이 그랬던 것처럼 여행을 많이 다녔다. 놀란은 1년간의 휴학 기간이 끝나갈 때, 나이로비 출신의 젊고 카리스마 넘치는 포토저널리스트 댄 엘든이 모잠비크 난민 기금을 모금하려고 기획한 아프리카 장거리 자동차 여행의 공식 카메라맨으로 활동했다. 말라위에 도착한 그들은 식수를 얻기 위해 우물을 파는 '노르웨이 난민 위원회'에 모금액 17,000달러를 기부했다. 당시 여행에서 내세운 박애주의적인 목표 외에도 통과의례적인 측면, 즉 특권층 자제들이 스스로를 시험해보는 측면이 있었다. "우리가 작은 마을로 걸어 들어가면, 주변의 모든 움직임이 순식간에 멈춰버리곤 했다. 사람들은 고개를 돌려 우리를 응시했고, 구두닦이들은 구두 닦는 걸 멈췄다. 그들이 서로서로 속삭이는 소리가 들려왔다." 공원의 맨바닥에 캠프를 치거나 매트리스가 망가진 지저분한 모텔에 묵으면서 망고와 콩 통조림으로 연명했던 그 팀의 멤버 14명 중 한 명인 제프리 게틀먼이 쓴 글이다. 어린 브루스 웨인에게 그런 떠돌이 정신의 일부가 깃들었다. 우리는 그가 서아프리카의 길거리 시장에서 망고를 훔치는 모습을 본다. 여행을 다녀오고 몇 년 후, 〈미행〉을 들고 홍콩 영화제에 간 놀란은 항구에서 본 선박용 컨테이너에 자신도 모르게 매혹됐다는 걸 깨달았다. "컨테이너를 쌓는 방법이 마치 SF 같더군요. 조선소 사방으로 컨테이너를 옮기는 크레인들이 있었고, 거대한 타이어들이 있었죠. 제임스 카메론 감독 영화에 나오는 물건들처럼 보였어요. 컨테이너들을 그곳으로 급히 옮기고는 들어 올리고 내려놓고 길 끝으로 옮겼다가 옆길로 옮기더니 다시 집어 올리는 작업이 이뤄지고 있었습니다. 정말로 놀랍더군요. 관객은 몇 가지 이유로 영화에서는 그런 광경을 보지 못합니다." 그 선박용 컨테이너와 동일한 것들로 들어찬 창고는 영화에서 배트맨이 거창하게 등장하는 배경이 됐다. 리들리

스콧의 에이리언이 노스트로모호의 통풍구에서 그러했듯이, 배트맨은 컨테이너에서 내리 덮쳐 팔코네의 부하들을 한 명씩 제거한다.

"나는 늘 여행을 다녔습니다. 스튜어디스인 어머니한테서 얻은 공짜 항공권이 있었으니까요. 지금은 세계를 돌아다닐 만한 경제적 형편이 됩니다. 〈배트맨 비긴즈〉 시나리오를 쓸 때, 순전히 여행 삼아 샌프란시스코와 런던에서 시간을 보냈습니다. 〈다크 나이트〉는 홍콩에서 썼는데, 그때는 로케이션 헌팅을 하던 중이었죠. 흥미로운 건 〈배트맨 비긴즈〉가 개봉됐을 때 관객들이 그 영화를 다른 영화들에 비해 더 현실적이고 생생한 영화로 간주했다는 겁니다. 그런데 사실, 그 영화는 현실을 매우 낭만적으로 묘사한 영화이자 무척 고전적인 영화입니다. 내가 만든 영화에 등장하는 풍경에서 정서적인 유대감을 찾는 사람이라면, 〈배트맨 비긴즈〉가 가장 성공적인 영화일 겁니다. 〈배트맨 비긴즈〉에는 그런 유대감이 매우 강하게 존재한다고 생각해요. 그 영화에는 낭만이, 그리고 주위 환경이 풍기는 분위기와 그것들이 대표하는 것 사이의 관계가 존재합니다. 〈배트맨 비긴즈〉에는 브루스 웨인이 슈퍼히어로로 이행되는 과정과 관련된 모든 것이 있습니다. 영화 도입부의 많은 부분이 그걸 묘사하죠. 특정한 장르에서 벗어난 작품으로 간주될 만한 영화를 만들고 싶다면 관객이 그걸 믿게끔 만들기 위해 제대로 굴러가는 요소를 모조리 투입해야 한다는 느낌을 강하게 받았습니다. 그래서 우리는 할 수 있는 건 모두 하고 싶었죠. 아마도 그것이 우리가 했던 작업과 우리 이전에 그 프로젝트를 맡았던 사람들이 했던 작업의 차이점일 겁니다. 흥미로운 이중성을 보여줬다는 게 차이점인 거죠."

놀란의 버전에서 웨인 가족은 〈마스크 오브 조로 The Mask of Zorro, 1998〉를 보려고 영화관에 가는 게 아니라, 아리고 보이토가 파우스트 전설의 한 버전을 오페라로 만든 〈메피스토펠레 Mefistofele, 1868〉를 관람하러 오페라 극장에 간다. 여덟 살의 브루스는 유독 한 신에 사로잡힌다. '발푸르기스의 밤' 중 사탄이 그의 주위를 미친 듯이 맴도는 박쥐와 악령, 초자연적 존재들 앞에서 무대를 장악하는 이 장면은 어렸을 때 동굴에서 박쥐와 맞닥뜨렸던 기억을 떠올리게 만든다. 공포에 빠진 브루스는 집으로 돌아가자고 부모님을 조르고, 부모님은 극장 옆문을 통해 골목으로 나선다. 쓰레기와 소화전, 수증기가 흩뿌려진 거리에서 그들이 차려입은 멋들어진 이브닝웨어는 도드라져 보인다. 그때 어떤 사람이 다가와 총을 꺼내들며 귀중품을 내놓으라고 위협한다. "진정해요." 브루스의 아버지가 말한다. 토머스_{라이너스 로체}는 남자에게 지갑을 건넨다. "여기 있소." 그런데 강도가 아내_{사라 스튜어트}에게 총을 겨누자 토머스는 아내를 보호하기 위해 움직이고, 당황한 강도는 총질을 해대며 부부를 살해한다. 이제 우리는 한 남자가 박쥐처럼 차려입게 된 원인이 무엇인지 알게 된다. 브루스 웨인은 악마를 봤다.

"〈배트맨 비긴즈〉에서 오페라에 등장하는 파우스트를 언급한 건, 브루스를 코믹북에서처럼 영화관에 보내고 싶지는 않았기 때문입니다." 놀란은 말했다. "영화 안에서 영화를 보러 가는 장면은 만화책이나 소설에서 영화를 보러 가는 장면 묘사와는 다른 울림을 줍니다. 브루스에게 그가 감당할 수 있을 만큼의 무거운 죄책감과 공포감을 주고 싶었어요. 그것이 그 영화를 밀고 나가는 커다란 동력이죠. 배트맨 시리즈 세 편에는 배트맨이 된다는 것이 브루스 웨인에게 요구하는 대가, 그런 대가의 느낌이 담겨 있습니다. 그런 요소들은 첫 편에 다 들어 있지만, 그게 제대로 펼쳐지는 데는 영화 세 편 전부가 필요했습니다. 파우스트적인 내러티브는 무척 매력적이라고 생각합니다. 〈미행〉과 〈인썸니아〉에도 그런 요소가 일그러진 형태로 들어 있죠. 윌리엄스가 연기한 핀치는 악마의 책략인 위태로운 관계 속으로 파치노가 맡은 도머를 끌어들이죠."

∙ ∙ ∙

파우스트 전설의 초창기 버전인 크리스토퍼 말로우의 희곡 「포스터스 박사_{Doctor Faustus, 1592}」에서, 박사는 '교만한 지식'에 사로잡힌 비극적인 인물이다. 그는 신이 되기를, 하늘을 날 수 있기를, 투명 인간이 되기를, 세계의 황제가 되기를 원한다. 결국 파우스트는 그 자만심 때문에 벌을 받는다. 요한 볼프강 폰 괴테가 쓴 「파우스트 Ⅰ_{Faust Ⅰ, 1829}」과 「파우스트 Ⅱ_{Faust Ⅱ, 1832}」에는 계몽주의 시대 이후의 과학적 알레고리와 관련된 요소들이 들어 있다. 괴테는 자서전 「시와 진실_{Dichtung und Wahrheit, 1846}」에서, 파우스트에 대해 "자신이 시간을 수축시키고 공간을 확장시킨… 무엇인가를… 자연에서 발견했다고 믿었다. 그것은 불가능한 것에 대해서는 소상히 알면서 가능한 일에 대해서는 경멸하며 거부하는 듯 보였다."라고 묘사한다. 괴테의 파우스트는 영웅적인 인물로, 지구 곳곳을 다니면서 별의 지도를 그리던 계몽주의 시대의 학자들과 과학자들처럼, 경계선 너머에 있는 지식을 추구하던 프로메테우스처럼 선을 넘어 끝까지 가보는 인물이다. 우리가 그를 처음 봤을 때, 그는 서재에서 자신을 상대로 투덜거리고 있다. 그는 퀴퀴한 냄새가 나는 낡아 빠진 학문의 세계를 탈피해 행동하는 삶을 살고 싶어 안달이 나 있다. 그래서 그는 '방랑하는 학자'처럼 차려입고서 그를 따라와 다음과 같은 조건 아래 세계를 탐험하고 무한한 지식을 추구하는 30년의 세월을 제안한 악마 메피스토펠레스와 내기를 한다.

내가 어느 순간을 향해
'오, 그대로 멈추거라! 너는 너무나 아름답구나!'라고 말하면
그대는 나를 결박해도 좋다.
그러면 나는 지옥 불에 떨어지는 형벌에도 미소를 지으리라.

놀란의 많은 주인공들처럼 파우스트가 원하는 것은 시간이다. 메피스토펠레스는 파우스트가 시계를 멈추고 '시간의 질주'에서 벗어난 '특정 순간'을 연장시켜 달라고 요청하지 않는다는 조건 아래 그 내기를 받아들인다. 파우스트가 마르가레테와 사랑에 빠지면서 "영원히 지속되어야 하는 황홀경! 영원한 황홀경!"을 느끼며 패하게 되는 바로 그 내기다. 결국 파우스트는 목숨을 잃고, 메피스토펠레스는 빈정대는 투로 환호성을 지른다.

마지막 순간, 쓸모없고 김빠지고 공허한
재수 없는 피조물인 그는 그걸 꽉 움켜쥐겠지.
여기서 그는 나를 상대로 그토록 잘 싸웠건만
시간이 승리하도다—몇 가닥의 거짓말, 하얘진 껍질.

이 내러티브를 모두 끝마치려면 영화 세 편이 다 필요할 터였다. 그런데 파우스트의 이런 분위기는 〈배트맨 비긴즈〉가 시작되는 바로 그 지점부터 느껴진다. 놀란의 많은 영화들처럼, 이 영화는 한 남자가 꿈에서 깨어나는 것으로 시작된다. 꿈을 꾼 사람크리스찬 베일은 꾀죄죄하고 수염이 덥수룩한 채로 어디인지 모를, 바깥세상과 멀리 떨어진 곳의 축축한 벽돌 감방에 누워 있다. 우리는 그가 어느 나라에 있는지조차 모르고, 향후 어디로 이동하는지도 알지 못한다. 곧이어 가시철조망이 둘러진 질척거리는 뜰이 보인다. 교도관들이 총을 든 채 보초를 서고, 개들이 짖는 소리가 멀리서 들려온다. 웨인이 아침으로 나올 음식을 배식 받으려고 기다리는 동안, 험상궂은 동양인 불량배가 그의 손에 들린 양철 식판을 쳐서 떨어뜨린다. "여기는 지옥이야, 이 애송아." 그는 으르렁거린다. "이 몸은 악마고 말이야." 진창을 뒹구는 잔혹한 싸움이 이어지고, 웨인은 흠뻑 젖은 피투성이가 되면서도 승리를 거둔다. 이날은 그가 석방되기 전날이다. "너는 범죄 집단을 탐구해왔어. 그런데 네 원래 의도가 뭐였건, 너는 완전히 길을 잃었어." 정장 차림의 듀커드리엄 니슨가 그에게, 그리고 영화관에서 상상할 수 있는 가장 안락한 분위기와는 한참 동떨어진 곳에서 헤매던 객석의 관객들에게 말한다. 당신이 만약 배트맨 영화라는 사실을 알지 못한 채로 어영부영 극장에 들어온 사람이라면, 이 영화가 다루는 내용이 무엇인지 깨닫기까지는 어느 정도 시간이 걸릴 것이다. 〈미드나이트 익스프레스Midnight Express, 1978〉를 업데이트한 영화인가? 중국 무술 영화 〈연인House of Flying Daggers, 2004〉을 서부 영화의 주인공을 등장시켜 리메이크한 영화인가? 키플링의 「킴Kim, 1901」을 각색한 영화인가?

놀란은 피터 위어 감독의 〈가장 위험한 해The Year of Living Dangerously, 1982〉를 작업했던 편집감독 리 스미스에게 편집을 의뢰하면서 더 장대한 본능을 풀어놓겠다는 신호를 보냈다. 두 사람은 이전의 놀란 영화에서 봤던 것보다 훨씬 더 너른 공간을 영화에 부여하면서 확 트인 풍경을 열어젖힌다. 베일이 눈보라를 뚫고 산악 지대에 있는 어둠의 사도들 수도원으로 터벅터벅 걸어갈 때, 그의 두 뺨은 추위 때문에 발그레하다. 잔인할 정도로 시퍼런 빙하의 크레바스를 배경으로 베일이 얼어붙은 호수에서 듀커드와 대결할 때 놀란과 스미스는 주위를 선회하는 미디엄 숏과 공격적인 클로즈업을 이리저리 교직시켜 공격과 방어를 보여준다. "두려움을 정복하려면, 너 자신이 두려움이 되어야 한다." 듀커드가 그에게 말한다. "그리고 인간은 볼 수 없는 대상을 가장 두려워한다." 이런 방식으로 시작되는 슈퍼히어로 신화는 세상에 없다. 슈퍼맨은 렉스 루터의 견습생 노릇을 하다가 슈퍼맨이 되지 않는다. 스파이더맨은 그린 고블린의 가르침을 통해 스파이더맨이 되지 않는다. 브루스 웨인이 배트맨이 되기 위해서 적들의 견습생 노릇부터 해야 한다는 아이디어는 배트맨 프랜차이즈뿐 아니라 슈퍼히어로 장르 전체를 보더라도 새로운 설정이다. 이 아이디어는 처음부터 윤리적인 모순을 확고히 굳히면서 그의 분열된 자아를 대표하는 장소 한 곳을, 또는 일련의 장소들을 브루스에게 제공함으로써 그 모순을 구체화한다. 〈배트맨 비긴즈〉의 가장 뛰어난 요소들은 올 굵은 삼베와 대마, 얼음의 거친 질감이 느껴지는 영화의 처음 한 시간에 가득 담겨 있다. 놀란은 히말라야를 대신할 만한 장소를 물색하던 중, 수목 한계선 위로 산맥이 보이면서도 제작진이 접근할 수 있는 아이슬란드의 바트나요쿨 국립공원 내 스비나펠스요쿨을 발견했다. 시퍼런 크레바스들에 의해 갈라진 빙하의 새하얀 얼음이 이뤄낸 잔혹하고 으스스하면서도 아름다운 풍경이었다. 브루스 웨인은 이곳에서 듀커드와 대결한다. 빙하는 매주 갈라지면서 1.2미터를 이동했다. 놀란은 나중에 〈인터스텔라〉를 촬영하기 위해 이곳으로 다시 돌아오게 된다. 빙하는 〈인썸니아〉와 〈인셉션〉에도 등장한다. 〈인셉션〉에서 빙하는 제일 깊은 꿈의 층위에 있는 '림보'의 배경이다. "망할 놈의 바닷가를 꿈꿀 수는 없는 거야?" 킬리언 머피가 연기하는 재벌 2세가 묻는다. 얼음으로 뒤덮인 세상, 거기에 눈보라까지 곁들여질 놀란의 영화에서 바닷가를 꿈꾸는 일은 결코 없을 것이다.

"아아, 그래요, 빙하를 참 좋아하는 인간." 놀란이 말했다. "지리 시간에 빙하를 공부했던 게 기억납니다. 그런데 실제로 빙하를 보러 가거나 빙하 위를 비행해보면 정말 놀랍다는 생각이 들어요. 〈인썸니아〉를 만들 때 알래스카에서 빙하 위를 비행해봤어요. 내 눈에 비친 빙하는 믿기 어려울 정도로 아름다우면서 삭막하더군요. 굉장히 영화적입니다. 그게 우리가 하고 싶은 작업이죠. 우리는 그 캐릭터가 처한 상황을 여러 측면에

—
<배트맨 비긴즈>와 <인터스텔라>의 일부 장면
이 촬영되었던 아이슬란드의 스비나펠스요쿨
빙하.

조반니 바티스타 피라네시의 1750
년 작품인 <상상의 감옥>. 러시아
영화감독 세르게이 에이젠슈타인
은 「피라네시, 또는 형식의 유동성
Piranesi, or The Fluidity of Forms,
1947」에서 "뒤쪽으로 무한히 열려
있는 일부 평면들은 시선을 미지
의 깊은 곳으로 끌고 가고, 튀어나
온 계단과 선반은 천국까지 뻗어간
다."고 언급했다. "전방인가, 아니면
깊은 곳으로인가? 이 작품에서 그
건 동일하지 않은가?"

서 상기시키거나 반영할 수 있는 풍경을 찾고 있었어요. 나한테 그런 풍경은 본능적인 측면이 더 강해요. 빙하가 나오는 영화를 촬영하면서 '그래, 빙하가 나를 놀리는 우스갯거리가 될 수도 있겠어. 그래도 계속하는 거야. 옳은 건 옳은 거잖아.'라고 생각했던 게 세 번째로 찍을 때였는지, 네 번째로 찍을 때였는지 기억이 안 나네요. 빙하는 주인공이 처한 환경의 틀을 잡으면서 동시에 극단적이고 특별한 것을 얻어낼 수 있습니다. 뿐만 아니라 고지대와 겨울의 풍경을 1년 내내 포착할 수 있는 훌륭한 방법이기도 하죠. 나는 굉장히 비관적인 사람이에요. 날씨 문제에 있어서는 항상 최악을 대비합니다. 하고 싶지 않은 일 중 하나가 가만히 앉아서 눈이 내리기를 기다리는 겁니다. 어떤 영화를 찍으면서 그런 적이 있는데, 안절부절못하겠더군요. 내 의사와는 상관없이 온전히 하늘에 달려 있는 일이니까요. 반면에 빙하의 경우, 빙하는 늘 그 자리에 있습니다. 우리는 빙하가 그곳에 있다는 걸 알죠. 얼음을 찍을 수 있고 겨울을 찍을 수 있어요. 확실하게 보장되어 있죠. 그래서 빙하는 원하는 풍경을 얻고 싶어 하는 사람을 안심시켜주는 대단히 좋은 장소입니다."

놀란이 원하는 풍경은 그의 영화에 등장하는 팜 파탈처럼 신뢰할 수 없는 존재인 경우가 잦다. 다윈이 처음에 주목했듯, 빙하가 파란색인 건 빛이 굴절되기 때문이다. 빙하는 그 자체로 우리가 보는 대상인 동시에 다른 물체를 보는 데 쓰이는 렌즈 같은 역할을 한다. 놀란이 매료된 부분이 바로 이런 상상하기 힘든 빙하의 특징이다. 빙하는 자연이 일으키는 착시 현상이자 공짜로 구현할 수 있는 특수효과로 〈아라비아의 로렌스〉에서 신기루가 데이비드 린에게 그랬듯이, 보는 이의 넋을 빼놓는다. "평지에서 일어나는 신기루 현상은 무척 강렬하다. 그래서 멀리 떨어진 물체의 본질을 분간하는 건 불가능하다." 린이 아카바에서 로케이션 헌팅을 다니는 동안 일기에 쓴 글이다. "지프는 꽤 가까이 있을 때에도 기다란 10톤짜리 트럭처럼 보인다. 사람들은 죽마竹馬에 올라서서 물위를 걷는 것처럼 보인다. 낙타를 염소나 말과 구분하지 못하는 건 확실하다. 걸어가던 사람이 엉덩이를 깔고 앉으면 '호수' 아래로 모습을 감추듯 사라지고 사람들은 그를 보지 못하게 된다." 놀란과 크로울리는 어둠의 사도들 수도원 내부를 위해 베니스의 판화가 조반니 바티스타 피라네시의 작품을 꼼꼼히 살폈다. '동판화의 렘브란트'라 불리는 피라네시의 '상상의 감옥Carceri d'invenzione' 동판화 시리즈는 1750년에 처음으로 인쇄됐는데, 피라네시가 스물다섯 살이던 1745년에 열병에 걸려 발작하던 중 창작된 것으로 알려져 있다. 이 판화는 계단과 사슬, 아치형 지붕, 교각, 깊은 틈, 아치, 회랑, 바퀴, 도르래, 밧줄, 레버가 사방팔방으로 뻗어나가는 듯 보이는 엄청난 지하 감옥을 묘사한다. 벨기에 소설가 마르그리트 유르스나르는 "모든 시대를 막론하고 감금된다는 악몽은 대체로 어딘가에 갇히는 것으로 구성됐다."고 언급했지만, 피라네시의 연작은 '순수한 양감, 순수한 공간에 도취한 건축가의 관념'을 찬양한다.

에셔의 작품이 그러하듯, 피라네시의 작품은 외부의 상태를 묘사하는 것인지 내부의 상태를 묘사하는 것인지가 근본적으로 모호하다. "그가 거둔 승리가 그를 득의양양하게 만들었지만, 그는 결국 지옥에 가까운 절망감 때문에 고통을 받았다." 피라네시의 전기 작가가 쓴 글이다. "그가 그린, 덩굴 식물에 감긴 채 뒤틀리고 산산조각 난 기둥들은 인간적인 괴로움 때문에 온몸을 비틀고 있다." 놀란은 애초에 어둠의 사도들의 히말라야 수도원을 위한 영감을 얻고자 피라네시에 의지했지만, 그의 영향력은 결국 배트케이브에까지 미쳤고, 이후에는 〈프레스티지〉에 등장하는 작업장으로 이어졌다. 그리고 건축가 조지 댄스가 피라네시의 디자인에서 영감을 받아 지은 건물인 뉴게이트 교도소를 재현하기 위한 크로울리의 작업에까지 영향을 미쳤다. "네이선을 통해서 피라네시를 소개받았습니다." 놀란이 말했다. "우리는 〈배트맨 비긴즈〉를 만들 때 수도원으로 적합한 유형의 건물을 찾아 나섰습니다. 그리고 그런 건물은 〈프레스티지〉에서 교도소뿐 아니라 작업장을 비롯한 여타의 건물들까지 큰 역할을 수행했죠. 내 영화에는 그의 작품에 대한 언급이 많습니다. 나는 그의 빅 팬이에요. 교도소의 리얼리티를 얘기하자면, 나는 남들과 마찬가지로 교도소에 가는 걸 끔찍이도 무서워합니다. 네이선과 런던에서 교도소를 둘러본 적이 있어요. 우리가 교도소 외부를 살펴보고 있자, 그곳을 견학시켜주던 사람들이 '흐음, 내부를 들여다보고 싶은가요?'라고 묻더군요. 그 감옥은 현대적인 감옥이었습니다. 기본적으로 사방의 벽이 유리로 된 구치소였죠. 우리는 밥맛 떨어지는 콤비처럼 스타벅스 컵을 들

왼쪽 위에서 시계 방향으로 시드니 루멧의 〈형사 서피코〉를 촬영 중인 알 파치노. 루멧의 〈더 힐〉에 출연한 숀 코네리. 짐 고든과 배트맨은 루멧의 주인공들과 동일하게 '추잡한 세상에서 청렴함을 유지하는 법'이라는 문제에 직면해 있다.

고 그 앞에 우두커니 서 있었습니다. 자발적으로 교도소 내부에 헌팅을 가는 건 사실 좋은 아이디어는 아닙니다. 어쨌든 우리는 이런 인위적인 버전에 손을 대고 작업을 하죠. 우리에게는 대단히 유용한 일이었으니까요. 나는 3차원적인 기하학적 구조에 항상 많은 신경을 씁니다. 그래서 같이 일하는 사람들에게 세트장의 벽들을 뜯어서 옮기는 식으로 작업하지 않는다는 걸 일찌감치 알려주죠. 관객의 시점에서 벽이 있는 지점이라는 것을 뻔히 알고 있는데 그 뒤쪽으로 카메라가 물러날 경우, 관객들은 분명 속고 있다는 사실을 단박에 알아차릴 겁니다. 방이 배경일 때 대부분의 경우 우리는 방의 바깥에 있다고 느낍니다. 그건 흥미로운 효과가 될 수도 있지만, 나는 속박됐다는 느낌을 빚어내고 싶습니다. 우리가 공간 내부에 있다는 느낌을 주고 싶은 거죠. 그러니까 밀실 미스터리는 우리가 스토리텔러로서 성취할 수 있는 가장 소중한 요소입니다. '실현이 불가능한 상황, 그런 상황에서 어떻게 벗어날 것인가?' 그 질문에 대해 훌륭한 대답을 내놓는다면 그 답은 황금처럼 소중할 겁니다."

· · ·

놀란은 종종 사람을 가두는 환경에 매료된다. 〈메멘토〉의 모텔, 〈인썸니아〉의 오두막집, 〈배트맨 비긴즈〉에서 브루스 웨인이 깨어나는 감옥, 〈프레스티지〉의 뉴게이트 교도소, 〈덩케르크〉의 저인망 어선이 그러하다. 하지만 그의 영화에서 '사람을 가두는 공간'이 항상 감금으로서만 기능하는 것은 아니다. 특히 놀란의 악당들은 공간과 시간의 경계선에 대한 파우스트적인 지배력을 즐긴다. "저 사람, 밖에서는 거물이었죠." 〈배트맨 비긴즈〉에서 스케어크로우가 아캄 정신병원에 수용된 팔코네를 보고 하는 말이다. "여기서는 오로지 정신만이 우리에게 힘을 줄 수 있어요." 그리고 〈다크 나이트〉에서는 경찰서 유치장에 갇힌 조커가 그를 자유롭게 해줄 폭탄을 작동시키기 위해 전화를 한 통 건다. 탈출한 조커는 바람을 들이마시는 개처럼 행복한 모습으로 그를 태운 경찰 호위차량 창문 밖으로 머리를 내민다. 또한 〈다크 나이트 라이즈〉 도입부에서 베인은 이런 질문을 받는다. "체포되는 것도 계획의 일부였나?" 그가 대답한다. "물론이지."

이것은 놀란의 모든 주인공이 반드시 맞서 싸워야 하거나, 아니면 타협해야 하는 요소다. 그들은 갇혔다는 사실을 받아들이거나, 해방되는 방법을 찾아내야 한다. 꼬마일 때 떨어졌던 우물을 살펴보던 브루스 웨인은 한때 북부로 탈출하는 노예들이 사용했던 지하 동굴을 배트케이브로 개조한다. 사람을 감금하던 공간은 웨인 엔터프라이즈의 CEO 루시우스 폭스의 도움을 받아 웨인 저택 아래에서 최첨단 배트케이브를 지을 수 있는 기지가 된다. 감금의 공간은 구원의 공간이 되고 정체성에 대한 감각을 제공하는 것이다. 이제 브루스 웨인은 그곳에서 케블라 섬유로 만든, 부와 잠행潛行 그리고 반짝이는 자아를 상징하는 보디슈트를 준비한다. 베일의 배트맨은 다스베이더 같은 쉰 목소리로 으르렁거리듯 대사를 내뱉으며, 복면 뒤의 일그러진 얼굴로 모두를 당장 덮칠 듯한 기세다. 끓어오르는 분노와 슬픔 앞에서 다른 것들의 존재감은 미약해진다.

고담으로 돌아온 브루스 웨인은 부패로 만연한 도시를 목격한다. 갱단이 경제를 좌지우지하고 대부분의 경찰은 뒷돈을 받아 챙긴다. "이렇게 썩어빠진 동네에서 누구한테 꼰지를 수 있겠어?" 부패의 물결을 막으려 애쓰는 선한 경찰 짐 고든게리 올드만이 말한다. 영화의 이 중간 부분은 프랭크 밀러의 「배트맨: 이어 원」과 시드니 루멧의 〈형사 서피코〉에 많이 의지한다. 바르샤바에서 필라델피아로 이주한 유대인 1세대로, 여덟 살 때 칼 마르크스를 읽고 미 육군 통신대에서 5년 가까이 복무했던 루멧은 놀란의 영화 연출에 영향을 준 인물들 중 가장 의외의 인물일 것이다. 뢰그나 큐브릭처럼 형식주의자가 아닌 루멧은 다듬어지지 않은 다이아몬드였고 대중선동가였다. 그는 〈12명의 성난 사람들12 Angry Men, 1957〉, 〈형사 서피코〉, 〈뜨거운 오후Dog Day Afternoon, 1975〉, 〈네트워크 Network, 1976〉, 〈도시의 제왕Prince Of The City, 1981〉, 〈심판The Verdict, 1982〉 같은 영화들을 통해 정치적 견해를 표명했다. 그의 영화들은 언젠가 그가 밝혔듯, "구경꾼으로 하여금 자기 양심의 이런 측면이나 다른 측면을 점검"해보라고 강요했다. 놀란이 매료된 것은 체계화된 부패에 대한, 균형을 잃은 사법제도에 대한, 영원토록 삐딱하게 돌아가는 우주에 대한 루멧의 의식이다. 놀란은 〈오리엔트 특급 살인 사건Murder on the Orient

Express, 1974〉이 영국 TV에서 방영됐을 때 루멧을 처음으로 접했다. 이후 숀 코네리가 아동학대범이언 배넌을 신문하던 중 충동적으로 죄를 저지르게 되는 맨체스터의 다혈질 형사를 연기한 〈신문The Offence, 1973〉이 뒤를 이었다. 영화에서 코네리는 정신 나간 사람처럼 깔깔거리는 배넌을 무력한 모습으로 사정없이 두들기는데, 코네리와 배넌의 이 마지막 대결은 〈다크 나이트〉에서 배트맨과 조커가 맞붙는 신의 씨앗이 됐다.

"루멧의 영국 활동 시기는 경이로웠습니다." 놀란은 말한다. "십 대 때 TV로 〈신문〉을 보면서 '이건 대체 무슨 영화야?'라고 생각했습니다. 편집 측면에서 뢰그와 통하는 부분이 있는 영화였는데, 주류 영화 연출의 흔적을 제대로 볼 수 있었죠. 그 영화는 시간을 갖고 노는 측면에서 비범한 해체 전략을 구사했습니다. 믿기 힘들 정도로 충격적인 영화죠.

압박감에 시달리며 죄책감에 짓눌린 숀 코네리의 경찰 연기는 경이롭습니다. 놀랍죠. 그리고 스탠리 큐브릭이 만든 영화처럼 느껴지는, 정말 위대한 영화 〈더 힐The Hill, 1965〉도 그렇습니다. 루멧이 그토록 다양한 소재를 다루면서도 인간성이 결여된 잔혹한 사회를 다룬 큐브릭의 영화 같은 작품들을 만들어낸다는 사실이 경이롭습니다. 뉴요커가 연출한 그 두 편의 영화는 굉장히 영국적인 영화이고, 매우 심란한 영화입니다. 〈형사 서피코〉는 철저하게 현실세계를 배경으로 한 공포 영화입니다. 정말 무시무시하죠. 우리는 〈배트맨 비긴즈〉를 만들기 위해 그 요소를 철저히 수용했습니다. 고담의 부패는 음울한 시대였던 1970년대의 부패 수준과 엇비슷해야 했죠. 배트맨의 존재가 타당성을 얻으려면 〈형사 서피코〉 수준의 부패여야 했으니까요. 어떻게 해야 고든이 자경단원의 존재를 받아들일까요? 그가 아무 일도 할 수 없는 프랭크 서피코의 상황과 유사

—
〈배트맨 비긴즈〉에 영향을 준 영화인 프리츠 랑의 〈메트로폴리스〉 포스터.

한 상황에 처해야 했습니다. 사법 체계를 굴리는 바퀴들은 멈춰 선 상황이어야 했죠. 성장하면서 봤던 영화들을 다시 보면서 시대적인 분위기와 그 영화들이 현재의 영화사에서 차지하는 위상을 느끼며 얻은 게 있습니다. 사람에게는 근본적인 것을 지향하는, 단순성을 지향하는 성향이 있다는 겁니다. 관객들은 그 영화들을 통해서 얻게 되죠. 추잡한 세계에서 깨끗한 사람이 되는 것이 얼마나 힘든 일인가 하는 깨달음을 말입니다. 그것이 〈형사 서피코〉가 우리에게 던지는 메시지입니다."

• • •

연출에 집중하기 위해 제작자 역할을 포기한 놀란과 프로덕션 디자이너 네이선 크로울리는 서리에 있는 셰퍼톤 스튜디오에서 가장 큰 스튜디오를 자체적으로 물이 흐르는 냇물과 폭포가 있는 18미터짜리 모조 암석 배트케이브로 채웠다. 제작진은 그곳에서 작업한 후 런던 외곽의 카딩턴에 있는 비행선 격납고로 이동했다. 그곳은 예전에 영국 공군이 사용하다가 방치한 곳으로 세로 240미터에 가로 120미터, 바닥부터 천장까지의 높이가 48미터에 달했으며 16개의 층으로 이루어져 있었다. 제작진은 그곳에 고담 시티의 구역 전체를 지었는데, 가장 큰 구역은 11층 높이였

—
카딩턴의 세트에서 케이티 홈즈에게 연기를 지시하고 있는 놀란. 이 영화와 관련한 대화에서 놀란은 랑을 어떤 감독보다도 많이 언급했다.

다. 건축 담당 스태프들은 기존의 구조물 위에 건물 정면과 거리의 다른 구조물들, 가로등, 신호등, 네온사인을 설치했고, 차량들이 주위를 운행하게끔 설계했다. 이 모든 구조물에는 실제 도시와 비슷하게 건물 내부에서 조명을 밝혔고, 특수효과 담당자들이 만들어낸 비도 내렸다.

"스튜디오 시스템을 상대해보면, 그들은 더 큰 규모를, 더 큰 규모보다 훨씬 더 큰 규모를 원합니다." 놀란은 말했다. "그들은 항상 더 크고 더 많고 더 무거운 것을 본능적으로 좇습니다. 시나리오를 한 페이지 읽고서는 생각하죠. '흐음, 잠깐만, 액션이 충분한 거야?' 그런 요소들이 스튜디오 입장에서 느끼는 크나큰 압박감입니다. 우리는 〈배트맨 비긴즈〉를 작업하면서 되도록 거창한 방식으로, 매우 구체적으로 시나리오를 썼습니다. 우리는 말했죠. '전 세계를 돌아다닐 겁니다. 히말라야에 이렇게 커다란 수도원이 있을 것이고, 그걸 날려버릴 겁니다.' 그런 요소들을 할 수 있는 한 최대한 크게, 매우 구체적으로 만들었습니다. 나와 네이선 입장에서는 아주 많은 걸 배운 과정이었죠. 네이선은 그 정도 규모의 영화를 디자인한 경험은 없었지만, 많은 대작 영화에 아트 디렉터로 참여하면서 대형 세트들을 지어야 했습니다. 나는 슈퍼맨의 사례를 살펴보고는 말했죠. '좋아요, 우리는 영국에서 촬영할 겁니다.' 세금 우대조치를 좇아 호주나 캐나다 같은 나라로 가는 대신에요. 리처드 도너 감독은 〈슈퍼맨Superman, 1978〉을 영국의 파인우드 스튜디오에서 찍었습니다. 잘은 모르겠지만 뉴욕에서도 3주 정도 로케이션 촬영을 했고요. 사실 로케이션 촬영을 한 달에서 6주쯤 진행하고 싶었습니다. 그런데 이 바닥 일이 자주 그렇듯, 로케이션 규모가 제작비와 관련한 여러 이유 때문에 서서히 줄어들었죠. 시카고 로케이션 촬영 기간은 3주밖에 안 됐을 겁니다. 이후 그 외의 모든 작업은 스튜디오 안에서 했죠. 어마어마한 규모의 세트들을 지었어요. 그런데 우리가 배운 건, 스크린을 통해서 거대한 규모를 보여주려 할 때 세트를 이용하는 게 탁월한 방법이 아니라는 겁니다. 정말 그렇더군요. 〈배트맨 비긴즈〉는 그때껏 만들어진 영화들 중 최대 규모의 영화였습니다. 물론 물리적인 관점에서 그렇다는 겁니다. 작업이 끝날 무렵, 스튜디오는 그 영화를 무척 흡족해했어요. 그러면서도 '흐음, 이 영화가 대작이라고 말하기에 충분할 정도로 큰 영화인가요?'라는 말을 지속적으로 하더군요. 나는 확신해요, 우리가 영화에서 지리적으로 보여줄 수 있는 절대적인 한계를 구현했다는 사실을요. 더 이상은 영화에 그 무엇도 욱여넣을 수가 없었죠."

놀란은 영화를 위해 작곡가 2명을 고용했다. 그가 학창 시절 마지막 해에 즐겨 들은 사운드트랙들을 작곡한 제임스 뉴튼 하워드와 한스 짐머였다. 놀란보다 열세 살 위인 짐머는 그 무렵 니콜라스 뢰그의 〈사랑의 상대성Insignificance, 1985〉과 스티븐 프리어즈의 〈나의 아름다운 세탁소My Beautiful Laundrette, 1985〉를 위해 영화음악을 작곡하는 스탠리 마이어의 작업에 참여한 뒤였다. "한스는 경력을 시작할 때 신시사이저 천재로 불렸습니다. 영화음악 연주에서 신시사이저의 역할을 제대로 구현하는 특별한 사람이었죠. 그는 그렇게 마이어의 음악에 기여했습니다. CF나 그와 유사한 작업에서 그와 처음으로 같이 작업하기 시작한 사람은 토니 스콧이었다고 생각합니다. 이후 한스는 리들리 스콧의 〈블랙 레인〉을 작업했죠. 열아홉 살 때 나는 그의 음악에 푹 빠져 있었습니다. 정말로 근사한 음악이었죠. 신시사이저 음악으로 구현해내는 분위기, 문화적인 이미지와 결부되지 않는 소리를 빚어낼 수 있다는 것, 이와 같은 요소가 신시사이저를 영화음악에서 흥미로운 존재로 만들어주죠. 나는 조금 더 열린 마음으로 그 요소들을 활용하려고 노력합니다. 한스와 내가 성공적으로 협업해온 이유가 그거죠. 내가 '그는 영화의 가치를 최대화하는 미니멀리스트 작곡가'라고 말하는 걸 좋아하니까요. 그의 음악은 사운드가 무척 크지만, 그 배후에 자리한 관념은 믿기 힘들 정도로 미니멀합니다. 무척 단순하죠. 그런 음악적 특징이 영화감독인 내게 작업할 수 있는 공간을, 음과 음 사이의 공간을 제공합니다. 내가 오랜 시간 규모가 큰 영화음악으로 해온 작업은 기존의 과정을 완전히 역전시키며 감정에서 출발하려는 시도였고, 이야기의 근본적인 핵심에서 출발해 이후로 체계적인 과정을 구축해 나가는 것이었습니다. 그런데 이런 과정을 거치려면 어느 정도의 자신감이 필요합니다. 한스가 메인 테마로 쓰려고 염두에 둔 음 2개를 나한테 연주해주면, 나는 그걸 듣고는 잔뜩 겁에 질리거든요. 그러면서 계속 묻는 거죠. '히어로를 위한 팡파르가 정말 이걸로 충분한가요?' 결국 제임스가 빼어난 곡을 작곡했지만 〈배트맨 비긴즈〉에서는 그

곡을 사용하지 않았습니다. 제임스가 그때 쓴 곡은 〈다크 나이트〉에서 하비 덴트의 테마로 돌아왔죠. 그런데 한스의 경우, 자신이 무슨 일을 하려는지에 대해서는 한마디도 하지 않으면서 그저 그 방향으로 계속 질주합니다. 완전히 미니멀한 스타일로 말입니다. 그 음악은 딱 두 음으로만 이뤄진 영웅적인 테마의 메아리와 무척 비슷합니다.”

. . .

‘영화의 가치를 최대화하는 미니멀리스트’라는 짐머에 대한 놀란의 묘사는 놀란 자신에 대한 묘사로도 유효하다. 그리고 두 남자가 이후로 함께한 몇 년을 돌아보면, 그토록 긴밀한 창조적 파트너 관계를 벼려낼 수 있었던 이유가 무엇인지 보여준다. 미니멀리스트와 맥시멀리스트라는 두 가지 충동은 〈배트맨 비긴즈〉를 통해 거침없는 대화를 나누면서, 이후 함께 작업하며 누리게 될 즐거움을 두 사람에게 안겨줬다. 영화에는 악당이 많이 등장한다. 3명이나 되는데, 각각의 악당은 다음에 등장할 악당의 주머니로 차례차례 들어가는 신세가 된다. 처음 등장하는 악당은 톰 윌킨이 연기하는 조폭 두목 카마인 팔코네로, 스케어크로우킬리언 머피가 나타나 두려움을 유발하는 독소를 최루 가스처럼 얼굴에 뿌려댄 후로는 으르렁거리기만 할 뿐 물지 못하는 개처럼 변해버린다. 한편, 스케어크로우는 죽기를 거부하는 서브플롯처럼 브루스 웨인의 생일 파티에 불청객으로 등장한 라스알굴의 복귀를 알리는 신호탄에 불과하다. 놀란이 라스알굴을 선택하게 된 정확한 이유는 라스알굴이 배트맨에게서 관객의 시선을 빼앗아가지 않는 캐릭터이기 때문이다. 그래서 라스알굴의 복귀는 영화에 필요한 전율을 거의 제공하지 않는다. 우리는 놀란이 처한 딜레마를 이해할 수 있다. 히말라야를 방문해서 초자연적인 존재를 소환하고 제국의 몰락을 이미 목격한 상태에서, 경찰에 체포된 조폭 두목 한 명이 빚어낼 수 있는 스펙터클이 얼마나 되겠는가? 이 영화가 보여주는 글로벌한 세계는 관객이 고담의 부패에 열중하도록 만드는 데 필요한 분위기, 즉 고담시 안에 갇혔다는 느낌을 소멸시킨다. 〈배트맨 비긴즈〉의 고담은 건축적인 측면에서도, 도덕적인 측면에서도 빅토리아풍 고딕양식 건축물인 웨인 저택과 결합되는 시카고 루프Chicago Loop의 딱딱하고 깔끔한 라인들, 모노레일과 가상의 수로 같은 일부 불필요한 초현대적 터치, 비에 젖은 〈블레이드 러너〉를 향해 바치는 오마주 등과는 잘 어울리지 않는다. 한편, 세트를 다 때려 부수는 피날레(높은 곳에서 벌어지는 싸움, 사라진 대량 살상 무기, 심리적 실험과 재앙을 향해 돌진하는 모노레일 열차)는 자신의 창조적인 의향을 좋기보다는 스튜디오를 위해 의무를 수행하는 작업처럼 느껴진다. 그는 〈다크 나이트〉에서 아이맥스 촬영을 하며 이 문제를 해결했다. 〈배트맨 비긴즈〉의 건축과 관련된 모든 잡동사니는 조커의 혼돈과 시카고 루프의 딱딱하고 깔끔한 라인들 사이의 삭막한 대비 속으로 명확하게 녹아들어 간다.

그런데 〈배트맨 비긴즈〉의 결점은 눈에 띄고 도드라지기보다는 포괄적인 유형의 결점들로 느껴지는 반면, 그 영화의 미덕, 특히 처음 한 시간 동안 등장하는 매력은 풍경을 활용하는 솜씨와 어둠의 사도들과 함께 한 시간 때문에 브루스의 뇌리에 새겨진 인상과 함께 독보적으로 빛나고 있다. "배트맨은 상징일 뿐이야." 영화의 결말에서 그가 레이첼에게 말

"너는 끔찍한 생각이 되어야 해. 유령이 되어야 한다고." 듀카드가 브루스 웨인에게 말한다. 해질녘의 고담시와 배트맨.

한다. "아니야. 이건 너의 마스크야." 레이첼이 그의 얼굴을 만지며 말한다. "너의 진짜 얼굴은 범죄자들이 지금 두려워하는 얼굴이야. 내가 사랑했던 남자, 사라져버린 남자는 결코 돌아오지 않았어." 고이어의 오리지널 버전에서는 이 대사의 위력이 훨씬 떨어진다. 오리지널 버전에서 레이첼은 이렇게 투덜거린다. "배트맨과 브루스 웨인 사이에 나를 위한 공간은 없어." 그러자 브루스는 범죄와 맞서 싸우는 생활을 포기하겠다고 제의한다. "너는 그 삶을 선택한 게 아니야, 브루스." 그녀는 말한다. "그건 너한테 떠맡겨진 거야. 위대한 일들이 종종 그랬듯이 말이야." 놀란의 버전에는 자신이 결코 완전히 돌아가지 못하리라는 사실을 잘 아는 추방자의 진심 어린 희생과 서글픔이 담겨 있다.

"시리즈 세 편 중 〈배트맨 비긴즈〉는 많은 요소가 적절하게 조화를 이룬 영화이자, 주제적인 측면에서도 근사하게 균형이 맞춰진 작품이었습니다. 좋은 평가도 받았죠." 놀란은 말했다. "사람들은 그 영화를 무척 좋아했습니다. 그렇지만 상업적으로 우리가 기대했던 것만큼 성공적이지는 않았어요. 성공할 거라는 예상은 절대로 하면 안 됩니다. 나는 굉장히 부정적인 사람이고, 미신을 믿는, 비관적인 사람입니다. 스튜디오가 사람들에게 이 영화를 보여줬을 때, 모두들 영화를 무척 좋아했고, 많은 사람이 짜릿해 했습니다. 그런데 과거에 나온 실패한 영화 두 편 때문에 캐릭터와 시리즈를 향한 부정적인 감정을 가진 사람도 많았었죠. 나는 '리부트'라는 단어가 처음으로 적용된 게 〈배트맨 비긴즈〉부터라고 생각해요. 당시에는 깨닫지 못했지만, 그 용어는 현재 할리우드가 구사하는 문법의 일부가 됐죠. 우리가 직면했던 큰 문제는, 시리즈의 마지막 영화가 나오고 8년이 지난 후에 리부트를 하고 있었다는 겁니다. 8년이라는 기간은 너무 짧게 느껴졌습니다. 실제로 너무 짧았습니다. 그런데 요즘 할리우드는 2년밖에 안 지났는데도 리부트를 합니다. 갈수록 기간이 짧아지고 있죠. 하지만 당시의 우리 입장에서는 정말 심각한 문제였습니다. '새로 나온 〈배트맨〉 영화 보러 오세요.'라고 말하면, 사람들은 '그 시리즈의 마지막 영화가 마음에 들지 않았어요.'라는 식으로 반응할 것 같았거든요. 요즘은 관객들이 '내가 전에 본 영화와 같은 영화인가, 아니면 다른 영화인가?'라고 혼동할 여지가 많이 줄어들었죠.

〈배트맨 비긴즈〉는 짐 고든이 범행 현장에 놓여 있던 조커 카드를 보여주는 것으로 끝난다. 그런데 이 영화가 최종적으로 거둔 흥행수입 4억 달러는 속편 제작을 불가피한 일로 만들었다. 놀란은 거액의 제작비와 대규모의 자원을 동원해 할리우드 방식으로 가장 오랫동안 자신의 영화를 작업한 기간의 초입에 막 들어선 참이었다. 놀란보다 앞서 그런 기간을 가장 오래 누린 감독은 데이비드 린으로, 50년대 말과 60년대의 위대한 영화들인 〈콰이강의 다리〉, 〈아라비아의 로렌스〉, 〈닥터 지바고Doctor Zhivago, 1965〉를 만들다가 〈라이언의 딸Ryan's Daughter, 1970〉이 신랄한 혹평을 받으면서 지원이 끊기는 결말을 맞은 바 있었다. "당신들은 내가 16mm 흑백 필름으로 영화를 만드는 신세로 전락하기 전까지는 만족하지 않을 거요." 전미 비평가협회National Society of Film Critics가 알공퀸 호텔에서 주최한 저녁 행사가 끝날 무렵 린이 투덜거린 말이다. 그 자리에 모인 평론가 집단은 린이 '또 다른 근사한 볼거리'를 만든다며 매우 혹평하고 있었다. 파우스트는 자신이 빚어낸 장대한 풍광이라는 함정에 빠졌다. 평단에서는 놀란이 보여준 비슷한 유형의 수직 상승에도 유사한 의혹을 품었다. 그런데 놀란이 거둔 그 성공은 제작비를 펑펑 써댔던 웰즈나 코폴라 같은 감독들 옆에 세워두면 왠지 궁핍해 보였다. 그 감독들이 보기에, 모름지기 걸작이라면 스튜디오 임원 십여 명을 관상 동맥 질환에 시달리게 만들거나 영화를 학수고대하던 언론에 의해 재앙이라는 낙인이 찍히는 작품이어야 했다. 놀란 버전의 〈1941 1979〉과 〈어비스The Abyss, 1989〉*는 어디에 있나? 놀란의 코를 납작하게 만들, 실패 뒤에 뒤따라올 인간적 교훈을 안겨줄, 열정적으로 만들었지만 불운해질 대작 프로젝트는 어디에 있단 말인가? 인간은 긴 시간 승승장구의 연속으로 이뤄진 자신의 경력에서 무엇을 배울 수 있을까?

"나도 압니다." 놀란이 말했다. "심각한 일이죠. 그래요, 객관적인 관점에서 다른 감독들의 경력을 살펴보면 그들 중 일부는 실패작에서 교훈을 얻었다는 걸 확인할 수 있으니까요. 스필버그는 〈1941〉이후 〈레이더스〉와 〈E.T.〉를 만들었습니다. 그런데 엉뚱한 교훈을 얻은 감독들도 있었죠. 나는 다양하고 유익한 경험을 했는데, 나한테는 무척 다행한 일이었다고 생각합니다. 중요한 경험 중 하나가 〈프레스티지〉였죠. 우리는

● 각각 스티븐 스필버그와 제임스 카메론의 실패작.

그 영화가 개봉 주말에 박스오피스 4위나 5위를 차지할 거라고 예상했습니다. 우리가 뽑아낸 예상 성적도 속된 말로, 똥통에 빠지는 정도였고요. 그런데 스튜디오는 그 영화를 꽤 좋아했습니다. 그 영화의 홍보 캠페인도 마음에 들어 했죠. 그래서 그들은 예상 성적을 받아들고는 당황했습니다. 주초에 나온 최초의 리뷰들은 좋지 않았어요. 당시는 영화 비평 사이트인 '로튼 토마토'가 막 시작된 참이었습니다. 우리는 화요일에 프리미어를 가졌죠. 실패작을 들고 프리미어에 간다고 생각했어요. 에이전트한테서 '이렇게 잘 만든 영화가 그런 평가를 받는 건 수치스러운 일'이라는 내용의 전화를 받은 뒤였습니다. '쫄딱 망했구나.' 그렇게 생각하

<프레스티지>의 포스터.

고 있었죠. 불길한 징조였어요. 영화가 개봉되기 전부터 많은 정보가 돌았으니까요. 그래서 우리는 로튼 토마토에서 형편없는 점수를 받은 영화의 시사회를 향해 차를 몰았습니다. 처참한 예상 성적과 관객의 반응을 느낄 수 있었어요. 엘 카피탄에서 열린 할리우드 프리미어였습니다. 그런데 그 시사회는 우리가 그때껏 진행했던 시사회 중 제일 잘된 시사회로 끝났습니다. 사람들의 기대치가 무척 낮았기 때문입니다. 그 영화에 대한 입소문은 '영화 형편없대, 그 영화는 재앙이야.' 같은 말들이었죠. 영화가 끝장났다는 걸 알면서도, 모두들 내가 만든 영화를 싫어하리라는 걸 알면서도 시사회로 차를 몰고 가는 경험을 해봤다는 점에서 나는 무척 운이 좋은 사람이라고 느낍니다. 사람은 그런 경험을 통해서 배우게 되니까요. 내가 배운 것은, 그리고 나한테 정말 중요한 것은 그 영화가 좋은 영화라는 걸 나 자신은 알고 있었다는 겁니다. 불쾌한 경험이긴 했지만 나는 내가 만든 작품을 좋아한다는 걸 알고 있었어요. <프레스티지>를 떠올리면 기분이 무척 좋았습니다. 정말 어려운 상황에서 모두들 입을 모아 그건 쓰레기 같은 영화라고 말할 때, 나에게 남은 건 그 영화뿐이라는 걸 깨달았죠. 그러니 어떤 영화가 처음에는 믿음이 가지 않더라도 리스

크를 감수해야 합니다. 끔찍한 리스크를 말이죠."

2006년 10월 20일에 개봉한 〈프레스티지〉는 개봉 주말에 흥행 1위에 올랐다. 리뷰는 좋았고, 영화는 제작비 4,000만 달러를 쉽게 회수하고 결국 1억 1,000만 달러를 벌어들였으며, 아카데미 미술상과 촬영상 부문 후보로 지명됐다. 놀란에게는 자신이 만든 영화가 히트작인지 실패작인지의 여부조차 빛이 일으키는 착시로 보인다.

SIX ILLUSION

—

여섯
환상

"자세히 살펴보고 있는 건가요?" 숲에 흩어져 있는 실크해트*들을 포착한 트래킹 숏에서 마이클 케인의 목소리처럼 들리는 음성이 묻는다. 시기는 빅토리아 시대 말엽으로 1890년대다. 토머스 에디슨이 백열전구를 발명하고, 이를 향한 과학적 호기심이 전기를 가정생활의 일상적 존재로 만들어가던 시기이다. 또한 마술사들이 갈수록 줄어드는 관객 수효를 유지하기 위해서 요술에 가까운 위험천만한 묘기를 부려야 했던 시기이기도 하다. 〈프레스티지〉의 첫 신에서 우리는 로버트 앤지어_{휴 잭맨}가 트랩도어를 통해 밑에서 기다리는 물탱크로 곤두박질치는 모습을 보게 된다. 그는 탈출하지 못하고 익사한다. 그가 익사하는 모습을 다른 마술사 알프레드 보든_{크리스찬 베일}이 지켜보고 있다. 이후 보든은 살인죄로 재판을 받고 유죄 판결을 받으면서 교수대에 오를 날만 기다리는 신세다. 우리는 이 모든 것을 두 눈으로 똑똑히 봤다. 그런데 〈프레스티지〉의 도입부는 놀란이 연출한 모든 영화들의 도입부 중에서 가장 파악하기 힘든 도입부일 것이다. 영화의 결말에서 놀란은 똑같은 신을 다시 보여줄 텐

● **실크를 두른 원통형의 서양식 남성 모자.**

데 이번에는 완전히 정반대의 결론에 도달하게 될 것이다. 보든은 무죄일 뿐 아니라, 앤지어도 죽지 않았다. 우리를 속이는 궁극적인 트랩도어는 교수대다. 이 영화의 러닝 타임 2시간 10분 동안 펼쳐지는 두 남자의 경쟁은 그들의 신체 부위를, 생계 수단을, 최종적으로는 목숨을 대가로 요구하기에 이른다. 그리고 마지막 반전은 두 남자가 원래 가지고 있던 목숨보다 몇 배는 많은 목숨을 잃게 되리라는 걸 보여준다.

경쟁하는 두 마술사를 다룬 크리스토퍼 프리스트의 1995년 소설에 놀란이 관심을 갖게 된 것은 제작자 발레리 딘 덕분이었다. 시기는 〈메멘토〉 촬영을 마친 직후인 1999년 말이었는데, 놀란은 〈인썸니아〉의 프리 프로덕션에 정신을 쏟아야 하는 바람에 시나리오를 직접 쓸 시간이 없었다. 그래서 2000년 가을에 영국에서 〈메멘토〉를 홍보하는 동안, 그는 훗날 시나리오에 등장하는 장소이기도 한 하이게이트 공동묘지에서 동생 조나와 긴 산책을 하며 소설을 각색할 의향이 있는지 물었다. "줄거리를 들려주고는 물었죠. '이 작품에 필요한 게 뭔지 알아. 나한테 이런 아이디어가 있어. 이걸 시나리오로 써보는 건 어때?'라고요." 놀란은 말했다. "조나가 딱 알맞은 유형의 상상력을, 그런 이야기에 적합한 아이디어를 가진 녀석이라는 걸 알고 있었거든요. 그 공을 앞으로 굴릴 수 있을 만한 사람이 동생 말고는 아무도 없었습니다. 조나는 그 아이디어와 책을 정말로 마음에 들어 하더군요. 동생의 첫 시나리오가 될 그 시나리오 작업 당시를 생각해보면, 내가 동생한테 무리한 요구를 한 건 분명합니다. 그런데 우리는 미숙한데다가 멍청했고, 나는 〈메멘토〉로 큰 성공을 거둔 상태였습니다. 조나가 나한테 정신 나간 아이디어를 덥석 넘겨주고 나는 그 아이디어를 바탕으로 정신 나간 시나리오를, 그것도 영화가 역방향으로 진행되는 시나리오를 쓰게 되는 바람에 생겨난 그 영화 말입니다. 그러다 보니 무슨 일이든 가능할 것 같더군요. 영화를 더 많이 만들게 되면서 배운 게 있습니다. 감독으로서 맞서 싸워야 할 고민거리는 사고에 제한을 두지 않으면서도 제대로 굴러가지 않을 만한 요소들을 파악하는 것, 사람들이 당신으로 하여금 교묘하게 회피하도록 놔두지 않을 만한 요소들을 파악하는 것입니다."

〈인썸니아〉의 성공이 놀란을 〈배트맨 비긴즈〉로 몰아가는 동안, 조나는 〈프레스티지〉의 시나리오 집필을 고생스럽게 해나가면서 형에게 원고를 보내고 형의 의견이 담긴 쪽지를 받았다. "동생은 그 시나리오를 몇 년 동안 썼습니다. 작업을 마칠 때쯤에는 5년짜리 작업이 되어 있더군요. 각색하기가 무척 까다로운 작품이었으니까요. 조나가 원고를 보내오면 난 쪽지를 보냈죠. '이건 먹히지 않아. 저건 먹히지 않아.' 원작 소설은 영화로 만들기 위해서 반드시 풀어야 하는 퍼즐 상자였고, 우리는 그걸 풀어내는 데 몇 년이 걸렸습니다." 형제는 한 층을 벗기면 새로운 층이 나오는 촘촘하게 중첩된 세계에 몰두하고 싶다는 데 뜻을 모았다. 놀란은 조사를 시작하면서 빅토리아 시대 런던의 시각적인 화려함에 강한 인상을 받았다. 라디오와 영화, 텔레비전이 없던 시대였음에도 런던에는 온갖 종류의 시각적 광고물이 즐비했다.

"빅토리아 시대는 정말 매혹적인 시대입니다. 내가 대학을 떠난 직후에 출판된, 빅토리아 시대를 재평가하는 좋은 책이 몇 권 있었습니다. 빅토리아 시대는 대중의 상상 속에서 억압적인 보수주의 시대로 고착됐지만, 현실은 사뭇 달랐습니다. 그래서 빅토리아 시대 사람들의 지적 대담함과 당시에 벌어지고 있던 일들을 자세히 살펴보면, 매혹적인 시대라는 걸 알 수 있을 겁니다. 처음에는 억압에 대한, 복장과 매너와 그 외의 모든 것들에 대한 피상적인 관념을 얻게 되겠지만, 그 과정을 거치고 나면 믿기 힘들 정도로 휘몰아치는, 세상을 바꾸는 아이디어로 충만했다는 걸 알게 될 겁니다. 우리가 사는 현대는 그 시대를 내려다보지만, 그보다 겨우 몇 십 년 전 다윈과 진화론, 지리적 탐험과 온 세상을 탐험하고 다니는 사람들, 왕립 지리학회, 고작 열여덟 살 때 「프랑켄슈타인Frankenstein, 1823」을 쓴 메리 셸리를 생각해보세요. 그 시대는 위대한 지적 대담함의 시대였습니다. 건축 면에서도 마찬가지였죠. 흉물스러운 빅토리아 시대 건물도 많아요. 현대에도 빅토리아 시대와 네오-고딕 양식의 건물을 멸시하는 의견이 많지만, 다른 관점에서 보면 복잡하면서도 원초적인 매력을 발견할 수 있습니다. 지난 100년 사이에 그런 건축양식의 특징과 영화의 형식주의 사이에는 단단한 연계가 이루어졌죠."

우리가 〈프레스티지〉에서 토머스 에디슨을 언급할 때 떠올린 것처럼, 영화에는 놀란이 애호하는 다양한 것들과 더불어 빅토리아 시대의 발명

품들이 등장한다. 4차원 공간에 대한 아이디어, 테서랙트, SF, 도플갱어, 타자기, 불가지론, 사진 촬영술, 콘크리트, 그리니치 표준시 등등. 놀란에 대해 많은 걸 알게 될수록 〈프레스티지〉를 불쑥 튀어나온 별난 작품으로 보기보다는, 그가 다루는 모든 주제와 관심사를 반영한 표준적인 작품으로 보게 된다. "나의 모든 영화는 어느 정도 스토리텔링을 다룹니다." 그가 한 말이다. "〈메멘토〉도, 〈인썸니아〉도, 〈인셉션〉도 마찬가지입니다. 〈프레스티지〉도 그 작품들만큼이나 스토리텔링을 많이 다루죠. 그 영화는 마술의 언어를 이해하려 애쓰고, 영화의 문법을 활용해 작품 자체를 마술의 트릭 같은 영화로 만들고자 애쓴 작품입니다. 영화감독인 나 자신과 건축가인 나 자신, 이 둘 사이의 관계를 찾아내는 작업과 다르지 않습니다. 건축가가 공간을 창조해내는 일과 그 공간에 내러티브를 가미하는 일, 이를테면 미장센, 숏들을 이어붙이는 방식, 스토리를 위한 지리적 환경을 빚어내는 방법 사이에는 관계가 있으니까요. 둘 사이의 유사점이 처음부터 눈에 확 들어오지는 않습니다. 무대에서 부리는 마술이 영화에서는 제힘을 발휘하지 못할 테니까요. 요즘 관객들은 카메라 트릭에 대해, 편집에 대해, 그 외의 모든 것에 대해 아는 것들이 지나치게 많습니다. 나는 그 영화를 만드는 동안 그 관계를 발견해냈다고 생각합니다."

—
놀란의 다섯 번째 장편영화 〈프레스티지〉에서 로버트 앤지어 역할을 연기하는 휴 잭맨.

• • •

　1896년, 프랑스의 마술사이자 영화감독인 조르주 멜리에스는 조수인 주안 달시를 로베르 우댕 극장의 무대 위에서 사라지게 만들었다. "내 영화 경력은 로베르 우댕 극장과 긴밀하게 연계되어 있어서 그 둘을 떼어놓고 생각하는 건 상당히 어려운 일입니다." 멜리에스가 생이 끝나갈 즈음, 동료 마술사에게 보낸 편지의 일부분이다. "자칭 '스크린의 마술사'라는 내 소명을 결정한 요소들은 기막힌 환상을 좋아하는 개인적인 취향과 그걸 성취하기 위해 사용한 트릭들 덕분입니다." 연미복을 차려입고 염소수염을 기른 멜리에스는 허세를 부리며 바닥에 신문지를 깐다. 바닥에 트랩도어가 없다는 걸 보여주기 위해서다. 그러고는 신문지 위에 의자를 놓고 조수인 달시에게 앉으라고 청한다. 그녀가 의자에 앉아 부채질을 하자, 그는 달시의 몸 전체를 커다란 담요로 가리고, 목까지 올라오는 그녀의 드레스가 전부 가려졌는지 확인한다. 이어서 그는 별다른 수고 없이 담요를 젖혀 빈 의자를 드러낸 후, 관객에게 확인시켜주기 위해 의자를 들어 앞뒤로 돌린다. 그녀를 다시 데려오려 했던 첫 시도는 성공하지 못한다. 양손으로 허공을 훑는 그의 마술은 해골만 데려왔을 뿐이다. 곧이어 해골 위에 담요를 얹은 그가 다시 담요를 치우자 말짱하게 살아 있는 조수가 모습을 드러낸다. 그들은 정중히 인사를 하고 무대를 떠난다. 그러고는 다시 돌아와 또 한 번 인사를 한다. 어쩌면 그것이야말로 두 사람이 빚어낸 가장 큰 환상일지도 모른다. 그곳에는 관객이 한 명도 없었기 때문이다. 멜리에스의 트릭은 영화 카메라를 위해 행해졌다. 아니, 좀 더 정확히 말하면 카메라 안에서 행해졌다. 필름을 잘라서 이어붙이는 간단한 기법을 이용해 사람이 사라지는 효과를 빚어낸 것이다.

　관객들은 속았을까? 그렇기도 하고 아니기도 하다. 그의 이름이 붙은 극장에서 멜리에스가 공연을 했고 우리에게 이브닝웨어를 입은 마술사들을 선사한 현대 마술의 아버지인 위대한 장 외진 로베르 우댕은 이런 말을 한 적이 있다. "평범한 사람은 마술의 트릭을 그의 지능에 대한 도전으로 본다. 따라서 날랜 손재주를 부리는 마술은 그가 정복되느냐, 그렇지 않느냐의 여부를 결정하는 전투가 된다. 반대로 현명한 사람은 마

술 공연을 보러 갈 때 오로지 환상을 즐기러 간다. 마술사에게 약간이라도 장애가 될 만한 짓을 하는 대신, 마술사를 도와주는 첫 사람이 된다. 그는 더 많이 속을수록 더 즐거워한다. 그러려고 입장료를 지불한 것이기 때문이다.”

이 패러독스는 〈프레스티지〉에서도 가장 중요한 요소다. 영화가 방향을 틀 때 이 패러독스가 발판 구실을 하기 때문이다. “내가 무대에서 하는 짓들을 진짜로 믿는 사람들은 박수를 치지 않을 거야. 대신 비명을 지르겠지.” 마술사이기도 하지만 배우이기도 한 입심 좋은 미국 연예인 로버트 앤지어 휴 잭맨는 말한다. 그의 카리스마는 그가 마술 트릭에 쏟아부은 참된 희생이 부족하다는 단점을 보완해준다. 무대에서 순수한 청색 조명을 받는 잭맨은 그가 맡은 역할에 존재감과 당당함, 그리고 무리들 사이에서 통하는 약간의 번지르르한 즐거움을 불어넣는다.

— 마술사이자 영화감독인 조르주 멜리에스는 그의 단편영화 〈로베르 우댕의 집에서 여인에게 마술 걸기〉에서 “눈에 보이는 것을 초자연적인 것으로, 상상 속에서만 존재하는 것으로, 심지어는 불가능한 것으로 만드는 것”을 목표로 삼았다.

"조금 더 꾸며야겠소." 앤지어의 최신 트릭인 '순간 이동하는 남자'에 대해 극장 소유주가 하는 말이다. "꾸미시오. 사람들에게 그 트릭을 의심할 만한 이유를 주란 말이오." 이 대사는 영화에 리얼리즘을 요구하는 것을 당연한 것으로 여기는 우리의 관념을 들쑤셔놓는다. 우리는 충분히 속을 수 있을 정도로 사실적인 영화를 원하지만, 속고 있다는 사실을 망각한 채 총싸움 장면이 실제로 일어나는 일이라고 오해할 만큼 사실적인 영화를 원하지는 않는다. "우리 눈앞에서 순식간에 납작해지는 상자 안의 여인을 마술사들이 실제로 으깨버린 것은 아니라는 사실을 안다." 프랑스의 영화이론가 에티엔 수리오가 1952년에 쓴 글이다. "그런데 속아 넘어가는 것을 거부하면서, 또 한편으로는 그걸 즐기면서 이 게임에 빠져든 우리는 자신의 눈을 신뢰하지 않는다. 영화의 경우, 우리는 영화에 마음껏 몰두한다. 우리는 속아 넘어가고 있다는 사실을 무척이나 즐거워한다." 로버트 앤지어의 마술과 크리스토퍼 놀란의 영화에 대해서도 우리는 같은 태도를 취한다.

맞은편 구석에, 모든 면에서 로버트 앤지어의 맞수인 알프레드 보든크리스챤 베일이 있다. 걸걸하고 교양 없는 런던 토박이로, 군중을 즐겁게 해주는 앤지어의 트릭을 무시하는 그는 참된 마술, 진짜배기 마술에 대한 독선적인 믿음으로 불타오르지만, 앤지어의 정중함과 연출 솜씨는 갖추지 못한 인물이다. "그는 경이로운 마술사라네." 앤지어가 트릭을 고안할 때 이를 돕는 '기술자' 커터마이클 케인는 말한다. "무시무시한 쇼맨이야. 트릭을 꾸미는 법이나 트릭을 팔아치우는 방법을 모를 뿐이지." 보든이 스스로가 빚어낸 환상의 리얼리티에 지나치게 깊이 빠져든 탓에, 그 환상은 더 이상 환상이기를 멈췄다. "그게 이 모든 것에서 탈출하게 해주는 유일한 방법이야." 보든은 앤지어와 함께 '중국인' 청링수가 무대 밖에서조차 절름발이 행세를 하며 헌신한 어항 트릭을 보고 난 후, 극장 밖 단단한 벽에 주먹을 날리며 말한다. "자신이 부리는 묘기에 철저하게 전념하면서 자신을 완전히 희생하는 거야." 얼핏 보면 이 영화는 쇼맨십과 진실성의 사이, 장인 정신과 예술가적 기교 사이, 살리에리와 모차르트 사이의 경합으로 보인다. 그런데 놀란의 영화가 보여주는 놀라운 트릭은 드라마의 갑판이 얼마나 자주 기울어지건, 관객의 감정이 한 남자에게서 다른 남자에게로 얼마나 자주 이동하건, 둘 중 어느 쪽도 진정한 우위를 점하지는 못한다는 것이다.

처음에 보든은 이 영화에서 확고한 악역으로 보인다. 앤지어를 살인한 죄로 기소된 그는 뉴게이트 교도소에 수감된다. 그곳에서 그는 자신에게 채워진 족쇄를 벗어, 그 모습을 지켜보던 간수의 발목에 거는 장난을 치며 즐거워한다. "자물쇠 확인해, 두 번." 교도소장은 보든을 구금해 둔 눅눅하고 침침한 감방의 튼튼한 문을 잠그며 말한다. 진실성에 전념하는 보든의 성향은 이 영화의 여러 겹을 이룬 프로덕션 디자인과 자연광 활용, 관객을 에워싸는 사운드 디자인(그가 갇힌 교도소의 사슬들이 철컥거리는 소리, 비둘기를 마술 장비 안에 가두는 스프링이 내뱉는 신음 소리, 교수대의 윈치가 삐걱거리는 소리)을 통해 구현됐다. 이런 요소들은 보든이 벽돌담을 주먹으로 부드럽게 두드리면서 "이 모든 것"이라고 말하는 물리적 세계의 벗어날 수 없는 견고함을 상기시킨다. 그런데 '이 모든 것'과 반대로 영화는 손가락을 잽싸게 놀려 빚어낸 편집과 내러티브의 전환, 교묘한 속임수로 앤지어가 환상을 빚어내면서 느끼는 크나큰 즐거움도 보여준다. 거기에 동원된 모든 수법은 가장 탄탄해 보이는 사건들조차 메타픽션의 빛이 어른거리게 만든다. 영화의 사운드는 몇 번이고 크레센도로 치솟다가 느닷없이 뚝 끊기면서 방금 우리를 후려친 게 뭐였는지 궁금하게 만드는 것처럼, 우리가 단순한 이미지만 멍하니 응시하도록 만든다. 영화에 사용된 몇 안 되는 특수효과를 포함하여 생각해봐도, 감방에서 앤지어의 일기를 읽는 보든을 보여주는 숏에서 '순간 이동하는 남자' 트릭의 비밀을 찾아 나선 앤지어를 태우고 콜로라도 로키산맥의 굽은 길을 돌아가는 증기 기관차의 숏으로 이어지는 편집만큼 마술적인 것은 없다. 사운드트랙의 낮은 '소닉 붐'은 저 먼 곳에 있는 누군가가 음속 장벽을 돌파했다는 듯, 이야기 초반부터 이런 전환이 일어났다는 것을 대대적으로 알린다.

이 시간대에 앤지어는 멀쩡히 살아서 멀리 콜로라도로 여행을 간다. 보든의 '순간 이동하는 남자' 트릭의 비밀을 파헤치는 걸 도와줄 은둔 발명가 니콜라 테슬라데이비드 보위를 찾아가는 것이다. 그리고 이 시간대에서 보든은 자유인이다. 앞선 시간대는 그가 훗날의 아내인 사라레베카 홀에게 구애하는 모습을 보여주는데, 이 신에 등장하는 베일은 그가 스필버그의 영화 〈태양의 제국Empire of the Sun, 1987〉에서 어린 짐 발라드를 연기한 이후로 우리에게 보여줬던 악당만큼이나 매력적이다. 사라의 조카를 위해 마술을 보여주는 그는 자신의 열세 살 자아를 위해 마술을 공연하고 있는 것인지도 모른다. "절대로, 아무한테도, 보여주지 마." 그는 아이에게 조언한다. "이해했니? 아무것도 아니야. 비밀은 어느 누구한테도 인상적이지 않아. 네가 그걸 위해 사용하는 트릭이 전부야." 놀란의 마술사들은 동일한 이유(비밀 엄수를 향한 만성적인 중독)로 친밀함이라고는 눈곱만큼도 없는 르 카레의 스파이들처럼 내면이 분열되어 있다. 상대를 향한 적대감 때문에 빈껍데기가 되어버린 두 남자는 그들의 인생에서 만난 여자들과의 공통점보다 두 사람 간의 공통점이 더 많다. 하지만 우리의 공감을 차지하고자 벌이는 전투에서, 보든에게는 비밀 병기가 있다. 그가 스물네 살의 올리비아 홀과 빚어내는 화학 작용이다. 이 영화에서 놀라울 정도로 유연한 연기를 펼치며 미국에 데뷔한 홀은 보든이 부리는 허세에 강한 호기심을 느끼지만, 결코 넘어가지는 않는다. 그러면서도 남몰래 조금은 재미있어 한다. 그녀는 놀란의 영화에서 사랑과 애정을 가진 인물로 등장하는 첫 여자다. 욕망이나 두려움의 대상이 아닌 그녀가 보여주는 활기는, 보든이 스스로에게 부여한 미로에서 빠져나올 수 있는 길을 열어

알프레드 보든과 그의 아내 사라.

주는 듯하다. 총알을 잡는 트릭의 비밀을 알려달라고 보든을 보채던 그녀는 고개를 떨군다. "일단 알고 나면, 정말이지 너무 뻔해." 그녀가 말한다. 그녀가 보여주는 실망감은 구름 사이로 들어가는 태양 같다.

"글쎄, 사람들은 여전히 목숨을 잃어…." 베일은 풀이 죽은 모습으로 항변한다. 런던 토박이 특유의 허세가 빠져버린 그는 커튼이 올라가고 난 뒤의 오즈의 마법사 같은 신세다. 그는 그렇게 나약해진 상황에서도 사라를 사랑한다는 참되지 않은 고백을 하지만, 그녀는 고개를 젓는다. "오늘은 아니야." 그녀는 그의 눈을 살피면서 말한다. "당신의 말이 진실이 아닌 날들이 있어. 오늘 당신은 마술과 더 깊은 사랑에 빠져 있어. 내가 그 차이를 알 수 있었으면 좋겠어. 그렇게 되면 그 말이 진실인 날들이 의미 있는 날이 될 거야." 베일이 이 말을 들을 때 보여주는 일련의 반응(어색하게 웃은 뒤, 믿지 못하겠다는 표정을 짓다가 곧 안도하는)은 대단히 훌륭하다. 그는 지금 막 감정의 솔직함에 대한 첫 교훈을 얻었다.

두 번째 일기는, 그러니까 이번에는 앤지어가 콜로라도에서 읽는 보든의 일기는 세 번째 시간대의 문을 연다. 이 시간대는 제일 먼 과거로, 두 남자 사이의 끔찍한 불화가 꿈틀거리는 상황을 처음으로 빚어낸 일련의 사건을 보여준다. 후디니가 선보였던 수중 탈출 트릭의 실패한 버전에서, 앤지어의 아내는 물이 가득 담긴 유리 캐비닛에 손이 결박된 채 들어간다. 그녀는 커튼이 자신을 가리고 있는 동안 탈출을 시도한다. 아내의 손을 묶은 건 보든인데, 우리는 그가 진실성을 추구한다는 이유로 더 꽉 조인 매듭을 사용할 수도 있다고 이야기하는 걸 들었다. 커튼이 내려지고, 그녀의 심장 박동처럼 들리는 스네어드럼이 부드럽게 고동친다. 곧이어 커터의 스톱워치가 똑딱거리며 고동치는 리듬을 밀어낸다. 소리가 멎었을 때, 그녀는 죽어 있다.

· · ·

놀란이 〈프레스티지〉 제작에 들어갈 무렵, 그의 식구는 늘어 있었다. 그와 엠마 토머스 사이의 첫 아이인 플로라가 2001년에 태어났고, 둘째 로리가 2003년에 태어났다. 셋째인 올리버는 '알프레드 보든의 갓 태어난 딸' 역할을 맡아 카메오로 출연하기에 딱 알맞은 시기에 태어났다. 그 영화에서 올리버는 일에 치여 진이 다 빠진 듯한 아버지의 관심을 끌기 위해 최선을 다해야 했다. 놀란은 가족과 일 사이에서 균형을 잡느라 애를 먹었다. "〈프레스티지〉는 일과 삶의 균형이라는 관점에서 중요한 영화였습니다. 셋째가 막 태어난 참이었고, 엠마는 이 프로젝트를 무척 좋아했음에도 뒤로 물러나 관여하지 않으려고 하더군요. 엠마는 뒷자리에 좀 더 머무르고 싶어 했습니다. 그런데 그건 결국 가능하지 않은 일이었죠. 나는 그녀가 필요했기 때문에 제작 과정에 참여시켜야 했습니다. 영화 제작은 적은 돈으로 더 많은 일을 하려고 애쓰는 골치 아픈 작업입니다. 작업하는 동안 발생하는 여러 상황에 임기응변으로 대처해야 하는 스타일의 작업이죠. 우리한테는 아이가 셋이나 있었는데도, 그녀는 무척 복잡한 제작 과정과 로케이션 촬영, 빠듯한 제작비 등 이 모든 일을 제대로 꾸려내더군요. 내게는 그때가 전환점이었습니다. 엠마가 일을 포기하든, 함께 할 방법을 찾아내든, 둘 중 하나를 고민하던 시점이었으니까요."

조나가 집필을 완료한 후 놀란이 마지막으로 시나리오를 점검하면서 수정한 것들 중에는 두 남자를 다 사랑하는 신뢰하기 힘든 조수 올리비아스칼릿 조핸슨, 그리고 보든의 아내 사라레베카 홀에 대한 묘사가 있었다. "홀

촬영장을 찾은 엠마 토머스와 아들 올리버.

이 엠마와 내가 오랫동안 같이 일해온 캐스팅 디렉터 존 팝시데라에게 오디션용 테이프를 보냈습니다. 존이 '이 테이프는 반드시 봐야 해요.'라고 하더군요. 우리는 '와우, 대단하네요. 그녀의 연기는 믿어지지 않을 정도로 훌륭해요.'라고 감탄했죠. 그녀를 데려와 크리스찬 베일과 함께 등장하는 신에 투입한 다음 워크숍을 해봤습니다. 우리 세 사람 모두 그녀가 환상적이라는 결론에 도달했죠. 나는 시나리오 마무리 작업을 하던 참이었는데, 꽤 많이 수정했습니다. 조나가 몇 년간 온갖 힘든 일을 다 한 뒤였죠. 그런데 엠마는 여자들 사이의 신뢰성에 관한 이야기를 나에게 많이 말해주곤 했어요. 그래서 나도 다룰 만한 가치가 있다고 생각한 것들을 수정 작업에 반영했죠. 우리 시나리오에서 가장 복잡하게 엉킨 문제를 발견해서 그 문제의 특징을 받아들인 겁니다. 흥미로웠어요. 영화가 개봉됐을 때, 미국의 마술사 리키 제이의 공연을 보러 갔다가 공연이 끝난 후 그와 만났던 일을 기억하니까요. 다른 손님들도 있었는데, 그들은 〈일루셔니스트The Illusionist, 2006〉는 무척 마음에 드는데 〈프레스티지〉는 정말로 마음에 들지 않는다는 얘기를 하고 있었어요. 그 사람들은 우리가 누구인지 모르고 있었던 게 분명합니다. 그런데 그들 중 한 명이 묻더군요. '그 영화 만든 사람들 말이야, 아내는 왜 죽인 걸까?' 그 문제를 고민해봤어요. 그건 내가 시나리오에 집어넣은 설정이었거든요. 그 문제를 자세히 살펴본 결과, 그보다 더 타당할 수는 없었습니다. 그 시대의 영국은 대단히 가부장적인 사회였으니까요. 여성들에게는 대안이 그리 많지 않았죠. 게다가 그녀는 사실상 미치광이인 남편을 상대하고 있습니다. 그런 관계가 그 스토리에서 얼마나 사실적으로 기능할 수 있을까요? 그 점이 바로 아내가 자살하는 이유입니다. 그녀는 그럴 수밖에 없었으니까요."

시나리오 집필과 수정 작업으로 5년을 보낸 후, 마침내 2006년 1월 16일 로스앤젤레스에서 영화 제작이 시작됐다. 제작비는 〈인썸니아〉 때보다 적은 4,000만 달러로 빠듯한 수준이었다. 그래서 놀란은 창작자 측면에서 괜찮은 작업 환경을 억지로라도 만들어야 했다. 여러 제약 속에서 즉흥적으로 대처하기 같은 것 말이다. 〈배트맨 비긴즈〉 제작을 위해서 런던 외곽의 격납고에 고담을 빚어내는 고군분투를 막 끝마친 프로덕션 디자이너 네이선 크로울리는 〈프레스티지〉의 실내 장면 촬영을 위해 로스앤젤레스 다운타운에 있는 오래된 극장 네 곳을 목적에 맞게 개조했다. 그가 처음부터 완전히 새로 지은 세트는 딱 하나였다. 규모가 큰 마술을 연출하는 무대였는데, 증기를 동력으로 삼은 수압식 기계가 설치된 비좁은 무대 아래 구역이었다. 촬영감독 월리 피스터는 되도록 많은 장면을 아나모픽anamorphic 렌즈가 부착된 핸드헬드 카메라로 찍으면서, 자연스러운 다큐멘터리 느낌을 빚어내고 항상 연기자들의 눈높이에서 신을 포착하려고 많은 자연광을 활용했다. 배우들은 카메라가 자신을 잡는지, 그렇지 않은지의 여부를 결코 알지 못했다.

　"영화를 작업하다 보면 자주 있는 일인데, 감독이 장르를 상대로 싸움을 하는 거죠. 또는 사람들이 '그 영화는 이러이러할 것이다'라고 상상하는 작품을 상대로 싸움을 합니다. 며칠 전에 〈인썸니아〉는 황무지 영화wilderness movie의 일종, 또는 어색한 상황에 처한 사람들에 대한 이야기라고 말한 적이 있습니다. 우리는 작업하는 모든 측면에서 그런 생각들과 맞서 싸웠습니다. 〈프레스티지〉도 똑같았죠. BBC 드라마에서 흔히 그렇듯이 건물의 외부나 마차 바퀴의 소음이 깔린 거리 신으로 편집해 나갈 때마다 엄청나게 끔찍했어요. 그래서 사운드 에디터 리처드한테 말하고는 했죠. '이봐요, 망할 놈의 우주선 소리 같은 것 좀 만들어봐요. 바퀴 소리 대신에 집어넣을 만한 흥미로운 소리 좀 찾아보라고요. 바퀴에서 나는 소음처럼 들리지 않게 좀 해보란 말입니다.' 어느 정도는 그에 맞서 싸울 수 있지만, 그렇게 되면 사람들은 약간 미쳤다고 생각할 겁니다. 빅토리아 시대의 런던을 배경으로 한 시대극을 로스앤젤레스에서 촬영하는 동안 우리가 어떻게 하면 이 영화를 코번트 가든˚처럼 보이지 않게 만들 수 있는가, 어떻게 하면 〈포일의 전쟁 Foyle's War, 2002–2015〉처럼 보이지 않게 할 수 있는가가 중요했죠. 그 작업을 LA에서 한다는 건 환상적이었습니다. 기운이 펑펑 솟아났으니까요. 무척이나 도전적인 일이었어요. 그건 미국의 도시가 배경인 영화를 거의 대부분 런던에서 작업한 〈배트맨 비긴즈〉 이후에 일어난 일이었어요. 그래서 우리는 '좋아, 이번에는 정반대로 해보자.'라고 생각했어요. 그 영화의 가장 뛰어난 점은 프로덕션 디자인이라고 생각합니다. 그 영화의 디자인이 무척 자랑스러워

● 영국 런던에 위치한 유명 관광지.

요. 네이선의 디자인 작업을 정말 좋아했고요. 전체적으로 보면 기이한 순간에 속합니다. 우리는 유니버설 스튜디오에 있는 길거리 뒤쪽을 보고 있는 거니까요. 그러다가 어느 시점에서 우리는 이렇게 널따란 나무 계단 세트 뒤로 갔죠. 그런 곳에서 촬영하는 일은 없었어요. 그런데 우리가 영화에서 무대 뒤편의 영역으로 만든 곳이 거기였습니다. 그곳은 실제로 영화 세트 뒤편에 있는 공간이었어요. 그래서 이런 분장실들이 있었고, 사방팔방으로 이어지는 계단들과 온갖 플랫폼이 있었습니다. 건물 정면의 창문들 뒤에서 조명을 쳤기 때문에, 그 공간은 정말 서늘해 보였죠. 맨땅에서 모든 걸 빚어내는 대신, 현실 세계에 존재하는 것들을 찾아내야만 할 때 얻은 지혜가 바로 그겁니다. 우리가 그런 방법을 찾아냈다는 것에 자긍심을 갖는다는 사실이 디자인의 형태나 주위 환경의 품질에도 반영되었을지 몰라요. 그렇게 우리 영화에 등장한 빅토리아 시대의 교도소는 로스앤젤레스 다운타운의 올베라 스트리트에 있었던 겁니다. 말도 안 되는 얘기로 들릴 테지만, 실제로 우리가 한 작업이에요. 그 작업은 끝내주는 효과를 발휘했다고 생각해요."

• • •

놀란이 그 시점까지 만든 영화들 중에서 구조적으로 가장 촘촘한 영화인 〈프레스티지〉는, 놀란의 다른 영화들과 마찬가지로 감상하는 것보다는 묘사하는 게 더 복잡한 영화다. 4개의 상이한 시간대, 도난당한 일기 두 권, 플래시백 내부의 플래시백, 대역들과 대역들의 대역들이 등장하는 영화는 상대를 기만하는 술수와 반전이 잔뜩 들어 있어서, 관객들은 규모가 실제보다 훨씬 더 큰 영화처럼 느낄 수도 있다. 그렇지만 영화를 꿰뚫는 정서적인 궤적은 쉽게 이해된다. 바로 집착이다. "어떤 매듭으로 묶었나?" 앤지어는 아내의 장례식에서 보든에게 따져 묻는다. 보든이 자기도 모르겠다고 대답하자, 앤지어는 자신의 귀를 믿을 수가 없다. 그 시점에서, 영화의 추는 앤지어의 방향으로 흔들리는 듯 보인다. 크나큰 슬픔 때문에 의기소침해진 입담 좋은 쇼맨은 뜻밖의 심오한 감정에 빠진다. "집에 가시오. 이건 잊으시오. 당신이 집착한다는 게 느껴지는데, 그런 상태에서는 좋은 결과가 나올 리 없소." 앤지어가 니콜라 테슬라에게 듣는 말이다. 이 영화에 등장하는 실존했던 역사적 인물인 테슬라는 교류전기를 발명한 슬라브인 발명가로, 토머스 에디슨과의 라이벌 관계 때문에 결국 명성이 실추되고 마는 인물이다. 데이비드 보위가 건조하면서도 흥미롭게 연기해낸 테슬라는 과학의 외곽 경계선에서 고된 작업을 해나가며, 자신이 발명하고 있는 기계에 대해 냉혹하고 파우스트적인 경고를 내놓는 전위주의자다. "그 기계를 사용하는 데 있어서 딱 한 가지 제안만 덧붙이겠소. 그걸 파괴하시오. 깊고 깊은 바다 밑바닥으로 던져버리시오. 그런 물건은 당신에게 고통만 안겨줄 거요." 놀란은 십 대 시절 이후 우상으로 여겼던 보위를 시나리오 수정 작업 막바지가 지난 뒤에야 어렵사리 캐스팅하는 데 성공했다.

"그를 캐스팅하려고 시도했을 때, 그는 하지 않겠다고 했습니다. 그의 에이전트가 지인이라서 그에게 전화를 걸어 말했죠. '봐요, 생전 이런 짓이라곤 해본 적이 없는데, 다시 물어봐줬으면 해요. 내가 직접 그를 만나 설득해보고 싶어요. 방법이 없을까요?' 보위는 나를 만나주는 데 동의했고, 나는 뉴욕으로 날아가 그를 만났죠. 고맙게도 그를 설득하는 데 성공했습니다. 내가 거절 의사를 밝힌 사람을 찾아갔던 유일한 경우예요. 안 하겠다고 대답한 사람은 나름의 이유가 있기 때문이고, 이미 거절한 사람을 설득했다가 촬영장에서 마찰이 생기는 건 원치 않기 때문이죠. 그런데 그가 전하는 울림과 똑같은 울림을 주며 그 역할을 연기할 수 있는 사람은 아무도 없었습니다. 보위의 명성과 테슬라를 에워싼 전설 같은 이야기에는 공통점이 많다고 생각합니다. 어떤 면에서 테슬라는 지구에 떨어진 사나이죠. 여러 스튜디오에서 오랫동안 준비 중인 테슬라 프로젝트가 많았어요. 그런데 그는 매혹적인 인물이지만 그를 주인공으로 내세우는 건 조금 어려운 일입니다. 그렇지만 〈프레스티지〉는 마술과 기만의 프리즘을 통해, 자신이 살았던 시대가 배출한 인물이자 그 시대를 앞서간 위대한 천재인 테슬라를 자세히 살펴보는 간접적인 방법을 제공했죠. 데이비드 보위가 테슬라를 연기하기에 제격인 인물로 보이는 이유가 바로 그것입니다. 초대형 스타들과 많이 일해봤는데, 내 마음속에서 그들은 하나같이 평범한 사람들이 됐습니다. 그들과 함께 작업하면 그들

위 〈프레스티지〉 촬영장에서 조핸슨과 잭맨을 지켜보는 놀란.

아래 놀란이 베일을 대역과 바꾸기 전에 그의 손 위치를 그려 넣고 있다.

에 대해 알게 되기 때문이죠. 그런데 보위는 유일한 예외입니다. 함께한 작업을 끝낼 때에도 시작했을 때처럼 무어라 규정하기 힘든 유일한 인물이었죠. 제작진 전원이 그에게 매료됐습니다. 그는 완벽하게 우호적으로 처신했고요. 한마디로 무척 사랑스러운 사람이라는 뜻입니다. 그러면서도 그는 자신이 이뤄낸 모든 것의 무게를 감당하는 사람이었죠. 그와 같이 일했다는 사실은, 내가 가장 자랑스러워하는 일 중 하나입니다."

제작 기간 내내, 베일과 잭맨은 어떤 캐릭터가 영화의 주인공인지를 놓고 장기간 이어지는 논쟁을 벌였다. "내가 연기하는 캐릭터가 정직한 건 물론이고, 이 영화가 주장하려는 핵심을 견지한 인물이라는 게 분명해요. 그리고 이 영화의 진실을 말하고 있다는 것만큼은 내 눈에 무척 뚜렷이 보였습니다." 베일이 한 말이다. "그러면 휴는 나를 쳐다보며 반박했죠. '도대체 무슨 얘기를 하는 거야? 그건 사실이 아니야.' 그리고는 나를 상대로 자신의 캐릭터가 절대적으로 환상적인 이유에 대해, 근사하리만치 정연하고 이타적이기까지 한 이유에 대해 설명하더군요. 또한 내 캐릭터는 왜 그렇지 않은지, 이에 대해 대단히 뛰어난 주장을 펼쳤습니다." 4월 9일, 제작이 끝나갈 무렵 둘 중 어느 쪽도 상대를 설득하지 못했다.

"이 영화의 어려운 점 중 하나가 둘 사이의 균형이 매우 잘 맞았다는 겁니다." 놀란은 말했다. "그건 스토리 모델로는 인기를 떨어뜨리는 요소인데, 〈불의 전차〉가 그런 요소를 갖고 있죠. 사실 그건 그릇된 선택입니다. 관객은 두 남자 모두에게 감정 이입을 해야 하니까요. 또는 두 남자의 입장이 될 수 있는 방법을 찾거나 그러려고 애써야 하니까요. 두 사람은 반대되는 인물들이 아니니까 말입니다. 그들은 동일한 존재의 상이한 측면들입니다. 사람들은 흔히 보든은 아티스트이고, 앤지어는 장인이나 쇼맨이라고 말할 겁니다. 보든은 자신을 위해 일하는 아티스트입니다. 그는 사람들을 경멸하죠. 나는 모든 분야에서, 특히 예술계에서 그와 비슷한 사람들을 만나고는 합니다. 세상이 자신의 말을 알아듣지 못한다는, 또는 자신을 이해하지 못한다는 사실을 무척이나 경멸하는 사람들 말입니다. 그 캐릭터에는 엄청나게 큰 진실성이 깃들어 있습니다. 앤지어에게는 없는 듯한, 마술에 대해 심오하게 감탄하는 성향을 가진 인물이죠. 반면 앤지어는 전체적인 상황에서 필수적인 무엇인가를 이해합니다. 보든은 절대로 이해하지 못하는 무엇인가를요. 내가 시나리오를 넘겨받기 전, 조나가 결말부에 쏟아부은 것이 바로 이와 관련된 것입니다. 이 영화에는 순전히 내 동생이 이뤄낸 순간이, 내가 정말로 좋아하는 순간이 있습니다. '관객은 진실을 알아. 세상은 단순해. 관객은 비참한 존재이면서 동시에 모든 면에서 단단한 존재야. 그런데 단 1초라도 관객들을 속일 수 있다면 그들을 궁금증에 빠뜨릴 수 있지. 그러면 당신은 특별한 뭔가를 보게 될 거야⋯ 그들의 얼굴에 떠오른 표정 말이야.' 그걸 시나리오에서 처음 읽었을 때 '끝내주는군.'이라고 생각했어요. 동생은 마술의 본질에 대해, 그리고 그 본질 안에 뭔가 더 있음을 사람들이 믿도록 만드는 방법에 대해 말하고 있었죠. 바로 그것이 위대한 영화가 지금도, 앞으로도 드러낼 내용이라고 생각합니다. 세상은 우리가 생각하는 것보다 빌어먹으리만치 더 열악하고, 우리는 그 점을 간과하고 있다는 내용 말입니다. 우울한 얘기일 겁니다. 그럼에도 사람들이 우울해하지 않는 이유는 세상이 지금보다 더 복잡하기를 원하기 때문입니다. 즐거운 얘기죠. 눈에 보이는 것보다 더 많은 것들이 있다고 이야기하니까요. 우리는 우리 세계의 한계를 알고 싶어 하지 않습니다. 여기에 존재하는 것이 이게 전부라는 걸 인정하고 싶어 하지 않아요. 난 말이죠, 세상에는 우리 눈에 보이는 것보다 더 많은 것이 존재한다는 관념을 철저하게 보증하는 영화들을 만듭니다."

· · ·

놀란이 〈메멘토〉의 촬영용 시나리오 최종 원고를 붙잡고 씨름 중이던 1999년 봄, 영국 화가 데이비드 호크니는 워싱턴 D.C.의 내셔널 갤러리에서 화가 앵그르의 '루이 프랑수아 고디노 부인의 초상Portrait of Madame Louis-François Godinot'을 연구 중이었다. 앵그르가 그 스케치를 완성해야 했던 단 몇 시간 안에 그토록 실물과 유사한 그림을 창작하는 것이 얼마나 어려운 일인지 호크니는 잘 알고 있었다. 1806년과 1820년 사이에 로마를 방문한 프랑스인 앵그르는 동료 여행객들이 점심을 먹으려고 잠시 자리에 앉아 있는 동안 스케치를 했다. 그런데 그가 그린 스케치는 조금도 스케치처럼 보이지 않았다. 누가 봐도 완성작처럼 보였다. 호크니는 앵그르의 그림에서 주저한 흔적이나 시행착오의 흔적이 전혀 없는 것처럼 보인다는 사실에 넋을 잃었다. 단순히 앵그르의 절묘한 데생 솜씨 때문이었을까, 아니면 앵그르는 네덜란드 화가 베르메르처럼 사진으로 찍은 듯한 으스스한 초상화의 리얼리즘을 성취하기 위해 카메라 루시다의 초기 버전을 활용했던 걸까? 카메라 루시다를 활용했다면 앵그르의 스케치에서 주저한 흔적이 전혀 없다는 사실과 고디노 부인의 머리 사이즈도 확실하게 설명할 수 있다. 앵그르는 얼굴의 특징들을 간략하게 스케치하려고 카메라 루시다를 사용한 듯 보이며, 그런 다음 직접 관찰을 통해 얼굴 이미지를 완성했으리라고 호크니는 생각했다.

자신의 논지를 더욱 확신하게 된 호크니는 LA에 있는 그의 스튜디오로 돌아가 의상에 잡힌 주름과 갑옷의 광채, 천사 날개의 부드러움을 자세히 조사하고, 다른 광학적인 빈틈을 찾아냈다. 이후 그는 비잔틴 시대부터 후기 인상주의에 이르는 사진들로 구성된 '만리장성'을 창작했다. 그 작업에 동원된 이미지들은 지나치게 크거나 어째서인지 '초점이 맞지 않는' 이미지들, 또는 투사 및 영사하는 데 필요한 강렬한 광원이 동원된 듯한 이미지들이었다. 화가 카라바조의 '엠마오의 만찬Supper at Emmaus'에서, 그리스도의 오른손은 우리에게 더 가까이 있어야 이치에 맞는데도 베드로의 오른손과 크기가 똑같고, 베드로의 오른손은 우리와 더 가까이 있는 그의 왼손보다 커 보인다. 한편 바커스를 그린 같은 화가의 그림 두 점에서, 이 반신반인이 와인 잔을 든 손은 오른손이 아니라 왼손으로 바뀌어 있다. 카라바조가 총애한 모델들인 마리오 민니티와 필리데 레바스티도 화가의 경력 가운데 특정 시점부터 오른손잡이에서 왼손잡이로 바뀌었다. 호크니는 조토를 비롯한 다른 화가들의 작품에서도 왼손잡이 술꾼이 많아졌다는 걸 발견했다. 거울은 왼쪽과 오른쪽을 뒤집는다. 따라서 그들은 광학적인 장치를 사용하고 있었을 것이다. 이상이 내가 증명한 내용이다(QED).

"호크니가 즐겨하던 일 중 하나가 특정한 그림을 택해서 좌우를 뒤집은 후 '이렇게 보는 게 더 근사해 보이지 않나요?'라고 물은 겁니다." 화

가이자 사진작가인 친구 타시타 딘을 통해 호크니를 소개받은 놀란이 한 말이다. "호크니의 놀라운 점은 그의 발견에 대한 기성 미술계의 거부 반응에도 쓸쓸한 감정이나 분노를 조금도 품고 있지 않다는 겁니다. 그는 혁명가가 아닙니다. 과거에 이뤄진 업적들을 판단하거나 폄훼하는 것도 아닙니다. 그는 실제로 일어났던 일을 이해하는 것과 그 작업에 사용된 테크닉을 이해하는 것에 관심이 있습니다. 우리는 단일 시점을 채택하는 사진이 지배적인 위치를 점하고 있던 이미지 포맷 시대에 성장했죠. 영화는 그렇지 않습니다. 영화에서 카메라는 숏에서 숏으로 이동합니다. 이미지를 향한 입체파의 접근 방식을 영화 연출의 문법에 편입시키는 다양한 방법들이 있죠. 호크니는 본질적으로 사진이 등장하기 이전 시대의 눈에서 사진이 등장한 시대의 눈으로 모든 것이 변화하는 아주 특별한 순간이 있었다는 걸 깨달았던 겁니다. 우리는 '이것이 우리가 보는 방식'이라는 관념에 여전히 갇혀 있습니다. 오늘날의 우리는 그 작업을 컴퓨터로 하고 있다고 생각합니다. 우리는 본질적으로 우리의 뇌를 모델로 삼은 기계들을 만들어왔습니다. 하지만 진실은 뇌가 마음과 관련해서 작동하는 방법, 즉 뇌가 작동하는 정확한 방법을 조금도 이해하지 못하고 있다는 겁니다."

신기술과 관련한 놀란의 불가지론은 그의 작품에 지

위 앵그르의 '루이 프랑수아 고디노 부인의 초상'.

아래 영국 화가 데이비드 호크니는 위의 그림을 카메라 루시다를 사용해서 완성된 그림이라고 생각한다. 그는 「그림의 역사」에 "시점은 묘사되는 대상이 아니라, 실은 우리 자신을 향한 것"이라고 썼고, 기성 미술계는 격분했다.

FIG. 6.—THE CAMERA LUCIDA.

대한 영향을 끼친다. 사진과 CG 이미지 사이의 차이를 절대적으로 신봉하는 그는 셀룰로이드의 입자와 질감을 디지털의 밋밋함보다, 로케이션 촬영을 세트 촬영보다, 물리적 세트를 CG 배경보다 선호한다. 그가 만든 영화들의 매력은, 여러 면에서 비즈니스 호텔과 로파이 녹음, 글리치 뮤직, 엣시 _{빈티지, 수작업 상품 등을 거래하는 사이트} 등이 인

—
위 소설가 호르헤 루이스 보르헤스. 그의 단편 「바벨의 도서관」에는 '무한하고 순환하는' 도서관이 등장한다. 그는 "모든 것이 집필됐다는 확신은 우리의 존재를 부인하거나 우리를 유령으로 탈바꿈시킨다."라고 썼다.

아래 케네디가 대통령 재임 기간 중 골프를 치러간 횟수는 몇 번인가? 하이애니스포트에서 골프를 치는 케네디와 언론담당 비서 피에르 샐린저, K. 레모인 빌링스.

기를 얻게 된 배경과 동일한 원리에 의존한다. 정보화 시대에는 복사/붙여넣기가 불가능한 요소들인 독창적인 아이디어, 플롯의 반전, 실제 같은 이미지의 진실성 사이에서 많은 가치가 생겨날 것이다. "온라인에서 두 가지 이야기를 조사해봤어요. 〈덩케르크〉가 제일 명확한 사례일 텐데, 그 단어로 검색해보니 여러 정보들이 한 출처에서 다른 출처로 퍼 나른 내용이라는 게 눈에 들어오기 시작하더군요." 그가 한 말이다. "검색을 해봤자 그냥 제자리걸음만 하게 되는 거예요. 구글은 정보를 조사하는 관점에서 봤을 때, 사람들이 생각하는 것만큼 강력하지 않습니다. 우리의 활동에 대한 데이터를 취합하는 등의 영역에서는 사람들이 생각하는 것보다 더 막강합니다. 그들이 아주 잘하는 분야죠. 그러나 데이터 검

색에 대한 결과는 항상 제한적입니다. 도서관에 들어가 책 한 권을 집어 들고 아무 페이지나 펼쳐본 다음에 팩트나 정보 한 조각을 찾아내서 메모장에 적는 실험을 해보면 흥미로운 결과를 얻게 될 겁니다. 그렇게 정보를 10개 정도 수집한 후, 온라인에서 그 중 몇개나 찾아낼 수 있는지 확인해보세요. 우리는 정보의 90퍼센트가 온라인에 있다고 느낍니다. 그런데 내 생각은 달라요, 고작 0.9퍼센트에 불과할 겁니다."

저항하기 어렵다는 생각이 드는 또 다른 난제였다. 몇 주 후, 그랜드 아미 플라자에 있는 브룩클린 공공도서관으로 향하면서 보르헤스의 단편 「바벨의 도서관The Library of Babel, 1941」에 대해 무척 많은 생각을 했다. '모든 언어로 표현되기 위해 주어진 모든 것'을 담고 있는 무한한 도서관을 다룬 그 작품은 놀란의 〈인터스텔라〉에 등장하는 4차원 정육면체인 테서랙트에 부분적인 영감을 줬다. 사이사이에 널따란 통풍 공간이 있고 무척 낮은 난간들로 에워싸인 한없이 많은 육각형 진열실은 학자 수천 명의 집이다. 그런데 학자 수천 명이, 자신들이 태어난 육각형을 버리고 계단을 질주해 오르면서 비좁은 회랑에서 논쟁을 벌인다. 어떤 이는 다른 이를 목 졸라 죽이거나 계단 아래로 떨어뜨린다. 다른 이들은 기진맥진한 채로 돌아오면서 자신들의 목숨을 앗아갈 뻔한 부서진 계단 이야기를 한다. 보르헤스는 "다른 이들은 미쳐갔다."라고 썼다. 달리 말해 이것은 '새로운 종교재판'이다. 오늘날 이 소설은 인터넷의 도래에 대한 알레고리로 읽힌다.

브룩클린 공공도서관은 책에 일련번호를 부여한 형태의 도서관이다. 나는 무작위 번호 발생기를 사용해 처음에는 서가를 선택하고, 다음에는 책을 선택했으며, 그 다음에는 그 책의 페이지를 선택한 후, 그 페이지를 열어 내 눈에 들어오는 첫 번째 '팩트'를 선택했다. 그중 일부는 팩트화할 수 없는 삽화나 레시피가 등장하는 바람에 잠시 멈칫하기도 했다. 하지만 결국 나는 10개의 팩트를 확보했다. 다음에 놀란을 만났을 때, 나는 테이블 건너편으로 그것들을 건네주었다.

1. 에스키모 마스크의 입에 있는 물고기는 풍족한 사냥감을 바라거나, 사냥에 행운이 따르기를 바라는 소망을 나타낸다.

2. 복제품을 만들고자 아크릴 유리에 납땜용 인두를 사용할 시에는 유독한 연기를 막고자 반드시 방독면을 착용해야 한다.

3. 대통령 잭 케네디는 재임 중에 골프를 딱 세 번 쳤다. 일정이 바쁘고 등에 통증이 있었기 때문인데, 세 번 모두 1963년 여름의 일이었다.

4. 동양의 양탄자 위를 걸을 때는 맨발로 걸어야 한다.

5. 물리학자 닐스 보어가 동료 폴 디랙을 인상주의 전시회에 데려가 두 그림 중 어떤 그림이 마음에 드는지 묻자, 그 영국인은 대답했다. "저게 마음에 들어. 부정확한 정도가 작품 전체에서 일관적으로 나타나고 있으니까."

6. 14세기, 영국 상원의 입법 관련 업적은 그다지 많지 않았다. 그들이 몰두해서 추구한 유일한 업무는 왕실이 총애하는 인물들, 특히 동성애자들을 박해한 것이었다. 이런 박해는 폭력으로 끝나는 게 일반적이었다.

7. 급성장하는 산업주의에 대한 화가 존 러 파지의 반응은 영국 파벌들 사이의 예술적 협력을 고취하는 것이었다.

8. 1924년 여름, 네브래스카 주지사 찰스 브라이언은 도시의 보스들, 특히 태머니 조직에 속한 정치인들이 '사악한 이민법'을 나라 전역으로 확장하려는 계획을 꾸미고 있다고 의심했다.

9. 태국-중국계 대기업 짜웬포크판의 경영 활동은 창립자인 치아 에크소가 간판과 장부, 몇 종의 채소 씨앗을 들고 1921년에 방콕으로 왔을 때 시작되었다.

10. 세르비아의 기습공격이 이어지는 동안, 무슬림 50만 명이 집을 잃었다.

"잭 케네디가 재임 중에 골프를 세 번밖에 안 쳤다는 것과 관련된 정보는 온라인에서 찾을 수가 없었어요. 그렇지만 그게 사실일지 의심스러운 이유는 찾아냈죠. 그가 골프를 친 빈도에 대한 가짜 이야기를 많이 퍼뜨렸던 건 분명해요. 그가 세 번밖에 골프를 치지 않았다는 근거 없는 사실은 재키 케네디의 수집품을 다룬, 꽤나 술술 읽히는 그림책에서 비롯됐어요. 그래서 그 정보를 얼마나 신뢰할 수 있는지는 확신이 서지 않아요." 나는 놀란에게 말했다.

"어, 그런데 지금 한 얘기는 팩트에 대한 게 아니라 정보에 대한 이야기잖아요." 놀란은 말했다. "당신이 얻은 정보로 추측해보면, 재키 케네디는 자신의 남편이 골프를 세 번밖에 치지 않았다는 생각을 퍼뜨리고 싶어 했다는 거예요. 그것 자체는 유용한 정보죠. 설령 틀린 정보라 해도요. 그건 프로파간다일 수도 있어요. 그런데 프로파간다도 정보이긴 하죠. 팩트건 아니건 상관없이 말이에요."

"으음, 그 문제와 관련해 온라인에서 찾을 수 있는 유일한 정보는 미국의 정치 평론가 레이첼 매도의 '세르비아의 기습 공격이 이어지는 동안 무슬림 50만 명이 집을 잃었다.'였어요. 그 정보는 「워싱턴 포스트」에서 찾았죠."

"꽤 흥미로운 얘기네요. 잘했어요. 내가 늘 예상했던 결과 그대로예요. 당신이 더욱 많은 시간을 들여 더 많은 샘플을 검증했을 때, 평균 점수가 얼마가 될지 확인하는 것도 흥미롭겠네요. 10개로 충분하다고는 생각하지 않아요. 물론, 그 작업에는 우리가 찾아볼 수 있는 책, 우리가 확인하는 바코드, 출판사, 출판 시기 등의 측면도 있죠. 사회가 다루는 어젠다에 대한 감을 좀 더 얻어야 해요. 온라인에서 팩트를 찾을 때는 그 팩트가 누구에게 귀속된 것인지 가늠하는 게 더 어려울 수 있어요."

보르헤스의 단편이 플래시백으로 떠오르기 시작했다. 놀란의 논지를 입증하기 위해 책들의 바코드를 자세히 조사하며 세계의 도서관에 있는 서가에서 여생을 보내는 내 모습이 말이다.

"10개로도 충분하다고 생각해요." 나의 말에 그가 어깨를 으쓱했다.

"이 문제에 신경을 쓰는 사람은 나밖에 없을지도 모르는데, 우리는 통제당하고 있어요. 전형적인 피해망상적 방식은 아니지만요. 의도적인 통제는 아니에요. 그냥 비즈니스 모델이 진화하는 방식일 뿐이죠. 우리에게 정보가 투입되는 방식이 통제당하고 있는 거예요. 당신에게 다른 임무를 줄게요. 이번 임무는 그리 오래 걸리지 않을 거예요. 구글에서 뭔가를 검색해봐요. 검색 결과가 얼마나 많이 나오는지 확인한 후, 그 결과들 중에서 실제로 접속이 되는 결과가 몇 개인지 확인해봐요. 구글에서 어떤 유명한 사람을 검색한 뒤 400만 개의 결과를 얻었다면, 그중에서 실

제로 접속이 되는 결과는 몇 개일까요?"

"지금 당장이요?"

"오래 걸리지 않을 거예요, 약속하죠. 유명한 사람을 검색해서 400만 개의 결과를 얻었다고 쳐봐요. 구글은 '좋아요, 400만 개의 결과를 찾았습니다.'라고 말할 거예요. 그런 다음에 그중에서 실제로 접속이 되는 결과가 몇 개인지 확인해보는 거죠."

나는 노트북을 열고 구글에서 '크리스토퍼 놀란의 다음 영화'를 검색했다. 불과 0.71초 만에 248만 개의 결과가 나왔는데, 그중에는 "크리스토퍼 놀란의 〈덩케르크〉 이후의 영화는 뭔가요?"Q&A 사이트 쿼라, "크리스토퍼 놀란의 차기작: 우리는 무슨 영화를 원하는가?"신문 「옵저버」, "크리스토퍼 놀란의 다음 프로젝트를 둘러싼 서스펜스"블루인 아트인포 출판사 등이 포함되어 있었다.

"좋아요, 이제 화면 아래로 가봐요. 가장 높은 숫자를 클릭해서 이동한 다음, 그걸 될 수 있는 한 여러 번 해보고 어떤 결과가 나오는지 확인해봐요." 화면 아래로 스크롤해 내려갔다. 19페이지가 있었다. 열아홉 번째 페이지에 도달할 때까지 그걸 반복했다. 20페이지는 없었다. 〈트루먼

<프레스티지>의 로케이션 촬영장에서 놀란이 휴 잭맨에게 연기 지시를 하고 있다.

쇼〉의 결말에서 자신이 사는 세상의 끄트머리에 부딪힌 트루먼이 된 듯한 기분이었다.

"그래요, 거기서 얻은 숫자는 몇인가요? 19페이지? 한 페이지에 뜬 검색 결과는 몇 개죠? 20개?"

"10개가 좀 넘는 것 같아요."

"그렇다면 검색 결과는 190개군요. 원래는 몇 개였죠?"

"248만 개였죠."

"그렇다면 극히 일부분에 불과하군요. 어렸을 때 아버지한테 이런 걸 물었던 게 기억나요. 우리는 지하철에 있었어요. 나는 물었죠. '세상은 미래에도 계속 발전할까요?' 아버지는 인간이 성숙한 기술들을 갖고 있다고 지적했어요. 그때가 아마 1980년대 중반이었을 거예요. 아버지는 비행기가 그런 성숙한 기술 중 하나라고 말씀하셨죠. 민간 항공분야를 살펴보면 여객기 보잉747 이후로는 바뀐 게 그리 많지 않아요. 콩코드가 등장했지만, 그 비행기도 업계를 장악하지는 못했죠. 신형인 보잉787을 타고 비행하더라도, 747을 타고 비행하는 것과 근본적으로 엄청 다른 건 아니에요. 차이점은 더 가벼워진 기체, 더 길어진 비행 거리 같은 것들이죠. 그런 수치들은 계속 늘어날 거예요. 민간 항공의 변화가 급격히 일어난 시기는 1960년대였어요. 본드가 수중익선을 운전하는 〈007 썬더볼 작전Thunderball, 1965〉의 결말을 생각해봐요. 몇 년 전에 수중익선을 타고 마카오에서 홍콩으로 간 적이 있어요. 놀랍도록 이색적인 장비더군요. 그런데 그 수중익선은 그 시점에서도 꽤나 낡은 장비였어요. 지금은 다양한 고속 쌍동선*이 있죠. 요즘 경주용 요트들은 물 위로 떠올라요. 수중익선은 1950년대에 나왔을 거예요. 꽤나 오래된 기술인데, 그게 다시 유행하는 거죠. 그건 내 작업 과정과 관계가 있어요. 우리는 아날로그 세상에 살면서 작업하니까요. 〈프레스티지〉는 스튜디오가 네거티브를 디지털화해서 전자 장비로 편집하길 요구한 우리의 첫 영화였어요. 우리는 디즈니의 후반 작업 팀과 무척 많은 논쟁을 벌였지만, 셀룰로이드로 테스트 상영을 한다는 방침을 고수했죠. 〈프레스티지〉부터 지금까지, 우리는 업계 대부분이 활용하는 작업 방식으로 전환한 적이 없어요. 우리는 여전히 필름으로 촬영하고, 전자 장비로 편집한 후, 프레임 숫자를 확인

● Catamaran, 선체 두 척을 연결한 범선.

하고 수작업으로 필름을 편집해요. 늘 이런 방식으로 작업을 진행하죠. 〈프레스티지〉는 우리가 업계의 다른 사람들과 결별했던, 혹은 그들이 우리와 결별했던 첫 영화였어요."

• • •

놀란이 〈프레스티지〉를 공개한 2006년, 조지 루카스는 오리지널 〈스타워즈〉 사가의 프리퀄 중 세 번째 영화를 막 끝낸 참이었다. 그 영화의 경우, 전부 합하면 NASA가 사용한 것보다는 약간 적지만 펜타곤이 사용한 것보다는 많은 파워를 가진 컴퓨터를 활용한 디지털 아티스트 600명의 도움을 받아 완성됐다. 심지어 프리퀄들의 제목 〈보이지 않는 위험 The Phantom Menace〉, 〈클론의 습격 Attack of the Clones〉조차 컴퓨터에 의해 가능해진 '잘라 붙이기'의 복제 능력을 암시했다. 미국의 언론인 데이비드 덴비가 「뉴요커」에 기고한 〈엑스맨 X-Men〉 리뷰에 썼듯, "중력은 무자비하게 잡아당기는 짓을 포기했다. 한 사람의 살점은 다른 사람의 살점으로 변할 수 있고, 녹아내릴 수 있으며, 왁스처럼 되거나 진흙처럼 되거나 금속처럼 변할 수 있다. 땅은 대지라기보다는 진정한 영화적 공간을 위한 발판이고, 공중은 인간의 육신들이 발사체처럼 쌩하고 지나가는 곳이 됐으며, 때때로 총알 같은 발사체들은 육안으로 확인하기에도 충분할 만큼 느리게 움직인다. 컴퓨터로 빚어낸 이미지들은 뉴턴을 가볍게 내동댕이치면서 시간과 공간의 온전한 결합을 변형시켰다." 그 영역은 반혁명을 위한 준비가 되어 있었다. 2006년에 개봉한 〈프레스티지〉는 당시 〈배트맨 비긴즈〉 때문에 갓 생겨난, 그리고 그해에 개봉된 여타의 여름 블록버스터와 비슷한 영화를 기대했던 놀란의 새로운 팬 일부를 어리둥절하게 만들었다. 그들이 마주한 영화는 신기술을 추구하는 행태에 파우스트적인 경고를 보내는 암울한 스팀펑크 스릴러였다. 또한 광화학적으로 인화되는 네거티브 필름에 영화의 환상을 빚어내는 장인의 위력들(빛, 소리, 편집)을 향한 고릿적 찬가 같은 영화였다. 심지어 그 영화는 장르조차 규정하기 어려웠다. 그 영화는 사극 스릴러였나? 살인 미스터리? 후더닛? 고딕 계열의 SF? 놀란 특유의 독특한 영화인 〈프레스티지〉

는 그 영화의 감독에 대한 언급, 즉 크리스토퍼 놀란의 영화라는 언급 없이는 제대로 설명할 수 없는 그의 첫 영화가 되었다.

놀란의 많은 영화와 마찬가지로 그 영화는 수류탄처럼 터지는 2개의 반전으로 끝이 났다. 폭로된 첫 반전은 관객이 더 큰 위력을 가진 두 번째 반전을 받아들이기에 알맞은 시간 동안 주의를 딴 곳으로 돌려놓는다. 두 번째 반전에서 우리는 앤지어의 '순간 이동하는 남자' 트릭의 비밀을 알게 된다. 그 트릭은 기술이 주도하는 미래에 지나치게 의지하면서, 일부 인사들로 하여금 놀란 스스로 자기 영화들의 규칙들을 바꿔놓았다고 투덜거리게 만들었다. 그런데 놀란의 독특한 광휘가 뿜어져 나오는 곳은 우리가 보든의 비밀을 알게 되고, 그가 진실성을 추구하는 과정에서 했던 희생에 대해 알게 되는 첫 번째 반전이다. 보는 이의 시선을 엉뚱한 방향으로 유도하고, 뻔히 보이는 곳에 대답을 감춰놓은 반전이다. 놀란은 지금껏 우리 눈앞을 지나갔던 영화의 주요 부분들을 다시 보여주는 몽타주를 통해 그 점을 강조한다. 마술사가 금속 링이 정말 튼튼하다는 것을 보여주려고 그 링에 손을 넣었다 뺐다 하는 것처럼 말이다. "

〈프레스티지〉의 재미있는 점, 영화에서 행해지는 진정한 마술이 1막에 있다는 것을 보여주기 위해서 엄청나게 애를 먹었다는 겁니다." 놀란이 말했다. "우리는 그것을 아주 솔직하게 보여주려고 노력했어요. 그런데 일부 관객들은 받아들이는 걸 철저히 거부하면서 자신들이 속임수를 봤다고 생각하더군요. 그것이 야수의 본성입니다. 앤지어가 '진짜 마술'을 말할 때, 그것이야말로 진정한 패러독스죠. 진짜 마술이라는 것은 없으니까요. 세상에는 리얼리티가 있고 마술이 있습니다. 마술은 환상입니다. 마술은 초자연적인 게 아니에요. 과학을 통해 무엇인가를 이해하는 순간, 그것은 더 이상 초자연적이지 않습니다. 마술이 리얼리티가 되면, 그것은 더 이상 마술이 아닙니다. 〈메멘토〉의 편집감독 도디 돈은 그 문제에 대해 굉장히 흥미로운 견해를 밝혔어요. M. 나이트 샤말란 감독의 〈식스 센스〉는 우리가 〈메멘토〉를 한창 편집하던 중에 개봉됐는데, 도디가 절대로 잊지 못할 얘기를 했습니다. '그 반전은 우리가 앞에서 봤던 내용을 더 뛰어나게 만들어줘요.' 나는 그 말을 명심했습니다. 보석 같은 말이죠. 철저하게 옳은 말이고요. 영화에 나오는 반전은 관객이 앞서 본 내용을 무효로 만들어버리는 경우가 대부분이니까요. 그렇기 때문에 환상적인 영화인 애드리안 라인의 〈야곱의 사다리〉 같은 경우, 관객은 그 반전을 받아들이지 않았습니다. 샤말란 영화의 반전과 사실상 동일한 반전인데 말입니다. 〈야곱의 사다리〉의 반전은 지금껏 봤던 내용을 무효로 만들어버립니다. 〈식스 센스〉에 주인공이 부인과 말다툼하는 장면이 있습니다. 관객은 아내가 내내 남편을 거부하는 모습을 봤죠. 그러다 문득, 관객은 그녀가 남편을 거부했던 게 아니라는 사실을 깨닫게 됩니다. 그녀는 남편의 죽음을 애도하고 있었던 거죠. 따라서 관객이 앞서 감상하고 있던 스토리는 더 좋아질뿐더러, 관객은 더 큰 감정을 품게 됩니다. 〈식스 센스〉가 놀라운 반전 영화인 이유가 그겁니다. 반전 그 자체가 중요한 게 아니에요. 그 반전이 스토리 전체를 위해 기여한 바가 중요한 겁니다. 관객에게 매혹과 즐거움, 엔터테인먼트를 안겨주려면 반전을 뛰어넘는 무언가가 되어야 합니다. 앞서 등장했던 모든 것을 강화해주는 반전 이상의 무언가가 되어야 한다는 것이죠.”

“〈사이코〉의 엔딩은 어떤가요?” 내가 물었다. “그것도 도디 돈 테스트에 합격하나요?”

“그럼요. 〈사이코〉의 엔딩은 관객이 봤던 모든 것을 확장시킵니다. 샤워 장면으로 돌아가 그가 자그마한 샌드위치가 있는 비좁은 사무실에서

애드리안 라인의 〈야곱의 사다리〉에 출연한 팀 로빈스.

하는 대화를 생각해보면, 그 반전은 관객이 앞서 본 내용을 훨씬 더 풍부하게 만들어주니까요. 우리가 실제로는 결코 만나본 적 없는 캐릭터가 자행한 살인이 아니라, 많은 시간을 함께 보낸 누군가가 저지른 살인이 되니까요. 그게 더 끔찍하죠. 관객은 자신이 봤다고 생각한 것보다 더 많은 것을 본 겁니다. 관객은 이미 살인자를 봤습니다. 그가 핍홀을 통해 염탐하는 모습을 이미 본 겁니다."

"〈현기증〉은 어때요? 어떤 면에서는 동일한 반전에 속한다고 생각해요. 두 사람이 사실은 한 사람이라는 반전 말이죠."

"나는 〈현기증〉의 빅 팬입니다. 〈인셉션〉에는 〈현기증〉의 요소가 많이 들어 있다고 생각해요. 예를 들어 〈현기증〉에서 반전이 밝혀지는 방식은 모든 규칙을 깨버립니다. 히치콕은 지미 스튜어트가 여인의 죽음을 애도한 직후, 그 여자가 같은 여자라는 걸 관객에게 무심히 보여줍니다. 스튜어트와 더불어 그 사실을 밝혀내는 게 아니라요. 영화에는 관객이 그의 시점에서 완전히 떨어져 나오는 부분이 있습니다. 웬만해서는 택하기 어려운 매우 위험한 경로죠. 그런데 히치콕은 그걸 제대로 굴러가게 만듭니다. 그가 하는 일은, 우리가 스튜어트의 행동과 그가 거치는 과정을 매우 다른 방식으로 보게 만드는 겁니다. 관객들이 두 여자는 다른 여자라고 믿고 그가 다른 여자에게 헤어스타일을 바꾸고 의상을 바꾸라는 식의 강요를 한다고 믿었다면 매몰차게 스튜어트를 판단할 거라고는 생각하지 않습니다. 그가 그녀를 대하는 방식은 극도로 의심스러운 구석이 많습니다. 그런데 관객들은 그녀가 그를 속였다는 것을 알고, 그렇기 때문에 그의 행동을 납득할 만한 행동으로

—
알프레드 히치콕의 〈현기증〉에 주디 바튼으로 출연한 킴 노박.

여기게 된다고 생각합니다. 실제로 관객들은 그가 진실에 더 가까이 다가가기를 원하죠. 그는 그녀를 그녀가 아닌 존재로 여기면서 조종하거나 그런 존재로 탈바꿈시키려고 애쓰고 있지 않습니다. 그는 그녀를 과거의 존재였던 누군가로 탈바꿈시키려 애쓰고 있는 거죠. 그래서 그 부분은 다른 형태로 펼쳐집니다. 이와 같은 방식은 히치콕이 거듭해서 해왔던 일입니다. 그는 미스터리와 서스펜스의 모든 규칙을 깨버리죠. 그럼에도 그의 영화는 관객에게 끝내줄 만큼 훌륭히 먹혀듭니다. 우리가 그의 영화를 통해서 배울 수 있는 건 거의 없습니다. 그것이 〈현기증〉을 능가하는 영화가 지금껏 없었던 이유 중 하나일 겁니다. 심지어 그 영화에 근접했던 영화조차 없었다고 생각합니다."

• • • •

1964년, 세상에 트랜지스터와 레이저를 선사한 뉴저지의 벨 연구소에서 일하던 인지과학자 로저 셰퍼드는 음의 높이를 파악하는 우리의 능력과 관련해서 흥미로운 관찰을 했다. 셰퍼드의 연구에 따르면, 사람은 온음계인 도·레·미·파·솔·라·시·도의 음 간격이 일정하지 않다는 것을 머리로는 알고 있으면서도, 귀로는 그 음들을 계단처럼 일정한 간격으로 듣는 경향이 있다. 일부 음은 또 다른 음과 전음半音이 떨어져 있

킴 노박이 연기한 또 다른 역할 매들린 엘스터가 종루에서 떨어지는 모습. 놀란이 판단하기에, 히치콕의 영화를 능가한 영화는 결코 없다.

지만 다른 음은 반음⁺⁄₂이 떨어져 있다는 것이다. 그가 한 옥타브를 정확하게 같은 간격으로 나눈 일련의 음 8개를 만들어내라고 컴퓨터에 명령했을 때도 결과물은 여전히 틀리게 들렸고, 간격이 동등한 음으로 들리지 않았다. 계단처럼 간격이 일정한 음들을 듣고 있다는 환상은 무시하기가 불가능했다. 그가 다음으로 한 생각은, 오선지가 그려진 악보에서 1차원적인 선을 따라 직선을 그리는 전형적인 스타일이 아니라, 실린더 위에서 직접적으로 위와 아래에 있는 옥타브로 분리되는 음들을 가진 실린더나 나선을 이용해서 이를 재연해보자는 생각이었다. 셰퍼드는 소프트웨어 프로그램을 이용해서 많은 음을 모아놓은 저장고를 합성했다. 각각의 음은 음의 높이에 의해 다양해질 수 있었다. 이어서 글리산도 주법으로 상승하는 일련의 음계 연주를 컴퓨터에 명령했다. 각각의 음계는 시차를 둔 간격으로 시작됐는데, 그는 뭔가 두드러진 소리를 들었다. 에서의 결코 끝나지 않는 계단과 비슷하게 무한히 상승하는 느낌을 주는 소리였는데, 그 안에서 음들이 계속 상승하는 것처럼 들렸다. 논리적으로는 어떤 건반도 달성할 수 없는 위업이다. "컴퓨터가 만들어낸 복잡한

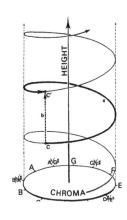

● 각 A<B, B<C일 때, 반드시 A<C가 성립한다는 관계성.

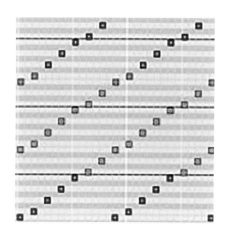

—
놀란은 음이 끝없이 상승한다는 인상을 주는 청각적 착각인 셰퍼드 톤을 벡의 2002년 노래 [Lonesome Tears]에서 처음 접한 뒤 <프레스티지>의 영화음악에 적용했다.

음들의 특별한 조합은 상대 음감 판단의 이행성*을 완전히 와해시킨다." 그가 「미국 음향협회저널」에 실린 '상대 음감 판단의 순환성'이라는 논문에 쓴 글이다. 달리 말해, 우리의 귀는 어느 쪽 음이 더 높은 음인지에 대한 감각을 완전히 상실했다.

'셰퍼드 톤'으로 불리게 된 이 청각적 착각은 이후 많은 음악가와 작곡가의 작품에서 발견됐다. 바흐의 [음악의 헌정 Musical Offering, 1747] 5번째 카논 Canon a 2 per tonos과 [오르간을 위한 환상곡과 푸가 사단조 Fantasia and Fugue in G Minor BMV 542] 두 작품 다 동일한 효과를 보여준다. 핑크 플로이드의 23분짜리 곡 [Echoes 1971]는 상승하는 셰퍼드 톤으로 끝난다. 퀸의 앨범 [A Day at the Races 1976]는 셰퍼드 톤으로 시작해서 셰퍼드 톤으로 끝난다. 로버트 와이어트의 앨범 [Rock Bottom 1974]에 실린 [A Last Straw]에서 서서히 사라지는 피아노 아웃트로와 벡의 앨범 [Sea Change 2002]에 실린 노래 [Lonesome Tears]도 오케스트

라가 연주하는 셰퍼드 음계로 끝난다. 놀란이 〈프레스티지〉의 프리프로
덕션 중이던 어느 날, 자동차 라디오로 들은 노래가 벡의 노래였다. 그는
런던에 있는 영화음악 작곡가 데이비드 줄리언에게 전화를 걸어 그 노
래에 대해 물었다. "그에게 전화를 걸어 전화기를 통해 노래를 들려줬습
니다. '이게 우리가 해야 할 작업인 것 같아. 이거 해볼 수 있겠어?' 데이
비드는 듣자마자 그게 뭔지 알아챘어요. '아, 그거 셰퍼드 톤이야. 이렇
게 하면 만들 수 있어.'라고 하더군요. 우리는 그걸 영화음악에 적용했습
니다. 이후 다양한 작업에 셰퍼드 톤을 적용했죠. 〈다크 나이트〉에서 배
트맨이 타고 다니는 배트포드의 사운드에 적용했고, 궁극적으로는 〈덩
케르크〉에 적용했죠. 〈덩케르크〉의 시나리오는 셰퍼드 톤이 음악적으로
일으키는 효과와 동등한 영화적 등가물 또는 내러티브적 등가물을 찾아
내기 위해 쓴 겁니다. 〈프레스티지〉에도 그 효과는 들어 있습니다. 그와
관련해서 데이비드와 리처드는 뛰어난 작업을 해냈죠."

사운드 에디터 리처드 킹이 가세하면서, 놀란과 엠마 토머스는 큰 기
대를 받고 있던 〈다크 나이트〉부터 할리우드의 대작 영화 연출이라는
험난한 빙벽을 공략하도록 도와줄 영화 제작 팀을 드디어 규합하게 됐
다. 〈프레스티지〉의 후반 작업이 서서히 끝나갈 무렵, 놀란은 〈다크 나
이트〉 기획으로 시선을 돌렸다. 그는 영화의 디자인 작업을 위해서 차고
에 네이선 크로울리와 함께 제작진을 꾸렸고, 데이비드 고이어는 사무실
에서 그와 함께 트리트먼트를 작업했다. 그들의 작업 환경은 1편 이후로
무척 커져 있었다. 한때는 낡은 공동 작업용 데스크가 놓인 작은 집필용
소굴과 문 하나를 통해 이어지는 그보다 더 협소한 모형 제작 공간이 전
부였다. 하지만 이제는 모든 장비가 완비된 시사실과 진짜 사무실, 정원
끄트머리에 있는 미술 부서와 모형 제작 부서를 수용하는 별도의 건물이
있다. 놀란의 집을 거의 그대로 빼닮은 듯한, 두 건물이 다닥다닥 붙어
있는 모양새다. 그의 영화들이 다루는 주제에 친숙한 이에게 그 효과는
곧바로 눈에 들어왔다. 놀란의 집은 이제 도플갱어를 얻었다.

"〈다크 나이트〉 시리즈를 처음 시작할 때는 3부작이 되리라는 걸 몰랐
습니다." 그는 말했다. "속편을 만들고 다시 속편을 만들고 또다시 속편
을 만드는 건 결코 원하지 않았으니까요. 하지만 1편을 마무리하기 전부

터 내가 다른 영화를 하고 싶어 할 경우, 스튜디오가 어느 정도 시간을 주리라는 게 분명해 보였죠. 나 자신도 내가 속편을 만들고 싶은지, 그렇지 않은지 모르겠더군요. 중요한 것은 타이밍과 작업 방법이었습니다. 내가 내 나름의 어떤 영화, 또는 내 것이 아니더라도 어떤 영화를 만든다고 가정해보죠. 아, 여기서 하나 짚고 넘어가자면 〈다크 나이트〉는 분명 나만의 것이고, 설령 그렇지 않더라도 최소한 나만의 것이라는 느낌이 있어요. 독창적인 소재를 다룬 독창적인 작품이라는 게 내 생각입니다. 아무튼, 내가 어떤 영화를 작업한다고 할 때, 스튜디오가 그 영화의 제작 기간을 3년이나 4년씩 주지는 않으리라는 걸 알고 있었습니다."

SEVEN **CHAOS**

—

일곱
혼돈

　1933년 4월, 영화 감독 프리츠 랑은 히틀러의 선전장관 요제프 괴벨스로부터 총통 관저와 카이저호프 호텔 건너편에 있는 빌헬름플라츠의 사무실로 오라는 호출을 받았다. 그는 그런 만남에 어울리는 줄무늬 바지와 옷깃이 빳빳한 모닝코트를 차려입었다. 그는 그림도 걸려 있지 않고 명문銘文이 새겨져 있지도 않으며 창문들이 너무 높은 곳에 나 있어서 바깥을 내다볼 수 없는 시커먼 양쪽 벽을 배경으로 길고 넓은 복도를 걸어가는 동안 자기도 모르게 땀을 뻘뻘 흘리기 시작했다. 모퉁이를 돈 그는 권총을 소지한 게슈타포 2명을 봤다. 줄지어 늘어선 책상들을 지나쳐 마침내 작은 방에 도착했고, 그곳에서 "여기서 기다리시오."라는 지시를 받았다.

　문이 열리자 기다란 사무실이 나타났다. 한쪽 벽에는 커다란 창문이 4개 아니면 5개가 나 있었다. 그리고 그곳에, 사무실 저쪽 끄트머리에, 아득히 떨어진 곳에 나치당 제복 차림의 괴벨스가 책상에 앉아 있었다. "어서 오시오, 미스터 랑." 당신이 상상할 수 있는 가장 매력적인 남자로 판명된 제국의 선전장관이 랑에게 건넨 말이다.

　격식을 차린 인사를 주고받은 두 남자는 자리에 앉아 긴 대화를 가졌다. 대화 도중 괴벨스는 자신이 하려는 일에 대해 거듭 사과했다. 그 일이란 랑이 최근에 완성한 영화인 〈마부제 박사의 유언 Das Testament Des Dr.

Mabuse, 1933〉의 상영을 금지하는 것이었다. 이 영화는 1922년에 공개된, 최면 능력이 있는 '심령의 눈'을 가진 거물 범죄자를 다룬 그의 유명한 2부작 무성영화 〈도박사, 마부제 박사Dr. Mabuse, der Spieler, 1922〉의 속편이었다. 독일 의회가 화염에 휩싸인 동안 편집된 그 영화는 폭력적인 미치광이가 건 최면의 지배력 아래 놓인 사회를 묘사하는데, 으스스한 예지력을 발휘한 덕분에 오랫동안 평론가들의 찬사를 받았다. (랑은 훗날 "그 영화에 묘사된 모든 것은 내가 신문을 스크랩해서 모은 것이었다."고 밝혔다.) 랑의 영화는 벽에 안전용 패드를 댄 감방에 갇힌 마부제를 보여주는 것으로 시작된다. 의식이 없는 듯 보이는 그는 끄적거린 상형문자로 메모장을 채운다. 그 메모의 내용은 정신병원 밖에 있는 공범들에게 지시하는 범죄(철도와 화학 공장, 은행을 향한 방화와 폭탄 테러)에 대한 자세한 설명이다. 괴벨스가 말하길, 플롯 전개에는 문제가 하나도 없지만, 결말에서 악당을 미치게 만들어서는 안 된다고 말했다. "우리 마음에 들지 않는 건 그 엔딩뿐입니다." 괴벨스는 말했다. 그 악당은 "격분한 군중이 터뜨린 분노에 의해 살해당해야" 옳았다. 그리고 그보다 한층 더 좋은 결말은 총통께서 직접 마부제 박사를 물리치고 세계의 질서를 구해내는 결말일 것이다.

이야기가 오가는 동안 오후가 저물어갔다. 랑은 창밖으로 보이는 거대한 시곗바늘이 무척이나 느리게 움직이는 걸 주시했다. 괴벨스는 총통께서 〈메트로폴리스Metropolis, 1927〉와 〈니벨룽겐의 노래Die Nibelungen: Siegfried, 1924〉를 '사랑'하시며, 자신도 그 영화들을 보고 눈물을 흘렸다는 말로 그를 안심시켰다. '우리에게 위대한 나치 영화를 안겨줄 감독이 여기 있다!' 괴벨스는 히틀러가 했다는 말을 인용했다. 그러면서 랑에게 제3제국의 활동사진 제작을 감독하는 새로운 관청의 수장 자리를 맡아달라고 제의했다. 훗날 랑은 그 제의가 나온 시점에서야 자신이 처한 상황의 심각성을 깨달았다고 술회했다.

"장관님, 장관님께서 저희 어머니에 대해 아시는지 모르겠습니다만… 저희 어머니는 가톨릭 집안에서 태어나셨지만, 양친은 유대인이십니다." 랑은 에둘러 제의를 거절했다.

"감독님의 결함에 대해서는 우리도 잘 압니다." 괴벨스는 차갑게 대꾸

했다. "그러나 영화감독으로서 감독님의 자질이 유난히도 특출한 까닭에 우리는 감독님을 제국 영화협회의 수장으로 모실 생각입니다."

시계를 힐끔 쳐다본 랑은 영업시간 안에 은행에 들러 그가 이제부터 하려는 일에 필요한 돈을 찾기에는 이미 늦었다는 걸 확인했다. 그는 핑계를 대면서 그 문제에 대해 고민해보겠다고 괴벨스에게 말한 후, 집으로 돌아가 순금 담뱃갑과 금목걸이, 커프 링크스, 집 안에 있는 모든 돈을 꾸려서 이튿날 파리로 떠났다.

이 일화는 평론가들이 파시즘을 예언적으로 비판한 영화에 대해 거론할 때마다 항상 따라다닌다. 파시스트들이 파시스트를 지지하는 감독의 작품으로도 해석할 수 있는 반反파시스트 영화를 만들려면 또 다른 차원의 천재성이 필요하다. 〈다크 나이트〉 역시 그렇게 모순성으로 가득한 우물에서 길어 올린 영화다. 〈다크 나이트〉는 감독 개인의 비전 깊은 곳을 표현한 작품인 동시에 스튜디오가 길러낸 슈퍼히어로의 속편이자, 무정부 상태로 날뛰는 개들에게 사로잡힌 법질서의 수호를 외치는 작품이다. 권위주의를 향한 충동과 반권위주의를 향한 충동이 2시간 30분에 걸쳐 죽음의 경기로 이어지는 동안 서로의 목을 공격하는 사회를 그려낸

—
"마부제 박사! 국가에 저항하지 말고 항복해라!" 대치 중인 검사의 외침에 마부제 박사는 다음과 같이 응답한다. "내가 늘 전쟁을 벌여온 국가 속의 국가가 된 기분이군!" 프리츠 랑의 〈도박사, 마부제 박사〉와 〈마부제 박사의 유언〉은 〈다크 나이트〉에 영향을 주었다.

다. 동시에 우파와 좌파 양쪽에서 자신들이 좇는 사상을 지지하는 작품이라고 인식하며 양쪽의 찬사를 다 받은 작품이기도 하다. 이 영화는 흑표범 같은 유연성과 매끈함을 담아낸 놀란의 걸작이다. "〈도박사, 마부제 박사〉는 〈다크 나이트〉에 어마어마한 영향을 줬습니다." 놀란이 한 말이다. "놀라운 영화죠. 나한테 직접적으로 영향을 준 작품이기도 합니다. 그 영화가 우리에게 독창적인 범죄의 달인을 선사했기 때문이죠. 조나한테 〈도박사, 마부제 박사〉를 보라고 권한 뒤에 말했습니다. '조커를 이렇게 만들 작정이야. 그는 우리 이야기의 엔진이 될 거야.' 조나는 그 얘기를 완전히 이해하더군요. 내 동생의 초기 시나리오들에는 현실성이 떨어지는 요소도 많고 경이로운 아이디어도 많았어요. 그런데 조나가 성취한 절대적으로 뛰어난 요소는 조커 캐릭터였습니다. 동생은 조커 캐릭터를 제대로 파악했죠. 조나가 시나리오를 들고 돌아왔을 때, 나는 '그래, 아직도 해야 할 작업이 남아 있군.'이라고 생각했습니다. 하지만 그런 시나리오에서도 조커 캐릭터만큼은 절대적인 존재감을 갖고 이야기 전반에 걸쳐 영향력을 발휘하고 있었습니다. 나는 조나한테 〈도박사, 마부제 박사〉를 보라고 권유했던 건 까맣게 잊고 있었습니다. 무척 긴 영화라서 그걸 보라고 했을 리 없다고 생각했거든요. 그 영화의 러닝타임은 4시간이 넘을 겁니다. 나는 그 영화를 몇 년간 보지 못했던 차에, 우리 애들한테 그 영화를 보여주면서 재미있는 경험을 했어요. 우리는 4시간 혹은 5시간에 걸쳐 영화를 다 봤습니다. 그러고는 엉겁결에 말했죠. '지금은 왜 저런 영화를 만드는 사람이 없는 걸까?' 그러고 나서야 내가 그런 영화를 만들었다는 걸 깨달았습니다. 와우, 그래, 내가 그 일을 해냈어. 그 영화는 말이죠, 작업하느라 내 인생의 10년을 썼던 영화입니다."

· · · ·

조커는 〈다크 나이트〉의 첫 번째 신에서 고담에 도착하며 등장한다. 깔끔하지만 딱딱하기 그지없는 고담시가 램프에서 불러낸 지니, 혹은 음울한 생각처럼 말이다. 우리가 보게 되는 그의 첫 모습은 시카고 루프의 핵심 지역인 프랭클린 드라이브에서 그가 등을 보이며 서 있는 모습이다. 주위를 에워싼 건물들의 깔끔하고 대칭적인 라인들 정중앙에 자리한 그의 뒷모습이 도드라져 보인다. 한편, 카메라가 그의 왼손에 들려 있는 광대 마스크 숏으로 돌리-인°한다. 꿈쩍도 않고 있는 그의 모습은 으스스하다. 그는 무엇을 기다리고 있는 걸까? 밴 한 대가 그의 앞에 멈춰 선다. 그가 차에 오르고, 영화는 시작된다.

● Dolly in, 카메라를 앞으로 이동시켜 피사체를 향해 접근하는 촬영기법.

　1940년 봄, 제리 로빈슨과 빌 플링어, 밥 케인이 창조하여 발간한 「배트맨Batman Vol. 1」은 "음침한 어릿광대"라는 묘사와 함께 조커의 첫 등장을 알린다. 조커는 파울 레니 감독의 표현주의적 작품인 무성영화 클래식 〈웃는 남자The Man Who Laughs, 1928〉에서 영감을 받아 만들어진 캐릭터다. 〈웃는 남자〉는 신체적 장애나 이형, 기형이 있는 사람을 구경거리로 삼는 '프릭 쇼'에 관객을 끌어 모으는 역할을 하는 광대 콘라트 파이트에 대한 영화로, 그의 얼굴은 아버지의 적들에 의해 심하게 훼손되는 바람에 영원히 웃음 짓는 표정이 됐다. 서커스에서 유래한 이 캐릭터의 특징(밝은 색 정장과 광대 메이크업 등)은 그의 얼굴이 그렇게 된 사연과 함께 할리우드에 고착되면서 거듭 재사용됐다. 그런데 놀란은 이와 같은 시각을 채택하는 대신에, 그 캐릭터를 아나키스트로 봤다. 별다른 설명 없이도 시종일관 막강한 위력을 유지하는 〈죠스〉의 상어나 연쇄 살인범, 자연의 힘처럼 스토리를 유유히 이동해가면서 오로지 혼돈의 씨앗을 뿌리려는 욕망만이 모든 행동의 동기인 아나키스트로 본 것이다. 지리적인 측면에서 제작진은 〈배트맨 비긴즈〉보다 영역을 넓히기보다는 좁히는 쪽을, 더 밀도 높게 만드는 쪽을, 더 감금되는 쪽을 선택했다. "우리는 규모를 다른 방식으로 봐야만 합니다." 놀란이 말했다. "〈배트맨 비긴즈〉는 우리가 할 수 있는 최대한의 규모로 만든 작품입니다. 지리적인 면에서 그보다 더 많은 걸 욱여넣지는 못했을 겁니다. 그래서 규모를 다른 방식으로 궁리해봐야 했죠. 마침내 내린 결론은 스토리텔링과 촬영의 관점에서 세계를 다르게 보자는 것이었습니다. 내가 지금껏 봐온 영화 중 가장 장대한 영화는 마이클 만의 〈히트〉입니다. 로스앤젤레스를 제대로 반영한 스토리로, 그 도시를 벗어나는 일이 없는 영화죠. '좋아, 이번 영화는 도시 이야기로 만들 거야. 실제 거리와 실제 빌딩이 있는 실제 도시에서 촬영할 거야. 그렇게 하면 어마어마한 규모를 구현할 수 있으니까. 빌딩을 꼭대기까지 다 촬영할 수 있도록 아이맥스 카메라를 사용하고, 관객에게 도시를 구성하는 그 구성 요소들을 위협하고 있는 악당을 선사할 거야. 우리가 촬영하는 방식에서 보면, 조커는 거리를 걸어 내려가는 모습만으로도 거대한 이미지가 될 거야.' 〈히트〉는 우리에게 굉장히 큰 영향을 준 작품입니다. 마이클 만도 건축에 광적으로 열광하는 감독이니까요. 그는 도시의 장엄함을 이해하고 도시를 광대한 놀이터처럼 만들 수 있는 방법을 이해한 감독입니다. 촬영 당시, 거리에 선 조커의 그 이미지가 상징적인 아이콘이 되리라는 건 예상하지 못했습니다. 도상圖像이라는 게 그런 거죠. 우리는 모든 영화에 의식적으로 그런 걸 집어넣으려 애쓰면서 작업합니다. 때로는 도상이 되리라 예상한 이미지가 도상이 되기도 하지만, 그렇게 되리라는 걸 전혀 예상하지 못한 이미지가 도상이 되기도 하죠. 아무튼 우리는 그와 관련해서 심혈을 기울였어요. 계획에 없던 것은 아니었지만, 아이맥스 촬영 필름을 보고 나서야 그걸 제대로 파악하게 됐죠."

—
〈다크 나이트〉의 도입부에서 조커를 연기하는 히스 레저.

놀란이 사용하기로 결정한 아이맥스IMAX superhigh resolution 15/70 포맷은 전통적으로 에베레스트 등정이나 그랜드캐니언 여행, 우주 탐험 같은 자연 다큐멘터리에 사용되는 포맷이다. 관객을 빨아들일 정도로 디테일을 밀도 높게 포착하지만 초점 심도가 극도로 얕은, 45킬로그램 이상인 이 카메라는 믿기 힘들 정도로 무겁고 스테디캠 리그에 장착했을 때 다루기가 불편했다. 게다가 한 번에 촬영할 수 있는 최대 촬영 분량이 2분 30초밖에 되지 않는다. 일반적인 35mm 필름 릴은 10분가량을 촬영할 수 있다. 또한 현상하는 데만 나흘이 걸렸다. 조커 일당이 스탠리 큐브릭의 〈킬링 The Killing, 1956〉에서 스털링 헤이든의 지휘를 받는 도둑들처럼 광대 마스크를 쓰고 은행 강도에 성공하는 프롤로그를 위해 시카고의 올드 포스트 오피스에서 촬영한 첫 닷새간의 작업은 카메라의 무게

를 어떻게 감당하면서 작동시켜야 하는지 모조리 배울 수 있었던, 영화 감독을 위한 '아이맥스 수업'이나 다름없었다. 은행 관리자 중 한 명을 연기한 배우는 윌리엄 피츠너였는데, 그는 놀란이 마이클 만의 〈히트〉에서 빌려온 많은 요소 중 하나였다. "〈히트〉에서 나를 항상 매료시키는 요소

위 마이클 만의 〈히트〉에 출연한 로버트 드니로. 이 영화가 장대한 전투의 틀을 잡기 위해 도시의 건축을 활용한 방식은 〈다크 나이트〉에 영향을 주었다.

아래 "기회를 잡았다면, 위험을 감수할 가치가 있는지 따져봐." 스탠리 큐브릭의 〈킬링〉에서 조니 클레이(스털링 헤이든)가 한 말이다.

는 진공으로 밀봉한 돈의 포장을 갈라서 여는 순간입니다. 그들은 포장을 가른 뒤, 운반이 가능하도록 돈 뭉치를 흐트러뜨리고자 바닥에 내동댕이치죠. 마이클 만이 이런 설정을 어디서 알게 됐는지는 모르지만, 영화를 위한 조사 작업에 광적인 감독이니까 그 설정의 신빙성은 높을 겁니다. 아무튼 그 장면은 〈히트〉의 매혹적인 디테일로, 그걸 보면 이런 생각을 하게 되죠. '그래, 우리도 저런 게 필요해!'"

그렇게 촬영 첫 주를 보낸 후, 제작진은 영국으로 이동했다. 그들은 런던의 스미스필드 인근에서 고담시 경찰서를 비롯한 실내 장면들을 촬영했다. 배트맨이 납치된 동료들의 행방을 알아내려고 조커를 구타하려던 취조실 신이 그런 장면이었다. 두 달 후, 제작진은 런던에서 시카고로 돌아갔다. 놀란과 제작진은 거리와 건물에서 얻을 수 있는 시각적 가능성을 최대한으로 뽑아내고 있었다. "나이를 먹으면서 건축양식에 대한 내 평가가 바뀌더군요." 놀란은 말했다. "건축양식에서 중요한 점은 자신감이라는 생각을 많이 합니다. 건축에서 불필요한 요소들을 벗겨내려면 시각적 위장을 하는 것보다 더 많은 자신감이 필요하기 때문이죠. 그런데 네이선은 나보다 나이가 약간 많아서 그런지 디자인 클리셰에 대해서 나보다 더 냉소적입니다. 모더니즘과 모더니즘 건축에 공감하는 네이선은 〈다크 나이트〉 시리즈 내내 나에게 모더니즘과 현대 건축물의 의도를 설명하려고 애썼죠. 그러면서 나를 이런저런 빌딩들로 데려가고, 건축 소재에 대해 설명하고, 형태가 어떻게 기능을 따르는지 등등 많은 것들에 대해 얘기해주었어요. 그는 〈배트맨 비긴즈〉를 만들 때도 모더니즘 디자인을 작업하고 싶어 했지만, 나는 동의하지 않았습니다. 내 입장은 '안 돼요, 당신의 출신 배경이 어디인지 알지만, 그런 디자인은 지나치게 음산해요. 우리한테는 더 많은 레이어링이 필요해요.'였죠. 그런데 〈다크 나이트〉를 작업할 무렵에는 그 영역으로 가도 된다는 자신감이 붙은 상태였습니다. 그래서 실제 빌딩들을 촬영한 겁니다. 기본적인 요소

프랜시스 베이컨의 '교황 인노첸시오 10세의 초상'. 〈다크 나이트〉의 음악을 작업하던 한스 짐머에게 영감을 준 그림이다.

들만 갖춘 세트들을 지었고요. 그건 극도로 모더니즘적인 미학이었습니다. 그런 요소들을 받아들이려면 우선 나부터 그런 작업을 할 준비가 되어 있어야 했죠. 세상이 그런 걸 받아들일 준비가 되어 있었다고는 생각하지 않습니다. 그럼에도 우리는 그 작업을 해야 했습니다."

놀란은 〈배트맨 비긴즈〉 때와 마찬가지로 제임스 뉴턴 하워드와 한스 짐머 두 작곡가에게 영화음악을 맡겼다. 하워드는 하비 덴트를 위한 클래식하고 영웅적인 분위기의 음악을 작곡했고, 짐머는 조커의 펑크적인 미학을 받아들였다. 영화음악의 일부 아이디어는 놀란이 촬영을 개시하기 전부터 상당 부분이 이미 드러난 상태였다. 시나리오를 완성하자마자, 그리고 하워드가 작업에 들어가기 6개월 전에, 놀란은 런던에서 짐머와 마주 앉아 조커에 대한 대화를 나눴다. 그의 행동 동기, 또는 행동 동기의 결여, 그가 순수한 혼돈 외에는 그 어떤 원칙도 내세우지 않는 방식에 대한 대화였다. 무정부 상태를 음악적으로 어떻게 묘사할 것인가? 산타모니카에 있는 자신의 스튜디오로 돌아온 짐머는 프랜시스 베이컨의 '교황' 그림을 컴퓨터 스크린에 고정시키고 자신의 뿌리인 신시사이저 음악과 펑크를 파고들면서 독일의 전자음악 그룹 크라프트베르크와 영국의 록 밴드 더 댐드에서 영감을 끌어냈다. 그가 조커 캐릭터를 통해 받은 느낌 중 하나가 대담함, 그리고 일관성이었다. "혼돈에 대해 좀 알아?" 조커가 덴트에게 묻는다. "혼돈은 공정해." 바로 이 지점에서 짐머는 급박하고 끔찍하며 단순한 음 하나를 떠올렸다. 이후로 몇 달간, 그는 구형 신시사이저 앞에 끈기 있게 자리를 잡고 앉아 그 아이디어를 갈고 닦으면서 기괴한 소음들을 만들어내고 실험적인 음악들을 녹음했다. 짐머는 피아노 줄을 면도날로 켜고, 연필로 테이블과 마룻바닥을 긁었다. 영화에 쓸 만한 작곡을 시작했어야 마땅한 시점을 한참 지날 때까지도 그랬다. 그 결과물은 400개의 트랙과 9,000마디의 음악이었다. 짐머는 그 음악을 아이팟에 담아 놀란에게 줬고, 놀란은 로케이션 촬영의 마지막 라운드를 위해 홍콩으로 날아가는 동안 그 음악을 들었다. 놀란은 착륙하자마자 "무척 불쾌한 경험"이었다고 짐머에게 말했다. "9,000마디의 음악 중, 정확히 어디에 조커의 사운드가 있는지 전혀 감을 잡지 못했지만, 조커의 사운드가 그 마디 중 어딘가에 있다는 것만큼은 확실히 느

껐습니다."

　그들이 결국 결정한 음악은 마틴 틸먼이 연주한 첼로 단음을 변주한 곡에 흐릿한 기타 작업을 보강한 곡이었다. 사실은 두 음으로, 한 음은 아련하고 공허하며 한결같은 음이고, 그 음에 결합된 다른 음은 절대로 끊어지는 일 없이 팽팽하게, 더욱 팽팽하게 조여지는 현絃처럼 글리산도로 서서히 상승하는 음이었다. 그건 테마라기보다는 음색 실험에 더 가까웠다. 윙윙거리는 소리와 긁어대는 금속성 소리를 결합시킨, 계속 커져만 가는 불협화음의 사운드였다. 틸먼은 이 작업을 하기 위해 기존에 받았던 모든 음악적 훈련의 결과를 다 내던져야 했다. "조커의 테마는 대단히 특이합니다. 조커는 벌레처럼 꿈틀거리며 끊임없이 영화 속으로 파고드는 캐릭터니까요." 놀란은 말했다. "영화가 개봉되기 전, 극장에 배포할 영화의 프롤로그를 만들고 싶었기 때문에 그 테마가 어떤 곡인지 알고 싶었습니다. 그래서 작업을 일찍 시작하길 원했죠. 〈다크 나이트〉는 우리가 그렇게 작업한 첫 사례였습니다. 우리는 영화의 첫 6분에서 7분 정도를 편집해 단편영화로 만들어 아이맥스 극장에 걸었습니다. 우리는 그런 작업을 통해 조커를 소개해야 한다고 생각했거든요. 그래서 조커를 위한 음악이 어떤 것인지 어서 알아내야 한다는 압박감이 대단했죠. 한스는 몇 시간 분량의 음악을 작업해놨는데, 우리는 그 안에 조커의 테마가 있다는 것을, 그 음악 가운데 뭔가가 있다는 걸 알았습니다. 프롤로그에서 그것들을 결합시키기 시작했을 때, 짐머가 넘겨준 음악 중 가

매복하던 조커가 하비 덴트를 호송하는 경찰을 향해 바주카를 발사한다.

장 긴 곡 하나를 골라 그 곡의 도입부만 사용한 것을 보고 짐머가 꽤나 놀라던 모습이 기억나네요. 그 음악은 정말 음산하면서도 으스스한 사운드 중에서 가장 작은 버전인 셈이죠. 하지만 그는 영화를 보자마자 둘 사이의 직접적인 연관 관계를 확인했습니다. 그리고 그 테마의 크기는 영화의 상이한 지점에서 더욱 커졌습니다. 관객이 조커와 결부시켰던 사소한 사운드가 그렇게까지 커진 겁니다."

놀란이 내린 결정은 급진적이었다. 그런데 그만큼 급진적인 결정이 또 있었다. 조커가 바주카를 들고 상황을 주도하면서 덴트가 탄 호송차를 습격하는 장면에 음악은 전혀 집어넣지 않고 총소리, 아우성치는 금속성 사운드 등의 음향효과만 타악기처럼 조율해서 삽입한 것이다. "그 장면을 위한 음악은 이미 작곡이 된 상태였습니다." 그는 말했다. "나는 사운드 에디터 리처드 킹한테 이런 얘기를 했어요. '영화에는 음악이 너무 많이 들어가니까, 당신이 음악을 대신할 음향효과를 편집해줬으면 해요. 그렇게 해서 엔진은 드럼 비트가 되고 고음의 사운드는 심벌즈가 됐으면 해요.' 킹은 겁에 질린 표정으로 마른침을 삼키고는 자리를 뜨더군요. 그런데 그 작업은 리처드에겐 무척 근사한 기회였죠. 사운드 에디터가 영화의 러닝 타임 중 5분에서 10분을 맡아서 '좋아요, 이제 이 부분은 당신 몫이에요. 이걸 가져가서 무슨 일을 할 수 있는지 확인해봐요.'라는 얘기를 듣는 건 흔한 일이 아니니까요. 내가 만든 영화에는 음악이 무척 많이 사용됩니다. 그 음악을 작업할 때, 우리는 늘 백지장에서 시작합니다. 그러고는 영화 내내 음악을 깔게 되죠. 그 영화에는 관객의 감각이 약간 무뎌지는 지점이 있다고 느꼈습니다. 그래서 그 지점을 제대로 작업하는 게 중요했죠. 액션이 흥분을 한껏 고조시키고 있다 하더라도, 음악은 액션 주위에서 관객에게 좀 더 안전한 기분을 느끼게 해줄 수 있으니까요. 조커가 바주카포를 꺼내들 때 관객은 '흐음, 감독 당신은 이제 뭘 할 거야? 저 장면에서 어떤 음악을 깔 거야?'라고 생각하죠. 그러다가 음악이 돌아오면 효과는 한껏 증폭됩니다. 나한테 뮤지컬을 만들어본 적이 있느냐고 묻는 사람들이 있습니다. 그러면 나는 이렇게 대답했죠. '내 영화는 모두 뮤지컬입니다.'"

・・・

앞서 논의한 장면은 영화가 시작되고 74분이 막 지났을 때 등장한다. 조커의 요구를 들어주기 위해, 고담의 신임 지방검사 하비 덴트아론 에크하트는 자신이 배트맨이라며 나서기로 결정한다. 그는 SWAT 장갑 차량의 보호를 받으며 도시를 가로질러 이동한다. 호송대에는 경찰차 대여섯 대와 헬리콥터가 동행한다. 어둠이 거의 다 내려앉은 해질녘이다. 서늘한 파란 그늘이 도시의 거리를 물들인다. 공중에서 찍은 트래킹 숏이 내려다보는 가운데, 우리는 서부영화에 나오는 마차들처럼 단일 행렬을 이룬 호송대가 마천루 협곡을 따라 이동하는 광경을 지켜본다. 무척이나 고전적이고 우아한 숏이다 보니 우리는 프레임 꼭대기에 있는, 호송대와 한 블록쯤 떨어진 곳에서 불길이 이글거리는 벽처럼 보이는 게 무엇인지 거의 감지하지 못한다. 이때쯤 관객은 사운드를 감지하거나 또는 사운드가 없다는 것을 감지한다. 호송대가 헬리콥터의 스포트라이트를 받으며 다리를 건너 왼쪽으로 방향을 틀 때, 헬리콥터의 프로펠러 소리가 잦아들고, 우리는 활 전체로 연주하는 일관된 단일음, 즉 조커가 불러오는 혼돈과 맞물려 있는 단일음을 듣게 된다.

"저게 대체 뭐야?" 경찰 한 명이 거리를 가로막은 불타는 벽과 가까워지자 묻는다. 곧이어 그 벽은 불타는 소방차라는 게 밝혀진다. 인적이 없는 텅 빈 거리에 연출된 이 풍경은 초현실적이다. 호송대는 지하도로 경로를 변경한다. "5번 지하로?" 경찰은 투덜거린다. "저 아래로 갔다가는 추수감사절 칠면조 신세가 될 거야."

아니나 다를까, 호송대가 지하로 내려가는 경사로를 택하면서 헬리콥터의 엄호에서 벗어나게 되자 난데없이 나타난 쓰레기 수거 트럭이 경찰차 한 대를 느닷없이 길 밖으로 밀어낸다. 경찰 밴 한 대가 지하차도 한쪽을 따라 흐르는 강물로 날아갈 때, 18륜 트럭이 SWAT 밴 옆으로 따라붙는다. 이제 덴트는 양쪽이 다 막힌 신세가 된다. 18륜 트럭의 옆문이 열리면서 조커와 광대 마스크를 쓴 부하들이 나타난다. 트럭에는 '웃음이 명약이다Laughter is the best medicine'라는 하이엄스 놀이공원의 광고 문구가 적혀 있는데, laughter 앞에 S가 덧붙여지면서 광고 문구는 '살육Slaughter이 명약이다'로 바뀐다. 조커 일당은 트럭 천장에서 내려온 끈에 매달린다. 조커는 한 치의 오차도 없이 축제가 시작됐다는 사실에는 무관심한 듯한 표정으로 작은 피스톨을 꺼내 총질을 시작한다. 곧이어 누군가가 그에게 총신을 자른 샷건을 건네주고, 샷건은 SWAT 밴 옆면에 움푹 파인 자국들을 남긴다. 급기야 누군가가 그에게 바주카를 건네고, 조커가 경찰차를 향해 바주카를 발사하자 경찰차는 한 대씩 도미노처럼 뒤집어진다. 이제 영화음악은 완전히 자취를 감췄다. 우리가 음악 대신 듣게 되는 것은 타이어가 내는 끼익 소리와 금속이 회전하는 소리다. 그리고 〈배트맨 비긴즈〉와 〈다크 나이트〉에 모두 등장했던, 놀란 영화에서 가장 독특한 장소 중 하나인 로워 웨커 드라이브 전역을 음악이 아닌, 동굴 안의 메아리처럼 울려대는 총소리로 구성된 타악기 같은 드럼 비트가 채운다. 머리 위에는 조명이 있고 에셔의 판화처럼 되풀이되는, 육중한 콘크리트 기둥들이 늘어선 지하 동굴에는 깊이 파인 곳이 있다. 그 구덩이에 사람들을 가둔 채 양옆의 평행선들은 소실점까지 뻗어나간다. 머리 위의 조명들은 그 아래 싸움꾼들이 질주하는 동안 본능적인 속도감을 전달한다. 음악을 제거한 데 따른 효과는 으스스한 동시에 흥미진진하고, 그 결과 관객들은 눈이 튀어나올 정도로 스크린에 집중하게 된다. 액션은 우리의 눈에 선명한 자국을 남기고, 우리의 모든 감각은 한껏 긴장한 상태에 이른다.

마침내 배트맨이 나타난다. 그는 초반에 조커의 드세지는 공격에 맞서려 시도한다. 1편에 등장했던 람보르기니와 허머 트럭을 결합시킨 장갑차량인 '텀블러Tumbler'를 모는 배트맨은 호송대를 위해 직접 나서서 쓰레기 수거 트럭을, 아니 더 정확히 말해서 쓰레기 수거 트럭의 아랫부분을 그대로 들이받는다. 텀블러가 쐐기 역할을 하면서 트럭은 고속도로의 콘크리트 천장으로 날아오른다. 불꽃이 튀고 짐칸은 양철 통조림처럼 찌그러진다. 잠시 멈춰 섰던 텀블러는 방향을 틀어 추격을 재개하고 의뢰인을 대신해서 총알을 맞으려는 보디가드처럼 공중을 날아, 덴트가 탄 SWAT 밴으로 향하던 바주카의 포탄을 제때 막아낸다. 하지만 차체가 콘크리트 장애물을 들이받으며 뚫고 나가고, 노동자들이 부서진 차량 주위로 모여든다. 연기를 뿜어내며 짓이겨진 차체 내부에서 무슨 일인가가 시작되고 있다. 갑자기 조종석이 내려앉으면서 차량 겉면의 금속 판금들이 비행할 준비를 마친 딱정벌레처럼 튀어나간다. 이어서 앞바퀴가 분리되고 전진하며 뒤에 있는 두 번째 바퀴를 끌어내면, 두툼한 바퀴와 차체, 좌석이라는 원초적인 요소로만 구성된 오토바이의 형태가 드러난다. 오토바이는 할리-데이비슨이 만든 사마귀처럼 생겼다. 매끈하고 빠르며 지면에 바짝 붙은, 위험하지 않다고 말하긴 어려운 배트포드는 단연코 제일 멋들어진 배트맨의 장난감이다. 그의 약점들을 보호하기보다는 그의 강점들을 소리 높여 외쳐대기 때문이다. 배트포드의 엔진은 마치 육중한 터빈의 소음과 이륙하려는 제트기의 굉음 사이에 해당되는 소리를 내지른다. 바이크에 올라앉은 배트맨의 위치는 너무 낮아서 수평선과 하나가 된 듯 보인다. 그가 앞바퀴에 양손을, 뒷바퀴에 양발을 둔 채로 로워 웨커 드라이브를 포효하며 내달리는 동안, 그의 망토는 근사하게 펄럭거린다. 바이크가 대포 소리를 울려대며 전진하는 동안, 그는 자동차의 사이드 미러들을 날려버리며 나아갈 길을 뚫는다.

연기를 뿜어내는 텀블러 차체에서 번데기처럼 등장하는 배트맨의 이미지는 1편의 낭비적인 물량공세(여름 블록버스터 특유의 빠르게 편집된 파괴 행각을 모방한 액션 시퀀스들)에서 해방되는 놀란 자신의 이미지일 수도 있다. 블록버스터 영화에서 어떤 차량이 다른 차량을 들이받을 때, 움찔거리는 관객은 거의 없다. 그런데 이 영화에서 트럭이 경찰차를 들이받으면, 그 차량의 사이즈와 물리적인 중량에 대한 감각을 아는 우리는 우주선들이 충돌하는 광경을 목격하는 듯한 느낌을 받게 된다. 〈배트맨 비긴즈〉와 〈다크 나이트〉 사이에 이뤄진 촬영과 편집, 사운드, 영화음악 측면에서 발전이 엄청났기에, 두 영화의 제목들 사이에서 발생하는 부조화는 완전히 새로운 시리즈가 시작되는 듯한 느낌을 풍기기까지 한다. 아이맥스 촬영은 규모의 감각을 부여하고, 그와 동시에 느려지는 놀란의 편집 리듬은 그 숏들에 형식적인 우아함을 부여한다. 조커의 공격이 실패한 이후, 편집 리듬은 느긋하면서 우아해지고 숏들은 유유히 흘러간다. 고담을 어둠에 잠기게끔 만들어야 한다는 과업에서 해방된 놀란은 존 포드 감독이 모뉴먼트 밸리를 촬영하는 데 활용한 것과 동일한 방식으로 시카고 루프의 유리와 강철 협곡을 촬영하면서 화면구

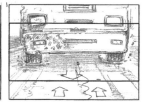
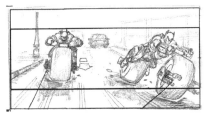

—
<다크 나이트>의 트럭 전복 시퀀스를
담은 스토리보드. 놀란은 이 시퀀스에
배경 음악 없이 음향효과만을 삽입했
다.

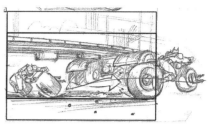

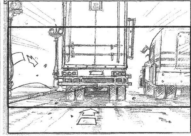

도에 집중할 수 있었다. 그는 공간을 구체화하기 위해 건물을 활용하고, 깊이의 감각을 육체적 쾌락 비슷한 것으로 탈바꿈시킨다. 배트맨이 라살레 스트리트에서 마침내 조커를 체포했을 때, 놀란은 포드가 〈황야의 결투My Darling Clementine, 1946〉에서 OK목장의 총싸움을 촬영했던 방식으로 대결의 프레임을 잡는다. 카메라는 무릎 높이에서 이 신화적인 인물들을 우러러본다. 배트맨이 견인용 철제 밧줄로 바퀴들을 얽어맨 뒤 조커의 18륜 트럭을 뒤집을 때, 밧줄들이 운전석을 낚아채자 트럭은 아가멤논이 쓰러지는 것처럼 둔중한 신음 소리를 내며 180도 돌아 지붕이 땅으로 처박힌다. 단순한 물리적 스턴트를 넘어, 놀란이 그때까지 다다르지 못했던 예술적인 경지에 가장 근접한 위업처럼 보이는 신이다. "할 수 있는 최선을 다했어. 너희가 세운 사소한 계획을 가져다가 고스란히 실행한 거야." 조커의 이 대사는 조나가 집필한 것으로, 놀란이 영화감독으로서 품은 생각을 쉽게 요약한 문장으로도 볼 수 있다. 그는 장르의 법칙들을 취한 뒤, 그것들을 뒤집었다. 그는 스튜디오가 내민 서류에 나열된 조건들마다 체크를 하는 한편, 스튜디오의 눈을 피해 개인적인 물건들을 밀반입한 셈이다.

〈다크 나이트〉에서는 트럭부터 도덕률까지, 영화의 클라이맥스에서 프루잇 빌딩에 거꾸로 매달린 조커를 보여주기 위해서 서서히 위아래가 뒤집어지는 카메라에 이르기까지 모든 것이 뒤집힌다. 18륜 트럭만 뒤집히는 게 아니라 대작 영화 제작 과정 자체의 크고, 더 크고, 가장 큰 거대중도 뒤집힌다. 우리는 이제 힘과 무게와 질량 같은 전통적인 척도들이 더는 중요하지 않고, 심지어 우리에게 등을 돌릴 수도 있는 놀란의 우주 안에 들어와 있다. 실제로 브루스 웨인이 처음 내린 결정은 감량이다. "몸이 지나치게 무거워요." 그가 알프레드에게 말한다. 고담에 질서를 가져오고자 시도하는 배트맨은 그 계획에 성공하는 대신, 반대 세력들을 자극한다. 그를 모방하는 일련의 폭력배들과 하찮은 자경단원들이 하나같이 배트맨의 스타일을 흉내 내고 있었던 탓이다. 그 결과로 빚어진 폭력 때문에 대중의 비난을 받은 그는 영화의 상당 부분을 배트맨이 사망했다고 알릴까 하는 문제를 두고 고민하며 보낸다. 그의 은퇴 시도는 쩍쩍 갈라진 흰색 메이크업을 한, 혼돈의 씨앗을 뿌리는 것 말고는 아무런 행동 동기도 없는 폭군 조커가 등장하자 비로소 중단된다. "나는 차를 쫓아다니는 개야." 조커는 덴트의 병실에 잠입하려고 입은 간호사 유니폼 차림으로 말한다. "차를 따라잡고 나면 무슨 짓을 해야 하는지 나도 몰라." 배트맨이 영화 전편이 소요될 정도로 기나긴 사연으로 구동되는 첨단 스위스군 만능 칼이라면, 조커는 혼돈을 빚어내려는 욕망 외에는 어떤 것에서도 에너지를 얻지 못하는 냉정한 사이코의 칼이다. 그는 자신의 사연을 들려주지만 그 사연들은 매번 다르다. 배트맨이 조각칼로 새긴 듯한 모습으로 강철판을 두르고 있다면, 조커는 미국의 쇼크 록 가수 앨리스 쿠퍼와 빗속에 남겨진 드래그 퀸* 사이 어디쯤에 있는 존재로 보이며, 매우 교활하다. 조커는 배트맨을 지탱해주는 근간에 대한 모욕 그 자체인 것이다. 우리는 이 두 인물을 같은 방에 함께 두는 것조차 해서는 안 될 일이라고 느낀다. 그랬다가는 물리적 법칙 때문에 어느 한쪽이 펑! 하고 사라지게 될 테니 말이다.

이런 이유로 경찰 취조실에서 이뤄진 두 사람의 첫 만남에서는 고압 전류가 발생한다. 타일이 붙은 기다란 방은 도살장 같은 느낌마저 든다. 이 장면은 어둠 속에서 통제된 방식으로 시작되지만 불이 켜지는 순간, 우리는 조커 바로 뒤에 서 있는 배트맨을 보게 된다.

● 사회적 여성 성별의 기호와 역할을 모방하는 남성을 말한다.

— 영화의 중요한 전환점인 취조실 장면의 촬영을 준비 중인 놀란.

"너를 죽이고 싶진 않아." 키득거리는 조커가 앉은 자리에서 몸을 앞뒤로 들썩이며 프레임의 초점에서 잠시 벗어났다가 다시 들어오며 말한다. "네가 없으면 내가 무슨 짓을 할 수 있겠어? 조폭 딜러들 뜯어먹는 짓이나 하라고? 안 돼. 너는, 나를, 완전하게 만들어줘."

도마뱀처럼 입술을 핥고, 반쯤은 누군가 다른 사람이 나타나기를 기다리는 듯한 눈빛으로 방안을 두리번거리면서, 학대당하는 개의 보디랭귀지를 구사하는 조커는 배트맨과 유대 관계를 맺는다. 자신들은 다른 모든 사람들을 하나로 묶어주는 사회적 규범의 굴레에서 벗어난 두 괴물이라며, 조커는 배트맨에게 그로테스크한 친밀감을 주장한다. "우리가 이 세상에서 살아가도록 해주는 유일하게 합리적인 방법은 규칙 없이 사는 거야." 조커가 히죽거리며 말한다. "오늘 밤, 너는 네가 지키는 법칙 하나를 어기게 될 거야." 조커의 이죽거림이 참을 수 없는 수준에 다다르자, 폭발한 배트맨은 책상 너머로 팔을 뻗어 조커의 멱살을 잡고는 덴트의 행방을 알아내기 위해 조커를 벽에 내동댕이친다. "그는 자신을 잘 통제하고 있어." 고든의 부하 한 명이 끼어들려고 일어나자 유리 너머를 지켜보고 있던 고든이 말한다. 그런데 이 시점에서 관객은 조커의 혼돈이 시작되었음을 공표하는, 톱질하는 듯한 첼로의 단음이 들려온다는 걸 감지할 것이다. 뭔가가 잘못되었다.

조커는 초등학생처럼 신난 표정으로 키득거리면서 그가 준비한 참혹한 '소피의 선택*'을 제안한다. 배트맨은 덴트와 레이첼 도스매기 질렌할 중 한 명만 구할 수 있는 선택의 기로에 처한 것이다. 어느 쪽을 선택하든 그의 양심에는 오점이 남을 것이다. 조커는 선량함의 힘을 깨부수려고 애쓰는 게 아니다. 선량함이라는 그 관념 자체가, 시민들 사이의 유대감이라는 그 관념 자체가 기만적인 관념이라는 것을 폭로하고자 애쓰고 있는 것이다. 놀란은 그 뒤에 이어지는 구타를 포착하기 위해 핸드헬드 카메라로 전환한다. 타일이 붙은 벽에 풀썩 쓰러진 조커는 신 내내 봉제 인형처럼 축 늘어진 채로 싸우려는 투지를 조금도 내비치지 않는다. 그의 머리는 배트맨이 주먹을 날릴 때마다 180도 가까이 돌아간다. 하지만 주먹이 날아들 때마다 조커는 오히려 자신의 적을 상대로 작은 승리를 쟁취한 듯, 배트맨이 애지중지하는 원칙들이 깨지면서 흩날리는 파편을 구

● 1982년에 개봉한 홀로코스트 영화로, 주인공에게 잔혹한 선택을 강요하는 내용을 담고 있다.

경하듯 시종일관 미소 지을 뿐이다. 조커는 딱 한 가지 일에만 전념한다. 도발. "너는 대책이 없어." 조커는 부러진 이빨을 뱉어내며 조롱한다. "나를 협박할 건수가 하나도 없겠지. 젖 먹던 힘까지 다 짜내도 할 수 있는 일이 하나도 없는 거야."

조커는 여전히 낄낄거린다. 루멧의 〈신문〉 결말에서 이언 배넌이 그랬던 것처럼. 배트맨은 꼭두각시를 두들기고 있는 셈이다. 원래 이 장면은 조커가 정보를 털어놓자 배트맨이 그를 내동댕이친 뒤, 뒤늦게 생각났다는 듯 취조실에서 나가려다 말고 조커의 머리에 발길질을 하는 것으로 마무리된다. 그런데 촬영 당일, 제작진은 그 설정을 포기하고 자신이 한 일이 철저히 쓸모없는 짓이었다는 걸 깨달은 배트맨을 타이트 숏으로 촬영하는 쪽을 택했다. 〈다크 나이트 라이즈〉는 난타전으로 탈바꿈하겠지만 말이다. 반면 〈다크 나이트〉는 조커가 빚어낸 난장판에서 활기가 뿜어져 나온다. 그에 비해 배트맨은 그저 짐승 같은 존재로 비친다. 당신은 혼돈을 즐기는 상대와 어떻게 싸울 것인가?

• • •

1980년대 초반, 진 워드는 리스 뮤즈 7번지에 있는 영국 화가 프랜시스 베이컨의 집을 청소하러 갔다. 그 집은 베이컨이 거주하면서 작업했던 곳으로 사우스 켄싱턴에 있는 작은 다락방이었다. 화가 베이컨의 명성에 대해서 아는 게 거의 없던 그녀는 가파른 계단을 올라가 비좁은 작업실과 다른 두 방을 둘러봤다. 각 방은 욕조가 딸려 있는 주방과 거실로도 사용되는 작은 침실로, 둘 다 수수하고 소박하게 장식되어 있었다. 베이컨의 집에는 진공청소기가 없었고, 그가 가끔씩 자기 얼굴에 분칠을 하는 데 사용했던 가정용 세제 에이잭스 빼고는 별도의 청소 도구도 없었다. 워드는 아침에 도착하면 바닥에서 자고 있는 그의 모습을 자주 보게 됐다. 그럴 때마다 그녀는 술에 취한 그의 몸을 넘어가야만 했다. 먼지와 물감, 폐기된 그림, 샴페인 병, 다른 쓰레기가 겹겹이 쌓인, 전설의 경지에 오른 지저분한 작업실에 그녀가 들어가는 건 금지된 일이었다. 그러니 다른 곳은 청소를 해도 작업실 청소를 못하는 건 당연한 일이었다. 워드는 잡동사니 위로 기어오르면서 가끔씩 '그 쓰레기 더미가 바퀴벌레들과 함께 움직이기 시작하리라는 예상'을 하기도 했다.

베이컨은 엉망진창인 상태를 좋아했고, 작은 방은 정신을 집중할 수 있게 해준다는 레오나르도 다 빈치의 신념을 공유했다. 그는 가끔씩 손가락으로 먼지를 문지른 다음, 통제된 혼란의 또 다른 요소를 캔버스로 옮기고자 손가락에 묻은 먼지를 젖은 물감과 함께 캔버스에 문질렀다. "혼란 속에서 편안함을 느낍니다. 혼란은 나에게 이미지를 제공하니까요." 그가 미술 평론가 데이비드 실베스터에게 한 말이다. "어쨌든 나는 혼란 속에서 살아가는 게 마냥 좋습니다. 여기를 떠나 새 방으로 가야 한다면, 일주일 이내로 그 방 역시 혼돈 상태가 될 겁니다." 혼돈과 통제 사이의 그런 대비는 그의 예술에서 거듭하여 재현된 주제로, 우리 cage 와 격자무늬, 밀폐된 방의 깔끔한 라인에 스며든 야생적이고 유혈이 낭자한 도살장 같은 이미지들이 혼합된 결과물이다. 앞서 언급한 그 방에는 장식이 거의 없다. 격하게 날뛰며 고뇌하는 그의 인물화들을 고립시키는 커튼과 거울, 튜브 형태의 구조물들만 있을 뿐이다. "내게 있어서 베이컨의 그림은 억제되지 못한 두려움이라는 관념, 우리 사회의 구조로는 거의 담아내지 못하는 원초적인 관념이 구체화된 작품입니다." 놀란은 말했다. "그의 그림 속 방에서 벌어지는 일이 무엇이건 그것들은 그 이미지들이 만들어진 방식을 고스란히 보여줍니다. 그의 작업 과정은 무

—
프랜시스 베이컨의 '세 폭 제단화 1972년 8월'은 베이컨의 연인 조지 다이어가 자살한 이후에 그려진 작품이다. 제일 왼쪽에 있는 다이어의 인물화는 십 대였던 놀란을 처음으로 사로잡은 베이컨의 이미지였다. 그보다 앞선 시기의 초상화 '조지 다이어의 두상 연구'는 <인셉션>의 첫 꿈에 등장한다. "당연히 나는 조지 생각을 1시간에 한 번씩은 합니다." 베이컨이 1972년 여름에 한 말이다. "내가 그날 아침에 외출하지 않았다면, 그냥 그곳에 머무르면서 그가 괜찮은지 확인했다면, 그는 지금도 살아 있을지 모릅니다. 그건 사실입니다."

척 본능적이고 원초적이었지만, 그는 절대적인 통제력을 행사하면서 마음에 들지 않는 캔버스는 부숴버리곤 했죠. 베이컨은 그런 식으로 자신의 예술 작업을 표현하는 방법에 대단히 많은 신경을 썼어요. 그의 작품에는 기하학적인 거울이 자주 등장합니다. 작은 동그라미도 많이 등장하죠. 그건 체계가 잡힌 혼란입니다. 베이컨의 작품에는 무척 흉포하고 원초적인 것들이 많다고 생각하는데, 조커의 본성에서 보면 그건 혼란스럽지 않습니다. 사실은 상당히 통제된 상태죠. 달리 말해, 조커는 엉망진창인 캐릭터가 아닙니다. 혼돈에 대해 얘기를 하고 그 혼란스러운 상태를 즐기지만, 그가 주력하는 것은 혼란을 빚어내는 겁니다. 그가 혼란을 빚어내는 방식은 꽤나 정밀하고 매우 통제되어 있습니다."

놀란이 베이컨의 작품을 처음 접한 것은 열여섯 살 때였다. 테이트 미술관에서 열린 화가 마크 로스코 전시회를 보러 런던으로 단체 견학을 갔을 때, 그는 이번 전시회보다 앞서 열린 전시회를 알리는, 그러니까 베이컨의 회고전을 알리는 포스터를 기념품 매장에서 봤다. "그 포스터에서 눈을 떼지 못한 채 '끝내주는 작품'이라고 생각했던 게 기억납니다." 그는 말했다. 놀란은 그 포스터를 구매해 침실 벽에 붙였다. 그리고 몇 년 뒤, 애드리안 라인 감독의 〈야곱의 사다리 Jacob's Ladder, 1990〉를 봤다. 흐릿한 모습으로 몸부림치는 머리들을 그린 베이컨의 그림처럼 참혹한 플래시백들을 경험하는 베트남전 참전용사팀 로빈스를 다룬 영화로, 놀란은 슈퍼8 카메라로 영화를 만들던 시절에 그 플래시백 이미지들을 재현하려고 노력했다. 훗날 라인은 1967년에 새로 개장한 런던의 ICA 시네마에서 상영된 첫 영화인 돈 레비의 〈헤로스트라투스 Herostratus, 1967〉에서 그 방식을 차용했다고 놀란에게 고백했다. '세상에 잘 알려지지 않은' 위대한 영화 중 한 편인 그 영화는 불안해하며 분노하는 시인마이클 고더드의 격렬하고 음울한 환각 체험을 다룬다. 시인 내면의 혼란은 베이컨의 그림 '머리 Ⅳ Head Ⅳ, 1949'를 고통스럽게 재현하는 것에서 배출구를 찾아낸다. 카메라를 고프레임률로 돌리면서 익스트림 모션 캡처 형식으로 촬영한 결과, 그의 머리는 광분하는 흐릿한 형체로 돌변하고, 사운드트랙에는 혼돈이 쏟아내는 날카로운 고음들이 동반된다. 돈 레비의 경력은 서글프게도 짧았다. 그는 칼아츠 대학California Institute of the Arts에서 작업하기 위해 로스앤젤레스로 이주한 후, 그곳에서 강의를 하고 필름과 비디오, 멀티미디어 분야를 연구하던 중 1987년에 스스로 생을 마감했다.

"예술영화 성향이 무척 강한 영화이지만, 꽤나 흥미로운 영화입니다. 그리고 그 이미지는 정말로 놀랍습니다." 놀란은 말했다. "〈야곱의 사다리〉가 개봉되고 몇 년 후, 머리를 흔드는 그 이미지는 모든 공포 영화에, 모든 뮤직비디오에, 세상의 모든 예고편에 등장했습니다. 이런 이미지들이 대중문화에 스며드는 데에는 어느 정도 시간이 걸립니다. 나도 슈퍼 8 카메라로 그 이미지를 재현하고자 내 나름의 버전을 작업해봤어요. 흐릿한 얼굴을 가진 캐릭터를 구현하려고 노력하면서요. 그런데 매우 빨리 지나가는 프레임에 언뜻 잡힌 얼굴만 나오더군요. 어느 시점엔가 라인 감독은 그림에 나온 상자와 아주 똑같지는 않지만 무척 비슷하게 생긴 우리 안에 몸통을 넣은 이미지를 구현해냈습니다. 〈미행〉에서 제레미가 연기하는 캐릭터를 잘 보면, 그는 정장에 타이 차림인데 눈이 굉장히 비뚤어져 있습니다. 그건 베이컨을 상기시키는 이미지죠."

놀란은 〈다크 나이트〉를 만들 때 당시 스물여덟 살이었던 히스 레저의 트레일러로 베이컨의 화집을 가져가 메이크업 아티스트 존 캐글리오네와 히스 레저에게 보여줬다. 며칠 밤낮을 하고 있었던 듯 갈라지고 더럽혀지고 안쪽에서부터 쪼개지고 있는 조커의 메이크업은 '절규하는 교황 The Screaming Pope'이라는 친숙한 제목으로 잘 알려진 베이컨의 그림 '교황 인노첸시오 10세의 초상 Study After Velazquez's Portrait of Pope Innocent X, 1953'에서 부분적으로 영감을 받았다. "두 사람은 내 의도를 완벽히 이해했습니다." 놀란이 한 말이다. "두 사람은 히스의 얼굴에 흰색과 빨간색을 바른 상태였는데, 거기에 검정색을 가미하기 시작했고 메이크업 일부를 벗겨내 특정한 방식으로 문질렀죠. 덕분에 히스의 맨 피부가 이곳저곳에서 드러났고요. 베이컨의 그림 일부분에서 캔버스가 보이는 것처럼 말입니다." 레저의 입 안쪽까지 이어진 흉터 보철물은 그가 연기하는 동안 느슨해지곤 했다. 그래서 그는 메이크업 의자에 앉아 또다시 20분을 보내는 일을 피하고 싶어서 반복적으로 입술을 핥았다. 그 행동은 조커 캐릭터의 가장 기이한 경련 행동 중 하나가 됐다. "히스가 했던 다른 행동은 그가 언젠가 나에게 얘기해주었던 행동이었어요. '내가 직접 메이크업을 해볼 생각이에요. 그 모습이 어떻게 보일지 확인해보고 싶거든요.' 그가 메이크업을 직접 해보고는 말하더군요. '우리가 뭔가를 배우게 될 것도 같네요.' 우리가 배운 것은, 히스가 존 캐글리오네 같은 뛰어난 메이크업 아티스트는 아니라는 것이었죠. 그리고 우리는 그가 손가락으로 메이크업을 했다는 것도 알게 됐습니다. 그가 말했죠. '아아, 물론이죠. 메이크업을 직접 할 때 손가락으로 했어요.' 그래서 우리는 메이크업 작업의 일부를 히스에게 맡겼습니다. 조커의 메이크업은 그렇게 탄생한 겁니다. 창의력이 넘치고 주위의 의견에 귀를 기울이는 사람과 작업하는 경이로운 경험이었어요. 정말 멋진 일이었죠."

몇 주간 호텔 방에 틀어박힌 히스 레저는 흡족한 결과를 얻을 때까지 많은 목소리와 버릇을 실험하면서 시나리오의 대사 전체를 손으로 직접 옮겨 적은 글로 일기장을 채웠다. 그리고 펑크 록 그룹 섹스 피스톨스의 조니 로튼과 시드 비셔, 〈시계태엽 오렌지A Clockwork Orange, 1971〉의 주인공 알렉스말콤 맥도웰의 이미지를 비롯한 다양한 이미지가 덧붙여졌다. 놀란은 조커가 나타나 패트릭 레이히 상원 의원의 머리를 붙잡는 장면에서 레저에게 연기를 지시할 때, 그가 상원 의원을 실제로 밀었던 일을 기억한다. "그건 우리가 초반부에 촬영한 장면들 중 하나였습니다. 내가 그랬죠. '자네는 자연의 힘 같은 존재라는 걸 보여줘야 해. 이건 가장무도회야. 자네는 파티장에 들어와서 수프에 오줌을 갈겨야 해.' 촬영을 마쳤을 때 그가 이러더군요. '그렇게까지 나를 밀어붙여 줘서 고마워요.' 히스는 조커 캐릭터를 정말이지 제대로 소화했습니다. 무척 사랑스러운 사람이었죠. 어딘가로 걸어 들어가 그렇게까지 잔인하게 구는 것은 그에게 있어서 자연스러운 연기가 아니었을 거예요. 조커는 어마어마하게 잔인한 인물이니까요. 실제 히스와 정반대되는 모든 사람을 몰아넣은 불편한 공간이 바로 조커입니다. 그런 작업이 빚어내는 즐거움이 있었습니다. 내 입장에서도 마찬가지였죠. 그건 내 본연의 모습하고는 정반대되는 모습이니까요. 그가 이러더군요. '감독님은 내가 끔찍한 짓을 하게끔 핑계거리를 줬어요.' 그는 사람들을 불편하게 만드는 짓을 정말 싫어했습니다."

"히스와 함께 〈시계태엽 오렌지〉의 알렉스 캐릭터에 대한 얘기를 많

이 나눴습니다. 나는 알렉스를 조커 이전에 등장했던, 조커와 가장 비슷한 캐릭터라고 생각합니다. 알렉스는 근본적으로 십 대입니다. 그는 '저걸 찢어발길 거야. 엿같으니까.'라는 식의 생각을 합니다. 그는 자신이 왜 그런 짓을 하는지조차 신경 쓰지 않습니다. 그렇게 그는 일반적인 사람들하고는 동떨어진 존재입니다. 그건 인간의 본성에 깃들어 있는 무척 사실적인 힘이지만, 나한테는 없는 힘이죠. 나는 내 안에 있는 그것이 두렵습니다. 인간 본성의 그런 측면이 두려워요. 나는 그 어떤 것보다도, 그 어떤 빌런보다도 조커가 두렵습니다. 문명의 허울이 무척 얄팍해진 요즘에는 특히 더 그렇습니다. 조커는 이 모든 것에 내재한 이드id를 대표하는 캐릭터라고 생각합니다. 시리즈 세 편을 진행하는 동안, 우리는 제작 의도에 맞춰 충실한 작업을 해냈습니다. 우리가 걱정하는 것은 무엇일까요? 내가 진정으로 두려워하는 것은 무엇일까요? 빌런이 저지를 수 있는 최악의 짓은 무엇일까요? 나한테 그런 무정부 상태를 빚어내고 픈 충동은 없습니다. 정말로 없어요. 나는 훨씬 더 통제된 사람이죠. 그럼에도 내 안에 있는 그런 충동이 두렵습니다. 나는 그 충동을 영화의 엔진으로 조심스레 활용했다고 생각해요. 그렇지만 영화를 만들고 있는 내내 그런 충동이 두려웠습니다."

위 메이크업을 마친 조커의 얼굴. 입가의 흉터 보철물이 연기하는 동안 계속 느슨해졌기 때문에, 다시 메이크업 의자에 앉아 20분을 보내는 상황을 피하고자 레저는 입술을 계속 핥았다. 일부 메이크업은 그가 직접 작업하기도 했다.

맞은편 히스 레저와 메이크업 아티스트 코너 오설리번.

• • •

　나는 그 시점에서 놀란을 압박했다. 조커가 일으킨 무정부 상태를 지켜보며, 놀란이 일말의 스릴도 느끼지 않았다는 것은 믿을 수 없었기 때문이다. 관객은 분명 어느 정도의 스릴을 느꼈다. 그런데 그는 확고한 입장을 고수했다. 그는 무서운 일이라고 생각했다. 〈다크 나이트〉를 지금의 영화로 만든 것은 자기 내면에 있는 악마성을 무장시키려는 자신의 타고난 성향에 맞서고자 했던 감독의 의지였다. "재미있는 일이죠. 〈다크 나이트〉는 사람들이 좋아하는 영화에 항상 꼽혀요. 내 입장에서 사람들의 이런 반응들을 분석하는 것은 어려운 일이지만, 나도 모르게 다른 두 영화를 옹호하는 일이 빈번하니까요. 〈배트맨 비긴즈〉에는 우리가 〈다크 나이트〉 때 완전히 내다버린 낭만주의적 성향이 있습니다. 〈다크 나이트 라이즈〉의 기획 과정에 들어가기 전에 아이맥스 본사에서 두 영화를 상영한 적이 있어요. 그때 우리는 두 영화를 몇 년간 보지 못한 상태였죠. 굉장히 흥미로운 경험이었습니다. 〈배트맨 비긴즈〉는 우리가 기억하는 것보다 훨씬 좋은 영화였으니까요. 그 영화에는 일종의 향수가, 고전주의적인 분위기가 있습니다. '와우, 우리가 저 영화에서 꽤 많은 일을 해냈네.'라는 기분이 들더군요. 그러고는 〈다크 나이트〉를 상영

했는데, 그곳에 참석한 모든 사람이 한 말은 '기계 같은 영화'라는 말이었죠. 관객을 움켜쥔 채 내내 질주하는 그 영화에는 비인간적이라고 느껴지기까지 하는 요소가 있습니다. 〈배트맨 비긴즈〉와 비교해보면 〈다크 나이트〉는 잔인하고 냉혹한 영화입니다. 사람들은 종종 내 영화가 냉정하다는 평을 하는데, 내가 그렇다고 느끼는 유일한 영화가 〈다크 나이트〉입니다. 조커는 그렇게 끔찍한 방식들로 그 영화를 밀고 나가는 엔진이니까요. 그 영화는 조커가 고안해낸 끔찍한 상황들이 쉴 새 없이 이어지는 것, 그게 전부입니다. 항상 그런 상황에만 몰두하죠. 그 상황에 우연적인 요소는 하나도 없습니다. 나는 스튜디오를 상대로 그 영화를 설명할 때 이런 말을 했습니다. '관절이 하얗게 되도록 손을 꽉 움켜쥐게 되는 롤러코스터 같은 영화입니다. 내리막길을 내달리는 영화죠.'라고요."

  그 영화의 가장 대담한 특징 중 하나는 질주하는 과정에서 주인공에게 많은 그늘이 드리워진다는 것이다. 레이첼 도스가 하얀 갑옷을 입은 고담의 새로운 기사 하비 덴트의 곁으로 떠난 후, 브루스 웨인은 배트맨의 은퇴를 고려하게 된다. 덴트는 많은 면에서 이 영화의 조역이지만, 이 줄거리의 도덕적인 측면은 덴트의 몫이다. 취조실에서 겪은 치욕에 괴로워하던 배트맨은 욱한 심정에 또 다른 과잉 행동을 벌인다. 시내에 있는 모든 스마트폰을 도청 장비로 탈바꿈시켜 스마트폰 소유자에 대한 정보를 전송하게 만드는 것이다. "도시에는 비밀이 없다―사람들은 일하고 먹고 잔다." 시나리오에 적힌 지문이다. "고담에 있는 모든 휴대 전화를 마이크로 바꿔놓았군요." 루시우스 폭스는 말한다. "이건 잘못된 일입니다. 내가 수행해야 할 직무에 3,000만 명의 사람을 염탐하는 일은 포함되어 있지 않습니다." 평론가들은 〈다크 나이트〉 3부작을 '오웰Orwell적'이라고 부르는 경우가 잦다. 그런 평가가 정확하게 들어맞는 것은 아니지만 말이다. 배트맨이 프루윗 빌딩에 있는 조커를 추적하려고 감시 기술을 처음 활용할 때, 그에 따른 효과는 두드러질 정도로 근사하다. 사실 크리스토퍼 놀란 영화에서 몇 안 되는, 불필요한 특수효과 중 하나다. 그렇지만 시민의 자유는 숨을 거둔다! 사실 〈다크 나이트〉 시리즈는 조지 오웰의 소설 「1984 1949」의 결말에서 주인공 윈스턴 스미스가 국가를 위해 프로파간다 영화를 만드는 작업에 투입됐다면 만들었을 법한 영화에 더 가깝다. 물론 그런 영화들의 서브텍스트에는 그가 예전에 가졌던 저항적인 성향이 무심결에 스며들겠지만 말이다. 그 영화들은 윈스턴 스미스 그리고 빅 브라더가 공동으로 창작한 영화들로, 영화 안에서는 권위주의적 본능과 반권위주의적 본능이 주도권을 거머쥐려고 치고받고 있다.

놀란은 조커가 빚어낸 혼돈 상태의 대척점을 시카고 루프의 딱딱하고 깔끔한 라인에서 찾는다. 먼저 루시우스 폭스가 장난감들을 만들어내는 곳으로, 사방의 벽이 가공되지 않은 콘크리트로 이루어진 지하 실험실을 들 수 있다. 그 다음으로는 시카고의 경치를 바닥부터 천장까지 파노라

위 배트맨과 하비 덴트가 조커의 심복을 두고 대립하는 장면의 연기를 지도하는 놀란.

아래 홍콩 IFC 타워 꼭대기에 선 크리스찬 베일. 그는 대역 없이 이 장면을 직접 연기하겠다고 고집했다.

마처럼 볼 수 있는, 건축가 미스 반 데어 로에가 디자인하고 피스터와 크로올리가 머리 위에 늘어선 빛을 반사하는 조명들과 24미터짜리 유리 테이블을 덧붙인 IBM 빌딩 내부의 사무적이고 미니멀리즘적인 웨인 엔터프라이즈 임원 회의실도 혼돈의 대척점에 있는 장소다. 더불어 로워 웨커 드라이브에는 관객에게 스릴을 안겨주는 비인간성이 존재한다. "무한한 공간은 서구인들이 찾아내고자 항상 갈구해온 대상이고, 그 즉시 실현되는 실물을 보는 것 또한 항상 갈망해온 이상이다." 오스발트 슈펭글러가 샹젤리제의 광대한 구역에 대해 쓴 글이다. 시점이 직선으로 똑바로 뻗어나가면서 거리가 가지런하게 정리된 샹젤리제는 "제약을 받지 않고 강인한 의지를 발휘하며 호연지기로 가득한 영혼"을 반영한 곳으로, "이곳이 선택한 휘장은 순수하고 감지할 수 없으며 한계가 없는 공간이다." 슈펭글러가 만약 브루스 웨인을 보게 된다면 분명 짜릿한 쾌감을 느낄 것이다. 한없는 깊이에, 천장이 낮은 기하학적 구조의 동굴을 집처럼 편안하게 여기며, 강인한 의지를 발휘하면서 호연지기로 가득한 또 다른 영혼이기 때문이다. 〈메멘토〉의 레너드 셸비가 떠안고 있던 골칫거리가 다시 되풀이되는데 이 영화에서 그 골칫거리는, 즉 브루스 웨인의 10억 달러짜리 동굴은 권력과 부의 상징으로 제시된다.

이 영화의 엔딩은 놀란의 영화들 중 최고의 엔딩에 속한다. "데이비드 고이어와 나는 배트맨이 영화 중반부에서 한 사람을 구하는 것과 다른 사람을 구하는 것 사이의 선택에 직면한다는 아이디어를 내놨습니다. 그러자 동생이 더 나아가 클라이맥스를 위해 더 웅장한 선택을 하게끔 만든다는 아이디어를 내놓더군요. 동생한테 곧장 전화해서 말했죠. '그렇게는 못해. 그건 먹혀들지 않을 거야. 그러니 잊어버려. 우리는 소피의 선택 같은 그 설정을 앞에서 이미 써먹었어. 그런 짓을 계속 할 수는 없어.' 그랬더니 동생이 대꾸하더군요. '선택의 규모를 더 키워봐. 그런 다음에 관객들이 예상하게 될 때까지 조커의 테마를 따라가도록 해.'" 놀란을 막아선 더 큰 장애물은 운동 에너지와 관련된 것이었다. 그는 폭발하지 않는 내용으로 영화를 끝낼 수 없었다. "동생 조나는 항상 뭔가 유별난 짓을, 사람들의 예상에서 벗어난 짓을 무척 좋아합니다. 조나가 글을 쓸 때 느끼는 어마어마한 충동이죠. 내 대답은 이랬어요. '그래, 그건 무척 소중해. 그렇지만 너는 이걸 음악으로, 곡으로 생각해야 해. 네가 크레센도를 하지 않으면 영화는 제대로 굴러가지 않을 거야. 제대로 됐다는 느낌이 들지 않을 거라고.' 나는 크레센도가 필요했습니다. 조나는 시도하고 또 시도했지만, 나는 결국 내가 직접 하겠다며 시나리오 집필을 넘겨받았죠. 그런데 아무리 해도 그 부분을 제거할 수가 없더군요. 그래서 프루윗 빌딩의 액션을 취한 다음, 그 액션과 페리들 사이를 교차 편집하는 쪽으로 결론을 냈습니다. 그러니까 내 말은, 그게 먹혀드는 건 있을 수 없는 일이었는데도 제대로 먹혀들었다는 겁니다. 영화는 말 그대로 멈춰 서버립니다. 그러고는 다시 진행되다가… 와! 또 다른 것을 보여주죠."

그 '또 다른 것'은 몽타주로, 놀란이 홍콩에서 로케이션 헌팅을 하는 동안 〈다크 나이트〉 시나리오를 집필하려고 자리에 앉았을 때 처음 떠올랐던 이미지를 우리에게 보여준다. 배트맨이 경찰에게 쫓기는 모습, 사냥꾼이 사냥당하는 모습. 조커를 상대로 거둔 그의 승리는 너무 많은 대가를 치른 끝에 얻은 승리였다. 조커는 덴트를 완전히 타락시켰다. 그래서 배트맨은 덴트의 평판을 깨끗하게 유지하기 위해 덴트가 저지른 죄를 뒤집어써야 하는 처지다. "영웅으로 죽거나, 악당이 된 자신의 모습을 볼 정도로 장수하거나 둘 중 하나지." 그는 덴트가 했던 말을 고든에게 다시 들려준다. 그가 옥상을 통해 탈출한 뒤, 경찰과 경찰견의 추격을 받는 모습을 지켜보는 동안, 짐머는 첼로와 낮은 금관악기로 D-F 멜로디를 번갈아 구축하고, 현악기들은 볼륨이 서서히 커져가는 일련의 오스티나토*를 엮어내며, 물결처럼 밀려오는 팀파니가 동반된다. 이어서 배트맨과 고든의 음성이 교차편집되며 흘러나온다. (배트맨)"난 그게 무엇이든, 고담이 요구하는 존재가 될 거요.", (고든의 연설)"영웅, 우리가 얻을 자격이 있는 영웅이 아니라 우리에게 필요한 영웅", (배트맨)"왜냐하면 때로는… 진실만으로 충분하지 않기 때문이오. 사람들은 때때로 더 나은 걸 얻을 자격이 있소." 놀란은 엔딩으로 유명한 감독이지만 진실이 결코 승리하지 못하는 타락한 우주, 즉 선한 이들이 희망할 수 있는 최선이 고작 부패한 시스템에서 벗어나는 우아한 탈출밖에 없는 타락한 우주를 챈들러

● 일정한 음형을 동일성부에서 반복하는 것.

분위기로 이끌어낸 〈다크 나이트〉의 엔딩은 정말 훌륭하다. 영화의 플롯들을 묶어내는 동시에 영화가 품고 있는 모든 모순과 모호함을 풀어놓는 완벽한 풀매듭*이다. 그 엔딩은 관객에게 훨씬 더 크고 웅장한 순환운동, 말하자면 한 이야기의 종결부가 또 다른 이야기의 전주곡인 순환운동에 사로잡혔다는 인상을 남긴다.

● Slipknot, 풀기 쉽게 맨 매듭.

• • •

　미국은 이 영화의 메시지에 담긴 모순에 귀를 기울일 나름의 이유가 있었다. 대통령 선거가 열리는 해이자 인터넷의 발달 과정에서 대중의 의식에 들어온 〈다크 나이트〉는 양쪽 사건 모두에서 추진력을 얻었다. 〈다크 나이트〉의 개봉까지 이어졌던 15개월 동안, 조나와 보조 제작자 조던 골드버그는 「로스앤젤레스 타임스」가 '할리우드가 지금껏 고안해낸 영화 캠페인 중 가장 상호 소통적인 캠페인 가운데 하나'라고 부른 캠페인을 개시했다. 영화의 홍보를 돕기 위해 70개국 이상에 거주하는 1,100만 명을 겨냥한 대통령 선거 운동 수준의 정치적 여론조사를 활용한 것이다. 샌디에이고에서 열린 코믹 콘 행사에서 '조커화Jokerized'한 달러들이 발견됐는데, 그 달러에 적힌 단서들은 공중에 연기로 전화번호를 쓰는 비행기를 지켜보기에 알맞은 위치로 안내했다. 그 번호로 전화를 걸면 조커의 군대에 입대하라는 초대장이 발송됐다. 만화책 매장에서 배포하는 카드들은 '하비 덴트를 지방검사로'라는 웹사이트로 이끌었다. 그 사이트의 픽셀들을 지우면, 최종 결과물은 '조커 폭로'였는데 조커를 연기하는 히스 레저를 담은 첫 공개 이미지였다. 선거에 대한 가짜 뉴스를 퍼뜨리기 위해 '드러지 리포트*'를 모델로 삼은 가짜 뉴스 사이트가 만들어졌다. 일부 팬들은 마치 실존하는 인물을 대하듯 길거리에서 공개적으로 하비 덴트를 지지한다는 의사를 표명했다. 선거일이 다가오자, 유권자 등록카드가 우편으로 발송되면서 피자 배달을 통해 배트맨을 지지하며 행동에 나선 무리가 만들어졌다. 그들이 배달한 피자를 받은 사람들은 피자 상자 안에서 배트맨 마스크와 선전물, 곧 '배트맨을 지지하는 시민들'이라는 인터넷 '지하' 포럼으로 이어지는 주소를 발견했다. 그 포럼

● 클린턴 대통령의 성추문을 처음으로 특종 보도한 1인 뉴스 매체.

은 시카고와 뉴욕에서 오프라인 모임을 기획했는데, 그 모임에 참석한 사람들은 도시의 스카이라인 상공을 밝히는 배트 시그널을 볼 수 있었다.

이 영화의 정치적 성향은 끝없이 해석되고 있다. "영웅으로 죽거나, 악당이 된 자신의 모습을 볼 정도로 장수하거나 둘 중 하나지.", "어떤 사람들은 세상이 불타는 걸 보고 싶어 해.", "왜 그렇게 진지한 거야?" 영화에 나오는 많은 인상적인 대사는 트위터와 텀블러, 레딧 같은 새로운 플랫폼에서 제2의 생명을 얻었다. 〈메멘토〉가 배아 단계의 바이러스였다면, 〈다크 나이트〉는 인터넷 밈meme의 배양 접시였다. 히스 레저가 연기하는 조커의 모습 위에 "왜 그렇게 진지한 거야?Why so serious?"라는 대사가 휘갈겨진 초기의 바이럴 광고는 고양이와 갓난아기, 마일리 사이러스, 앨 고어와 끝없이 리믹스됐고, 이어서 오바마 대통령이 조커로 표현된 악의적 포스터까지 나붙었다. 좌파 성향 블로거들은 부당하다고 외쳤고, 우파 성향 블로거들은 자신들의 공로를 주장했다. 소설가 앤드류 클라반은 「월스트리트 저널」에 기고한 칼럼에서 이 영화는 "지금 같은 테러의 시대에 조지 W. 부시가 보여준 불굴의 용기와 도덕적 용기에 바치는 찬가"라고 주장했다. 좌파의 어떤 이들은 이 영화에 대해, 부시 정부의 영장 없는 감시와 고문 전술, 그리고 버라이즌과 AT&T, 구글 같은 기업들이 법집행 당국의 요청에 따라 해마다 1,300만 건 이상의 정보를 감시센터°에 넘겨주는 결정에 반대하는 것이라고 받아들였다.

● 미국 국가안보국(NSA, National Security Agency)이 20억 달러를 들여 만든 기관.

"이 영화의 정치적 메시지는 미국인들이 국가적 순수함이라는 사회적 통념을 유지하면서도 악과 싸우는 데 필요할 경우, 부시 행정부가 동원한 초법적 과잉행동도 비밀리에 인정하기를 원한다고 제안하는 듯 보인다." 히스토리 뉴스 네트워크의 론 브라일리가 쓴 글이다. "조지 부시는 대중에게 거부당했으면서도 우리를 구해내는 다크 나이트가 됐다. 미래의 어느 날, 그가 내린 결정들은 해리 트루먼 대통령이 냉전시대에 내린 결정들처럼, 역사가들과 대중의 찬양을 받게 될 것이다." 시사회 이후 베일과 놀란을 우연히 만난 독일 영화감독 베르너 헤어초크가 말했다. "축하하네. 이 영화는 올해 가장 의미 있는 영화야." 놀란은 그가 농담을 하고 있는 게 분명하다고 생각했다. "이건 진짜 중요한 핵심을 가진 영화

야. 이게 주류 영화인지 아닌지의 여부는 중요하지 않아." 공습으로 파괴된 베를린의 돌무더기 속에서 자랐고, 나중에는 카리스마 넘치는 미치광이들의 유령에 완전히 매료된 영화들을 만든 헤어초크는 이 영화의 밑바닥에 흐르는 저류의 가치를 제대로 평가하는 데 있어서 대부분의 사람들보다 나은 위치에 있었다.

"우리가 결코 하지 않았던 일은, 심장에 손을 얹고 맹세하는데, 당대의 사회적 문제에 대한 언급은 전혀 하지 않았다는 겁니다." 놀란은 말했다. "영화를 만드는 데 얼마나 긴 시간이 걸리는지 알고 있었으니까요. 세상은 믿을 수 없을 정도로 빠르게 움직입니다. 그래서 〈배트맨 비긴즈〉를 시작했을 때, 우리가 항상 두려워했던 것은 분명 9/11 이후의 테러리즘이었습니다. 우리는 테러리즘에 대한 이야기와 아프가니스탄 침공 때 참전했다가 생포된 후 탈레반이 된 미국인 존 워커 린드에 대한 얘기를 조금 했습니다. 브루스 웨인은 미스터리한 외국에서 과격해집니다. 의식적으로 그런 설정을 한 것은 아니었습니다. 그런데 결국 우리는 9/11이 일어난 지 3년 뒤에 그 영화의 시나리오를 쓰고 있었어요. 그토록 거대한 사회적 환경의 일부가 되지 않을 도리가 없었죠. 〈다크 나이트〉의 결말에 나오는 '영웅이 악당이 되는 것' 그리고 '우리가 가질 자격이 있는 영웅이 아니라 우리에게 필요한 영웅을 얻는 것'과 관련한 논의는 9/11 이

〈다크 나이트〉의 마지막 숏은 놀란이 고집스레 준수하는 관행인, 그날 찍은 러시필름을 감상하던 중에 포착됐다.

후에 영웅적 행위의 개념이 무척 평가 절하됐기 때문에 생겨났습니다. 영웅은 이래야 한다, 저래야 한다는 논의가 무성했죠. 왜 그런 상황이 빚어졌는지는 이해할만 합니다. 언어가 그런 식으로 변하기 때문이죠. 주말에 아이들과 〈아라비아의 로렌스〉를 봤어요. 그 영화는 로렌스를 공허하고 그릇된 아이콘으로 제시하는 게 틀림없지만, 사람들이 극장을 나서면서 품고 가는 것은 로렌스라는 아이콘에 대한 관념입니다. 그가 사막에서 사람을 구하려고 돌아가는 장면은 열렬한 환호를 얻어내는 순간이죠. 이후에 사람들은 그에게 예복을 입히고 그는 아이콘이 됩니다. 적어도 그 순간의 로렌스는 진실한 사람으로 느껴지죠. 그런데 그 이후에 우리는 그가 단검의 칼날에 비친 자신의 모습을 감탄하는 눈으로 바라보는 모습을 봅니다. 그는 이제 다시는 이전과 같지 않아지죠. 그는 항상 어떤 역할을 연기하고 있는 듯한 느낌을, 또는 사람들이 그에게 거는 기대를 충족시키려고 살아가는 듯한 느낌을 풍깁니다. 많은 위대한 영화가 이와 비슷합니다. 〈다크 나이트〉 시리즈는 영웅적인 행위를 철저히 신봉하지만, 그 영화들이 말하고자 하는 바는 진정한 영웅적 행위는 눈에 보이지 않는다는 겁니다. 경험해본 바에 따르면, 그것은 사람들이 열망하지만 결코 그에 부응하는 삶을 살지 못하는 종류의 영웅적 행위입니다. 우리가 〈다크 나이트〉 3부작에서 했던 작업을 떠올리면 무척 기분이 좋아요. 우파와 좌파가 비슷비슷하게 그 영화를 지지했기 때문이죠. 그걸 보면 우리가 승리했다는 기분이 듭니다.”

2008년 7월 18일에 개봉한 〈다크 나이트〉는 개봉 첫 주에 2억 3,800만 달러를 벌어들였고, 2주차에는 1억 1,200만 달러를, 3주차에는 6,400만 달러를 벌어들였다. 영국과 호주, 동아시아에서 개봉이 이어지자 해외 흥행수입이 추진력을 받았다. 10월 무렵, 영화는 흥행수입 10억 달러에 근접하고 있었다. 영화는 이듬해 3월까지 줄곧 극장에 걸리면서 안정적인 수준의 흥행수입을 올렸다. 영화의 흥행은 오스카 8개 부문 후보에 오르면서 3월에 한 번 더 추진력을 받았는데, 영화는 히스 레저와 사운드 에디터 리처드 킹이 수상하면서 2개의 상만 받았다. 한편 이 영화가 작품상 부문에 후보로 지명되지 못한 데 따른 격렬한 항의 때문에 아카데미는 할 수 없이 작품상 후보작의 수를 열 편으로 늘리는 방향으로 규정을 변경해야 했다. 따라서 이 영화가 극장에 걸린 기간은 9개월이었다. 대부분의 영화가 개봉하고 처음 몇 주 이내에 뽑을 수 있는 수익의 최대치를 뽑아낸 다음 스크린에서 사라진다. 이런 방식으로 개봉 주말에 총력전을 펼치는 시대에 믿기 어려울 정도로 긴 개봉 기간이었다. 이는 영화가 최종적으로 거둔 10억 500만 달러의 박스오피스 수입보다 더 인상적인 숫자다. "내 머리로는 이해를 못하겠어요." 놀란이 「로스앤젤레스 타임스」와 한 달에 걸쳐 진행한 인터뷰 시리즈에서 한 말이다. 이 인터뷰는 놀란을 할리우드의 새로운 박스오피스 제왕이라고 추켜세웠다. 이 시점까지 놀란의 출세는 점진적인, 심지어 지그재그 형태의 출세였다. 그의 성공은 전진과 재정비의 패턴을 따르면서 늘 전방을 압박했지만 항상 저항에 맞닥뜨리는 식이었다. 그런데 워너 브러더스 내부에서 그의 위상은 탄탄한 수준을 넘어 난공불락의 수준으로 순식간에 도약했고, 대중에게 놀란은 그의 영화들만큼이나 유명한 존재가 됐다.

"당시만 해도 그건 인생을 바꿔놓을 만큼 엄청난 일은 아니었어요. 지금 와서 돌이켜보면 사실 인생을 바꿔놓을 만한 일이었지만요. 당시까지 내 경력은 꽤나 통제된 방식으로 쌓여갔습니다. 〈다크 나이트〉 이전에는 길거리나 공공장소에서 사람들이 나를 알아보는 일은 없었죠. 그러다가 몇 년 후에, 네이선 크로울리와 함께 로워 맨해튼에서 〈다크 나이트 라이즈〉의 헌팅을 하고 있었습니다. 그와 〈인셉션〉을 같이 작업할 수 없었고 이후로 우리는 몇 년간 함께 작업하지 못했죠. 10분 정도 차를 한 잔 마시려고 스타벅스에 들어갔는데 누군가가 우리한테 다가오더니 나에게 크리스토퍼 놀란이 맞느냐고 묻더군요. 그렇다고 대답했더니 사람들은 내 말을 믿지 못했습니다. 굉장히 괴상한 상황이었죠. 사람들은 '아니, 당신은 그가 아니에요.'라고 했습니다. 그래서 내가 말했죠. '뭐, 좋아요. 내 말을 믿고 싶지 않다면….' 그때 네이선이 이런 말을 했습니다. '세상 모두가 당신이 누구인지 아는군요.' 그는 꽤나 놀란 눈치였습니다. 그렇게 모든 게 달라졌죠." 놀란은 말을 이었다. "많은 상황이 바뀌었지만, 정말 특별하게 바뀐 직접적인 상황은 내가 차기작으로 만들고 싶은 영화가 어떤 영화든 만들 수 있게 된 것이었죠. 그 얘기를 입 밖에 내는 사람은 아무도 없었지만, 그와 같은 사실을 나는 뼛속 깊이 실감했어요.

그 시점에 나는 속된 말로 전화번호부를 촬영해서 장편영화를 만들 수도 있었습니다. 무엇보다 중요한 건, 그 상황은 엄청난 책임감을 빚어냈다는 겁니다. 그 순간에 나는 내 앞에 장애물이 없다는 것을, 차기작을 만들면서 성공하기를 바라는 현실적인 장애물 말고는 그 어떤 장애물도 없다는 것을 아주 잘 알고 있었습니다. 창조적인 측면에서 말하면, 스튜디오는 내가 하고 싶어 하는 건 무엇이든 지원해주려고 했어요. 그리고 나면 모든 책임은 내가 짊어져야 했죠. 그 이전까지 했던 모든 작업은 이런저런 방식으로 싸우거나 몸부림치면서 끌고 왔습니다. 촬영장에 놓인 가구 한 점까지 왜 그게 그 자리에 있어야 하는지 설명해야 했죠. '저 의자는 왜 저기에 있는 건가요?'라는 식의 질문에 답하면서 영화를 찍어야 했던 겁니다. 나는 그런 식으로 작업하면서 성장했어요. 그런데 갑자기 '그래, 나는 최종 결정권을 얻었어.'라는 걸 깨달은 겁니다. 많은 면에서 굉장한 해방감을 느꼈습니다만, 무섭기도 했어요. 영화감독이라면 누구나 그런 특권을 얻기 위해서 사력을 다하리라는 걸 잘 아니까요. 아무튼 그런 특권을 결국 얻어냈습니다. 이제 그걸로 뭘 해야 할까요? 난 처음으로 한 걸음 뒤로 물러나 상황을 관조할 수 있었죠. '그래, 이제 난 뭘 하고 싶은 거지?' 그래요, 나는 늘 〈인셉션〉을 만들고 싶었습니다."

EIGHT DREAMS

—

여덟

꿈

　〈인셉션〉의 아이디어는 1980년대 중반, 놀란이 헤일리버리 기숙사에서 '꿈을 훔치는 도둑들에 대한 공포' 이야기를 처음 가다듬은 이후로 많은 발전 과정을 겪었다. 꿈을 꾸는 사람의 반응을 조종하거나 그 사람에게 신호를 보내기 위해 음악을 사용한다는 설정은 처음부터 자리를 잡고 있었다. 이 설정은 놀란이 그 아이디어를 처음 착상했던 환경을 대놓고 가져와 손본 것이다. 소등된 이후 침대에 누워 워크맨으로 사운드트랙을 감상하던 기숙사의 그 환경 말이다. 꿈을 공유한다는 아이디어, 그리고 에드거 앨런 포부터 보르헤스까지 유구한 계보를 자랑하는 아이디어인 '꿈속에 또 다른 꿈이 있는 아이디어' 역시 처음부터 자리를 잡고 있었다. 그런데 놀란이 떠올린 그 아이디어에 직접적으로 영감을 준 요소는 그런 작가들의 소설보다 더 가까운 곳에 있었다. "〈프레디의 악몽들Freddy's Nightmares, 1988–1990〉이라는 TV 프로그램이 있었습니다. 프레디 크루거의 스핀오프로, 영화 〈나이트메어A Nightmare on Elm Street〉 시리즈의 TV 버전이었죠. 그 드라마를 보면 꿈에서 깨어나 또 다른 꿈으로 들어가고, 그 꿈에서 깨어나면 또 한 번 다른 꿈으로 들어가는 상황이 많았습니다." 놀란은 말했다. "꽤나 무시무시한 일이라고 생각했어요."

　몇 년 후, UCL 학부에 진학하면서 마침내 취침 시간을 스스로 결정하게 된 그는 친구들과의 술자리에 늦게까지 머무르면서 동이 틀 때까지 세상을 바로잡을 방안에 대해 토론하곤 했다. "오전 9시에 나오는 아침을 거르고 싶지는 않았습니다. 식비를 학기 초에 이미 다 지불했으니까요. 그래서 알람을 설정해두고 일어나, 아래층으로 내려가서 아침을 먹고는 다시 침대로 돌아가곤 했죠." 툭하면 오후 1시나 2시까지 자던 그는 자신이 꿈을 꾸는 중이라는 사실을 인식할 때가 있었다. 뿐만 아니라 꿈의 결과물을 변화시키거나 통제하고자 시도하게 되는, 기분 좋게 나른한 비몽사몽 상태의 자각몽에 빠져 있다는 걸 깨닫고는 했다. "테이블 위에 책이 있는 걸 보고 거기로 가서 책을 살폈는데 책에 있는 단어들을 읽을 수 있었죠. 심지어 책에 쓰인 내용이 사리에 맞기까지 했던 자각몽들을 기억합니다. 꿈속에서 이런 말을 하곤 했죠. '그래, 나는 지금 이 책을 쓰는 동시에 이 책을 읽고 있어.' 내가 경험하는 꿈을 직접 구축한다는 아이디어는 경이로운 일이라고 생각했습니다. 내가 매료된 다른 요소는 시간의 왜곡이었죠. 그러니까 꿈을 꾸는 데는 불과 몇 초밖에 안 걸리지만 우리가 느끼는 시간은 그보다 훨씬 더 길다는 생각 말입니다. 그건 꿈을 탐구하는 데 필요한 매혹적인 구성 요소처럼 느껴졌어요. 이후로 몇 년간 그런 요소들을 담은 상이한 영화들을 구상해봤습니다. 그런 요소들이 영화 전편에 걸쳐 다뤄지지는 않지만, 사소한 측면들과 사소한 요소들이 꿈에서 튀어나오거나 해결되는 영화들을 구상해봤죠. 하지만 그렇게 구상한 영화는 횡설수설이나 다름없는 경우가 많았어요. 때로는 어떤 내러티브를 선택해야 할지 알려주는 꿈들을 꾸기도 했고요. 〈다크 나이트〉 3부작의 결말, 누군가가 배트맨의 신분을 넘겨받고 배트케이브에 들어온다는 아이디어는 꿈속에서 얻게 된 내용이었죠. 영화는 분명 표현하기 어려운 우리 자신의 꿈과 관계가 있습니다. 그런데 우리는 자신의 꿈을 이해하는 과정에서 자신의 경험을 집어넣기도 합니다. 우리는 꿈과 경험 사이에 연결고리들을 만들어내고, 우리 눈앞에 감춰져 있는 것들을 찾아내려 하죠. 동시에 이 세계에서 우리의 삶을 살거나 이 세계에 존재하고 있습니다. 그것이 바로 영화가 우리를 위해 해주는 일이라고 생각합니다. 영화는 꿈과 대단히 비슷한 경험이죠."

〈인셉션〉에 영향을 준 두 편의 단편소설 중 한 편인 보르헤스의 「원형의 폐허들The Circular Ruins, 1940」을 그가 처음 읽은 게 이 무렵이었다. 첫 단편은 「비밀의 기적」으로 체코의 극작가가 자신에게 날아오던 사형 집행자의 총알이 미완성 비극 「적들」을 완성하기에 충분한 기간 동안 멈춰버렸다는 걸 알게 된다는 내용이다. 이는 흰색 밴이 극단적인 슬로모션으로 다리에서 추락해 수면에 닿을 때까지 펼쳐지는 영화의 마지막 장면 설정에 영향을 주었다. 「원형의 폐허들」은 페르시아 남쪽 강기슭에 어느 낯선 사람이 실려 오는 것으로 시작된다. 평범한 이 늙은 남자는 강둑을 기어올라 정글 한가운데 있는, 인적이 전혀 없는 폐허가 된 원형의 사원으로 향하고 그곳에서 잠이 든다. 보르헤스는 "그가 추구하는 목표는 초자연적인 것이지만, 불가능한 것은 아니었다."라고 썼다. "그는 한 인간을 꿈꾸고 싶었다. 세밀한 전체성 안에서 그를 꿈꾸고 그 남자에게 현실을 부여하고 싶었다." 남자는 자신이 또 다른 원형 극장에 있는 꿈을 꾼다. 그 극장의 좌석들은 그에게서 해부학과 우주론, 마술에 관한 강의를 듣고자 기다리는 열성적인 학생들로 가득했다. 그는 여러 차례의 그릇된 출발을 한 뒤에야 마침내 "꼭 움켜쥔 주먹 크기만 한 따뜻하고 비밀스러운" 꿈을 꾼다. 그는 열나흘의 명료한 밤을 보내는 동안 "세심한 사랑으로" 그것을 꿈꾼다. 그러고는 열네 번째 밤에 폐동맥이 뛰는 것을 발견한다. 1년이 지나기 전 그는 골격과 눈꺼풀과 머리카락을 꿈꾼다. 꿈으로 빚어낸 이 환영이 살아 움직이게 해달라고 신에게 기도한 그는 먼저, 그 환영을 교육하라는 얘기를 듣는다. 그래서 남자는 그렇게 하기 위해 꿈을 꾸는 시간을 늘리고, 그러는 내내 어찌된 일인지 그가 이전에도 이런 일을 했다는 생각에 괴로워한다. 이 노쇠한 남자는 구름이 모여드는 것을 발견한다. 불이 그의 사원을 태운다. "몇 세기 전에 일어났던 일이 똑같이 반복되고 있었기 때문이다."라고 보르헤스는 썼다. "안도감과 함께, 수치심과 함께, 두려움과 함께, 그는 자신도 하나의 환영이라는 것을, 다른 누군가가 그에 대한 꿈을 꾸고 있다는 것을 이해했다." 놀란은 낯선 강기슭으로 실려 온 낯선 남자와 원형 극장의 이미지를 받아들였다. 꿈속에서 꿈을 꾼다는 아이디어는 이미 떠올린 뒤였다.

"「원형의 폐허들」이 〈인셉션〉에 영향을 준 작품인 건 분명합니다." 놀란은 말했다. "어떤 작품을 사랑하게 되면서 몇 년간 거듭해 다시 찾게 되는 이유는 부분적으로 그 작품 안에 우리가 이미 고민해봤거나 관심을 가진 요소들이 좀 더 세련된 버전으로 표현되어 있기 때문입니다. 또한 부분적으로는 그 작품이 우리를 위한 새로운 아이디어를 열어주기 때문이라고 생각해요. 그 작품은 둘 다였죠. 따라서 꿈속의 꿈이라는 설정은 보르헤스를 읽기 전에도 갖고 있던 생각이 확실하지만, 「원형의 폐허들」은 그런 이유에서 무척이나 공감 가는 이야기였고, 나는 그 작품을 정말 많이 읽었습니다. 보르헤스의 단편소설에는 우리의 내면이 이미 덜컹거리며 공감하는 무언가가 들어 있습니다. 그런데 그 작품들을 접했음에도 내면에 품고 있던 그런 생각들이 떠오르지 않았다면, 그저 하나의 이야기로만 다가온다면, 그 작품들이 반드시 아이디어를 자극하는 것은 아니라는 사실도 알 수 있죠."

난점은 처음 시작할 때부터 명확했다. 관객에게 꿈의 세계를 현실 세계만큼이나 중요한 세계로 구축하는 방법과 관객들이 "와아, 그건 꿈이었어."라는 대사가 따라 나오는 설명을 듣고도 짜증나지 않게끔 만드는 방법이었다. "꿈속의 삶이라는 아이디어를 고심하면서, 영화를 감상하는 관객의 경험을 헛된 것으로 만들어버리는 일 없이, 판돈을 높이는 방법을 찾아내는 건 상당히 어려운 일이었습니다. 그게 주된 난제였죠. 영화에서 꿈을 다루는 방법은 본질적으로 문제가 많습니다. 〈망각의 삶Living in Oblivion, 1995〉에 근사한 대사가 있어요. 꿈 시퀀스를 위해 난쟁이 캐릭터를 등장시키는데, 그 캐릭터가 스티브 부세미를 돌아보면서 말합니다. '나는 난쟁이들에 대한 꿈은 꾸지도 않아.' 그건 '너는 뭐하고 있니?'라고 물어보는 것과 비슷합니다. 〈매트릭스〉는 현실 세계에서 가상의 경험을 할 수 있다는 것과 그 모든 경험이 현실 세계의 경험과 동등한 가치를 가질지도 모른다는 아이디어에 지대한 영감을 준 작품이에요. 아무튼 난점은 그거였죠. 이걸 어떻게 풀어야 할까? 우리가 현실이라고 간주하는 것, 또는 주위에 있는 물건들이 다음 꿈의 층위보다 더 혹은 덜 타당하지 않을지도 모른다고 말할 수 있는 지점에 어떻게 도달할 수 있을까? 이런 난제들 말입니다."

해법은? 관객을 사기 행각에 가담시켜라. 그렇게 하면 다음과 같은 서스펜스 요소를 얻을 수 있다. 꿈을 꾸는 사람 자신이 조종당하고 있다는 사실을 깨닫고 꿈에서 깨어날 수 있을까? 그렇게 하는 것은 하이스트 무

비 중 은행에서 맞이하는 또 다른 월요일 오전이라는 환상을 방해하지 않고자 극도로 신경 쓰는 방법과 비슷해질 것이다. 〈인썸니아〉가 개봉한 뒤인 2002년에 놀란이 워너 브러더스에서 〈인셉션〉의 아이디어를 설명할 무렵에는 하이스트 플롯의 틀이 이미 자리를 잡고 있었다. 부분적으로는 영화가 관객에게 상세히 설명해줘야 할 분량이 상당했기 때문이다. 하이스트 무비에서 관객에게 매우 상세히 설명해줘야 할 내용이자 플롯은 갱단이 벌일 범행 행각을 담은 청사진, 즉 행동 계획이다. 영화는 '실제로 행동에 옮겨진 하이스트는 모든 면에서 계획과 달리 어긋나게 될 것이고, 그러면서 서스펜스가 빚어지고, 임기응변이 필요해지고' 등의 방식으로 전개되기 때문이다. 감수해야 할 리스크와 그에 따른 보상, 무리를 향한 충성심, 그리고 '계획을 아무리 신경 써서 세우더라도 여전히 뭔가는 잘못될 수 있다.'는 치명적인 요소 때문에 이 장르는 영화감독들에게 매력적인 장르가 됐다. 감독들은 하이스트 장르에서 영화를 만드는 과정에 투입되는 에너지와 사전에 이미 다 만들어진 알레고리를 감지하기 때문이다. 따라서 이 장르는 데뷔하려는 많은 감독들에게 매력적으로 다가왔다. 스탠리 큐브릭, 우디 앨런, 쿠엔틴 타란티노, 브라이언 싱어, 웨스 앤더슨은 하나같이 하이스트 무비로 경력을 시작했다.

"그들은 개인이 할 수 없는 일을 하기 위해서 함께 팀을 꾸리기 시작합니다." 놀란은 말했다. "하이스트 영화의 감독은 메인 캐릭터를 영화

―
당시 세계 최장거리 비행 노선이던 시드니발 로스앤젤레스행 비행기에 피셔(킬리언 머피)와 함께 탑승한 콥(레오나르도 디카프리오)과 임스(톰 하디).

의 한복판에 배치하는데, 그 캐릭터는 감독이나 제작자와 무척 비슷합니다. 〈인셉션〉을 만들 때, 그 유사점들에 대해 생각하면서 내가 영화를 만들 때 겪었던 경험들에 자연히 끌리게 됐습니다. 나는 이런 식으로 사고하고 있었어요. '자, 나는 사람들을 모아 팀을 꾸리고, 로케이션 헌팅을 간 다음에 캐스팅을 하고….' 〈인셉션〉과 실제 영화 제작의 차이는 우리가 그 점에 있어서 몇 걸음 더 앞서 나가야만 한다는 겁니다. 우리는 구체적인 방식으로 세계를 창작하고, 내러티브를 창작하고, 프로덕션 디자인을 하고 있었으니까요. 〈오션스 일레븐〉에서 도둑들은 CCTV를 이용해 하나의 리얼리티 버전을 구축합니다. 그런데 우리는 세계 전체를 작업할 수 있었습니다. '좋아, 여기 있는 이건 그들을 소개하는 도입부에서 성사되는 일이야, 여기에는 큰 일거리가 있어, 여기는 팀이 모이는 자리야….' 애초에는 공포 영화의 관점에서 더 많은 고민을 하고 있었는데, 그 영화는 느닷없이 액션 영화 혹은 스파이 영화에 더 가까운 영화가 됐습니다. 그 영화에 발판을 제공하기 위해, 결말까지 이어지는 길을 내기 위해 고심하다 보니 그렇게 된 거죠. 영화에는 콥이 공항을 통과하는 숏이 있습니다. 관객은 그가 지휘하는 팀을 봅니다. 그들은 서로에게 고개를 끄덕입니다. 〈오션스 일레븐〉의 결말에서 도둑들이 하는 행동과 똑같은 짓이죠. 우리는 그런 설정을 놔두지 않았습니다. 그것이 항상 '어떻게 하면 사람들을 영화 감상의 여정에 동참하게 만들까?'라는 고민의 중추였기 때문입니다."

놀란은 꿈의 세계로 들어가는 여정이 콥의 과거로 향하는 여정이어야만 관객의 감정을 한껏 더 끌어올릴 수 있다는 것을 알고 있었다. 〈인셉션〉의 초기 시나리오를 보면 배신과 배반으로 가득한 누아르다. 콥을 추동하는 죄책감은 〈말타의 매〉에서 샘 스페이드가 동업자 마일즈 아처를 배신했던 것을 계승하는 차원에서, 동업자가 죽음을 맞을 때 그가 행했던 역할에 대한 죄책감으로 밝혀진다. "처음에 시나리오를 쓰기 시작했을 때는 나에게 아이가 없었답니다. 아니, 정확히 말하면 시나리오를 쓰려고 애썼을 때라고 해야 옳겠죠. 시나리오를 완성할 수가 없었으니까요." 놀란은 말했다. "어찌어찌 80페이지 정도를 썼습니다. 그렇게 해서 3막의 도입부에 다다랐는데, 거기서 발이 묶이고 말았죠. 그러고는 몇 년을 그 자리에서 맴돌았습니다. 결국 그 시나리오는 그 어떤 성공의 종착지로도 이어지지 않았어요." 하지만 〈다크 나이트〉를 만들던 중 놀란은 가족의 곁을 떠나서 보내는 시간을 강렬하게 인식하게 됐다. 촬영 기간이 123일이나 될 정도로 길었는데, 심지어 그동안 엠마 토머스는 넷째 아이를 임신하게 됐다. 전에는 없던 인식이었다. "가족은 그 영화를 작업하는 상당한 기간 동안 내 곁에 있었죠. 그런데 그때 엠마가 매그너스를 가진 겁니다. 마지막 두 달이었을 겁니다. 당시 나는 영국에서 영화를 마무리하던 중이었고, 가족은 이곳으로 돌아와야만 했죠. 매그너스가 태어나는 자

2003년, 놀란과 갓 태어난 딸 플로라가 바람개비를 갖고 노는 모습(위)을 팀 르웰린이 촬영했다. 이 이미지는 〈인셉션〉에 등장하는 모리스 피셔와 로버트 피셔 부자를 담은 소품용 사진(아래)에 그대로 재연됐다. 실제로는 킬리언 머피와 소품 책임자 스콧 맥기니스의 아들이다.

리에 함께할 수 있었지만, 곧장 영국으로 돌아가 영화 작업을 계속해야 했습니다. 그곳에서 두 달 정도를 보냈죠. 내 생각에는 지금까지 가족 곁을 떠나 있었던 가장 긴 기간이었을 겁니다. 그때는 그 일이 어디까지나 내가 선택해서 일어난 상황이라는 생각이 더 강했죠. 이런 생각을 했던 기억이 납니다. '우리 모두 함께 있으면서 무슨 일이든 다 같이 할 수 있을 때가 더 재미있어.' 우리가 영화를 가업으로 계속 유지하는 이유가 그겁니다. 우리는 영화 제작 작업을 하면서 균형 잡는 법을 배우고 있었어요. 그게 〈인셉션〉의 그 측면(콥이 아이들과 통화하기 위해 기를 쓰며 거는 전화, 바닷가의 모래성)을 확고히 다져주는 경험이었다고 생각합니다."

그는 1998년 여름, 〈메멘토〉를 촬영한 이후로 거의 10년 동안 조금도 쉬지 않고 영화를 만들어오고 있었다. 〈다크 나이트〉가 박스오피스를 강타하는 동안, 엠마와 그는 한 달간의 휴가를 위해 플로리다 서부해안에 있는 안나 마리아의 보초도°로 가족을 데려갔다. 안나 마리아의 해변은 분말처럼 하얀, 석영 같은 모래로 유명하다. 모래성을 만드는 어린

● Barrier Island, 방파제 역할을 하는 섬.

아들 로리와 올리버를 지켜보던 그의 머릿속에 그 이미지가 선명하게 새겨졌다. 플로리다에서 돌아온 그는 책상 서랍을 뒤져 〈인셉션〉 시나리오를 다시 꺼냈다. 2002년에 포기한 시나리오였다. 미완성 시나리오를 다시 읽어보며 생각했다. 제대로 굴러갈 것 같아. "맬 캐릭터의 경우, 시나리오 버전에서는 완전히 다른 캐릭터였습니다. 〈말타의 매〉에서 그러했듯이 과거에 함께 일했던 파트너라는 설정이었고 누아르 전통에 더 가까운 캐릭터였죠. 정확히 무엇이 바뀌었는지는 기억이 안 나지만, 어느 시점엔가 엠마에게 그 작품 이야기를 하면서 '아니야, 맬은 그의 아내여야 해.'라고 깨달았던 걸 기억합니다. 제대로 한 건 해냈다는 생각이 들더군요. 당연히 그 이후로 시나리오 작업은 무척 빨리 마무리되었죠. 시나리오는 결국 제대로 굴러갔고요. 관객이 느끼게 될 감정을 한껏 끌어올릴 만한 방법을 느닷없이 이해하게 됐으니까요. 나는 감정적인 측면에서 그 시나리오를 마무리하는 방법을 몰랐던 겁니다. 내가 그 시나리오에 대해 자신감을 가졌다면 좋았을 거라고 생각해요."

• • •

따라서 〈인셉션〉은 완성하는 데 반평생이 걸린 작품으로, 감독이 지금껏 저술한 적 없는 창작 관련 자서전에 가까웠다. 그 자서전에는 〈현기증〉에서 킴 노박이 자신의 지난 인생을 돌아보는 삼나무의 나이테와 비슷한, 각각의 창작 단계가 남긴 유령 같은 잔상들이 담겨 있다. 놀란이 열여섯 살 때 처음 착상하고, 대학에 다니는 동안 키워냈으며, 할리우드에 입성할 때 가다듬고 〈다크 나이트〉의 성공 덕에 마침내 실현하게 된 〈인셉션〉은 감독의 인생에 존재했던 모든 주요한 지점(학창 시절, 대학생 시절, 할리우드 초짜 시절, 성공담, 아버지)을 중요 요소로 받아들였다. 시인 에즈라 파운드의 「칸토스Cantos, 1925」가 작가와 더불어 나이를 먹어간 것과 각본가 데이비드 피플스의 〈용서받지 못한 자Unforgiven, 1992〉 시나리오가 클린트 이스트우드 감독의 책상 서랍에 머무르면서 감독이 그 영화를 만들 준비가 될 때까지 위스키처럼 숙성됐던 것과 유사한 방식이었다.

　그는 10년이 넘는 기간 동안 다른 작가와 공동으로 시나리오를 집필
해왔다. 〈인썸니아〉는 힐러리 세이츠, 〈프레스티지〉는 동생 조나, 〈다
크 나이트〉 시리즈는 조나와 데이비드 고이어와 작업했다. 그런데 〈인셉
션〉은 그가 〈메멘토〉 이후 처음으로 단독 집필한 시나리오였다. 앞선 영
화에서 그랬던 것처럼 유아론*의 위험이 〈인셉션〉으로 몰려들었다. 만
약 영화 전체가 무너져 내린다면, 책임져야 할 사람은 놀란 외에는 아무
도 없을 터였다. 다만 공동 시나리오 작가라 할 만한 존재는 주연배우 레
오나르도 디카프리오였다. 그는 로케이션 헌팅을 다니는 사이사이에 감
독을 만나 시나리오를 점검하며 수정했다. 디카프리오는 영화에서 마리
옹 꼬띠아르가 연기하기로 되어 있던, 콥의 사망한 아내 맬과 관련된 부
분에 특히 더 깊숙이 관여했다. 꼬띠아르는 〈라 비 앙 로즈La Vie En Rose,
2007〉에서 에디트 피아프를 연기해 오스카를 수상한 직후였다. "레오는
감정적인 이야기에 상당한 흥미를 보이며 그 부분을 확장하고 싶어 했습
니다. 그래서 그와 함께 수정 작업을 많이 했죠." 놀란은 말했다. "나는
그 프로젝트의 피상적인 버전을 작업하고 있었습니다. '피상적'이라는 표
현은 조금 과장된 것인지도 몰라요. 스토리의 모든 요소는 이미 시나리
오에 다 있었으니까요. 그럼에도 나는 여전히 장르의 관점에서 작품에
접근하려 애쓰고 있었습니다. 레오는 그걸 좀 더 캐릭터에 기초한 방향

● 唯我論, 실재하는 것은 오로지
자기 자신뿐, 그 외의 모든 것은 의
식 속에서만 존재하거나 혹은 관념
에 불과하다는 입장.

—
림보에 있는 콥(디카프리오)과 맬
(마리옹 꼬띠아르).

으로, 인간관계에 더 집중하는 쪽으로 밀고 나가라고 나를 부추겼죠. 그는 시나리오를 쓰진 않았지만, 시나리오를 검토하면서 이런저런 아이디어를 내놨습니다. 조감독 닐로 오테로에게 그 얘기를 하면서 '감정을 강탈하는 하이스트 영화가 있을까?'라고 물었죠. 하이스트 무비는 본질적으로 감정에 집중하는 장르는 아니니까요. 그는 큐브릭의 〈킬링〉을 잘 살펴보라고 추천했습니다. 그 영화는 필름 누아르의 성향이 아주 강한 하이스트 무비일 뿐 아니라 대부분의 하이스트 영화보다는 좀 더 감정적이기도 하니까요. 이 부분이 그 영화의 재미있는 점입니다. 〈킬링〉에서 약간 힘을 받긴 했지만, 한편으로는 '에이, 좋아! 지금까지 아무도 해본 적 없는 일을 해보는 거야. 그게 제대로 굴러갈 수 있기를 바라야지.' 하는 심정이었죠."

불과 6개의 숏으로 구현된, 콥과 맬이 함께 나이 들어 노인이 될 때까지 매일 함께하자고 약속하는 장면의 아이디어는 디카프리오의 것이다. "그 설정은 레오가 큰 몫을 해낸 부분이었습니다." 놀란은 말했다. "작품이 엄청나게 달라졌죠. 걱정스러우면서도 어려운 과정이었습니다. 시나리오 수정은 몇 달에 걸쳐 진행됐어요. 그가 무척 많은 걸 요구했으니까요. 그런데 그 요구들은 굉장히 생산적인 과정이기도 했습니다. 그 영화가 관객이 좀 더 공감할 수 있는 영화로 만들어진 데에는 그가 큰 몫을

디카프리오가 꼬띠아르를 잃는 장면을 촬영하던 중에 휴식을 취하고 있다.

했다고 생각합니다."

　이 영화에 담아낸 모든 디자인 요소 중 가장 구현하기 힘들었던 것은 림보인 것으로 밝혀졌다. 오랫동안 같이 작업해온 프로덕션 디자이너 네이선 크로울리가 디즈니를 위해 〈존 카터: 바숨 전쟁의 서막 John Carter, 2012〉의 문제를 해결하는 데 몰두하는 바람에 같이 작업하지 못하게 되었다. 놀란은 크로울리 대신 세자르 카푸르의 〈골든 에이지 Elizabeth: The Golden Age, 2007〉를 작업한 영국인 프로덕션 디자이너 가이 다이어스에게로 눈길을 돌렸다. 놀란은 이 영화의 디자인 철학을 논의하고자 자택 차고에서 4주간 다이어스를 만났다. 그들은 프랭크 로이드 라이트와 바우하우스부터 그로피우스의 신-야수주의와 르 코르뷔지에의 '빛나는 도시 Ville Radieuse'까지 20세기 건축 분야의 발달 과정을 묘사하는 24미터짜리 두루마리를 만들어냈다. 특히 '빛나는 도시'는 대칭적인 형태를 취한 조립식 고밀도 마천루가 광활한 녹색 영역을 가로질러 데카르트 격자에 정리되면서 도시가 '살아 있는 기계'로 기능하게끔 해주었다. 처음에는 연구 자료를 편리하게 찾는 출처로 삼으려고 만들어진 두루마리가 영화에 등장한 정말 믿기 어려운 디자인 하나에 영감을 주었다. 바로 콥과 아내가 림보에 짓는 꿈의 도시. 영원히 뻗어나가는 것처럼 보이는 그 도시에

—
디카프리오와 딜립 라오가 연기하는 동안 모니터를 확인하는 놀란과 엠마.

세워진 빌딩들은 시간이 지날수록 점점 더 높아지고 낡아졌다. 이 영화 자체가 시간의 흐름과 함께 성장해왔다는 것을 보여주는 데 딱 알맞은 이미지라 할 수 있다.

놀란은 그 도시의 이미지가 콥의 잠재의식이 쇠락해가는 상태를 표현하기를 바랐다. 한때는 근사하고 깔끔했던 도시 바깥쪽 건물들이 빙하처럼 바닷속으로 허물어지고, 부서진 조각들은 물속에서 부유한다는 이미지는 그렇게 시작됐다. '빙하처럼 바다로 무너지는 도시'란 아이디어는 시나리오만 놓고 봤을 때는 멋들어졌지만, 실제로는 어떻게 구현한단 말인가? 영화에서 케냐의 몸바사로 설정된, 골목 추격 신의 실제 촬영지인 탕헤르에서 있었던 일이다. 그들은 공항에서 출발해 유서 깊은 옛 도심으로 가는 동안, 버려진 듯한 아파트 단지가 늘어선 거리를 보게 되었다. 바로 그 아파트들이 사진처럼 생생한 출발점을 제공했다. "놀란은 알아볼 수 있는 구체적인 것을 원했어요." VFX 슈퍼바이저 폴 프랭클린이한 말이다. "그래서 우리는 이런 아이디어를 떠올렸죠. '건물로 빙하를만들면 돼.' 그들은 상이한 버전을 꾸준히 내놓으며 세 달간 작업한 끝에결국 괴상한 돌연변이가 도시에 도달했다. 멀리서 보면 도랑과 깊은 협곡으로 이루어진 절벽들의 집합처럼 보이지만, 가까이 다가가면 도로와 교차로 사이에 서 있는 건물들이라는 걸 확인할 수 있는 도시였다. 노트북

—
파리의 비르아켐 다리에서 거울 문
장면의 촬영을 준비하는 놀란.

으로 그 풍경을 살펴본 놀란은 짤막하게 말했다. "흐음, 이건 한 번도 본 적 없는 이미지처럼 보이는군요." 작업이 끝났을 때, 림보를 작업하느라 보낸 기간을 헤아려보니 무려 아홉 달이 흘러가 있었다.

• • •

아이디어를 처음 떠올리고 23년이 지난 후, 놀란은 2009년 6월 19일에 일본에서 본 촬영을 개시했다. 도쿄의 신칸센은 꿈을 꾸던 사람들이 깨어난 뒤에 벌어지는 이야기의 뼈대를 제공하는 로케이션이었다. 지리적인 측면에서, 이 영화의 제작 규모는 그가 이전까지 경험해보지 못한 최대 규모였다. 도쿄, 파리, 탕헤르, 로스앤젤레스, 캐나다의 캘거리에서 본 촬영을 하며 제작에 총 여섯 달이 걸렸는데, 추정 제작비는 1억 6,000만 달러였다. 제작 기간은 〈다크 나이트〉의 일정과 엇비슷했다. 〈인셉션〉의 아이디어와 관련된 무엇인가는 제작이 진행되는 동안에도 계속해서 자라고 있었다. "영화의 규모가 그렇게 커진 원인의 대부분은 상이한 장소들을 여행 다니면서 실제 로케이션 촬영을 했기 때문이죠." '이건 무척 이상한 영화'라고 생각한 순간이 많았다던 놀란이 한 말이다. "내가 자신감을 갖게 된 건 〈메멘토〉 덕분이었습니다. 〈메멘토〉는 누아르 장르에 깊이 뿌리내린 영화이기 때문이고, 그 점이 이 혼란한 경험 속에서도 관객에게 발판을 제공하며 방향을 설정해주기 때문이죠. M. 나이트 샤말란이 한 말이라는데 '그 영화를 감상하면서 뇌 내부에 설치된 전선의 배선을 바꾼 것 같은 느낌을 받았다.'는 인용문이 기억납니다. 놀랍고 근사한 인용문이라고 생각했었죠. 그래서 나는 많은 규칙을 깨버리는 작업을 경험하게 됐습니다. 사람들이 영화라는 형식에 대해, 그 영화 자체에 대해 흥분하게 만드는 요소가 있을 텐데요, 이를 매우 상이한 방식으로 작업한 경험을 한 겁니다. 그 영화의 규모를 키운 버전이 세상 어딘가에 존재하리라는 느낌을 강하게 받았습니다. 더 큰 세계에서, 더 많은 제작비를 투여해서, 더 거창한 방식으로 그 영화를 제대로 굴러가게 만들 수 있을 것 같다는 느낌이 들었죠."

제작진은 도쿄에서 놀란이 좋아하는 베드퍼드셔 주 카딩턴 소재 비행기 격납고로 이동했다. 특수효과 슈퍼바이저 크리스 코보울드는 그곳에 기울어지는 호텔 바와 회전하는 복도를 지었다. 그곳에서 촬영을 마친 뒤에는 놀란의 모교인 UCL로 이동했다. 놀란이 학부생으로 앉았던 곳인 구스타브 턱 강의실에서, 디카프리오가 마이클 케인이 연기하는 캐릭터를 처음 만나게 되는 '건축 학교' 장면을 찍기 위해서였다. 이후 배우 엘리엇 페이지*가 연기하는 아리아드네가 꿈이라는 직물을 풀어놓을 수 있다는 걸 처음 알게 되는 신이자, 그들이 앉아 있는 카페와 거리가 해체되며 사방팔방으로 날아다니는 세자르 프랑크 거리의 장면들을 촬영하기 위해 파리로 이동했다. 카메라만으로 작업한 이 신의 많은 효과는 공기 모르타르를 활용해 가벼운 파편들을 세자르 프랑크 거리로 날려 보내면서 얻은 것이다. 카메라가 돌아가는 동안 폭발이 일어나는 곳 한가운데에 디카프리오와 페이지가 실제로 앉아 있어도 괜찮을 만큼 충분히 안전한 작업이었다. 월리 피스터는 초당 1,000프레임의 속도로 폭발을 포착하기 위해 고속 필름 카메라와 디지털 카메라를 조합해 사용했다. 그러고는 화면 재생속도를 늦춰 파편들이 무중력 상태에 떠 있는 것처럼 보이는 효과를 연출했다. 이후에는 시각효과 회사 더블 네거티브의 애니메이션 팀이 디지털 작업을 통해 파괴 장면을 보강했다. 더블 네거티브는 로케이션 현장의 앰비언트 사운드를 따려는 사운드 담당자와 함께 촬영장에 상주하는 게 보통이었다. "놀란은 1970년대 작업 스타일로 돌아가고 싶어 했습니다." 프랭클린이 한 말이다. "컴퓨터가 우리의 작업 방식을 바꿔놓기 이전의 시절로 말입니다."

놀란은 그렇게 복잡한 프로젝트이기 때문에 편집 과정에 돌입하는 순간부터 오리지널 스코어가 필요하리라는 걸 잘 알고 있었다. 관객들에게 길을 안내하고, 관객들이 영화를 겪어나가는 동안 '감정적인, 지리적인, 시간적인' 방향을 설정해주기 위해서였다. 놀란은 시나리오를 쓰는 동안 에디트 피아프의 [아니, 나는 후회하지 않아Non, je ne regrette rien, 1960]를 '킥kick' 즉 꿈을 꾸는 이들을 깨우는 음악적 신호로 설정했지만, 정작 꼬띠아르를 캐스팅했을 때 그 설정을 시나리오에서 제외시키려 했다. 놀란에게 그 노래를 영화에 남겨두라고 설득한 사람은 한스 짐머였다. 그는 프랑스 국립방송 아카이브INA에서 그 노래의 오리지널 마스터를 얻은 다

● 2020년에 트랜스젠더로 커밍아웃 후 엘렌(Ellen)에서 엘리엇(Elliot)으로 개명하였다.

음, 인트로의 속도를 늦췄다. 그렇게 해서 단순한 2단계 비트인 '다—다, 다—다'가 도시의 상공을 울려대는 무적*처럼, 금관악기에서 터져 나오는 불길한 고성을 형성하면서 크레디트는 물론 영화 내내 깔리게 되었다. 영화에 등장하는 모든 음악은 에디트 피아프 음악의 템포를 세분하고 증폭시킨 곡으로 구성됐고, 덕분에 그는 어느 순간이든 상관없이 0.5배속이나 3배속의 음악을 삽입할 수 있었다.

"음악적으로 무엇이 필요한지는 몰랐지만, 음악이 영화에 통일감을 주는 요소가 되리라는 건 알고 있었습니다. 그래서 음악에 대한 고민을 일찍부터 시작하고 싶었죠. 영화에 대한 고민을 처음 시작했던 오래전, 나는 그 노래에 꽂혀서 그 곡을 사용하겠노라 생각했습니다. 그런데 영화의 아이디어가 현실화되자 음악과 관련된 권리들을 확보해야 했습니다. 그래서 영화를 촬영하기 훨씬 전에 그 문제로 대화를 해야 했죠. 다른 곡으로 촬영하고 싶지는 않았기 때문에, 최종적으로 영화에 어떤 음악을 쓰게 될지 알고 있어야 했습니다. 이 문제를 논의하던 시기에 우리는 흔히 겪는 예산 부족 상태에 있었습니다. 나는 파리에서 촬영하려던 계획을 접고 다른 곳으로, 아마도 런던으로, 우리가 이미 촬영하고 있던 어딘가로 이동하는 문제를 고심하고 있었습니다. 그런데 한스가 나를 멈춰 세웠죠. 그는 '아니에요, 그 노래는 시나리오에서 큰 의미가 있어요. 영

● 항해하는 선박에게 안개를 조심하라는 뜻으로 울리는 경적.

—
호텔 시퀀스를 촬영하던 중에 출연진 및 스태프들과 함께 대기하는 놀란.

화 자체가 왠지 모르게 그 노래와 연관되어 있어요.'라고 하더군요. 문자 그대로의 의미가 아니라, 음악적인 의미에서 그런 말을 할 수 있다고 생각합니다. 그래서 결심했죠. '그래, 좋아.' 그건 가깝게 지내며 창작 작업을 함께하는 협력자에게 의지할 때 얻을 수 있는 소득 같은 거예요. 한스는 그 노래의 중요성을 직감적으로 느꼈고, 그 이유를 자세히 설명할 필요조차 없다는 걸 알고 있었던 거죠."

이제는 그들 사이의 관행으로 자리 잡아 가고 있던 방식대로, 놀란은 짐머에게 영화를 단 한 프레임도 '보지 않은 채'로 음악을 작업해달라고 요청했다. 놀란은 촬영이 시작되기 1년 전에 시나리오를 짐머에게 보여줬고, 촬영장에 짐머를 초대했으며, 디자인들을 보여주고, 연기하는 배우들을 소개해줬지만, 영화를 편집할 시간이 닥치자 더 이상은 짐머에게 영화를 보여주려 하지 않았다. "그 음악은 우리가 함께 작업했던 음악들 중에서 구체적인 대상보다는 관념에 집중한 음악이었다고 생각합니다. 그래서 한스에게 이래야 한다, 저래야 한다는 말은 한마디도 하지 않았습니다. 그 영화는 시간이라는 관념, 꿈이라는 관념에 대한 작품입니다. 내가 만든 영화의 사운드트랙 중에서는 무척 인기가 좋은 음악이지만, 일렉트릭 사운드가 많이 들어간 트랙이기도 합니다. 다양한 요소들이 진행되고, 다양한 분위기가 조성되죠. 반면에 〈인터스텔라〉와 〈덩케

구스타브 턱 강의실에서 촬영을 준비하던 중 브루넬레스키가 작업한 피렌체 대성당의 돔 스케치 앞에 선 놀란.

르크〉는 분위기가 상당히 통일되어 있습니다. 우리가 나눈 모든 대화는 영화음악에 대한 것이라기보다는 분위기에 대한 대화였죠. 우리 대화가 늘 그런 식인 건 아닙니다. 장르에 대해 매우 구체적인 얘기가 오가는 경우도 많아요. 각각의 담당자가 해야 할 일에 대해 상의하는 경우도 많죠. 혹은 '뭔가 다른 작업을 어떻게 할 수 있을까? 어떤 것에 어떤 반응을 보일 수 있을까?' 같은 질문을 주고받는 경우도 꽤 많습니다. 뭔가에 영향을 받기도 하고요. 〈배트맨 비긴즈〉는 존 배리의 분위기를 상당히 많이 풍깁니다. 제임스 뉴튼 하워드에게 구체적으로 요청한 게 그거였거든요. '지금 우리가 활용하고 있는 게 그런 분위기의 음악입니다.'라고 말했죠. 〈인셉션〉은 많은 부품이 결합된 대형 기계였습니다. 많은 사람이 사운드트랙에 관여해 작업했죠. 한스에게는 그가 결성한 끝내주는 팀이 있습니다. 그는 그 팀을 '밴드'라고 부르죠. 론 발피 같은 멤버는 자체적으로 활동하는 작곡가입니다. 임시로 작곡된 열 곡이 사운드트랙 형태로 만들어지면, 그 다음에는 '좋아요, 구체적으로 얘기해봅시다. 이건 무슨 음악인가요? 어떤 아이디어에서 나온 곡인가요?'라는 의문을 제기했습니다. 그렇게 의문을 제기하면 그는 그와 관련된 문제를 풀어나갔죠."

〈다크 나이트〉에는 일렉트로닉 음악이 이미 많이 삽입되었지만, 짐머는 〈인셉션〉을 작업하면서 데이비드 보위의 1977년 아방가르드 앨범 [로우 Low, 1977], 로버트 프립과 브라이언 이노의 음악적 콜라보들인 [Here Come the Warm Jets 1974], [Another Green World 1975], [Exposure 1979] 그리고 니콜라스 뢰그의 〈사랑의 상대성〉과 맬릭의 〈씬 레드 라인〉을 위해 그가 작곡했던 초기의 실험적 신시사이저 음악들로 방향을 돌렸다. 존 배리가 〈007 두번 산다〉의 음악을 작업할 때 사용했던 것과 비슷한 1964년도 구형 무그 Moog 신시사이저(짐머는 이 악기를 '짐승'이라고 불렀다)를 활용한 짐머는 더 스미스의 조니 마가 본드 스타일로 연주한 기타 작업을 덧붙였다. 그는 영화음악을 위해 결성한 역사상 최대 규모의 금관악기 악단을 꾸렸다. 베이스 트롬본 여섯 대, 테너 트롬본 여섯 대, 프렌치 호른 여섯 대, 튜바 네 대로 구성된 악단이었다. 비교를 위해 소개하자면 〈라스트 사무라이 The Last Samurai, 2003〉는 튜바 두 대만을 사용했다. 작업 상황이 어떤지 확인하려고 짐머에게 연락하려던 놀란은 산타모니카에 있는 짐머의 작업실인 사운드 벙커로 직접 전화를 걸었다. 짐머는 영화의 엔딩에 깔리는 [시간Time]을 연주했다. 그러나 '가장 좋은 부분'을 연주하다 말고 손이 꼬였고, 욕설을 내뱉는 것으로 분위기를 깨버린 짐머는 수화기를 들고 물었다. "지나치게 추상적으로 들리나요?"

놀란이 짐머에게 이번에는 '긴 현악기 샘플'로 연주해달라고 청했다. 그제야 비로소 멜로디를 파악할 수 있었다. 짐머가 다시 수화기를 들었다. "이게 전부예요." 짐머가 말했다. "그런데 여기서 어디로 가야 할지 가늠을 못하겠군요." 이후 놀란은 전화를 끊고 오래지 않아 편집감독 리 스미스에게 고개를 돌리고 말했다. "평생 들어본 음악들 중 가장 아름다운 곡이야."

• • •

짐머가 〈인셉션〉의 음악을 작곡하면서 다시 읽은 작가 호프스태터의 「괴델, 에셔, 바흐」에는 1774년에 슈비텐 남작과 프리드리히 대왕이 왕궁에서 나눴던 대화가 나온다. "그는 제게 무엇보다도 음악에 대해, 베를린에 잠시 머물렀던 바흐라는 위대한 오르간 연주자에 대해 얘기했습니다." 남작은 말했다. "그는 제게 증명하기 위해서 그가 노쇠한 바흐에게 주었던 [반음계 푸가 주제chromatic fugue subject]를 소리 높여 흥얼거렸습니다. 바흐는 즉석에서 그 곡으로 4부의 푸가를 만들었다고 합니다. 그런 후에는 5부로, 결국에는 8부로 만들었다는군요." 푸가는 카논처럼 상이한 목소리와 상이한 조성으로 연주되고, 가끔은 다른 속도로 또는 앞뒤가 뒤집힌 채로 또는 역방향으로 연주되는 한 가지 테마에 바탕을 둔 작곡법이다. 각각의 목소리는 동일한 테마를 노래하면서 차례대로 들어오고, 때로는 제2주제의 반주로 들어오기도 한다. 그 목소리들이 모두 도착하면, 모든 규칙은 서서히 사라진다. 스탠포드의 인지과학 교수인 호프스태터는 바흐의 [음악의 헌정]에서 끝없이 상승하는 루프와 수학자 쿠르트 프리드리히 괴델의 불완전성 정리, 에셔의 무한한 계단을 비교하면서 각각의 "지적 구성물들을 보면, 내가 형언할 수 없는 방식으로 인간

왼쪽 위 요한 제바스티안 바흐의 [음악의 헌정] 중 [6성의 리체르카레] 악보 첫 페이지.

오른쪽 위 네덜란드 아티스트 M. C. 에셔의 석판화 '입방 공간 분할'.

아래 꿈속에서 내시(루카스 하스)를 인질로 잡은 사이토(와타나베 켄).

정신의 무수한 아름다운 목소리로 구성된 푸가가 떠오른다."는 걸 깨닫게 되었다.

최근 들어 사람들은 〈인셉션〉을 만든 놀란을 당연한 듯이 왕처럼 떠받든다. 놀란이 구조공학 분야에서 이룬 가장 위대한 위업일 수도 있는 〈인셉션〉에서, 그는 2개의 시간대<메멘토>도 아니고, 3개의 시간대<미행>도 아니며, 4개의 시간대<프레스티지>도 아닌, 각기 다른 속도로 전개되는 5개의 시간대를 갖고 노는 곡예를 부린다. 바흐의 푸가가 보여주는 음악적 특징처럼, 모든 것을 동시에 움직이게 만들어 끊임없이 움직인다는 인상을 주는 것이다. 영화의 가장 바깥쪽 고리는 본드 영화로, 〈007 두 번 산다〉에서 그랬던 것처럼 치열한 전쟁을 벌이는 일본의 화학기업들과 마천루 옥상에서 이륙하는 헬리콥터라는 요소로 완결된다. 시간적 배경은 그리 멀지 않은 미래로, 군용으로 먼저 개발됐던 기술이 CEO들의 꿈에 침입해 상업적으로 민감한 정보를 훔치려는 산업 스파이들 손에 들어가 있다. 콥레오나르도 디카프리오과 동료들은 일본 에너지 기업의 수장인 사이토와타나베 켄에게 고용된다. 젊은 호주인 사업가 로버트 피셔킬리언 머피의 꿈에 침투해 그의 죽어가는 아버지피트 포스틀스웨이트가 세운 거대 기업을 해체하라고 설득하기 위해서다. 그들은 이 오이디푸스 매듭을 풀기 위해 깊은 곳으로 파고들어야 할 것이다. 그 와중에 피셔의 꿈뿐 아니라 여전히 꿈속에 있는데도 조금 늘어진 속도로 펼쳐지는 각각의 또 다른 꿈속으로 깊이 파고들어야만 한다.

현실 세계의 10시간이 일주일로 늘어나는 꿈의 첫 단계에서, 그들은 로스앤젤레스 다운타운 어디쯤에서 비에 젖은 채로 벌어지는 자동차 추격전에 휘말린다. (피셔의 잠재의식은 자체적으로 무장을 하고서 콥의 팀을 총격전으로 몰아넣고, 이 상황은 그들이 탄 밴을 다리 아래로 추락하게 만드는 결과로 이어질 것이다.) 다시 하강이다. 이번에 그들은 자신들이 호사스러운 호텔에 있다는 걸 알게 된다. 그곳에서 콥 일행은 피셔의 신뢰를 얻고, 그가 아버지를 향해 품고 있는 오이디푸스적인 분노를 터뜨리게 만들 여섯 달의 시간을 얻는다. 그런데 꿈의 위쪽 단계에서 밴은 여전히 느릿느릿 추락하고 있다. 호텔 내부의 중력은 걷잡을 수 없게 되고, 캐릭터들이 주먹다짐을 마무리하려는 동안 호텔의 복도들은 쳇

HEIST (LINEAR)

→ INT...

747

YUSUF (SLEEPER)

YUSUF (DREAMER)

KIDNAP/CHASE...

Fischer + Browning
KIDNAP
(Locked Safe?)

ARTHUR (SLEEPER)

LINEAR Narr elements:
- ~ KIDNAP, Safe crack
- — dream extraction of combination,
- — planting of 'combo.
- — letter in safe,
- — combo as PHONE NUMBER
- — BUS STATION LOCKER DROP...
- ~ F. steal own letter/crack own safe...
  Take letter to BROWNING,....
    (perhaps as part of hostage exchange...)
- — Assassination 'Take the shot'...
    (in zero G?)

→ Fischer to Limbo part of Heist gone awry via Mals interference.—
BROWNING Task fischer for dream below... shot with?

ARTHUR (DREAMER)
~~EAMES~~

Locked Safe?
or just combination?

EAMES (SLEEPER)

① IF Heist + Escape **Separate**,
  → **Sends** must form part of linear dream narrative,
  → **KICKS** must be parallel action building to coincident climax

② IF HEIST + ESC. can be made **as one**,
  → **Kicks** must be part of linear dream narrative
  AND parallel action building to coincident climax

③ The linear dream narrative is paramount, the kicks
  are the visceral icing on the cake. ~
  BUT since 'sends' involve mortal incidents to F., perhaps
  they can be tied to larger physical climaxes (ie. bomb detonation)

④ The terms of Dream + waking on lower levels are limited/defined
  by knowledge of chemistry + materials as defined by Yusuf in
  training portion of set up to heist.

⑤ Each DREAM TRENDS CHAOTIC

⑥ REM. dreamtime problem... (ie. if 10hrs is actually needed, otiose the
  danger of overage, + could you set an
  external clock?)
  ⇧
  [must Fix This!]

EAMES (DREAMER)   HOSPITAL
~~ARTHUR~~

→ perhaps just for
  LAST SEND/KICK,
  creating dual purpose
  climax (ie. linear/parallel
  crossover...)

Fischer to Limbo, here!

COBB (SLEEPER)

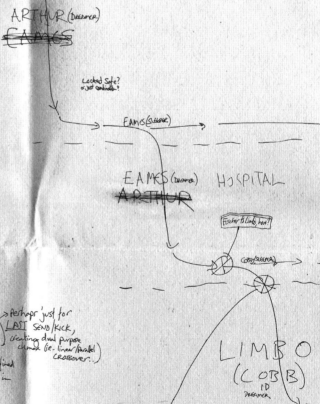

LIMBO →
(C O B B)
is
DREAMER

ENTRY TO LIMBO
(3rd ACT BREAK, P. 80-ish)

ESCAP.6 (PARALLEL)

HOME

747

KICK

BRING F. ?

Potential Linear/Parallel crossover

YUSUF

SEND F.

KICK

EAMES

SEND F.

KICK

ARTHUR

SEND F.

SAITO (LIMBO)

URN IN LIMBO

Shaded areas
are KEY CLIMACTIC moment
for resolution of Linear dream narrative
ie. F. is there but must be sent on...

⇒ ie. action preceding this will not involve F.,
action post this F. will already be gone...

놀란이 직접 그린 <인셉션>의 다층적인 스토리라인. 본능적으로 놀란은, 어떤 아이디어를 접하거나 떠올리게 되면 그것을 직접 살펴볼 수 있는 구체적인 모습으로 구현해본다. 그 결과, 스토리의 흐름도 3차원적인 운동이 된다.

바퀴처럼 돌아간다. 이 영화에서 꿈의 한 단계를 지나 다음 단계로 넘어갈 때 생기는 거대한 반향만큼 꾸준한 재미를 주는 것은 없다. 화장실을 다녀오지 않고 잠자리에 든 결과는 휘몰아치는 폭풍우다. 자신들이 〈007 여왕폐하 대작전 On Her Majesty's Secret Service, 1969〉에 나오는 설원의 추격 신을 재연한 상황에 처했음을 알게 되는 세 번째 층위로 내려간 콥과 동료들은 스노바이크들의 추격을 받게 된다. 그러는 중에도 여전히 추락하고 있는 밴에 의해 눈사태가 일어난 산 정상의 요새를 포위 공격한다. 〈북북서로 진로를 돌려라 North By Northwest, 1959〉, 〈이창 Rear Window, 1954〉, 〈나는 결백하다 To Catch a Thief, 1955〉, 〈현기증〉이 각각 4개의 다른 극장에서 동시에 상영되는 동안, 히치콕이 우리를 한 스크린에서 다음 스크린으로 안내하고, 각각의 플롯이 일사불란하게 펼쳐지면서 우리의 흥미를 붙들어두다가 정확한 순간에 다음 플롯으로 편집되어 넘어가는 상황을 상상해보라. 그러면 당신은 놀란이 성사시킨 엔지니어링의 위업에 근접하게 될 것이다.

영화가 처음 공개됐을 때, 평론가들의 공통적인 불만 중 하나가 〈인셉션〉이 기대만큼 몽환적이지 않다는 것이었다. "정신에 대한 놀란의 아이디어는 이 주제가 필요로 하는 광기(진정한 혼란, 섬망, 설명 불가능한 모호함의 리스크)를 허용하기에는 지나치게 직역적이고, 논리적이며, 규칙에 얽매어 있다." 비평가 A. O. 스콧이 「뉴욕타임스」에 기고한 글이다. 「뉴요커」의 데이비드 덴비는 "콥이 두개골 안에서 벌이는 모험은 꿈과 전혀 비슷하지 않다. 그것들은 상이한 종류의 액션 영화들을 함께 욱여넣은 것 같다."고 투덜거렸다. 분명한 건, 꿈의 세계를 탐구하는 콥과 그의 팀이 의상과 세팅의 사소한 것 하나하나까지 모두 챙기면서 꿈을 계획할 때, 영화를 만드는 과정에 대한 비유로서 이 영화의 위상을 관객 모두가 볼 수 있었다는 것이다. 그들은 꿈속에서 누군가를 죽일 수 없다. 사람을 죽게 만드는 감각은 그들을 깨울 것이다. 하지만 그들은 자신들이 꿈을 꾸는 중이라는 걸 깨달을 수 있고, 그렇게 되면 환상의 거미줄은 서서히 부서질 것이다. 우리 눈앞에서 그럴싸한 설정이 붕괴되는 영화처럼 말이다. "우리는 관념을 정서적 개념으로 번역해야 해." 팀의 리더, 또는 감독인 콥이 말한다. "사업 전략을 어떻게 감정으로 번역하지?" 그가 신뢰하는 조수, 또는 제작자인 아서 조셉 고든 레빗가 묻는다. 그 자리에는 프로덕션 디자이너와 상당히 비슷한 역할을 맡아 꿈의 미로 같은 구조를 설계하는 건축가 아리아드네가 있다. 멋들어진 변신의 귀재 임스톰 하디도 있는데, 그는 배우처럼 다양한 변장을 한다. 그들을 고용한 사업가 사이토는 프로젝트를 책임진 임원일 수도 있다. 그리고 피셔가 있다. 그들이 겨냥한 관객이다. 마지막으로 뛰어난 동양인 화학자 유수프딜립 라오가 있는데, 그는 말하자면 촬영장의 청량음료를 책임지는 사람이다.

놀란은 영화감독과 관객이 벌이는 게임으로 스토리텔링의 문을 연다. 이 본드 영화는 감각을 통해 경험할 수 있는 영화다. "우리는 꿈이 어떻게 시작됐는지 절대로 기억하지 못해. 그렇지?" 세자르 프랑크 거리의 노천카페에 앉은 콥이 아리아드네에게 말한다. "우리는 꿈이 진행되고 있는 와중에 그냥 나타난 거야. 그렇다면 우리는 어떻게 이 레스토랑에 오게 됐을까?" 그의 질문은 관객을 향한 것이기도 하다. 콥의 질문은 영화 〈북북서로 진로를 돌려라〉에서 캐리 그랜트가 지구 곳곳을 돌아다닌 이후로 액션 어드벤처를 관람하는 관객들이 당연한 일로 여기게 된, 영화의 등장인물들이 미스터리한 로케이션들을 훌쩍 옮겨 다니는 것을 가리키는 짓궂은 질문이기도 하다. (당신은 그 영화에서 그랜트가 어째서 베이커스필드 근처의 옥수수 밭에 다다르게 되었는지 기억하는가?) "꿈 속의 공간은 시각적인 게 전부일 거라고 생각했는데, 실제로는 공간에 대한 감각이 더 중요하네요." 아리아드네가 길거리에 있는 모든 물건들을 공중에 둥둥 떠다니는 색종이 조각처럼 날려버린 뒤에 말한다. 새로 얻은 창작 면허의 위력을 과시하던 그녀는 세자르 프랑크 거리 전체를 접어 그 거리 위에 포갠다. 자체적인 중력의 출처를 가진 각각의 거리와 차, 사람들은 에셔의 판화 '상대성Relativity, 1953'처럼 수직으로 방향을 틀어 다른 거리로 이동한다. 시각적으로 대담한 효과이지만, 이 효과가 관객에게 먹혀들게끔 만든 요소는 그 장면이 진행되는 동안 빚어지는 사운드다. 거대한 시계의 태엽이 감기는 것처럼 멀리서 들려오는 육중한 쇳소리는 사운드 에디터 리처드 킹이 피터 위어 감독의 〈마스터 앤드 커맨더: 위대한 정복자Master and Commander: The Far Side of the World, 2003〉 작업 당시 대포 24문을 장착하고 돛대가 3개 달린 영국 군함을 위해 고안한

닻 감개 소리를 그대로 활용한 것이다.

신칸센과 신-야수주의 건물들이 등장하는 〈인셉션〉은 매끄럽고 현대적으로 보인다. 그러나 창작의 측면에서는 좀 더 유서가 깊은 것으로 느껴진다. 영화에 등장하는 꿈들을 살펴보면 프로이드/초현실주의 시대 특유의 일렁거림이나 몽롱함 대신 에셔의 선명함이나 작가 토머스 드퀸시의 아편 기운이 감도는 듯하다. 시인 콜리지에게서 피라네시의 판화 '꿈 Dreams'에 대한 이야기를 들은 드퀸시는 자신이 약기운에 취한 상태에서 경험한 꿈속의 건축적 화려함과 피라네시가 작업한 판화의 유사성에 주목했다.

위를 향해 슬금슬금 올라가는 것은 피라네시 자신이었다. 계단을 조금 더 따라가 보라. 그러면 당신은 난간도 없이 갑작스럽게 계단이 끝난다는 것을 인지하게 된다. 저 아래에 있는 심연을 제외한, 극한에 도달했던 그에게 단 한 발짝도 가까워지는 것을 허용하지 않으면서… 다시금 눈을 들어보라. 여전히 더 많은 공중의 계단이 보인다. 가여운 피라네시는 다시금 열망 가득한 노고를 쏟느라 분주하다. 미완성 계단과 피라네시 모두, 홀 상부에 있는 어둠 속으로 자취를 감출 때까지 그런 과정이 되풀이된다. 내가 꿈에서 이동했던 건물도 끝없는 성장과 자기복제의 동일한 위력을 갖고 그런 식으로 확장됐다.

—
아리아드네가 꿈을 꾸는 동안, 세자르 프랑크 거리가 원래의 거리 위로 접혀지고 있다.

그런데 많은 관찰자가 지적했듯이 드퀸시는 잘못 이해하고 있었다. 그가 생각한 시리즈는 교도소를 묘사한 게 아니라 '꿈'을 묘사한 것이었고, 각각의 계단에 갇힌 피라네시의 축소판 버전 같은 것은 전혀 포함되어 있지 않았다. "이것은 실수라기보다는 현실을 정확하게 포착한 피라네시의 황홀경이다." 세르게이 에이젠슈타인 감독의 언급이다. 에이젠슈타인이 연출한 〈폭군 이반Ivan the Terrible, 1944-1958〉은 피라네시의 폭발적인 대각선과 호弧로 캐릭터들의 그림자를 2등분했다. "계단이 저자 자신의 내면에 있는 계단을 재현했다는 점은 명확하다." 달리 말해, 피라네시의 감옥은 몽환적으로 보인다. 그리고 드퀸시의 꿈들은 감옥처럼 느껴진다. 그의 '실수'는 결코 실수가 아니었다.

놀란의 작품 세계 전체는 똑같은 실수를 저지르려는 열망에서 탄생했다고 말할 수 있다. 〈인셉션〉은 특히

— 캘리포니아에서 휴가를 즐기는 놀란과 엠마 토머스의 모습을 로코 벨릭이 촬영(위)했다. 이 사진은 몇 년 후 〈인셉션〉의 핵심적인 장면(아래)에 영감을 주었다.

그렇다. 이 영화에서 꿈들은 콥의 아내 맬이 갇힌 진짜 감옥이 된다. 매혹적으로 촬영된 맬은 눈물로 얼룩진 에우리디케*이며, 그녀의 죽음은 콥이 오랜 세월을 망명자로 살아온 이유다. "그녀를 가두기 위해 기억의 감옥을 지을 수 있다고 생각하는 건가요? 정말로 그 감옥이 그녀를 가둬둘 거라고 생각하는 거예요?" 단순한 애정의 대상이나 로맨틱한 서브플롯이 전혀 없는 〈인셉션〉에서 맬 캐릭터는 이 영화의 내러티브 엔지니어링의 위업이 의지하는 중심축이다. 그녀의 사연은 영화의 중심 미스터리와 그것이 그토록 위험천만한 이유, 이 두 가지 요소가 정확하게 뒤엉킨다. "우리는 계속 이곳에서 머무를 수 있어. 바로 여기, 우리가 함께 건설한 세상에." 맬은 연인을 다시 약에 빠뜨리려고 구슬리는 중독자처럼 말한다. "선택해." 그녀가 애원조로 말한다. "이곳에 있겠다고 선택해." 그런 유혹에 넘어가지 않을 자가 누가 있겠는가? 그녀 주위에 있는 목제품들은 충분히 단단해 보이고, 햇볕은 세상을 따스하게 물들인다. 그러는 동안 위쪽 세상에서는 밴이 물속을 향해 여전히 곤두박질치는 중이고, 호텔은 천천히 무너지고 있으며, 총격전은 여전히 눈밭을 훑는다. 이 영화의 중요한 점은 구조적 정밀함이다. 비현실성이라는 안개는 딜레마를 해치울 것이다. 콥조차도 1초의 시간 동안 분열을 겪는다. 그는 약해지는 결의를 되찾으려는 듯 불끈 쥔 두 주먹을 얼굴 앞으로 올린다. 〈인셉션〉은 정말 독창적이고 구조적으로 훌륭한 작품이지만, 영화에는 꼬띠아르의 가슴 아픈 연기에서 감지되는 슬픔이, 그 건물들을 휩쓸고 지나가는 슬픔이 깊이 배어 있다. 그리고 단 몇 초뿐이지만, 디카프리오도 슬픔에 휩싸인다. 그 슬픔은 언젠가는 깨어나야 한다는 것을 명백히 아는 이가 꿈을 꾸며 느끼는 슬픔이다.

● 그리스 신화에 등장하는 오르페우스의 아내.

· · · ·

현대 할리우드에서 감상적인 정서를 풍성하게 표현하는 경우는 찾아보기 힘들다. 그런데 그런 감상적인 정서를 풍부하게 찾아낼 수 있는 곳이 있다. 어린 에밀리 브론테는 영국 랭커셔에 있는 코원 브리지의 지루한 삶을 견뎌야 했다. 어찌나 가혹한 곳이었는지 언니 마리아와 엘리자베스가 입학한 이후 폐결핵으로 사망한 클러지 도터스 스쿨의 따분함을 견디면서 그녀는 '글래스 타운'이라는 가상의 세계에 몰두했다. 그곳은 "우뚝 솟은 공장과 창고들이 구름에 닿을 듯 층층이 높아지고, 두툼한 검은 연기로 이뤄진 거대한 기둥들을 토해내는 높은 탑 같은 굴뚝들이 있으며, 기계가 내는 요란한 쇳소리 소음이 공장 벽 안쪽에서부터 넘어와 도시에 있는 모든 구역이 다시금 소란스러워질 때까지 울려 퍼지는" 곳이었다. 샬롯과 에밀리, 앤 브론테가 십 대일 때 쓴 이 문학작품은 가상의 국가인 글래스 타운 연방을 탐험한다. 학자들은 이를 어렸을 때 쓴 습작에 불과하다며 오랫동안 무시해왔지만, 이 작품은 많은 면에서 작가 톨킨이 만든 세계인 '중간계'의 선구자다. "곤달이라는 세계의 삶은 사회적으로 만연한 감각, 즉 물리적으로 정신적으로 갇혀 있다는 감각에 지배당한다. 이곳에서 연설자는 강렬한 감정과 기억, 행위에 따른 결과의 사슬에 묶여 있다." 브론테를 연구하는 학자인 크리스틴 알렉산더가 한 말이다. "그런 세계에서 죽음은 삶에서 해방시켜주는 대안이 된다." 에밀리가 즐긴 환상들은 너무나 강렬했고, 그 환상은 그녀가 느끼는 육체적 고통을 현실의 고통 속으로 돌려보냈다.

아아, 구속은 끔찍하구나… 극심한 고통이로구나…
귀가 듣기 시작하고, 눈이 보기 시작할 때
맥박이 고동치고, 뇌가 다시 생각할 때
영혼은 육신을 느끼고, 육신은 사슬을 느낀다.

빅토리아 시대 사람들은 꿈을 무엇이라고 생각했을까? 프로이드가 등장하기 이전에, 꿈에 대한 지배적인 이론은 데이비드 하틀리의 「인간 관찰Observations on Man, 1749」에 의해 대중적으로 퍼진 연상주의였다. 하틀리는 우리가 꿈을 꿀 때, 상상력은 꿈을 꾸는 사람의 추론 능력을 압도하면서 무시무시한 존재가 된다고 주장했다. 꿈은 남이 알지 못하는 소원 성취가 아니라, 고삐 풀린 허구의 일종이다. "꿈이 빚어내는 환상은 가장 정교한 연극보다 훨씬 더 완결적이다." 글래스고의 의사 로버트 맥니시가 「잠의 철학The Philosophy of Sleep, 1834」에 쓴 글이다. "우리는 눈 깜짝

할 사이에 한 나라에서 다른 나라로 이동한다. 그리고 대단히 상이한 시대에 살았던 사람들이 기이하고 괴상한 혼란 속에서 한자리에 모이게 된다. 간단히 말하면, 설령 그것이 아무리 말도 안 되는 일일지라도 믿을 수 없거나 불가능하거나 터무니없어 보이는 일은 하나도 없다." 꿈의 내용은 갑자기 발생한 육체적 감각에 의해 촉발되는 일이 잦다. 따라서 연기가 자욱한 방에 누워 있는 사람은 약탈당하는 로마를 배경으로 꿈을 꿀 수도 있다. '꿈에서는 시간이 확장되는 일'도 분명히 존재한다고 맥니시는 밝혔다. 극작가가 좋은 드라마를 쓰겠다는 이유로 시간을 늘리는 것처럼 말이다. 꿈의 이 모든 측면(육체적 감각과 연계되는 것, 상상력과 관련된 것, 시간의 팽창)은 프로이드의 「꿈의 해석The Interpretation of Dreams, 1899」이 출판됨과 동시에 구식이 되어버렸지만, 〈인셉션〉에서는 그 측면들 모두 각각의 역할을 수행한다.

빅토리아 시대 사람들이 생각한 꿈의 의미는, 즉 '탈출'이라는 의미는 놀란에게도 그대로 적용된다. 〈메멘토〉와 〈인셉션〉의 주인공들은 환상에 열중한다. 그들이 처한 현실이 불쾌해서가 아니라 그들이 처한 현실을 참을 수 없기 때문이다. 영화가 결말에 다다라서도 그들은 여전히 자기기만에 빠져 있을지 모른다고 암시할 때, 관객은 기이하게도 의기양양해진다. "야호, 그건 부인하려는 심리 작용 때문이야!" 이것은 놀란이 그의 거꾸로 역전된 우주의 작동 방식 내부에서 우리를 효과적으로 훈련시켰기 때문이다. 평론가들이 한 가지 부분에서는 옳았다. 꿈을 '소원의 성취'로 보고 '무의식으로 향하는 지름길'인 욕망을 억눌렀던 오스트리아 출신의 정신분석학자 프로이드는 〈인셉션〉의 지하세계에서 자신의 가르침이 구현된 요소를 하나도 찾지 못할 것이다. 이 영화는 프로이드적인 영화가 아니다. 심지어 포스트post 프로이드적인 영화도 아니다. 이 영화는 프리pre 프로이드적이다. 브론테 자매가 컴퓨터 게임을 좋아했다면 〈인셉션〉은 그녀들이 고안했을 법한 멀티 플레이어 게임의 일종인 것이다.

"엘리베이터를 타고 그의 정신에서 상이한 층위들 사이를 오르내리는 신에 도달했을 때, 꿈의 프로이드적인 본질을 묵살하는 건 불가능하다고 생각해요." 놀란은 말했다. "프로이드의 사상은 창의력 측면에서나 예술의 측면에서나 흥미로운 사상입니다. 당신은 히치콕이 화가 살바도르 달리에게 꿈 시퀀스를 비롯한 모든 작업을 맡겼던 〈스펠바운드Spellbound, 1945〉를 떠올릴지도 모르겠는데, 그 영화는 오늘날엔 상영되지 않습니다. 〈마니 Marnie, 1964〉에도 그런 종류의 장면이 있죠. 우리가 스토리를 파악하는 데 있어서 프로이드의 영향력만 놓고 보면, 그 영향력은 엄청납니다. 그 영향권에서 완전히 벗어나는 건 조금 어려운 일이죠. 나는 그의 사상을 선택했습니다. 한편으로는 시나리오를 쓰면서 그의 사상 중 많은 부분을 회피하기도 했죠. 그래서 나는 하워드 휴즈를 다룬 시나리오를 쓸 때 그런 충동에 강하게 저항했어요. 제작자들과 충돌한 게 바로 그 지점이었죠. 그들은 프로이드적인 배경 사연을 원했으니까요. 대학에 다닐 때 문학의 관점에서 프로이드를 자세히 읽어본 적이 있습니다. 황금기와 탐정 이야기의 시대, 정신의학 사이의 관련성에 대해, 그리고 그런 것들이 어떻게 프로이드가 인기를 누렸던 시대와 동일한 시대에 출현했는지에 대해 공부했었죠. 흥미로운 요소들이 분명 있었습니다. 문학의 관점에서 보면 그것들은 무척 유사합니다. 윌키 콜린스의 「문스톤」을 읽어봤는지 모르겠는데, 그 소설은 정확히 말하자면 꿈의 해석이 아닙니다. 그런데 그의 작품은 심리학과 경험, 기억과 탐정 이야기 사이의 관계를 보여줍니다. 그 책을 읽은 것은 상대적으로 최근이라서 그 책이 〈인셉션〉에 영향을 준 건 아닙니다. 그럼에도 나는 그 소설의 제목을 따와서 〈덩케르크〉에 나오는 배의 이름을 지었습니다. 내가 그 작품을 매력적으로 여기는 이유는, 사람들은 그 소설을 최초의 탐정 이야기로 간주할지도 모르지만, 「문스톤」은 현대의 탐정 이야기를 해체하는 작품이기도 하다는 점 때문입니다. 어느 매체에 종사하건 범죄 픽션을 작업하는 이들을 겸허하게 만드는 책이죠. 콜린스는 이야기를 시작하자마자 상황을 완전히 뒤집어놓고 법칙들을 비틀면서 그것들을 갖고 놀기 때문입니다. 놀라운 소설이에요. 정말 놀라운 작품이죠.”

1868년에 친구 디킨스가 발행하는 잡지 「올 더 이어 라운드All the Year Round」에 윌킨스가 여덟 달 넘게 연재하며 32개의 에피소드를 소개한 「문스톤」은 시골 저택에서 일어난 귀중한 보석의 절도 사건을 다룬다. 이 소설에는 괴팍한 커프 경사가 등장하는데, 그는 수사를 위해 돋보기를 사

용한 최초의 가상 캐릭터에 속한다. 시골 저택에서 열린 파티에 참석한 참석자들이 차례로 용의선상에 오르고, 각각의 사람들은 배턴을 넘기는 것처럼 게임을 통해 차례차례 혐의를 받는다. 더 특이한 점은 용의자 대부분이 차례차례 내레이터로 등장한다는 것이다. 전부 11명의 내레이터가 등장하는데, 각자 자신이 본 사건의 버전을 들려준다. 어떤 캐릭터는 이런 말을 한다. "내가 알아낼 수 있는 것을 기반으로 생각해보면, 하나의 해석은 다른 해석만큼이나 옳다는 가능성이 있다." 그런데 미스터리에서 가장 중요한 '사실'은 미스터리를 해결해주는 '사실'이다. 절도 사건은 내레이터 중 한 명이 아편에 취한 상태로 저지른 짓이다. 무의식중

에 범죄를 저지른 범인은 죄책감조차 느끼지 않는다. "나는 물속에서 흐르던 토사가 살아 있는 다른 모든 생명체에게서 빼앗아 간직해온 비밀에 침투했었다. 그리고 페인트 얼룩이라는 반박할 수 없는 증거를 바탕으로 나 자신이 도둑이라는 걸 발견했다." 콜린스는 가장 가능성이 적은 용의자의 법칙을 퇴짜 놓는 최초의 시도를 했다. 이 사건의 범인은 다름

위 놀란이 출연진과 스태프를 위해 상영했던 앨런 파커의 <핑크 플로이드의 더 월>.

아래 작가 윌키 콜린스. 헨리 제임스로부터 "가장 미스터리한 미스터리 소설"이라는 찬사를 받은 그의 1868년 소설 「문스톤」에는 <인셉션>의 꿈들에 대한 실마리가 들어 있다.

아닌 내레이터다. 반세기가 지난 후 아가사 크리스티가 「애크로이드 살인 사건The Murder of Roger Ackroyd, 1926」에서 다시 내놓은 반전이지만, 윌키 콜린스가 창조한 꿈의

도둑은 1세기 이상 지난 후에 등장한 〈인셉션〉의 콥을 예시하기도 한다.

하지만 놀란은 〈인터스텔라〉를 완성하기 전까지는 「문스톤」을 읽어본 적이 없었다. 그렇다면 〈인셉션〉에 대한 논의에 이 소설은 왜 등장하는 것일까? 〈인셉션〉의 창조적인 유전자의 많은 부분이 빅토리아 시대까지 거슬러 올라가는 이유를 알아내는 건 그리 어려운 일이 아니다. 〈인셉션〉은 영화의 대부분이 19세기 분위기 아래에서, 신고전주의 양식인 사각형 정원과 라틴어로 드리는 감사 기도, 냉수 목욕으로 구성된 '빅토리아 시대의 유물'인 헤일리버리에서 구상됐다. 또한 놀란이 그 학교를 다니던 중에 흡수한 작품들이 그 영화에 영향을 끼쳤다. TV 드라마 〈프레디의 악

위 유세프의 약국 지하에서 배우들을 살펴보는 놀란.

아래 놀란이 다닌 헤일리버리의 기숙사는 유세프의 약국에 영향을 주었다.

몽들〉, 〈핑크 플로이드의 더 월〉, M. C. 에셔의 석판 인쇄물이 그런 작품들이었다. 에셔의 무한한 계단은 오랫동안 삼각법 방정식으로서 현실과 관련이 있는 것으로 간주되었다. 언젠가 에셔는 어느 언론인에게 "내 작품은 현실이나 심리학과는 하등의 관련이 없습니다."라고 말했다. 그러나 헤이그에서 2015년에 열린 에셔의 전시회는 유명한 전후戰後 미로들('낮과 밤Day and Night, 1938', '계단의 집House of Stairs, 1951', '상대성', '판화 갤러리 Print Gallery, 1956')과 에셔가 열세 살 때 다녔던 네덜란드 동부 도시 아른헴에 있는 학교의 로마네스크 양식 계단과 통로들 사이에 상당한 유사성이 있다는 걸 보여줬다. 수업은 지루했고 두 번이나 유급해야 했으며 졸업장을 받는 데 실패했던 그는 훗날 학창 시절을 "살아 있는 지옥"이라고 말했다. 그가 전후 판화들에서 묘사한 끝없이 확장되는 회랑과 계단으로 재현하게 될 바로 그 계단과 회랑이 있는 지옥 말이다. 〈인셉션〉은 헤일리버리의 신고전주의 건축을 끌어와 유사한 작업을 했다. 유세프가 망각에 젖으려는 사람들을 관리하는 약국이 특히 그렇다. 약국 아래에는 갓도 씌우지 않은 백열전구가 달린, 천장이 낮은 콘크리트 지하실이 있다. 그곳에는 질서 정연하게 늘어선 금속 프레임 침대가 놓여 있고 12명이 잠을 자고 있는데, 이건 놀란의 기숙사였던 멜빌 하우스를 고스란히 옮겨놓은 구조물이다. 나무 바닥과 낮은 천장이 있는 길고 검소한 막사로, 똑같은 금속 프레임 침대들이 두 줄로 나란히 놓여 있고 가장 어린 아이는 한쪽 끝에, 가장 나이 많은 아이는 다른 쪽 끝에 배치된다. 자신들이 거창하게 기획된 환경 안에 있다는 사실에 대해 누구에게도 의심의 여지를 남기지 않는 곳이자, 놀란이 소등 후 말똥말똥한 정신으로 영화음악을 들었던 곳이다. 악몽에서 깨어난 콥은 옆에 있는 욕실로 들어가 헤일리버리 욕실에 있는 것과 똑같은, 일렬로 늘어선 세면대 앞에서 얼굴에 물을 끼얹는다. 타일이 붙은 벽과 깊숙한 욕조, 높은 곳에 수도꼭지가 달린 세면대도 똑같다.

"꽤 비슷합니다." 놀란은 말했다. "당신 생각은 틀리지 않았어요. 우리는 금속 프레임 침대에서 몇 년을 지냈습니다. 그 경험이 내 머릿속에 계속 남아 있는 건 분명합니다. 꽤나 보편적이고 표준적인 금속 프레임으로 된 보호시설용 침대들이었죠. 영화에 등장하는, 유럽의 식민지로 있다가 독립한 지역의 이미지와 맞아떨어집니다. 그런데 영화를 만들 때는 그런 점을 의식하지 못했어요. 그냥 그게 미학적으로 알맞다고 느꼈기 때문에 그런 설정을 한 겁니다. 당신이 기숙사가 어떤 곳이고 어떻게 작동하는 곳인지 묘사한 것처럼, 형식의 반복과 음악을 통한 현실 도피라는 분석은 타당한 분석입니다. 그런데 그건 무의식이 낳은 결과가 분명해요. 영화는 그런 겁니다. 대학에서 문학작품 분석에 능한 학생들과 어울려 다니고 교수님들과 논의하면서 발견한 것 중 하나는 영화감독이 하는 일 중 많은 부분이 부지불식간에 행해지는 일이라는 겁니다. 단편영화들을 만들 때, 특정한 이미지나 상징(벽시계, 카드 한 벌, 그런 종류의 것들)에 마음이 끌리고는 했습니다. 그런 것들을 보면 어떤 울림이 느껴졌거든요. 오랫동안 작업하면서 깨달은 건, 감독이라는 직업 또는 감독이라는 위치는 많은 일을 본능적으로, 무의식중에 한다는 겁니다. 〈인터스텔라〉의 테서랙트는 반복이라는 아이디어를 시각적인 측면에서 한껏 발전시킨 아이디어일 겁니다. 각각의 침실은 약간씩 다르고, 시간의 흐름에 따라 다른 것들보다 다소 발전된 곳이니까요. 당신은 가구 세트와 무늬, 다양성의 반복에 대해 말하고 있는데, 그 아이디어는 내 모든 영화에 들어 있습니다. 〈인터스텔라〉에 나오는 침실의 터널에도 있고, 〈인셉션〉에도 초기적인 형태로 나옵니다. 그들이 거주하는 상이한 집들의 형태로, 시간이 흐르면서 변해가는 집들의 형태로 말입니다. 엘리베이터에 걸린 끝없이 반사되는 거울의 터널에도 역시 있죠. 내가 만든 영화들마다 그런 요소들을 상이한 방식으로 집어넣으려 노력했어요."

놀란은 그가 지냈던 기숙사의 모습이 그의 상상력 안에서 그토록 오래 머무른 이유를 말로 설명하지는 못했다. 하지만 그가 시간과 공간의 속박이 낳은 악영향을 처음 느낀 곳이 바로 기숙학교였다. 그의 상상력은 헤일리버리에서 두드러진 빅토리아 시대의 힘줄(호사로서 누리는 감각이 아니라 필수적으로 붙잡아야 하는 현실 도피의 감각)을 얻었고, 그의 구도적 감각과 공간적 감각에 있어서 매우 중요한 반복과 되풀이라는 핵심적인 요소들을 처음 접한 곳도 기숙사였다. 당신이 원근법에 대한 반감을 키울 작정이라면, 그런 일을 하기에 적당한 장소는 멜빌 기숙사일 것이다. 가장 초기에 행해진 반복에서 〈인셉션〉은 에드거 앨런 포의 소설 「윌리엄 윌슨William Wilson, 1839」이나 러디어드 키플링의 「브러시우드 보이The Brushwood Boy, 1895」 같은 기숙학교 고딕소설이라고 불러도 될 법한 다른 사례들과 관계를 맺는다. 포의 소설은 "저택 전체와 관련한 우리의 가장 정확한 생각이 무한에 대해 숙고했을 때 얻는 생각과 크게 다르지 않은" 미로 같은 기숙사에서 동명이인을 염탐하는 소년에 대한 내용이다. 또한 키플링의 소설에서 조지는 '길이가 무한한 거리들'을 꿈꾸다가 '데이'라는 경찰관에게 체포되어 기숙학교로 돌아온 후 "구구단을 4 곱하기 6까지 외우려 애쓰면서 거대한 문간 앞에 딱한 모습으로 앉게" 된다. 꿈을 도둑질하는 것과 기숙사 학생이 박탈당한 자율권을 과장한 것 사이에는 무슨 관계가 있는가? "그게 나를 어떻게 찾아낸 줄 알아? 꿈속에서?" 소설 「1984」에서 윈스턴 스미스의 이웃인 파슨스가 '사상 범죄'에 대해 하는 말이다. 이 소설은 작가 오웰이 사립 초등학교를 다녔던 시절의 악몽 같은 비전을 담아낸 작품으로, 그가 생활한 기숙사에는 밤중에 순찰을 돌면서 떠드는 소년들을 찾아내 교장에게 처벌을 받게 만들려고 애쓰는 양호 선생이 있었다. "오웰이 알았건 몰랐건, 그가 「1984」를 통해 한 일은 영국에 거주하는 모든 이들을 과거의 오웰처럼 비참한 신세로 전락시키고자 거대한 크로스게이츠(오웰이 다녔던 사립 학교)로 보내는 것이었다." 안소니 웨스트가 「원칙과 신념Principles and Persuasions, 1957」에서 밝힌 지적이다.

그렇다고 해서 헤일리버리를 〈인셉션〉이 깨우려 애쓰는 악몽이라고 말하는 것은 지나치게 단순한 설명이다. 놀란은 그곳에서 오웰이 크로스게이츠에서 보낸 시간보다는 훨씬 더 행복한 시간을 보냈다. 기숙사는 그에게 감금을 안겨줬지만, 그곳은 놀란의 스토리텔링 경력이 시작된 곳이기도 하다. 또한 우리가 〈인셉션〉의 만화경 같고 프리즘을 통과한 듯한 여러 개의 관점을 통해 발견한 것은 바로 감금과 해방을 모두 구현하는 이중 구조에 대한 감각이다. 영화는 〈메멘토〉가 다룬 주제들(시간, 기억, 추방) 일부를 다시 들춰내지만, 이는 놀란이 할리우드에서 그러모은 팀의 단결력과 네 아이를 두면서 단단해진 감정의 핵심, 박스오피스에서 10억 달러 성적을 거둔 감독의 투지를 갖춘 상태에서 다시 한 번 들춰낸 것이다. "조금 더 거창한 꿈을 꾸는 걸 겁내서는 안 돼, 달링." 톰 하디가 연기하는 임스가 유탄투척기를 발사해 조셉 고든 레빗의 권총을 능가하며 하는 말이다. 그리고 이 대사는 감독의 기분을, 이를테면 기운을 주체하지 못하고, 여기저기 들이대고, 장난기가 넘쳐나는 기분을 정확하게 포착한다.

회전하는 호텔 복도에서 연기 중인 조셉 고든 레빗. 제작진은 거대한 고리 8개가 외부를 둘러싸고 있는 30미터 길이의 복도를 지었다. 거대한 전기 모터 두 대가 이 복도를 360도 회전시킨다.

• • •

놀란이 촬영을 진행하는 동안, 편집감독 리 스미스와 조감독 존 리는 카딩턴에 이동 편집실을 설치해두고 몇 달간 편집 작업에만 몰두했다. 당시 놀란은 카딩턴에서 대형 세트장이 설치된 대여섯 곳의 촬영 스튜디오들 사이를 분주히 오가고 있었다. 고든 레빗은 무중력 상태에서 경호원과 격투하는 장면을 재현하기 위해 쳇바퀴 도는 햄스터처럼 빙빙 돌면서 6주를 보냈다. 이 장면은 모두 카메라 작업으로만 이뤄낸 것으로, 그 시퀀스의 마지막 숏 배경에서 카메라 리그를 제거하는 작업만 디지털로 이뤄졌다. "그 신의 촬영 영상을 봤을 때 정말 강한 인상을 받았습니다." 스미스가 한 말이다. 단순한 이유 때문에 그는 신을 계속 이어지는 단일

숏으로 편집하기로 마음 먹었다. "우리 모두 그 장면을 처음 봤을 때 '구현 불가능한 모습이야.'라고 반응했었죠." 그 후, 그들은 일주일간 파리에 머물렀고, 리는 온종일 호텔방에서 노트북으로 몇 개의 신을 작업했다. 노트북으로 할 수 있는 작업은 매우 제한적이었다. 노트북을 도둑맞게 될 경우를 대비해, 많아야 여섯 숏을 넘지 않았다. 영화 전체 용량은 1테라바이트 드라이브 한 개나 두 개 정도에 해당됐다. 그는 밤이 되면 그날 촬영한 러시필름을 보러 가기 전에 드라이브를 금고에 넣어두고는 했다. 놀란은 밤마다 러시필름을 35mm로 상영했고, 후반 작업에 돌입했을 때는 영화가 어떻게 받아들여지는지 알아보기 위해 엄선한 친구들을 대상으로 영화를 보여주기 시작했다. 비슷하게 복잡한 플롯을 가진 〈프레스티지〉 이후로는 하지 않던 일이다. 그는 영화의 세 번째 릴에 들어서면서 처음으로 진정한 두려움을 느꼈다.

"편집에 들어가고 몇 주쯤 지나면 장면들이 잘 들어맞는다는 자신감을 조금씩 갖게 되는 게 보통입니다. 그럴 때쯤 시사회를 가졌죠. 그랬다가 설명의 벽에 부딪히고 말았습니다." 그가 한 말이다. "우리를 가로막는 벽은 크게 두 가지가 있었습니다. 처음은 마이클 케인이 등장하는 장면으로, 극복하는 게 만만치 않은 장애물이었습니다. 그 문제를 놓고 오랫동안 고심해야 했죠. 그리고 더 많은 설명이 필요한 뒤쪽 부분도 있었습니다. 그 이후로는 머릿속이 백지장처럼 하얗게 되더군요. 이틀간 잠을 자지 못할 정도였죠. 정말 끔찍했습니다. '맙소사, 2억 달러를 가져다가 모닥불에 던져 넣고 태워버린 셈이야?'라는 말이 절로 나오더군요. 내 말, 무슨 뜻인지 알겠어요? 우리가 실제로 쓴 돈이 2억 달러는 아니지만, 모두들 그 정도는 썼다고 생각했습니다. 다들 '그래, 2억 달러 정도는 써야 하지 않겠어?'라고 생각했으니까요. 편집실에서 겪는 어려움에 대해 사람들한테 얘기하면, 영화를 만들어본 적 없는 사람들은 때때로 우리가 허풍을 떠는 거라고 생각할 겁니다. 조감독과 나는 편집을 하면서 우리만의 시사회를 갖곤 했어요. 영화를 만들 때, 그리고 필름 속에서 '영화'를 찾아낼 때 대부분의 작업은 '그래, 이렇게 하면 나아질 거야, 저건 수정할 필요가 있어.' 같은 식의 반응에 따라 움직이는 경향이 있습니다. 그 모든 걸 조정하는 거죠. 타이어의 커다란 너트를 조이는 것과 비슷합니다. 이걸 조이고, 다음에 이걸 조이고, 그 다음에는 이걸 조이고, 그러는 동안에도 바퀴는 계속 돌아가고 있죠. 그런데 가끔 그런 식으로 작동하지 않는 대상을 만나게 됩니다. '이건 절대로 작동하지 않을 거야. 우리는 절대로 극복하지 못할 거야. 그렇다면 뭘 해야 하지?'라는 말이 절로 나오죠. 경력을 쌓는 동안 그런 일이 지나치게 많지는 않았는데, 그때가 그런 경우에 해당됐습니다."

해법은 인정사정없는 가위질이었다. 첫 장면은 절반 가까이 잘려 나가면서, 케인이 연기한 캐릭터와 디카프리오가 연기한 캐릭터 사이의 정확한 관계와 관련해서 일부 관객의 마음에 영원토록 작은 물음표를 남기게 됐다. 케인이 연기한 캐릭터는 콥의 스승인가, 아버지인가, 장인인가? "편집 전의 장면은 이 이야기의 논리나 역사에 대해 사람들이 물어볼 수 있는 모든 물음에 대한 대답을 명확하게 내놓았지만, 우리는 기본적으로 그 장면의 절반을 잘라냈습니다. 점심을 먹으며 그 문제를 상의할 때 나는 이렇게 물었죠. '설명에 대한 걱정을 하지 않으면 어떻게 될까? 사람들이 특정 내용에 대해 오해하도록 놔두면 어떻게 될까?' 영화를 본 많은 사람이 마일즈 교수는 콥의 장인이 아니라 아버지라고 생각하기 때문입니다. 우리는 그렇게 생각하는 사람들에게 그냥 이렇게만 말했습니다. '그거요? 그냥 좋을 대로 생각하세요.' 내가 내러티브 포인트를 그렇게 될 대로 되라는 식으로 놔버렸던 영화는, 내 기억엔 없습니다. 다시 말해, 나는 앞으로도 이 두 사람의 관계는 설명하지 않을 겁니다. 관객에게 그 문제는 그리 중요하지 않습니다. 관객은 자신들이 원하는 대로 둘의 관계를 추측할 겁니다. 그런 유형의 편집 작업은 나에게도 매우 특이한 일이었죠. 그런데 일단 그렇게 작업하고 나니까, 그 부분이 약간 삐걱거리더군요. 그리고 이후의 내용은, 구체적인 돌파구는 기억나지 않지만 몽타주로 해결했습니다. 리의 솜씨가 제대로 발휘된 경우였죠. 우리 두 사람은 '자, 이제 어떻게 하면 흐름과 운동이 느껴지도록 화면들을 재배열할 수 있을까?'를 고민했습니다. 그러다가 음악을 집어넣어 활용해보면서 오락적인 분위기를 계속 유지하는 작업을 시작했습니다. 무척이나 겁이 나는 작업이었죠. 한동안 제대로 굴러가지 않았거든요."

마지막 두 릴인 6번과 7번 릴의 경우에는 네 가지 스토리라인이 전부

한곳으로 모여드는 지점부터 시작해 역방향으로 편집하면서 각각의 이야기에 리듬과 속도감을 부여했다. "그 신을 작업할 때, 리는 내가 집필한 시나리오의 구조를 따라가려 애쓰는 방식으로 편집했습니다. 그는 시나리오에 따라 화면을 조립하려 애썼죠. 그렇게 하다 보니, 제대로 작동하는 부분들이 있는가 하면, 그렇지 않은 부분도 있더군요. 그렇지만 결국 나는 결정을 내렸죠. '역방향으로 편집해야 해요. 모든 이야기가 한곳으로 합쳐지는 순간부터 시작해봐요. 그런 뒤에 그 지점부터 거슬러 가면서 편집한 장면들을 층층이 쌓는 거예요.' 일단 그렇게 작업을 마친 리는 '끝내주네요.'라는 말을 내뱉더니 번개처럼 작업을 해나갔습니다."

그들은 놀란이 어떻게 그곳(단테가 '모든 시간이 현재인 지점'이라고 부른 곳)에 도달해야 할지 궁리하면서 20년 가까운 세월을 보낸 바로 그 지점에 마침내 도달했다. 4개의 타임라인이 모여들면서 웅장한 계획이 빚어낸 장엄함이 드러나고, 음악과 이미지가 하나로 어우러지면서 영화 연출은 음악과 비슷한 무언가가 된다. 짐머가 작업한 음악의 리디안 코드° 진행은 존 배리가 〈007 여왕 폐하 대작전〉을 위해 작업한 음악의 코드 진행과 비슷해진다. 많은 마디가 4개의 상이한 조성, 즉 G 마이너에서 G-플랫 메이저를 거쳐 E-플랫 메이저를 지나 B 메이저를 거친다. 마이너 코드를 예상했는데 메이저 코드가 들려올 때 느낌은 허공인 줄 모르고 발을 내디뎠을 때 느낌과 비슷하다. 그 발에 닿으려고 솟구치는 계단을 발견하게 된다는 것만 다를 뿐이다. 따라서 음악의 구성은 영

림보에 있는 콥과 맬. "우리는 우리의 시간을 함께 보냈어."라는 대사는 디카프리오의 아이디어였다.

● 재즈 음악에서 리디안 선법(일반적으로 사용되는 이오니안 선법과 달리, '파솔라시도레미파' 음렬로 구성된 선법)을 사용해 만든 장화음이나 장7화음.

화의 단계적 내러티브 구성과 아주 비슷하다. 첫 타임라인에서 흰색 밴은 마침내 점묘주의 그림 같은 슬로모션으로 수면에 내리꽂힌다. 두 번째 타임라인에서 조셉 고든 레빗은 호텔의 엘리베이터 통로를 무중력 상태로 빙빙 돌면서 한 단계 아래에 있는 꿈꾸는 이들을 깨우기 위해 에디트 피아프의 [아니, 나는 후회하지 않아]를 튼다. 피아프 특유의 저항적인 목소리가 경적 소리처럼 설산의 비탈에 메아리친다.

아니, 아무것도 후회하지 않아 Non! Rien de rien

아니, 난 절대로 후회하지 않아 Non! Je ne regrette rien

내게 일어났던 좋은 일들도 Ni le bien qu'on m'a fait

궂은일들도 내겐 모두 똑같을 뿐이야 Ni le mal, tout ça m'est bien égal

좋은 일과 궂은일은 〈인셉션〉에서도 마찬가지였다. 세 번째 타임라인에서 피셔는 아버지와 화해하고 하디는 설산의 요새에 폭약을 설치한다. 네 번째 타임라인에서 콥은 죽어가는 맬을 껴안은 채 그들이 함께했던 시간을 추억한다. "함께 늙어가자고 했잖아." 맬은 눈물을 글썽거리며 말한다. 그리고 우리에게 결정적인 한 방이 날아온다. 디카프리오가 시나리오를 수정하는 과정에서 제시한 것이다. "그랬지." 콥은 말한다. 다음 시퀀스는 백발의 팔십 대가 된 두 사람이 손을 잡고 림보의 건물들 사이를 걸어가는 모습을 보여준다. 두 건축가는 그들의 한평생을 마무리하고 있다. "우리는 우리의 시간을 함께 보냈어." 한 남자가 아내를 잃는다. 같은 남자가 그녀와 함께 백년해로한다. 아들은 아버지를 잃었지만 아버지와 화해한다. 〈다크 나이트〉가 가장 신랄한 수준에 오른 놀란의 양가적 감정을 표현한 작품이라면, 〈인셉션〉은 그 대척점을 제공한다. 이를테면 세상만사가 정반대의 존재를 환기시키는 인간사의 비전, 감옥이 되어버린 꿈, 꿈의 풍경이 되어버린 본드 영화, 무너져버린 중력의 마법, 그리고 나니아의 초월적인 느낌을 축복처럼 받은 극장에서 2시간 28분간 탈출의 시간을 갖는다는 생각 등등. 영화의 마지막 신에서, 로스앤젤레스에 있는 집으로 돌아온 콥은 주방 테이블에 팽이를 놓고 돌리기 시작한다. 그런데 그는 팽이가 멈출지, 멈추지 않을지, 즉 여전히 꿈을 꾸고 있는지, 아닌지의 여부를 알아내기도 전에 정원에 있는 아이들에게 시선을 빼앗긴다. 놀란의 카메라는 고통스러울 만큼 긴 시간 동안 팽이 위에 머문다. 팽이의 윗부분이 흔들리다가 균형을 찾는 듯 보이는데, 그 순간 스크린은 암전된다.

"대단히 특정한 순간에 편집을 했습니다." 놀란은 말했다. "모두들 그 순간을 다르게 받아들이더군요. 리 스미스와 나는 그 프레임을 택했습니다. 앞뒤를 오가며 프레임 하나하나를 면밀히 살폈죠. 올바른 프레임을 정확히 얻어내느라 무척 긴 시간이 걸렸습니다. 흔들거림의 역학을 고려하면서 매우 구체적으로 그 프레임을 선택했죠. 일부 물리학자들이 팽이의 움직임을 추정하려 애쓰고 있다는 글을 온라인에서 읽은 기억이 납니다. 그런데 실제로는 흔들리던 팽이가 중심을 되찾은 순간에 컷을 했습니다. 팽이는 돌고, 또 돌다가 불안정해지기 시작합니다. 그런데 팽이의 중요한 특징 중 하나는 불안정해졌다가도 다시 안정을 찾는다는 겁니다. 우리는 그 숏의 긴 편집본을 작업했습니다. 그 편집본에서는 뒤에 팽이가 다시 흔들리죠. 내 영화들이 이런 식으로 끝나는 이유는 우리 영화의 존재감을 그리 무겁게 가져가고 싶지 않기 때문입니다. 그런데 영화를 만들다 보면 '우리가 해야 할 일은 다 했어.'라고 말해야 하는 순간이 있더군요."

NINE **REVOLUTION**

—

아홉
혁명

"「두 도시 이야기」를 생각해야 해. 형, 그 소설은 당연히 읽어봤지?" 동생 조나가 〈다크 나이트 라이즈〉의 시나리오 초고를 형인 크리스토퍼 놀란에게 건네면서 한 말이다. 놀란은 대답했다. "물론이지." 그런데 그는 시나리오를 읽으면서 자신이 디킨스의 소설을 읽은 적이 없다는 걸 깨닫고는 잽싸게 펭귄 북스에서 나온 책을 주문했다. 「두 도시 이야기」는 부당한 이유로 18년간 독방에 갇혔던 프랑스 의사 마네트 박사가 감옥에서 석방된 1775년에 시작된다. "저는 시간과 장소와 관련해서 몹시 혼란스럽습니다." 마네트 박사는 말한다. "제 기억은 백지상태입니다. 그 시기가 언제인지 말씀드릴 수는 없지만, 감옥에서 구두를 짓던 때부터 여기 있는 제 딸과 런던에 살고 있다는 것을 깨닫게 될 때까지 있었던 일은 전혀 기억나지 않아요." 레너드 셸비는 마네트 박사가 앓고 있는 질환이 무엇인지 짐작할 수 있을 것이다. 마네트 박사는 외상성 및 전향성 기억상실증에 시달리고 있다.

놀란은 처음에 3편을 만드는 데 주저했다. "근본적으로 세 번째 속편이 훌륭했던 전례가 없습니다. 〈록키 3Rocky III, 1982〉 정도나 괜찮을까요. 그런데 그런 영화를 만드는 건 무척 어려운 일입니다. 그래서 내가 본능적으로 한 판단은 장르를 바꾸자는 거였죠. 1편은 기원 설화입니다. 2편은 〈히트〉와 무척 비슷한 범죄 드라마입니다. 3편의 경우에는 규모를 좀 더 부풀릴 필요가 있었습니다. 세 번째 영화를 만들면서 규모를 줄일 수는 없는 노릇이니까요. 관객은 우리에게 다른 선택지를 주지 않습니다. 그렇다고 예전으로 돌아가서 이전에 했던 걸 다시 할 수도 없습니다. 그래서 장르를 바꿔야 했죠. 우리는 서사적인 사극으로, 재난영화 〈타워링 The Towering Inferno, 1974〉이 〈닥터 지바고〉를 만난 듯한 영화로 방향을 잡았습니다. 조나가 나한테 한 얘기는 '봐, 우리는 영화의 3막을 챙긴 상태로 목적지까지 가야만 해.'였죠. 우리는 영화 두 편을 만들었고, '이런 끔찍한 일이 일어날 거야.'라는 내용이 담긴 영화들을 만들었어요. 우리는 그런 영역으로 가야 했습니다. '앞선 두 편의 영화는 고담을 철저하게 바꿔놓고 스스로 붕괴하도록 만들겠다고 위협했어. 그러니까 그냥 그곳으로 가서 끔찍한 일이 일어나게끔 해보자.' 내 영화들 중 특별히 좋아하는 영화는 딱히 없지만, 〈다크 나이트 라이즈〉는 과소평가된 영화라고 생각합니다. 그 영화에는 무척이나 전복적이고 꽤나 충격적인 요소들이 있습니다. 그 영화는 내가 「두 도시 이야기」를 각색해서 영화로 제작할 경우에 만들어질 법한 작품에 가깝죠."

놀란 형제가 「두 도시 이야기」에서 차용한 것의 상당 부분은 허울뿐이었다. (여기서 잠깐 자기희생에 대한 유명한 마지막 대사를 소개하겠다. "나는 이 깊은 구렁텅이에서 솟아난 아름다운 도시와 현명한 사람들을 봤다.") 디킨스가 등장시킨 출세 지향적인 허풍선이 변호사 스트라이버를 번 고먼이 연기하는 대거트의 조수에게 붙여주고, 영국 스파이 존 바사드를 조쉬 스튜어트가 연기하는 베인의 오른팔에게 붙여준 정도랄까. 다른 요소들은 조금 더 알찼다. 자칭 인민법원이 부과하는 혁명적인 정의라는 주제가 주로 그랬다. 베인은 「두 도시 이야기」에서 '착실하게 숙명'을 뜨개질하는 드파르주 부인처럼 그 법원에 앉아 있다. 어렸을 때 아버지가 채무자 감옥에 갇힌 이후로 뻔질나게 감옥으로 면회를 갔던 디킨스는 자유라는 이름의 혁명이 아주 많은 그릇된 투옥을 낳았다는 아이러니에 매혹됐다. 그 매혹은 혐오의 대상인 바스티유를 급습하며 파리에서 일어난 혁명의 클라이맥스에 도달하는데, 디킨스는 이 광경을 대범한 필치로 그려내면서(대포, 머스킷 총, 화염과 연기, 쓰러지는 부상자, 불을 뿜는 무기, 타오르는 횃불, "날카로운 비명, 일제 사격, 저주 서린 욕설")

인민들을 '살아 있는 바다'에, 솟구치는 파도에, 모든 걸 태워버리는 불길에 거듭해서 비유한다.

놀란은 주제와 제목을 확보했다.

• • •

시나리오가 여전히 집필 단계에 있는 와중에도, 놀란은 그의 집 근처에 마련된 제작 시설에 각종 장비와 작업대, 제도판을 들여놓고 모형제작 부서와 미술 부서를 꾸려 영화의 디자인 작업에 착수시켰다. 2008년에 놀란은 그의 사무실에서 작가 데이비드 고이어와 만났다. 자신들에게 3편을 위한 아이디어가 있는지 확인하기 위해서였다. 그들은 〈다크 나이트〉 엔딩의 모호한 측면, 고담의 질서가 거짓말을 바탕으로 이뤄졌다는 사실에 대해 논의했다. 그러면서 플롯 포인트들과 캐릭터들의 특징을 인덱스카드에 적었다. 〈다크 나이트〉의 사건들이 발생한 지 8년이 지난 후, 그 영화를 마무리 지은 고든과 배트맨이 한 약속(고인이 된 하비 덴트가 저지른 범죄를 배트맨이 뒤집어쓴다)은 의도했던 결과를 가져왔다. 고담은 '덴트법'을 집행해 범죄를 일소했다. 흉포한 범죄자 수천 명이 창살 뒤에서 썩어가고 있는 반면, 1퍼센트의 구성원은 호사스럽게 살아간다. 고이어와 논의하는 과정에서 세 번째 영화의 주제 '진실은 밝혀질 것이다.'가 드러나기 시작했고, 그와 더불어 오랫동안 억눌렸던 무언가가 부상하는 이미지도 떠올랐다. 악당을 도시의 하수 시스템에서 등장시키

피즈가 찰스 디킨스의 「두 도시 이야기」를 위해 그린 삽화 중 하나로 '바다의 봉기'라는 제목이 붙어 있다. 디킨스는 "날카로운 비명, 일제 사격, 저주 서린 욕설, 불굴의 용맹함, 쿵 하고 부딪히는 소리와 덜컹거리는 소리, 살아 있는 바다 같은 군중의 포효가…"라고 썼다.

자고 제안한 건 조나였다.

"하늘이 보이도록 천장이 뚫려 있는 지하 감옥 아이디어를 내놓은 것도 조나였습니다. 감탄스러운 아이디어죠." 놀란은 말했다. "브루스가 무너지면서 이런 곳으로, 반드시 이국적인 어떤 곳으로 옮겨질 필요가 있다는 얘기를 동생에게 했습니다. 흥미로운 건, 그 영화에서 지하 감옥 외에는 그 어떤 장소도 적합하지 않았으리라는 겁니다. 빌딩 내부에 있는 감옥 같은 건 제대로 먹혀들지 않았을 거예요. 반면에 땅을 파 내려간 굴, 소리가 울리는 구덩이 같은 곳, 우물 밑바닥 같은 곳에 가두면 완벽할 것 같더군요." 〈다크 나이트 라이즈〉는 「두 도시 이야기」처럼 감금이라는 주제를 다루는 장대한 작품이 될 터였다. 베인은 영화의 중반부에서 배트맨을 중동에 있는 지하 감옥에 가둔다. 그가 처음 지상에 모습을 드러냈던 곳과 동일한 감옥으로, 그곳에서 배트맨은 고담 시민들이 살아남으려고 악다구니를 치는 와중에 서로를 밟고 오르는 꼴을 지켜봐야만 한다. "진정한 절망은 반드시 희망을 필요로 하지." 베인은 기독교 초창기의 교조주의자들이 주장했던, 지옥에 떨어진 저주받은 영혼은 낙원을 볼 수 있지만, 결코 그곳에 가지는 못한다는 말과 비슷한 말을 한다. 놀란의 많은 악당처럼, 베인이 상대에게 안겨주고 싶어 하는 가장 큰 고통은 상대의 심리에 가하는 고통이다.

—
라자스탄에 있는, 찬드 바오리 계단식 우물을 모델로 삼아 뒤집혀진 지구라트 형태로 지은 감옥 세트에 선 놀란.

"우리는 장르를 살펴보는 것과 동일한 방식으로 악당들에게도 같은 작업을 했습니다. '좋아, 배트맨 시리즈에는 어떤 상이한 유형의 악당들이 있지?'라고 물어야 했죠. 라스 알 굴은 본드영화에 나오는 악당과 무척 흡사합니다. 자기 나름의 철학을 세계에 적용하려 애쓰는 지식인이라는 점에서요. 조커는 미치광이입니다. 연쇄 살인범이죠. 그래서 베인은 괴물이어야 할 필요가 있었습니다. 베인은 〈셰인 Shane, 1953〉에서 잭 팔란스가 연기하는 악당입니다. 다스베이더죠. 커츠 대령이고요. 군인입니다. 톰 하디가 우리 앞에서 목소리를 처음 들려줬을 때, 그 목소리는 섬뜩했습니다. 듣는 사람의 머릿속을 파고들었죠. 그에게 평소 목소리로, 리처드 버튼에 가까운 목소리로, 그러니까 그윽하고 불쾌하면서 악당다운 목소리로 신 하나를 연기해보라고 지시했습니다. 그런데 하디의 목소리는 캐릭터를 연기하는 수준에 머무르지 않았습니다. 그 영화의 제작진은 누구나 그 목소리를 꾸준히 들었습니다. 우리는 더빙 스튜디오에 있었는데, 모두들 우리 중 한 명이 '뒤통수 조심해라.'라고 으름장을 놓는 듯한 느낌을 받았어요. 그가 구사하는 영어는 식민지에서 쓰는 영어 같기도 했어요. 누군가가 가끔씩 단어를 엉뚱하게 발음하는 영어를 듣는 기분이었죠. 그런데 분명치는 않지만, 낯선 억양은 없었습니다. 그렇다고 정확한 언어도 아니었죠. 하디의 연기를 놓고 히스와 비교하는 건 어렵습니다. 그런 비교는 사과와 오렌지를 비교하는 것과 같죠. 그렇지만 베인은 꽤나 경이로운 캐릭터였습니다. 하디의 연기는 믿기 어려울 정도로 뛰어난 연기였죠. 그리고 그 캐릭터를 위해 집필한 부분도 무척이나 자랑스럽습니다. 일부는 조나의 공로였고 일부는 내 공로였지만, 그 시나리오에서 아주 좋은 효과를 발휘한 요소는 따로 있어요. 내 머릿속에서 맴도는 게 두어 가지 있습니다. 베인이 어둠에 대해 이야기하는 부분이 그렇죠. '너는 어둠을 네 편이라고 생각하지. 그렇지만 너는 그저 어둠을 뒤집어썼을 뿐이야.'"

만화책에서 베인은 밝은 색상의 레슬링 복면을 쓴 야수 같은 인물이다. 놀란의 버전에서 그는 들소 같은 체구에 방독면을 쓴 혁명가로 등장한다. 그가 탄압받는 고담 시민들에게 부유한 압제자들에게서 도시의 통제권을 되찾으라고 강권하는 연설을 하는 동안, 다스베이더의 가면처럼 숨구멍 역할을 하는 입마개는 기이하게 세련된 억양을 끔찍하게 거친 소리로 탈바꿈시킨다. "폭풍이 몰려오고 있어요, 웨인 씨." 건물에 침입해서 도둑질을 하는 셀리나 카일(앤 해서웨이)이 경고한다. 놀란과 고이어는 캣우먼을 시리즈에 다시 등장시키려 하는 조나의 열정을 처음에는 납득하지 못했다. 그들은 어사 키트*의 과장된 연기를 떠올리고 있었다. 그런데 과장된 캣우먼 대신 그녀를 소외된 사기꾼으로, 〈다크 나이트 라이즈〉의 러닝 타임 대부분을 자신의 전과 이력을 지워줄 '클린 슬레이트' 기술을 확보하려 애쓰는 인물로 생각하기 시작하면서 조나의 뜻에 동조했다. "요즘 세상에 새 출발 같은 건 존재하지 않아요." 그녀의 투덜거림은 〈다크 나이트〉에 함축된 오웰적인 세계관을 상기시킨다. "휴대폰을 가진 열두 살 아이라면 누구라도 우리가 무슨 짓을 했는지 알아낼 수 있어요. 우리가 하는 모든 일이 분석되고 계량화된다고요. 모든 것에 꼬리표가 붙는 거죠." 베인이 짐 고든의 탈출 경로를 추적하려고 부하의 재킷에 GPS 추적 장치를 부착한 다음, 총질을 한 후 그의 시체를 하수도에 밀어 넣을 때 그의 행위는 이 영화의 잔혹한 부분과 신新오웰적인 음울한 재치를 완벽하게 표현한다.

"흥미로운 건 지금 와서 〈다크 나이트〉 시리즈의 그런 측면들, 그러니까 그런 기술을 활용하는 것에 항상 매료되었던 내 동생이 내놓은 아이디어들을 되돌아보면 조나가 〈다크 나이트〉에서 휴대폰을 마이크로 활용하자는 아이디어를 나한테 처음 설명했을 때, 실제로 써먹을 만한 아이디어로는 보이지 않았다는 겁니다." 놀란은 말했다. "그때 내가 했던 생각은 요즘엔 거의 헛소리나 다름없죠. 음파신호로 시각적 이미지를 구현하는 폰은 여전히 발전 단계에 있는 아이디어라고 생각하지만, 마이크를 통제하고 주파수를 모니터한다는 아이디어는 이제 SF 영역이 아니에요, 전혀 아니죠. 오늘날에는 그런 아이디어를 제이슨 본 시리즈나 그와 비슷한 영화에 집어넣더라도 큰 무리 없이 받아들여질 겁니다. 당시에 내가 그 아이디어를 대단히 이색적이고 리얼리티가 떨어지는 아이디어라고 생각했던 걸 감안하면 실로 놀라운 변화가 일어난 거죠. 3편의 맥거핀은 캣우먼이 얻으려고 애쓰는 클린 슬레이트 소프트웨어였어요. 자신의 정체성을 근본적으로 지워줄 수 있는 소프트웨어를 입수할 수 있다는 아이디어는, 지금 시점에서 보면 몽상처럼 보입니다. 우리는 그 지점을 오래전에 지났습니다. 그리고 그 문제를 고민해보면 상황이 꽤나 섬뜩하게 전환됐다는 걸 깨닫게 됩니다. 오늘날 자신의 정체를 완전히 지운다는 생각은 비현실적으로 보입니다. 섬뜩한 일이죠."

· · · ·

놀란은 방향감각을 잃게 만드는 분야의 거장일지는 모르지만, 방향감각 상실 그 자체를 목표로 삼아 추구하는 모더니스트는 아니다. '현실의 삶과 꿈속의 삶' 사이의 경계선을 탐구하기 위해 '산책'을 설계한 다다이스트Dadaist나 초현실주의자Surrealist 같은, 또는 '심리지리학'의 원칙에 따라 도시를 읽어내고자 '도시 표류'를 시도하는 상황주의자Situationist 같은 사람은 아니라는 말이다. 놀란은 무엇보다도 방향 파악을 추구하는 인물로, 자신의 방향감각을 자랑스러워한다. 2017년 가을, 놀란은 〈덩케르크〉에 역사 자문으로 참여한 조슈아 르바인을 만나고자 런던의 초크 팜에 있는 르바인의 집을 찾아갔던 날, 초크 팜 지하철역에 내렸다가 공공 대여 자전거를 발견했다. 놀란은 지하철역에서 제공하는 지도를 보고 르바인의 집으로 가는 경로를 확인하려고 했다. 그런데 5, 6분 동안이나 지도를 살폈지만 도무지 갈피를 잡을 수 없었다. 그러다가 그는 지도의 위쪽이 북쪽이 아니라는 것을 깨달았다. "요즘 지도는 우리가 거리에서 바라보는 방향으로 되어 있어요. 휴대폰에 들어 있는 위성 네비게이션처럼요. 그 결과, 우리는 낭패를 보게 되는 거죠. 머릿속으로 지도를 그려보거나 GPS로 조감도를 그려보는 것은 거의 불가능에 가까운 일이 됐으니까요. 요즘 지도는 방향과 가는 길을 알려주는 정보의 묶음일 뿐이에요. 소설 「1984」에 나오는 설정의 차원을 넘어선 거죠. 우리는 본질적으로 로봇이 됐어요. 사람들이 언제 그렇게 변했는지, 누군가 불만을 제기한 적은 있는지 궁금해요. 아니면, 그런 일에 신경 쓰는 사람은 세상에 나 하나밖에 없는 걸까요?"

사실, 지도는 오웰적이다. 「1984」에서 빅 브라더가 노동자 계급을 통제하는 방식의 일환으로 지도를 계속해서 다시 그리고 있기 때문이다.

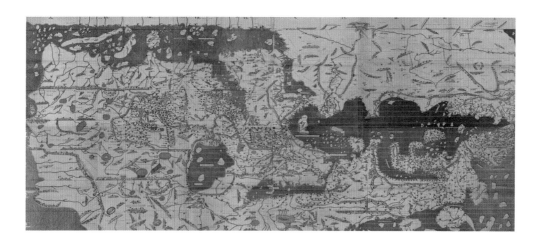

오웰이 이튼의 도서관 칠판에 핀으로 꽂혀 있던 지도를 봤는데, 그 지도는 서부전선을 그린 지도의 특대형 버전이었다. "그러고는 모든 게 달라졌다. 심지어 나라의 이름과 지도에 그려진 나라들의 모습도 달라졌다. 예를 들어, 에어스트립 원이라는 것도 당시에는 그렇게 불리지 않았다. '잉글랜드'나 '브리튼'이라고 불렸다. 그래도 런던은 런던으로 불렸다는 것을 그는 꽤 확신했다." 오웰이 쓴 글이다. 윈스턴 스미스는 '지도 없이(모르는 거리를 따라가며 길을 잃은 채로 자신이 어느 방향으로 가는지 거의 신경 쓰지 않으면서)' 런던의 미로를 걸었을 때에야 비로소 중고품 판매점을 발견한다. 그는 그곳에서 산 일기장에 자신이 품은 선동적인 생각들을 적고는 그곳에서 우연히 만난 창작국 소속의 짙은 머리 아가씨 줄리아와 감시망에서 벗어나 로맨스를 즐긴다. "그를 깜짝 놀라게 만든 군대 특유의 정확성을 갖춘 그녀는 그가 따라가야 할 경로를 설명했다. 그녀의 머릿속에는 지도가 있는 것 같았다. '다 기억할 수 있겠어요?' 그녀가 결국 속삭였다. 그녀는 실용적인 방식으로 먼지를 모아 작은 네모꼴을 만들고는 비둘기 둥지에서 꺼낸 잔가지로 바닥에 지도를 그리기 시작했다."

—
위 알 샤리프 알 이드리시가 그린 12세기 지도는 메카가 있는 방향인 위쪽을 남쪽으로 잡았다.

아래 조지 오웰의 「1984」를 영화화한 작품의 한 장면. 이 작품은 정부의 통제에서 벗어난 로맨스를 상세히 묘사한다.

나는 놀란의 주장을 테스트하기 위해 런던의 파크랜드를 가로지르는 19.2킬로미터 길이의 도보 여행에 나섰다. 그곳을 택한 이유는 근처의 랜드마크를 이용해서 방향을 잡을 수 없는, 런던 시내에 몇 안 되는 곳 중 하나이기 때문이었다. 켄싱턴에 있는 왕립 지리학회에서 친구 마르셀 서룩스를 만나 함께 출발했다. 최근에 크림반도에서 언론 보도 업무를 수행하고 돌아온 그는 그곳에서 길을 찾을 때 전적으로 휴대폰에 의존했다고 털어놓았다. "내가 뇌를 정지시켰다는 느낌이 들었어." 그는 말했다. "경로를 배우려는 수고조차 하지 않았으니까. 그냥 가만히 앉아서 어디로 가고 있는지도 모르는 거야." 우리는 휴대폰을 껐다. 이상하게도 해방감이 느껴졌다. 그러고는 휴대폰을 들여다보는 일 없이 사람들에게 다가가 방향을 알려달라고 부탁하기 시작했다. "어느 쪽이 북쪽인가요?" 흐린 날씨는 우리가 목적을 이루기에 안성맞춤이었다. 휴대폰도 못 쓰고 태양의 위치를 확인하지도 못하게 된 사람들이 방향을 잡으려고 애용한 수단은 지하철역과 버스 정류장에 있는 지도였다. 어느 소풍객은 햇빛이 잘 들지 않는 나무의 북서쪽 측면에서 자라는 이끼를 가리켰다. 마르셀은 최근에 웨스트 런던에서 열리는 뮤직 페스티벌에 갔다가 버스를 타고 귀가할 생각이었던 조카 핀리의 휴대폰이 방전됐던 일화를 들려줬다. "휴대폰이 방전되자 그 녀석은 젖먹이 같은 존재가 되어버렸어. 내가 물었지. '흐음, 심야 버스를 탈 수는 없었니?' 그랬더니 이러는 거야. '택시를 타고 사우스 런던까지 돌아오느라 50파운드를 써야 했어요.'"

오후가 저물 무렵, 우리는 그와 비슷한 무서운 이야기를 몇 개 더 들었다. 많은 이야기에 콘월*이 등장했다. 해가 질 때쯤 우리는 하이드 파크에 있는 서펜타인 갤러리로 향했다. 우리는 멕시코 아티스트 프리다 에스코베도가 디자인한 파빌리온 내부(거울 달린 천장이 있고 격자 모양 시멘트 타일로 만든 벽들이 있는, 폐쇄형 뜰과 축선 하나가 그리니치 자오선과 나란히 놓인 삼각형 수영장)에서 마지막 인터뷰를 완료했다. 우리는 그곳에서 놀란의 경험을 상기시키는, 공공 임대 자전거를 이용해 웨이파인더 지도를 경험했던 건축가 2명을 만났다. "오웰적인 부분은 그 소프트웨어가 우리가 지나온 모든 경로를 종합한다는 사실이고, 소프트웨어 회사가 필요로 하는 것은 와츠앱이나 페이스북에서 얻은 것들을 이

● 범지구 위성항법시스템 (SATNAV)의 버뮤다 삼각지대.

어주는 한 조각의 정보가 전부라는 거죠. 그러고 나면 그들은 우리가 누구이고 어디에 있는지 가늠할 수 있게 됩니다." 어떤 오스트리아 여배우는 어느 날 밤, 남편과 밀라노로 운전하며 갈 때 있었던 이야기를 들려줬다. 그들은 돌로미티 산맥을 관통하는 경로를 SATNAV를 통해서만 파악했다. "돌로미티 산맥으로 들어간 뒤 여섯 시간이 지났을 무렵이었죠." 그녀가 말했다. "나는 히스테리를 부렸어요. 지금껏 그보다 더 심하게 히스테리를 부린 적은 없었죠."

하루가 저물 무렵, 우리는 50명이 넘는 사람을 인터뷰했는데, 그들의 연령은 스무 살에서 여든셋까지 걸쳐 있었다. 나는 그들이 내놓은 대답에 성적을 매겼다. 진북眞北을 짐작한 사람에게는 6점을, 북북서NNW나 북북동NNE을 짐작한 사람에게는 5점을, 북서NW나 북동NE을 짐작한 사람에게는 4점을 주는 식이었다. 그런 뒤에 각 점수의 평균 연령을 산출했다. 6점을 받은 사람들의 평균 연령은 마흔네 살이었고, 5점의 평균 연령은 스물일곱 살이었으며, 4점의 평균 연령은 스물두 살이었고, 2점 이하의 평균 연령은 열아홉 살이었다. 놀란의 주장이 썩 훌륭해 보였다. 스마트폰은 우리의 방향감각을 약화시켰다. 그런 경향에 관심을 갖는 사람은 그만이 아니었다. 그렇지만 그것이 과연 오웰적인 경향인지의 여부는 의문의 여지가 있는 채로 남았다.

"흥미롭군요." 내가 결과를 제시하자 놀란이 말했다. "제일 흥미로웠던 이야기는 핀리의 이야기네요. 그는 말 그대로 젖먹이가 됐으니까요. 내가 그 문제에 대해 지겹도록 떠들어대기 시작한 이유는, 내가 흥미를 갖고 만드는 영화에는 늘 그 문제를 집어넣었기 때문입니다. 내가 영화에 집어넣는 주제 중 하나는, 우리가 우리를 가두고 있는 세상을 주관적으로 활용하는 것과 우리가 가진 '객관적인 현실이 존재한다.'는 확고부동한 신념 사이에는 갈등이 있다는 주제예요. 그 갈등을 탐구하는 작품들에 늘 관심이 있습니다. 나는 동서남북이 표시된 지도와 도시, 또는 그런 것에 대한 아이디어가 얼마나 큰 해방감을 주는지 예전에는 깨닫지 못했습니다. 그런 지도를 빼앗기고 목적지에 도달하는 방법에 대해 확신하지 못하게 되면서 비로소 깨닫게 됐죠."

"정작 핀리는 삼촌이 자신을 젖먹이로 묘사한 것에 반대했다는 얘기는 해둬야겠네요. 그런데 이 문제에 제기된 더 큰 반론은 '북쪽이라는 방향이 정확히 얼마나 객관적인가?' 하는 겁니다. 지도의 윗부분이 항상 북쪽인 이유에 대해 왕립 지리학회에 있는 지도 사서와 흥미로운 대화를 가졌습니다. 그 사서가 말하길, 프톨레마이오스는 지구의 만곡을 반영한, 우리에게 친숙한 절반쯤 먹힌 도넛 모양의 투영도면으로 세계지도를 그린 최초의 인물 중 한 명인데, 그가 활용할 수 있는 유일한 고정점이 북극이었고, 그래서 그는 북극을 활용했다고 설명하더군요. 사서에게 물었죠. '프톨레마이오스가 아시아나 아프리카에 있었다면 남쪽을 지향했을까요?' 그러자 그는 '으음, 그랬겠죠.'라고 대답하더군요."

"나침반이 북쪽을 가리키는 물리적 이유가 있는지를 고민하는 중이에요. 그런데 나침반은 남쪽도 가리키지 않나요?"

"따라서 지도는 정말로 오웰적이에요."

"『1984』에 나오는 지도 이야기는 잊고 있었어요. 한동안 그 책을 읽은 적이 없었거든요. 물론 오웰의 사례에서, 지도는 어느 틈엔가 조작됐어요. 지도 제작의 배후에는 자유와 통제, 그리고 우리에게 얼마나 많은 정보가 주어졌느냐와 관련된 메커니즘이 있어요. 우리가 이런 문제에 대해서 얘기를 나눌 때 조롱하는 듯한 분위기를 약간 가미하는 것은 음모론이 아니에요. 특정한 기술이나 우리의 정보를 관리하고 움직임을 추적하는 기업들에게 의지하기 시작하면 위험이 따르죠. 그 문제를 과장하고 싶지는 않지만, 그런 세력은 방금 말한 기술에 의존하는 것을 장려해요. 내가 우리 애들한테 가르치려고 애쓰는 게 하나 있어요. 우리가 새로운 도시를 방문했을 때, 나는 이리저리 헤매다가 길을 잃은 다음 아이들에게 스마트폰 없이, 지도 없이 길을 찾아가는 방법을 설명해주는 걸 좋아해요. 나는 길을 잃게 될까봐 걱정하지는 않아요. 우리는 관광객이니까요. 어떤 장소에 우연히 도착하는 건 조금도 중요하지 않아요. 그건 창피함의 문제죠. 나는 '봐, 우리는 길을 잃을 거야, 그렇지만 우리는 다시 길을 찾아낼 거야.'라는 철학을 받아들여요. 그 철학은 영화 연출에서도 매우 직접적으로 적용되죠. 우리가 짓는 세트의 계획을 살펴보면, 그걸 짓게 될 터를 떠올리면서 주관적인 숏을 시각화할 수 있게 되니까요. 우리는 2차원적 이미지와 3차원적 공간을 늘 조화시키고 있어요. 항상 '좋았어, 지금 진행되고 있는 다른 작업들과 비교해보면 이건 어느 단계에 있지?'라고 물으면서 주관적인 숏들을 도입하고 있죠. 이건 영화의 세계에 적용되는 얘기예요. 이야기에 담긴 지리적 사항은 나한테 무척 중요해요. 그건 내가 영화를 기획할 때마다 항상 의식하는 문제죠."

• • •

〈다크 나이트 라이즈〉가 여전히 준비 단계에 있을 때, 놀란은 제작진에게 〈알제리 전투The Battle of Algiers, 1966〉를 꼼꼼히 감상하라고 지시했다. 감독 질로 폰테코르보는 알제리인들이 프랑스 점령군에 맞서 벌인 투쟁을 준¾다큐멘터리 형식으로 작업했다. 그는 이 작품을 빠듯한 예산으로, 알제리 길거리에서 선발한 비非전문 배우들을 데리고 삭막한 흑백으로 촬영했다. 처음 공개됐을 때 프랑스에서는 상영이 금지됐지만 베니스 영화제에서 황금사자상을 수상한 이 영화는 훗날, 혁명적인 조직에 대한 교훈을 얻으려는 미국의 급진적 흑인운동단체인 블랙 팬서의 연구 대상이 됐고, 이라크 점령 직후 펜타곤에서는 '테러와의 전쟁'을 벌이는 방법을 이해하기 위해 상영되었다. 밀실 공포증을 야기하는 구불구불한 카스바의 골목길은 민족해방전선National Liberation Front에게 도시 전체 규모의 게릴라전을 펼치는 데 필요한 미로 같은 은신처를 제공한다. 그들은 검문소를 매끄럽게 통과하면서 카페에 폭탄을 설치해 민간인 수십 명을 살해한다. 제작진은 프리츠 랑의 〈메트로폴리스〉, 〈닥터 지바고〉, 시드니 루멧의 〈도시의 제왕〉에 담긴 주제와 건축물 사이의 관계도 다시 살폈다. 루멧이 직접 시나리오를 쓴 두 편밖에 안 되는 영화 중 하나인 〈도시의 제왕〉은 서피코처럼 자신이 속한 부서의 부패와 내사과가 수행하는 조사 활동의 올가미 사이에 갇힌 마약반 형사 대니 치엘로를 다룬다. "루멧의 과소평가된 작품으로, 정말 놀라운 영화입니다. 그 영화의 프린트 상태는 형편없고 색상도 괴상했지만, 감상해보면 그저 경이롭기만 하더군요." 놀란은 말했다. 그는 중거리 렌즈를 피하면서 와이드 앵글이나 장거리 렌즈만을 사용하는 루멧의 선택에 특별한 관심을 기울였다. 그런 선택의 결과로 공간은 길게 늘어지고 축소됐으며, 도시의 블록은 어떤 렌즈를 쓰느냐에 따라 두 배로 길어지거나 절반 길이로 줄었다. 또한 루멧은 하늘을 담는 숏은 극구 피했다. 루멧은 "하늘은 자유와 석방을 뜻하지만, 대니에게는 벗어날 길이 없습니다."라고 말했다.

〈다크 나이트 라이즈〉의 본 촬영은 2011년 5월에 '마그누스 국왕'이라는 가제 아래 파키스탄 국경에서 가까운 인도의 시골 지역인 자이푸르에서 시작됐다. 감옥의 외관을 찍기 위해서였는데, 감옥 내부는 카딩턴에 지었다. 라자스탄의 찬드 바오리라는 거대한 계단식 우물을 모델로 삼아 뒤집혀진 지구라트* 형태로 지은 이 감옥은 밑바닥이 가장 넓고 지표면으로 이어지는 기다란 수직 통로가 있었다. 놀란이 준비 기간 동안 촬영감독 월리 피스터와 시각효과 슈퍼바이저 폴 프랭클린을 만났을 때, 대부분의 대화는 "우리가 이걸 진짜로 해낼 수 있을까요?"로 시작됐다. 가장 복잡한 시각효과 숏들조차 전경이건 배경이건 상관없이 카메라로 포착한 실사들이 있었다. 베인이 운동장을 폭파해서 미식축구 경기를 방해하는 장면은 피츠버그에 있는 하인즈 필드에서 촬영됐다. 운동장의 높이를 높여 푹 꺼지는 구역들이 생기도록 만들었고, 실제 폭약을 터뜨렸다. 피츠버그 스틸러스 소속 선수들이 고담 로그스 팀 선수로 뛰었고, 섭씨

● 고대 메소포타미아 지역에서 발견되는 건축물.

———
인도에서 로케이션 촬영 중에 휴식 시간을 갖는 놀란과 베일.

37.7도나 되는 피츠버그의 여름 더위 속에서 아이패드를 선물로 받은 엑스트라 11,000명이 각자의 자리를 지켰으며, 촬영과 촬영 사이에는 텀블러들의 퍼레이드가 있었다. 후반 작업 동안, 폴 프랭클린이 이끄는 시각효과 아티스트들은 전경의 이미지를 로토스코프● 기법으로 처리해 운동장이 무너지는 효과를 연출하고, 폭발의 화력을 강화했으며, 겁에 질린 관중을 11,000명에서 80,000명으로 늘렸다. 로스앤젤레스에서 9주를 보낸 뒤 뉴욕에서 12일간 머물렀는데, 트럼프 타워의 정문이 리처드 J. 데일리 센터를 대체하면서 웨인 엔터프라이즈의 새 사옥 노릇을 했다. 폐쇄된 월스트리트의 일부 지역은 카메라 장비와 특수효과 장비, 엑스트라 1,000명이 차지했다. 놀란은 영화의 클라이맥스에 해당하는 배트맨과 베인의 격돌을 연출했는데, 촬영장에서 그리 멀지 않은 주코티 공원에는 실제 오큐파이 월스트리트 시위자들이 있었다. 시위자들이 실제로 영화에 등장했던 것은 아니었는데도, 그들의 모습이 영화에 담겼다는 루머가 난무했다.

"오큐파이 월스트리트 운동이 벌어진 곳이 바로 거기였습니다." 놀란은 말했다. "어쩌다 보니 촬영 일정이 그 운동 전후로 잡힌 겁니다. 당시 우리 눈에는 그 영화가 지지하는 대의가 그 운동이 지지하는 대의와 상당히 호응한다는 사실이 뚜렷하게 보였죠. 이 시리즈가 다루는 계급에

● 실사 이미지를 애니메이션으로 처리하는 기법.

— 베인의 지하 소굴에서 벌어지는 격투 신을 촬영하는 동안 크리스찬 베일과 톰 하디에게 연기 지시를 하는 놀란.

대한 얘기를 하고 싶다면 〈다크 나이트 라이즈〉를 자세히 볼 필요가 있습니다. 브루스는 말 그대로 빈털터리가 되고, 승리를 거두기 전까지는 무일푼 신세가 되니까요. 그는 상당한 자기혐오에 시달리면서 부유층이 자선활동을 과시하는 방식에 대한 얘기를 하죠. '이건 허튼짓'이라는 분위기가 팽배합니다. 이 영화는 '전복'이라는 단어에 담긴 실제 의미처럼 꽤나 전복적인 영화라고 생각합니다. 오락물로 만든 영화지만, 밑바닥에 흐르는 저류를 꽤 강렬하게 강조하는 영화니까요. 우리가 그런 일을 해내리라고는 전혀 생각지 않았지만, 어쩌다 보니 그 일을 해냈더군요. 사람들이 그걸 어떻게 받아들일지는 알지 못했어요. 〈다크 나이트〉 시리즈는 정치적인 주장을 하는 영화가 아닙니다. 좌파건 우파건, 우리 모두에게 중요한 '두려움'이라는 관념을 탐구하는 영화죠. 〈다크 나이트〉는 무정부 상태에 대한 영화이고, 〈다크 나이트 라이즈〉는 민중 선동을 다룬 영화입니다. 사회의 전복을 다룬 영화죠."

• • •

〈다크 나이트 라이즈〉는 2008년 금융 위기가 요동치기 시작할 때 집필되고, 오큐파이 월스트리트 운동이 세력을 규합할 때 촬영되었다. 이 영화는, 근육 강화 약물을 주입한 로베스피에르가 일으킨 도시의 계급 전쟁으로 현대 미국 사회의 비전이 갈기갈기 찢어지는 모습을 보여준다. 또한 후기 산업시대 경제의 문제점들을 직관적으로 발 빠르게 파악한다. 베인톰 하디이 고담에 도착했을 때, 우리가 처음 보게 되는 그의 모습은 다름 아닌 그의 등이다. 그가 도시의 지하 하수 시스템에 마련한 소굴의 어둠 속에서 무릎을 꿇고 웅크린 채 앉아 있는 그의 활배근과 승모근의 윤곽은 머리 위에서 쏟아지는 불빛 때문에 선명해진다. 주위의 어둠을 배경으로 마치 조각을 한 듯한 모습이다. 베인의 모습은 말론 브란도가 프란시스 포드 코폴라의 〈지옥의 묵시록〉에서 스펀지로 조심스럽게 씻어내는 민머리를 연상케 한다. 브란도가 〈대부The Godfather, 1972〉에서 촬영장의 떠돌이 고양이를 만지듯이 또는 〈워터프론트On The Waterfront, 1954〉에서 에바 마리 세인트의 장갑을 만지듯이 부드러운 손길로 쓰다듬던 그

민머리 말이다. "그는 무엇에 손을 대든 그것이 자신의 일부인 양 만지 작거렸다." 데이비드 포스터 월러스가 「무한한 흥미」에 쓴 글이다. "그가 유일하게 거칠게 다루는 듯 보이는 세상은 그의 입장에서 감각을 통해 경험할 수 있는 느낌이었다." 브란도의 열렬한 제자인 하디는 브란도처럼 고양이 같은 세밀한 손길로 베인의 잔인성을 벌충하고 강조한다. 그는 살인하기에 앞서 새끼손가락을 씰룩거리고, 대거트 벤 멘델슨의 목을 부러뜨리기 전에는 주인이라도 되는 듯이 그의 어깨에 손을 올린다. 그리고 미식축구 경기에 앞서 미국 국가 [성조기여 영원하라 The Star-Spangled Banner]를 부르는 소년의 목소리를 '정말 아름답고 아름다운 목소리'라고 평가한 후 고담시를 무릎 꿇릴 엄청난 규모의 폭파 공격을 개시한다. 하디의 연기를 통해 베인은 문명화된 야수라는 것과 문명이 기른 야수라는 것을 시사한다. 문명이 경솔하게 구는 바람에 갚지 못한 빚을 반드시 갚아야 한다는 걸 시사하는 것이다.

베인과 부하들이 C-130 허큘리스 수송기로 터보프롭 비행기를 포획하는 프롤로그는 〈007 두번 산다〉에서 다른 스페이스셔틀을 삼켜버리는 스페이스셔틀처럼, 본드 영화에서 가져온 설정으로 운송 수단으로 운송 수단을 납치하는 고전적인 설정이다. 그런데 본드 영화의 악당 중 자신이 세운 계획의 세세한 부분들을 상세하게 파악했던 악당은 없었다. "미

베인(톰 하디)은 '어둠 속에서 태어난' 캐릭터이다.

사일은 우리의 힘을 증명하기 위한 첫 걸음일 뿐이오."〈007 살인번호Dr. No, 1962〉에서 닥터 노조지프 와이즈먼의 대사 중 일부분이다. 그런데 그가 원자방사선 빔을 이용해 미국 스페이스셔틀의 발사를 엉망으로 만든 이후의 단계들은 빈칸으로 남아 있다. "미국과 러시아가 서로를 전멸시키는 몇 시간 동안, 우리는 새로운 세력이 지구를 지배하는 광경을 보게 될 거요."〈007 두번 산다〉의 에른스트 스타브로 블로펠드도널드 플레전스는 자랑스레 떠든다. 그런데 그 정부의 시스템이 어떠한지에 대해서는 불명확하게 남는다. 아마도 자본주의와 공산주의가 조금씩 섞인 혼종쯤으로 생각하면 될까? 반면에 〈다크 나이트 라이즈〉에서는 청사진과 세세한 계획, 마지막 너트와 볼트, 리벳에 이르기까지 세세하게 시민들의 권력 인수 계획을 보게 된다. 베인은 우선 증권 거래소 공격을 주도한다. 그러면서 대거트는 웨인 재단의 적대적 인수에 착수할 수 있게 되고, 그 결과 웨인이 보유한 힘의 원천이던 재산을 제거한다. 영화는 〈다크 나이트〉와 이 영화 사이에 경과한 시간을 흥미롭게 활용한다. 그 기간이 4년에서 8년으로 연장되면서 브루스의 육체는 점점 늘어난 빈부격차와 비례해 악화됐고, 크리스찬 베일이 시리즈에서 최고의 연기를 펼치는 데 도움을 줬다. 기진맥진해지고 전쟁의 흉터가 남은 상태로 오래전 어둠의 사도들과 맺은 파우스트적인 약속의 대가를 결국 짊어지게 된 그는, 대거트가 무례할 만큼 솔직하게 말했듯이 "손톱은 20센티미터까지 기르고 은둔한 채로, 고급 도자기를 요강으로 쓰는" 상태다. 이 부분은 놀란이 하워드 휴즈 시나리오에서 가져온 설정이다. 의사는 웨인에게 무릎에 연골이 없고 뇌 조직은 심한 충격을 받았다고 설명한다. 알프레드는 "나는 도련님의 상처를 꿰매주고 뼈를 맞춰드렸지만, 도련님을 땅에 묻는 일만은 하지 않을 겁니다."라고 말한다. 브루스가 경찰에게서 벗어나려고 새 비행기인 더 배트the Bat를 사용하자 알프레드는 못마땅하다는 투로 꾸짖는다. "도련님은 폭스에게서 받은 진기한 새 장난감들로 엄청난 수의 경찰과 추격전을 벌여 그들을 따돌린 겁니다." 놀란이 프랜차이즈의 임무가 변경됐다는 것을 보여주는 징후들을 직접 확인하는 듯한 모양새다. 〈다크 나이트 라이즈〉는 시리즈 세 편 중에서 가장 규모가 크고 잔혹한 영화다. 이 영화에는 새로운 비행기와 핵폭발, 그리고 "대통령께 전화 연결하게."라는 실망스러운 대사도 등장한다. 한편, 고담의 다리들이 무너지는 모습은 롱 숏으로 잡히는데, 무너진 다리들의 잔해가 수면을 때릴 때는 가느다란 연기만 피어오른다. 이 장면은 마땅히 그래야만 하는 CG 효과를 대단히 잘 활용한 장면이다. 9·11 사건 때 뉴욕 미드타운에 있던 사람이라면 고층 빌딩들이 어떻게 무너졌는지 정확히 알 것이다. 롱 숏으로, 으스스할 정도로 조용하게.

이어서 베인의 부하들은 도시를 보수하는 척하며 도시의 교량과 터널에 폭발물이 섞인 시멘트를 붓는 콘크리트 혼합 장치를 활용해 폭발물을 설치한다. "도시 공학에 대해서는 아는 게 없습니다." 그 계획을 밝혀낸 젊은 경찰 블레이크조셉 고든 레빗가 말한다. "그렇지만 패턴은 알잖아." 짐 고든이 대꾸한다. 자체적으로 폭발하는 건물이라는 아이디어는 순전히 놀란의 아이디어이자, 구성주의자와 해체주의자의 충동이 모두 결합된 아이디어다. 〈인셉션〉이 현대 건축을 향한 감독의 애정을 완성시켰다면, 〈다크 나이트 라이즈〉는 감독이 건물 해체와 폭발, 파괴를 향해 바치는 우레와 같은 찬가다. 〈다크 나이트〉의 질감이 유리와 강철이라면, 〈다크 나이트 라이즈〉의 소재 대부분은 베인이 숨어 있는 하수 시스템의 벽부터 루시우스 폭스모건 프리먼가 자신이 개발한 장치들을 소개하는 지하 벙커까지 모두 콘크리트다. 마지막으로 베인은 미식축구 경기장을 장악하고, 그의 부하들은 도시의 감옥을 개방한 뒤, AK-47 소총을 흔들면서 오렌지색 점프슈트 차림으로 피프스 애비뉴를 행진하는 임시 민병대를 결성한다. 한편, 부자들은 옻칠한 가구 밑에 웅크리고, 그들의 모피와 실크 가운은 거리에 내동댕이쳐진다.

"우리는 고담을 부패에서 건져냈소. 그것들을 여러분, 인민에게 돌려주겠소." 스케어크로우킬리언 머피가 주재하는 인민재판에 부자들이 출두할 때, 베인은 경쾌한 음악을 들려주듯 달콤하게 속삭인다. 스케어크로우는 부자들에게 '죽음 또는 추방'을 제안하는데, 이 대안들은 사실상 동일한 것이다. '추방'은 도시를 에워싼 빙판이 갈라질 때까지 그 위를 강제로 걸어가는 것을 뜻한다. 아무도 그곳에서 살아남지 못한다. 놀란은 〈메멘토〉에서 레너드 셸비에게 했던 일을 고담에 한다. 도시 전체를 독방에 가두는 것이다. 〈닥터 지바고〉에서 뿌려대던 눈처럼 강설이 도시를 한결 더 고

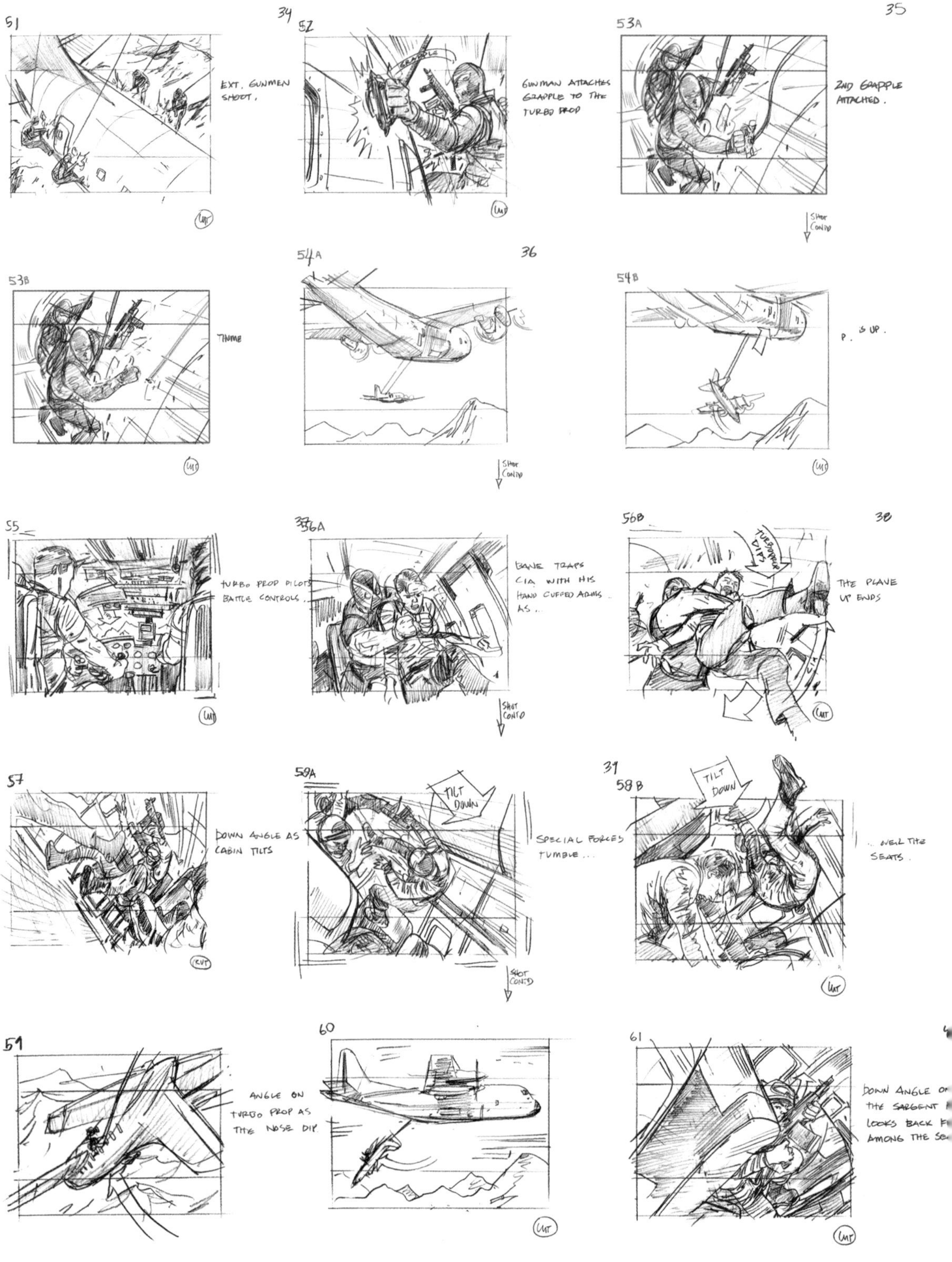

51

EXT. GUNMEN
SHOOT.

34 52

GUNMAN ATTACHES
GRAPPLE TO THE
TURBO PROP

53A

2ND GRAPPLE
ATTACHED.

SHOT
CONTD

53B

THUMB

54A

36

54B

P. S UP.

SHOT
CONTD

55

TURBO PROP PILOTS
BATTLE CONTROLS.

37 36A

BANE TRAPS
CIA WITH HIS
HAND CUFFED ARMS
AS...

SHOT
CONTD

56B

THE PLANE
U ENDS

38

57

DOWN ANGLE AS
CABIN TILTS

58A

TILT
DOWN

SPECIAL FORCES
TUMBLE...

39 58B

TILT
DOWN

OVER THE
SEATS.

SHOT
CONTD

59

ANGLE ON
TURBO PROP AS
THE NOSE DIP

60

61

DOWN ANGLE O
THE SARGENT
LOOKS BACK F
AMONG THE SE

4

립시키면서 긴 겨울의 시작을 알린다. 이것은 곧 베인이 배트맨과 벌이는 클라이맥스의 대대적인 결투에서 가벼운 눈발이 흩날릴 것이라는 뜻이다. 브루스가 1편에서 어둠의 사도들 수도원으로 가기 위해 터벅터벅 걸어갈 때 내렸던 눈발과 똑같은 눈발 말이다. 아래로 내리는 것만큼이나 사방으로 흩날리는 눈발도 많다. 놀란의 눈송이조차도 어느 쪽이 위인지 아래인지 알지 못한다.

• • •

"영화에서 가장 긴 카운트다운이었죠." 놀란은 말했다. "다섯 달 정도였을 거예요. 사람들은 '좋아, 도시가 인질로 잡혔어. 이건 1초, 1초마다 상황이 바뀌는 인질 드라마야.'라고 말하는 게 보통이죠. 스튜디오에서는 '석 달 안에 폭탄이 터질 거라는 말을 어떻게 할 수 있습니까? 폭탄은 석 달 후에 터지겠지만, 배트맨은 우리를 3초 안에 구해낼 겁니다.'라는 논의를 많이 했어요. 내가 스튜디오에 설명하면서 언급한 영화는 〈해리 포터〉였죠. 그 스튜디오가 워너 브러더스였거든요. 모든 〈해리 포터〉 영화에는 눈이 내리는 순간이 있고, 그와 같은 시간에 급격한 비약을 보여 주는 놀라운 요소가 있죠." 로스앤젤레스와 뉴욕, 런던 세 곳의 아이맥스 극장에서 상영된 이 영화의 6분짜리 프롤로그에 대한 반응은 베인의 목소리를 거의 알아듣지 못하겠다는 불평이 일제사격처럼 쏟아졌다는 것이다. 「엔터테인먼트 위클리」는 "베인의 대사를 들으면서 숱하게 머리를 긁적거릴 준비를 하라."고 경고했다. 「데일리 비스트」는 "베인 캐릭터가 힘들게 숨을 쉬면서 영어 비슷한 억양을 구사할 때 베인을 이해하는 것은 불가능했다."고 말했다. 놀란은 무슨 일이 벌어지고 있는지 파악하기도 전에 난관에 직면하게 됐다.

"맙소사." 그는 말했다. "내가 내 영화를 홍보하면서 겪은 가장 힘든 상황이었어요. 기이한 건, 사운드 믹서들과 관련된 문제를 상의하면서 보낸 시간이 어마어마했다는 거예요. 프롤로그를 내놓을 때, 우리는 그 장면의 목소리를 무척 많이 매만졌어요. 그런데 관객들은 그 목소리를 알아듣기 힘들어했고, 따라서 우리는 그 부분을 어느 정도 단순화하는

—
〈다크 나이트 라이즈〉의 프롤로그 스토리보드.

작업을 하게 됐죠. 그의 목소리를 그리 많이 가공하지는 않았어요. 톰의 자연스러운 목소리가 더 많이 나오게끔 놔뒀죠. 다행인 건 관객에게 영화를 보여줬을 때, 그가 한 말을 이해하지 못하겠다는 평을 듣긴 했지만, 플롯이 혼란스럽다는 평은 없었다는 거예요. 〈다크 나이트 라이즈〉의 플롯은 베인의 7분 아니면 8분짜리 독백으로 자세히 설명돼요. 배트맨을 상대로 한 연설, 블랙게이트 교도소 앞에서 하는 연설, 스타디움에서 하는 연설이 그렇죠. 장황한 연설을 하는 이 사내는 관객에게 무슨 일이 벌어지고 있는지 알려줘요. 모두들 무슨 일이 벌어지고 있는지 알 수 있었죠. 그런데 누군가의 입을 덮어버리면 사람들은 그가 하는 말을 제대로 알아듣지 못하게 될 거라고 걱정하더군요. 톰은 말하는 방식도 특이하기 때문에, 특히 미국 관객은 그가 하는 말을 이해하는 게 무척 힘들었어요. 그렇지만 그건 우리가 거쳐야 했던 흥미로운 과정일 뿐이었죠."

〈다크 나이트 라이즈〉가 〈다크 나이트〉처럼, 오바마가 미트 롬니를 상대로 재선을 노리던 해에 개봉되면서 밈들이 저절로 생겨났다. 보수적인 라디오 진행자 러시 림보는 영화에서 배트맨이 상대하는 적의 이름인 '베인'은 롬니가 예전에 다녔던 회사 '베인 캐피탈'을 언급한 거라고 주장했다. "오바마 선거 캠프 측이 배트맨의 '베인'과 롬니의 '베인'을 연결해서 롬니를 경제의 등뼈를 부러뜨릴 작자로 만드는 데 얼마만큼의 시간이 걸릴까?" 보수적인 평론가 제드 배빈이 「워싱턴 이그재미너」에 기고한 글에서 던진 물음이다. 그들과는 반대 입장을 취한 우파 작가 크리스천 토토는 이 영화를 오큐파이 월스트리트 운동을 향한 찬가로 보는 것 말고 다르게 읽는 것은 불가능하다고 말했다. "베인의 심복들은 월스트리트를 공격하고 부자들을 야만스럽게 구타하며 고담의 착한 시민들에게 '내일이면 마땅히 여러분의 소유물이 될 것을 주장하라.'고 약속한다." 이렇게 양극단에 놓인 의견들 중간 어디쯤에 「뉴욕타임스」 칼럼니스트 로스 도우댓이 있다. 그는 다음과 같이 평했다.

"3부작 내내, 브루스 웨인과 어둠의 사도들 소속 멘토들 사이를 갈라놓은 것은 고담의 선량함에 대한 믿음이 아니다. 제구실을 못 하는 질서라도 여전히 수호할 가치가 있으며, 그 질서에 불을 지르면 부패와 불평등의 차원을 뛰어넘는 암울한 일들이 뒤를 이으리라는 믿음이다. 이것은 보수적인 메시지이지, 승리주의자의 호언장담이나 자본주의를 열광적으로 지지하는 메시지가 아니다. 이 영화는 시끌벅적한 미국적인 정신보다는 '조용한 보수주의'를 반영하고, 션 해니티_{미국의 보수적인 정치평론가}보다는 에드먼드 버크_{영국의 보수주의 정치가}에게 훨씬 더 많은 걸 빚지고 있다."

예리한 글이었다. 에드먼드 버크의 「프랑스 혁명에 관한 고찰Reflections on the Revolution in France, 1790」이 「프랑스 혁명French Revolution: A History, 1837」 을 쓴 토머스 칼라일에게 상당한 영향을 줬기 때문만은 아니다. 파리에서 일어난 혁명을 '국가의 조직 구조'를 갈가리 찢는 '무정부 상태의 요약본'이라며 비난한 스코틀랜드 출신의 휘그당원 칼라일은 그 혁명이 프랑스의 젊은이들을 걸신 들린 듯 집어삼키면서 군사독재로 이어지는 것으로 귀결되리라 예상했다. 버크가 나폴레옹 보나파르트의 부상을 예언했듯, 〈다크 나이트 라이즈〉는 웨인 엔터프라이즈 빌딩 정면의 외관을 제공한 피프스 애비뉴의 검정 판유리 빌딩의 소유주인 도널드 트럼프의 당선으로 이어질 엄청난 변화를 직감적으로 감지했다는 공로를 어느 정도 주장할 수 있다. "이렇게 말씀드리죠, 정말 끝내주는 영화입니다." 트럼프가 유튜브에 올린 이 영화의 리뷰에서 한 말이다. 그는 영화의 촬영을 칭찬하면서 "제일 중요한 건 트럼프 타워가, 그러니까 내 빌딩이 나름의 역할을 수행했다는 것"이라고 지적했다. 그 건물이 맡은 역할이 브루스 웨인의 출신 성분인 지배 계급을 상징하는 역할이라는 점은 신경 쓰지 말자. "우리는 워싱턴 D.C.에 몰려 있던 권력을 국민 여러분께 돌려드리고 있습니다." 몇 년 후인 2017년, 트럼프가 미국 45대 대통령으로 취임하면서 했던 취임 연설은 마치 베인이 블랙게이트 교도소 앞에서 했던 연설의 일부를 인용한 듯 보였다. 트럼프가 2020년 재선 캠페인 동영상에서 이 영화의 음악과 폰트를 사용했을 때 그랬던 것처럼, 세상은 연설문이 이렇게 차용됐다는 것을 재빨리 알아차렸다. 워너 브러더스는 트럼프 선거 캠프를 상대로 이 영화와 관련된 모든 언급을 삭제해달라고 발빠르게 당부했다.

● 디킨스의 「두 도시 이야기」에 큰 영향을 준 역사서이다.

"내가 만든 모든 영화 중에서 〈다크 나이트 라이즈〉는 지독히도 기이
하게 여러 방향으로 밀고 당겨진 영화였습니다." 놀란은 말했다. "그 영
화를 꼼꼼히 살펴서 영화에 우익의 특징들이 담겨 있다는 결론에 도달하
려면 비상한 노력을 기울여야만 한다고 생각합니다. 오히려 그 영화는
좌파적인 영화입니다. 사람들이 베인의 연설을 경청하면서 '도널드 트럼
프의 연설과 비슷하게 들리는데.'라고 말할 때, 또는 도널드 트럼프의 연
설이 베인의 연설과 비슷하게 들린다고 말할 때, 으음, 그건 두 사람 모
두 선동 정치인이기 때문입니다. 베인은 악당입니다. 〈다크 나이트 라이
즈〉를 만들 때 두려워했던 게 뭐였는지 알아요? 민중 선동이 두려웠습니
다. 그걸 두려워한 내가 옳았다는 게 판명됐고요. 그 영화는 정치적인 영
화로 만든 게 아니었습니다. 그런 영화로 만들 의도는 없었어요. 그것이
그 영화가 다룬 주된 공포였죠. 우리가 시나리오를 집필할 때는 이상하
다 싶을 정도로 차분한 느낌이 들었어요. 모두들 만사가 잘 진행되고 있
다고, 우리는 금융위기를 넘겼다고 생각했죠. 그런데 사회 밑바닥에서는
상이한 결과들로 이어질 수 있는 불안한 조짐들이 있었습니다. 영화들이
그래왔듯이, 우리는 안전하고 카타르시스가 느껴지는 환경에서 구조물
들을 테스트하는 것으로 혼란과 무정부 상태의 위험을 여러 면에서 탐구
하고 있습니다. 세 편의 영화에서 다룬 최대의 적은 무정부 상태였다고
생각합니다. 사회와 그 사회의 붕괴 사이에 서 있는 자경단원이라는 아
이디어는 나를 비롯한 대부분의 사람들에게 무척 불편한 생각이라고 짐
작합니다. 그런데 그 부분에는 특정한 소원을 성취하는 측면도 있죠. 우

—
고담에서 맞붙으며 도시를 혁명 직
전까지 몰고 가는 배트맨(크리스찬
베일)과 베인(톰 하디).

리는 특정한 방식으로 벌이는 개인적인 활동을 통해 사회에 결정적인 역할을 하거나 사람들에게 영감을 줄 수 있는 영웅적인 인물을 믿고 싶어 합니다. 그것이 이 세 편의 영화가 만들어진 방식이죠. 친구들과 대화를 했는데, 모두들 나한테 정치적 관심사가 담긴 영화는 왜 만들지 않느냐고 묻더군요. 그럴 때마다 나는 늘 대답합니다. '으음, 그런 영화는 관객에게 먹혀들지 않으니까.' 사람들에게 이러이러한 생각을 합시다, 라는 내용을 들려주는 내러티브는 활용할 수 없어요. 그건 절대로 먹혀들지 않습니다. 사람들은 그런 영화에 반감만 보일 겁니다. 그 문제에 있어서는 더 순수해져야 합니다. 내러티브와 이야기를 전달하는 원칙에 있어서 더 진실해져야 합니다. 그건 오해되고 오역될 위험을 감수해야 한다는 뜻이죠. 이건 어떤 일에 관심을 갖지 말라는 뜻도 아니고, 그 일이 당신에게는 아무런 의미도 없다는 뜻도 아닙니다. 하지만 우리는 우리가 택한 접근 방식에 대해 중립적인 입장을 취하거나 객관적이어야 하죠. 사람들에게 이러이러한 생각을 하라고 요구해서는 안 됩니다. 다만 그들에게 무엇인가를 느껴보라고 권유할 수는 있겠죠. 〈글래디에이터 Gladiator, 2000〉의 위대한 순간은 주인공이 상대 검투사의 머리를 자른 뒤 관중에게 '이래도 만족 못하겠나?'라며 묻는 순간이라고 생각합니다. 우리가 다루는 내용이 무엇이건, 우리는 관객을 즐겁게 해 줘야 합니다."

• • •

〈다크 나이트〉를 위한 로케이션 헌팅이 한창이던 2007년의 어느 저녁, 조나는 캘리포니아 공과대학의 물리학자 킵 S. 손이 쓴 트리트먼트를 바탕으로 스티븐 스

필버그와 제작자 린다 옵스트를 위해 작업 중인 시나리오에 대해서 형에게 이야기했다. 손은 칼 세이건이 30년 전에 소개팅으로 맺어준 인연으로 옵스트와 알게 된 사이였다. 두 사람은 블랙홀과 웜홀의 미스터리한

특징을 다루는 영화 아이디어와 관련해서 재미나게 의견을 나누고 있었다. "우리는 양자 거품에서 웜홀을 끄집어낼 수 있는 발달한 문명을 상상할 수 있다." 손이 1988년 논문에 쓴 글이다. 그는 "통과가 가능한 구형 웜홀을 타임머신으로 개조하기 위한 시공간 다이어그램"이라는 캡션이 달린 삽화를 논문에 포함시켰다. 놀란은 그 아이디어를 처음 들었을 때 침묵에 잠겼다. 몇 년 전 시카고에서 LA로 국토 횡단 자동차 여행을 하던 중에 〈메멘토〉의 아이디어를 처음 들었을 때와 마찬가지로 말이다.

　"사실 〈인셉션〉과 〈인터스텔라〉는 무척 비슷한 영화입니다." 놀란은 말했다. "조나가 〈인터스텔라〉의 초고를 쓰고 있었을 때, 나는 〈인셉션〉을 쓰고 있었어요. 그 무렵 동생은 내가 어떤 작업을 하고 있는지 알고 있었습니다. 그래서 당시에 내가 '그래, 우리가 상대의 영역을 침범하는 일은 생기지 않도록 조심하자.'라고 말하는 순간들이 분명 몇 번 있었습니다." 조나는 그 이야기를 위한 연구를 하기 위해, 그리고 상대성 이론을 이해해보고자 칼테크에서 손의 지도 아래 공부를 하며 두어 달을 보냈다. 그 곳에서 그는 휘어진 시공간, 현실이라는 구조에 뚫린 구멍들, 중력이 빛을 휘어지게 만드는 방법 등 '우주의 뒤틀린 측면'이라고 물리학자들이 명명한 것들에 대해서 철저하게 조사했다. 그런 뒤에는 아인슈타인이 특수상대성 이론과 일반상대성 이론을 자세히 설명하려고 사용한 사례들 가운데 공통적으로 담겨 있는 주제를 인지했다. 조나가 말하길, 그 사례들에는 항상 '내재된 서글픔'이 담겨 있었다고 한다. 그 사례들에는 항상 이별하는 두 사람이 등장했다. 한 명은 기차를 타고 있고 다른 한 명은

상대성 원리에 따르면, 빛에 가까운 속도로 우주를 여행하는 쌍둥이 형제 중 한 명은 지구에 남아 있는 다른 형제와 비교했을 때 완전히 다른 속도로 나이를 먹는다.

플랫폼에 있거나, 한 명은 우주선을 타고 다른 한 명은 지구에 남겨져 있다. 기차나 우주선이 빛의 속도에 근접할 만큼 속도를 올릴 때 두 사람은 서로에게 손을 흔든다. 조나는 아인슈타인이 어느 사례에서 일란성 쌍둥이 형제를 활용했다는 사실을 놓치지 않았다. 조나가 쓴 시나리오 초고는 그와 형 크리스의 어린 시절을 상기시켰다. 그 시절은 모든 사람이 우주개발 경쟁을 여전히 신선한 아이디어로 생각하고 있을 때였고, 소년들이 TV에 열중하면서 칼 세이건의 〈코스모스〉를 보거나 가족 전체가 〈미지와의 조우Close Encounters Of The Third Kind, 1977〉를 보러 극장에 갈 때였다. 그러다가 크리스는 기숙학교로 보내졌고, 나머지 가족은 시카고로 이사했다.

"옛날엔 모두가 하늘을 올려다보며 우주 속의 우리에 대해 놀라워했죠." NASA의 폐쇄로 은퇴한 파일럿이자 홀아비인, 잃어버린 세대의 인물 조지프 쿠퍼가 말한다. 그의 딸이 배우는 교과서는 미국의 우주 탐사가 소련을 무너뜨리려고 계획된 거짓이었다고 가르치고 있다. "지금은 모두가 땅만 내려다보면서 흙먼지 속에 파묻힌 우리의 처지를 걱정해

—
런던에서 〈다크 나이트 라이즈〉 촬영이 진행되는 모습을 지켜보는 놀란과 동생 조나.

요." 어느날 NASA의 낡은 무인 우주탐사선이 지구로 추락한다. 마이너 리그 야구 경기가 하늘을 가르는 밝은 청색 빛줄기 때문에 방해를 받은 후, 쿠퍼는 산타크루즈 연안의 커다란 무인도로 가라는 지시를 받는다. 그는 그곳에서 NASA가 비밀리에 운영하는 지하 산업시설을 발견한다. 쿠퍼는 과학자들이 탐사선에서 회수한 데이터를 풀어내는 일을 도운 후, 인류가 이주할 수 있고 거주 가능한 행성을 찾아내는 임무를 맡아달라는 요청을 받는다. 그는 처음에 아들을 생각하면서 그 요청을 거절하지만, 결국 수락한 뒤 아들에게 자신의 손목시계를 주며 반드시 돌아오겠노라 약속한다. 그 이후로 조나의 시나리오 버전은 놀란의 영화와 크게 다른 방향으로 향한다. 지구를 떠나고 200년이 지난 후에 지구로 돌아오는 길을 찾아낸 쿠퍼는 아들이 죽었다는 것과 농장이 눈으로 뒤덮였다는 것을 알게 되는 것으로 끝난다. 따뜻한 우주선으로 돌아가려고 분투하던 쿠퍼는 눈보라 폭풍 속에서 죽은 것처럼 보이지만, 곧 거대한 우주 정거장의 병상에서 깨어난다. 그곳에서 그는 자신을 만나려고 우주 정거장으로 찾아온 고손자를 만난다. 노인은 말을 못하지만, 고손자는 병상 옆에 있는 서랍으로 팔을 뻗어 쿠퍼에게 그의 손목시계를 건넨다. 그가 떠날 때 아들에게 주고 간 시계다.

제작사 드림웍스가 파라마운트와 갈라서고 스필버그가 다른 프로젝트에 임했을 때, 놀란은 그 프로젝트를 넘겨받을 가능성이 있는지 알아보려고 파라마운트와 접촉했다. "프로젝트를 확보할 수 있게 됐을 때 조나에게 말했어요. '내가 네 시나리오를 넘겨받고 싶다는 전제 하에 이 프로젝트에 관여하고 싶어. 그 프로젝트를 다른 아이디어 두어 개하고, 내가 작업하고 있던 시간과 관련된 다른 시나리오와 결합시켰으면 해.'라고 말이죠." 놀란이 말했다. "조나한테 물어봤죠. '내가 이 시나리오를 가져가서 내 나름의 시나리오로 만들어도 괜찮겠니?' 조나가 쓴 것은 놀라운 캐릭터와 그 캐릭터의 아들, 이 둘의 놀라운 관계였습니다. 1막은 정말 대단했어요. 결말도 믿기 어려울 정도로 놀라웠죠. 내가 받아들이고 싶었던 요소들이 다 있었습니다. 동생이 그러더군요. '좋아, 해봐. 형이 어떻게 하는지 지켜볼게.' 내가 마무리하게 될 작업은 동생이 향하고 있던 결말과 꽤나 비슷할 거라고 생각했죠."

TEN EMOTION

—

열
감정

　놀란은 〈인터스텔라〉의 시나리오 집필에 들어가기에 앞서 아버지가 스무 살 생일 선물로 준 타자기에 쌓인 먼지부터 털어냈다. 그러고는 그 영화를 위해 그가 가진 비전을 요약하는 한 페이지 분량의 요약본을 작성했다. 이건 그가 영화를 만들 때마다 하는 일이다. "더 큰 그림 같은 거죠. 그 영화에 필요하다고 생각하는 것을, 내가 하고자 애쓰는 것이 무엇인지 타자기를 두드려 한 페이지나 한 문단으로 정리하는 겁니다. 그렇게 요약본 작성이 끝난 뒤에는 그걸 한쪽에 치워두고 순전히 그와 관련된 것들을 떠올리려고 틈틈이—예를 들어 초고를 완성했을 때나 프리프로덕션 단계일 때—다시 들여다보고는 합니다. 어떤 이야기가 굴러갈 수 있도록 해주는 역학을 궁리하다 보면 길을 잃고 헤매기 일쑤니까요. '내가 하겠다고 뛰어들었던 일을 어떻게 하면 이뤄낼 수 있을까?' 프리프로덕션에 돌입했을 때는 문제가 한층 더 심각해집니다. 디자인 작업과 세트 작업, 로케이션 헌팅 작업에 들어가기 위해서 사람들을 고용한 다음, 모든 것을 영화에 맞게 조정해야 하니까요. 내가 바라는 방식에 정확히 부합하는 것은 하나도 없습니다. 그런 일은 절대로 없죠. 예산, 로케이션, 세트, 모든 게 다 그렇습니다. 그래서 감독은 모든 결정을 내리기 시작합니다. 타협안을 선택하지는 않을 겁니다. 반드시 택해야만 하는 그런 종류의 선택이 아니니까요. 가끔씩 뭔가 끝내주는 걸 발견하고는 '와우, 이걸로 이 작업을 하고 저걸로 저 작업을 할 수 있겠어.'라는 생각을 하게 되는 경우가 생깁니다. 그런 메커니즘에 일단 몰두하고 나면 맨 처음에 했던 생각을 떠올리는 게 어려워집니다. 거시적인 시각에서, 내가 하려고 애쓰던 일이 무엇이었는지 기억하는 것은 무척 어려운 일일 수 있습니다."

이번 영화의 경우, 그런 요약본을 작성한 데에는 다른 목적도 있었다. 그는 그 요약본을 작곡가 한스 짐머에게 넘겨주고는 시나리오를 보지도 않은 상태에서 영화를 위한 곡을 작곡해달라고 부탁하고 싶었다. "내가 이 프로젝트를 하게 될지도 확실치 않은 상태에서 한스에게 전화를 걸어 말했죠. '당신한테 편지가 담긴 봉투를 주려고 하는데, 그 편지의 내용은 우리가 다음에 만들 영화의 기저에 깔린 우화예요. 그 영화에 들어갈 대사 두어 줄도 들어 있어요. 그게 그 영화의 핵심이고요. 시간은 하루 줄게요. 머리에 떠오르는 곡을 만들어서 날이 저물 때 나한테 넘겨주세요. 그 곡은 우리가 영화음악으로 키워갈 수 있는 씨앗이 되어줄 거예요.' 우리는 다른 영화들을 작업할 때 지나치게 많은 시간을 썼다는 걸 깨달았습니다. 작업 과정에서 끝이 보일 때쯤, 우리가 창조했던 메커니즘에 파고들어 이야기의 핵심으로 복귀하려고 애쓰면서 말이죠. 그래서 생각했습니다. 이번에는 그 과정을 뒤집어보자고. 음악으로 시작해서 그 음악 위에 영화를 구축해보자고 말입니다."

놀란이 연락을 해왔을 때, 짐머는 로욜라 메리마운트 대학에 소속된 영화 및 텔레비전 스쿨의 학생 모임에 참석 중이었다. 이튿날, 봉투가 도착했다. 두툼한 모조 양피지에 타자기로 친 글은 이 문서의 사본은 없으며, 따라서 이 문서는 원본이라는 걸 짐머에게 알렸다. 종이에는 짧은 이야기가 담겨 있었다. 그야말로 요약본이었다. 짐머는 아버지와 아들을 다룬 그 이야기를 보면서, 몇 년 전 크리스마스 때 런던에서 자신과 놀란, 그의 아내 엠마가 나눴던 대화를 떠올렸다. 그들은 런던의 피카딜리 서커스에 있는 크고 북적거리는 아르데코 양식의 레스토랑인 울슬리에서 저녁을 먹고 있었다. 당시 런던에는 눈이 내리고 있었다. 센트럴 런던의 교통은 마비됐고, 세 사람은 발이 묶인 신세가 됐다. 그들은 아이

들 얘기를 나누고 있었다. 열다섯 살 아들을 둔 짐머가 말했다. "아이들이 태어나고 나면, 우리는 더 이상 우리 자신의 눈으로 우리를 볼 수 없어요. 언제나 아이들의 눈으로 우리 자신을 보게 되죠." 시간이 흘러 새벽 1시에 피카딜리 서커스의 텅 빈 거리로 나온 그들은 집에 갈 방법을 궁리하다가 눈싸움을 했다.

하루 동안 작곡을 한 짐머는 이튿날 오후 9시에 아버지가 된 뒤 느끼는 감정에서 영감을 얻어 작곡한, 피아노와 현악기가 어우러진 4분짜리 음악을 완성했다. 그는 작업을 마쳤다는 것을 알리려고 엠마 토머스에게 전화를 걸었다. "음악을 보낼까요?" 그가 물었다. "하아, 그이가 지독히도 안달을 하네요. 그이가 가도 괜찮을까요?" 엠마가 대답했다. 놀란은 곧장 차에 올라 산타모니카에 있는 짐머의 스튜디오로 가서 그의 카우치에 자리를 잡았다는 것이 짐머가 훗날에 한 회상이다. 짐머는 어떤 사람에게 처음으로 곡을 연주해줄 때면 늘 그러듯이 놀란을 쳐다보지도 않은 채 그저 먼 곳만 빤히 쳐다보면서 양해를 구했다. 그는 연주를 마치고 나서야 고개를 돌려 놀란을 바라봤다. 놀란이 그 곡에 감동을 받았다는 걸 알 수 있었다. "이제는 내가 영화를 만들 차례인 것 같군요." 놀란의 말에 짐머가 물었다. "흐음, 그렇군요. 그런데 어떤 영화인가요?" 그러자 놀란은 우주와 철학, 과학과 인간성을 아우르는 거대하고 장대한 이야기를 들려주기 시작했다. "크리스, 잠깐만요. 내가 방금 전에 작곡한 이 곡은 상당히 개인적인 곡이에요. 알죠?" 짐머의 물음에 놀란이 답했다. "알

—
쿠퍼(매튜 맥커너히)는 딸 머피(매켄지 포이)의 곁을 떠나려고 한다.

아요. 그런데 지금은 이 영화의 핵심이 어디에 있는지 알게 됐어요."

"아이들이 태어나고 나면, 우리는 더 이상 우리 자신의 눈으로 우리를 볼 수 없어요. 언제나 아이들의 눈으로 우리 자신을 보게 되죠." 짐머가 런던에서 밤에 했던 이 이야기는 이제 '일종의 우화'가 되어 있다고 놀란은 말했다. "그 이야기를 유령 이야기로 읽을 수도 있어요. 부모가 곧 그아이의 미래라는 생각이죠. 내가 그에게 준 우화에는 그런 내용이 있었어요. 한스가 그 이야기의 정서적인 핵심이 되는 음악을 작곡해주길 원했으니까요. 그건 유령이 되어 아이를 다시 찾아간 후 자유로워지려고 몸부림치는 부모에 관한 이야기죠."

놀란은 열한 살인 딸 플로라에 대한 생각과 그가 영화를 만들기 위해 그 아이 곁을 떠날 때마다 느꼈던 심적인 고통에 대한 생각을 무척 많이 하고 있었다. 〈인터스텔라〉의 가제는 '플로라의 편지'였다. "나는 사랑하는 아이들을 남겨두고 하고 싶은 일을 하기 위해 떠나야 하는 사람의 딜레마에 무척 많이 공감했습니다." 그는 말했다. "나는 내 직업을 굉장히 사랑합니다. 이런 일을 하는 나 자신에 대해 믿기 힘들 정도로 운 좋은 사람이라고 생각하죠. 그렇지만 이 일을 하는 데에는 상당한 죄책감이 따릅니다. 큰 죄책감이요. 나한테는 그 캐릭터와 동갑내기인 딸이 있습니다. 동생이 쓴 시나리오에서 그 캐릭터는 아들이었지만, 나는 딸로 바꿨어요. 그 영화를 만들 때 플로라의 나이가 그쯤이었거든요. 아이들이 자라는 동안, 과거를 그 자리에 꽉 붙들어두고 싶은 욕망을 느꼈습니다. 그 과거가 얼마나 빨리 지나갔는지를 생각할 때마다 상당히 우울해집니다. 부모라면 누구나 그런 얘기를 해요. 모든 부모가 그런 감정을 경험하죠. 따라서 〈인터스텔라〉는 굉장히 사적인 공간에서 탄생한 영화입니다."

• • • •

시계처럼 정교한 구조의 명작 두 편 〈메멘토〉와 〈인셉션〉을 만든 인물이 스위스 베른에서 시계를 위한 특허출원 과정을 처리하던 중 상대성이론을 추론해낸 앨버트 아인슈타인의 물리학 세계에 매우 가까이 다가서 있었다는 것을 놀라운 일로 받아들여서는 안 된다. 아인슈타인은 그의 집이 있는 크람가세 거리에서 날마다 특허청 사무실로 산책하는 동안 거리에 설치된 많은 전기시계를 지나쳐야 했다. 베른이 전 세계에 존재하는 시계들의 시간을 일치시키려는 스위스의 활동에서 선봉에 서 있는 도시였던 덕에, 그 시계들의 시간은 중앙전신국의 시계에 맞춰 조정되어 있었다. 갈수록 확장되는 전기 네트워크에 물려 있는 모母시계는 1890년 8월 1일부터 신호를 증폭시킨 다음, 대륙 전역의 호텔과 길모퉁이, 첨탑에 있는 시계들을 자동으로 재설정했다. 사무실에서 신형 전기시계와 관련된 특허들을 하나씩 검토하던 아인슈타인은 언론이 '시계 분야의 혁명'이라고 부른 현상을 폭넓게 조망할 수 있는 위치에 있었다. 상대성 이론은 어떤 면에서는, 그의 통근 과정을 기술한 것이기도 했다. "아인슈타인은 그 혁명이 정점에 이른 시기에 있었다." 피터 갤리슨이 쓴 글이다. "아인슈타인은 전 세계를 아우르는 이 새로우면서도 전통적인 동시성 기계를 이해하고 이 기계를 그의 새로운 물리학의 초기 원칙에 설치했다."

적어도 놀란의 작품을 '차가운' 대신 '잔인한'이라는 수식어로만 평가했던 평론가들에겐 놀란이 아인슈타인의 이론들에서 이렇게나 많은 감정을 빚어냈다는 것은 더욱 놀라운 일이었다. 평론가들은 〈인터스텔라〉이전에 만들어진 그의 작품을 거론할 때 차갑다는 단어에 버금가는 경멸적인 단어로 '인간미가 없는'이라는 단어를 주로 구사했는데, 이러한 평가 뒤에 탄생한 〈인터스텔라〉는 가족의 유대 관계에 바치는 구슬픈 찬가로 다가왔다. 눈물샘을 자극하는 역할은 주로 공간적 거리가 맡아왔지만 이번에는 시간이 그 역할을 수행한다. 데이비드 린의 〈닥터 지바고〉에서, 유리 지바고오마 샤리프는 눈 덮인 우랄산맥의 툰드라를 사이에 두고 라라줄리 크리스티와 떨어져 있다. 〈인터스텔라〉에서 시간은 딸들과 아들들을 아버지들과 떼어놓는다. 캐릭터들은 사랑하는 이들이 한 생애 전에 전송한 동영상을 보며 감정을 주체하지 못한다. 유령은 살아 있는 사람에게 보내는 메시지를 먼지에 적는다. 전체 이야기의 밑바탕에는 〈프레스티지〉가 처음 시동을 걸었던, 19세기와 21세기가 나누는 대화를 지속해 나가는 단순한 아이디어가 깔려 있다. 미지의 공간을 탐구하고 활용하는 인간의 극단적인 본성에 비춰보면, 우주 탐험은 탐험의 첫 세대 때

행해진 오대양과 육대주의 탐험과 다를 게 없을 것이다. "우리는 탐험가예요, 롬." 쿠퍼는 로밀리데이비드 기아시에게 말한다. "이건 우리의 배예요." 조나는 영화에 나오는 12개의 포드pod를 갖춘 원형 우주 정거장의 이름을 어니스트 섀클턴 경이 1914년에 남극을 향해 몰았던 돛대가 3개 달린 범선의 이름을 따서 '인듀어런스'라고 지었다. 당시 그 배는 얼음 때문에 꼼짝을 못하다가 결국에는 파손됐다. 섀클턴과 팀원들은 2년에 걸친 필사적인 여정 끝에 사우스 조지아섬에 있는 스트롬니스 포경 기지를 우연히 발견했다. "말해보시오, 전쟁은 언제 끝났소?" 섀클턴은 기지 책임자에게 물었다. "전쟁은 끝나지 않았습니다." 책임자는 대답했다. "수백만 명이 목숨을 잃고 있습니다. 유럽은 미쳤습니다. 세상이 미쳤단 말입니다." 모든 여행자는 어느 정도 시간여행자인 셈이다.

"〈인터스텔라〉는 전형적인 서사 생존담입니다. 우리 생각은 그랬습니다. 우리가 우주의 광활한 공허 속으로 들어간다는 아이디어에는 외로움과 직면하고 자신의 자아와 맞닥뜨리는 상황이 깃들어 있습니다." 놀란

쿠퍼가 탑승한 우주선 인듀어런스호의 이름은 1916년 남극 빙하에 갇혔던 어니스트 섀클턴의 배에서 따온 것이다.

은 말했다. "그 이야기를 인간적인 이야기로 만들어주는 게 그 부분이라고 생각합니다. 친밀함이죠. 불필요한 모든 것을 제거하고 사람들을 가장 황량한 곳으로 파견하면, 우리 본연의 모습, 즉 추악한 진실들이 드러납니다." 팀을 괴롭히는 배신들을 살펴보면 처음에는 브랜드 박사마이클케인의 배신이고, 다음에는 만 박사맷데이먼의 배신인데, 만의 배신은 다윈과 토머스 맬서스의 냉혹한 적자생존 사상에 의지한다. 영국의 경제학자인 맬서스가 「인구론Essay on the Principle of Population, 1798」에서 발표한 이론은 인구의 기하급수적인 성장은 결국 식량 생산량의 증가속도를 능가할 것이라는 내용이었다. "맬서스에 대한 내 기억은, 잔인한 이론이긴 하지만 다윈이 나치에 의해 오용됐던 것과 동일한 방식으로 과학적으로는 꽤나 흥미진진한 사상이라는 겁니다. 적자생존이 실제로 의미하는 바가 무엇이냐를 왜곡하면 그 아이디어에서 온갖 종류의 결론을 도출할 수 있습니다. 다윈이 주장하는 바는 생물종들이 항상 자신에게 가장 이로운 짓만 하는 게 아니라는 것이죠. 다윈의 이론이 실제로 주장한 바는 적자생존의 경쟁을 통과한 유전자가 살아남는다는 겁니다. 매우 즉각적인 관점에서, 그리고 무척 단기간의 관점에서 말입니다. 그 점에 있어서 집단의식은 없습니다. 집단적인 목적도 없습니다. 진화는 무작위적인 돌연변이가 낳은 결과입니다. 우리는 미래의 사람들, 예를 들어 100년 후의 사람들과 도덕적으로, 윤리적으로 얼마나 관련이 있을까요? 인간의 유대관계를 구성하는 요소들은 무엇일까요? 우리가 눈으로 볼 수 있는 사람들, 교류하는 사람들, 사랑하면서 같이 사는 사람들일까요? 우리가 과거로부터, 미래로부터 잘 아는 사람들일까요? 그건 쉬운 질문이 아닙니다. 우주를 자세히 살펴볼 때, 우주의 시간과 우주의 규모를 자세히 살펴볼 때, 우리는 우주를 하나의 종種으로 느끼기 시작합니다. 지금 우리의 라이프 스타일은 어떤가요? 예전 사람들에 비하면 그건 얼마나 오래 존재해 왔나요? 이후에는 무슨 일이 일어날까요?"

한때 스필버그의 프로젝트였던 것을 넘겨받은 놀란은 그의 부모 같은 스튜디오 두 곳, 즉 워너 브러더스와 파라마운트에 대한 책임감을 잘 알고 있었다. 〈인터스텔라〉는 유년 시절에 그가 조나와 함께 칼 세이건의 〈코스모스〉와 스필버그의 〈미지와의 조우〉를 보며 느꼈던 낙관주의와 십 대 시절에 접했던 큐브릭과 뢰그의 암울하고 지적이며 추론적인 픽션 사이에 생긴 틈바구니에 다리를 놓으려는 가장 의식적인 작업을 대표한다. 놀란이 촬영감독 호이테 반 호이테마의 추천을 받아 제작 준비기간 동안 자세히 감상한 다른 감독의 작품이 있었다. 놀란은 러시아 감독 안드레이 타르코프스키의 작품들 중에서도 특히 〈거울〉을 눈여겨봤다. 죽어가는 시인의 자전적인 기억들로 구성된 비선형적인 분위기의 시詩 같은 작품으로 꿈의 논리에 따라 구조가 만들어진 이 영화는 감독 자신의 유년기에서 끌어온 어린 시절의 기억들과 아버지가 쓴 시, 어머니에 대한 서정적인 추억을 현재의 장면들에 끼워 넣는다. 영화의 배경은 타르코프스키가 자랐던 집을 공들여 재현한 곳으로, 그 공간은 대체로 질감과 색상을 위주로 만들어졌다. 쏟아진 우유가 고인 웅덩이, 반짝거리는 목제 테이블 위에 습기가 증발하면서 남긴 얼룩 등이 그렇다. 놀란이 말했다. "그 영화에는 정말 경이로운 그 세계의 요소들, 그러니까 불과 물을 활용하는 비법이 있습니다. 나는 아트하우스와 주류 영화 사이에 존재하는 장르나 형식의 차이는 전혀 보지 않습니다. 우리는 최첨단을 달리는 사람들이 벌이는 실험대 위에서 영화를 구축합니다. 그 사람들의 실험이 가능했던 것은 부분적으로 그들 중 많은 사람이 저 밖으로 나가서 그 형식을 실험하는 게 가능했던 시기에 있었기 때문입니다. 그들은 무엇인가를 배웠고, 우리에게 영화가 할 수 있는 일이 무엇인지 가르침을 줬습니다. 나는 무언가를 보면 그것이 매트릭스에 알맞게 맞아 들어갈 것인지, 다른 어딘가에 맞아 들어갈 것인지의 여부를 걱정하지 않으려고 해요. 그게 나한테 효과가 있다면, 영화에도 효과가 있을 겁니다."

• • •

2013년 8월 6일에 캐나다 앨버타에서 본 촬영이 시작됐다. 〈인셉션〉의 설원을 촬영한 곳이었다. 그런데 이번에 제작진은 그 지역보다 훨씬 더 남쪽으로 내려갔다. 사방을 둘러봐도 밋밋한 지평선만 보이는 곳이었다. 크로울리는 500에이커 규모의 옥수수를 심었다. 대형 선풍기를 활용해 인조 먼지를 공중에 날리는 것으로 창조해낼 무시무시한 먼지 폭풍 속에서 파괴될 옥수수였다. 타르코프스키가 어린 시절, 자신의 기억 속에 남아 있던 독특한 흰 꽃을 얻으려고 메밀을 심었던 것처럼 말이다. 토마스 알프레드슨 감독의 르 카레 각색 영화 〈팅커 테일러 솔저 스파이 Tinker Tailor Solider Spy, 2011〉를 촬영했던 네덜란드 촬영감독 호이테 반 호이테마는 처음으로 놀란과 작업하고 있었다. 영감을 얻고자 켄 번스의 다큐멘터리 〈더스트 볼 The Dust Bowl, 2012〉을 감상한 호이테마는 그 다큐멘터리에서 주택의 양옆을 따라 쌓이는 표토表土와 집 안으로 먼지가 들어오지 못하도록 막으려는 치열한 분투의 이미지를 얻었다. 심지어 번스는 자신의 다큐멘터리에서 제외시켰던, 카메라 앞에서 인터뷰하는 사람들의 화면을 제공하기도 했다. 그 인터뷰 화면은 〈인터스텔라〉의 도입부에 등장했다. 제작진은 캐나다에서 아이슬란드로 이동했다. 〈배트맨 비긴즈〉에서 어둠의 사도들 실외 장면을 촬영한 곳과 동일한 빙하인 바트나요쿨 국립공원의 스비나펠스요쿨로 돌아간 것이다. 그런 다음 그곳에서 로스앤젤레스로 이동해 45일간 촬영했다. 그동안 LA에서는 네이선 크로울리가 〈다크 나이트 라이즈〉를 위해 배트케이브를 지었던 스튜디오 30에서 실물 크기의 스페이스 캡슐 레인저를 만들었다. 장비가 빼곡

2013년에 캘거리의 로케이션에서 함께 있는 **촬영감독 호이테 반 호이테마와 엠마 토머스, 그리고 놀란.**

하게 들어선 선내는 잠수함의 내부를 본뜬 형태였다. 수압펌프 위에 장
착한 레인저는 배우들을 이리저리 내동댕이쳤고, 기체를 에워싼 거대한
스크린에는 창밖으로 지나가는 별들이 영사됐다. 스크린의 높이는 24미
터였고 너비는 90미터였다. 놀란이 그 아이디어를 얻은 것은 제작진을
위해 필립 카우프먼의 〈필사의 도전The Right Stuff, 1983〉을 상영한 뒤였다.

"우리가 결국 하게 된 일은, 특히 우주선 내부와 관련해서 하게 된 일
은 실제 우주선 공간에서 촬영할 수 있도록 우주선 전체를 제작한 겁니
다." 그는 말했다 "그린 스크린은 전혀 사용하지 않았습니다. 그래서 배
우들이 실제 환경을 직접 눈으로 보면서 보여주는 반응을 촬영할 수 있
었죠. 그들이 대기권에 재진입할 때면 선체가 흔들리고 빨간 불이 들어
오면서 연기를 비롯한 그 외의 필요한 요소들이 등장했습니다. 그 우주
선은 시뮬레이터와 비슷했어요. 내가 호이테에게 몇 가지를 지적하거나
그가 무슨 문제를 발견하면, 우리는 테이크를 거듭하면서 작업을 계속
해나갔습니다. 다큐멘터리처럼 조금씩 촬영해나갔죠. 내가 위대한 다큐
멘터리 사진을 감상하면서 매료되는 점은 그 사진의 자연스러움, 그 사
진에 담긴 해방감입니다. 그런 유형의 사진이 풍기는 질감은 신선하죠.
그런 사진을 보고 나면 전에는 편집실 바닥에 남겨졌을 장면들이 새롭게
느껴집니다. 생생한 순간을 접하고 있다는 것을, 숏 사이로, 장면 사이

로 흐르는 리얼리티가 있다는 것을 느끼게 되는 겁니다. 내 입장에서 그런 촬영은 한층 더 리얼한 느낌을 주더군요. 마치 내가 실제로 그 자리에 있는 듯한 느낌을요. 우리가 그런 장면을 제대로 볼 수 있는 곳은 몇 곳 안 됩니다. 내가 강한 인상을 받은 장면은 그들이 지구 궤도를 처음 떠났을 때, 그들이 거창하고 형식적인 시퀀스로 만들어버릴 수도 있었던 많은 부분들을 슬쩍슬쩍 보여주는 장면입니다. 우리는 우주선 발사와 관련된 전체적인 절차를 다 봤다는 느낌이 들었어요. 굉장히 복잡한 느낌을 전달하고 생생한 분위기를 불어넣는 그 장면을 나는 정말 좋아합니다."

다음은 〈인터스텔라〉의 처음 40분간 등장하지 않는 것에 대한 이야기다. 대기를 유독하게 만들고 21세기 지구 전역을 '더스트 볼*'로 바꿔놓은 환경 재앙에 대한 TV 보도는 등장하지 않는다. 거대한 먼지 폭풍에 휘말려 패닉 상태가 된 채로 옥수수 수확이 얼마나 심각한 악영향을 받게 될지 설명하는 기자들은 등장하지 않는다. 글로벌 환경 대재앙을 논의하기 위해 긴급회의를 소집하거나 남아 있는 인류를 위해 거주 가능한 행성을 찾아내라고 NASA에 명령하는 대통령이나 고위 관료도 등장하지 않는다. 달리 말해, 재난영화나 SF영화에서 대재앙을 전달하는 평범한 방

컬버 시티의 스튜디오에서 〈인터스텔라〉를 촬영하는 모습. 제작진은 실물 크기의 레인저를 수압펌프 위에 장착하고, 그 주변에 90mX24m 크기의 거대한 스크린을 설치해 별이 가득한 우주의 모습을 영사했다.

● 1930년대 미국 남부 대평원에 큰 피해를 준 먼지 폭풍을 말하며, 그 재난 지역 일대를 일컫는 말이기도 하다.

법은 전혀 등장하지 않는다. 미니멀리스트 모드로 제작된 맥시멀리스트 영화인 〈인터스텔라〉는 평범한 방법 대신, 환경 재앙을 다룬 켄 번스 스타일의 다큐멘터리에 참여한 듯한 인물들의 인터뷰를, 저녁 식탁에 놓인 먼지 덮인 접시들의 숏을, 어린 딸 머피를 학교에 남게 하려고 애쓰는 아버지 매튜 맥커너히를 보여준다. 청색, 녹색 팔레트로 작업한 촬영감독 호이테 반 호이테마는 여명의 빛에서 맬릭풍의 색채를 찾아내고, 〈다크 나이트〉 시리즈에서 월리 피스터가 포착한 이미지의 광택과는 전혀 다른 꺼끌꺼끌한 질감으로 캘거리의 옥수수 밭을 촬영한다. 한편, 한스 짐머의 파이프 오르간이 쏟아내는 첫 음들은 산봉우리들이 아련하게 보이는 지평선을 기대감 넘치는 미스터리로 탈바꿈시킨다. 이 영화는 관객들이 제목을 보고 예상한 수직적인 영화가 아니라 수평적인 영화다.

머피가 '유령'이 남긴 메시지라고 믿는, 방에 쌓인 먼지는 사실 쿠퍼가 그의 임무에 대해 듣게 될 숨겨진 NASA 시설의 위치를 가리키는 좌표다. 이는 스필버그의 〈미지와의 조우〉에서 가져온 설정으로, 와이오밍에 있는 데블스 타워의 좌표를 가리키는 숫자들은 그 영화에서 차용했다. 하지만 머피의 방에서 태양빛에 물든 먼지가 흐르는 이미지는 순전히 놀란의 아이디어로, 태양에 의해 원형 궤도로 끌려온 우주진宇宙塵에 의한 포인팅－로버트슨 항력Poynting-Robertson drag을 시적으로 구현한 것이다.

대단히 몽환적인 이 이미지는 현명한 노교수인 브랜드_{마이클 케인}가 운영하는 NASA의 비밀 벙커를 쿠퍼가 우연히 발견한 뒤에 이어지는 장황한 설명을 참기 어렵게 만든다. 브랜드 교수는 미지의 고등 지적 생명체(이에 대해서는 의심스러울 정도로 정보가 제공되지 않는다)가 우주를 탐험할 수 있도록 토성 근처에 유용한 웜홀을 배치했다고 설명한다. 인류가 독자 생존 가능한 행성들을 찾아낼 수 있도록 말이다. 이미 승무원 3명의 연락이 두절된 상태지만, NASA는 다음 우주선을 하늘로 쏘아 올릴 준비를 마쳤다. 이제 그들에게 필요한 것은 탐험을 이끌면서 앞선 세 우주인이 택한 여로 중 어느 쪽을 따라가야 할지 결정할 용감무쌍한 우주 비행사가 전부다. "자네가 이 우주선을 조종하겠다는 데 동의하지 않는 한 더이상은 아무것도 이야기해줄 수 없네." 브랜드는 말한다. "1시간 전만 해도, 교수님은 제가 여전히 살아 있다는 것조차 몰랐잖아요. 그리고 교수님은 어쨌든 이 우주선을 보낼 예정이었잖아요." 쿠퍼는 관객이 품고 있던 채찍질하는 듯한 감정을 반영해 받아친다. 놀란의 플롯은 동생 조나의 플롯 옆구리를 들이받고, 우리는 첫 영화가 끝난 뒤 두 번째 영화를 지켜본다는 느낌을 받

게 된다. 비밀리에 부활한 NASA, 이전에 시도된 세 번의 임무, 아마도 고등 지적 생명체의 지원을 토대로 착수 준비가 끝난 또 다른 임무 등, 이 모든 것이 쿠퍼를 발사대 위에 올려놓는다.

이후로 영화는 신속하게 전개된다. 조나의 버전에서, 쿠퍼는 홀로 얼음 행성에 착륙한다. 그는 그곳에서 중화인민공화국이 파놓은 수직 갱도들과 로봇들, 중력의 방향을 바꿔놓은 기계, 햇빛을 흡수하는 외계 생명체, 시공간 외부에 지어진 우주 정거장, 마지막으로 쿠퍼가 지구로 귀환하는 길을 열어줄 웜홀을 발견한다. 놀란의 버전은 우리에게 두 행성

놀란이 아이슬란드에서 웨스 벤틀리와 함께 빛을 테스트하고 있다.

을 보여준다. 물의 행성과 얼음 행성. 하나는 인간의 사랑에 대해 탐구하도록 해주고, 다른 하나는 배신에 대해 탐구하도록 해준다. 인듀어런스호의 우주 비행사들은 지구에 남겨두고 온 사람들과 다른 속도로 흐르는 시간을 경험한다. 그들이 거주 가능할 것으로 예상되는 행성으로 내려가 그곳에서 보내는 몇 분이 우주선에서는 몇 주나 몇 달의 시간이었고, 지구에서는 몇 년의 시간이었던 것이다. 그런데 여기서 놀란은 시나리오 작가들이 여름 블록버스터의 주인공들에게 별 고민 없이 부여했던 충직함이라는 특징을 부숴버린다. 블록버스터의 주인공들이 가장 가까이 있는, 그리고 제일 사랑하는 이들을 구출하는 것은, 제유법적으로 인류를 향한 보편적 사랑을 대신한다. 이에 대해 놀란은 '잠깐'이라고 외치며 제동을 건다. 쿠퍼와 승무원들은 지구를 구할 수도 있지만, 그 과정에서 사랑하는 이들을 잃을지도 모른다. "내 딸은 열 살이에요." 쿠퍼는 말한다. "떠나기 전에 그 애한테 아인슈타인의 이론을 가르칠 수가 없었어요." 이에 아멜리아가 묻는다. "세계를 구하러 간다고 말하지 못한 건가요?" 그는 단호하게 말한다. "말하지 못했어요."

따라서 1시간이 지구의 7년에 해당하는 밀러 행성 수면으로 쿠퍼와 팀원들이 하강하는 시퀀스는, 가차 없이 똑딱거리는 시계 소리와 더불어 참기 힘들 정도로 긴장된다. "시간을 산소와 식량 같은 자원으로 여길 필요가 있어요." 아멜리아는 말한다. "아래로 내려가면 그에 대한 대가를 치르게 될 거예요." 행성 표면에 착륙한 그들은 밀러가 타고 온 우주선의 잔해를 발견한다. 브랜드는 그 잔해에서 데이터를 회수하려고 애를 쓰지만, 곧 엄청난 파도가 밀려오고 있음을 깨닫게 된다. 그들은 살기 위해 분투한다. 하지만 파도는 우주선의 엔진을 침수시키고, 그들은 물이 빠질 때까지 앉아서 기다려야만 하는 처지가 된다. "이것 때문에 얼마만큼의 대가를 치러야 할까요, 브랜드?" 쿠퍼가 묻는다. "많이." 인듀어런스로 돌아온 그들을 맞이한 이는 나이를 먹은 로밀리다. 그의 수염은 희끗희끗하다. 23년 4개월 하고도 8일이 지났다. 쿠퍼는 자신이 떠난 사이에 저장된, 지구에서 온 메시지들을 확인하려고 자리에 앉는다.

"안녕하세요, 아빠, 인사드리려고 접속했어요." 아들 톰이 말한다. 우리는 처음에 어린 톰티모시 살라메의 목소리만 듣는다. 카메라가 맥커너히의 얼굴에 머무는 동안, 짐머의 클라리넷과 플루트 소리 위에서 파이프오르간이 5와 4, 3, 2의 간격을 바꿔가며 연주하기 시작한다. 현창을 지나가는 빛의 파편이 맥커너히의 얼굴을 밝힌다.

"학교를 2등으로 졸업했어요. 미스 켈릭이 학생들한테 여전히 C를 주는 바람에 내 성적이 떨어졌어요." 톰의 말에 맥커너히는 뿌듯해하며 절로 환한 미소를 짓는다. 짐머의 음정 사이클이 되풀이되고, 이번에는 그 음정 주위의 화음 곁으로 더 많은 음이 겹쳐진다. 카메라는 서서히 돌리인하고, 우리는 그의 눈에 눈물이 글썽거리는 모습을 보게 된다.

"할아버지가 졸업식에 오셨어요." 톰이 말을 잇는다. "아, 저 다른 여자친구를 만났어요, 아빠. 이 애가 내 천생연분이라고 생각해요." 톰이 언급한 적이 없던 기억(새 여자친구!)이 처음 등장하면서 맥커너히의 얼굴이 일그러진다. 여기서부터 그는 샬라메가 사진을 보여주는 동안 흐느낌을 참으려고 갖은 애를 쓰고 있다. "이 아이가 로이스예요. 저기 있는 저 여자아이요."

맥커너히가 앉아 있는 의자 뒤에서 찍은 숏은 시간의 경과를 보여준다. "머피가 할아버지 차를 훔쳤어요… 충돌 사고를 냈어요… 그래도 걔는 무사해요." 이제는 케이시 애플렉이 연기하는 장성한 톰이 말한다. 그의 사포 같은 꺼칠한 인상은 뒤에 이어질 장면을 생각해보면 완벽한 인상이다. 톰이 맏아들을 안아 들고 말한다. "애 이름은 제시예요."

맥커너히로 편집해 넘어가면, 갑작스레 얻은 손자를 향한 애정이 슬픔을 다독였다는 것이 확인된다. 그는 손자를 얻은 할아버지라면 누구나 그러하듯이 스크린을 향해 손을 흔든다. "오랫동안 연락하지 못해서 죄송해요." 톰이 말한다. 그는 무엇인가를 숨기려 애쓰는 게 분명한 기색으로, 밑을 내려다보며 꽉 쥔 두 손 뒤에 몸을 감추고 있다. "어어… 할아버지가 지난주에 돌아가셨어요. 엄마 옆에 묻어드렸어요." 맥커너히는 여전히 꿈쩍도 않은 채 파도에 두들겨 맞는 바위처럼 비보를 받아들인다. 눈물이 얼굴을 타고 흘러내린다. "머피도 장례식에 왔어요. 요즘에는 걔를 자주 못 봐요." 톰은 말을 잇는다. "로이스는 나더러 이제 그만 아버지를 놔드리래요." 맥커너히는 머리를 가로젓는다. "아버지를 놔드리는 편이…."

비디오 스크린이 꺼지고, 음악은 침묵에 잠긴다. 맥커너히는 제정신이 아니다. 꺼진 스크린에 생명을 다시 불어넣으려는 듯 스크린을 붙잡고 흔든다. 결국 오르간이 구명 밧줄을 던지면 비디오 스크린의 녹색 이미지가 깜박거리면서 생명을 되찾는다.

"안녕, 아빠." 이제는 어엿한 여성이 된, 제시카 차스테인이 연기하는 머피가 말한다. "안녕, 머피." 그는 다 자란 딸의 모습에 어리둥절해하며 속삭인다. "아빠가 여전히 답장을 하고 있는 동안에는 메시지 영상을 한 번도 찍지 않았어요. 아빠가 떠난 게 너무 화가 났으니까요. 그러다 아빠 소식이 더는 없으니까 그 결정을 감수하면서 사는 게 당연한 것처럼 보였어요." 그녀가 분노를 통제하려 애쓸 때, 짐머는 음 위에 음을 쌓으면서 서서히 볼륨을 높인다. 이날은 그녀의 생일이다. 이제 그녀는 쿠퍼가 떠났을 때 나이와 같은 나이가 됐다. "지금은 아빠가 돌아오기에 정말 좋은 시간인 것 같아요." 그녀는 그 말을 끝으로 카메라를 끈다. 이어서 보게 되는 장면은 사무실 의자 바로 뒤의 시점에서 카메라를 끄는 머피의 모습이다. 그녀의 책장에는 NASA의 링 바인더들이 놓여 있다. 마이클 케인이 연기하는 브랜드 박사가 그녀의 뒤에 앉아 지켜보고 있다. 이제 우리는 그녀가 겪은 이야기를 듣게 될 것이다.

• • •

"조나의 오리지널 시나리오에서 집중했던 지점 중 하나가 이 순간이었습니다. 이 장면이 그 시나리오의 핵심이자, 진정한 집필 취지였죠." 놀란은 말했다. "결코 본 적이 없는 설정이라고 생각했습니다. 그 설정은 정말이지 내 마음에 꽂히더군요. 그 신을 놓고 매튜와 많은 얘기를 나눴는데, 그가 원한 방식은 모든 메시지를 미리 촬영하자는 것이었죠. 나는 그것들을 영화에 삽입하기 위해 시각효과를 활용하고 싶지는 않았습니다. 그런데 매튜가 원한 건 그 신을 촬영하면서 그의 클로즈업을 시작하기 전까지는 그 영상들을 보지 않는 것이었죠. 그가 하려는 연기는 지나치게 리얼해지는 지점의 경계선 바로 위에 있었습니다. 그는 자식을 둔 한 사람의 아버지로서 매우 현실적으로 그런 상황을 경험하고 있었으니까요. 실제로 그 테이크들 중 하나는 연기의 수준을 넘어섰던 것 같아요. 내가 연기를 연출하면서 가장 강하게 매료된 순간에 속할 겁니다. 나는 연기하는 그들 앞에 앉아서, 모니터를 통하지 않고 직접 지켜봅니다. 모니터는 프레임을 잡기 위해서 볼 뿐이죠. 관객의 한 사람으로서 그들이 어떤 느낌을 받는지 열린 마음으로 받아들이려고 시도하는 게 내 직업이니까요. 배우들의 연기가 너무 생생하고 개방적이라 관객들이 지나치게 압도되는 바람에, 지나치게 강렬한 바람에 배우와 관객의 유대감이 끊어지는 순간이 자주 있습니다. 그런 순간을 만난 관객은 지나치게 강요받는다는 기분을 느끼죠. 사운드의 볼륨을 지나치게 높게 올리면 소리가 왜곡되어 들리는 것과 비슷합니다. 그리고 감독으로서 하는 일 중 일부는 관객과 제대로 동조해야 하는 순간이 언제인지 가늠하는 겁니다. 많은 사람이 그 신에 공감했습니다. 지금도 여전히 많은 사람이 그 신에 대한 얘기를, 그 신이 자신들에게 끼친 영향에 대한 얘기를 나한테 말해주곤 합니다. 그것이 우리의 의도였죠. 그 신은 대단히 감정적인 신이라고 생각합니다. 그 신은 내가 각별히 신경 쓰면서 감정적인 것들을 무척 많이 담아낸 신이에요."

놀란이 〈인터스텔라〉에서 감정적이라고 생각한 요소는 〈메멘토〉와 〈배트맨 비긴즈〉, 〈인셉션〉, 〈다크 나이트 라이즈〉에서 감정적이라고 생각했던 것과 동일하다. 바로 '버림받음'이라는 감정이다. "다른 사람의 얼굴을 볼 수 있다는 게 얼마나 좋은 것인지, 이런 걸 배울 일이 없도록 기도할게요." 쿠퍼 일행이 얼음 행성에서 만 박사를 발견했을 때 박사가 한 말이다. 그곳에서 만 박사가 자행하는 배신은 훌륭한 디테일에 의해 이미 예견되었다. 쿠퍼의 우주선이 두툼한 구름을 뚫고 하강하던 중 구름의 모서리와 충돌하는데, 관객은 구름이 부서지고 떨어져 나가는 모습을 보게 된다. 그 구름은 얼음으로 만들어진 것이다. 에벌린 워의 「한 줌의 먼지 A Handful of Dust, 1934」에 나오는 토드 씨와 사뭇 비슷하게, 지금껏 감내해온 고립과 고독에 의해 서서히 정신이 나간 우주 비행사 만 박사는 구조받기 위해 거짓 핑계를 내세워 그들을 유인했다. 생존 본능이 그 외의 모든 것을 압도한 것이다. 쿠퍼의 영혼도 블랙홀 가르강튀아에 하강하면서 테서랙트에 갇혔다는 걸 알게 됐을 때 비슷한 시험에 든다. 5

놀란이 손으로 그린 테서랙트 스케치들.

THE TESSERACT REPRESENTATION

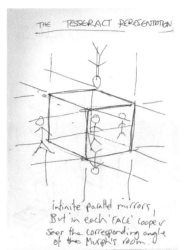

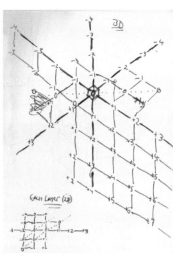

3D

EACH LAYER (2D)

Infinite parallel mirrors,
But in each 'FACE' Cooper
Sees the corresponding angle
of the Murph's room.

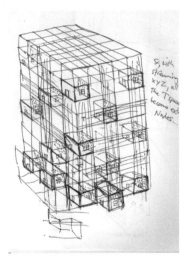

So, with
streaming
xyz, all
the T-spaces
become edge
Nodes...

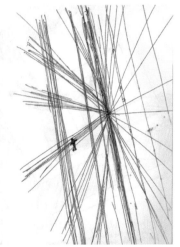

Cooper falls
through tight tunnel, gaps
widen, as Phillips constant,
breaks tunnel walls into corridors

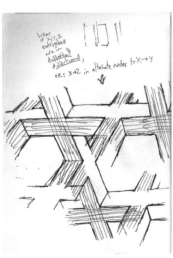

What
if x/y/z
extrusions
are in 9
different
directions?
OR: x+z in alternate nodes to x→y

차원 우주의 하이퍼큐브인 테서랙트는 그가 시간을 앞뒤로 이동할 수 있게 해주지만, 그는 죄책감 때문에 특정 장소에 못 박힌다. 부녀지간의 다양한 사연이 쌓여 있는 딸의 침실이다. 유령 이야기는 이제 한 바퀴를 다 돌았다. 그의 딸이 유령이라 여겼던 존재는 바로 쿠퍼였다.

자신의 방에서 머피는 빗질을 하고 있다. 그곳에서 그녀는 아버지인 쿠퍼에게 먼지의 패턴을 가리키고 있다. 그 방에서 그는 딸에게 작별 인사를 한다. "갈 거면, 그냥 가요." 그렇지만 쿠퍼는 그녀의 책장에 있는 책을 두드리는 것 말고는 딸과 접촉하거나 소통할 수 있는 수단이 전혀 없다. 딸의 책장에는 백과사전과 코넌 도일 전집, 「샬롯의 거미줄 Charlotte's Web, 1952」, 「시간의 주름 A Wrinkle in Time, 1962」, 버림받은 또 다른 소녀를 다룬 셰익스피어의 「겨울 이야기 The Winter's Tale, 1611」가 꽂혀 있다. "가지 마, 이 바보야!" 그는 과거의 자신에게 소리치며 이 방에서 저 방으로 옮겨 다닌다. "머피, 나를 떠나게 놔두지 마." 테서랙트는 부모로서 느끼는 회한으로 이루어진 끝없는 복도로, 그는 놓쳤던 기회들과 말하지 않았던 일들과 택하지 않았던 길들을 다시 맞닥뜨려야 한다. 레너드 셸비의 동그라미를 그리는 인생처럼, 그곳에는 한없이 다시 체험해야 하는 영원한 트라우마가 존재한다. 그러나 셸비가 부지불식간에 갇혔던 림보와 달리, 쿠퍼는 철저하게 무력한 처지는 아니다. 그는 딸에게 남겨준 시계를 통해 머피와 소통할 수 있다. 전신마비 상태에서 눈을 깜박여 자서전을 쓰는 사람(장 도미니크 보비의 「잠수종과 나비」)처럼 초침을 조종하는 것이다.

"〈인터스텔라〉는 사람들 사이의 정서적 유대감이라는 아이디어 뒤편에 확고하게 자리를 잡았습니다. 내가 딜런 토머스의 시를 원했던 이유가 그거였죠. '분노하라, 빛이 꺼져가는 것에 분노하라.' 그 시는 내가 말

—
놀란의 테서랙트에 영향을 준 요소
에는 다음과 같은 것들이 있다.

위 에드윈 A. 애보트의 중편소설
「플랫랜드: 많은 차원의 로맨스」

하려는 내용을 정확하게 담고 있습
니다. 우리가 분노하는 것은 빛이
꺼져가고 있기 때문이죠. 시간이 우
리의 적인 건 확실합니다. 〈인터스
텔라〉에서는 특히 더 그렇습니다.
아무도 모르게 서서히 퍼지는 위험
한 세력으로, 우리를 상대로 농간을
부릴 수 있는 힘이죠. 내가 시간이
이기도록 그냥 놔둘 거라고는 조금
도 생각하지 않습니다. 사실 이 영
화는 내게 있어서 아버지가 된다는
것의 의미를 다루는 영화입니다. 우
리 인생이 우리 옆을 스쳐 지나가고
우리 아이들은 우리 눈앞에서 성장
한다는 느낌을 담은 작품이죠. 내가
리처드 링클레이터 감독의 비범한
영화인 〈보이후드 Boyhood, 2014〉를
감상하며 느꼈던 것과 무척 비슷합
니다. 그 영화는 완전히 다른 방식
으로 똑같은 작업을 한 겁니다. 우

—
중간 루이 다게르가 1838년에 파
리의 블루바르 뒤 탕플을 촬영하고
자 장시간 노출 뒤 찍은, 인간이 피
사체가 된 역사상 최초의 사진.

아래 게르하르트 리히터의 '스트립
(921-6)'. 리히터는 수평의 띠들을
빚어내기 위해 그가 총애하는 작품
중 하나인 '추상회화 (724-4)'를 촬
영한 후, 분할 과정에 집어넣어 회
화 작품에 있는 가느다란 수직의
조각들이 수평축을 따라 확장되도
록 연장시켰다.

리 모두는 이런 문제를 다루고 있죠. 거기에는 긍정적인 측면이 있습니다. 영화에서 일부 낙관주의가 비롯되는 지점이 그 부분이라고 생각합니다. 사람들에게 작별을 고할 때 느껴지는 큰 슬픔은 우리가 그 사람들에게 느끼는 사랑을 커다란 규모로 표현한 겁니다. 그건 우리가 맺은 관계에서 굉장히 중요한 부분으로, 그 유대 관계가 얼마나 강한지를 보여주죠."

놀란은 시간의 왜곡이라는 관념에 접근했던 다른 많은 조각가와 아티스트를 살펴봤다. 그들 중에는 1838년에 역사상 최초로 인간을 사진 촬영한 루이 다게르도 포함되어 있었다. 당시 파리의 블루바르 뒤 탕플을 촬영하려고 장노출 기법을 사용한 다게르는 구두닦이에게 구두를 맡기고 서 있던 남자를 발견했다. 그 남자는 다게르가 금속판을 노출시킨 10분 동안 가만히 서 있던 유일한 사람이었다. "게르하르트 리히터가 출판한 책이 있습니다. 그 책에서 그는 그림 한 점을 놓고 그걸 둘로 쪼갠 후, 다음에는 넷으로 쪼개는 식으로 작업을 해나갔죠. 그 그림의 조각들을 연장시켜 줄무늬로 만든 겁니다. 저는 시각효과 담당자들에게 프리웨이 freeway를 촬영하라고 지시했어요. 우리의 눈이 그곳에 고정되어 있고 차량들이 깜빡거리기 시작하면서 움직일 때 어떤 일이 벌어지는지 알아보기 위해서였죠. 그 작업에 굉장히 공을 들였어요. 나는 보통 모양새가 마음에 드는 것을 택해서 작업을 진행하는 편이지만, 이 영화에서 그건 수학적인 작업이어야 한다고 느꼈습니다. 따라서 그 공간이 붕괴할 때는 네커 큐브° 회전을 따릅니다. 4차원 회전이죠. 4차원 회전을 2차원으로 재현하는 겁니다. 따라서 그 작업은 특이한 방식으로 개방적이죠. 수학자와 과학자는 그걸 보자마자 알아차릴 겁니다. 당신이 그곳에서 세트를 살펴봤다면, 정말 아름답다고 생각했을 거예요. 그런데 그건 우연히 아름다운 겁니다. 늘 그 자리에 존재하고 있었던 무엇인가를 조각해서 끄집어내는 조각가처럼 작가가 작업할 때, 또는 감독이 작업할 때, 본래부터 존재하던 무언가를 밖으로 끄집어내고 밝혀내는 작업을 하고 있다고 생각합니다. 나는 이런 관념을 신봉하는 학파의 지지자인 게 분명해요."

● 앞면과 뒷면을 구분하기 어려워 착시를 일으키는 가상의 입방체.

• • • •

놀란이 한스 짐머에게 파이프오르간으로 영화음악을 작업해달라고 제의했을 때, 짐머는 경악했다. 짐머가 떠올린 건 옛날 해머 하우스의 공포영화를 볼 때마다 항상 들리던 오르간 소리뿐이었다. "나는 오르간과 관련한 의뢰를 하면서 한스에게 저주를 건 셈이었죠." 감독은 말했다. "나는 '한스, 나는 진심으로 파이프오르간을 원해요. 그걸로 작곡해본 적 있어요?'라고 물었어요. 그는 오르간으로 영화음악을 작업해본 적이 전혀 없었습니다. 그래서 약간 겁을 먹더군요. 하지만 그는 오르간에 몰두하기 시작했어요." 놀란 입장에서, 오르간의 소리는 좀 더 개인적인 경험이었다. 그 소리는 그의 어린 시절을 구성하는 소리 중 하나였다. 헤일리버리에서는 화요일부터 금요일까지 오전 8시가 되자마자 전교생이 일일예배를 드리기 위해, 브레시아에 있는 두오모 누오보의 돔을 닮은 커다란 돔 아래 자리한 학교 예배당으로 정어리 떼처럼 꾸역꾸역 들어가고는 했다. 예배는 10분간 진행됐다. 아침을 먹고 싶어 꾸르륵거리는 배를 의식하며 속성으로 거짓 기도를 올리고, 독일제 요하네스 클라이스 파이프오르간의 반주에 맞춰 다양한 열의를 담은 힘찬 목소리로 찬송가 두 곡을 부르기에 딱 알맞은 시간이었다. 학교에 설치된 파이프오르간은 대성당에서 흔히 볼 수 있는 크기로, 수동 키보드와 페달 3개에 54개의 스톱이 달려 있었다.

"어린 시절에 다녔던 가톨릭 사립 초등학교인 배로우 힐스에서도 파이프오르간 소리를 들은 적이 있습니다. 그곳에도 오르간이 있었거든요. 내가 다녔던 학교에서 기독교 교육을 받으며 자란 까닭에 그 악기에 무척 친숙합니다. 나는 어느 정도 가톨릭 신자로 자랐으니까요. 우리 아버지는 실천하는 가톨릭 신자였습니다. 나는 그렇지 않았고 그 시절에는 특히 더 그렇지 않았지만, 가톨릭 학교들을 다닌 건 분명하죠. 〈인터스텔라〉를 작업하면서 종교적 독실함이나 경외감을 불어넣는 도구 중 하나로 오르간을 연주하자는 아이디어에 큰 흥미가 생겼습니다. 우리가 작업한 음악을 신경 써서 들어보면, 음악이 갑자기 뚝 끊겼다가 그 음악의 반향이 크게 울리는 소리를 자주 들을 수 있을 겁니다. 우리는 실제로 템플 처치의 비좁은 공간을 활용했습니다. 음악의 메아리가 큰 소리로 울리도록 만들어서 공간감을 빚어내고자 시도한 겁니다. 그 소리는 사실

밀폐에 의해 빚어진 울림이었지만 말입니다. 그건 무척이나 건축적인 아이디어였어요. 당신이 대성당에 들어갈 경우, 대성당에 있는 모든 것이 경외감을 불러일으킬 겁니다. 〈인터스텔라〉는 딱히 종교적인 영화는 아니지만, 경외감을 빚어내기 위해 사용할 수 있는 연관 관계들을 찾아볼 수 있어요. 그리고 나한테 엄청난 영향을 준 작품은 필립 글래스의 경이로운 음악이 깔리는 고드프리 레지오의 〈코야니스카시Koyaanisqatsi, 1982〉입니다. 경이로운 비서사 영화라고 생각합니다. 그 영화도 오르간을 기가 막히게 활용하죠."

〈코야니스카시〉는 러시아워의 로스앤젤레스와 뉴욕, 유타의 캐니언랜즈 국립공원, 저소득층 주택단지 폭파 장면, 핵폭발 등 다양한 도시 환경과 자연 환경을 담아낸 실험적 다큐멘터리이다. 현대인의 삶이 혼란 속

—
〈인터스텔라〉의 영화음악을 녹음하던 기간 중, 놀란과 짐머는 일정을 맞추기 위해 레코딩 세션들을 동시에 진행했다. - 조던 골드버그의 사진

에서 균형을 잃고 있다는 관념을 표현하기 위해 타임랩스 촬영 기법과 필립 글래스의 음악을 활용한 고드프리 레지오의 첫 영화였다. 그는 이 영화를 만들기 전에 크리스천 브라더스 회중 소속 수도사였다. 그래서 이 영화는 놀란의 출연진과 스태프가 생전 처음으로 본 수도사가 만든 영화가 되었다. 영화가 개봉되기 2년 전부터 작곡에 착수한 짐머는 그의 런던 아파트에서 칩거에 들어갔다. 그의 주위에는 NASA의 우주 사진을 담은 '타임 라이프' 출판사 책들이 놓여 있었다. 그는 영화를 시나리오 형태로도 읽어보지 못했지만, 놀란이 통화할 때 묘사했던 장면들을 위한 아이디어를 짜냈다. 복잡성 측면에서 17세기에 만들어진 그 어떤 기계와 견주어봐도 뒤떨어지지 않는 악기인 파이프오르간은 우주선과 약간 비슷해 보였다. "지구 깊은 곳에 잠들어 있는 거인처럼 생겼죠." 짐머는 말했다. "우리는 공기가 파이프를 밀고 나오는 소리를 듣는 겁니다. 파이프오르간은 풀려나기만을 기다리는 거대한 짐승이죠."

런던의 플릿 스트리트 바로 옆에 있는, 템스강과 가까운 템플 처치에서 최근에 복원된 4단 손건반의 1926년형 해리슨 앤 해리슨 오르간을 찾아낸 짐머는 교회의 옆방 중 하나에 원격 스튜디오를 차렸고, 교회 중앙부의 신도석 곳곳에 마이크를 다량 배치했다. 1927년에 스코틀랜드 재단을 위해 만들어진 이 오르간은 파이프가 3,828개이고 스톱이 382개다. 일부 파이프의 길이는 연필 정도로 짧고, 일부는 10미터에 달한다. 이 파이프들이 내는 저음은 어찌나 낮은 소리를 내는지, 그런 저음이 울릴 때는 교회의 창문들이 실제로 불룩하게 부풀기도 했다. 짐머는 6미터쯤 떨어진 곳에 마이크를 놓았는데, 일부 마이크는 오르간의 메인 파이프에서 12미터 떨어진 곳에 놓았다. 그는 기이한 음향을 얻고자 성가대에게 마이크에서 떨어져 있으라고 요청하기도 했다. "영화의 캐릭터들은 지구에서 멀어질수록 인간이 내는 소리와 멀어집니다. 인간이 빚어내는 소리들에서 소외되는 거죠." 짐머가 한 말이다. "영화에 등장하는 동영상 메시지들처럼, 그 소리들은 조금 더 부식되고, 약간 더 추상적인 소리가 됩니다." 조지 마틴의 에어 스튜디오에서 작업한 두 번째 녹음 세션에는 현악 연주자 34명과 목관 연주자 24명, 피아노 연주자 4명을 비롯한 100명의 오케스트라 단원으로 가득 채워졌다. 그들이 필요로 하는

분량을 녹음하면서 제작 일정에 뒤처지지 않는 것은 불가능하리라는 걸 깨달은 두 사람은 여러 녹음 세션들을 동시에 진행했다. 짐머가 오케스트라, 피아노와 함께 AIR에 있으면, 놀란은 오르간과 성가대와 함께 템플 처치에 있는 식이었다. 두 사람은 위치를 바꾸기도 했다. "작업할 게 어마어마하게 많았습니다." 놀란은 회상했다. "그때는 우리가 함께 작업한 지도 몇 년쯤 된 시점이었습니다. 우리는 그 많은 음악을 상이한 방식들로 점점 더 가깝게 작업해오고 있었죠. 원하는 곳에 다다르길 원하면서 여러 문제를 작업 과정의 일부로서 씨름하는 나 같은 사람에게 한스는 굉장히 관대하고 편안한 사람입니다. 무엇보다도 음악을 우선시하려는 사람이 아니죠. 그는 음악이 영화의 마지막 단계에서 칠하는 페인트 같은 게 되기를 원한 적이 없는 사람이라고 생각해요. 다만 그는 영화음악이 화면에서 진행되고 있는 구조 깊숙한 곳에 자리 잡기를 원하죠. 나는 영화를 만들 때마다 그를 작업에 깊이, 더 깊이 참여시켰습니다. 한스의 작업 방식은 이렇습니다. 그는 우리에게 매우 중첩된 일련의 신호를 줍니다. 때로는 나한테 이런 말을 하죠. '스튜디오로 내려와 봐요. 우리는 다양한 요소들을 살펴보게 될 거예요.' 이를테면 딱 이런 두 음만 있는 오르간 한 층이 있습니다. 그러면 내가 그에게 말하죠. '그 패턴을 고리 모양으로 만들 수 있나요?' 그러면서 루프 포인트 2개를 제시합니다. 그러면 그는 '내일 보낼게요.'라고 답하죠. 그는 이튿날에 결과물을 내게 보내면서 '오르간 낙서'라고 하더군요. 훨씬 큰 규모의 곡에서 보자면 그 낙서는 일부에 불과해요. 그냥 툭 던져버리는 곡이니까요. 그는 이렇게 사랑스럽고 자그마한 곡을 만들어서 나한테 보냅니다. 리는 카운트다운 장면을 편집하고 있었죠. 나는 음악을 틀 수 있는 별도의 시스템에서 그 음악을 틀기 시작했습니다. '이 음악에 뭔가가

프리츠 랑의 <달의 여인> 포스터. NASA의 카운트다운은 이 영화에서 영감을 얻은 것이다.

있는 것 같으니까 같이 좀 재생하게 해줘요.'라고 말했어요. 무척 기이한 음악이 시작되더군요. 으음, 기이하고 복잡했죠. 오르간으로 연주한 음들이었는데 말입니다. 우리는 그걸 재생했습니다. 리와 나는 상황을 지켜봤어요. 딱 알맞은 음악이었습니다. 그 장면의 정서에 완벽하게 맞아떨어졌으니까요. 굉장했습니다."

우주선 발사 장면은 놀란의 영화를 통틀어 손꼽힐 정도로 위대한 영화적 장면에 속한다. 기계적인 발사 카운트다운("10, 9, 8, 7…")이 진행되고 딸에게서 멀어지며 눈물을 흘리는 맥커너히의 숏에 짐머가 파이프오르간으로 연주하는 말러풍의 크레셴도가 울려 퍼진다. 카운트다운이 '1'에 도달하면 오르간 소리는 사라지고 스크린은 갑자기 불길로 덮인다. 프리츠 랑이 무성영화 〈달의 여인 Frau im Mond, 1929〉에서 처음으로 활용한 기법을 향해 완전한 동그라미를 그리며 복귀한 것이다. 랑은 필름 릴에 사용된 역방향 카운트다운을 차용해서 발사 카운트다운을 연출했는데, 그 카운트다운은 그가 미국으로 이주하고 NASA 과학자들이 그의 영화를 감상한 후 NASA의 실제 발사 프로토콜에 영감을 줬다. 따라서 NASA의 모든 카운트다운은 필름 누아르의 할아버지에게 바치는 오마주다. 이 장면에서 놀란이 기저에 깔아둔 주제, 즉 뉴튼의 제2법칙을 비튼 주제가 상세히 설명된다. 당신이 어딘가로 가려면, 먼저 누군가를 뒤에 남겨둬야 한다. 하지만 이 영화의 사운드 믹스는 개봉 당시 합창처럼 터져 나오는 불평에 직면했다. 사람들은 대사 일부가 음악에 묻히는 바람에 들리지 않는다고 항의했고, 그 결과 뉴욕 로체스터의 어느 극장은 〈인터스텔라〉 입장권 구매자를 대상으로 다음과 같은 내용이 적힌 게시판을 내걸어야 했다. "우리 극장의 사운드 장비는 모두 적절하게 작동하고 있다는 것을 알아주셨으면 합니다. 크리스토퍼 놀란은 음악을 강조하는 쪽으로 사운드트랙을 믹스했습니다. 이것이 사운드와 관련된 감독의 의도입니다." 달리 말해, 불만이 있으면 감독한테 항의하라는 내용이었다.

"항의를 많이 받았습니다." 놀란은 말했다. "'방금 당신 영화를 봤는데, 대사를 알아들을 수가 없었어요.'라고 말하는 다른 감독들의 전화도 받았죠. 음악이 지나치게 크다고 생각하는 사람도 일부 있었습니다. 그런데 그것은 우리가 믹스하기로 선택한 방법에 따른 결과라는 겁니다. 그건 대단히 급진적인 믹스였어요. 사람들이 사운드와 관련한 문제에 대해서는 정말 보수적이라는 것을 깨닫고는 약간 충격을 받았습니다. 우리는 제멋대로 찍은 듯한 비주얼을 보여주는 영화를 만들 수도 있고, 아이폰으로 영화를 촬영할 수도 있습니다. 그렇게 해도 투덜거리는 사람은 아무도 없을 겁니다. 그런데 사운드를 특정 방식으로 믹스하면, 또는 특정 서브 주파수를 사용하면 사람들이 들고일어나는 거죠. 그런 작업을 통해서 빚어낼 수 있는, 규모에 대한 놀라운 느낌이 있습니다. 〈인터스텔라〉에는 지금껏 어느 누가 작업했던 것보다도 한층 더 경계를 확장시키는 작업으로 사운드에 불어넣은 물질성의 경이로움이 있습니다. 우리는 서브채널이라는 아이디어를 활용했어요. 그 작업을 하면 바이브레이션을 많이 얻을 수 있습니다. 로켓 발사 장면을 위해, 그리고 음악을 위해 그걸 활용했습니다. 그중 다수는 음악에 활용됐는데, 한스는 오르간으로 얻은 극도로 낮은 음을 활용했어요. 그 음은 관객의 가슴을 내리누를 수도 있었죠. 소프트웨어를 통해 자동으로 걸러낸 최저 주파수들이 있었으니까요. 그는 그런 통제들을 모두 걷어냈고, 그 음악에는 서브 주파수가 모두 들어 있습니다. 우리는 더빙 스테이지에서도 똑같은 작업을 했어요. 무척이나 매혹적인 사운드 믹스입니다. 아이맥스 극장에서 이 영화를 보면 굉장히 놀라운 경험을 하게 될 겁니다."

놀란은 스펙트럼의 반대쪽 끝으로 이동했다. SF 영화에 등장하는, 윙윙거리는 소리, 휘파람 소리, 문이 휙 하고 닫히는 소리 등 우주선 내부를 가득 채우는 게 보통인 폴리 사운드*를 많이 덜어낸 것이다. 호이테마의 핸드헬드 카메라워크와 조화를 좀 더 이루게 하기 위해서였다. 그런 사운드 대신, 제작 과정에서 녹음한 우주선 선내에서 움직이는 모든 사람의 소리를 활용했다. "그 소리를 덧붙인 영화를 상영해봤습니다. 그런 뒤 사운드 담당자들에게 어떻게 생각하느냐고 물었죠. 한목소리로 대답하더군요. '좋아요. 우리는 찬성이니까 그 방식으로 작업하세요.' 그건 굉장히 급진적인 방식이었죠. 예를 들어 로봇 타스의 경우, 내 어시스턴트의 사무실에 녹음기를 두고 안이 꽉 찬 캐비닛 서랍 2개를 여닫는 소리를 녹음했어요. 그게 영화에 들어간 유일한 사운드입니다. 레이어링은

● 후반 작업에서 덧붙이는 효과음.

없었죠. 그 사운드에는 약간 으스스하거나 사람을 심란하게 만드는 무언가가 있다고 생각합니다. 한편에서는 대단히 풍성한 음악을 비롯한 나머지 모든 요소를 다 진행시켰으니까요. 윙윙거리는 소리와 그 외의 다른 소리들이 몇 겹의 레이어로 존재하는 게 보통이던 곳에 위축된 느낌이나 단순해진 느낌이 감돌았습니다. 우리는 그런 요소들을 모두 벗겨냈어요. 영화의 특정 순간들에는 리얼리티의 느낌이 있습니다. 사람들은… 사람들은 그게 어디서 비롯된 것인지 잘 이해하지 못합니다. 그렇지만 그 영화에는 영화 전체를 관통하는, 사람을 불안하게 만드는 느낌이 있습니다."

이 영화에 담긴 꾸밈음 중 하나인 우주선이 토성을 지나갈 때 흐르는 열대지방의 폭풍우 소리를 제안한 것은 짐머였다. "그 아이디어는 원근감을 부여하려는 의도였어요." 놀란은 말했다. "한스가 캐릭터 중 한 명이 지구의 폭풍우나 뇌우 소리 녹음한 걸 듣고 우주로 가는 설정을 넣으면 어떻겠느냐고 제안하더군요. 그들이 뒤에 남겨두고 온 지구와 어떤 유대감을 느끼고 싶어 할지도 모른다는 거였죠. 그래서 실외 숏에 폭풍 소리를 덧입히게 됐습니다. 아주 자그마한 우주선이 토성을 지나가는 숏이 있습니다. 우주선은 정말 작아요. 너무 작아서 DVD에서는 보이지도 않을 지경이었죠. 우리는 다시 작업해서 그 우주선을 보이도록 만들어야 했습니다. 그런데 그 신에서 매우 조용한 피아노 선율이 흐릅니다. 카메라는 선내로 들어가 로밀리에게 향합니다. 그는 헤드폰을 끼고, 카메라가 다시 선외로 나왔을 때 사운드가 깔립니다. 토성 근처에서 귀뚜라미 소리와 빗소리가 충격적일 정도로 광활한 우주를 덮는다는 아이디어가 정말이지 마음에 쏙 들었어요. 그 장면은 내가 이 영화에서 좋아하는 부분 중 하나입니다."

• • •

놀란은 〈인셉션〉 때 그랬던 것처럼 편집실에서 불안감을 몇 번 느꼈다. "〈인터스텔라〉는 이상할 정도로 편집하기가 까다로운 영화였습니다. 이전에 작업했던 모든 영화에서 그랬듯이 우리는 일단 긴 버전으로 편집했습니다." 놀란은 말했다. "우리는 첫 편집본을 작업한 뒤 그걸 상영해봤죠. 가끔씩 덜컹거리는 부분들이 있었습니다. 우리는 그런 부분들을 바로잡는 법을 잘 알고 있었죠. 가위질을 했습니다. 먹혀들지 않는 부분들을 제거했죠. 효율적인 편집 방식을 찾아내 영화를 잘라내기 시작했어요. 영화는 자를수록 나아지고, 나아지고, 나아졌습니다. 더 팽팽해지고 군더더기가 없어졌죠. 〈다크 나이트〉를 자세히 보면, 그 영화는 굉장히 조밀합니다. DVD에는 삭제 장면이 전혀 없죠. 하나도 없습니다. 우리는 아무것도 생략하지 않았어요. 어떻게든 모든 걸 영화에 욱여넣는 방법을 찾아냅니다. 거대하고 육중한 영화인 〈인터스텔라〉 역시 그와 같은 방향으로 작업하면서 되도록 효율적인 영화를 본능적으로 만들어냈죠. 그런데 그렇게 하다 보니 영화가 지루해지더군요. 그 영화는 표면적으로 그저 떠들어대는 사람들을 보여주다가 빠르게 편집해 가며 더 많은 사람들이 떠들어내는 장면을 보여주니까요. 결국에는 우주로 나아간다는 그 영화의 전체적인 주제를 상실한 듯한 느낌이 들었습니다. 그래서 영화를 지켜보며 생각하게 됐죠. '저렇게 해서는 영화가 굴러가지 않을 거야. 나와 리가 지난 10년간 해왔던 접근 방식을 버려야만 해. 단순

— 고드프리 레지오의 실험적인 다큐멘터리 <코야니스카시>. 영화 속 이미지와 필립 글래스의 음악은 <인터스텔라>에 큰 영향을 주었다.

히 영화를 더 짧게 만들려고 애써서도 안 돼. 그렇게 해봐야 영화가 개선되지는 않을 거야.'"

놀란은 리에게 〈코야니스카시〉를 보라고 지시했다. "리는 그 영화에 대해 들어본 적이 없더군요. 그런데 나에게 필요한 건 바로 그 영화였습니다. 그 영화는 순수한 이미지의 집합체니까요. 그 영화가 지향하는 작업이 무엇이건, 그 영화를 통해 어떤 느낌을 받건, 관객은 그 영화를 보면서 무엇인가를 경험하고 있습니다. 우리는 그걸 놓치고 있었죠. 그런 요소가 우리 영화에도 확실히 존재하게끔 만들어야 했습니다. 관객이 그 이미지(경외감, 규모)를 직접 경험할 수 있도록 작업해야 했습니다. 캐릭터들을 통하지 않고서도 관객이 한숨을 돌릴 수 있게끔 해주는 이미지와 관객에게 직접 영향을 주는 이미지가 있어야 했죠. 우리는 이런 이야기를 나눴어요. '좋아, 우리는 디지털 효과 담당자들과 작업해야만 해. 한스와 함께 음악 작업을 해야 하고. 관객들이 경험을 하도록 만들어줘야 해. 그들이 느끼고 있는 이야기의 감정을 그대로 전달받는 직접적인 경험을 말이야.' 그건 두 가지의 상이한 유형의 영화 연출이었죠. 이 영화는 양쪽을 다 갖춰야만 제대로 작동할 수 있었습니다. 양쪽 중 어느 한쪽이 제대로 풀릴 때가 있었고, 다른 한쪽이 잘 풀릴 때가 있었죠. 때로는 어느 한쪽 때문에 지독한 불안감에 빠진 적이 몇 번 있었고, 다른 한쪽 때문에 엄청난 패닉 상태에 빠진 적도 있었죠. 작업이 끝나갈 무렵 족히 몇 주는 약간 겁에 질려 있었어요. '그래, 우리는 뭔가 섬뜩한 일을 하고 있는 거야. 그동안 한 번도 해보지 않은 일을 하고 있는 거라고.'라는 생각이 들더군요."

• • •

〈인터스텔라〉는 놀란의 영화 중에서 평론가들로부터 가장 혹독한 평가를 받은 영화일 것이다. 로튼 토마토에서 이 영화의 평론가 랭킹과 관객 랭킹을 비교해보면, 평론가 랭킹에서는 9위였고 관객 랭킹에서는 〈다크 나이트〉와 〈인셉션〉 다음 순위인 3위였다. "〈인터스텔라〉에서 말이 안 되는 21가지"「뉴욕」매거진부터 "〈인터스텔라〉의 플롯 중 사람 미치게 만드는 구멍 15가지"「엔터테인먼트 위클리」와 그보다 덜 까다로운 "〈인터스텔라〉 플롯에서 말이 안 되는 구멍 3가지"「비즈니스 인사이더」까지, 〈인터스텔라〉의 플롯에 뚫려 있는 구멍에 대한 분석은 소형 블랙홀의 밀도만큼이나 빼곡하게 차올랐다. 이런 의견들의 범위는 지나치게 세세한 것을 따지는 수준부터 재미있게 꼼꼼한 수준("책장 뒤쪽에서 그곳에 꽂혀 있는 모든 책의 제목을 다 아는 사람이 우주를 통틀어 누가 있겠는가?")과 상당히 당혹스러운 수준까지 아우르고 있었다. 놀란에게 불평을 퍼부으며 꼬치꼬치 따지는 대신, 내 관점에서 가장 큰 불만이었던 부분에 대해 이야기를 꺼냈다. 블랙홀 내부에 테서랙트를 배치해서 쿠퍼가 목숨을 잃는 대신, 딸과 소통하며 그녀가 인류를 멸종의 위기에서 구해낼 수 있도록 데이터를 제공하게끔 해준 존재, 즉 플롯 전체를 조율하는 5차원적 존재 데우스 엑스 마키나°에 대한 불만을 말이다. 그건 심한 무리수였다. 놀란은 자신의 영화에서 꼭두각시를 조종하는 손의 흔적이나 표식을 무척 꼼꼼하게 제거해왔다. 〈인셉션〉의 마지막 숏에서는 그런 작업을 하느라 초조해지기까지 했다. 그 영화의 시점은 다름 아닌 놀란 자신의 시점이기 때문이다. 그런데 5차원적 존재라는 설정은 그의 내면에 있는, 만사를 쥐고 흔들려는 측면을 드러낸 것처럼 보인다. 관객은 5차원적 존재와 플롯을 좌우하는 그들의 손에 공감해야만 한다. 그것이 보편적인 이해의 수준을 넘어서건 말건 말이다.

● '기계 장치로 내려온 신'이란 뜻으로 긴박한 상황이나 위기, 갈등으로 파국에 이르는 순간, 개연성과는 무관한 외부의 초월적 힘, 절대적 존재가 등장해 모든 문제를 해결하는 연출 기법을 일컫는다.

—

얼음 행성에 도착한 쿠퍼(매튜 맥커너히).

"당신이 내러티브 포인트를 놓치고 있다고 생각합니다. 그것은 블랙홀로 뛰어드는 행위가 궁극적으로 믿음에서 우러난 행위라는 겁니다." 놀란은 말했다. "그는 우리가 존재한다는 사실을 아는 생명체에게 붙잡힙니다. 우리는 그들이 누구인지 영화 내내 궁금해했죠. 그들은 누구일까요? 그건 1막에서 이미 얘기가 끝났습니다. 일찌감치 밝혀졌죠. 웜홀을 준비해둔 건 누구일까요? 따라서 그들은 데우스 엑스 마키나가 아닙니다. 그들은 영화가 시작될 때부터 그곳에 있었습니다. 관객이 그걸 마음에 들어 하든, 말든 말입니다. 그 영화를 좋아하는 사람들은 테서랙트를 데우스 엑스 마키나로 읽지 않습니다. 그들은 그게 어디에서 비롯된 것인지 이해합니다."

"나는 그 영화를 정말 좋아하는데요."

"전적으로 좋아하는 사람들을 말하는 거예요."

"그런데 그를 구해낸 5차원적 존재는 무대 밖에 있는 존재잖아요. 그런 건 차치하고라도, 그 존재들이 처음 언급됐을 때 쿠퍼가 그들에 대해 더 이상 궁금해하지 않는 것도 조금 이상합니다. 그 5차원적 존재들은 극적인 무게감이 전혀 없어요. 작가인 당신이, 자신이 창작한 드라마에 개입하고 있는 겁니다."

"글쎄요, 그런데 사람들은 〈2001 스페이스 오디세이〉의 모놀리스에는 그런 특징을 부여하지 않잖아요. 솔직히 말하면, 비슷한 설정인데 말이에요. 큐브릭은 물리적으로 묘사할 수 없는 지적 생명체를 제시하는 지적인 접근 방식을 택했습니다. 그래서 그는 지적 생명체 대신 그 생명체가 만든 기계를 제시했죠. 나는 완전히 똑같은 작업을 하고 있는 겁니다. 차이점이 있다면, 나는 지적인 차원이 아니라 감정적인 차원에서 해내고자 애쓰고 있다는 거죠. 내 입장에서 그 존재들의 가치와 그들이 우리와 교류하는 방식을 표현하는 것은 정서적인 차원의 문제입니다."

우리는 그 문제를 놓고 몇 차례 더 논박을 주고받았지만, 논쟁을 지나치게 오래 끌고 가는 것은 무례한 일로 보였다. "어떤 요소가 제대로 먹힌 이유에 대해 내가 주장을 해야만 한다면, 당신 입장에서는 그렇지 않은 요소에 대해 주장하는 게 당연하죠."라고 놀란이 말했지만 말이다. 감정적인 차원에서 보면 〈인터스텔라〉는 관객에게 제대로 먹혀든다. 테서랙트는 놀란이 영화에 담아낸 가장 아름다운 피사체에 속하고, 유령 이야기는 가장 시적인 이야기에 속한다. 영화의 나머지 부분들은 그 사이 어느 지점쯤에 놓여 있는 듯 보인다. 내러티브 논리의 수준에서, 〈인터스텔라〉는 그 자체로 의미가 충만한 듯 보이는 그의 다른 영화들과 비교했을 때 분명 어색한 영화다. 그의 시나리오와 조나의 시나리오를 용접해 붙였다는 느낌이 드는 한편, 영화가 상기시키는 우주적 차원의 외로움은 사랑의 힘에 대한 설명들을 압도한다. 〈인터스텔라〉는 그동안 놀란 스스로가 자신의 영화에 부여했던 제약들에서 벗어난 영화였기에 좀 더 엉망인 영화여야 했을지도 모른다. 그의 전작들은 내러티브에 관여하는 법칙들과 관련해서 관객을 체스 선수처럼 숙고하게 만들었다. 그의 비유를 사용하자면, 시계의 앞면을 투명하게 만들어왔던 것이다. 관객을 다른 방향으로 향하게 하려면 대중에게서 비슷한 정도의 에너지를 얻어야 했고, 시계의 앞면은 산산이 조각나야 했다. 그의 전작들이 갖춘 지적인 면모 때문에 찬사를 받은 놀란은 어느 순간 〈인터스텔라〉의 관객에게 조금 덜 생각하라고 요청하는 이상한 위치에 있음을 알게 되었다.

"내가 발견한 건, 〈인터스텔라〉를 그저 스쳐 지나가게끔 놔둔 사람들이 그 영화에서 가장 많은 걸 얻었다는 겁니다." 그는 말했다. "그들은 크로스워드 퍼즐에 접근하는 것처럼 영화에 접근하지 않았거든요. 영화를 보고 난 후에 시험을 치지도 않았죠. 온라인에서 내 영화들은 플롯의 작위성 관점에서 이상할 정도로 높은 기준을 적용해 평가받고 있습니다. 왜 그런지 정말 모르겠어요. 어떤 면에서 이건 칭찬이기도 하죠. 내가 비선형적인 플롯 구조를 활용할 때 사용해온 구조들과 내가 작업해온 장르들 때문에 사람들은 좀 더 정밀한 기준을 적용하게 된 거라고 생각합니다. 관객들에게 규칙은 정말 중요합니다. 매우 중요하죠. 관객은 무자비합니다. 그런데 나는 내가 세운 규칙들에 있어서 무척 일관적입니다. 물론 사람은 실수를 저지르기도 하죠. 하지만 나는 그런 실수들을 절대 인정하지 않고, 흠잡기 좋아하는 사람들은 그런 실수들을 결코 알아차리지 못합니다. 내가 영화감독으로서 원하지 않는 것이 있다면 그건 바로 구속됐다는 느낌입니다. 나는 기발한 예술적 장치와 내러티브를 이용하는 전통을 계속 활용할 수 있길 바랍니다. 영화에서만 벌어지는 일을 다룬 평론가 로저 에버트의 훌륭한 책이 있습니다. 영화에서는 택시비를 내는 사람이 아무도 없죠. 사람들이 차에 탈 때 엔진은 항상 돌고 있습니다. 사무실에 미니어처 형태의 정교한 건축 모형을 갖추고 있는 캐릭터는 악당입니다. 그런데 나는 건축 모형이 등장하는 영화를 두 편 작업했어요. 따라서 영화는 그런 경이로운 규칙들로 가득한 종합세트입니다. 나는 그것과 다른 방식으로 취급받고 싶지는 않아요. 달리 말해, 어느 누구도 택시비를 내지 않는 영화들을 나 역시 만들 수 있길 바랍니다. 그런 의미에서 〈인셉션〉은 리얼하지 않습니다. 〈배트맨〉도 리얼하지 않죠. 거기에는 영화감독이 관객들에게 요구하는 비약이 있습니다. 당신이 지금 하는 주장은 불신이라는 받침대를 제공하는 겁니다. 그런데 어느 시점에 이르러서 생각해보면 그런 주장은 그냥 진실이 아니라는 것을 알게 될 겁니다.

언젠가 어떤 스튜디오 임원이 〈메멘토〉 얘기를 하더군요. 감독은 영화의 마지막 3분의 1이 아니라 처음 3분의 1 지점에서 관객에게 내러티브 비약을 해달라고 요청할 수 있다는 아이디어를 그가 자세히 설명해주었죠. 그 설명에서 강한 인상을 받았습니다. 플롯의 구멍에 대해 이야기하려는 사람들이, 스토리텔링이 작동하는 방법과 스토리텔링의 리듬을 반드시 고려하는 것은 아닙니다. 〈2001 스페이스 오디세이〉의 경우, 뼈에서 우주선으로 편집해 넘어가며 몇 백만 년의 시간이 경과합니다. 그 뒤에는 달에 가는 방법에 대한 지독히도 괴로운 디테일을 담은 시퀀스가 이어지죠. 경이롭고 놀라운 시퀀스지만, 시나리오 분야에서는 그런 시퀀스를 '구두 가죽'이라고 부릅니다. 그건 가장 아름다운 구두 가죽입니다. 내가 〈2001 스페이스 오디세이〉를 영화계의 펑크록이라고 부르는 이유가 그겁니다. 그 영화가 모든 규칙을 박살 냈기 때문이 아니에요. 세상에 규칙이라는 게 있다는 걸 인정하지 않는 영화이기 때문입니다."

ELEVEN **SURVIVAL**

—

열하나
생존

　〈미행〉을 작업하고 있던 1990년대 중반, 놀란과 엠마 토머스는 친구가 모는 소형 요트를 타고 영국 해협을 건너 덩케르크에 가기로 결정했다. "우리는 풋내기들이었죠." 놀란은 말했다. "우리는 이십 대였습니다. 사전 조사 같은 건 하지도 않았죠. 그렇다고 정신 나간 짓은 아니었어요. 친구 이반은 세계를 항해하면서 자란 친구였거든요. 하지만 모험에 가까운 일이기는 했죠. 그때는 새해 초였습니다. 바다는 우리가 예상했던 것보다 훨씬 더 춥고 험했죠. 영국 해협은 무척 거칠더군요. 횡단하는 데 걸린 시간은 예상 시간보다 훨씬 더 오래 걸렸습니다. 나는 이전에 배를 몰아본 경험이 조금 있었지만, 대부분 내륙에서 몰아본 게 전부였어요. 그래서 해협을 건너는 경험은 충격적이었죠. 한밤중이 되어서야 덩케르크에 도착했습니다. 덩케르크라는 지명이 안겨주는 울림이 있더군요. 덩케르크에 도착한 우리는 그곳을 둘러봤습니다. 그곳에 무사히 도착했다는 사실이 빌어먹게 기쁘더군요. 우리한테 폭탄을 떨어뜨리는 사람도 없었고요. 우리는 전쟁터로 들어간 게 아니었으니까요. 나는 그곳을 떠날 때, 철수 작전의 리얼리티를 향한 완전히 다른 수준의 존경심을 품고 있었습니다. 그때의 심정이 결국 그 이야기를 사람들에게 들려줘야겠다는 생각의 씨앗이 되었죠. 당시에 그런 결심을 의식했다고는 생각하지 않습니다. 그때는 〈미행〉 작업에 몰두하던 중이었거든요. 하지만 그 여행 자체가 〈덩케르크〉의 씨앗이 된 건 분명하다고 생각합니다."

〈덩케르크〉의 씨앗은 그 요트 여행이었을 것이다. 그런데 〈덩케르크〉를 만들게 된 좀 더 직접적인 추동력은 놀란 가족이 런던에 있는 처칠 전쟁 상황실을 방문한 후에 찾아왔다. 재무부 건물 아래 위치한 비밀 벙커인 그곳에서 처칠의 장성들이 계획한 서부전선의 상황을 볼 수 있다. 귀가한 엠마 토머스는 남편 앞에 조슈아 르바인의 책 「덩케르크의 잊힌 목소리들Forgotten Voices of Dunkirk, 2010」을 내밀었다. "그 바닷가나 그 잔교에서 있던, 또는 젖소에 매달려 퇴각하던 개인들 각자는 그곳에 대한 상이한 리얼리티를 품고 있었다." 진군하는 독일군의 손아귀에서 가까스로 구조된 병력 338,000명의 철수 작전에 대해 조슈아 르바인이 쓴 글이다. "이 리얼리티들은 나란히 놓고 보면 서로서로 모순되기 일쑤다. 그 이야기의 요소 하나를 뽑아보면, 그 바닷가는 넓은 지역을 아우른다. 그곳에는 상황이 급변하는 가운데 약 열흘간의 강렬한 시간을 보내는 동안, 다양한 형태의 정신적·육체적 상태를 보여준 수천, 수만 명의 사람이 있었다. 그 이야기들이 서로 모순되지 않는 게 과연 가능하겠는가? 그 바닷가에는 온 세상이 존재하고 있었다." 엄청나게 많은 세부 정보들 중에

잔교에서 케네스 브래너와 상의 중인 놀란. 〈덩케르크〉에서 잔교에 가해지는 독일군의 공습은 그 이야기의 핵심 아이디어로, '어디로도 이어지지 않는 다리'였다.

서 유독 눈에 띄는 정보가 하나 있다. 원래는 항구에 토사가 밀려드는 것을 막으려고 설치된, 항구의 동쪽과 서쪽 측면에 쌓은 기다란 2개의 콘크리트 방파제인 '잔교들'에 대한 묘사이다. 그 잔교들은 독일 공군이 항구를 폭격한 이후에도 어찌된 영문인지 말짱한 상태였다. 동쪽 잔교는 바다로 1.6킬로미터 가까이 뻗어 나갔다. 4.5미터 높이의 파도는 위험천만한 해류로 바뀌어 잔교 위에 있는 목제 통로로 떨어졌다. 한편, 잔교 옆으로 선박을 댈 수 있는 마땅한 방법이 없었다. 병사들을 바닷가까지는 쉽게 데려갈 수 있었지만, 해변의 수심이 얕은 탓에 영국군 구축함을 해변에 대는 건 불가능한 일이었다. 그래서 영국 해협 건너편에 있는 소형 민간선박 선주 수백 명이 독일 공군의 공습이라는 위험 속에서 그 잔교로 배를 몰고 왔다.

"나한테는 그게 훅 hook(시나리오의 핵심 아이디어)이었습니다. 잔교에 대한 얘기는 들어본 적이 없었어요. 잔교는 큰 울림을 안겨준 원초적인 이미지였습니다. 사람들은 자신의 생사 여부를 걸고 줄지어 서서 대기하고 있었죠. 그러는 동안 폭격기가 날아왔고, 그들을 태우고 갈 배가 올 것인지 여부는 미지수였습니다. 내가 그 이야기를 들어본 적이 없다는 사실이 믿어지지 않더군요. 그런 상황은 그 철수 작전의 상징이자 메타포였습니다. 심지어 그 사건을 무척 잘 알고 있었더라도 말입니다. '맙소사!'라는 탄식이 절로 나오더군요." 놀란은 철수 작전을 직접 경험한 이들의 경험담을 읽는 데 몰두했다. 일부 자료는 임페리얼 전쟁박물관에

취합되어 있었다. 그는 르바인에게 연락해서 그를 영화의 역사 자문으로 모셔왔다. 르바인은 더 많은 읽을거리를 소개했고, 덩케르크를 겪고 살아남은 최후의 참전 용사 몇 명과 접촉할 수 있도록 해줬다.

"분명한 건, 그 시점에서 참전 용사들은 매우 고령이었고 살아 있는 분이 많지 않았다는 겁니다." 놀란은 말했다. "그분들과 그곳에 있을 때 어떤 기분이었는지에 대해, 영화에서는 다른 방식들로 작동했던 일들에 대해 얘기를 나눌 수 있었습니다. 참전 용사들 각자는 '덩케르크 정신'이 의미하는 바가 무엇인지에 대한 여러 상이한 해석을 내놨습니다. 그들을 돕기 위해 그곳에 도착한 소형 선박들이 덩케르크 정신이라고 생각하는 분들이 있었고, 다른 이들이 탈출할 수 있도록 방어선을 지켜준 병력이야말로 덩케르크 정신이라고 생각하는 분들도 있었습니다. 혹은 그건 단순히 프로파간다일 뿐이었다고 생각하는 분들도 있었죠. 바닷가 한곳에 얼추 40만 명이나 되는 많은 사람이 있다 보면, 완전히 다른 경험을 숱하게 발견하게 됩니다. 질서 있는 모습을 발견하기도 하지만, 혼란스러운 모습을 발견하기도 하죠. 고상한 면모를 발견하기도 하지만, 비겁한 모습도 발견하게 됩니다. 이렇듯 수많은 사람과 여러 모습들, 무수한 관점들이 존재했다는 사실을 숙고하는 것이 이 영화를 작업하면서 우리가 취한 접근 방식이었습니다. 그들 각자가 당시 상황의 특정한 측면들을 보고 있다는 것을 관객들에게 제시하려고 노력했고요. 거기에는 숱하게 많은 각각의 사연들도 있습니다. 그래서 생사의 갈림길 앞에 있던 모든 사람이 기도를 올리며 나름의 사연과 해석들을 갖게 된 겁니다."

놀란은 냉혹한 수송 관련 세부 정보(구조대가 오기를 기다리는 쇳덩어리와 영혼들을 대상으로 행해지는 지옥 같은 계산)를 매력적이라고 생각했다. 어느 생존자는 영국에서 덩케르크로 물을 가져온 녀석에 대해 얘기했다. 그건 배에서 내리고 나면 다시는 배에 타지 못하게 된다는 뜻이었다. 식량은 어디에서 얻을 수 있었나요? 물은요? 용변은 어떻게 봤나요? 이런 사소한 일들이 갑자기 엄청나게 힘든 작업처럼 보였다. 그는 영화의 도입부에서 용변을 보려고 애쓰는 사람을 보여주기로 결정했다. 그러고는 뚜벅뚜벅 바닷물로 걸어 들어가는 사내의 이야기로 이어진다. 자살하려는 것인지 파도를 뚫고 영국까지 헤엄쳐 가려는 것인지 누구도 구분할 수 없었다. "그 이야기를 들려준 참전 용사에게 물었죠. '자살하려던 거였나요? 아니면 배까지 헤엄칠 작정이었던 건가요?' 그분도 대답을 못했습니다. 그분도 몰랐으니까요. 그분이 아는 건 자신들이 죽게 되리라는 것뿐이었습니다. 들어보면 소름 끼치는 일이죠. 그런 이야기들이 영화로 들어가는 길을 내주더군요. 그렇게 이야기를 듣는 시점에서 내 경험이, 엠마와 내가 덩케르크로 갔던 경험이, 얼마나 힘든 일이었는지에 대한 그 느낌이 실제로 의미가 있는 일이었다는 걸 깨달았죠. 평범하지 않은 난국을 다루는 영화에서 그런 느낌을 전달하는 건 어려운 일이지만 말입니다."

놀란이 시카고에서 살던 1980년대 초, 어머니와 함께 노스브룩에 있는 유서 깊은 에덴스 극장에서 본 영화 중 한 편이 스필버그의 〈레이더스〉였다. 그는 선박의 승무원들이 독일 U-보트 위에 있는 인디애나 존스를 발견하는 짜릿한 순간을 회상했다. "그 장면은 잠수함의 뾰족한 부분 위로 존스가 몸을 끌어올리는 것으로 끝납니다. 그가 난간을 잡고 몸을 끌어올리면 다른 화면으로 넘어가요. 꼬맹이였던 내가 그게 믿기 힘들 정도로 어려운 일일 거라고 생각했던 게 기억납니다. 그런 건 사실 영화에서는 별일 아니죠. 몇 가지 이유로 내가 늘 주목했던 건⋯ 영화에서 가장 전달하기 힘든 것 중 하나가 숨이 차서 헐떡거리는 느낌입니다. 영화에서 캐릭터들이 뜀박질을 할 때, 감독은 배우에게 쌕쌕거리는 연기는 물론 온갖 연기를 시킬 수 있습니다. 그런데 관객은 그런 모습을 보면서 피곤해하지 않습니다. 그런데 어떤 캐릭터가 물밑에서 숨을 참고 있으면, 관객도 호흡이 가빠지는 걸 느낍니다. 얼마나 오래 숨을 참을 수 있는지 확인하려고 숨을 멈출 때, 그런 느낌을 체험할 수 있죠. 그런데 배우가 길거리를 질주할 경우, 관객은 숨이 차는 기분을 느끼지 않습니다. 배우들이 1시간을 질주하더라도 '왜 헐떡거리지 않는 걸까?'라고 생각하지 않을 겁니다. 우리는 영화에 등장하는 그런 설정들을 별 생각 없이 받아들입니다. 〈덩케르크〉의 작업은 그런 것을 무효화시키는 작업이었죠. 움직이고 있는 보트에 오르는 게 얼마나 어려운 일인지, 들것을 확보하는 것이 얼마나 어려운 일인지를 전달하고 싶었습니다. 이를 위해 우리가 한 일은 육체성을 그대로 다루려고 노력한 게 전부였습니다. 그런 일들이 정말 어려운 일이었다는 걸 보여주는 게 전부였죠. 세상에 쉬운 일은 하나도 없습니다."

〈덩케르크〉는 마지막 순간의 도피와 아슬아슬한 탈출을 한데 모아놓은 작품이 될 터였다. 놀란이 관심을 가진 유일한 질문은 이것이었다. 그들은 그곳에서 탈출할 수 있을까? 그들이 잔교에 합류하려고 기를 쓰는 와중에 폭탄이 떨어져 목숨을 잃게 될까? 충돌하는 선박들에 끼어 으깨지는 신세가 될까? 놀란은 워너 브러더스에 이 영화를 설명하면서 알폰소 쿠아론 감독의 〈그래비티 Gravity, 2013〉와 조지 밀러의 〈매드 맥스: 분노의 도로 Mad Max: Fury Road, 2015〉 같은 영화를 언급했다. 두 영화 모두 3막을 영화 전체로 확장시킨 것(완전한 현재시제, 완벽한 클라이맥스)처럼 펼쳐지는, 관객의 꽉 움켜쥔 손이 새하애지는 생존 서사영화였다. 〈덩케르크〉에는 지도 위에 선박 모형들을 올려놓고 이리저리 밀어대는 장성들의 숏과 정치적 판단에 대한 이야기는 전혀 나오지 않을 터였다. 토미가 연합군 바리케이드를 향해 질주할 때 독일군 저격수들이 토미의 양옆에 있는 사람들을 쓰러뜨리는 영화의 첫 시퀀스부터, 영화는 냉혹하고 유클리드적인 도덕적 계산을 우리 앞에 내놓는다. 살아남거나 죽거나. 놀란은 〈프레스티지〉를 작업할 때 작곡가 데이비드 줄리언에게 셰퍼드 톤을 살펴보라고 부추겼었다. 셰퍼드 톤은 옥타브로 분리되는 사인파sine wave가 중첩되면서 생겨나는 청각적 착각으로, 솟구치는 음조가 페이드 아웃하면 바닥에 있던 음조가 페이드 인하면서 음의 높이가 코르크스크루처럼 끝없이 상승한다는 느낌을 뇌에 주입한다. 그 소리는 오케스트라를 조율하고 있을 때 들리는 소리와 비슷하다. 〈덩케르크〉에서 놀란은 시나리오의 구조를 그런 식으로 짰다. 강렬한 느낌을 지속적으로 유지하게 만드는 방식으로 3개의 타임라인을 교차시킨 것이다. 그렇게 한계점에 다다를 때까지 연장되고 확장된 영화의 3막에 도착하게 된다.

"내가 〈덩케르크〉에서 벗겨낸 것은 캐릭터들의 배경 사연이었습니다." 그는 말했다. "본질적으로 일반적인 영화에서 관객은 어떤 캐릭터가 소개되는 순간을 보거나, 나중에 그 캐릭터에게 긍정적인 생각을 품게 되면서 공감하게 됩니다. 나는 '그런 것들은 죄다 내다버릴 거야.'라고 생각했죠. 곧바로 본론으로 들어가면서 그런 부분에 대한 대사는 넣지 않았습니다. 그런 식의 시나리오 집필 방식에서 일단 빠져나오고 나니까, 다시 그 안으로 들어갈 수 없더군요. 그 길을 일단 걷기 시작하니까 일반적인 영화에 나오는 대사들이 얼마나 작위적인지 깨닫게 됐습니다. 심지어 잘 만들어진 대사들도 그렇더군요. 대사의 활용은 음악의 활용과 다르지 않습니다. 대사는 생각이나 감정을 표현합니다. 우리가 다루고 있는 내용이 실화이거나 실제 사건을 표현하고자 애쓴다는 걸 일단 느끼고 나면, 그 이야기를 들려주는 방식이 무척이나 작위적인 방식으로 보입니다. 따라서 그런 요소들을 점점 더 많이 벗겨내야 했죠. 후반 작업에 돌입한 이후, 엠마와 나는 〈덩케르크〉에 대해 계속 논쟁을 벌였습니다. 그녀는 〈덩케르크〉를 주류 영화인 척하는 예술영화라고 생각했고, 나는 예술영화인 척하는 주류 영화라고 생각했습니다. 그 두 종류의 영화는 무척 다릅니다. 우리의 논쟁은 꽤 흥미로웠어요. 그녀는 그런 믿음을 꽤나 열정적으로 고수했고, 덕분에 나는 내 관점에 대한 확신이 조금 약해졌습니다. 그래도 흥미롭기는 했어요. 그건 영화 연출의 상이한 언어에 대한 의견 차이였고, 나는 그걸 문제라고 생각하지 않습니다. 나는 관객이 영화 포스터를 보고 '그래, 이런 종류의 영화로군. 내가 좋아할 만한 영화야. 자, 감독 당신은 이제 나를 어디로 데려갈 거지?'라고 말하는 건 나에겐 조금도 문제가 되지 않아요."

· · · ·

놀란은 〈덩케르크〉의 시나리오를 집필하는 와중에 스톱모션 애니메이터인 스티븐과 티모시 퀘이를 다룬 단편영화를 만들었다. 펜실베이니아 출신으로 몇 십 년째 영국에 거주해온 일란성 쌍둥이 퀘이 형제는 얀 슈반크마예르의 스톱모션 초현실주의를 상기시키는 작업을 해왔다. 그들의 작품에는 정신 병원 내부에 갇힌 여성들의 악몽 같은 이미지와 살아서 움직이는 생활용품, 유령 같은 인형의 두상들이 등장한다. 2015년 8월 19일에 뉴욕 필름포럼에서 형제의 영화 세 편인 〈인 앱센시아In Absentia, 2000〉, 〈머리빗The Comb, 1991〉, 〈악어의 거리Street of Crocodiles, 1986〉와 함께 놀란의 8분짜리 영화 〈퀘이〉가 프리미어를 가졌다. 놀란은 빨랫

비누를 사용해 성에로 덮인 효과를 연출한 유리 조각 같은 소품이 가득한 형제의 작업장을 살펴본 뒤, 창작 과정과 관련해서 형제를 인터뷰했다. "내 어시스턴트 앤디가 사운드를 녹음했습니다. 제작진은 우리 두 사람과 어릴 적 친구 로코 벨릭이 전부였죠. 내가 직접 촬영하고 편집하고 음악도 작업했어요. 내 입장에서 그 작업은 오랫동안 규모가 점점 더 커진 영화들을 만들어온 끝에 하게 된 작업이었습니다. 내가 첫걸음을 내디뎠던 영화 연출의 가장 기초적인 형식과 유대감을 느끼고 싶었죠. 그래서 되도록 작은 영화를, 내가 철저히 즐길 수 있는 단편영화를 만들었습니다. 〈인터스텔라〉를 작업하면서 대단한 경험을 했죠. 정말로 대단한 경험을요. 그건 가장 규모가 큰 형태의 영화 연출이었습니다. 관련된 인원도 무척 많고, 별도로 움직이는 부분들도 많았죠. 영화 연출의 본질과 굉장히 단절되어 있다는 기분을 느낀 적이 여러 번 있었습니다. 그러다 문득 무척이나 내밀한 작업을 하고 싶다는, 모든 걸 나 혼자 작업하고 싶다는, 처음 출발했던 곳으로 다시 돌아가고 싶다는 욕망을 느꼈습니다."

평론가들도 비슷한 질문을 던지고 있었다. 스티븐 소더버그는 2014년

8분 분량의 영화 〈퀘이〉를 제작 중인 놀란과 퀘이 형제. 놀란은 이 영화에서 촬영, 편집, 음악을 맡았다.

에 〈인터스텔라〉가 개봉된 후 「뉴욕타임스」와 가진 인터뷰에서 놀란이 초심으로 돌아가 '〈메멘토〉 규모'의 개인적인 영화를 만들고픈 욕망이 있는지 궁금해했다. 대작 영화는 개인적인 영화가 될 수 없다는 암시가 담긴 얘기였다. "고상함과 거대함은, 적어도 영화계에서는 근본적으로 반감을 빚어낸다." 영화 평론가 폴린 카엘이 「뉴요커」에 기고한 글로, 데이비드 린의 1970년대 경력을 탈선시킨 영화 〈라이언의 딸〉에 대해 쓴 글이다. "〈라이언의 딸〉의 모든 프레임에는 공허함이 보인다. 그런데도 홍보 기계는 그런 영화를 예술적인 사건으로 둔갑시키고, 미국의 대중은 혈통 좋은 영국의 서사영화가 보여주는 썩어버린 고상함 앞에서 호구 신세로 전락한다." 영화의 규모에 반감을 품는 경향은 1915년으로 거슬러 올라간다. 당시 D. W. 그리피스 감독의 〈국가의 탄생 Birth of a Nation, 1915〉은 미국 영화계에 거대주의라는 괴물을 풀어놨다. 그 영화를 촬영한 카메라맨 칼 브라운이 한 말에 따르면 "'더 크게'와 '더 좋게'는 꾸준히 울려 퍼진 올해의 표어가 됐다. 두 단어는 얼마 가지 않아 하나가 됐다. 더 큰 것은 더 좋은 것을 의미했고, 거대주의 같은 사상은 세계를, 특히 활동사진의 세계를 압도했다." 놀란이 대체로 제작자 역할까지 겸임하면서 제작비에 관심을 쏟게 된 상황 덕에 그의 경력이 〈라이언의 딸〉처럼 의도치 않게 불발탄을 날릴 가능성은 적었다. 카엘은 거대함과 고상함은 상반되는 것이라고 주장했지만, 그 주장은 놀란의 경우에는 부합하지 않을 것이다. 상황이 이렇게 된 것은 그가 〈배트맨 비긴즈〉를 만드는 와중에 영화계 특유의 '규모의 패러독스'를 직면하고 나서 배운 교훈들 덕분이었다. 규모의 패러독스 역시 다른 모든 것처럼 또 하나의 환상일 뿐이었다.

"제일 작은 클로즈업 화면이건, 제일 넓은 와이드 숏이건 프레임의 크기는 동일합니다." 놀란은 말했다. 그의 대작 전쟁 서사영화는 많은 면에서 〈메멘토〉 이후 가장 규모가 작은 영화인 것으로 판명됐다. 70킬로미터 거리의 영국 해협을 가로지르는 〈덩케르크〉는 대체로 해변의 3.2킬로미터 구역에 한정되어 있었다. "내가 자라면서 높이 평가했던 영화들은 잡동사니와 층위, 질감을 다루는 데 몰두했습니다. 네이선은 늘 그런 것에 저항하면서 나를 미니멀리스트 연출 쪽으로 안내했죠. 그러면서

우리는 관객에게 전쟁에 대한 관념을 납득시키려고 흔히 사용되는, 시각적 혼란 상태를 빚어내는 장치들(많은 편집, 많은 액션, 많은 연기, 많은 불길, 사방을 날아다니는 잡동사니)을 하나도 사용하지 않은 전쟁영화를 만드는 지점에 다다랐습니다. 〈덩케르크〉는 그런 요소들이 전혀 등장하지 않는 상황을 보여줍니다. 그 영화는 대단히 미니멀하고 삭막하며, 좀 더 추상적인 이미지를 추구했습니다."

그들은 독일 사진작가 안드레아스 구르스키의 작품을 특히 눈여겨봤다. 구르스키의 대형 포맷 사진 프린트는 산악과 해변, 경주로, 대형 축사, 그 외의 자연 풍광과 인공 풍광에 의해 왜소해지는 인류를 보여준다. 미니멀리즘과 맥시멀리즘 사이의 대화는 〈배트맨 비긴즈〉에서 처음 시작되어 〈다크 나이트〉와 〈인셉션〉에서 지속된 후, 〈덩케르크〉에서 가장 추상적이고 약화된 종착점을 찾아냈다. 놀란이 마침내 완성한 시나리오는 무척 짧았다. 겨우 70페이지 분량으로 〈미행〉을 작업한 이후 그가 집필한 가장 짧은 시나리오였다. 세 가지 이야기 중에서 첫 번째 이야기가 펼쳐지는 기간은 일주일이고, 두 번째 이야기는 하루이며, 세 번째 이야기는 1시간이다. 영화의 규모는 매우 장대했지만, 전개되는 동안 영화는

—
〈덩케르크〉에서 화이트헤드와 하이랜더들은 바닷가에서 피신처를 찾아낸다. 구도적인 면에서 〈덩케르크〉는 놀란의 영화 중 가장 추상적인 영화다.

올가미처럼 좁혀진다. 첫 이야기인 '잔교'는 덩케르크에 있는 800미터 거리의 짧은 해변을 벗어나려 애쓰는 젊은 영국군 병사들을 따라간다. 그들은 독일군에게 포위된 상태로, 급강하 폭격을 퍼붓는 독일 공군의 만만한 먹잇감이다. '너희는 포위됐다!' 하늘에서 떨어지는 종이 전단은 선언한다. 두 번째 이야기 '바다'에서는, 중년의 민간인 마크 라일런스과 그의 아들 톰 글린 카니, 그리고 아들의 친구 배리 케오간가 오도 가도 못하는 병사들을 구출해내기 위해 소형 선박 문스톤호를 타고 해협을 가로지른다. 세 번째 이야기 '공중'에서는, 영국 공군 조종사 패리어 톰 하디와 콜린스 잭 로던가 공중을 배회하는 독일의 슈투카 폭격기들과 교전을 벌인다. 세 이야기는 결말에 이르러서야 한곳으로 모여든다.

"우리가 관객에게 전달하고자 노력하고 있던 〈덩케르크〉의 배후에 있는 아이디어는 그 영화가 개별적인 영웅적 행위를 다룬 영화가 아니라는 겁니다. 그 영화는 영웅적 행위가 넘쳐나는 공동체를 다룬 작품이죠. 그 철수 작전은 굉장히 독특한 작전으로, 그 작전은 많은 면에서 세계가 작동하는 방식과 좀 더 관련이 깊다고 생각합니다. 덩케르크 이야기에는 우리가 활용하고 싶었던 보편적 의미를 가진 두 가지 요소가 있었습니다. 첫 번째 요소는 생존입니다. 그 영화는 살아남고 싶은 개인적인 본능을 다루죠. 두 번째는 집으로 돌아가고픈 간절한 심정입니다. 우리는 그 요소 덕에 호메로스의 영역 같은 곳으로 들어갔는데, 그들의 오디세이는 어마어마하게 느껴집니다. 그들은 결코 집에 돌아가지 못하리라는 생각이 들죠. 굉장히 큰 규모가 느껴집니다. 내게는 그게 무척 중요했어요. 나는 스토리에 담겨 있는 지형이 무척 작은 영화를 만드는 데에는 흥미가 없습니다. 문자 그대로의 지형을 말하는 게 아닙니다. 우리가 돌아다니는 나라들을 가리키는 게 아닙니다. 그건 방 한쪽의 내부 공간에 불과할 수도 있습니다. 나는 〈덩케르크〉에 표현된 지형이 무척 흡족합니다. 표면상으로만 보면, 믿기 힘들 정도로 단순하고 밀실 공포증까지 느껴지지만 말입니다. 하지만 우리는 그 지리를 가로질러 이동할 수 있는 길을 찾아냈습니다. 어떤 면에서 내게는 그게 훨씬 더 큰 규모로 느껴져요. 〈덩케르크〉는 대단히 내밀한 영화입니다만, 이렇게 커다란 규모를 갖추고 있다고 생각합니다. 내게는 이 특별한 지형과 우리가 오른 여정이 전부입니다."

• • •

영화를 준비하는 기간 동안, 놀란은 매주 출연진과 스태프를 위한 영화제를 열었다. 그 영화제는 실제 영화관에서 필름으로 상영되었다. 그가 좇는 관념이 무엇인지를 전하기 위해서였다. 영화 중에는 데이비드 린의 〈라이언의 딸〉도 있었다. 제작진은 영화 예술 과학아카데미에서 특별 상영하는 70mm 영화를 보면서, 촬영감독 프레디 영이 아일랜드의 클레어 주 해안에서 폭풍 장면을 촬영할 수 있도록 빗물을 막아내며 회전하는 장치를 단 카메라를 장착한 채, 자연과 빛과 풍광이 어떻게 스스로 말을 하게 놔뒀는지 확인했다. "때로는 우리에게 쇄도하는 급류를 가로질러야 했다. 우리는 어쩔 도리가 없을 때는 멈춰 서서 생각했다. '맙소사, 이 많은 바닷물이 여기 내 밑에서 무슨 짓을 하려는 거지?'" 린이 한 말이다. "그런데 엄청나게 재미있었다. 끝내줬다." 놀란은 히치콕의 〈해외 특파원 Foreign Correspondent, 1940〉도 살펴봤다. 25미터짜리 4발 비행기가 바다에 추락하고, 거대한 촬영장에 설치된 숨겨진 날개와 24미터 크기의 풍차가 인공 물보라를 만들어내는 동안 배우들이 허우적거리는 장면을 보기 위해서였다. 놀란의 출연진과 스태프는 시종일관 끊이지 않고 액션이 펼쳐지는 얀 드봉의 〈스피드 Speed, 1994〉를, 시대극의 디테일과 시대에 어울리지 않는 신시사이저 음악을 섞은 휴 허드슨의 〈불의 전차〉를 감탄하며 감상했다. D. W. 그리피스의 〈인톨러런스 Intolerance, 1916〉와 F. W. 무르나우의 〈선라이즈〉를 비롯한 다양한 클래식 무성영화도 감상했다. 무르나우의 영화에서는 특히 군중 신을, 그리고 엑스트라들이 움직이면서 무르나우가 지은 세트의 공간을 활용하는 방식을 눈여겨봤다. 또한 에리히 폰 슈트로하임의 악명 높은, 몽환적인 클래식 영화 〈탐욕 Greed, 1924〉도 감상했다. 그 영화에 등장하는 두 남자는 복권 당첨이라는 결과를 놓고 불화를 빚다가 햇볕에 그을린 데스밸리의 풍광 앞에서 결투를 벌이게 된다.

"사실 〈탐욕〉은 〈인터스텔라〉에도 엄청난 영향을 줬습니다." 놀란은 말했다. "두 우주 비행사가 그런 풍경 속에서 싸운다는 설정은 그 영화

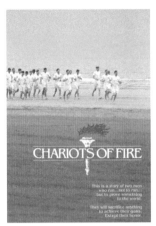

에서 영향을 받은 겁니다. 〈선라이즈〉는 근본적인 우화 같은 작품인데, 〈덩케르크〉에는 그런 침묵과 단순함이 필요했습니다. 나는 서스펜스의 언어를 활용하고 있었는데, 그 언어는 무성영화와 관계가 있습니다. 그리고 무르나우의 건축물 활용은 사람들의 도덕성을 경이롭게 표현해냅니다. 폰 슈트로하임이 〈어리석은 아낙네들 Foolish Wives, 1922〉에서 그랬던 것처럼 무르나우는 엄청나게 큰 세트들을 지었습니다. 세트가 완성된 뒤 그는 언론을 그곳으로 초대했죠. 언론인들은 그 장소에서 영화들을 봤습니다. 상대적으로 내밀한 영화들이었죠. 그러고는 거리를 따라 내려가 거대한 세트를 봤습니다. 지금하고는 다른 시대에 행해진 다른 유형의 쇼맨십이지만, 굉장히 경이롭습니다. 그리고 그건 린이 〈라이언의 딸〉을 작업하면서 했던 일과도 관련이 있어요. 스태프와 그들이 극화하고 있는 사건 사이에는 합일되는 지점이 있습니다. 스크린에 등장하는 거대한 규모가 있고, 그 거대한 규모를 스크린까지 올리는 방법도 규모가 엄청납니다. 그 점이 바로 우리가 〈선라이즈〉에서 얻은 교훈입니다. 무성영화 시대에서 얻을 수 있는 건 그런 종류의 교훈이죠. 그 시대 사람들은 미국에서 상영될 영화를 독일에서 만들거나, 독일에서 상영될 영화를 미국에서 만들고 있었으니까요. 그 시대의 영화들은 언어의 장벽에 가로막히지 않은 보편적인 영화들이었습니다."

마지막으로 놀란은 앙리-조르주 클루조 감독의 〈공포의 보수 The Wages of Fear, 1953〉를 상영했다. 니트로글리세린이 실린 트럭을 운전해 흙길

왼쪽부터 순서대로 알프레드 히치콕의 〈해외 특파원〉, 앙리-조르주 클루조의 〈공포의 보수〉, 휴 허드슨의 〈불의 전차〉 포스터들. 세 작품 모두 놀란이 〈덩케르크〉를 만드는 동안 출연진과 스태프에게 보여준 영화들이다.

을 따라 산 너머로 운반하는 트럭 운전사인 두 주인공이 감내해야 하는 긴장감을 보여주기 위해서, 그리고 극단적인 상황에 처한 인간의 도덕성을 제로섬으로 평가하는 것을 보여주기 위해서였다. "그게 마지막 영화였습니다. 호이테 반 호이테마는 내 앞에 앉아 있었고, 다른 사람들은 모두 뒤에 앉아 있었죠. 자리에 앉아 영화를 보면서 생각했습니다. '바로 이거야. 이게 우리 영화야.' 내 말은, 트럭이 플랫폼으로 돌아가야만 하는데 바퀴들이 더 이상 움직이지 않는 신을 집중해서 봤다는 겁니다. 그 화면의 설계, 나무판 위에서 타이어가 회전하는 방식과 삐걱거리는 소리에 관객을 집중시키는 방식에 주목했죠. 나는 '바로 저런 요소들이 우리에게 필요한 거야.'라고 말했습니다. 순수한 물리학, 순수한 서스펜스, 결말에서 싸움질을 하는 사내들까지 말입니다. 나는 다시 한 번 '바로 이거라니까. 이게 내가 원하는 거야.'라고 말했죠. 영화가 끝나고 고개를 돌렸더니 스태프들은 겁에 질려 있더군요. 그들은 이 영화를 싫어했습니다. 그런 경험은 해본 적이 없어요. 사람들이 무척이나 싫어한 것은 그 영화의 엔딩이었다고 생각합니다. 그들은 그 엔딩에 속상해한 겁니다. 그들은 내가 '으음, 잠시만요, 이 영화를 좋아하지 않는군요.'라는 말과

— 덩케르크의 바닷가에서 대화 중인 놀란과 엠마 토머스의 모습.

'이 영화가 마음에 들지 않았나 봐요?'라고 말하자 그제야 영화에 몰입하면서 영화를 조금씩 탐구하기 시작하더군요. 하지만 그들은 사실, 그 영화를 전혀 좋아하지 않았습니다. 그 영화의 엔딩은 잔혹하거든요."

놀란은 배우들이 시나리오를 읽기 전에 각각의 배우들(마크 라일런스, 킬리언 머피, 톰 하디)과 얘기를 나눠보려고 애썼다. 그들에게 이 영화의 실험적인 측면들을 위한 준비를 시키기 위해서였다. 라일런스는 시나리오의 도입부와 나중에 나오는 일부 대사에서 언급하는 '독일인'과 '나치'에 대해 물었다. 놀란은 독일인을 한 사람도 보여주지 않기로 결정했기 때문에, 그들을 거론하는 것조차 의미가 없는 일로 보였다. 독일인은 〈죠스〉의 지느러미만 보이는 상어처럼 스크린 밖에 존재하는 위협적인 존재가 될 것이다. 라일런스는 로베르 브레송의 철학을 대화에 끌어들였다. 브레송 감독은 영화 〈소매치기 Pickpocket, 1959〉와 〈사형수 탈출하다 A Man Escaped, 1956〉를 만들면서 '인간의 용기'라는 개념을 공공연하게 표명하기보다는, 단순한 행동을 통해 캐릭터들이 가진 인간성을 쉽게 이해할 수 있도록 실제 인물들을 활용했다. 브레송은 "배우들은 없다(배우들의 연출은 없다)."고 밝혔다. "배역은 없다(배역에 대한 공부는 없다). 무대 연출도 없다. 그렇지만 실생활에서 채택한, 움직이는 모델들을 활용하라. 그럴 듯하게 보여주는(SEEMING, 배우들) 대신 존재(BEING, 모델들)를 보여줘라."

"마크가 브레송의 아이디어를 실제로 연기에 옮기는 걸 지켜봤습니다." 놀란은 말했다. "그 배를 이해하고 그 키의 손잡이를 느끼는 것은 그에게 무척 중요한 일이었죠. 마크에게는 그 배의 느낌이 필요했으니까요. 그래서 내가 마크에게 제공하려 애썼던 것은 머리 위에서 실제로 폭격기가 날아다니는 가운데 최소한의 승무원을 데리고 실제로 배를 조종하는 능력이었습니다. 우리는 연기자들이 그런 물리적 경험을 직접 해볼 수 있도록 온갖 노력을 다했어요. 다른 배우들과 아이맥스 카메라를 싣고 보트에 올라타 즉흥 연기보다는 배우들과 함께 상황을 탐구할 수 있도록 말입니다. 그래서 우리는 몇 주간 이 걸출한 연기자들과 신인 배우들인 톰 글린 카니, 배리 케오간과 함께 배를 타고 다녔습니다. 마크는 어린 배우들을 돕는 일을 기가 막히게 해냈어요. 그들을 연기에 몰입시키면서 즉흥 연기에 접근하는 그만의 방식을 가르쳤죠. '좋아, 스크린 밖에서는 무슨 일이 벌어지고 있지? 장면들 사이에는 무슨 일이 일어나고 있지? 우리는 그걸 어떻게 연기할 수 있을까? 그 캐릭터들 사이의 관계를 어떻게 연기로 표현할 수 있을까?' 같은 구체적인 질문을 던지면서요. 어린 배우들은 내가 그랬던 것처럼, 그런 가르침에 정말 신이 났었죠."

2016년 5월 23일, 덩케르크에서 본 촬영이 시작됐다. 그 날짜는 기상 환경을 되도록 똑같이 포착하려고 실제 철수 작전이 있던 날에 맞춘 것이다. "첫 촬영일의 날씨는 최악이었습니다. 이런 일을 겪고도 촬영을 계속할 스태프는 몇 명 되지 않을 거라는 생각까지 했던 날씨였죠. 〈덩케르크〉 촬영을 개시하고 족히 닷새 정도는 나가서 걷는 것조차 불가능했습니다. 설치해둔 세트가 갈가리 찢겨나가고 있었거든요. 그런데 기가 막힌 포말들이 바닷가로 올라오는 풍경은 믿기 어려울 정도로 훌륭했습니다. 그러면서 바닷가가 놀랍게 변하더군요. 영화계에서 나는 날씨와 관련해 운이 좋은 사람으로 알려져 있습니다. 그런데 그 소문은 제대로 된 소문이 아니에요. 나는 날씨 때문에 불운을 겪은 적이 많습니다. 그런데 내 철학은 날씨가 어떻든 촬영을 하자는 쪽이에요. 안전관리 담당자가 바람이 너무 강하다거나 다른 이유를 대는 바람에 바람이 잦아질 때까지 촬영을 중단한 적은 있지만, 나는 날씨가 어떻건 간에 항상 촬영을 했습니다. 작업을 계속 진행하는 겁니다. 우리는 기상 환경이 어떻든 상관없이 하던 작업을 계속 진행하겠다는 걸 출연진과 스태프 전원에게 알립니다. 덕분에 그들은 창밖을 내다보면서 '와우, 오늘 촬영은 할 수 있을까, 없을까?' 같은 생각은 하지 않습니다."

제작진은 덩케르크 해변에서 촬영한 후, 네덜란드 우르크로 4주간 이동했다. 네이선 크로올리와 해상 코디네이터 닐 안드레아는 그곳에 60척에 가까운 선박을 배치했다. 3척의 배(병원선, 구축함, 소해정)가 침몰하는 장면을 위해 프랑스 해군 구축함 마이-브레즈Maillé-Brézé와 네덜란드 소해정, 도선을 비롯한 배들을 1940년대 영국 해군 구축함처럼 꾸몄다. 폴 코보울드가 선박들에 폭약을 설치했고, 카메라(파나비전의 대형 포맷인 65mm와 아이맥스 65mm의 조합)에는 보호용 덮개들이 장착됐

<덩케르크>의 로케이션 현장에 있는 호이테마와 놀란, 그리고 엎드린 핀 화이트헤드.

다. 덕분에 잠수복을 차려입은 놀란과 촬영감독 호이테마는 연기자들과 함께 물속으로 들어갈 수 있었다. 그리고 카메라들은 실제로 물위를 떠다녔다. "우리는 물 밖에 있는 스태프와 물속에 있는 출연진 사이의 장벽을 무너뜨리기 위해 애썼습니다." 놀란이 한 말이다. "그 장벽을 무너뜨리고 싶었어요. 그들과 함께 그곳에 있으면서 훨씬 더 주관적인 시야를 확보하고 싶었습니다. 우리가 다루고 있는 물리적 요소들과 동일한 상황의 일부가 되고 싶었던 거죠. 물속으로 들어가 그런 작업을 하려면 많은 공을 들여야 했습니다. 이전까지 육상과 공중 작업은 많이 했었지만, 해상 작업은 어려움이 가장 컸고 저로서는 아는 게 별로 없는 작업이었어요. 그렇게 낯선 작업은 해본 적이 없었습니다. 연기자들은 물속에 들어가 있어야만 했고요. 개별적인 숏들을 위해서가 아니라, 촬영 전체를 위해서 말입니다."

제작진은 네덜란드에서 영국의 도싯에 있는 스와니지와 웨이머스 항구로 이동했고, 그곳에서 라일런스는 1930년대의 소형 요트 문스톤호를 타고 출발한다. 그 배는 10인승으로 설계된 요트였지만 60명을 태운다. 다른 보트도 50척 넘게 있었는데, 그중에 선주가 직접 운항한 12척은 횡단 장면에 사용됐다. 리 온 더 솔렌트 비행장에 본부를 둔 항공 촬영 유닛이 촬영한, 영국 해협 상공이 배경인 공중 장면을 위해 총 네 대의 전투기가 동원되었다. 슈퍼마린 스핏파이어 Mk.ia 전투기 두 대와 슈퍼마린 스핏파이어 Mk.Vb 한 대, 메서슈미트 Bf 109E의 대역으로 히스파노 버천 한 대가 사용됐다. 기내 숏들의 촬영을 위해, 러시아제 야크 훈련기에 조종석을 2개 설치하고 배우들의 좌석 뒤에 조종사들을 태웠다. 그러고는 아이맥스 카메라를 동체 내부에 180도 뒤집어 설치했다. 조종석이 너무 좁았기 때문에 그런 방식으로 설치했는데, 거울을 활용해서 숏을 건질 수 있었다. 거울을 통해 연출한 그 신들에 포착된 기체의 덜컹거림이 매우 들쑥날쑥하면서도 팽팽한 긴장감이 전해져서 스미스와 놀란 모두 무척 마음에 들었다. "슈트카를 작업할 때는 정신이 나갈 정도로 손을 많이 봐야 했죠." 스미스는 말했다. 그는 편집하지 않은 날것 그대로의 촬영분이 괜찮은 상태인지 확인하려고 촬영 기간 내내 로케이션에 상주했고, 본질적으로 무성영화 상태였던 작업용 프린트를 이어 붙였다. 무성영화였던 이유는 프린트에 사운드를 붙이는 드문 경우조차, 아이맥스 카메라로 촬영한 화면이라서 기본적으로 사운드가 아무런 쓸모가 없었기 때문이다. 그들이 제작진에게 내놓은 가이드는 가이드 트랙과 카메라에서 나는 소리의 타이밍을 일치시키라는 당부가 전부였다.

"실제로 공중전을 벌이는 게 얼마나 어려운 일이었는지 관객들에게 알려주고 싶었습니다." 놀란은 말했다. "관객을 스핏파이어의 조종석에 앉히고 독일 공군과 공중전을 벌이게 만들고 싶었어요. 적기를 추격하면서 비스듬히 선회 비행하고 사격 조준기를 겨냥하면서 적기가 얼마나 멀리 움직일 것인지, 바람이 탄환에 어떤 영향을 주게 될 것인지 등을 예상하는 법을 가르치고 싶었습니다. 관객을 그 해변에 데려다놓고 사방 어디에나 있는 모래를 느끼게 하고 싶었죠. 무시무시한 바다로 향하면서 파도에 따라 출렁거리는 민간용 소형 선박에 탄 느낌을 그대로 전하고 싶었습니다. 그런 것들을 가급적 리얼하게 작업하고 싶었죠. 요즘은 CG 이미지에 지나치게 휘둘리는 영화가 너무 많기 때문입니다. CG가 아닌 실제 촬영의 강점은 앞서 이야기한 것들을 관객이 믿을 수 있는 방식으로, 구체적인 방법으로 제시할 수 있다는 겁니다. 내가 〈덩케르크〉에서 정말 만족스러워하는 숏 중 하나가 구축함이 전복되는 숏입니다. 그때 우리는 선박에 카메라를 설치했습니다. 그래서 바닷물이 측면에서 솟구쳐 올라오는 게 보이죠. 실제로 일어난 일을 촬영했다는 것을 빼면, 그 장면은 〈인셉션〉의 일부 이미지와 다르지 않습니다. 나는 그 숏이 무척 흡족해요. 대단히, 대단히 극적인 숏이죠."

• • •

요르단 최남단 해안에 있는 아카바에서 〈아라비아의 로렌스〉 촬영을 위한 로케이션 장소를 헌팅하던 데이비드 린은 사막의 열기가 빚어낸 신기루의 특이한 왜곡효과를 감지했다. 린은 일기에 "평지에 생긴 신기루는 무척 강렬했고, 그래서 멀리 있는 물체들의 본질을 파악하는 건 불가능하다."고 썼다. "낙타를 염소나 말과 분간할 수가 없다." 그의 가장 유명한 숏 중 하나가 이 관찰에서 탄생했다. 오마 샤리프와 낙타를 익스트림 롱 숏으로 보여주는 숏이다. 처음에는 지평선에서 살짝 튀어나온 형체에 불과하던 것이 우물 옆 모래밭에 앉아 있는 로렌스를 향해 서서히 다가온다. 그날은 샤리프가 처음으로 촬영하는 날이었다. 제작진은 발자국이 렌즈에 잡히는 걸 피하려고 우회하는 경로를 통해 그와 낙타를 카메라에서 400미터 떨어진 곳으로 보냈다. 카메라맨 프레디 영은 그가 가진 제일 긴 렌즈를 사용해 300미터 떨어진 곳에서 단 한 번의 테이크로 서서히 다가오며 점점 커지는 샤리프의 모습을 전체 프레임에 가득 채울 때까지 촬영했다. 린은 프로덕션 디자이너 존 박스에게 말했다. "영화에서 이보다 뛰어난 디자인은 결코 이뤄내지 못할 걸세, 결코!" 그 숏들을 본 그레고리 펙은 감독에게 '아득한 지평선의 시인'이라는 별명을 지어줬다.

● 선박의 평형 상태를 측정하는 도구.

　　놀란은 〈덩케르크〉를 통해 자신이 린의 자이로스코프*를 사용한 후계자임을 입증했다. 모호하거나 상실된 지평선의 시인이라고 해야 할까. 호이테 반 호이테마와 다시 함께 작업한 놀란은 화면 구도 측면에서 여백이 가장 많고 가장 추상적인 영화를 낳았다. 그는 바닷가에 있는 사람들을 잡는 첫 숏을 2개의 흰 깃대 사이에 배치했다. 그 뒤를 잇는 것은 아득히 먼 곳까지 뻗어나가는 수많은 줄이 늘어선 대단히 영국적인 철수 작전이다. 이 줄들을 흐트러뜨리는 행위조차 공포감을 빚어내는 특정한 대칭 형태를 따른다. 슈트카들이 해변을 급강하 폭격할 때, 병사들은 일제히 땅에 납작 엎드린다. 그러면서 빚어지는 효과는 도미노가 쓰러지면서 빚어내는 파문을 보는 것처럼 기이할 정도로 즐겁다. 우리는 엎드린 토미의 팔꿈치 너머에서 일어나는 일련의 폭발을 본다. 폭발은 정확한 간격을 두고 일직선으로 그를 향해 이동하고 있다. 마지막 폭발은 그의 옆에 엎드린 남자를 공중으로 날려버린다. 그 남자의 몸뚱이는 그렇게 날아간 뒤 다시는 바닥으로 떨어지지 않는다. 허공에서 완전히 증발한 것이다. "놀란은 영화의 많은 부분에서 특이할 정도로 제한된 범위의 색상을 활용한다. 대체로 갈색과 황갈색, 회색, 청회색, 흑색의 색조만 사용하는 것이다." 영화사가 데이비드 보드웰의 지적이다. "액션은 바다와 하늘, 뭍이 뒤섞이기 직전까지 가는, 모호한 구도를 강조하는 배경 앞에 배치된다." 달리 말해, 놀란은 병사들이 처한 상황에서 방향을 가늠할 수 있는 가장 효과적인 단일 수단인 수평선을 혼란스럽게 만든다. 토미는 다른 젊은 병사아뉴린 바나드와 짝을 이뤄 적십자 선박에 오르면서 탈출 직전까지 가지만, 독일 공군은 그 배를 침몰시킨다. 그들은 가까스로 구축함에 승선하는데, 차와 잼 샌드위치를 배식 받으려고 주갑판 밑으로 간 토미는 닫히는 금속 출입문들을 걱정스러운 눈으로 지켜본다. 이 선박 역시 U-보트의 어뢰에 맞아 침몰한다. 어둠 속에서 배가 뒤집힐 때, 카메라는 45도로 기울어지면서 수평으로 밀려드는 물로 이뤄진 벽을 만들어낸다. 사람들의 울부짖음은 약해지고, 물속에서 허우적거리는 그들의 몸은 흐릿한 형체로 변한다. 한 남자는 쥐고 있는 양철 컵을 놓으려 하지 않는다.

영화는 놀란이 품고 있는 가장 오래된 공포로 다시 돌아가고 또다시 돌아간다. 갇힌 상태가 되었을 때 따르는 공포로, 좀 더 구체적으로 말해서 스스로 갇히는 신세가 되었을 때 따라오는 공포로 다시금 돌아가는 것이다. 인명을 보호하려는 의도로 설계된 구조물에 자진해서 들어갔는데, 그 구조물이 사람을 보호해주는 대신 가둬버리는 구조로 돌변하는 데 따르는 공포로 말이다. 조종석은 관棺이 된다. 우리를 구조한 선박은 우리를 물에 빠뜨리기도 할 것이다. 우리가 피한 피신처는 조금 있으면 파편으로 돌변한다. 3개의 스토리라인은 밀폐된 공간으로 향한다. 민간선박 문스톤호가 배경인 두 번째 스토리라인에서, 마크 라일런스와 아들 피터톰 글린 카니는 침몰한 것이나 다름없는 선박을 목격한다. 그들은 가는 길에 만난 덜덜 떠는 선원킬리언 머피을 물에서 건져낸다. 전쟁 신경증 탓에 넋을 잃은 선원은 처음에는 입을 열지 않다가 결국 중얼거린다. "U-보트." 조지가 배 아래쪽이 좀 더 따뜻하니 밑으로 내려가는 게 어떻겠냐고 묻자, 선원은 공포에 떨며 거부한다. "그대로 둬라, 조지." 도슨은 말한다. "갑판이 더 안전하다고 생각하는 것 같구나. 너도 폭격을 맞으면 그렇게 생각할 게다." 멀리서 솟아오른 불길을 본 생존자들의 경험담을 들은 놀란은 어디에서나 볼 수 있던 그 이미지에 꽂혔다. 수평선 위로 보이는 활활 타오르는 불길들 말이다. 절대로 가고 싶지 않은 곳이리라. 선원이 덩케르크로 돌아간다는 생각에 패닉 상태가 점점 심해지자 조지는 그를 선실 한곳에 가둔다. 그때 자물쇠가 딸깍하고 잠기는 걸 느낀 우리의

—
위 데이비드 린의 <아라비아의 로렌스>에 출연한 피터 오툴.

아래 아일랜드의 클레어 주 해변에서 <라이언의 딸>을 촬영 중인 린.

마음속에 첫 번째 이야기는 여전히 생생하게 남아 있다. 세 번째 이야기 '공중'에서, 영국 공군 조종사 패리어_{톰 하디}와 콜린스_{잭 로던}는 창공을 배회하는 독일군 슈투카와 폭격기들에 맞서 교전한다. 백랍처럼 잿빛인 탓에 구분이 거의 불가능한 바다와 창공을 배경으로, 강하하고 좌우로 기울고 회전하면서 벌어지는 전투는 완전히 새로운 상황에서 일어나는 사건처럼 보인다. 그러다가 비행기 한 대가 추락하면, 심란하게도 바닷물이 밀려들어 조종석을 채우고 조종석 덮개는 열리지 않는다.

이 영화에서 공간을 다루는 대담함은 여러 면에서 시간을 다루는 독창성을 능가한다. 이즈음이면 놀란의 영화에서 시간을 도구 삼아 다루는 실험들에 대해 훈련이 잘된 평론가들은 영화가 3개의 타임라인을 엮어낸 점을 중시했다. 하지만 토미와 동료들이 구명정에 오르려 사투를 벌임에도 불구하고 구명정 책임자(PTSD에 시달리기 이전 시점의 킬리언 머피)에게 거부당하는 장면의 극적 아이러니를 위해 공간과 시간을 활용하는 데에는 모두들 관심을 보이지 않는다. 선원이 이기적으로 병사들을 밀어내는 것과 공포에 몸을 떠는 것을 대비시키는 것은 전쟁이 인간에게 가한 충격을 강조할 뿐 아니라, 인간의 생존 본능을 향해 차가운 시선을 던지는 것이기도 하다. 그 신의 경우, 상이한 시간대를 크게 의식하지 않으면서 영화를 감상하는 것도 가능하다. 오히려 토미와 동료들이 해변을 떠나려고 여러 번 시도하는 것과 도슨이 그들을 데리러 가는 여정에 나

콜린스의 격추된 스핏파이어가 불길에 휩싸인다.

선 것, 패리어가 그들을 구하고자 도착하는 것 모두 24시간 동안 일어난 사건들을 교차 편집한 일반적인 작품으로 보는 것도 가능하다. 스핏파이어에 실린 연료의 양이 제한되어 있다는 것을 관객에게 납득시키기 위해 시간을 조금 연장하고 세 건의 선박 침몰 중 한 건을 영화에서 잘라내는 식으로 뭍에서 바다로, 공중으로 교차 편집하는 것 또한 여전히 가능한 일이다. 그리고 세 이야기가 영화의 결말에서 기적적으로 수렴하는 것도 여전히 가능한 일이다.

그렇다면 놀란은 왜 그런 작업을 하는 것일까? 일반적인 교차 편집 영화가 우리에게 제공하지 않는 것, 적어도 더 어려운 방식으로 우리에게 제공하는 것은 이 영화가 전달하는 데 성공한 지속적이고 끊임없는 긴장감이다. 이 긴장감이란 그가 연구했던 무성영화들에서 가져온 요소, 즉 시계를 상대로 펼치는 일련의 레이스, 아슬아슬한 탈출, 최후의 순간에 행해지는 구출을 말한다. 각각의 타임프레임은 각각의 개인이 직면한 아슬아슬한 탈출의 횟수를 최대화하기 위해 선택됐고, 놀란이 편집실에서 택할 수 있는 대안들을 늘려줬다. 놀란은 토미와 전우들을 꾸준히 위기에 몰아넣는 것으로 생존 자체를 그들이 이뤄낸 성취로 탈바꿈시켰다. 토미가 바닷가에서 깁슨을 처음 봤을 때, 깁슨은 모래에 시신을 묻는 중이었다. 토미는 본능적으로 거들어주려고 다가가는데, 깁슨이 망자의 군화를 신고 있다는 사실이 말 한마디 섞지 않은 그들 사이에서 전달된다. 하나의 장면 안에서, 놀란은 군대 식당에 있는 병사들처럼 서로를 거칠게 떠미는 이기심과 이타심이 공존하는 도덕적 풍경에 우리를 길들인다. "우리가 한 일이라고는 살아남은 것뿐이었어요." 알렉스는 영화의 결말에서 시각장애인에게 말한다. "그걸로 충분해요." 시각장애인은 대답한다. 영화는 결말에서 영웅적인 행위를 좀 더 두드러지게 보여주기도 한다. 영화 내내 연료계를 확인하던 톰 하디가 연기하는 조종사는 귀환 불능 지점을 넘어가기로 결정하고 해변에 있는 병사들을 보호하기 위해 마지막 엄호를 한다. 이제 엔진이 꺼지고 비행기가 활공하는 가운데, 그는 짤막한 초월의 순간을 누리고 독일군에게 항복한다. 다시 문스톤호로 돌아가면, 민간인인 도슨이 적기의 공격을 피해 배를 모는 방법을 어떻게 알게 됐는지 궁금해진 콜린스가 도슨의 아들 피터에게 이에 대해 묻자 피터가 대답한다. "형 때문이야. 형이 허리케인을 조종했는데, 전쟁이 시작되고 3주가 됐을 때 전사했어." 이 대답으로 도슨이 생존자를 구출하는 임무에 우직스럽게 몰두하는 이유가 설명된다. 눈 깜짝할 사이에 지나가는 그 장면은 세상으로부터 찬사조차 받지 못하는 존재가 된다는 것을 매우 감동적으로 묘사한다.

• • •

"마지막의 그 신은 나에게 무척 중요한 순간이자, 제대로 먹혀들기를 간절히 원했던 순간입니다." 놀란은 말했다. "그 장면이 엄청난 한 방을 날릴 수 있었던 이유는, 영화 전체에 걸쳐 공공연한 영웅적 행위가 나오지 않기 때문이라고 생각합니다. 마지막의 그 신은 그럴 만한 위력을 가진 신이라고 느꼈어요." 그는 아버지와 삼촌에게서 전쟁 이야기를 들으며 자랐다. 두 사람은 랭커스터 폭격기 조종사였던 아버지 프랜시스 토머스 놀란을 잃었다. 열여덟 살 병사들이 수두룩한 가운데서 '노인네'였던 그는 45회의 출격 임무를 수행하면서도 살아남았지만, 전쟁이 끝나기 1년 전인 1944년에 프랑스 상공에서 격추당했다. "전쟁 이야기를 들으며 자랐고 할아버지가 어떻게 돌아가셨는지 알고 있던 내가 2차 세계대전의 조종사를 영웅적인 관점에서 그려내는 일이 가능하리라고는 생각해본 적이 없습니다. 2차 세계대전은 우리 아버지에게 믿기 힘들 정도로 중요한 사건이었습니다. 아버지는 나에게 공습에 대한 이야기를 해주시곤 했어요. 그 이야기는 아버지와 우리 사이에 유대감이 흐르고 있다는 것을 느끼게끔 해주었죠. 당시에는 그런 것을 의식하지 못했지만 지금 와서 돌이켜보면, 어떤 시기가 됐을 때 내가 2차 세계대전 이야기를 어떤 방식으로든 들려주고 싶어 하리라는 건 불가피한 일이었다고 느낍니다. 덩케르크 상공에서 벌어지는 공중전을 보여주게 되리라는 걸 깨닫고, 그걸 제대로 보여줘야 한다는 책임감을 무척 강하게 느꼈죠. 아버지는 항공기와 관련된 영화를 보면 그 영화의 역사적 정확성을 두고 항상 혹독하게 비판했습니다. 이 영화에서 도슨 씨가 엔진 소리만 듣고 스핏파이어라는 걸 알아차리는 설정은 내가 아버지께 바치는 경의의 표시입니다. 우리 아버지는 도슨처럼 소리만 듣고도 제트기 기종을 식별하셨거든요. 어떻게 아셨는지는 모르지만, 머리 위로 비행기가 날아가면 그 소리만 듣고도 그게 어떤 기종인지 알아차리곤 하셨죠."

놀란 감독은 〈덩케르크〉를 위해 좀처럼 하지 않았던 일을 했다. 기존의 음악을, 엘가의 [수수께끼 변주곡] 중 하나인 [님로드Nimrod]를 사용한 것이다. "아버지는 상당한 수준에 오른 클래식 전문가였습니다." 그는 말했다. "음악을 듣는 아버지의 귀는 믿기 힘들 만큼 굉장한 수준이었고, 음악에 대해서도 많이 아셨습니다. 음악의 종류를 불문하고 아는 게 많으셨지만, 클래식 음악에 특히 박식하셨죠. 내가 〈스타워즈〉의 음악을 좋아한다는 걸 알게 된 아버지는 존 윌리엄스가 그 영화의 음악을 작곡하면서 의지했던 작곡가 홀스트의 [행성The Planets, 1916]을 소개해주셨습니다. 이 영화에 착수할 때, 아버지는 나에게 클래식 음악을 사용해보는 게 어떻겠냐고 제의하셨어요. 그런 음악이 내 영화에서는 그다지 효과가 있을 것 같지 않다는 것을 아버지한테 설명하는 건 어려운 일이었습니다. 그런데 일반적으로 영화에 클래식을 사용하는 것은 무척 어려워요. 〈2001 스페이스 오디세이〉처럼 좋은 결과를 얻을 수도 있지만 그렇게 하는 건 쉽지 않죠. 클래식은 그와 관련된 온갖 이미지들을 영화 안으로 끌고 들어오기 때문입니다." 그럼에도 놀란이 〈인썸니아〉의 영화음악을 작업하면서 처음으로 오케스트라를 활용했을 때, 그의 아버지는 녹음을 위해 연주하는 걸 듣고자 런던 중심부에 있는 녹음 스튜디오를 찾았다. "샬럿 스트리트에서 녹음 작업을 하고 있었죠. 어느 스테이지였는지는 기억이 안 납니다. 지금은 더 이상 녹음 스테이지가 아니지만요. 아무튼 우리는 스튜디오에 대형 오케스트라를 데려왔는데, 아버지는 그걸 보려고 오셨죠. 그때의 작업이 풀full오케스트라로 녹음한 우리의 첫 번째 사례였습니다."

놀란의 아버지는 〈인셉션〉이 한창 준비되던 2009년에 췌장암 4기 진단을 받았다. 〈인셉션〉에는 피터 포스틀스웨이트가 연기하는 '아버지'와 킬리언 머피가 연기하는 '아들'이 화해하는 임종 장면이 있었으니, 우연히 일어난 아이러니였다. 그러나 이로 인하여 놀란은 본인의 아버지로부터 영감을 얻은 캐릭터인가, 라는 질문을 영원히 받게 되었다. "우리

부자의 관계는 굉장히 중요합니다. 아주 중요했었죠." 그는 말했다. "아버지는 〈인셉션〉을 보지 못하셨습니다. 우리가 영화를 만들던 중이었던가, 촬영을 마친 직후였던가, 그 무렵에 돌아가셨으니까요. 하지만 정작 영화 속 아버지 캐릭터의 명백하고 구체적인 비유는 아무도 눈치채지 못하더군요. 당혹스러웠습니다. 그것 때문에 내가 곤란할 수도 있다고 염려했었으니까요. 하지만 그 비유 역시 가족하고는 관련이 없습니다. 그 문제를 이렇게 설명해보죠. 호주 시드니에서 LA로 가는 항공편을 구하고 있다는 내 말에 당신은 '거대한 제국을 물려줘야 하는 호주 사업가'에 관한 이야기를 떠들어대면서 '혹시 그 사업가의 상속인가요?'라고 묻는 셈인 거예요. 나한테 지금 중요한 건, 그 항공편이 세계에서 가장 긴 비행 노선이라는 사실인데 말이죠. 더는 얘기하지 않겠습니다. 그걸 알아차린 사람은 아무도 없군요."

놀란은 〈인셉션〉을 작업하면서 아버지와 자신의 관계를 환기하기보다는 루퍼트 머독 같은 독점 기업에 대한 견해를 표명하는 데 더 관심이 많았을 것이다. 그런데 〈덩케르크〉의 영화음악에는 그가 아버지와 음악으로 나누는 대화가 담겨 있다. "아주 이른 시기부터, 정말 고집스럽게 똑

작업 중인 편집감독 리 스미스와 사운드 에디터 리처드 킹 그리고 놀란.

PROPERTY OF WARNER BROS.

딱거리는 내 시계 소리를 녹음해서 한스에게 보냈습니다. 우리는 그 사운드를 바탕으로 사운드트랙을 구축했죠. 그림을 구축하는 것처럼 음악을 구축한 겁니다." 촬영이 진행되는 동안 덩케르크로 여행을 간 짐머는 모래를 한 움큼 집어 유리병에 넣은 후, 로스앤젤레스로 그 모래를 가져와 작곡하는 동안 책상에 올려놨다. 짐머가 놀란의 브리핑을 받으면서 직면한 근본적인 난제는 이것이었다. 긴장감이 지속적으로 상승한다는 느낌을 관객에게 꾸준히 제공할 수 있는 곡을 어떻게 작곡할 것인가? 짐머가 제작한 초기 데모는 공습 사이렌을 활용했다. 그런데 그는 오케스트라 쪽으로 접근하는 방식을 시도해보고 싶었다. 그는 심포니 오케스트라와 함께 100분이 넘는 방대한 분량의 음악을 녹음하러 런던으로 향했다. 순전히 셰퍼드 톤 아이디어가 제 효과를 내도록 만들 수 있다는 걸 보여주기 위해서였다. 로스앤젤레스로 돌아와 그 음악을 1차 편집본인 러프 컷에 붙여본 짐머는 자신이 곤경에 처했다는 걸 깨달았다. 각 시퀀스의 세부적인 부분에 돌입하기 전까지는 만사가 괜찮은 듯 보였다. 그런데 '꾸준히 고조되는 사운드'와 '단절되지 않는 리듬'은 문제를 만들어내고 있었다. 잘라내는 편집이 불가능했던 것이다. 4번 릴에서 편집할 경우, 음악도 영화의 출발점으로 돌아가서 처음부터 다시 작업해야 했다. "런던까지 가서 오케스트라 음악을 녹음하고 그걸 영화에 붙여봤더

후반 작업을 한스 짐머와 함께한 놀란. <덩케르크>는 이미지와 사운드를 융합하는 감독의 실험을 대표하는 작품이다.

니 제대로 굴러가지 않는다는 걸 깨달았죠. 그 순간, 한 방 된통 얻어맞은 느낌이었습니다." 짐머는 말했다. "그 무렵 우리는 시간이 없었습니다. 시간에 쫓기는 건 정말 고통스럽더군요. 잠이 모자란 건 특히 더 괴로웠습니다. 〈덩케르크〉는 내가 온종일 스튜디오에 처박혀 있어야 했던 영화 중 한 편이었습니다. 집에 가서 잠을 자면 영화에 대한 꿈을 꿨어요. 그 영화는 내 곁을 떠나지 않았죠."

결국 짐머는 놀란이 애초에 세웠던 계획으로 생각을 바꿨다. 놀란은 생존자들의 이야기를 들으면서, 철수 작전이 진행되는 동안 그들이 들었던 소리들(폭탄이 터지는 소리, 배가 침몰하는 소리, 다가오는 동안 소름 끼치는 끽끽 소리를 토해냈던 독일군 공습 폭격기의 바퀴 지지대 소리와 거기에 부착된 사이렌 소리)을 생생히 기억하는 것에 특히 주목했다. 그는 음악 전체에 변화를 주고 카멜레온처럼 변신시킬 필요가 있다는 결정을 내린 뒤, 사운드 에디터 리처드 킹이 보내온 사운드들을 통합시켰다. 킹은 문스톤호의 뱃소리를 보냈다. 그러면서 그 배는 일종의 악기가 됐다. 선박과 모터에서 얻은 음향효과는 음악과 같은 템포로 쓰였고, 바이올린을 긁는 소리는 선박의 경적과 통합됐으며, 금관악기의 소리는 리드미컬하게 치솟는 선박 엔진 소리와 한데 녹아들었다. 결국에는 음악이 끝나는 지점과 사운드 디자인이 시작되는 지점이 어디인지를 말하는 게 거의 불가능한 지경에 이르렀다. 작곡가 에드문트 마이젤이 〈10월Oktyabr, 1927〉의 영화음악에서 했던 작업처럼 기계적인 요소와 음악적인 요소들을 융합시켜 일종의 구상 음악을 빚어낸 것이다. 토미가 바닷가를 배회하다 문득, 아득히 먼 곳까지 늘어선 사람들의 행렬들과 파도가 일렁이는 바다로 뻗어나간 잔교를 볼 때, 우리는 밑에서 치고 올라오는 반음 떨어진 음계들을 듣는다. 각각의 사람들을 앞으로 전진시키는 숫자 알아맞히기 게임의 음악 버전이다. 토미와 깁슨이 들것을 들고 잔교로 나아가는 동안에는 바이올린 오스티나토*가 함께 연주된다. 바이올리니스트들이 활을 현에 튕기고 있는 듯 들린다. 그들의 계획이 불안정해지면 바이올린 소리는 표류하다가 불협화음을 일으키는 듯 들리고, 그들이 발 디딜 곳을 다시 찾았을 때, 폭발과 함께 잔교 양옆으로 물기둥이 솟구치면 바이올린 연주도 속도를 높인다.

● 일정한 음형을 같은 성부에서 동일한 음으로 반복 연주하는 주법.

"영화를 철저히 독특한 방식으로 믹싱했습니다." 놀란은 말했다. "모든 리드미컬한 구조에 음향효과를 통합시켰죠. 그래서 보트 엔진의 템포는 음악과 같습니다. 그 결과, 그 자체로 다른 모든 요소와 동시에 연주되는 일종의 악기가 됐죠. 그걸 감지한 관객이 실제로 있을 거라고는 생각하지 않지만, 관객들도 무언가를 느끼기는 했을 겁니다. 믿기 힘들 정도로 어렵고 품이 엄청 많이 드는 작업이었어요. 관련된 모든 사람을 고문하는 작업이었죠. 한스와 그의 팀원들은 나를 욕했습니다… 영화 전편이 그런 식으로 만들어졌죠. 음악은 본질적으로 2개의 신호입니다. 100분짜리 신호가 하나 있고, 끝부분에 10분간 깔리는 엘가의 음악이 있습니다. 그런데 리드미컬한 구조를 갖춘 이 음악 전체는 하나의 신호입니다. 짧은 루프트파우제*가 하나 있습니다. 콜린스가 익사하기 직전에 음악이 살짝 머뭇거리다가 끊깁니다. 음악은 한 박자 동안, 숨을 한 번 쉬는 동안 끊겼다가 다시 시작됩니다. 영화 역사를 통틀어 이보다 더 긴 음악 신호가 있었다는 건 상상이 되지 않습니다. 음악은 영화가 시작되고 영화사 로고가 등장하는 순간부터 그 한순간을 제외하면 단 한 박자도 건너뛰지 않습니다. 마침내 결말부에서 그가 잠들었을 때, 열차가 멈추면 엘가의 음악이 들려오기 시작합니다."

병사들과 선원들, 조종사들 모두가 맹렬한 기름 세례 속에서 만나게 되고 이렇게 3개의 스토리라인이 하나로 합쳐지는 영화의 클라이맥스에서 짐머는 셰퍼드 톤을 하나가 아닌, 3개를 사용한다. 동시에 연주되는

● 연주자에게 숨을 쉬거나 연주를 일시 정지할 것을 지시하는 기호.

—
<덩케르크>의 음악을 위해 리허설 중인 금관악기 섹션.

3개의 상이한 시그니처로, 아랫부분은 매우 느리게 솟구치는 음계를 연주하고, 중간 부분은 두 배의 속도로 같은 음계를 연주하며, 윗부분은 네 배의 속도로 연주한다. 이 3개의 셰퍼드 톤이 동시에 클라이맥스를 향해 구축된다. 달리 말하면, 이 영화가 가진 푸가 구조의 음악 버전이다. 구명정들이 마침내 수평선에서 모습을 드러내면, 우리는 엘가의 [님로드]를, 또는 [수수께끼 변주곡]의 [제9변주 Variation IX]가 연주되는 것을 듣는다. 분당 6박자로 느려지고 오리지널에는 존재하지 않는 베이스 음들이 딸려 있는 이 음악은 제일 높은 음역을 더블베이스가 연주하고, 고음역대를 맡은 첼로 14대도 함께 연주된다. 짐머가 음들을 길게 늘여놓은 까닭에 연주자들의 활은 그 음을 연주하기에 충분할 정도로 길지 않았다. 그래서 짐머는 연주자들이 각자의 타이밍에 독자적으로 들어왔다가 나가는 것을 허용했다. 덕분에 영화에는 바닷가의 자갈이나 물에 비친 햇살처럼 일렁이는 질감이 부여됐다.

"[님로드]는 아버지가 좋아하시던 곡 중 하나였습니다." 놀란은 말했다. "아버지 장례식 때 우리가 운구하는 동안 흐르던 음악이었죠. 굉장히 감동적인 곡이라고 생각해요. 그렇게 생각하는 사람이 많을 겁니다. 내게 그 음악의 무게감은 굉장히 커요. 그 무게감이 그 곡을 〈덩케르크〉에 삽입한 이유입니다. 나와 음악 에디터는 그 곡을 확장하고 비틀었습니다. 곡을 확장하고 주무르고 변화시켰기 때문에, 그걸 듣는 사람은 멜로디를 제대로 파악할 수가 없습니다. 그러다가 그 곡은 가끔씩 포커스 안으로 들어와 나름의 성과를 거둡니다. 우리가 그렇게 한 작업에 대해 아버지가 어떻게 생각하실지 도무지 감이 잡히지 않아요. 기겁하셨을 수도 있고 무척 좋아하셨을 수도 있는데, 어느 쪽인지 도통 모르겠어요. 그렇지만 〈덩케르크〉를 만드는 동안, 아버지와 무척 좋은 음악적 대화를 나눴다고 생각합니다."

· · · ·

영화의 박스오피스 수입은 흔치 않은 이야기를 들려줬다. 놀란이 선호하는 7월에 개봉한 〈덩케르크〉는 개봉 첫 주에 7,400만 달러의 수입을 올렸고, 둘째 주에는 4,100만 달러를, 셋째 주에는 2,600만 달러를 벌어들였다. 〈미션 임파서블: 로그네이션Mission: Impossible - Rogue Nation, 2015〉과 〈혹성탈출: 종의 전쟁War for the Planet of the Apes, 2017〉, 〈스타트렉 비욘드Star Trek Beyond , 2016〉 같은 경쟁작들을 상대로 스타 배우들도 없이, 확고한 프랜차이즈의 매력도 없는 상태에서, 경쟁작들에 투입된 제작비의 절반가량으로 만들어진 영화가 거둔 성적이었다. 밀실 공포증과 군사적으로 실패한 사건을 다룬 전쟁 사극영화는 그해 여름, 최대 히트작 중 하나가 되면서 8월 내내 박스오피스를 휩쓸었고, 9월 무렵에는 전 세계 흥행수입 5억 달러를 돌파했다. 11월에 〈덩케르크〉는 〈다크 나이트〉의 오스카 8개 부문 후보 지명에 맞먹는 성적을 거뒀다. 게다가 작품상 후보에 지명되고 놀란이 처음으로 감독상 후보에 지명되기도 했다. 그럼에도 이 영화는 오스카 시상식이 열리기 전까지 8개월에 걸친 고투를 치렀다. "우리는 상을 받으려고 영화를 만들진 않아요." 〈덩케르크〉가 개봉될 때 엠마 토머스가 「로스앤젤레스 타임스」와의 인터뷰에서 한 말이다. "우리는 관객을 위해 영화를 만들어요." 〈덩케르크〉는 시상식이 열린 밤에 리 스미스가 편집상을, 그레그 랜데이커가 사운드 믹싱상을, 리처드 킹이 사운드 편집상을 받았지만 작품상과 감독상은 기예르모 델 토로의 〈셰이프 오브 워터: 사랑의 모양The Shape of Water, 2017〉에 넘겨줘야 했다.

"여러 해를 거치면서 상과 관련된 상황을 분석하려고 노력하는 건 포기하기로 했습니다." 놀란이 시상식이 열리고 몇 주 뒤에 나에게 한 말이다. "사람들은 항상 아카데미를 단일한 존재인 것처럼 말하지만, 전혀 그렇지 않습니다. 아카데미는 많은 개인이 속한 조직입니다. 하비 웨인스타인이 저지른 짓 중 하나는 시상식을 마케팅 캠페인의 일부인 양 뒤튼 것이라고 생각합니다. 과거의 시상식은 어떤 영화의 공로에 보상을 하는 것이었지만, 지금은 영화의 흥행을 돕는 일을 하고 있습니다. 상은 후원 시스템의 일부라고 말할 수 있죠. 우리는 〈덩케르크〉를 만들면서 상이 필요하지 않을 정도로 충분히 운이 좋았습니다. 사람들이 주목하지 않은 무척 중요한 일 하나가 우리의 사운드 담당자들이 사운드 편집으로 오스카를 수상했다는 겁니다. 그런데 사운드 에디터였던 리처드 킹은 음악 에디터인 알렉스 깁슨도 수상자에 포함되어야 한다고 주장했고, 함께 오스카를 수상했습니다. 그 전까지는 유례가 없는 일이었죠. 그런 일이 다시는 일어나지 않을지도 모릅니다만, 그들은 영화를 믹싱하는 작업에서 음악과 사운드 사이의 경계는 존재하지 않는다는 걸 제대로 알고 이해했습니다. 그 영화는 내가 작업했던 모든 영화들 중에서 음악과 사운드와 화면이 가장 팽팽하게 융합된 영화입니다."

• • • •

2015년, 출근길에 음악을 듣고 있던 텍사스의 보험 브로커 밥 패짓은 학자들을 1세기 넘도록 쩔쩔매게 만든 음악계의 수수께끼를 자신이 풀어냈다고 생각했다. 그 수수께끼란 에드워드 엘가의 [수수께끼 변주곡]의 '숨겨진' 테마였다. 수십 년간, 음악학 연구자들과 암호학자, 음악 애호가들은 엘가가 그의 작품에 숨겨놓았다고 암시한 "오묘한 말"을 찾아내려 노력했다. 사람들은 바흐의 [마태 수난곡St. Matthew Passion,1729]부터 베토벤의 피아노 소나타 [비창 Pathetique, 1799]과 [신이시여, 여왕을 구하소서 God Save the Queen], [반짝반짝 작은 별Twinkle,Twinkle, Little Star], [팝 고즈 더 위즐Pop Goes the Weasel]까지 이르는 모든 곡에서 그 주제를 발견했다고 주장했다. 2006년에 [수수께끼 변주곡]의 '미스터리와 숨겨진 메시지'를 찾는 데 바쳐진 콘서트의 오케스트라 일원이었던 패짓은 그 얘기가 "후더닛 같은 살인 미스터리와 비슷한 종류"처럼 들린다고 생각했다. 2009년에 보험 회사에서 일시 해고를 당한 그는 텍사스 플레이노로 이주해 바이올린을 가르치기 시작하면서 여유 시간이 생길 때마다 엘가의 수수께끼를 풀려고 노력했다. 사이먼 싱의 「암호의 과학The Code Book, 1999」을 읽으면서 암호학을 집중적으로 독학했고, 심지어 멜로디의 리듬을 모스 부호로 옮겨보려고 시도하기도 했다. 차를 타고 이동하는 동안 [수수께끼 변주곡]의 CD를 듣고 또

1900년대 초의 에드워드 엘가.

들으면서 유명한 곡조 '반짝반짝 작은 별', '신이시여, 여왕을 구하소서', '지배하라 브리타니아여', '해피 버스데이' 등이 맞아떨어지는지 확인하려고 흥얼거리기도 했다. 그러던 어느 날, 좋아하는 찬송가 한 곡이 떠올랐다. 마르틴 루터의 16세기 찬송가 [내 주는 강한 성이요A Mighty Fortress Is Our God]였다. 100건이 넘는 블로그 포스트를 올리면서 7년을 연구한 패짓은 마침내 엘가가 의도했던 대위법을 찾아냈다고 믿었다. 그 찬송가의 19세기 멘델스존 버전을 거꾸로 연주하면 완벽하게 맞아떨어지는 듯 보였기 때문이다.

전문가들은 그의 주장에 회의적인 반응을 보였다. "[내 주는 강한 성이요]를 거꾸로 연주하는 것은 최소한, 패짓 씨가 집착적으로 목표를 추구하는 면에서는 기발한 사람이라는 것을 보여준다." 세계적으로 손꼽히는 엘가 전문가인 리즈대학의 음악학과 명예교수 줄리언 러시턴이 내놓은 코멘트다. 러시턴 교수는 [수수께끼 변주곡]에 대해 "한없이 매혹적인데, 정확히 말하면 해답을 내놓는 데 지독히도 저항적이기 때문에 매혹적인 것이다."라고 썼다. 테마들에 대한 한 묶음의 변주를 제공하는 놀란의 영화들에 대해서도 같은 얘기를 할 수 있을지 모른다. 하나의 테마가 소개된 후 그 테마의 대위법으로 연주한 선율이 등장하고 이어서 세 번째와 네 번째 선율이 등장하다가 모든 목소리가 도달하는 지점, 그리고 그 지점에서 규정 따위는 창밖으로 내던져지고 작곡가가 원하는 건 무엇이든 할 수 있는 푸가나 카논과 비슷하게 말이다. 새로운 목소리가 테마를 변주할 수 있는 방법은 대여섯 가지가 있다. 이 곡은 다섯 음 높게 또는 네 음 낮게 부를 수 있다. 짐머가 〈덩케르크〉 영화음악에서 [수수께끼 변주곡]으로 그랬던 것처럼 속도를 높일 수도, 늦출 수도 있다. 순서를 뒤집어 메인 테마를 정확한 개수의 반음 아래로 떨어뜨리는 것으로 점프해 올라갈 수도 있고, 거꾸로 할 수도 있다. 마지막으로 바흐가 [음악의 헌정] 어느 지점에서 테마를 거꾸로 연주했듯이 그렇게 할 수도 있다. 즉 역방향으로 연주할 수도 있는 것이다. 그 곡에서 연주자들 중 한 명은 음악을 180도 거꾸로 뒤집는다. 게의 독특한 옆걸음질에서 이름을 딴 역행 카논crab-canon으로 알려진 기법이다. 〈메멘토〉는 역방향으로 전개되는 영화라고 알려져 있지만, 전혀 그런 영화가 아니다. 신들의 순서가 거꾸로 됐을 뿐, 레너드가 사망한 테디를 찍은 폴라로이드를 응시하는 크레디트 시퀀스를 제외하면 영화 자체가 그런 것은 아니다. 폴라로이드는 흐릿해지다가 결국에는 카메라로 다시 미끄러져 들어가고, 그 결과 사람은 살아 있는 상태로 되돌아가고, 흩어졌던 피는 모여들며, 총알은 총열 속으로 돌아간다. 살인은 이제 막 되감겨졌다. 그런데 신과 시퀀스, 서브 플롯 전체가 그런 방식을 따르는 영화라면 관객은 결코 이해할 수 없을 것이다. 〈메멘토〉가 개봉되고 20년이 지난 후, 놀란은 과연 그게 사실인지 알아보기로 결심했다.

TWELVE **KNOWLEDGE**

—

열둘
지식

　1927년 11월 7일 오후 4시경, 이오시프 스탈린이 세르게이 에이젠슈타인의 편집실에 들렀다. 감독은 〈10월〉을 완성하려 애쓰고 있었다. 볼셰비키 혁명을 완벽하게 재연한 영화로, 겨울궁전에 6,000명의 엑스트라를 동원하고, 엄청나게 많은 전기를 사용한 탓에 어느 순간 모스크바 전체를 정전 상태로 만든 영화였다. 에이젠슈타인과 편집감독이 혁명 10주년 기념일에 맞춰 영화를 완성하려고 작업에 열중하는 바람에 그 영화의 후반 작업에 참여한 사람들은 제정신이 아니었다. 살인적인 일정에서 살아남기 위해 내분비계 흥분제를 복용하던 에이젠슈타인은 일시적으로 실명하기까지 했다. 그러던 그에게 공산당 중앙위원회 서기장이 영화를 보고 싶어 한다는 이야기가 전해졌다. 한때 신학생이었고 소련 공산당 기관지 「프라우다」 편집자로 일했던 스탈린은 한 손에 늘 파란 연필을 들고 공산당 고위 관료가 올린 보고서와 연설문에 표시("이 논문은 누구를 겨냥한 것인가?")를 하거나 한없이 이어지는 심야 회의("그렇지!"나 "중앙위원회 전원에게 보여주도록.")가 진행되는 동안 이너 서클의 캐리커처를 그리는 인물이었다. 스탈린의 주된 맞수였던 레온 트로츠키에 따르면, 스탈린주의는 다름 아닌 자기 잇속에 따라 역사를 편집하는 것이었다. "어떤 사건이 일어난 이후에 갈팡질팡하던 행보를 정당화하고, 어제의 실수를 은폐하면서 결과적으로 내일의 실수를 준비하기 위해" 공들여 편집을 하는 것이다.

볼쇼이 극장에서 열릴 영화의 프리미어를 앞두고 마지막으로 편집 작업을 하던 날, 에이젠슈타인의 영화를 보기 위해 자리를 잡은 스탈린이 감독에게 물었다. "감독님 영화에 트로츠키가 나오나요?" 이 질문 이후에 스탈린은 그 영화의 필름 13,000피트 중에서 트로츠키가 등장하는 신들을 비롯한 4분의 1이 넘는 3,500피트 이상을 가위질하라고 명령했다. 독일 작곡가 에드문트 마이젤은 거대한 사운드 블록들에서 혁명의 기계적 추동력을 포착하려 애썼다. 그는 스타일 메카니크에서 시간을 일치시키는 숱한 솜씨를 발휘했는데, 공장에서 나는 쌕쌕 소리를 위해서 목관악기를, 행군하는 군대를 위해서 현악기의 활을 철썩 때리는 베이스를, 교량이 올라가고 내려가는 소리를 위해서 반음을 위아래로 조정하는 기법을 사용했다. 이 영화 앞부분에는 쓰러지면서 산산조각 났던 차르 알렉산드르 3세의 동상이 스스로 재조립되는 광경이 등장한다. "내가 주장하려는 요점은, 이 영화는 전제 정치의 전복을 상징화한 프레임들로 시작된다는 것이다." 에이젠슈타인이 나중에 쓴 글이다. "그 동상의 '붕괴'는 '역방향으로' 촬영됐다. 사지를 잃은 토르소는 왕좌로, 받침대로 날아올랐다. 두 다리와 두 팔, 홀, 보주寶珠는 날아올라 스스로 결합한다.(…) 에드문트 마이젤은 그 신을 위해 음악을 거꾸로 녹음했다. 영화가 시작될 때 깔린 '정상적으로' 연주된 음악과 똑같은 음악이었다.(…)그러나 이 음악적 트릭을 알아채는 사람이 있을 거라고는 생각하지 않는다."

에이젠슈타인이 언급하고 있는 트릭은 회문*이다. 놀란의 열 번째 영화는 총알과 자동차, 심지어 사람들까지 역방향으로 흐르기 시작하는 초현대적 스파이 스릴러다. "우리는 미래로부터 공격받고 있어요." 스파이이자 주인공 존 데이비드 워싱턴을 위해 플롯을 설명하는 과업을 맡은 여러 캐릭터 중 한 명인 딤플 카파디아의 설명이다. 미래에서 제조된 '인버전*된 군수품'이 무자비한 마약 거래상인 러시아의 올리가르히* 안드레 사토르케네스 브래너에게 거꾸로 흘러온다. 사토르는 영국의 지배층에 편입되는 길을 돈으로 사들이고는 아름다운 아내엘리자베스 데비키와 결혼한 인물이다. 그런데 그 아내는 현재 그를 경멸한다. 브래너가 싸늘하고 세밀한 솜씨로 연기하는 사토르는 냉혹한 사디스트다. 그가 좋아하는 수법은 '시간적 펜치 작전'으로 그의 팀원 절반이 어떤 사건을 정방향으로 이동하

● 回文, 영어 단어인 civic, radar, level, rotor, kayak, tenet처럼 거꾸로 읽어도 앞에서부터 읽었을 때와 똑같이 읽히는 이미지, 단어, 형상을 말한다.

● 도치, 즉 위치나 순서, 차례 등이 뒤바뀌는 것.

● 러시아의 신흥 재벌 또는 러시아 마피아 등 소련연방이 해체된 이후 막대한 부를 축적한 세력.

면서 그에게 정보를 전달하면, 동일한 사건을 역방향으로 이동하는 다른 쪽 팀원들이 그 정보를 공격하는 데 활용할 수 있도록 해주는 것이다. "머리가 아직도 아파요?" 워싱턴이 사토르를 저지하는 것을 돕는 몇 명의 동료 중 한 명인 닐**로버트 패틴슨**이 묻는다. 뼈에 살이 붙

는 것처럼 역방향으로 전개되는 몽환적이고 아름다우면서도 낯선 액션 덕분에 플롯에 내재된 복잡한 문제는 오래지 않아 녹아 없어진다. 총알들은 박살 난 창문들을 고쳐놓고, 폭발한 제트기는 재조립된다. 차들은 구르는 동안 손상이 없어지고 네 바퀴로 서면서 충돌 이전으로 돌아간다. "새는 극복이 안 돼." 누군가 탄식한다. 결국 〈테넷〉의 중간 지점에서, 영화는 깜짝 놀랄 대담한 반전을 통해 방향을 180도 꺾는다. 워싱턴의 팀은 사건을 거꾸로 거슬러 가는 길로 향하고, 지금까지 펼쳐졌던 신들은 영화의 출발 지점을 향해 돌아간다.

"나는 내 영화들에서 시간과 시간을 조작하는 행위에 항상 관심을 가졌어요." 놀란은 말했다. "이 모든 일에 두려움 없이 덤벼들었지만, 정작

—
위 〈테넷〉의 턴스타일 중 한 곳에 있는 촬영감독 호이테마와 놀란.

아래 프로타고니스트를 연기하는 존 데이비드 워싱턴.

시간여행 영화는 만들어본 적이 없었죠. 물론 이 영화는 진정한 시간여행 영화는 아니에요. 이 영화는 시간여행을 다른 관점으로 바라보죠. 그런데 인버전된 시간이라는 관념의 출발점은 총알이 벽에서 빠져나오는 이미지였어요. 무척 오랫동안, 20년에서 25년 동안 품어왔던 아이디어죠." 영화의 액션 시퀀스는 열여섯 살 무렵 놀란이 파리의 편집실에서 거꾸로 되감는 화면을 봤던 자연 다큐멘터리를 상기시킨다. 그리고 그 시퀀스의 철학적 서브텍스트는 32년쯤 뒤인 2018년 2월에 로케이션 헌팅을 다니는 동안, 필름을 보호하자는 대의를 논의하고자 친구인 아티스트 겸 사진작가 타시타 딘과 함께 참석한 뭄바이에서 열린 사흘 일정의 컨퍼런스 '필름의 미래 재구성'에서 구체화됐다. "타시타가 밝힌 의견 중 강한 인상을 받은 의견이 하나 있습니다. '카메라는 시간을 봅니다. 그리고 카메라는 그런 일을 해낸 역사상 최초의 기계죠.' 우리는 사물을 자세히 살피고 이를 상상할 수 있는, 그걸 당연한 일로 여기는 인류의 첫 세대입니다. 장 콕토는 〈오르페우스〉에서 리버스 이미지로 사람들을 당황하게 만들 수 있었지만, 우리는 그걸 내러티브의 관점에서 처리해야 했습니다. 그러면서 나는 세계를 좀 더 자세히 살필 수 있는 방법에 대해 다시 관여해도 된다는 핑계를 얻었죠. 내가 〈테넷〉과 관련해서 가장 흥미로웠던 것 중 하나는 내가 하고픈 일을 발견했다는 겁니다. 당신이 아무리 열심히 글을 쓴다 하더라도 제대로 설명하고 묘사할 수는 없을 거예요. 당신은 그걸 실제로 봐야만 합니다. 그걸 제대로 이해하려면 직접 경험해봐야 해요. 그것이 영화라는 매체의 본질을 이야기해줍니다."

• • •

본드 시리즈와 이언 플레밍의 작품들을, 나중에는 존 르 카레의 작품들을 보면서 자란 놀란은 오랫동안 스파이 스릴러를 쓰고 싶어 했다. 특히 존 르 카레의 「나이트 매니저 The Night Manager, 1993」는 영국 지배층의 보호를 받는 무기 거래상의 부패하고 부유한 이너 서클을 묘사하는 형태로 〈테넷〉에 반영되었다. 재미있는 점은 최근에 그 소설을 각색해서 만들어진 TV시리즈에서 그 무기 거래상의 여자친구를 연기한 배우도 데

비키였다는 것이다. 놀란의 버전에서 브래너가 연기하는, 본드 시리즈에서 데려온 듯한 이 악당은 아말피 연안에 떠 있는 요트에서 으름장을 놓는다. "어떻게 죽고 싶소?" "늙어서." "직업을 잘못 선택하셨군." 놀란은 인정하며 말했다. "요트에서 벌어지는 상황은 완전히 플레밍 스타일입니다. 구체적으로 따지면 단편소설 「퀀텀 오브 솔라스Quantum of Solace, 1959」 같은 분위기죠. 그 작품에 등장하는 제임스 본드는 사람들이 본드를 떠올릴 때 생각하는 것보다 조금 더 친밀한 인물입니다. 그런데 〈테넷〉의 악당은 플레밍보다는 프리츠 랑의 영향을 더 많이 받았다고 생각합니다. 사악한 인물이지만, 천재는 아니니까요. 완력을 쓰는 무자비한 인물이죠. 그가 사방에 촉수를 뻗어두고 있다는 게 느껴집니다. 프리츠 랑은 이 영화가 어떤 영화인지에 대한 부분에서 가장 중요한 감독일 겁니다. 그의 영화 〈스파이Spies, 1928〉가 특히 그렇죠. 그 영화를 진즉에 감상했지만, 스태프에게 보여주진 않았습니다. 직접적으로 영향을 준 영화처럼 느껴지기엔 충분치 않았거든요. 하지만 마부제, 그리고 비밀 사회가 사회 조직에

위 〈메트로폴리스〉를 편집 중인 프리츠 랑 감독.

아래 랑의 영화 〈스파이〉 중 한 장면.

통합되어 들어가는 방식, 범죄 행각을 은폐하려고 관료제 구조를 활용하는 것 등, 랑은 그런 작업을 누구보다도 먼저 해냈습니다."

영화에서 시간을 되돌리는 기계인 '턴스타일 turnstile'은 '프리포트 Free-port'에 있다. 프리포트는 오슬로, 싱가포르, 제네바, 취리히 등 세계 전역의 공항에서 볼 수 있는 거대한 최첨단 금고다. 부자들은 그곳에 수천억 달러 가치의 그림과 고급 와인, 귀금속, 심지어 클래식 자동차를 세금도 내지 않은 채 보관할 수 있다. 창고라기보다는 7톤짜리 출입문과 카메라 수백 대, 최첨단 보관 시설, 온도와 습도 조절 장치가 설치된 현대적인 박물관이나 호텔에 더 가까운 프리포트는 〈007 골드핑거 Goldfinger, 1964〉에 나오는 포트 녹스 같은 설정을 이 영화에 제공한다. 2013년에 「이코노미스트」에 실리면서 놀란의 눈을 사로잡은 기사에서 '국가 재정의 평행 우주'라는 명칭으로 거론되었다. 이곳은 세상의 눈에 결코 띄지 않으면서 비밀리에 이뤄지는 물물교환에 의해 지탱되는 세계이다.

"'액션 영화를 위한 기막힌 소재로군.'이라고 생각하고는 따로 챙겨뒀죠. 우리가 그걸 묘사한 방식은 조금 더 화려하게, 그렇지만 과하지 않게 묘사한다는 것이었어요. 그곳은 기본적으로 부유한 사람들이 이용하는 환승 라운지예요. 플레밍이 그런 곳에 대해 알았다면, 그걸 소재로 삼아 분명 어떤 작업을 했을 겁니다. 화려한 곳이지만, 실상을 알고 보면 추잡한 곳이니까요. 〈007 살인번호〉에는 웰링턴 공작의 유명한 그림이 등장해요. 본드는 방으로 들어가다가 그 그림을 보고는 흠칫 놀라는 반응을 보이죠. 요즘 사람들은 그가 보이는 반응의 의미를 알아차리지 못해요. 그 그림이 〈007 살인번호〉가 만들어지기 2년 전에 도난당한 그림이라는 것을 기억하는 사람은 아무도 없으니까요. 그 도난 사건은 신문에 실렸었죠. 따라서 당시 사람들의 머릿속에는 비밀리에 미술품을 수집하는 세계라는 환상이 존재하는 겁니다. 모스크바가 〈모나리자〉를 보유하고 있다는 등의 온갖 환상들 말이에요. 하지만 현실은 그렇지 않습니다. 도난당한 미술품은 매매할 수 없다는 쪽이 맞아요. 그래서 도난 미술품은 담보물로서 어떤 범죄자에게서 다른 범죄자에게로 넘어가게 되죠. 프리포트라는 존재는 그런 행각의 고급스러운 버전입니다. 프리포트의 실태가 그렇기 때문에, 사람들이 외국인에게서 구입한 작품은 실제로 수입이 되는 게 아니에요. 그 작품들은 사실 프리포트를 떠나는 일 없이 매매되는 거니까요. 그래서 초고가의 미술품은 우리 세계에 드러나는 일 없이 소유주 여러 명의 손을 거치게 되는 것이죠."

자료 조사를 하던 놀란은 러시아의 어느 지도에서도 찾을 수 없는, 핵실험 탓에 거주가 불가능한 곳이 된 후 버려진 도시들인 '비밀 도시들' 네트워크에 당도하게 되었다. 그 네트워크의 존재는 영화의 악당 사토르 캐릭터에게 배경 사연을 제공했다. 그런 비밀 도시 중 한 곳인 스탈스크 12의 돌무더기 속에서 자란 사토르는 소련 해체 뒤 러시아의 폐허에서, 가장 높은 가격을 제시하는 이에게 무기를 판매하는 사업을 시작한다. 프리야딤플 카파디아 는 그때가 "핵무기의 역사에서 가장 불안정한 순간"이었다고 지적한다. 영화는 소련의 건축양식인 야수주의 스타일로 지어진 키예프의 오페라 하우스에서 시작해 '땅과 한 덩어리가 되어버린 계단식 노천광을 따라 배치된 잿빛 콘크리트와 버려진 산업시설'의 유령도시 스탈스크 12에서 절정을 이룬다. 〈테넷〉은 〈다크 나이트 라이즈〉조차 그늘지게 만드는 압도적인 콘크리트로 축조된 거대한 음시*인 것이다. 놀란은 프로덕션 디자이너 네이선 크로울리와 촬영감독 호이테 반 호이테마와 함께 소비에트 야수주의를 다룬 책들, 이를테면 사진 작가 프레더릭 쇼반의 「CCCP: 사진에 담은 장대한 공산주의 건축CCCP: Cosmic Communist Constructions Photographed, 2011」, 피터 채드윅의 「이 야수적인 세계This Brutal World, 2016」, 주파그라피카의 「이스턴 블록Eastern Blocks, 2019」을 연달아 꼼꼼히 읽었다. 그러던 중 에스토니아에 있는 구舊 소련시대의 스포츠 스타디움을 우연히 발견했다. 1980년 하계 올림픽을 위해 지어졌다가 방치된 V. I. 레닌 문화 스포츠 궁전인 린나홀은 영화의 오프닝 신에서 키예프의 오페라 하우스 역할을 할 로케이션으로 활용됐다.

"미국이 그해 올림픽을 보이콧했던 사건을 기억할 겁니다." 놀란은 말했다. "정말로 아름다운 건축물이고, 기가 막힌 디자인이었어요. 벽들이 내려가는 방식도 멋졌죠. 그런데 10년 남짓 방치됐더군요. 그래서 손을 꽤나 봐야 했어요. 디자인은 근사했지만 열악하게 건설된 탓에 조금씩 무너지고 있었죠. 그렇게 많은 콘크리트는 본 적이 없을 겁니다. 우리는 약간 맛이 가버렸어요." 호이테마와 놀란 입장에서 그 영화에 큰 영향

● 음詩, 시 혹은 시적 내용을 음악화한 연주곡.

—
에스토니아 탈린에 있는 린나홀
스타디움은 건축가 라이네 카프에
의해 1980년 모스크바 하계 올림
픽을 위해 지어진 곳으로, 놀란은
워싱턴과 함께 그곳에서 이 영화
의 오프닝 숏을 찍었다.

을 준 또 다른 요소는 2년 전쯤 방문했던 됭케르크의 머스크 조선소였다. "그 회사가 세계 전역에서 짓고 있는 끝내주는 선박들을 모두 담은 브로슈어를 얻었습니다. 우리는 그 굉장한 기반 시설들이 담고 있는 시각적 잠재력에 매혹됐죠. 노르웨이와 에스토니아에서 몇 군데 헌팅을 해봤는데, 엄청난 규모의 크레인들이 있고, 효율적으로 진행되는 작업과 거기에 투입되는 기가 막힌 엔지니어링을 볼 수 있었어요. 우리는 스파이 픽션과 스파이 영화가 그려내는 최첨단 세상보다는 화려한 색감을 보여주는 모니터들과 괴상한 그래픽들을 비롯한 모든 것을 갖춘 그런 현장에 훨씬 더 관심이 많았는데, 바로 그곳에 그런 요소들이 굉장히 많았습니다. 오늘날 우리가 살아가는 일상생활의 큰 부분이 된 그 세계야말로 더욱 리얼한 세상이었죠. 덴마크에서 촬영한 해상운송과 풍력 발전지역에서는 물질성을, 사물들의 물리학을 포착했습니다. 경이롭고 무척 다채로웠죠. 모든 것이 밝은 청색과 밝은 노란색이었어요. 정말 비범한 미학이 구현되어 있더군요."

。。。

이 영화에 디자인 형태주의를 제공한 인물이 이오시프 스탈린이라면, 지적인 면모와 맥거핀을 제공한 인물은 J. 로버트 오펜하이머였다. 이 영화의 맥거핀은 핵분열에 의해 초래된 역복사Inverse Radiation의 한 유형으로, 이 영화의 애초 공개 예정일이었던 7월 17일은 오펜하이머가 1945년에 뉴멕시코의 사막에서 세계 최초로 핵폭탄을 폭발시킨 다음 날이다. 당시 핵실험지의 암호명은 오펜하이머가 좋아하는 시인 존 던의 시에서 딴 '삼위일체'였다. 폭발과 함께 3,000미터 높이까지 도달한 섬광은 한낮의 태양 여러 개가 한꺼번에 빛나는 것과 맞먹는 밝기였고, 160킬로미터 이상 떨어진 곳에서도 그 빛을 볼 수 있었으며, 32킬로미터 떨어진 곳에서도 열기를 느낄 수 있었다. "몇 사람은 폭소를 터뜨렸고, 몇 사람은 울음을 터뜨렸으며, 대부분의 사람은 침묵에 잠겼다." 오펜하이머가 훗날에 쓴 글이다. "힌두교 경전 바가바드기타의 문장이 떠올랐다. 비슈누는

왕자에게 그의 의무를 이행해야 옳다고 설득하면서 그에게 강한 인상을 심어주기 위해 여러 개의 팔을 가진 형태를 취하고는 이렇게 말한다. '나는 이제 여러 세계의 파괴자인 죽음이 됐다.'" 오펜하이머가 인용한 까닭에 "나는 이제 여러 세계의 파괴자인 죽음이 됐다."는 바가바드기타에서 가장 잘 알려진 문장이 됐지만, 오펜하이머가 '죽음'으로 번역한 산스크리트어 단어는 '시간'으로 번역되는 경우가 더 흔하다. 따라서 펭귄 클래식 에디션에서 이 문장은 "나는 모든 사물을 파괴하는 전능한 시간이다."로 번역되어 있다.

궁극적인 파우스트적 인물인 오펜하이머는 같은 이유로 놀란 입장에서 모델로 삼기에 완벽한 지식인이었다. 실제로 그는 1932년에 코펜하겐에 있는 닐스 보어의 연구소에서 공연된 파우스트를 모방한 작품에 동료 물리학자인 볼프강 파울리와 파울 에렌페스트, 제임스 채드윅과 함께 참

"물리학자들은 원죄에 대해 알고 있습니다." 핵폭탄의 아버지 J. 로버트 오펜하이머의 유명한 말이다. "우리는 인류에게 유익한 것이 무엇인지 안다고 생각하는 오만을 저질렀습니다." 그는 나중에 설명했다. "이것은 과학자의 타고난 소임이 아닙니다."

여한 적이 있다. 훤칠하고 말랐으며 아주 예민하고 오만하다 싶을 정도로 귀족적인 분위기의 그는, 히로시마와 나가사키에 핵폭탄이 투하된 이후에는 신경 쇠약에 시달렸다. "그는 담배를 끊임없이 피우고 또 피웠습니다." 맨해튼 프로젝트의 로스앨러모스 실험실에서 사무실 관리자로 일했던 도로시 맥키빈이 한 말이다. 어느 날, 오펜하이머가 유독 더 괴로워하고 있다는 걸 눈치챈 비서 앤 윌슨이 무슨 문제가 있느냐고 묻자 오펜하이머가 대답했다. "이 모든 가엽고 왜소한 사람들을 계속 생각하고 있었네." 나가사키에 폭탄이 투하되고 8만 명에 가까운 인명을 앗아간 후 2년이 지난 1947년 11월 25일, 오펜하이머는 MIT에서 '현대 세계의 물리학'이라는 공개 강연을 하며 이렇게 말했다. "물리학자들은 원죄에 대해 알고 있습니다. 이는 천박함, 유머, 과장으로도 없앨 수 없는 사실이죠. 그들이 상실할 수 없는 지식입니다." 오펜하이머가 전후戰後에 했던 연설을 모아 만든 연설문 선집에 들어 있는 이 문장은 핵기술을 향한 그의 양가적인 감정을 드러낸다. 로버트 패틴슨은 영화의 종파티에서 감독에게 이 선집을 선물로 줬다.

"읽어보면 으스스합니다. 그 시절의 사람들은 자신들이 촉발시킨 이 문제를 놓고 갑론을박하고 있었으니까요. 핵폭탄을 어떻게 통제할 수 있을까요? 핵폭탄은 지독히도 가공할 만한 책임을 빚어냅니다. 그 지식이 세상에 일단 퍼지고 나면, 우리는 그걸로 무엇을 할 수 있을까요? 짜낸 치약을 튜브로 다시 넣을 방법은 없습니다. 매우 사려 깊은 종파티 선물이었죠. 당신처럼 나도 핵폭탄 개발 이후의 시대에서 자랐으니까요. 그레이엄 스위프트의 「워터랜드」에는 온전히 종말론적 사고만 다루는 섹션이 있습니다. 우리는 궁극적인 파괴적 기술의 그늘에서 자랐습니다. 그 기술이 세상에서 사라지더라도 우리는 그걸 조금도 그리워하지 않을 겁니다. 〈엔젤 하트〉에서 인용한 소포클레스의 문장과 비슷합니다. 내가 그 영화를 통해 알게 된 문장이죠. '…지혜가 현명한 사람에게 아무런 이득도 안겨주지 못한다면 그건 얼마나 끔찍한 일인가?' 일반적으로 무엇인가를 안다는 것은 그것을 지배하는 힘을 갖는 것입니다. 그런데 그와 반대되는 것이 진실이라면 어떻게 될까요? 만약 무언가에 대한 지식이 우리에게 권력을 준다면 어떻게 될까요?"

• • •

미국 영화는 동사動詞의 영화다. 총질하고 키스하고 살인한다. 거기에 놀란은 특유의 부분집합을 덧붙였다. 망각하고 잠들고 꿈을 꾼다. 그런데 그의 작품 중에서 가장 위험한 동사는 무엇인가? 바로 '안다'는 것이다. "당신이 설령 복수를 했다 하더라도, 당신은 무슨 일이 일어났는지조차 모르게 될 거야."〈메멘토〉에서 나탈리가 레너드에게 말한다. "내가 그걸 아는지, 모르는지 여부는 아무런 영향도 주지 못해." 레너드는 대답한다. "내가 기억하지 못한다는 이유 때문에 내가 하는 행동이 무의미한 짓이 되지는 않으니까." 아내를 죽인 자가 누구인지 마침내 알게 됐을 때 생기는 아이러니는, 범인을 알게 된 레너드가 그 해답이 마음에 들지 않자 엔딩을 전적으로 판이한 질문에 달린 것으로 남겨놓는다는 것이다. 당신은 무엇인가를 모르는 상태로 돌아갈 수 있는가? "햅을 쏠 생각이었나요?"〈인썸니아〉에서 엘리는 알 파치노가 연기하는 도머 형사에게 묻는다. "모르겠어." 도머는 울부짖는다. "더 이상은 모르겠어." 이것은 확실성이라는 것이 불가능해진 세계에 내던져진 놀란의 모든 주인공이 터뜨리는 울부짖음일지도 모른다. "믿어주세요! 선생님, 나는 그걸 압니다." 빅토리아 시대의 미술평론가 존 러스킨은 언젠가 그의 견해가 도전을 받자 이렇게 반응했다. 놀란의 주인공들은 아인슈타인의 우주에 존재하는, 알 수 있는 것과 알아야 할 것들의 한계 때문에 고생하는 러스킨들이다. "과학은 우리가 모르는 것을 인정하는 것이라고 말씀하셨죠."〈인터스텔라〉에서 머피제시카 차스테인는 말한다. 과학적인 방법을 헌신적으로 배우는 학생인 그녀는 지구를 영원히 떠나는 계획에 대해 아버지가 무엇을 알고 있었는가, 하는 의문 때문에 괴로워한다. "아빠가 알았나요? 우리 아빠가 알고 있었냐고요!" 그녀는 해답을 찾으려고 블랙홀을 응시하는 것 외에는 달리 도리가 없다. "알지 못하는 것으로 여겨지는 일들이 있어요." 로밀리는 말한다. 사실, 메이지가 알지 못하는 것에 의존하는 헨리 제임스의「메이지가 알고 있었던 일What Maisie Knew, 1897」이후로, 작품을 창작하려는 우리의 노력은 제임스가 "극복하는 게 불가능한, 알고 싶다는 충동"이라고 부르는 것과 "우리는 어떤 종류의 지식에 대해서는 특정한 종류의 지식보다 더 많은 대가를 지불한다."는 의혹 사이에서 지나치게 갈팡질팡하지 않았다.

〈테넷〉에 등장하는 최고의 조언은 클레멘스 포시가 연기하는 과학자에게서 나온다. 그녀는 말한다. "이해하려고 애쓰지 마요. 그냥 느껴봐요." 영화에 대해 과하게 고민하지 말라고, 영화를 경험하는 동안 영화에 자신을 맡기라고 놀란이 관객에게 관례적으로 해온 요청 중 하나다. 왜인지는 몰라도 놀란의 경력이 여기에 다다르게 된 건 불가피한 일로 보인다. 풍력 발전용 터빈, 쌍둥선, 러시아의 올리가르히, 런던의 회원전용 클럽 등 해당 장르의 매혹적인 요소가 모두 등장하는 스파이 영화를 만들게 된 건 놀란에게는 피할 수 없는 일이었을지 모른다. 이 영화에서는 무엇인가를 모르던 상태로 돌아가려는 캐릭터들 앞에서 시계가 똑딱거리고 있다. 대부분의 스파이들은 무엇인가를 밝혀내고 싶어 한다. 이를테면 핵 암호를 담은 마이크로 필름이나 카이베르 고개를 관통하는 경로가 담긴 지도 같은 것들 말이다. 〈테넷〉에 등장하는 핵심적인 경쟁은 대단히 파멸적이라서, 딤플 카파디아가 연기하는 캐릭터는 "그것의 진정한 본질을 아는 것은 곧 패배하는 것"이라고 말한다. "우리는 핵폭탄으로 할 수 없는 일을, 핵폭탄을 발명하지 않은 상태로 만드는 일을 인버전하려고 애쓰고 있어요. 지식을 나눠서 담아두죠. 무지가 우리의 탄약이에요." 그들은 서류에 아무것도 남겨서는 안 된다. 미래에 검토되어 그들을 상대로 사용될 수 있는 기록은 하나도 남겨서는 안 된다. 놀란의 스파이들은 자신들의 머리와 우리의 머리를 비우고 싶어 한다. 시나리오는 그가 〈덩케르크〉를 집필하면서 발전시켰던 미니멀리스트 성향을 한층 더 강화했다. 존 데이비드 워싱턴이 연기하는 스파이는 지독히도 비밀스러운 존재라서 이름조차 얻지 못한다. 시나리오에서 그는 '프로타고니스트(주인공)'로만 언급된다. 그리고 CIA가 언급되지만, 그와 다른 사람이 CIA를 위해 일하고 있는지의 여부는 결코 명확하지 않다. 마이클 케인이 그에게 조언을 하고 재단사를 추천하기 위해 회원전용 클럽에 모습을 나타내지만 말이다.

"이번 영화를 작업하면서 내가 가진 영향력을 조금 더 많이 드러내고 활용했습니다." 놀란은 말했다. "〈인셉션〉이 나왔을 때, 사람들은 본드 영화에 대한 생각을 물어보더군요. 나는 비주얼 면에서는 그렇다고 인정하곤 했죠. 그런데 사실 〈인셉션〉은 스파이 영화보다는 하이스트 영화에 더 가깝습니다. 이번 영화에서는 관객이 낯선 장소들에 익숙해지는 것을 돕기 위해 장르적 전통의 친숙함을 활용하고 싶었습니다. 〈인셉션〉에서 하이스트 영화의 전통을 이어갔던 것처럼 말입니다. 그런데 스파이 장르가 이 영화에 부여하는 무게감 자체가 대단히 무겁기 때문에 따로 어떤 영화를 꼭 집어서 언급할 필요가 없었습니다. 우리는 그저 그 장르에 올라타서 우리 나름의 버전을 작업하기만 하면 되는 것이었죠. 그 영화와 관련한 내 야심은 세르지오 레오네가 웨스턴에서 보여줬던 작업(장르의 본질을 증류해내기)을 하는 겁니다. 내 짐작인데 레오네는 〈황야의 무법자A Fistful Of Dollars , 1964〉를 만들 때 구시대의 웨스턴을 한 편도 보지 않았을 겁니다. 그는 자신의 기억에 있는 영화들을, 그 영화들이 풍기는 느낌을 참고했을 겁니다. 따라서 본드가 이 영화에 끼친 영향은 어마어마하지만, 나는 이 영화를 만들면서 007시리즈는 한 편도 보지 않았죠. 실제로 내가 이 영화를 만들면서 본드 영화를 감상하지 않으며 보낸 시간이, 내 평생 본드 영화를 보지 않고 보낸 가장 긴 기간이었을 거예요. 중요한 것은 우리의 기억과 그 기억이 무엇이 될 수 있는가 하는 겁니다. 우리는 비밀 요원을 다룬 그 시리즈의 본질을 증류해내고 싶었습니다. 그리고 그걸 최대한 멀리까지 끌고 가려고 애썼죠."

시나리오를 완성한 그는 〈인터스텔라〉 때 고문으로 활동했던 천체 물리학자 킵 손에게 완성본을 보여주고는 영화를 떠받치는, 추측에 근거해서 묘사한 물리적 현상에 대해 장시간 얘기를 나눴다. 워싱턴이 연기하는 프로타고니스트는 턴스타일에 들어가기 전에 설명을 듣는다. 공기는 인버전된 폐의 막을 통과하지 못하니까 인공호흡기를 껴라. 마찰과 바람의 저항이 인버전될 것이다. 그러므로 등에서 바람을 느끼게 되리라는 것을 예상하라. 떨어지는 걸 걱정하지 말고 솟아오르는 물체나 난데없이 펼

처지는 불안정한 상태를 염려하라. 무엇인가의 주위에서 피어오르는 연기가 자그마한 가닥으로 엷어지는 것은 총알이 거꾸로 **빠져** 날아오기 직전이라는 징조다. 불을 맞닥뜨린 후에는 옷에 얼음이 생길 것이다. 열 전사가 역방향으로 이뤄지기 때문이다. "킵이 말하길 그것들 중 일부는 괜찮다고 했습니다. 의견을 달리한 것들도 있고요. 이번 영화는 〈인터스텔라〉가 아니라는 것을 알기에 충분할 만큼 킵과 여러 논의를 진전시켰습니다. 나는 〈테넷〉의 배후에 있는 실제적인 과학적 설명을 찾고 있던 게 아니었어요. 내가 찾던 건 흥미로운 추론에 더 가까웠습니다. 예를 들어, 그들이 낀 마스크는 폐를 관통하는 물질들의 삼투와 통로에 대해 논의한 끝에 탄생한 결과물이었죠. 우리가 아는 모든 물리 법칙은 정방향과 역방향으로 동시에 작용합니다. 엔트로피 딱 하나만 빼고요. 그래서 깨진 컵은 스스로 재조립될 수 있습니다. 이런저런 이유 때문에 극도로 불가능한 일이지만 말입니다. 그런데 그런 일은 실제로 일어날 수 있습니다."

놀란은 시각효과 슈퍼바이저 앤드류 잭슨과 함께 물에 흘려보낸 공들을 녹화하고 공이 움직이는 동안 공의 앞과 뒤에서 일렁이는 물결에 주목하면서 많은 시뮬레이션을 해봤다. 그러면서 그는 카 체이스를 하는 동안 역방향으로 회전하는 타이어가 어떤 모습으로 보일 것인지에 대한 아이디어를 얻었다. 그럴 때면 타이어 앞에 있는 흙먼지가 약간 흩어진 후, 뒤에 있는 흙먼지가 더 크게 흩어졌다. 그는 영화에 등장하는 그런 이미지에 오랫동안 매료됐었다. 장 콕토의 〈오르페우스Orpheus, 1949〉에서 손을 향해 날아가는 고무장갑, 니콜라스 뢰그의 〈사랑의 상대성〉의 결말에서 폭발하고 재조립되는 방, 에롤 모리스의 영화 〈시간의 짧은 역사A Brief History of Time, 1991〉에서 깨졌다가 원상태로 돌아오는 컵이 그렇다. 그런데 놀란이 출연진과 스태프를 위해 상영한 유일한 영화는 〈헤로스트라투스〉를 만든 호주 감독 돈 레비가 연출한, 너필드 재단의 거의 알려지지 않은 16mm 다큐멘터리였다. 〈시간은Time Is, 1964〉은 다이빙하는 올림픽 수영 선수, 떼 지어 이동하는 통근자, 충돌하는 비행기와 경주용 자동차, 피어나는 구름을 보여주는 일련의 시퀀스를 모은 것으로, 영국의 초등학생들에게 시간이라는 개념을 자세히 설명하기 위해 다양한 포맷으로 슬로 모션, 패스트 모션, 프리즈 프레임, 리버스드, 네거티브가 사용됐다. "따라서 우주에 반물질로 구성된 부분이 있다면, 그곳의 시간은 우리 눈에 역방향으로 흐르는 것처럼 보일 겁니다." 내레이터는 이렇게 말하면서 다음과 같이 추측한다. 우리가 "그런 세상에서 반물질로 구성된, 시간이 거꾸로 흐르는 사람을" 만난다면 "커뮤니케이션이 어려울 뿐 아니라, 실제로 그런 사람을 만날 경우 관련된 모든 사람이 사라질 것입니다." 〈테넷〉의 플롯이 향하는 추론이다. 영화에서는 정방향으로 흐르는 주인공들이 역방향으로 흐르는 그들의 거울 이미지들을 붙잡고 씨름하기 때문이다.

"〈시간은〉은 극도로 아름답습니다." 놀란이 말했다. "카메라가 시간을 다르게 보는 것을 허용한 작은 예술작품이죠. 정말 뛰어난 슬로 모션이 처음으로 방송을 탔던 날을 기억합니다. 1984년 로스앤젤레스 올림픽 때였죠. 방송국에서 영상의 속도를 늦췄을 때, 체조 선수의 두 손이 평행봉에서 돌던 모습이 기억납니다. 그런 장면

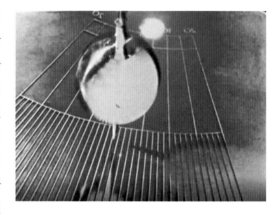

들을 볼 수 있었죠. 그 결과 우리는 예전에는 보지 못했던 것을 보고 이해할 수 있었습니다. 세상을 새로운 눈으로 보고 있었던 거죠. 리버스 이미지도 그런 버전 중 하나입니다. 슬로 모션도, 패스트 모션도 그렇고, 타임-랩스 촬영도, 리버스 촬영도 그렇습니다. 우리는 실제 세상을 보고 있지만, 그 영상은 다른 방식으로는 보지 못했던 세상을 우리에게 보여주고 있죠. 촬영기술이 등장하기 이전에는 리버스 이미지를 볼 방법이 없었습니다. 심지어 그런 게 존재한다는 상상조차 하지 못했죠. 내 생각에는 바로 그런 점이 지금까지 내가 만들었던 영화 중 〈테넷〉을 으뜸가는 영화적인 영화로 만들어줍니다. 〈테넷〉은 오직 카메라 덕분에 존재할 수 있는 영화입니다."

• • • •

돈 레비의 16mm 다큐멘터리 〈시간은〉. "우리는 항상 시간이 한쪽 방향으로 흘러간다고 생각합니다." 내레이터는 말한다. "이것은 시간의 진정한 속성일까요, 아니면 우리 인류의 또 다른 한계일까요?"

놀란은 핵심적인 동업자들 중 일부를 교체했다. 그는 편집감독 제니퍼 레임과 처음으로 같이 작업했다. 그녀가 노아 바움백과 아리 에스터의 영화들에서 했던 작업은 놀란의 눈을 사로잡았다. 그리고 〈블랙 팬서 Black Panther, 2018〉로 오스카를 수상한 작곡가 러드윅 고랜슨의 경우, 놀란이 그를 높이 평가한 것은 그가 라이언 쿠글러의 〈크리드 Creed, 2015〉 시리즈에서 했던 작업 때문이었다. 놀란은 패틴슨의 오랜 팬이었다. 제임스 그레이의 〈잃어버린 도시 Z The Lost City of Z, 2016〉에서 패틴슨을 본 후로는 특히 더 그랬다. 그리고 그는 HBO의 〈볼러스 Ballers, 2015-2019〉에서 존 데이비드 워싱턴이 펼친 연기에 오래전부터 열광했다. 놀란이 2018년에 스탠리 큐브릭의 〈2001 스페이스 오디세이〉 50주년을 기념하기 위해 새 판본을 소개하려고 칸 영화제를 처음 방문했을 때, 스파이크 리 감독은 놀란을 〈블랙클랜스맨 BlacKkKlansman, 2018〉의 프리미어에 초대했다. "긴장감 넘치는 경험이었습니다. 스파이크는 내 바로 뒤에 있었죠. 그런데 존 데이비드가 연기하는 것을 대형 스크린으로 보면서 이건 운명이라고 느꼈습니다. 나는 시나리오를 쓸 때 배우들을 생각하지 않습니다. 캐릭터는 우리가 생각하는 방식으로 써야 합니다. 그런데 가끔씩 어떤 장면을 쓸 때 배우들이 그 장면으로 뚜벅뚜벅 걸어 들어오는 일이 생깁니다. 배우가 그 캐릭터의 자리를 차지하는 거죠. 그 장면은 존 데이비드가 런던의 회원전용 클럽에서 마이클 케인과 연기하는 신이었습니다. 어느 시점에서인가 존 데이비드는 그 신에 눌러앉았습니다. 나는 시나리오에서 그를 제거할 수 없었죠."

케네스 브래너는 이 영화에 출연하기 이전에도 직접 연출한 영화인 〈잭 라이언: 코드네임 쉐도우 Jack Ryan: Shadow Recruit, 2014〉에서 러시아인 악당을 연기했었다. 그 영화에서 그는 쾌락에 젖은 올리가르히로 지내다가 돌변한 테러리스트를 연기했다. "케네스는 캐릭터를 구현하기 위해 아주 깊은 곳까지 몰입해야 했습니다. 사토르 캐릭터에서 시詩를 발견하고 싶어 했으니까요. 나는 계속 말했죠. '그는 짐승 같은 인물이에요.'라고 말입니다." 놀란이 한 말이다. 놀란은 사토르의 소원해진 아내 캣 역할에 엘리자베스 데비키를 캐스팅한 공로는 아내이자 제작 파트너인 엠마에게 돌렸다. 캣은 다정한 여자이면서도 남편을 혐오하고 오랫동안 떨

위 엠마와 놀란, 워싱턴이 사전 시각화 모니터를 통해 방금 전 찍은 영상을 거꾸로 확인하고 있다.

아래 탈린 프리포트에서 대립하는 프로타고니스트와 닐.

어져 지낸 아들을 그리워하는 인물이다. "엘리자베스를 캐스팅한 건 사실 엠마의 생각이었습니다. 나는 그녀를 〈위도우즈Widows, 2018〉에서만 봤는데, 그녀는 굉장히 막돼먹고 극적인 연기를 펼쳤어요. 내게 있어서 캣은 대단히 영국적인 캐릭터입니다. 나는 '캣' 캐릭터를 빚어낼 때 그 캐릭터와 사랑에 빠졌습니다. 나에게는 항상 있는 일이 아니에요. 말로 표현하기는 어렵지만, 나는 그녀가 처한 딜레마 때문에 그녀를 동정했습니다. 그녀는 금도금을 한 우리에 갇혀 지내는, 굉장한 특권을 누리는 사람입니다. 우리는 그녀의 처지를 다른 관점으로 보면서, 그녀 때문에 짜증을 낼 수도 있습니다. 그것이 그 캐스팅이 그토록 특별했던 이유입니다. 관객을 압도하는 배우여야 했으니까요."

촬영에 들어가기 전, 놀란은 시나리오를 다시 넘기면서 액션 시퀀스들을 도해로 그렸다. 어느 프리포트의 금고에서 벌어지는 드잡이에서, 워싱턴은 인버전된 자신을 상대한다. 에스토니아의 3차선 고속도로에서 벌이는 역방향/정방향 카 체이스에는 18륜 트럭을 비롯해 숱하게 많은 차와 소방차가 등장한다. 그리고 스탈스크 12가 배경인 클라이맥스에는 두 무리의 군대가 충돌한다. 아이브스가 사토르의 부하들에게 하는 말처럼 "인버전된, 전통적인, 정방향의 적들, 인버전된 적들"이 모두 등장하는 것이다. "그곳에는 모두 다 있다." 이 신들의 안무를 짜려면 새로운 수준의 다차원 스토리보드 작업이 필요했다. "그 작업에 엄청난 어려움이 따랐던 이유는 내가 정방향으로 생각하는 걸 멈추고 역방향으로 생각할 수 있을 거라는 데에서 비롯됐죠." 놀란은 말했다. "나는 사물을 직관하는 특정한 방식을 배우는 걸 특히 잘하는 편입니다. 이 프로젝트와 관련해서 나를 흥분시킨 일 하나는 좌절감이었어요. 내가 깨달은 건, 우리는 사실 그런 일을 해내지 못한다는 겁니다. 우리 중 누구도 역방향 버전을 직관적으로 떠올리지 못했죠. 우리는 시나리오 단계에서 '으음, 잠시만요, 이건 이런 뜻이고 저건 저런 뜻인가요? 동시에 두 방향으로 진행되는 카 체이스를 어떻게 작업할 건가요?' 같은 말을 하면서 많은 시간을 보냈습니다. 재미있는 시간이었죠. 그런 후에도 우리는 여전히 세트에 대해 논쟁을 벌이고 있었어요. 시나리오를 파고드는 사람이 많을수록, 시나리오에 대한 사람들의 이해력은 점점 더 떨어졌습니다. 몇 개월

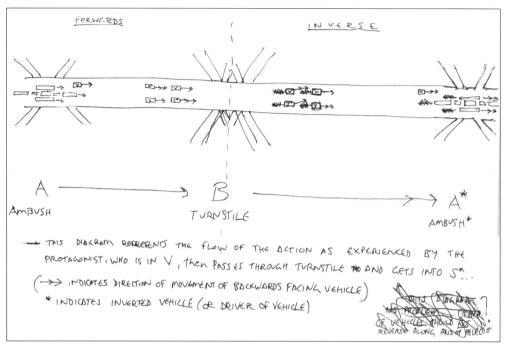

FORWARDS   INVERSE

A   →   B   →   A*

AMBUSH   TURNSTILE   AMBUSH*

→ THIS DIAGRAM REPRESENTS THE FLOW OF THE ACTION AS EXPERIENCED BY THE PROTAGONIST, WHO IS IN V, then PASSES THROUGH TURNSTILE TO AND GETS INTO S*...

(—→ INDICATES DIRECTION OF MOVEMENT OF BACKWARDS FACING VEHICLE)

* INDICATES INVERTED VEHICLE (OR DRIVER OF VEHICLE)

WILL DIAGRAM HAS PROBLEMS — OSPREY OR VEHICLES SHOULD NOT REVERSE ALONG AXIS OF REFLECTION

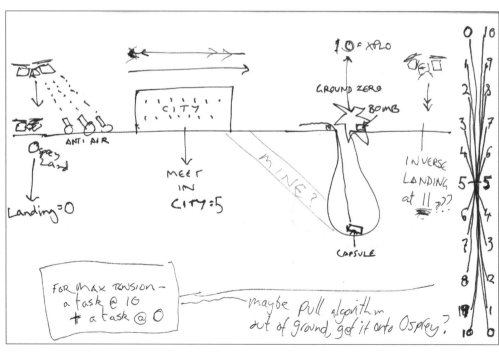

0 | 10

1 ○ of XPLO

GROUND ZERO

BOMB

ANTI AIR

Osprey Land

MEET IN CITY = 5

MINE?

CAPSULE

INVERSE LANDING at 11 ???

Landing = 0

FOR MAX TENSION —
a task @ 10
+ a task @ 0

maybe pull algorithm out of ground, get it onto Osprey?

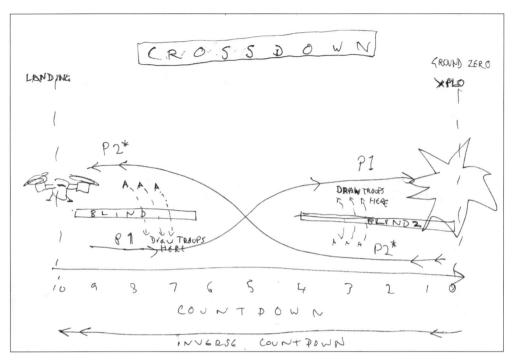

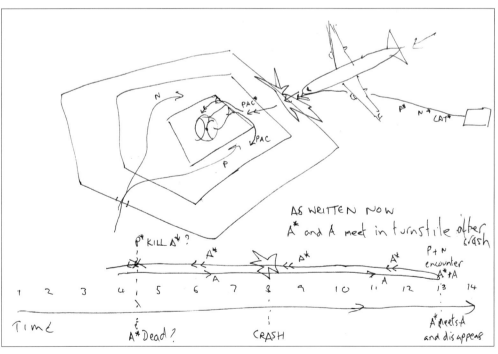

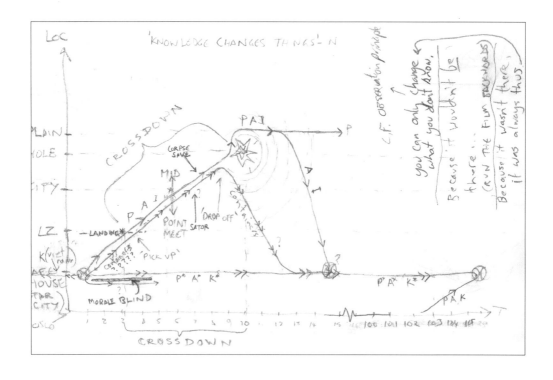

간 진행된 끝내주게 매력적인 집단 토의였죠."

촬영감독 호이테 반 호이테마는 촬영한 어떤 시퀀스를 즉석에서 역방향으로 재생해 보여줄 수 있는 사전 시각화 모니터를 개발해달라고 카메라 기술 회사에 요청했다. "시각효과 담당자들은 기본적으로 전체 장면의 도해를 작업했습니다. 나는 나름의 2차원 도해 작업을 했고요. 그들은 어느 시점에, 어느 액션이 됐든 앞뒤로 추적할 수 있는 3차원 도해를 제공했습니다. 놀라운 건, 내가 저지른 실수가 상대적으로 적다는 거였죠. 실제로 상황은 썩 잘 들어맞았어요. 이런 유형의 프로젝트에서 실수를 저지르면, 그건 아주 큰 실수가 됩니다. 우리는 작업을 결코 중단하지 않았습니다. 결국 나는 시각효과 담당자를 필수 스태프로 촬영장에 상주시켰어요. 그 담당자와 매번 동일한 대화를 하고는 했죠. 나는 이런 말들을 했어요. '이게 전에도 일어났던 일인지 알아야겠어요.', '이 남자가 이 문을 통해 들어왔다면 손에 총을 갖고 있을 수 있나요?' 같은 질문을 했죠. 온갖 질문을 다 했습니다. 그러면 시각효과 담당자는 그 자리에서 대

놀란이 <테넷>의 역방향 액션을 위해 그린 도해. 이 영화 제작의 제1법칙은 영화의 다른 부분에서 숏을 훔쳐다가 그걸 간단히 뒤집어서는 안 된다는 것이었다. 모든 것을 새로 촬영해야 했다. 따라서 존 데이비드 워싱턴은 네 가지 상이한 방식으로 싸우는 법을 배워야 했다. 프로타고니스트로서 정방향과 역방향으로, 그의 적수로서 정방향과 역방향으로 말이다.

답하려 했고, 나는 '아뇨, 바로 대답하지 말아요. 당신 컴퓨터를 들고 조용한 곳으로 가서 분석해본 다음, 10분 안에 대답해줘요.'라고 말하곤 했습니다. 나를 비롯한 모든 사람의 직감은 항상 의심스러웠으니까요. 따라서 이 영화를 만드는 작업은 매우, 매우 복잡했습니다."

• • • •

2019년 5월에 로스앤젤레스에서 '회전목마 Merry-Go-Round'라는 가제 아래 본 촬영이 시작됐다. 놀란은 제일 간단한 시퀀스부터 촬영을 시작했다. 워싱턴이 연기하는 캐릭터가 금고에서 역방향으로 움직이는 자신과 싸우는 장면이었다. 이후로 점점 더 복잡한 시퀀스들을 향해 나아갔다. "존 데이비드는 네 가지의 상이한 방식으로 싸우는 법을 배워야 했습니다." 놀란은 회상했다. "그는 우선 주인공 입장에서 싸울 수 있어야 했습니다. 적으로도 싸울 수 있어야 했죠. 그 다음에는 역방향으로 움직이는 주인공으로 싸울 수 있어야 했고, 마지막으로 역방향으로 움직이는 적으로 싸울 수 있어야 했습니다. 아주 복잡했죠. 나는 주인공을 연기하는 존 데이비드를 촬영한 다음에 적을 연기하는 그를 찍고는 그 숏들을 섞어 붙이는 건 원치 않았습니다. 우리가 깨달은 제1법칙은 어느 신에서 숏을 훔친 뒤 그걸 거꾸로 돌리는 방식으로 작업해서는 안 된다는 거였죠. 그건 효과가 없을 겁니다. 괴상한 일이지만, 거의 모든 작업이 카메라로만 가능했습니다. 나로서는 굉장히 놀라운 일이었죠. 앤드류 잭슨이 시각효과 슈퍼바이저였습니다. 〈덩케르크〉를 작업한 바로 그 사람이죠. 그는 카메라로만 작업하는 걸 무척 좋아합니다. 그는 나의 작업 방법을 돕는 파트너로서 촬영장에 상주했어요. 그리고 우리는 스턴트맨들이 역방향 액션을 아주 잘해낸다는 걸 일찌감치 파악하기 시작했죠."

이후 제작진은 에스토니아로 이동해, 구 소련의 올림픽 스타디움이었던 린나홀에서 오페라 하우스 포위 장면을, 파르누 고속도로에서 역방향/정방향 카 체이스를 촬영했다. 제작진은 그곳에서 이탈리아와 영국, 노르웨이, 덴마크, 인도로 이동한 뒤 캘리포니아로 돌아왔다. 놀란과 스태프는 캘리포니아 남부에 있는 코첼라 밸리의 폐광 주위에 사토르가 자란 곳이자 방사능을 뿜어내는 유령 도시 스탈스크 12를 지었다. "정말 어마어마한 규모의 세트를 지었습니다. 영화를 만드느라 이미 6개국에서 촬영을 한 뒤 새로운 도시를 짓는다는 계획이었죠. 돈이 떨어지면 영화의 결말을 위해 무엇을 지을 수 있을까요? 그 세트는 몇 킬로미터는 뻗어나가는 듯한 느낌을 줘야 했습니다. 결국 우리는 거짓 원근법 건물을 많이 지었습니다. 발코니와 계단이 있는 야수주의 양식 덕분에, 사물을 50퍼센트 크기로 줄이면서도 굉장히 크다는 느낌을 줄 수 있었죠. 그런 작업을 해냈다는 사실이 무척이나 행복합니다." 마크 트웨인의 「미스터리한 이방인The Mysterious Stranger, 1916」에 등장하는 전투 장면들처럼 기울어지는 건물들이 위쪽으로 밀고 올라가고 건물 위층들이 저절로 재조립되는 스탈스크 12의 폐허에서 벌어지는 결투는 폭발에 의해 클라이맥스에 도달한다. 그리고 그 폭발 중 하나는 터지고 하나는 인버전되며, 대지는 들썩거리고 납작해지면서 버섯구름은 내부로 빨려 들어가고, 충격파는 갑작스러운 섬광으로 수축된다. 오펜하이머가 남몰래 품은 소원이 허용됐다. "세상은 이렇게 종말을 맞는다. 폭발이 아니라 훌쩍거림으로." 누군가가 T. S. 엘리엇의 '텅 빈 사람들'을 인용한 말이다. 놀란의 엔딩들이 자주 그러하듯, 그 뒤에 이어지는 신들을 채우는 것은 가장 흥미로운 것을 입증하는 울림, 즉 천둥소리가 아니라 메아리이다.

"그 신을 모아서 구현해낸 것에 무척 흥분했습니다. 정말이지 레오네 같은 분위기였거든요. 그곳은 세 남자가 서 있는 빌어먹을 황야 같았습니다. 그 영화에 러브스토리가 있다면, 그건 이 사내들 사이의 러브스토리입니다. 그게 이 영화의 정서적인 핵심입니다. 그런데 그건 내가 예상하지 못한 거였죠. 나는 프로타고니스트와 캣을 이어주는 작업에 착수했습니다. 그것이 플레밍 스타일의 논리적인 코스죠. 그런데 나도 존 데이비드도 시나리오가 우리를 그리로 데려갈 줄은 몰랐습니다. 시나리오는 나를 그 방향으로 데려갔고, 나도 모르게 그들 사이의 관계에 더 많은 감정을 투여하고 있더군요. 그 장면에는 웨스턴의 풍미가 무척 짙게 배어 있습니다. 흩어지는 사내들이 등장하는 〈7인의 사무라이Seven Samurai, 1954〉 분위기도 있고요. 결국 영화는 생각과는 다른 작품이 되어버렸습니다. 스태프 모두 그 신에 무척 몰입했어요. 스태프는 그런 것에 신경 쓰지 않는 게 보통인데 말입니다. 스태프는 배우들의 연기와 진행되고 있는 작업에 감탄이나 존경을 표하지 않는 게 보통입니다. 우리는 이글 거리는 태양 아래, 산꼭대기에 있었죠. 머리 위에서는 헬리콥터들이 날 아다녔고요. 스태프들과 함께 그런 순간을 맞이할 때는 내밀한 상황에서 배우들이 뭔가 감정적인 연기를 펼치는 경우가 대부분입니다. 그 신은 상당히 외향적인 신이었죠. 그런데 모든 배우가, 세 사람 모두가 그 순간 끝내주게 좋은 연기를 펼쳤습니다. 모두들 그 신에 대한 얘기를 시끌벅 적하게 주고받았죠."

• • •

놀란은 11월 초에 편집실에서 제니퍼 레임과 〈테넷〉을 편집하는 와중 에도 이 영화에 쏟아질 반응을 예상하기 시작했다. "우리는 영화를 회문 回文적인 측면에서 올바르게 만들고자 노력했습니다." 그는 말했다. "누 군가가 DVD를 구입해서 그걸 역방향으로 감상하더라도 영화에 일관성 이 있을 거라는 뜻입니다. 요즘에 이런 영화를 만들면, 객석에 앉아 있는 관객만이 아니라 사회 전체의 문화하고도 괴상한 대화를 하게 됩니다. 그건 약간 불건전한 일이죠. 나는 내 일을 해야 하니까요. 우리는 결정해 야 합니다. 좋아, 나는 극장에 온 관객을 위해 이 영화를 만들고 있는 건 가, 아니면 앉은 자리에서 강박적으로 영화를 세 번이나 돌려보고는 온 라인에 접속해 영화에 대해 검색한 다음, '이건 왜 이렇고 저건 왜 저런 건가요?'라고 묻는 사람을 위해 영화를 만들고 있는 건가? 사람들이 묻 기 시작할 온갖 종류의 질문이 있고, 나는 그런 질문 대부분에 대한 대답 을 갖고 있습니다. 그런데 당신은 책에 그 대답을 포함시킬 건가요, 포함 시키지 않을 건가요?"

그는 갈등하는 듯 보였다. 한편으로는 〈메멘토〉를 만들었을 때 처음으 로 알게 된 논리를, 그러니까 영화감독은 어떤 대답을 끝까지 고수해서 는 안 된다는 논리를, 설령 그게 모호한 대답이라 할지라도 그렇게 해서 는 안 된다는 내적 논리를 고수했다. 그런데 다른 한편에서는 〈인셉션〉 과 〈인터스텔라〉가 온라인에서 철저히 해체당하는 동안 결심한 바가 있

마크 트웨인의 「미스터리한 이방인」에는 "어제의 전투들이 다시 싸워지고 있다. 끝을 먼저 싸우는 것으로…"라는 구절이 있다.

호손에 있는 스탈스크 12의 폐허(위)와 캘리포니아 남부의 폐광에서 정교한 클라이맥스를 촬영했다.

었다. 다른 감독들이 즐기는 상상력과 관련한 자유(택시비를 내는 사람을 한 명도 보여주지 않는 영화를 만드는 권리)를 놀란 자신도 향유하겠다는 강한 결심이 있었다. 놀란은 자기 자신을 상대로, 아니면 적어도 관객들이 그의 영화에 거는 기대를 상대로 대화를 하고 있는 듯 보였다. 그의 경력은 관객과 주고받는 일종의 대화로 간주할 수도 있다. 그 대화는 상대가 던진 질문에 대한 대답을 들려주는 메아리처럼, 실시간으로 서로에게 반응하며 대응한다. 〈메멘토〉가 어리둥절하게 만든다면, 〈인썸니아〉는 설명한다. 〈다크 나이트〉가 사람을 잔인하게 대한다면, 〈인셉션〉과 〈인터스텔라〉는 감동적이다. 〈덩케르크〉가 많은 신규 팬들을 놀라게 만들었다면, 〈테넷〉은 영향력 있는 모든 감독에게 조만간 닥칠 어떤 일을 확인해주는 듯 보였다. 놀란은 그보다 앞선 세대의 스필버그와 린치처럼 형용사가 되어 있었다. 〈인셉션〉이 그의 〈현기증〉이라면, 시간을 구부리는 플롯과 반전, 배신, 야수주의 양식의 방대한 콘크리트 건물, 카메오로 출연한 마이클 케인을 보여주면서 모든 것을 놀란풍으로 반복하는 〈테넷〉은 그의 〈북북서로 진로를 돌려라〉가 될 운명으로 보였다. 그걸 알게 되면서 생겨난 어떤 심적인 불편함이 있었다. 그는 자신이 만들어낸 되풀이되는 고리에 갇힌 것 같았다.

"당신은 진지해지면서 남의 시선을 의식할 수 있나요? 나는 당신이 그럴 수 있을 거라는 확신이 서지 않습니다. 이 프로젝트에는 내가 과거에 했던 일들을 상당히 직접적으로 반복하는 요소들이 있습니다. 나는 총으로 돌아가는 탄피를 촬영하고 있는데, 그건 말 그대로 예전에 했던 일이죠. 내가 생각하는 진지함은 그런 장면들을 제외시키는 짓이 아닙니다. 나는 그 영화의 시나리오를 쓰던 중에 오랜 시간을 내 멋대로 굴었어요. 내가 무슨 짓을 하고 있는지 아는 사람이 아무도 없었죠. 시나리오를 동생한테 보여주고는 물었습니다. '이건 내가 했던 짓을 되풀이하고 있는 걸까?' 동생이 이러더군요. '아니, 이건 아이디어를 모아놓은 것의 결정체에 더 가까워.' 나는 '끝내주는군. 그게 내가 이 프로젝트에서 받은 느낌이야.'라고 답했죠. 우리는 우리가 매료된 대상을 공개적으로 작업하고 있습니다. 그래서 사람들은 어떤 작품의 발전단계를 보게 되죠. 어떤 면에서 그건 좋은 일입니다. 그런데 다른 면에서 보면, 환원주의적인 작업이죠. '그래, 저 사람은 자기가 했던 일을 반복하고 있어.' 같은 반응이 나올 수 있는 겁니다. 그런 지식은 위험합니다. 그래요, 나도 압니다. 그렇지만 나는 과거에 했던 작업을 반복하고 있는 게 아닙니다. 나라는 존재를 정의했던 충동들에 충실하고자 애쓰고 있는 거죠. 달리 말해, 나는 최근에 만든 영화를 완성한 뒤 '좋았어, 또 다른 〈인셉션〉을 작업해야겠군.'이라고 말하지 않았습니다. 그런 생각은 내 머릿속에 존재하지 않아요. 그런데 감정적인 면에서 이 영화는 내 마음속에 있던 영화입니다. 우리는 무엇인가를 겨냥하고 있습니다. 우리 자신의 강박관념을 영화적으로 겨냥하고 있는 거죠.

〈북북서로 진로를 돌려라〉를 비유로 사용한 것은 〈인셉션〉에 매우 감정적인 배경 사연이 있다는 면에서 타당하다고 생각합니다. 그렇지만 이 영화는 그 영화보다 훨씬 더 요란한 영화예요. 이 영화의 무게는 온통 영화 한가운데에 자리 잡고 있습니다. 내가 보기에 가장 흥미로운 감독들은 어느 장르에서 작업을 하건 관객들이 항상 그들의 존재를 알아보는 감독들입니다. 그들이 보기에, 세상에는 어떤 작업을 할 때, 옳은 방법과 그른 방법이 있을 뿐이죠. 이런 입장이 시간이 흐르는 동안 변할 수는

—
히치콕의 〈북북서로 진로를 돌려라〉의 제목은 햄릿이 혼란스럽게 내뱉는 "내 정신이 돌아버리는 건 북북서풍이 불 때뿐"이라는 대사에서 따온 것으로 전해진다.

있겠지만요. 그리고 나는 내 영화가 변화하고 발전해왔다고 생각하는 걸 좋아합니다. 이 영화는 내가 과거에 작업했던 영화들과 많은 면에서 다르다고 생각해요. 하지만 그에 대한 걱정은 하지 않으려고 합니다. 내가 보기에, 그건 진실하지 못한 짓이 될 테니까요. 순전히 달라지겠다는 이유만으로 달라지지는 않을 거라는 말입니다. 그런 접근 방식은 진지해야 합니다. 누군가의 영화를 보러 갔는데 그걸 만든 감독이 그 영화를 사랑한다는 생각이 들지 않는다면, 나는 내 시간을 허비했다고 느낄 겁니다."

• • • •

1956년, 핵물리학자 우젠슝吳健雄은 왼쪽과 오른쪽의 차이를 현실 상황에서 정의할 수 있는지를 최종적으로 규명하기 위해 미국 연방표준국과 공동으로 실험을 진행했다. 물리학자들은 오랫동안 자연은 왼쪽과 오른쪽 중 어느 한쪽을 선호하지는 않는다고 추정했었다. 우리의 세계는 우리 세계의 거울 이미지와 거의 일치해야 마땅하다. 그런데 중국 출신의 미국 물리학자인 우는 패리티°가 모두의 가정처럼 보편적이지 않을지도 모른다고 의심했다. 1956년 크리스마스와 연말연시 사이에, 그녀는 가족을 만나러 남편과 함께 퀸엘리자베스호를 타고 중국으로 가는 대신, 뒤에 남아 진공 플라스크에 담은 채 초저온 상태로 보관한 코발트−60 원자들을 회전시켰다. 그녀는 코발트 핵의 자기성 운동량을 강력한 자기장과 일치시켰다. 회전하는 원자핵들이 모두 동일한 방향으로 회전하도록 만들기 위해서였다. 그런 다음 핵이 붕괴될 때 방출된 전자의 개수를 셌다. 패리티가 보존된다면 왼쪽과 오른쪽의 숫자가 동일하게 나와야 옳았다.

양쪽은 같은 숫자가 나오지 않았다. 자연은 왼쪽을 조금 더 선호하는 '양손잡이에 가까운 왼손잡이'라는 게 밝혀지면서 모두가 경악했다. 우는 자신의 발견을 남편에게 알리고자 그해 말, 뉴욕행 마지막 기차를 탔다. 폭설 때문에 공항들이 폐쇄된 상태였기 때문이다. 패리티의 붕괴는 기차에 올라탈 정도로 중요하고 짜릿한 결과였다. 그런데 처음에는 일부 물리학자들의 경우, 그 결과를 믿지 않았다. 노벨 물리학상을 수상한 오스트리아 출신의 물리학자 볼프강 파울리는 그 소식을 처음 들었을 때 "완

● Parity, 양자역학 체계의 고유 상태를 기술하는 성질로, 자연 현상이 일어나는 방식이 공간의 구별 없이 동등하다는 것을 보증하는 양.

전히 말도 안 되는 소리야!"라고 외쳤다고 전해진다. 그런데 실험을 재연해본 뒤, 패리티는 유지되지 않는다는 주장에 대해 그가 품었던 의혹을 거둬들였다.

나는 2018년에 우리의 인터뷰를 위해서 처음 자리에 앉았을 때 제기됐던 놀란 버전의 '오즈마 문제'(누군가에게 전화상으로 왼쪽과 오른쪽의 차이를 설명하는 것)에 대한 해답을 내놓으려고 노력하던 중 이와 관련된 지식들을 발견했다. 그런데 우가 발견한 내용을 놀란에게 전하려고 할 때 사소한 문제가 하나 있었다. 내가 그 발견의 내용을 전혀 이해하지 못했다는 것이다. 내가 그걸 친구들에게 설명하려고 몇 차례 시도하고 나서야 그 문제가 명료해졌고, 나는 어느 시점에서건 상관없이 발견내용의 절반 정도를 머릿속에 담을 수 있었다. 그렇지만 확신을 품고 전달할 만큼 그 내용을 명확하게 파악하지는 못한 상태였다. 그건 책 몇 권과 위키피디아를 통해 간접적으로 주워들은 지식이었다. 어느 면으로 보나 그 내용을 내 나름의 사고를 통해 얻은 지식이라고 주장할 수는 없었다. 나는 내가 아는 지식으로 그에게 질문 공세를 퍼붓는 것은 고사하고, 내가 한 설명을 들은 이후에 그가 던질 질문들 앞에서 입을 다물 수밖에 없는 처지였다. "형 앞에 있는 모든 것은 항상 현미경 아래 놓여 있는 셈이에요." 언젠가 조나가 나한테 한 말이다. "내가 어떤 얘기를 하고 있을 때, 형이 그 이야기에 흥분했는지, 그렇지 않은지 항상 알 수 있어요. 형은 흥분하면 무척 조용해지니까요. 자동차로 미국을 횡단하는 동안 형한테 〈메멘토〉를 설명했을 때, 형은 굉장히 조용해졌죠. 그래서 확신했어요, 내가 형을 사로잡았다는 걸 말이죠."

결국 생판 다른 문제(학교에서 딸을 데려오는 일)를 고민하고 있을 때 뭔가가 떠올랐다. 나는 그 해답을 몇 사람에게 시험해봤다. 괜찮은 듯 보였다. 다음에 놀란을 만났을 때, 나는 처음에 그랬던 것처럼 인터뷰를 시작하자마자 그 문제를 불쑥 내뱉는 대신, 인터뷰가 끝날 때까지 기다렸다. 그러고는 내가 할 수 있는 가장 태평한 모습으로 말했다. "우리가 이 작업을 처음 시작했을 때, 그러니까 우리가 처음 만났을 때, 당신이 그랬죠. 누군가에게 전화상으로 왼쪽과 오른쪽을 설명해보라고. 나는 돌아와서 당신한테 말했어요. '해가 지는 방향을 보라고 하겠다.'고. 그런데 그건 유효하지 않아요. 그보다 앞서 자신이 있는 반구가 어디인지를 알고 있지 않으면 효력이 없으니까요."

"나쁜 해답은 아니었어요." 그는 차를 홀짝이며 말했다.

"그것보다 더 좋은 해답을 얻었어요."

그는 찻잔을 들지 않은 손으로 이야기를 계속하라는 제스처를 취했다.

"사람들한테 심장에 손을 대보라고 요구할 거예요."

그는 멈칫했다. 마침내 성공했다. 조나한테 들었던 바로 그 침묵이 흘렀다.

"마음에 들어요. 간단한 해답이니까요." 그가 결국 입을 열었다. "그러니까, 엄밀히 따지면 심장은 우리 가슴의 가운데 있어요. 그런데 우리는 그걸 왼쪽에 있다고 느끼죠."

"누구든 붙잡고 심장이 어디 있느냐고 묻는다면 모두들 왼쪽을 가리킬 거예요." 나는 잽싸게 말했다.

"그래요, 그래. 정말 좋은 해답이에요. 심장과 우리 신체의 비대칭성에 대한 흥미로운 점은 인간의 내장이 반대쪽에 있는 경우는 매우 드문 일이라는 거예요. 나는 이 둘을 연관 지었던 적이 결코 없었어요. 우리 몸의 겉모습은 대칭적이지만, 내부는 그렇지 않아요. 내가 이 수수께끼에 몇 년 동안이나 매달리는 이유 중 하나는 내가 왼손잡이기 때문이고, 대부분의 사람이, 심지어 오른손잡이라고 할지라도 가르마를 왼쪽으로 타는 이유가 항상 궁금했기 때문이에요. 생각해보면 기이한 일이죠. 내 머리카락은 무척 가늘고 뻣뻣해요. 그래서 가르마를 타려면 항상 귀찮은 과정을 겪어야만 하죠. 당신 머리는 헝클어졌군요. 뭐, 심하게 헝클어지지는 않았어요. 그 모습 그대로 사람들 앞에 나서도 별문제가 없을 것 같아요. 하지만 나는 늘 선택을 해야만 해요. 그렇게 항상 왼쪽으로 가르마를 타죠. 당신의 해답이 가리키는 것은 우리 신체의 겉모습은 대체로 대칭적이지만, 심장이나 간처럼 내부의 어떤 장기들은 그렇지 않다는 거예요. 그런데 심장은 정말 훌륭한 해답이에요. 심장은 감정과 관련이 있는 장기니까요. 이 수수께끼는 한층 더 흥미로워졌어요. 게다가 그 해답은 속임수를 쓰지 않았군요. 나는 이런 해답을 내놓으려고 애쓰면서 많은 시간을 보냈는데, 이건 결코 쉬운 문제가 아니에요."

THIRTEEN **ENDINGS**

—

열셋

결말

　놀란은 어떤 시나리오를 쓰려고 처음으로 자리에 앉을 때, 그 시나리
오가 어떻게 끝날지 알고 있는 상황을 좋아한다. 그는 집필 작업을 일
단 시작하면 결말에 다다를 때까지 쭉 써나가는 스타일인데, 엔딩에 도
달하기 전에 엔딩이 어떻게 될지 알고 있는 상황을 좋아하는 것이다. 그
는 〈인셉션〉이 어떤 과정을 거쳐 엔딩에 도달하는지 궁리해내기 10년 전
에 이미 그 엔딩(4개의 꿈이 한곳으로 수렴되는 엔딩)을 품고 있었고, 〈
다크 나이트〉의 끝을 맺는 이미지(추격하는 경찰을 피해 배트맨이 옥상
을 가로지르는 이미지)는 시나리오를 쓰기도 전에 이미 그를 찾아왔다.
"그 영화의 엔딩을 여러 번 활용했습니다. 그런 이미지는 〈덩케르크〉에
도 있죠. 〈미행〉에도 있고요. 〈다크 나이트〉는 〈셰인〉과 〈과거로부터〉,
「나는 전설이다I Am Legend, 1954」 엔딩의 퓨전입니다. 중편소설 「나는 전설
이다」의 엔딩은 훌륭한 엔딩에 속하죠. 그 작품을 각색한 영화들 중에서
그 엔딩을 제대로 구현한 영화가 있었는지 확신이 서진 않지만 말입니
다. 소설의 주인공은 외로운 뱀파이어 킬러입니다. 결말에 다다르면, 그
는 창문 너머에 있는 뱀파이어 무리를 보며 겁에 질립니다. 그러다가 오
히려 뱀파이어들이 그를 두려워한다는 것을 깨닫죠. 그는 밤마다 그들
을 살육해왔으니까요. 그러면서 소설은 '나는 전설이다.'라는 말을 하는
것으로 끝이 납니다. 그러나 이런 방식의 결말은 영화라는 예술에 어울
리지 않죠. 그리고 적절하지 않은 결말을 지닌 영화는 관객에게 먹혀들

기 어렵습니다. 정말 어려워요. 하지만 반대로 형편없거나 그저 그런 영화가 좋은 결말 때문에 먹혀드는 일은 흔합니다. 만약 당신이 나의 초기 작인 〈미행〉과 〈메멘토〉를 꼼꼼하게 감상했다면, 그 두 작품의 결말은 영화의 기초에서부터 쌓아 올려졌다는 사실을 알아낼 수 있을 겁니다. 이건 저만의 생존전략이었다고 할 수 있겠군요."

〈미행〉과 〈메멘토〉는 〈이중 배상〉과 〈우회 Detour, 1945〉, 〈죽음의 카운트다운 D.O.A., 1950〉처럼 범행 자체를 고백하면서 시작된 후, 그런 범행까지 이어져온 사건들을 역방향으로 보여준다. 순환성은 누아르나 미스터리를 쓰는 작가들에게 생경한 요소가 아니다. 에드거 앨런 포가 영국의 출판업자를 찾아내겠다는 희망을 품고 디킨스를 만났을 때, 대화의 주제가 윌리엄 고드윈의 소설 「칼렙 윌리엄스 Caleb Williams, 1794」로 흘렀다. "고드윈이 그 소설을 거꾸로 쓴 것을, 그러니까 마지막 권을 제일 먼저 쓴 것을 아십니까?" 디킨스가 포에게 던진 질문이다. 챈들러의 작품들에서는 의뢰인이 범행을 저지른 장본인이거나 실종된 인물이 범인이다. 그것도 아니면 그 인물은 실종된 게 아니다. 작품의 결말에서 말로는 해결해달라고 맡겨진 미스터리를 명목상으로는 정리하지만, 그 미스터리는 결국에 사건의 전모를 보여주거나 사건을 파악할 수 있게 해주는 더 큰 전체의 일부분일 뿐이다. 말로는 진정한 승리를 거둘 수 없다. 왜소한 사내는 도시의 속임수에 넘어가고 호구 노릇을 하는 반면, 부자들은 번창한다. 진실은 자취를 감추고, 거짓말은 전설이 된다. 말로는 「빅 슬립」의 결말에서 "나로 말하자면, 나는 불결한 세상의 일부였어."라고 자조한다. 완전한 동그라미를 그리며 순환한다는 아이디어가 놀란의 많은 영화에 담겨져 있다. 앞서 나온 숏이나 상황, 캐릭터, 대사를 향해 동그라미를 그리며 돌아가는 〈인썸니아〉, 〈프레스티지〉, 〈배트맨 비긴즈〉, 〈인터스텔라〉가 그러하다. 그런데 그 동그라미는 결코 제대로 된 동그라미가 아니다. 나선이나 코르크스크루에 더 가깝다. 엔딩은 명목상 도입부와 동일한 지점에 있지만, 나선상에서는 더 높거나 낮은 위치에 있으면서 우리로 하여금 우리가 출발했던 지점을 볼 수 있게 해주고, 우리가 향하고 있는 지점도 보여준다. 코르크스크루의 또 다른 회전이, 결말을 더 높은 곳으로 올려주는 회전이 우리를 기다린다. 심지어 지금까지도 구글에서 '〈메멘토〉의 결말'을 검색하면 "〈메멘토〉의 엔딩은 진정으로 무슨 뜻인가?"whatculture.com, "〈메멘토〉: 간단하게 설명한 영화의 엔딩"thisisbarry.com, "〈메멘토〉: 엔딩에는 무슨 문제가 있나?"schmoop.com 같은 기사를 비롯한 4,530,000개의 결과가 나온다. 〈인셉션〉의 엔딩을 검색어로 넣어서 얻은 결과는 23,900,000개다. 어떤 의미에서 보면 놀란의 영화가 걸어온 여정은 결코 끝나지 않는 여정이다.

"사람들은 팽이가 쓰러질지, 안 쓰러질지의 여부를 왜 모르는 걸까요? 화면이 그 지점에서 끊기니까 모르는 거죠. 화면은 왜 그 지점에서 끝나는 걸까요? 영화감독이 영사기를 껐기 때문이에요. 따라서 거기에는 의도적인 모호성이 있어요. 철학적인 측면에서 보면, 나는 그 엔딩으로 힘든 시기를 겪었습니다. 내가 그렇게 하고 싶어 한다는 건 알았지만, 그렇게 하면 나 자신의 영화적 윤리관을 침해하는 짓이 되리라는 것도 알고 있었어요. 그 캐릭터는 더 이상 관심을 갖지 않으니까요. 콥은 아이들을 보러 떠났어요. 그 엔딩을 작업하는 다른 방식이, 사람들이 좋아할 만한 다른 방식이 있었을지도 몰라요. 텍스트의 외부에서 비롯된 정보 이외의 다른 정보는 숨겨놓는 그런 방식 같은 것 말이죠. 영화감독 입장에서 보면, 그건 건방진 트릭이에요. 하지만 관객에게는 무척 잘 먹혔죠. 관객들은 팽이를 보면서 '이 팽이는 그가 꿈을 꾸고 있는 게 아니라는 것을 말해주고 있어.'라고 생각합니다. 그러고는 화면이 어두워지죠. 왜일까요? 다시 말하지만 영화감독이 영사기를 껐기 때문이에요. 〈인셉션〉의 엔딩은 관객에게 모호함을 강요해요. 그래서 나는 여러 면에서 〈메멘토〉의 엔딩이 더 나은 엔딩이었다고 생각합니다. 내가 만든 영화들이 거둔 상업적 성공의 관점에서 의미 있는 요소가 하나 있다면, 그건 그 영화들이 모호함을 긍정적인 느낌으로 바꿀 방법을 찾아냈기 때문이라고 생각해요. 그런 일은 매우 드물게 일어나는 일이라고 생각합니다. 〈지난해 마리앙바드에서Last Year at Marienbad, 1961〉가 그런 영화예요. 나는 그 영화를 보고 딱히 모호한 영화라고 생각하진 않았지만요. 〈토탈 리콜Total Recall, 1990〉도 엔딩이 모호하지만, 내 영화처럼 관객과 대립하는 영화는 아니죠."

놀란이 말하고 있는 대립은 분위기가 한창 고조되던 와중에 영화를 느

닷없이 중단시키면서 스크린에 도발적으로 시커먼 화면과 음악만 남기는 경우를 말하고 그의 영화에서는 이런 경우가 잦다. 그렇게 하는 것만이 갑작스럽게 사이클을 끊어버리는 유일한 방법이라는 듯 말이다. 그런엔딩이 일으키는 효과는 이중적으로, 하나는 역방향을 향하고 하나는 정방향을 향한다. 관객의 뇌리에는 방금 전에 봤던 내용만 남겨지는데, 그들의 머릿속에서는 바로 그 순간부터 그 결말의 울림이 만개하기 시작한다. 그런데 그 결말은 코르크스크루가 또다시 회전하고 있다는 것과 내러티브의 나선 위에서 무언가가 한층 더 올라가거나 한층 더 내려가고있다는 것을 시사한다. 레너드 셸비는 어딘가에서 〈메멘토〉의 액션을 구성했던 행위들을 되풀이하고 있다. 다른 점이 있다면, 이번에는 우리 눈에 그 행위가 보이지 않는다는 것이다. 〈인셉션〉의 콥은 어딘가에서 아이들과 즐거운 시간을 보내고 있거나, 또 다른 악몽에서 깨어나고 있다. 존 데이비드 워싱턴이 연기하는 프로타고니스트는 〈테넷〉의 결말에서자신이 닐과 아이브스를 알고 지낸 기간이 얼마나 오래되었는지, 그들이그동안 착수했던 임무가 무엇이었는지 알게 된다. 엔딩은 출발점을 나타내는 표시이기도 하다. 놀란의 영화들은 영화가 끝났을 때에야 느낄 수있는 잔향을, 관객에게 안겨주는 메아리를 남긴다.

"잔향이라는 단어가 딱 맞는 것 같군요." 그는 말했다. "잔향이 담긴 메아리가 중요하죠. 우리는 〈인터스텔라〉에서 그걸 문자 그대로 활용했어요. 그런데 잔향은 내가 만든 모든 영화와 엔딩에 존재해요. 잔향을 남기는 크레센도는 굉장히 뛰어난 방법이죠. 예를 들어 〈덩케르크〉의 결말은 〈메멘토〉의 결말과 무척 비슷해요. 기술적으로 엔딩을 짜 맞춘 방식에서요. 〈덩케르크〉 시나리오의 마지막 이미지는 불타는 스핏파이어였어요. 그런데 핀이 신문에서 고개를 드는 장면이 담긴 러시필름을 볼 때 '바로 저게 거창한 크레센도 작업의 종지부를 찍는 꾸밈음이야.'라는 인상을 강하게 받았습니다. 스핏파이어는 주지 못하는 갑작스러우면서도 무뚝뚝한 느낌을 주더군요. 스핏파이어는 감정의 볼륨을 높였다가 떨어뜨리는데, 핀이 등장하는 조용한 순간의 이미지는 감정을 뚝 끊어버리더군요. 그래서 우리는 그 이미지 위주로 작업했죠. 내가 〈덩케르크〉에서 좋아하는 부분이 있는데요, 어느 누구도 알아차리지 못한 부분이지만 신문지에서 나는 소리가 사실은 영화 도입부에서 전단이 떨어질 때 사용한 사운드와 똑같은 소리라는 거예요. 우리는 동일한 사운드를 활용했습니다. 그러면서 근사한 대칭성이 구현됐죠. 오프닝은 굉장히 소중해요. 정말 확보하기 어려운 방식을 통해서 관객의 관심을 끌게 되니까요. 그런데 엔딩은 그 관심을 다시 확보하는 방식으로 구축해야 합니다. 그렇게 해서 누적 효과를, 정점에 달하는 효과를 거두게 되는 거죠. 영화의 도입부에서 관객의 관심을 집중시켰듯, 영화의 결말에 이르러서도 관객의 관심을 사로잡아야 합니다."

• • •

마틴 스콜세지 감독은 저서 「마틴 스콜세지와 함께 미국 영화를 관통하는 개인적 여정A Personal Journey with Martin Scorsese Through American Movies, 1997」에서 '밀수꾼으로서의 감독'이라는 아이디어에 대해 자세히 설명했다. 그가 '밀수꾼'의 완벽한 본보기로 제시한 감독들은 니콜라스 레이, 프리츠 랑, 더글러스 서크, 샘 풀러였다. 당대에는 많은 평론가들로부터 그저 B급 영화감독이자 장르에 열광한 인물들로 무시당하던 이 감독들은 스튜디오 서열의 밑바닥에서 작업했다는 그 이유 덕에 상대적으로 스튜디오의 간섭을 받지 않으면서 경력을 쌓을 수 있었다. 또한 영화에 "개성적인 손길을 도입하고 예상하지 못한 모티프를 짜 넣으며, 때로는 판에 박힌 소재를 훨씬 더 개인적인 표현이 담긴 작품으로 탈바꿈시킬 수 있었다. 그런 면에서 그들은 밀수꾼이 됐다."는 이 주장은 프랑수아 트뤼포가 1954년에 「프랑스 영화의 어떤 경향 Une certaine tendance du cinéma français」이라는 글에서 처음으로 제안한 아이디어를 더 자세히 풀어놓은 것이다. 트뤼포는 그 글에서 프랑스 영화산업이 오손 웰즈와 니콜라스 레이, 로버트 알드리치, 알프레드 히치콕의 대담하고 표현력이 발휘된-자신과 「카이에 뒤 시네마」의 동료 평론가들이 흥분했던-영화 연출 스타일보다 시대에 뒤떨어진 구닥다리 영화, 일명 '아빠의 영화'를 더 좋아한다고 비판했다. 그와 동료 평론가들이 좋아한 감독들은 비주얼 스타일리스트로, 그들이 보기에 시나리오는 시인의 개성이 시에 담기는 것처럼, 화가의 개성이 그림에 담기는 것처럼, 감독의 각인이 새겨진 영화들을 만들기 위한 출발점일 뿐이었다. "이건 테크닉의 문제라기보다는 에크리튀르écriture, 즉 개인적인 표현 수단의 문제다." 트뤼포는 자신의 글을 통해 이와 같이 밝혔다.

그가 제안하는 아이디어에는 '작가의 정책' 또는 '작가이론'이라는 명칭이 있다. 그리고 작가auteur라는 단어는 영어에 편입된 많은 프랑스어 단어 cachet, chic, faux pas, savoir faire, crème de la crème, pièce de résistance 처럼 영국과 미국에서 인기를 얻었다. 영어에 그런 단어가 없어서가 아니라, 영어 단어로는 프랑스어와 결부된 고상한 분위기를 표현하지 못하기 때문이다. "내가 감히 전면에 나서서 영혼의 기백은 무엇이라고 생각하는지 말해도 될까?" 앤드류 새리스의 「1962년에 쓴 작가 이론에 대한 주석 Notes on the Auteur Theory in 1962」에 담긴 문장이다. 일단 스포일러가 있음을 경고하겠는데, 새리스는 무척 과감했다. 요즘에 '작가'라는 용어는 대단히 광범위하게 활용되면서 그 단어에 담긴 본래의 의미를 모두 잃었다. 하지만 세계대전이 벌어지는 동안에는 감상할 수 없었던 범죄 스릴러와 웨스턴 무비, 미스터리들을 게걸스럽게 감상한 「카이에 뒤 시네마」의 오리지널 평론가들 입장에서, 그 용어는 스튜디오 시스템 내부에서 작업하는 동시에 자신의 개성을 잃지 않은 미국인들에게서 관찰된 이중

이음새의 특성에 적용됐다. "그런 이상한 기업체 내부에서 활동하면서 본연의 모습을 유지하려면 특출난 재능이 필요한 게 분명하다." 클로드 샤브롤이 오토 프레밍거 감독의 〈로라Laura, 1944〉와 오손 웰즈의 〈상하이에서 온 여인The Lady from Shanghai, 1947〉, 니콜라스 레이의 〈고독한 영혼 In a Lonely Place, 1950〉, 존 휴스턴의 〈말타의 매〉, 자크 투르뇌의 〈과거로부터〉, 하워드 혹스의 〈빅 슬립The Big Sleep, 1946〉을 심오하고, 심지어 아름다운 솜씨가 발휘된 스릴러의 사례라고 제시한 1955년도 에세이 중 한 구절이다. "솔직한 사람은 '주제가 부족해.'라고 말한다! 주제는 작가들이 만들어내는 것이 아니라는 듯 말이다!" 그가 내린 결론이다. "이제 부富는 금광 조사원들의 것이다. 부는 금광에 있는 것이 아니다."

샤브롤이 오늘날에 그 에세이를 쓰고 있다면 그가 가장 흥분했을 감독, 21세기판 '작가의 정책'을 구현한 전형적인 인물은 크리스토퍼 놀란이 될 것이라는 데 의심의 여지가 있는가? 현대 할리우드 그 자체라 할 수 있는 프랜차이즈 팜의 한복판에서 작업하는 놀란은 탁월한 밀수꾼이다. 그는 장편영화 열한 편을 완성했고, 그 영화 모두를 박스오피스에서 히트시켰다. 그리고 놀란이 만든 모든 영화는 스튜디오 오락물에 해당되지만, 그는 전통적인 예술영화 상영관에 더 어울릴 법한 개인적인 주제와 강박관념의 인장을 자신의 영화에 영원토록 남겼다. 이를테면 과거가 된 산업주의의 단층선이 정보화 시대의 균열 지점과 패러독스를 만나는 풍경이 그렇다. 그리고 이를 배경으로 한 시간의 흐름, 기억의 고장, 우리가 가진 거부와 굴절이라는 괴이한 습성, 우리 내면의 삶에서 작동하는 내밀한 태엽장치 등이 그러하다. "대부분의 시대는 되돌아봤을 때 그 시대를 정의해주는 그 시대만의 '보는 방법'을 갖고 있다. 르네상스 미술의 고정점 원근법, 큐비즘의 산재된 콜라주, 1980년대 MTV와 채널 서핑이 소개한 속사포 같은 컷들." 과학 작가 스티븐 존슨의 주장이다. "우리 자신을 규정하는 관점은 롱 줌long-zoom이라고 부를 수 있는 것이다. 스파이 영화에 등장하는, 인공위성에서부터 지상에 있는 번호판 숫자까지 도달하는 트랙 인track-in, 몇 번의 클릭으로 당신을 넓은 지역에서 당신의 집 지붕으로 데려가는 구글 맵… 새로운 축척을 적용할 때마다 한없는 복잡성이 드러나는 카오스 이론의 프랙털 기하학 등을 떠올려보라."

이 주장에 우리는 이렇게 덧붙일 수도 있다. 빙하를 붕대로 교체하는 〈인썸니아〉의 오프닝 크레디트, 층층이 쌓인 〈인셉션〉의 세계에 한스 짐머의 화음이 메아리치는 방식, 〈다크 나이트 라이즈〉의 롱 숏에서 맨해튼의 다리들이 폭파되는 광경, 〈인터스텔라〉에서 토성에 덧씌워지는 빗소리, 〈테넷〉에서 터지기를 기다리는 코르크 마개처럼 진동하기 시작하는 콘크리트 덩어리들. 나는 놀란의 작업과 히치콕의 그것을 비교하면서 이 책을 시작했다. 책을 쓰면서 놀란이 누군가와 닮았다면, 그건 히치콕의 독일인 선배인 프리츠 랑일 거라는 결론에 도달하게 됐다. 〈다크 나이트〉 3부작의 경우에는 특히 더 그렇다. 그런데 히치콕과 비교한 것은 한 가지 점에서 타당하다. "타이밍이 전부였어요." 배우 테레사 라이트가 히치콕의 〈의혹의 그림자Shadow Of A Doubt, 1943〉에서 그녀가 연기한, 삼촌을 살인자로 의심하는 조카 역에 대해 한 말이다. "배우가 어떤 표면을 손가락으로 두드리고 있다면, 그건 심심해서 그러는 게 아니에요. 거기에는 박자가 있었어요. 음악적인 패턴이 있었던 거죠. 그건 후렴 같아서… 히치콕은 뮤지션이 악기를 염두에 두고 작곡하는 방식으로 음향효과를 작업했어요." 히치콕을 다룬 가장 최근에 출판된 전기의 저자 피터 애크로이드는 〈북북서로 진로를 돌려라〉에 대해 그 영화의 플롯은 "인쇄된 상태에서는 이해하기 힘들지만, 스크린 위에서는 순수한 도주와 추적, 급격한 변화와 눈 깜짝할 순간들을 담아낸 작품이다."라고 썼다. "한 번의 '전환' 뒤에는 다른 전환이 대단히 빠른 속도로 따르는 탓에 관객은 패닉과 흥분만 기억한다." 패닉과 흥분을 유발하려는 욕망은 항상 그 자리에 있었지만, 놀란은 나이를 먹으면서 히치콕처럼 영화의 패턴과 구조보다는 화면 구도의 추상적인 가능성과 음악의 활용에 더 큰 흥미를 갖게 됐다.

존 휴스턴의 〈말타의 매〉 포스터.

결말 489

"〈배트맨 비긴즈〉는 브루스 웨인이 어둠의 사도들과 함께한 7년을 보여주기 위해서 우리가 몽타주를 작업하기 시작한 첫 영화입니다. 그래서 이야기 흐름을 규정하는 데 있어서 음악적 구조가 편집보다도 더 큰 도움을 주죠. 내가 한스한테 하는 농담이 있는데, 나는 영화를 만들 때마다 음악 용어를 하나씩 더 배우게 된다는 겁니다. 〈배트맨 비긴즈〉 때 그 용어는 오스티나토였습니다. 지금은 그 용어를 정의할 필요도 없이 흡족하게 사용하고 있죠. 〈덩케르크〉를 작업할 때는 독일어 루프트파우제를 배웠습니다. 영화감독은 모든 분야를 조금씩 알아야 하는 직업입니다. 팔방미인이면서도 달인인 분야는 하나도 없는 직업이죠. 나는 뮤지션이 되려고 몰두한 적도 없고, 나한테 뮤지션이 될 만한 재능이 전혀 없다는 것도 잘 압니다. 그럼에도 나는 음악에 끌립니다. 음악을 내 작품에 활용하는 법도 알고 있죠. 그와 비슷하게 나는 시나리오를 쓸 줄은 알지만, 내가 소설을 쓸 수 있다고는 생각하지 않습니다. 그림을 그릴 수 있지만, 스토리보드 아티스트처럼 잘 그리지는 못합니다. 나는 다른 감독들의 열광적인 팬이자, 영화 연출이라는 직업의 독실한 신자입니다. 나는 영화감독이라는 직업을 대단한 직업이라고 생각하지만, 감독이라는 직업은

놀란이 2019년에 <2001 스페이스 오디세이> 개봉 50주년을 기념하기 위해 촬영감독 호이테 반 호이테마의 도움을 받아 그 영화의 '복원을 되돌리는(unrestoring)' 작업을 하고 있다. 사실상 복원 작업이나 다름없지만, 놀란은 현대의 관객이 1968년에 열린 시사회를 경험하도록 만든다는 목표를 강조하고자 이와 같은 용어를 사용했다.

독주자가 아니라 지휘자와 비슷합니다."

우리가 마지막 인터뷰를 한 장소는 놀란의 서재로 그의 집 정원 한쪽에 자리한, 프랭크 로이드 라이트에서 영감을 얻은 듀플렉스였다. 서재 책장에는 미술 관련 서적, 아가사 크리스티와 아서 코난 도일 경의 작품, 스티브 라이히의 [뮤지션 18명을 위한 음악Music for 18 Musicians, 1978]부터 크라프트베르크의 [맨-머신Man-Machine, 1978]까지 놀란이 수집한 LP판들이 가득했다. 창문에 기대고 있는 레코드판 더미 옆에는 첼로 두 대와 거기에 딸린 음악 스탠드 2개가 있었다. "엠마가 어렸을 때 첼로를 연주했어요. 그래서 몇 년 전 그녀의 생일에 첼로와 음악 레슨을 선물했죠." 놀란은 말했다. "어느 정도 시간이 지나고 나서, 그녀는 내가 첼로에 관심이 있고 음악을 직접 배우고 싶어 한다는 걸 알아챘죠. 나는 첼로 레슨은 눈곱만큼도 생각해본 적이 없었는데, 그녀는 내 등을 떠밀어 레슨을 받게 만들었어요. '반짝반짝 작은 별' 정도만 연주할 수 있는 실력이에요."

자기 이야기가 나오는 소리를 들은 듯, 엠마 토머스가 서재로 머리를 쑥 들이밀었다. 그녀는 딸의 대학 지원을 위해 작성해야 할 서류를 찾고 있었다. 플로라는 막 열여덟 살이 됐다. "딸은 요즘 대학에 지원하는 중이에요." 토머스는 방 한쪽에 놓인, 놀란이 앉아 있는 곳 뒤편에 자리한 야마하 키보드를 가리켰다. "걔는 피아노를 연주해요. 대학에 진학하면 피아노를 갖지 못하게 된다는 사실을 꽤나 걱정하고 있죠. 이건 딸한테 생일 선물로 준 거예요."

"이 키보드는 다양한 피아노 소리를 낼 수 있어요." 놀란은 자리에서 일어나 키보드에 내장된 여러 종류의 세팅들을 보여줬다. 어쿠스틱 피아노, 재즈 피아노, 콘서트 피아노, 클래식 피아노, 팝 피아노, 일렉트릭

피아노 등등.

"조율이 안 된 소리도 낼 수 있나요?" 내가 물었다.

"그럼요. 잠깐 있어 봐요." 놀란은 스위치를 켜고 음 몇 개를 탕탕 쳤다. 그러자 조율이 덜 된 듯한 피아노 소리가 났다.

"멋지네요." 토머스가 말했다. "어쨌든 이제 가봐야겠어요. 지금은 1년 중에…." 그녀는 말끝을 적당히 흐리고는 옆에 있는 방들 중 한 곳으로 사라졌다.

내가 그를 인터뷰하려고 처음 자리에 앉은 이후로 일어난 일은 그들의 딸이 대학에 진학할 나이가 됐다는 것만이 전부는 아니었다. 우리가 이야기를 나누는 동안, 중국은 최초의 복제 원숭이를 탄생시켰고, 우한에서는 코로나 바이러스의 최초 사례가 목격됐다. 케냐에서는 지구의 마지막 북부흰코뿔소가 숨을 거뒀다. 화성에서는 방하 밑에 있는 호수가 발견됐다. 영국의 해리 왕자는 메건 마클과 결혼하고 왕실을 떠났다. 정치가 폴 매너포트는 수감됐다. 이벤트 호라이즌 망원경은 블랙홀을 담은 최초의 이미지를 제공했다. 호주의 미개간지는 불길에 휩싸였다. 영국은 EU를 떠났다. 놀란은 수염을 길렀다가 깎았고, 스탠리 큐브릭의 〈2001 스페이스 오디세이〉의 새 판본을 들고 칸에 갔으며, 장편영화 한 편을 집필한 뒤 캐스팅하고 촬영하고 편집했으며, 대영제국의 CBE 작위Commander of the British Empire를 받으러 오라는 버킹엄 궁의 초청을 수락했다. 그는 마흔아홉 살이 됐고 새치가 조금 더 늘었다. 그는 자신이 만든 영화들이 그와 더불어 나이를 먹어가는 과정에서, 한때 그가 열성적으로 지키려 했던 그 영화의 비밀들이 웹사이트와 블로그에서 끝없는 논쟁의 대상이 되는 방식에 대해 자기도 모르게 매료됐다. 그 영화들이 이룬 혁신은 풍화를 거치면서 매끄러워졌고, 모방자들에 의해 클리셰가 되어버렸다. 한때는 개인적인 것이었던 그 영화들의 주제가 시간이 흘러 오늘에 이르자 그가 당시에는 보지 못했던 거시적인 역사적 경향을 대표하는 주제로 세상에 모습을 드러냈다.

"자신이 만든 영화는 절대로 보지 않는 감독들이 일부 있습니다. 그렇지만 나는 시간이 흐르는 동안 내 영화들이 변해가는 방식에 매료됐어요. 좋은 의미로든 나쁜 의미로든 점점 더 역사적인 유물이 되어가는 방식에 매료된 거죠. 처음에 공개됐을 때는 약간 뜬구름 잡는 것처럼 보이거나 구닥다리처럼 보였던 영화들이, 시간이 흐르는 동안 나름의 입지를 확보할 수 있게 됐습니다. 당시에 그 영화들 주위에 있던 다른 모든 영화가 각각의 작위성을 드러냈기 때문이죠. 우리는 우리 사회의 틀을 형성하는 역사적 패턴들을 드문드문 볼 수 있을 뿐입니다. 〈메멘토〉를 몇 년간 보지 못했는데 〈다크 나이트〉는 최근에 우리 아이들과 함께 봤어요. 〈다크 나이트〉 같은 영화의 문제는 그 영화가 속한 장르를 들여다보면, 그 영화가 만들어진 시대를 무척 많이 반영한다는 겁니다. 사람들로 하여금 슈퍼히어로 영화를 다시 감상하게 하거나 그런 영화에 다시 접근하게 만드는 건 어려운 일이에요. 앞으로 새로운 버전의 배트맨이 또 나올 겁니다. 내 말, 무슨 말인지 알죠? SF는 다릅니다. 〈인터스텔라〉를 만드는 동안 이 영화는 멀리 보면서 하는 게임이라는 걸 늘 알고 있었습니다. 20년 뒤의 사람들은 이 영화를 어떻게 생각할까요? 바라건대, 그 사람들이 〈인터스텔라〉를 다시 찾아봤으면 합니다."

놀란이 일곱 살 때 처음으로 본 이후, 주요한 재개봉 행사가 있을 때마다 감상했던 큐브릭의 〈2001 스페이스 오디세이〉조차 세월이 흐르는 동안 변했다. "SF 영화의 걸작인 〈2001 스페이스 오디세이〉 같은 영화에서도 벌어지는 흥미로운 일은 그 영화가 미래와 관련해서 성쇠를 되풀이한다는 겁니다. 10년 전쯤 열린 개봉 40주년 시사회에 갔을 때, 아이들에게 그 영화를 처음으로 보여줬어요. 그런데 아이들이 던진 첫 질문 중 하나가 '그 컴퓨터는 왜 말을 해요?'였습니다. 당시는 애플의 시리가 나오기 전이었는데, 말하는 컴퓨터라는 아이디어가 아이들 눈에는 완전히 무의미한 설정으로 보인 겁니다. 아이들이 보기에 컴퓨터는 스크루드라이버 같은 도구이고 세계를 접하게 해주는 인터페이스에 불과했기 때문이죠. 작년에 개봉 50주년을 맞아 그 영화를 다시 봤을 때, 그 영화는 영화가 처음 개봉된 1968년을 비롯한 그 어느 때보다도 강한 인상과 울림을 남겼습니다. 우주 비행사들이 아침을 먹으려고 자리에 앉는데, 각자 태블릿을 들고 프로그램을 보고 있습니다. 어느 정도 시간이 흐른 뒤에 아이패드가 등장했고, 갑자기 그 영화의 모든 것이 우리 시대와 다시 발을 맞추기 시작했습니다. 애플에 소송이 걸린 삼성은 애플이 아이폰 콘셉트를 소유할 수 없다는 증거로 법정에 〈2001 스페이스 오디세이〉를 제출하려 애썼죠. 판사는 그걸 받아들이지 않았지만요. 그래도 삼성 측은 그걸 어필하기 위해 애쓰기는 했습니다. 이 영화가 다룬 내용은 그런 성쇠를 겪었죠.

HAL과 관련된 흥미로운 이야기가 있어요. 큐브릭이 미래의 슈퍼컴퓨터는 어떤 모습일지 예상한 모델을 만들어달라고 관련 업계의 모든 회사에 요청했다는 겁니다. 그중 한 회사는 우주 비행사들이 컴퓨터 내부를 유영해 다닌다는 아이디어를 제출했죠. 큐브릭이 '이건 빌어먹을 시간 낭비일 뿐이니까 귀사는 이 작업을 중단해야 합니다. 이건 내가 원하는 것과 완전히 거리가 멉니다.'라는 식으로 보낸 편지가 있습니다. 그런데 최종적으로 영화에 등장한 컴퓨터는 그 회사가 말한 것과 같았어요. 심지어 그 컴퓨터는 이 영화에서 아주 성공적인 설정 중 하나였습니다. 사람들이 컴퓨터의 외부가 아니라 내부에 있을 거라는 아이디어가요. 영화 연출이라는 건 그런 겁니다. 사람들과 동업자들을 캐스팅한 다음, 하찮거나 하찮아 보이는 결정을 날이면 날마다 몇 년에 걸쳐 내리고는 그것들이 쌓여서 어떤 모습을 갖추는지 확인하는 거죠."

"당신도 그런 적이 있나요? 우연히 발견한 무언가가 중요한 것으로 판명된 적이요?"

"그럼요. 시각적인 측면에서 그런 적이 있습니다. 〈프레스티지〉에 전구들이 등장하는 안개 장면이 있습니다. 그 안개는 우리가 전혀 예상하지 못한 것이고, 원했던 것도 아닙니다. 휴 잭맨이 실험실을 찾아오는 대여섯 개 장면에서 안개가 등장하죠. 그런데 그 안개는 그 장면들을 규정합니다. 〈다크 나이트〉의 마지막 숏은 우연히 포착한 겁니다. 나는 그 영화를 끝맺을 만한 시각적 아이디어가 없었습니다. 우리가 결국 활용한 그 숏은 러시필름을 보던 중에 발견한 거예요. 우리는 오토바이를 탄 스턴트맨을 달리게 한 뒤, 차를 타고 그를 따라가면서 촬영을 했습니다. 그가 경사로로 올라갔는데, 그곳에는 경사로를 아래쪽으로 환하게 비추는 촬영용 조명이 있었죠. 그는 그 조명을 향해 달렸고, 불빛이 망토의 가장자리를 따라 흐르더군요. 그걸 러시필름에서 봤습니다. 그 숏의 끝부분에서요. '화면에 조명이 보이잖아요, 잘라내요.' 그런데 어느 시점에선가 이런 생각이 들었습니다. '바로 저게 이 영화의 마지막 장면이야.' 어느 순간 이런 것들이 머리에 혹 꽂힙니다. 영화 한 편을 만들면 그런 경우가 두어 번 정도 생기더군요. 그런 메커니즘이 일단 작동하기 시작하면, 그런 것들을 목격하며 날마다 놀랍니다. 감독은 그런 것들을 찾으려고 애쓰죠. 그런 걸 찾지 못하면, 영화는 특정 색깔이 정해진 영역 앞에 서서 그 색깔에 해당하는 페인트를 칠하는 단순한 작업이 되어버립니다. 영화 연출을 짜릿한 작업이 되도록 지속적으로 유지시켜주는 게 바로 그런 요소입니다."

놀란이 소년 시절에 단골로 다니던 영화관은 거의 사라졌다. 그가 1977년에 아버지와 함께 큐브릭의 〈2001 스페이스 오디세이〉를 처음으로 관람했던 오데온 웨스트엔드 극장은 현재 에드워디언 그룹 소속의 호텔과 스파가 있는 10층짜리 복합건물로 대체됐다. 그 극장이 상영한 마지막 영화는 놀란의 〈인터스텔라〉 70mm 버전으로, 그 영화의 포스터는 극장의 불이 꺼지고 몇 달이 지나도록 극장 입구 차양에 걸려 있었다. 그가 어머니와 함께 〈레이더스〉를 관람했던 일리노이 노스브룩의 스코키 불러바드에 있는 초현대적 스타일의 에덴스 극장은 1994년에 에드 해리스와 멜라니 그리피스가 출연한 로맨틱 코미디 〈밀크 머니 Milk Money, 1944〉와 장 클로드 반담이 출연한 〈타임캅 Time Cop, 1994〉을 마지막 영화로 상영한 후 철거됐다. 그 자리에는 노드스트롬과 스타벅스, 킹코스가 있는 쇼핑센터가 들어섰다. 킹스크로스에는 1920년대부터 문을 열고 영업해온 으리으리한 350석 규모의 유서 깊은 극장이 있다. 그곳은 놀란이 〈블루 벨벳〉과 〈풀 메탈 자켓〉, 〈맨헌터〉를 관람했던 스칼라 극장으로 1993년에 파산한 뒤 폐쇄되었고, 1999년에 나이트클럽과 뮤직홀로 재개장했다.

"사람들은 '영화는 숨을 거둘 것인가?'라는 질문에 관심이 많습니다. 당대의 현안이죠. 콘텐츠에서 프레젠테이션을 분리해내려는 엄청난 욕구가 있습니다. 그런데 실제로는 그렇게 할 수가 없습니다. 영화가 다루는 내용의 일부는 감독이 다른 이들과 공유하는 독특하고 주관적인 관점이니까요. 3D가 그다지 잘 먹혀들지 않는 이유가 그겁니다. 3D는 그런 관계를 왜곡합니다. 입체 안경을 끼면 뇌는 직관적으로 자신은 감독이 보는 것과 동일한 이미지를 볼 수 없으리라는 걸 인식하니까요. 관객은 큼지막한 그림을 관찰하는 게 아닙니다. 대형 옥외 광고판을 감상하는 것도 아니죠. 영화는 그런 게 아니니까요. 코미디를 볼 때 스타디움 형식으로 좌석을 배치하는 걸 달가워하지 않는 이유가 그겁니다. 그렇게 하면 관객의 존재를 알아차리지 못하게 되니까요. 우리 앞에 있는 머리들을 보지 못하게 되니까요. '으음, 당신은 사람들이 〈덩케르크〉를 휴대폰이나 그런 종류의 기기로 감상하는 것이 언짢은가요?' 아뇨, 그렇지 않습니다. 그런데 내가 그런 걸 개의치 않는 이유는 기본적인 형식으로, 또는 최초의 배급 방식으로 그 영화는 대형 극장에서 상영되기 때문입니다. 그 경험은 서서히 아래로 흘러내리면서, 아이패드로 그 영화를 감상할 때 영화적인 경험은 어떤 것이고 그걸 어떻게 추정할 수 있을지에 대한 지식과 이해를 품고 영화를 감상하는 지점까지 이르게 됩니다. 그래서 우리가 아이패드로 TV드라마를 볼 때, 우리 뇌의 상태는 철저하게 달라집니다. M. 나이트 샤말란이 배급 채널이 붕괴되기 시작하던 몇 년 전에, 아마도 10년 전쯤에 기고한 글이 있는데 당시의 현황을 매우 잘 묘사한 글입니다. '맞다. 우리는 모든 돈을 부가 매출에서 번다. 그런데 부가 매출에 동력을 제공하는 것은 최초 개봉이다.' 있잖아요, 영화는 그런 겁니다. 우리는 아날로그 세계에 살면서 일합니다. 우리는 객석에 앉아줄 사람들이 필요해요. 영화관에 와서 영화에 몰두할 사람들이 필요하죠. 오늘날 영화에서 작동하고 있는 것은 무엇인가요? 관객들이 집에서 나올 때 볼 준비를 하는 건 영화관에서 하는 체험입니다. 그건 텔레비전에서는, 집에서는, 휴대폰에서는 얻을 수 없는 경험이고, 실생활에서 접하는 것보다 더 큰 경험입니다. 우리는 실시간으로 펼쳐지는 듯한 어떤 사건을 강렬하게 경험하는 것을 통해 그 순간에 몰입합니다. 그것은 내가 '고글을 끼지 않은 채로 경험하는 가상현실'이라고 말하는 강렬한 주관적 경험이에요. 그것이 바로 관객들이 극장에 와서 보려고 준비하는 대상입니다."

광화학 필름에 대한 놀란의 헌신은, 아이맥스의 획기적 활용이라는 주목할 만한 사례를 통해 코닥Kodak이 회생하는 것을 도왔을 뿐만 아니라 관련 기술을 계속 진전시켰다. "내가 타시타 딘과 가진 공개 대화에서 제기한 것 중 하나가 미술계에서 제기된 '매체 특유성'과 '매체 저항성' 같은 이슈들입니다." 그는 말했다. "당신이 찰흙 한 덩어리를 가져다가 조각품을 만든다고 했을 때, 찰흙이 당신 손을 밀어내는 방식은 당신이 예술 작품을 만드는 방식에 영향을 끼칩니다. 최종 작품에 영향을 끼치죠. 그런 생각은 영화를 만드는 기술에도 철저히 적용할 수 있습니다. 우리가 무성으로, 흑백으로, 컬러로, 또는 유성으로 영화를 촬영한다면 매체의 저항성은 우리의 선택에 영향을 끼칩니다. 배우들에게 접근하는 방법에도, 어떤 장면의 동선을 정하는 방법에도, 신을 마무리하는 방법에도, 카

메라를 움직이는 방법에도, 카메라를 움직이고 싶은지의 여부에도 영향을 끼치죠. 매체가 나를 밀어내는 겁니다. 그 지점에 저항이 있는 거죠. 그걸 극복하는 데에는 어려운 점들이 있습니다. 그리고 그 난점들이 우리의 그날 리듬에 영향을 끼칩니다. 예를 들어, 한 번에 10분밖에 촬영을 못하기 때문에 카메라에 필름을 다시 넣어야 합니다. 아이맥스의 경우, 한 번에 2분 30초까지만 찍을 수 있습니다. 그래서 나는 아버지한테 받은 슈퍼8 카메라로 내 최초의 영화들을 찍던 시절로 되돌아간 셈이 되었죠. 그때도 2분 30초마다 카트리지를 바꿔야 했으니까요. 내가 출발한 지점으로 돌아간 겁니다."

그는 영화를 보러 대가족이 외출하는 것을 여전히 좋아한다. "혼자서 영화 보러 가는 걸 좋아했던 적이 한 번도 없습니다." 그는 말했다. "지금도 여전히 그렇죠. 아이들과 같이 가거나 가족과 함께 영화를 본 다음, 그 영화에 대해 이야기하는 걸 좋아합니다. 엠마는 혼자서도 가더군요. 혼자 영화 보러 가는 것을 무척 좋아해요. 나는 싫습니다. 결코 그런 적이 없어요. 이유는 나도 모르겠습니다." 그의 뇌리에 늘 남아 있는 영화 감상 경험 중에는 토머스 해리스의 스릴러를 각색한 조나단 드미 감독의 〈양들의 침묵The Silence of the Lambs, 1991〉이 있다. 놀란이 UCL 신입

— "초창기 영화가 발명된 시대로 돌아가고 싶었습니다." 타시타 딘이 2011년에 테이트 갤러리에 설치한 그녀의 설치미술 '필름'에 대해 한 말이다.

생 시절 때였는데, 원작 소설의 팬인 그는 명절을 보내고 시카고에 돌아와 있었다. "그래서 1회 상영이 거의 끝날 무렵에 교외에 있는 재상영관으로 영화를 보러 갔습니다. 텅 빈 극장에 나 말고 다른 관객은 한 명인가 두 명밖에 없었죠. 동생과 같이 보고 싶었던 영화였는데, 아무튼 영화는 정말 마음에 들었습니다. 멋진 각색 영화라고 생각했어요. 그런데 무섭다는 생각은 조금도 들지 않더군요. 그래서 아무렇지도 않다는 듯 영화를 감상했어요. 그러다가 몇 달 뒤 런던에서, 그 영화를 보러 웨스트엔드로 갔습니다. 이번에는 엠마와 같이 만원인 극장에 들어갔죠. 나는 겁에 질렸습니다. 그것은 내가 겪었던 가장 공포스러운 영화 감상 경험 중 하나였어요. 무척이나 심란했던 게 기억나네요. 영화 감상이라는 경험을 철저하게 독특한 것으로 만드는 요소는 주관성의 결합이고, 다른 관객들과 공감하면서 본능적인 경험을 공유하는 겁니다. 경계에 서보는 신비한 경험이죠. 소설을 읽는 것은 철저히 주관적인 경험입니다. 다른 사람들과 공유할 수 없는 경험이죠. 우리는 소설을 읽을 때 각자의 방식으로 내러티브에 몰두합니다. 무대 공연은 다른 이들과 공감하는 경험을 제공하지만, 모든 사람이 상이한 시점에서 무대를 보게 됩니다. 영화는 주관적인 경험과 관객의 주위를 에워싼 경험이 매우 독특하게 섞여 있죠. 동시에 그 경험을 다른 이들과 공유할 수 있게 해줍니다. 다른 매체에서는 일어나지 않는 일로, 이게 바로 영화가 끝내주게 멋진 예술 형식인 이유입니다. 그리고 그 특징은 앞으로도 영원히 유지될 겁니다."

· · · ·

마무리를 짓기에 좋은 지점으로 보였다. 놀란은 사람을 맞이하는 인사와 떠나보내는 인사를 살갑게 하는 사람은 아니다. 그는 이웃집에 가는 사람을 보는 것처럼 무뚝뚝한 방식으로 그저 어깨를 으쓱할 뿐이다. 반면에 그는 몇 년 전에 시작했던 대화를 어제 나눴던 대화인 양 다시 꺼내든다. 나는 자리에서 일어나 시간을 내줘서 고맙다고 인사했다.

"우리가 처음 만났을 때 나눴던 이야기 기억해요?" 그가 물었다.

"1999년 그때를 말하는 건가요? 캔터스 델리에서? 흐릿하게 기억해요. 우리는 당신이 왼손잡이라는 것과 그게 〈메멘토〉와 어떤 관련이 있는지 대화를 나눴죠."

"당신은 이렇게 말했어요. '우리가 〈메멘토〉의 구조를 설명해주는 잠정적인 이론을 내놓았다고 생각합니다.'라고요."

"내 생각이 지금도 그런지는 확신이 서지 않는군요. 그보다는 조금 더 심오해졌다고 생각해요. 비틀즈의 폴 매카트니가 왼손잡이라는 얘기를 꺼냈던 건 확실히 기억해요. 그와 존 레넌은 함부르크에서 묵었던 호텔 침대의 반대쪽에 앉아 상대방이 연주하는 코드를 모방하곤 했었죠. 거울을 들여다볼 때 모습과 비슷했으니까요."

"그런데 말이에요." 그가 입을 뗐다. "당신한테 할 말이 있어요. 정확히 말하면 딱 한 단어예요. 우심증右心症*."

● 심장이 선천적으로 오른쪽에 있는 심장 기형.

그가 무슨 얘기를 하는지 가늠하느라 한참을 헤맸다. 그러다가 그의 말뜻을 알아차린 순간, 싸늘한 기운이 엄습했다.

"12,000명 당 한 명이 오른쪽에 심장이 자리 잡은 채로 태어나요." 그는 천진한 얼굴로 말했다. "그게 당신이 내놓은 해답을 무효로 만들어버릴까요? 이건 흥미로운 철학적 의문이에요. 12,000명 중 한 명은 꽤나 드문 확률이잖아요."

몇 초간, 그가 미워졌다. 믿어지지 않았다. 그는 왼쪽과 오른쪽 문제에 대한 내 '심장' 해답을 무효화할 방법을 찾아냈다. 평론가들의 비난은 무정함에서 비롯된 것이라는 그의 주장에 신빙성을 부여하려고 애쓰는 걸까? 그런데 그 순간은 지나갔고, 나는 다시 자리에 앉았다.

"으음, 결국에는 흔히들 심장의 위치로 이해하는 질문에 이르렀다는 생각이 드는군요." 나는 말했다. "당신이 말했듯, 심장은 완벽하게 왼쪽으로 쏠려 있진 않아요. 우리 몸의 중앙에 있는 거나 다름없죠. 하지만 전통적으로, 사람들은 심장의 위치를 여기로 알고 있어요."

나는 심장 위에 손을 올렸다.

"그런데 나는 그 문제를 인류학적인 관점에서 보고 있는 게 아니에요." 그는 말을 이었다. "유클리드적인, 또는 수학적인 관점에서 보고 있죠. 내 입장에서 심장 해답은 정말 근사하게 작동했어요. 거기에는 인간적인 요소가 깃들어 있으니까요. 맞아요, 심장은 왼쪽에 있어요. 하지만 지금 알게 된 지식은, 그러니까 심장이 오른쪽에 있는 사람들이 비록 극소수이긴 해도 분명 존재한다는 지식은 당신의 해답을 무효로 만들어요. 그 수수께끼를 바라보는 다른 길을 열어주죠. 본질적으로 그건 '유전학이 성장하는 신체의 왼쪽이나 오른쪽을 왜 정의하는가, 또는 어떻게 정의하는가?'라는 문제가 되어버려요."

"그렇다면 이건 어때요? 사람들에게 심장에 손을 얹으라고 요청한 뒤 덧붙일 거예요. '당신이 우심증이 있지 않는 한 그렇게 심장에 손을 얹고, 우심증이 있는 사람이라면 반대편에 손을 얹으세요.'라고 말이죠."

그는 의심스러워하는 기색이었다. "그런데 추가적인 조건이 따라붙으면, 그것도 해답을 무효로 만들지 않을까요?"

"전혀 그렇지 않아요." 나는 흥분을 가라앉히며 말했다. "문제는 이거였어요. 나는 누군가에게 전화상 영어로 왼쪽과 오른쪽의 차이를 설명할 수 있을까? 당신은 내 설명의 길이나 복잡함에 대해서는 한마디도 하지 않았어요."

그는 납득하지 않는 눈치였지만 내가 느끼는 좌절감을 감지하는 듯 보였다. "나는 그 문제를 늘 추상적인 문제로만 봤어요. 현실 세계에서도 고민할 수 있는 문제가 아니라요. 누군가에게 전화를 건다는 비유를 사용하곤 했죠. 방정식에서 물리적 세계를 제거하겠다는 이유로요. 그걸 순전히 추상적인 관념으로만, 순전히 언어로만, 순전히 관념으로만 풀고 싶었어요. 당신의 해답은 빼어나다고 생각해요. 무척 아름답다고 생각합니다. 그런데 내가 당신의 행성 아이디어를 거부했을 때, 거기에는 여전히 뭔가 꺼림칙한 게 있었어요. 우리가 지금까지 내놓은 해답들은 현실 세계에 있는 외부적이고 물리적인 요소들에 의존해요. 당신의 신체나 행성처럼 말이에요. 당신이 수학적이고 추상적인 관점에서는 왼쪽과 오른쪽을 구분하지 못한다는 게 여전히 매혹적이에요. 내 설명이 사리에 맞나요?"

"그래요, 현실 세계." 나는 약간 거만한 말투로 말했다. "그 대답이 먹혀드는 곳이죠."

"당신에게 그걸 바라보는 다른 방식을 제공할게요. 당신이 인공지능과 통화하는 중이라면, 당신은 왼쪽과 오른쪽을 어떻게 설명할 건가요?"

당황스러웠다. 그가 나한테 적용되던 규칙을 바꿔버렸다는 불쾌한 의혹이 생겨났다. 그가 지금 내게 낸 문제(AI를 상대로 왼쪽과 오른쪽을 정의하라)는 마틴 가드너가 외계인과 관련해서 처음 내놓은 클래식 '오즈마 문제'에 훨씬 더 가까웠지만 말이다. 나는 진공 플라스크에 초저온으로 담겨 있는, 회전하는 코발트-60 원자들과 관련한 우젠슝의 해법에 여전히 의지하고 있었다. 하지만 머릿속에서만 이론을 갖고 놀았지, 현실 세계에서 코발트-60 원자들을 이용하는 방법 따위는 몰랐고, 실제 실험실에서 자칫하면 회전하는 진공 플라스크에 코를 찧을 가능성이 있었다. 나는 뉴욕으로 돌아가 이 책의 집필을 계속했다. 집필 작업 내내 왼쪽과 오른쪽의 차이점을 설명하는 현실적인 방법을 찾아내려고 뇌를 혹사시켰다. 우리 딸은 여섯 살이 됐다. 딸아이는 날마다 컴퓨터 앞에 앉아 있는 나를 보며 조금씩 따분해하고 있었다. 그 아이는 내가 생계를 위해 이 일을 하고 있다고, 크리스토퍼 놀란에 대한 글을 쓰는 것이 내 본업이라고 생각할 것이다. 그 아이는 어느 날 너희 아빠는 뭐하는 사람이냐는 질문을 받을테고, 그러면 딸아이는 이렇게 대답할 것이다. "크리스토퍼 놀란에 대한 글을 쓰는 사람이야."

어느 날, 아이가 내 무릎에 앉았다. "크리스토퍼 놀란, 이러쿵저러쿵, 이러쿵저러쿵…." 그 애가 내 키보드로 글을 쓰는 척하며 재잘거렸다. 나는 실제로 자판을 두드려 그 말이 스크린에 나타나도록 만드는 법을 딸아이에게 보여줬다.

크리스토퍼 놀란, 이러쿵저러쿵, 이러쿵저러쿵….

"그리고 이렇게 할 수도 있어." 나는 그 말과 함께 '이러쿵저러쿵, 이러쿵저러쿵'을 복사한 다음 붙여넣기를 하면서 그 말이 무한정 반복되도록 만들었다. 단어들은 왼쪽에서 오른쪽으로 밀리면서 새로운 줄을 만들어냈다.

크리스토퍼 놀란, 이러쿵저러쿵, 이러쿵저러쿵… 이러쿵저러쿵, 이러
쿵저러쿵… 이러쿵저러쿵, 이러쿵저러쿵… 이러쿵저러쿵, 이러쿵저러
쿵… 이러쿵저러쿵, 이러쿵저러쿵…

나는 그 짓을 반복했다. 텍스트 덩어리는 자신을 스크린 건너편으로
밀어내는 듯 보였다. 왼쪽에서 오른쪽으로, 왼쪽에서 오른쪽으로, 거듭
하고 또 거듭하면서 말이다. 마치 〈샤이닝〉에 나오는 '공부만 하고 놀지
않는 아이는 바보가 된다.'처럼.

이러쿵저러쿵, 이러쿵저러쿵… 이러쿵저러쿵, 이러쿵저러쿵… 이러쿵
저러쿵, 이러쿵저러쿵… 이러쿵저러쿵, 이러쿵저러쿵… 이러쿵저러쿵,
이러쿵저러쿵… 이러쿵저러쿵, 이러쿵저러쿵… 이러쿵저러쿵, 이러쿵저
러쿵… 이러쿵저러쿵, 이러쿵저러쿵… 이러쿵저러쿵, 이러쿵저러쿵…
이러쿵저러쿵, 이러쿵저러쿵…

나는 문득 하던 짓을 멈췄다.

뭔가 떠오르는 게 있었다. 별도의 주석을 달아야 하는 아이디어였다.
안드로이드나 인공지능, 외계 생명체에게는 유효하지 않은 아이디어였
다. 그렇지만 이 책을 읽는 독자들에게는 100퍼센트 먹힐 만한 아이디어
였다. 일주일 후, 후속 질문 몇 가지를 위해 놀란에게 전화를 걸어야 한
다는 핑계가 생겼다. 대화가 끝날 무렵 그에게 말했다. "왼쪽과 오른쪽
문제에 대한 새 해답이 있어요. 그런데 별도의 주석을 달아야 해요."

"알았어요." 그가 대답했다.

나는 그에게 해답을 말했다.

"꽤 긴 주석이 달렸군요."

내가 말을 마치자 그는 말했다.

"미리 말했잖아요."

"당신의 심장 해답이 더 마음에 들어요."

나도 그랬다. 그럼에도 다음의 내용은 내가 그에게 밝힌, 주석을 달아
서 완성한 해답이다.

나는 사람들에게 이 책을 집어서 첫 문장을 읽어달라고 요청할 것이
다. "한 남자가 너무 어두워서 바로 앞에 있는 자신의 손도 보이지 않는

방에서 깨어난다." 그러면 나는 사람들에게 말할 것이다. "방금 전에 당신의 눈은 왼쪽에서 오른쪽으로 움직였어요."*

★ 당신이 이 책을 오른쪽에서 왼쪽으로 글을 읽어나가는 언어인 아랍어나 아람어, 아제르바이잔어, 몰디브어, 히브리어, 쿠르드어, 페르시아어, 우르두어로 읽고 있지 않은 한 그렇다.

감사의 글

무엇보다도 시간을 내주면서 너그러이 작업에 협조해준 크리스토퍼 놀란에게 감사드린다. 피드백을 해준 엠마 토머스에게, 전문가다운 식견을 베풀어준 내 편집자 월터 도나휴Walter Donahue와 비키 윌슨Vicky Wilson에게, 자문을 해준 에이전트 엠마 패리Emma Parry에게, 사진 조사를 도와주고 강인한 용기를 내준 앤디 톰슨Andy Thompson에게, 3년간 가장 좋은 시절에 놀란에게 집착하는 사람과 함께 살아준 케이트 숀Kate Shone에게, 이 책을 헌정하는 대상인 우리 딸 줄리엣에게 감사의 마음을 전한다. 3장에 나오는 '시간/〈투씨〉' 실험에 기여해준 니키 마흐무디Niki Mahmoodi와 제시카 케플러Jessica Kepler, 리 스미스Lee Smith, 재닛 레이트먼Janet Reitman, 니콜라스 태니스Nicholas Tanis, 냇 디울프Nat DeWolf, 줄리엔 코넬Julien Cornell, 글렌 케니Glenn Kenny, 로니 폴스그로브Roni Polsgrove, 소피 버그Sophie Berg에게도, 9장에 나오는 '지도' 실험을 도와준 마르셀 서룩스에게도, 그 작업에 착수할 때 환대를 베풀어준 브리짓 랫하우스Brigit Rathouse와 그녀의 가족에게도 감사드린다. 나를 격려해주고 의견을 더해준 발레리 애덤스Valerie Adams와 셰인 버거Shane Burger, 닉 더펠Nick Duffell, 버지니아 헤페르넌Virginia Heffernan, 브래드 로이드Brad Lloyd, 필립 혼Philip Horne, 돔 졸리Dom Joly, 쿠엔틴 레츠Quentin Letts, 올리버 모튼Oliver Morton, 크레이그 레인Craig Raine, 알렉스 렌튼Alex Renton, 매튜 스위트Matthew Sweet, 매튜 템페스트Mattew Tempest에게도 빚을 졌다.

더블린 시티 갤러리에 재현된 프랜시스 베이컨의 스튜디오.

작품목록

〈타란텔라 Tarantella, 1989〉 4분, 단편영화

    감독: 크리스토퍼 놀란

    각본: 크리스토퍼 놀란

    촬영: 크리스토퍼 놀란

〈도둑질 Larceny, 1996〉 단편영화

    감독: 크리스토퍼 놀란

    각본: 크리스토퍼 놀란

    출연: 마크 데이튼 Mark Deighton, 데이브 사바 Dave Savva, 제레미 테오발드 Jeremy Theobald

〈개미귀신 Doodlebug, 1997〉 3분, 단편영화

    감독: 크리스토퍼 놀란

    각본: 크리스토퍼 놀란

    출연: 제레미 테오발드

〈미행 Following, 1998〉 R등급, 1시간 9분

    감독: 크리스토퍼 놀란

    각본: 크리스토퍼 놀란

    출연: 알렉스 호 Alex Haw, 제레미 테오발드, 루시 러셀 Lucy Russell

    촬영: 크리스토퍼 놀란

    음악: 데이비드 줄리언 David Julyan

    편집: 가레스 힐 Gareth Heal, 크리스토퍼 놀란

    제작: 엠마 토머스 Emma Thomas, 크리스토퍼 놀란, 제레미 테오발드

    배급: 차이트가이스트 필름스 Zeitgeist Films, 모멘텀 픽처스 Momentum Pictures

〈메멘토 Memento, 2000〉 R등급, 1시간 53분

    감독: 크리스토퍼 놀란

    각본: 크리스토퍼 놀란(시나리오), 조나단 놀란 Jonathan Nolan, 원작 단편소설 「메멘토 모리 Memento Mori, 2001」

    출연: 가이 피어스 Guy Pearce, 캐리 앤 모스 Carrie-Anne Moss, 조 판톨리아노 Joe Pantoliano

    촬영: 월리 피스터 Wally Pfister

    음악: 데이비드 줄리언

편집: 도디 돈Dody Dorn

제작: 수잔 토드Suzanne Todd, 제니퍼 토드Jennifer Todd

배급: 뉴마켓Newmarket, 파테 디스트리뷰션Pathé Distribution

〈인썸니아Insomnia, 2002〉 R등급, 1시간 58분

　감독: 크리스토퍼 놀란

　각본: 힐러리 세이츠Hillary Seitz

　출연: 알 파치노Al Pacino, 로빈 윌리엄스Robin Williams, 힐러리 스웽크Hilary Swank, 마틴 도노번Martin Donovan

　촬영: 월리 피스터

　음악: 데이비드 줄리언

　편집: 도디 돈

　제작: 폴 중거 위트Paul Junger Witt, 에드워드 L. 맥도넬Edward L. McDonnell, 브로더릭 존슨Broderick Johnson,

　앤드류 A. 코소브Andrew A. Kosove

　배급: 워너 브러더스Warner Bros., 부에나 비스타 인터내셔널Buena Vista International

〈배트맨 비긴즈Batman Begins, 2005〉 PG-13등급, 2시간 20분

　감독: 크리스토퍼 놀란

　각본: 크리스토퍼 놀란, 데이비드 S. 고이어David S. Goyer

　출연: 크리스찬 베일Christian Bale, 마이클 케인Michael Caine, 모건 프리먼Morgan Freeman, 루트거 하우어Rutger Hauer,

　케이티 홈스Katie Holmes, 리암 니슨Liam Neeson, 게리 올드만Gary Oldman, 킬리언 머피Cillian Murphy, 톰 윌킨슨Tom Wilkinson,

　와타나베 켄渡辺謙

　촬영: 월리 피스터

　음악: 한스 짐머Hans Zimmer, 제임스 뉴튼 하워드James Newton Howard

　편집: 리 스미스Lee Smith

　제작: 엠마 토머스, 찰스 로벤Charles Roven, 래리 프랑코Larry Franco

　배급: 워너 브러더스

〈프레스티지The Prestige, 2006〉 PG-13등급, 2시간 10분

　감독: 크리스토퍼 놀란

　각본: 조나단 놀란, 크리스토퍼 놀란

　출연: 휴 잭맨Hugh Jackman, 크리스찬 베일, 마이클 케인, 스칼릿 조핸슨Scarlett Johansson, 레베카 홀Rebecca Hall

　촬영: 월리 피스터

　음악: 데이비드 줄리언

　편집: 리 스미스

　제작: 엠마 토머스, 애런 라이더Aaron Ryder, 크리스토퍼 놀란

배급: 부에나 비스타 픽처스Buena Vista Pictures, 워너 브러더스

〈다크 나이트The Dark Knight, 2008〉 PG-13등급, 2시간 32분

　감독: 크리스토퍼 놀란

　각본: 조나단 놀란, 크리스토퍼 놀란, 데이비드 S. 고이어(스토리)

　출연: 크리스찬 베일, 마이클 케인, 애런 에크하트Aaron Eckhart, 모건 프리먼, 매기 질렌할Maggie Gyllenhaal,

　히스 레저Heath Ledger, 게리 올드만

　촬영: 월리 피스터

　음악: 한스 짐머, 제임스 뉴튼 하워드

　편집: 리 스미스

　제작: 엠마 토머스, 크리스토퍼 놀란, 찰스 로벤

　배급: 워너 브러더스

〈인셉션Inception, 2010〉 PG-13등급, 2시간 28분

　감독: 크리스토퍼 놀란

　각본: 크리스토퍼 놀란

　출연: 레오나르도 디카프리오Leonardo DiCaprio, 톰 베린저Tom Berenger, 마이클 케인, 마리옹 꼬띠아르Marion Cotillard,

　톰 하디Tom Hardy, 조셉 고든 레빗Joseph Gordon-Levitt, 엘리엇 페이지Elliot Page, 킬리언 머피, 와타나베 켄

　촬영: 월리 피스터

　음악: 한스 짐머

　편집: 리 스미스

　제작: 엠마 토머스, 크리스토퍼 놀란

　배급: 워너 브러더스

〈다크 나이트 라이즈The Dark Knight Rises, 2012〉 PG-13등급, 2시간 44분

　감독: 크리스토퍼 놀란

　각본: 조나단 놀란, 크리스토퍼 놀란, 데이비드 S. 고이어(스토리)

　출연: 크리스찬 베일, 마이클 케인, 마리옹 꼬띠아르, 조셉 고든 레빗, 톰 하디, 모건 프리먼,

　앤 해서웨이Anne Hathaway, 게리 올드만

　촬영: 월리 피스터

　음악: 한스 짐머

　편집: 리 스미스

　제작: 엠마 토머스, 크리스토퍼 놀란, 찰스 로벤

　배급: 워너 브러더스

〈인터스텔라Interstellar, 2014〉 PG-13등급, 2시간 49분

    감독: 크리스토퍼 놀란

    각본: 조나단 놀란, 크리스토퍼 놀란

    출연: 매튜 맥커너히Matthew McConaughey, 엘렌 버스틴Ellen Burstyn, 제시카 차스테인Jessica Chastain, 마이클 케인,

앤 해서웨이

    촬영: 호이테 반 호이테마Hoyte van Hoytema

    음악: 한스 짐머

    편집: 리 스미스

    제작: 엠마 토머스, 크리스토퍼 놀란, 린다 오브스트Lynda Obst

    배급: 파라마운트Paramount, 워너 브러더스

〈퀘이Quay, 2015〉 8분, 단편영화

    감독: 크리스토퍼 놀란

    촬영: 크리스토퍼 놀란

    음악: 크리스토퍼 놀란

    편집: 크리스토퍼 놀란

    제작: 크리스토퍼 놀란, 앤디 톰슨Andy Thompson

    배급: 차이트가이스트 필름스

〈덩케르크Dunkirk, 2017〉 PG-13등급, 1시간 46분

    감독: 크리스토퍼 놀란

    각본: 크리스토퍼 놀란

    출연: 핀 화이트헤드Fionn Whitehead, 톰 글린 카니Tom Glynn-Carney, 잭 로우덴Jack Lowden, 해리 스타일스Harry Styles,

아뉴린 바나드Aneurin Barnard, 제임스 다시James D'Arcy, 배리 케오간Barry Keoghan, 케네스 브래너Kenneth Branagh,

킬리언 머피, 마크 라일런스, 톰 하디

    촬영: 호이테 반 호이테마

    음악: 한스 짐머

    편집: 리 스미스

    제작: 엠마 토머스, 크리스토퍼 놀란

    배급: 워너 브러더스

〈테넷Tenet, 2020〉 PG-13등급

    감독: 크리스토퍼 놀란

    각본: 크리스토퍼 놀란

    출연: 존 데이비드 워싱턴John David Washington, 케네스 브래너, 마이클 케인, 엘리자베스 데비키Elizabeth Debicki,

딤플 카파디아Dimple Kapadia, 로버트 패틴슨Robert Pattinson, 애런 테일러 존슨Aaron Taylor-Johnson

촬영: 호이테 반 호이테마

음악: 러드윅 고랜슨Ludwig Goransson

편집: 제니퍼 레임Jennifer Lame

제작: 엠마 토머스, 크리스토퍼 놀란

배급: 워너 브러더스

에스토니아의 린나홀 스타디움.

참고문헌

Abbott, Edwin. *The Annotated Flatland: A Romance of Many Dimensions*. Perseus, 2002.

Ackroyd, Peter. *Alfred Hitchcock*. Doubleday, 2015.

———. *Wilkie Collins: A Brief Life*. Doubleday, 2012.

———. *London: A Biography*. Random House, 2009.

Allen, Paul. *Alan Ayckbourn: Grinning at the Edge*. Bloomsbury, 2001.

Andersen, Kurt. *Fantasyland: How America Went Haywire: A 500-Year History*. Random House, 2017.

Anderson, Lindsay. *Lindsay Anderson Diaries*. Methuen, 2005.

———. *Never Apologise: The Collected Writings*. Plexus, 2004.

Ashcroft, R. L. *Random Recollections of Haileybury*. Joline Press, 2000.

———. *Haileybury 1908–1961*. Butler & Tanner, 1961.

Ashfield, Andrew, and Peter de Bolla, eds. *The Sublime: A Reader in British Eighteenth-Century Aesthetic Theory*. Cambridge University Press, 1996.

Attali, Jacques. *The Labyrinth in Culture and Society*. North Atlantic, 1998.

Barnouw, Erik. *The Magician and the Cinema*. Oxford University Press, 1981.

Bartlett, Donald, and James B. Steele. *Howard Hughes: His Life and Madness*. W. W. Norton, 2011.

Baxter, John. *George Lucas: A Biography*. HarperCollins, 2012.

Benedikt, Michael. *Cyberspace: First Steps*. MIT Press, 1991.

Benjamin, Walter. *The Work of Art in the Age of Mechanical Reproduction*. Prism Key Press, 2012.

———. *Illuminations: Essays and Reflections*. Houghton Mifflin Harcourt, 1968.

Benson, Michael. *Space Odyssey: Stanley Kubrick, Arthur C. Clarke, and the Making of a Masterpiece*. Simon & Schuster, 2018.

Billington, Michael. *Harold Pinter*. Faber & Faber, 1996.

Birkin, Andrew. *J. M. Barrie and the Lost Boys: The Real Story Behind Peter Pan*. Yale University Press, 2003.

Boorman, John. *Adventures of a Suburban Boy*. Farrar, Straus and Giroux, 2004.

Boorstin, Jon. *The Hollywood Eye*. Cornelia & Michael Bessie Books, 1990.

Bordwell, David. *Narration in the Fiction Film*. University of Wisconsin Press, 1985.

Bordwell, David, and Kristin Thompson. *Christopher Nolan: A Labyrinth of Linkages*. Irvington

Way Institute Press, 2013.

Borges, Jorge Luis. *Ficciones*. Grove Press, 2015.

———. *Borges at Eighty: Conversations*. Edited by Willis Barnstone. New Directions, 2013.

———. *Labyrinths*. New Directions, 2007.

———. *Borges: Selected Non-Fictions*. Penguin, 2000.

———. *Selected Poems*. Penguin, 1999.

———. *Collected Fictions*. Penguin, 1998.

Bowlby, John. *Charles Darwin: A New Life*. W. W. Norton, 1990.

Boyd, William. *Bamboo: Essays and Criticism*. Bloomsbury, 2007.

Bradbury, Malcolm, and James McFarlane, eds. *Modernism: 1890–1930*. Penguin, 1976.

Brontë, Charlotte. *Jane Eyre*. W. W. Norton, 2016.

———. *Villette*. Penguin, 2012.

Brontë, Emily. *Wuthering Heights*. Barnes & Noble Classics, 2005.

The Brontës. *Tales of Glass Town, Angria, and Gondal: Selected Early Writings*. Edited by Christine Alexander. Oxford University Press, 2010.

Brooke-Smith, James. *Gilded Youth: Privilege, Rebellion and the British Public School*. Reaktion Books, 2019.

Brown, Karl. *Adventures with D. W. Griffith*. Faber & Faber, 1973.

Brownlow, Kevin. *David Lean: A Biography*. St. Martin's Press, 1996.

Bulgakowa, Oksana. *Sergei Eisenstein: A Biography*. Potemkin Press, 2002.

Burke, Carolyn. *No Regrets: The Life of Edith Piaf*. Knopf, 2011.

Callow, Simon. *Orson Welles: The Road to Xanadu*. Viking, 1995.

Canales, Jimena. *The Physicist and the Philosopher: Einstein, Bergson, and the Debate That Changed Our Understanding of Time*. Princeton University Press, 2016.

Carey, John. *The Violent Effigy: A Study of Dickens' Imagination*. Faber & Faber, 1973.

Carroll, Lewis. *The Complete Works*. Pandora's Box, 2018.

———. *Alice's Adventures in Wonderland and Through the Looking Glass*. Oxford, 1971.

Castigliano, Federico. *Flâneur: The Art of Wandering the Streets of Paris*. Amazon Digital Services, 2017.

Cavallaro, Dani. *The Gothic Vision: Three Centuries of Horror, Terror and Fear*. Continuum, 2002.

Chandler, Raymond. *The World of Raymond Chandler: In His Own Words*. Edited by Barry Day. Vintage Books, 2014.

———. *The Blue Dahlia: A Screenplay*. Amereon, 1976.

Chandler, Raymond, and Owen Hill, Pamela Jackson, and Anthony Rizzuto. *The Annotated Big Sleep*. Vintage Books, 2018.

Choisy, Auguste. *Histoire de l'architecture*. Hachette, 2016.

Cohen, Morton N. *Lewis Carroll: A Biography*. Vintage Books, 1996.

Collins, Paul. *Edgar Allan Poe: The Fever Called Living*. Icons, 2012.

Collins, Wilkie. *The Woman in White*. Penguin, 1999.

———. *The Moonstone*. Penguin, 1998.

Conrad, Joseph. *Heart of Darkness*. Amazon Digital Services, 2012.

Coren, Michael. *The Life of Sir Arthur Conan Doyle*. Endeavour Media, 2015.

Cummings, E. E. *The Enormous Room*. Blackmore Dennett, 2019.

Dahl, Roald. *The BFG*. Puffin, 2007.

———. *Boy: Tales of Childhood*. Puffin, 1984.

Darwin, Charles. *The Expression of the Emotions in Man and Animals*. Penguin, 2009.

DeLillo, Don. *The Body Artist*. Scribner, 2001.

De Quincey, Thomas. *Confessions of an English Opium Eater and Other Writings*. Penguin, 2003.

Diamond, Jason. *Searching for John Hughes: Or Everything I Thought I Needed to Know About Life I Learned from Watching '80s Movies*. William Morrow, 2016.

Dickens, Charles. *A Flight*. CreateSpace Independent Publishing Platform, 2014.

———. *Night Walks*. Penguin, 2010.

———. *A Tale of Two Cities*. Penguin, 2003.

———. *Nicholas Nickleby*. Penguin, 2003.

Di Friedberg, Marcella Schmidt. *Geographies of Disorientation*. Routledge, 2017.

Di Giovanni, Norman Thomas. *Georgie and Elsa: Jorge Luis Borges and His Wife: The Untold Story*. HarperCollins, 2014.

Dodge, Martin, and Rob Kitchin. *Mapping Cyberspace*. Routledge, 2000.

Doyle, Arthur Conan. *The Collected Works of Sir Arthur Conan Doyle*. Pergamon Media, 2015.

Draisey, Mark. *Thirty Years On!: A Private View of Public Schools*. Halsgrove, 2014.

Drosnin, Michael. *Citizen Hughes: The Power, the Money and the Madness of the Man Portrayed in the Movie* The Aviator. Penguin, 2004.

Duffell, Nick. *The Making of Them: The British Attitude to Children and the Boarding School System*. Lone Arrow Press, 2018.

———. *Wounded Leaders: British Elitism and the Entitlement Illusion*. Lone Arrow Press, 2016.

Duffell, Nick, and Thurstine Basset. *Trauma, Abandonment and Privilege: A Guide to Therapeutic Work with Boarding School Survivors*. Routledge, 2016.

Eberl, Jason T., and George A. Dunn. *The Philosophy of Christopher Nolan*. Lexington Books, 2017.

Ebert, Roger. *Ebert's Bigger Little Movie Glossary: A Greatly Expanded and Much Improved Compendium of Movie Clichés, Stereotypes, Obligatory Scenes, Hackneyed Formulas,*

Conventions, and Outdated Archetypes. Andrews McMeel, 1999.

Eco, Umberto. *From the Tree to the Labyrinth: Historical Studies on the Sign and Interpretation*. Translated by Anthony Oldcorn. Harvard University Press, 2007.

Edel, Leon. *Henry James: A Life*. Harper & Row, 1953.

Eisenstein, Sergei. *Film Form: Essays in Film Theory*. Mariner Books, 2014.

Eldon, Dan. *Safari as a Way of Life*. Chronicle Books, 2011.

———. *The Journals of Dan Eldon*. Chronicle Books, 1997.

Eliot, T. S. *Collected Poems 1909–1962*. Faber & Faber, 1963.

Empson, William. *Seven Types of Ambiguity*. New Directions, 1966.

Epstein, Dwayne. *Lee Marvin: Point Blank*. Schaffner Press, 2013.

Ernst, Bruno. *The Magic Mirror of M. C. Escher*. Tarquin, 1985.

Fawcett, Percy. *Exploration Fawcett: Journey to the Lost City of Z*. Overlook Press, 2010.

Fleming, Fergus. *The Man with the Golden Typewriter: Ian Fleming's James Bond Letters*. Bloomsbury, 2015.

Fleming, Ian. *On Her Majesty's Secret Service*. Thomas & Mercer, 2012.

———. *Thunderball*. Thomas & Mercer, 2012.

———. *You Only Live Twice*. Thomas & Mercer, 2012.

———. *Casino Royale*. Thomas & Mercer, 2012.

———. *Dr. No*. Thomas & Mercer, 2012.

———. *From Russia with Love*. Thomas & Mercer, 2012.

———. *Gilt-Edged Bonds*. Macmillan, 1953.

Foucault, Michel. *Discipline and Punish: The Birth of the Prison*. Vintage Books, 2012.

Freud, Sigmund. *The Interpretation of Dreams*. Translated by A. A. Brill. Digireads, 2017.

Fry, Stephen. *Moab Is My Washpot*. Soho, 1997.

Galison, Peter. *Einstein's Clocks, Poincaré's Maps: Empires of Time*. W. W. Norton, 2004.

Gardner, Martin. *The Ambidextrous Universe: Symmetry and Asymmetry from Mirror Reflections to Superstrings*. Dover, 2005.

Gay, Peter. *Freud: A Life for Our Time*. J. M. Dent, 1988.

Geppert, Alexander C. T., ed. *Imagining Outer Space: European Astroculture in the Twentieth Century*. Palgrave Macmillan, 2018.

Gettleman, Jeffrey. *Love Africa: A Memoir of Romance, War, and Survival*. HarperCollins, 2017.

Gill, Brendan. *Many Masks: A Life of Frank Lloyd Wright*. Da Capo Press, 1998.

Gleick, James. *Time Travel: A History*. Pantheon, 2016.

Goethe, Johann Wolfgang von. *Faust*. Anchor Books, 1962.

Greene, Graham, ed. *The Old School: Essays by Divers Hands*. Oxford University Press, 1984.

Greenfield, Robert. *A Day in the Life: One Family, the Beautiful People, and the End of the*

Sixties. Da Capo Press, 2009.

Hack, Richard. *Hughes: The Private Diaries, Memos and Letters*. Phoenix Books, 2007.

Haggard, H. Rider. *She: A History of Adventure*. Vintage Books, 2013.

Harman, Claire. *Charlotte Brontë: A Fiery Heart*. Vintage Books, 2016.

———. *Robert Louis Stevenson: A Biography*. Harper Perennial, 2010.

Harris, Thomas. *Hannibal*. Random House, 2009.

———. *The Silence of the Lambs*. Mandarin, 1988.

———. *Red Dragon*. Corgi Books, 1982.

Hartley, L. P. *The Go-Between*. New York Review of Books, 2002.

Hayter, Alethea. *Opium and the Romantic Imagination: Addiction and Creativity in De Quincey, Coleridge, Baudelaire and Others*. HarperCollins, 1988.

Heffernan, Virginia. *Magic and Loss: The Internet as Art*. Simon & Schuster, 2016.

Herzog, Werner. *Herzog on Herzog*. Edited by Paul Cronin. Faber & Faber, 2002.

Highsmith, Patricia. *Selected Novels and Short Stories*. W. W. Norton, 2010.

Himmelfarb, Gertrude. *Victorian Minds: A Study of Intellectuals in Crisis and Ideologies in Transition*. Ivan R. Dee, 1995.

Hiney, Tom. *Raymond Chandler: A Biography*. Grove Press, 1999.

Hoberman, J. *The Magic Hour: Film at Fin de Siècle*. Temple University Press, 2007.

Hockney, David. *Secret Knowledge: Rediscovering the Lost Techniques of the Old Masters*. Avery, 2006.

Hockney, David, and Martin Gayford. *A History of Pictures: From the Cave to the Computer Screen*. Abrams, 2016.

Hofstadter, Douglas R. *Gödel, Escher, Bach: An Eternal Golden Braid*. Basic Books, 1999.

Holmes, Richard. *The Age of Wonder: How the Romantic Generation Discovered the Beauty and Terror of Science*. Vintage Books, 2009.

Horne, Alistair. *A Savage War of Peace: Algeria 1954–1962*. New York Review of Books, 2011.

Houghton, Walter E. *The Victorian Frame of Mind, 1830–1870*. Yale University Press, 1963.

Hughes, David. *Tales from Development Hell: The Greatest Movies Never Made?* Titan Books, 2012.

Isaacson, Walter. *Einstein: His Life and Universe*. Simon & Schuster, 2007.

Jacobs, Steven. *The Wrong House: The Architecture of Alfred Hitchcock*. 010 Publishers, 2007.

James, Henry. *The Wings of the Dove*. Penguin, 2007.

James, Richard Rhodes. *The Road from Mandalay: A Journey in the Shadow of the East*. Author-House, 2007.

Jameson, Fredric. *Raymond Chandler: The Detections of Totality*. Verso, 2016.

Johnson, Steven. *Everything Bad Is Good for You: How Today's Popular Culture Is Actually*

Making Us Smarter. Riverhead Books, 2006.

Kant, Immanuel. *Observations on the Feeling of the Beautiful and Sublime and Other Writings*. Cambridge University Press, 2012.

Kermode, Frank. *The Sense of an Ending: Studies in the Theory of Fiction*. Oxford University Press, 2000.

Kern, Stephen. *The Culture of Time and Space 1880–1918*. Harvard University Press, 1983.

Kidd, Colin. *The World of Mr Casaubon: Britain's Wars of Mythology, 1700–1870*. Cambridge University Press, 2016.

Kipling, Rudyard. *The Complete Works of Rudyard Kipling*. Global Classics, 2017.

———. *Kim*. Penguin, 2011.

———. *"An English School" and "Regulus"*: Two School Stories. Viewforth, 2010.

———. *Stalky and Co*. Oxford University Press, 2009.

Kittler, Friedrich A. *Discourse Networks, 1800/1900*. Stanford University Press, 1992.

Lane, Anthony. *Nobody's Perfect: Writings from* The New Yorker. Vintage Books, 2009.

Le Carré, John. *The Night Manager*. Ballantine, 2017.

———. *The Pigeon Tunnel: Stories from My Life*. Penguin, 2016.

———. *A Murder of Quality*. Penguin, 2012.

———. *Smiley's People*. Penguin, 2011.

———. *Our Game*. Hodder & Stoughton, 1995.

———. *A Perfect Spy*. Penguin, 1986.

———. *Tinker Tailor Soldier Spy*. Penguin, 1974.

Levine, Joshua. *Dunkirk: The History Behind the Major Motion Picture*. William Collins, 2017.

Lewis, C. S. *Surprised by Joy: The Shape of My Early Life*. HarperCollins, 2017.

———. *The Silver Chair*. HarperCollins, 2009.

———. *Out of the Silent Planet*. Scribner, 2003.

Lobrutto, Vincent. *Stanley Kubrick: A Biography*. Da Capo Press, 1999.

Luckhurst, Roger. *Corridors: Passages of Modernity*. Reaktion Books, 2019.

Lumet, Sidney. *Making Movies*. Vintage Books, 2010.

Lycett, Andrew. *Ian Fleming: The Man Behind James Bond*. St. Martin's Press, 2013.

———. *Rudyard Kipling*. Weidenfeld & Nicolson, 1999.

Martino, Stierli. *Montage and the Metropolis: Architecture, Modernity, and the Representation of Space*. Yale University Press, 2018.

Mason, Michael. *The Making of Victorian Sexuality*. Oxford University Press, 1995.

Masson, Jeffrey. *The Wild Child: The Unsolved Mystery of Kasper Hauser*. Free Press, 2010.

Matheson, Richard. *I Am Legend*. Rosetta Books, 2011.

Matthews, William Henry. *Mazes and Labyrinths: A General Account of Their History and*

Development. Library of Alexandria, 2016.

May, Trevor. *The Victorian Public School*. Shire Library, 2010.

Mayhew, Robert J. *Malthus: The Life and Legacies of an Untimely Prophet*. Harvard University Press, 2014.

McCarthy, John, and Jill Morrell. *Some Other Rainbow*. Bantam Books, 1993.

McGilligan, Patrick. *Fritz Lang: The Nature of the Beast*. University of Minnesota Press, 2013.

———. *Alfred Hitchcock: A Life in Darkness and Light*. HarperCollins, 2003.

McGowan, Todd. *The Fictional Christopher Nolan*. University of Texas Press, 2012.

Milford, Lionel Sumner. *Haileybury College, Past and Present*. T. F. Unwin, 1909.

Miller, Karl. *Doubles*. Faber & Faber, 2009.

Mitchell, William A. *City of Bits*. MIT Press, 1995.

Monaco, James. *The New Wave: Truffaut Godard Chabrol Rohmer Rivette*. Harbor Electronic Publishing, 2004.

Moore, Jerrold Northrop. *Edward Elgar: A Creative Life*. Clarendon Press, 1999.

Morrison, Grant. *Supergods: What Masked Vigilantes, Miraculous Mutants, and a Sun God from Smallville Can Teach Us About Being Human*. Spiegel & Grau, 2011.

Motion, Andrew. *In the Blood*. David R. Godine, 2007.

Mottram, James. *The Making of* Dunkirk. Insight, 2017.

———. *The Making of* Memento. Faber & Faber, 2002.

Munsterberg, Hugo. *The Film: A Psychological Study*. Dover, 1970.

Nabokov, Vladimir. *Look at the Harlequins!* Vintage Books, 1990.

Neffe, Jurgen. *Einstein*. Farrar, Straus and Giroux, 2007.

Nicholson, Geoff. *The Lost Art of Walking: The History, Science, and Literature of Pedestrianism*. Riverhead Books, 2008.

Nietzsche, Friedrich. *The Gay Science*. Penguin, 1974.

Nolan, Christopher. *Dunkirk: The Complete Screenplay*. Faber & Faber, 2017.

———. *Interstellar: The Complete Screenplay*. Faber & Faber, 2014.

———. *The Dark Knight Trilogy: The Complete Screenplays*. Faber & Faber, 2012.

———. *Inception: The Shooting Script*. Faber & Faber, 2010.

———. *Memento & Following*. Faber & Faber, 2001.

Ocker, J. W. *Poe-Land: The Hallowed Haunts of Edgar Allan Poe*. Countryman Press, 2014.

Oppenheimer, J. Robert. *Uncommon Sense*. Birkhäuser, 1984.

Orwell, George. *A Collection of Essays*. Harvest Books, 1970.

———. *1984*. Penguin, 1961.

———. *Such, Such Were the Joys: A Collection of Essays*. Harvest Books, 1961.

Patrick, Sean. *Nikola Tesla: Imagination and the Man That Invented the 20th Century*. Oculus

Publishers, 2013.

Pearson, John. *The Life of Ian Fleming.* Bloomsbury, 2011.

Piranesi, Giovanni Battista. *The Prisons / Le Carceri.* Dover, 2013.

Poe, Edgar Allan. *William Wilson.* CreateSpace Independent Publishing Platform, 2014.

———. *The Collected Works of Edgar Allan Poe: A Complete Collection of Poems and Tales.* Edited by Giorgio Mantovani. Mantovani.org, 2011.

Pourroy, Janine, and Jody Duncan. *The Art and Making of the* Dark Knight *Trilogy.* Abrams, 2012.

Powell, Anthony. *A Question of Upbringing.* Arrow, 2005.

Priest, Christopher. *The Prestige.* Valancourt Books, 2015.

Pullman, Philip. *His Dark Materials Omnibus.* Knopf, 2017.

———. *Clockwork.* Doubleday, 1996.

Rebello, Stephen. *Alfred Hitchcock and the Making of* Psycho. Open Road Media, 2010.

Rennie, Nicholas. *Speculating on the Moment: The Poetics of Time and Recurrence in Goethe, Leopardi and Nietzsche.* Wallstein, 2005.

Renton, Alex. *Stiff Upper Lip: Secrets, Crimes and the Schooling of a Ruling Class.* Weidenfeld & Nicolson, 2017.

Ricketts, Harry. *Rudyard Kipling: A Life.* Da Capo Press, 2001.

Roeg, Nicolas. *The World Is Ever Changing.* Faber & Faber, 2013.

Rohmer, Eric, and Claude Chabrol. *Hitchcock: The First Forty-Four Films.* Frederick Ungar, 1979.

Safrinski, Rudiger. *Goethe: Life as a Work of Art.* Liveright, 2017.

Samuel, Arthur. *Piranesi.* Amazon Digital Services, 2015.

Sante, Luc Stanley. *Through a Different Lens: Stanley Kubrick Photographs.* Taschen, 2018.

Sayers, Dorothy L. *Murder Must Advertise.* Open Road Media, 2012.

Schatz, Thomas. *The Genius of the System: Hollywood Filmmaking in the Studio Era.* University of Minnesota Press, 2010.

Schaverien, Joy. *Boarding School Syndrome: The Psychological Trauma of the "Privileged" Child.* Metro Publishing, 2018.

Schickel, Richard. *D. W. Griffith: An American Life.* Limelight, 1996.

Scorsese, Martin. *A Personal Journey Through American Movies.* Miramax Books, 1997.

Seymour, Miranda. *Mary Shelley.* Simon & Schuster, 2000.

Sexton, David. *The Strange World of Thomas Harris.* Short Books, 2001.

Shattuck, Roger. *Forbidden Knowledge: From Prometheus to Pornography.* Mariner Books, 1997.

Shelley, Mary. *Frankenstein, or the Modern Prometheus (Annotated): The Original 1818 Version with New Introduction and Footnote Annotations*. CreateSpace Independent Publishing Platform, 2016.

Shepard, Roger N. *Mental Images and Their Transformations*. MIT Press, 1986.

Sherborne, Michael. *H. G. Wells: Another Kind of Life*. Peter Owen, 2011.

Sims, Michael. *Frankenstein Dreams: A Connoisseur's Collection of Victorian Science Fiction*. Bloomsbury, 2017.

Sisman, Adam. *John le Carré: The Biography*. HarperCollins, 2015.

Skal, David J. *Something in the Blood: The Untold Story of Bram Stoker, the Man Who Wrote Dracula*. Liveright, 2016.

Solomon, Matthew. *Disappearing Tricks: Silent Film, Houdini, and the New Magic of the Twentieth Century*. University of Illinois Press, 2010.

Spengler, Oswald. *Decline of the West: Volumes 1 and 2*. Random Shack, 2014.

Spoto, Donald. *The Dark Side of Genius: The Life of Alfred Hitchcock*. Plexus, 1983.

Spufford, Francis. *I May Be Some Time: Ice and the English Imagination*. Picador, 1997.

Stephen, Martin. *The English Public School: A Personal and Irreverent History*. Metro Publishing, 2018.

Stevenson, Robert Louis. *The Strange Case of Dr. Jekyll and Mr. Hyde*. Wisehouse Classics, 2015.

Stoker, Bram. *Dracula*. Legend Press, 2019.

———. *Complete Works*. Delphi Classics, 2011.

Stolorow, Robert D. *Trauma and Human Existence: Autobiographical, Psychoanalytic, and Philosophical Reflections*. Routledge, 2007.

Strager, Hanne. *A Modest Genius: The Story of Darwin's Life and How His Ideas Changed Everything*. Amazon Digital Services, 2016.

Sweet, Matthew. *Inventing the Victorians: What We Think We Know About Them and Why We're Wrong*. St. Martin's Press, 2014.

Swift, Graham. *Waterland*. Vintage Books, 1983.

Sylvester, David. *Interviews with Francis Bacon*. Thames & Hudson, 1993.

Tarkovsky, Andrey. *Sculpting in Time: Tarkovsky the Great Russian Filmmaker Discusses His Art*. Translated by Kitty Hunter-Blair. University of Texas Press, 1989.

Taylor, D. J. *Orwell: The Life*. Open Road Media, 2015.

Thompson, Dave. *Roger Waters: The Man Behind the Wall*. Backbeat Books, 2013.

Tomalin, Claire. *Charles Dickens: A Life*. Penguin Books, 2011.

Treglown, Jeremy. *Roald Dahl*. Open Road Media, 2016.

Truffaut, François. *Hitchcock: A Definitive Study of Alfred Hitchcock*. Simon & Schuster, 2015.

Turner, David. *The Old Boys: The Decline and Rise of the Public School*. Yale University Press, 2015.

Uglow, Jenny. *Mr. Lear: A Life of Art and Nonsense*. Farrar, Straus and Giroux, 2018.

Van Eeden, Frederik. *The Bride of Dreams*. Translated by Millie von Auw. Amazon Digital Services, 2012.

Vaz, Mark Cotta. Interstellar: *Beyond Time and Space*. Running Press, 2014.

Verne, Jules. *Around the World in Eighty Days*. Enhanced Media Publishing, 2016.

Wallace, David Foster. *Everything and More: A Compact History of Infinity*. W. W. Norton, 2010.

Walpole, Horace. *The Castle of Otranto*. Dover, 2012.

Watkins, Paul. *Stand Before Your God: A Boarding School Memoir*. Random House, 1993.

Waugh, Evelyn. *Decline and Fall*. Little, Brown, 2012.

Weber, Nicholas Fox. *Le Corbusier: A Lif*e. Knopf, 2008.

Wells, H. G. *The Time Machine*. Penguin, 2011.

West, Anthony. *Principles and Persuasions: The Literary Essays of Anthony West*. Eyre & Spottiswoode, 1958.

White, Allon. *The Uses of Obscurity: The Fiction of Early Modernism*. Routledge, 1981.

Wilde, Oscar. *The Picture of Dorian Gray*. Dover, 1993.

Williams, Tom. *A Mysterious Something in the Light: The Life of Raymond Chandler*. Chicago Review Press, 2012.

Williamson, Edwin. *Borges: A Life*. Viking, 2005.

Wilson, A. N. *C. S. Lewis: A Biography*. HarperCollins, 2005.

———. *The Victorians*. W. W. Norton, 2004.

Wilson, Frances. *Guilty Thing: A Life of Thomas De Quincey*. Farrar, Straus and Giroux, 2016.

Wilson, Stephen. *Book of the Mind: Key Writings on the Mind from Plato and the Buddha Through Shakespeare, Descartes, and Freud to the Latest Discoveries of Neuroscience*. Bloomsbury, 2003.

Wilton-Ely, John. *The Mind and Art of Giovanni Battista Piranesi*. Thames & Hudson, 1988.

Wood, Robin. *Claude Chabrol*. Praeger, 1970.

Woodburn, Roger, and Toby Parker, eds. *Haileybury: A 150th Anniversary Portrait*. ThirdMillennium, 2012.

Woodward, Christopher. *In Ruins: A Journey Through History, Art, and Literature*. Vintage Books, 2010.

Wright, Adrian. *Foreign Country: The Life of L. P. Hartley*. Tauris Parke, 2002.

Wright, Frank Lloyd. *Writings and Buildings*. Edited by Edgar Kaufman and Ben Raeburn. Meridian, 1960.

Yourcenar, Marguerite. *The Dark Brain of Piranesi and Other Essays*. Farrar, Straus and Giroux, 1985.

각 장의 주제 이미지: 로스앤젤레스에 있는 캔터스 델리, 노스브룩에 있는 유서 깊은 에덴스 극장, 스탠리 큐브릭의 〈샤이닝〉, 〈핑크 플로이드의 더 월〉, 알프레드 히치콕의 〈사이코〉, 「파우스트」의 비행하는 메피스토펠레스, 조르주 멜리에스의 〈길들여지지 않는 구레나룻The Untamable Whiskers, 1904〉의 프린트, 프리츠 랑의 〈마부제 박사의 유언〉, 르코르뷔지에의 파리를 위한 '부아쟁 계획Plan Voisin, 1925' 모형, 질로 폰테코르보의 〈알제리 전투〉, 게르하르트 리히터가 디자인한 쾰른 대성당의 스테인드글라스 창문, 데이비드 린의 〈라이언의 딸〉, 1945년에 뉴멕시코에서 행해진 트리니티 핵실험, 알프레드 히치콕의 〈현기증〉

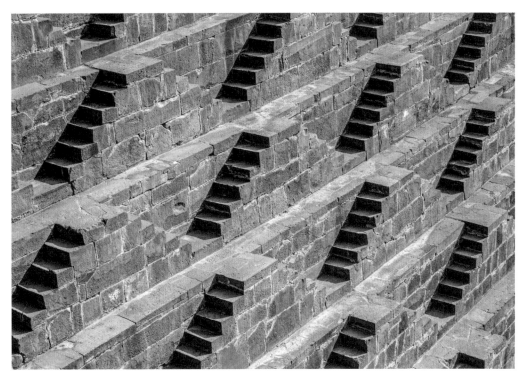

인도의 찬드 바오리 계단식 우물.

시각자료 출처

에드워드 제임스 머브리지의 1881년作 '뒤로 재주넘기'.